产业改变世界

张 涛◎主编

Industry Changes the World

世界在哪里？我们在哪里？
我们在哪里？世界在哪里？

中国金融出版社

责任编辑：亓　霞　贾　真
责任校对：孙　蕊
责任印制：张也男

图书在版编目(CIP)数据

产业改变世界 / 张涛主编. —北京：中国金融出版社，2019.9

ISBN 978-7-5220-0190-6

Ⅰ. ①产… Ⅱ. ①张… Ⅲ. ①新兴产业—产业发展—研究—中国
Ⅳ. ①F269.24

中国版本图书馆CIP数据核字 (2019) 第155809号

产业改变世界
Chanye Gaibian Shijie
出版
发行　中国金融出版社
社址　北京市丰台区益泽路2号
市场开发部　(010) 63266347，63805472，63439533 (传真)
网 上 书 店　http://www.chinafph.com
　　　　　　(010) 63286832，63365686 (传真)
读者服务部　(010) 66070833，62568380
邮编　100071
经销　新华书店
印刷　保利达印务有限公司
尺寸　185毫米×260毫米
印张　34.25
字数　688千
版次　2019年9月第1版
印次　2019年9月第1次印刷
定价　90.00元
ISBN　978-7-5220-0190-6

本书编委会

主　编：张　涛

副主编：银国宏

编　委：吴寿康　谭会晓　龚志宏
陆　洲　刘慧影　刘　畅
罗四维　胡博新　郑闵钢
杨若木　谭　可

世界在哪里？我们在哪里？

（代序）

东兴证券股份有限公司总经理　张涛

一、产业升级推动经济发展

纵览历史，近代大国崛起都伴随着新兴产业的发展与产业结构转型升级。西班牙和荷兰抓住了造船业、航海业和海外贸易的机遇，先后成为海上霸主；英国引领以蒸汽为动力的纺织和冶金等机器大工业发展，成就“日不落帝国”；法国和德国依靠电力产业、化工产业和机械制造业崛起，成为世界强国；而美国先后依靠钢铁产业、汽车产业、电力产业、计算机产业和互联网产业等主导产业，在全球独领风骚。第二次世界大战后，日本和韩国抓住全球产业转移有利时机，推动劳动密集型产业向技术和资本密集型转变，大力发展汽车、电子等新兴产业，实现产业结构转型升级，成功跨越中等收入陷阱。可以看到，国家的崛起必须具备产业基础，而相关行业也必定会诞生伟大的企业，如美国通用、福特、苹果、亚马逊，日本的丰田、索尼，韩国的三星等。

尽管每个国家产业发展路径不同，但产业结构演进遵循特定规律。17世纪专注研究经济发展过程中产业结构变化学说的经济学家配第与克拉克指出：随着人均国民收入水平的提高，劳动力首先从第一产业向第二产业转移，当人均国民收入水平进一步提高时，劳动力便向第三产业转移。

国际上，美国、英国、日本等发达国家的第三产业占比在70%~80%。2013年我国第三产业增加值占GDP的比重历史上首次超过第二产业，2016年我国第一、第二、第三产业增加值比重分别为8.6%、39.8%、51.6%，第三产业对我国经济增长的贡献增加。尽管中美两国都是制造业大国，但中美制造业的内在支撑仍有较大差异。从创新研发的维度看，2015年中国制造业研发投入强度为1.1，美国为4.0，日本为3.4，德国为2.3，中国制造业的研发投入远不及美国。中国高技术产业研发经费占制造业研发经费的比重为26.3%，也低于美国（73.3%）、韩国（58.7%）、日本（41.2%）。

20世纪末，美国实行“去工业化”战略，将劳动密集型产业转移到生产成本更低的发展中国家，如印度、越南。由于美国将重心转移至服务产业，造成了美国产业的空心化，劳动力结构失衡。为此美国积极推动制造业回流，旨在减少贸易赤字，缩小贸易逆差。在美国产业结构的演进中，市场驱动型和创新驱动型特征明显。美国前总统奥巴马曾表示，保持美国在研究和技术方面的领先地位，对美国的成功是至关重要的。而我国制造业在研发投入、创新能力、产品质量等方面，与发达国家仍有较大差距。

近年来，世界上主要发达国家将新兴产业的发展提升到国家战略高度，聚焦于信息技术、生物技术、新能源、新材料等领域，制定了明确的发展规划与目标。美国于2009年和2011年两度发布《国家创新战略》；法国于2009年制定了《国家研究与创新战略》；德国于2010年出台了《德国2020高技术战略：理念、创新、增长》；英国于2011年发布了《促进增长的创新与研究战略》；韩国于2009年发布了《新增长动力规划及发展战略》；日本于2010年发布了《新增长战略》，继续坚持科技立国和信息技术立国的策略。中国在2015年提出《中国制造2025》，2016年提出《“十三五”国家战略性新兴产业发展规划》。各国在新一代信息技术产业、高端装备制造、生物、新能源、新材料等产业展开激烈竞争。

二、中国产业升级面临“围追堵截”

改革开放以来，人口红利带来劳动密集型产业大发展，我国制造业和服务业增速显著，实体经济活力也大大增强。但目前我国经济的快速发展过多地依赖于第二产业的发展，第三产业发展较慢，高新技术产业也发展不足，由此导致我国产业结构内外失衡，进而制约了我国经济的增长。产业结构升级对于优化我国经济结构、保持经济持续增长的重要意义不言而喻。当前发达国家制造业在产业链条中占据优势地位，诸多生产环节的核心技术均由发达国家掌控，我国尚处于产业链条的加工和销售环节。在开放的市场体系中，我们分享着全球化的制度性红利和高新技术的外溢效应。但当我国与西方发达国家产生贸易摩擦时，全球产业链条的分工和价值分配体系将受较大影响，我国如果不掌握产业链条的核心技术，加工和销售环节就容易受制于人。未来我国经济结构需要进一步优化，基础教育、科研创新、产业结构优化等均需要加大支持。

我国具有优势的纺织品、服装、箱包、鞋类、玩具、家具、塑料制品等劳动密集型产业面临越南、印度等国的快速追赶，2013年中国上述七大类劳动密集型产品出口4 618.4亿美元，而到2017年为4 547.13亿美元，绝对值有所下降。考虑到全球经济在这四年有所增长，我国的劳动密集型产品在全球所占份额已经处于下降态势。已有部分劳动密集型产业开始向东南亚、南亚转移，我国在基建、物流及产业链等方面的隐性优势吸引部分产业留下来，但要看到我国劳动力绝对成本已经高于越南、印度等后起之秀，而单位劳动力成本（平均工资/人均GDP）优势也逐步丧失，我国正处于新旧动能转换阶段，迫切需要加快产业转型升级，助力经济发展。

我国在国际分工中仍处于中下游，正在向上游附加值高的部分靠近，但面临以美国为首的发达国家在新兴产业全面竞争。整体来看，中国在绝大部分新兴产业已有布局，在国际分工中占有一席之地，但多数与欧美发达国家有一定差距。从竞争最激烈的新一代信息技术产业（ICT）看，美国遥遥领先。从大企业数量看，根据普华永道发布的全球市值100强公司，美国有17家（苹果、谷歌、微软、亚马逊等），中国仅有3家（阿里、腾讯、中国移动），加上未上市的华为，共4家。从细分子领域看，中国仅在5G方面（华为）领先美国，而在工业互联网、云计算、大数据、人工智能领域落后于美国。从苹果产业链看，根据苹果2017—2019年全球200大供应商势力的变化，中国公司在上游的电子产业链崛起的势头和趋势并没有改变，中国内地公司数量从2017年的20家增加到2019年的30家，中国香港公司由6家增加为10家，合计40家，2019年首度超过日本，和美国并列第二位，占到了苹果全球供应商数量的20%。

近期中美贸易摩擦影响逐步向科技领域扩散，华为、大疆等公司被制裁。“围追堵截”下“进口替代”是我国产业转型升级的必由之路。进口替代是指用本国产品替代进口产品。进口替代是国家外贸战略之一，也是中国工业发展的主要途径。当然并不是所有领域都适合走进口替代路线，判断标准有三：一是技术路线明确，研发不会出现方向性错误；二是产业政策有足够的力度，企业能够承担早期巨大成本；三是中国相关领域存在巨额贸易逆差，只要替代进口就能够获得市场空间，不必担心遭遇各类贸易纠纷。某些领域一旦技术实现突破，借助我国全球产业化基地的身份，产品能很快落地，迭代之后产品质量往往能迅速接近国际先进水平，市场占有率将大幅提升。京东方是进口替代战略的成功典范，一是面板技术路线明确，可以充分利用自身后发优势；二是面板行业受到国家政策倾斜，京东方发展初期得到国家扶持；三是面板长期贸易逆差，内需市场有保证。依据这三条标准，我国在航空航天、通信、生物医药、电气机械、汽车等领域进口替代空间巨大。

三、证券市场助力产业升级

亚当·斯密在《国民财富的性质和原因》中研究了金融经济与经济发展相互之间的关系，这是对金融结构与实体经济发展最早的研究。亚当·斯密认为可以通过聚集民间闲置资本和创造更多的信用流通工具来增加真实资本的流动，从而促进经济的较快增长。罗纳德·麦金农和爱德华·肖1973年提出了金融深化的概念。他们从金融深化对经济社会发展所产生的影响入手阐述金融深化的概念，通过分析，认为金融深化与经济发展之间存在明显的相互促进和制衡作用，如果一国具有比较自由的市场体制，政府对金融市场的干预较少，同时该国具有比较健康的金融体制与金融市场，在这种情况下，社会的闲置资金更容易转化为生产性资本，在健全的市场机制的引导下，该国的经济必然会有所发展，而经济发展又会促进信用的扩张，通过这个过程，金融体系和经济发展之间可以形成良好的互相促进作用，进而实现金融深化。金融深化最初的定义就是通过金融产品的发展促进金融和经济发展之间的良性循环机制的形成。Carlin和Mayer研究了1970年至1995年间经济合作与发展组织14个国家的经济增长、产业发展和金融体系结构之间的关系，发现实体经济对金融机构具有强烈的依赖性，导致了不同产业的发展与金融结构之间存在显著的相关关系。

上述相关理论及国际经验表明，一国融资与经济增长、产业发展有着直接的关系。我国社会主义市场经济实践同样表明，金融市场的发展、融资形式与结构均对经济增长和产业发展有着重要的影响。从以银行信贷为代表的间接融资占绝对主导地位逐渐转向股票、债券等直接融资蓬勃兴起，直接融资与间接融资并重的过程，也是我国金融不断深化、产业逐步升级的过程。

证券市场作为直接融资的主要途径，对产业结构的调整作用主要体现在两个方面：一是以较低成本促使产业间的资源配置；二是促进核心企业的形成及其扩散效应的实现。资本市场作为资源配置的主体，能够促进要素生产率的提高，并且将资本投向需要调整的产业，最终促进产业结构的升级。当前我国的产业技术创新能力差、产品附加值低等问题严重制约着产业结构升级。而高新技术产业作为技术密集型和知识密集型产业，可以改造传统产业，促进国民经济的发展、生产方式的转变及最终产业结构的升级。而高新技术产业的大力发展必然需要长期资金的大量投入。高新技术产业融资很难通过银行信贷获得，而股权融资成为获得产业发展所需资金的最主要途径，并能有效降低融资成本、提高融资效率。2009年，深圳证券交易所创立了创业板市场，为高新技术产业的发展提供了一个较好的融资渠道，但是由于上市门槛较高，很难满足众多高新技术企业所需的大量资金。为了大力发展高新技术产业，一方面要继续发展创业板市场，另一方面可借鉴发达市场经济国家相关经验，完善风险投资资金机制，鼓励企业的自主创新能力。20世纪90年代以来，全球信息产业迅速发展。1999年，信息产业给美国增加了5 070亿美元的产值。目前，信息产业已占美国GDP的10%，对经济增长的贡献率达30%。据有关专家预测，在未来的10年中，美国信息产业的产值将增加一倍，对经济增长的贡献率将超过50%。美国的纳斯达克市场为大量的信息技术创业者提供了资本市场的直接融资机会，由此带来了丰厚的经济收益回报，并奠定了美国信息技术领导全球角色的基础。我国的资本市场也将为信息技术的创新者提供直接融资的便利，并借助资本市场巨大的财富效应推动我国信息技术产业的转型升级。

金融市场在资金配置中发挥着重要的作用，产业结构的升级需要强有力的资金支持，积极发展资本市场，并加强各个金融市场的各种子市场间的协调性，是促进我国产业结构升级的重要方式。我们需要采取有效措施，强化金融市场发展过程中相对薄弱的环节。科创板的推出和试点注册制是资本市场改革中的重要一步，包括科创板在内的场内市场是构建多层次资本市场体系不可或缺的重要环节。以其设立为标志，目前尚处于割裂状态的境内各类金融市场，有望加速形成有机联系、良性互动的大一统市场。科创板的推出及试点注册制有利于中小企业改善融资、扩大经营，实现产业结构的升级和中国经济的顺利转型。当前，中国创新科技企业的发展处于历史性的关键时期，科创板的推出适逢其时。下一步实体经济转型升级的动力主要就来自创新和创新科技企业。发展直接融资模式、推动科技产业发展、改造传统产业，是当前资本市场服务实体经济最为迫切的使命。

前言

人类历史上强国崛起通常伴随着产业变革。纵观历史，历次技术革命后世界各国的国运起伏中，产业变革成为撬动大国崛起的重要条件。20世纪70年代以信息技术为代表的第四次产业革命引领了全球经济40余年的发展与繁荣，也重新分配了各国在全球经济实力榜上的座次。我国凭借改革、人口红利及加入世贸组织后迅速融入全球贸易体系，共享全球产业革命带来的经济腾飞，迅速成长为全球第二大经济体。当前我国改革开放已过不惑之年，如何保持已有优势并在新的产业变革周期中获得更多机会，是我们面对的重大课题！

党的十九大报告提出“增强金融服务实体经济能力”，已成为我国金融工作的重要着力点。尤其在当前外部不确定性上升和国内经济转型的大背景下，金融作为实体经济的“血液”能否回归本源、助力产业升级和经济增长显得尤为重要。金融服务实体经济的要求之一便是基于金融行业自身信息和专业化优势更好地把握产业发展脉络，筛选出代表未来发展方向的产业和优势企业，在有效防范金融风险的情况下，促使金融资源更好地向这些产业和企业倾斜。

中央对资本市场作出重要部署，提升资本市场在经济转型期的重要性，确立了直接融资在社会经济中无可替代的地位。证券机构在金融领域的市场化、创新性等方面走在最前沿，尤其应该承担起优化资源配置、疏通金融“活水”、服务实体产业转型升级的重任。正是基于这样的初衷，我们对众多产业开展了深入研究，对国内主要经济领域的重点产业进行全面探究，以期帮助社会各界更好地理解产业发展规律，并身体力行在持续提升金融服务实体经济能力的道路上更进一步。

东兴证券母公司中国东方资产管理股份有限公司（以下简称东方资产）作为国内四大资产管理公司之一，是由财政部发起成立的国有大型非银行金融机构，截至2018年末，集团合并总资产超过万亿元。自成立以来，东方资产始终以

“保全国有资产、化解金融风险、促进国企改革”为使命，将依法合规经营作为生命线，累计管理处置各类不良资产超万亿元，为国家金融系统的稳定作出了积极的贡献。东方资产于2016年完成股份制改革，目前已实现金融全牌照的战略布局，成为集资产管理、保险、证券、银行、租赁、信托、投资、小贷、评级和互联网金融于一体的金融控股集团。

东兴证券于2015年2月在上海证券交易所上市，是四大资产管理公司旗下首家在境内上市的证券公司。自2008年成立以来，东兴证券以较快的发展速度成长成为行业内排名靠前的综合性券商，现已形成覆盖场内与场外、线下和线上、国内和海外的综合金融服务体系。东兴证券研究所一直秉持价值理念、基本分析方法，以扎实、专业、合规作为自身要求，打造持续创造增量价值的研究团队。

针对产业研究，本书侧重于从以下几个方面入手：一是探究产业兴起、成长、进化历程，并对产业自身发展动力、前景进行全面分析；二是通过对产业内的竞争格局及龙头企业竞争优势的解析，揭示企业如何在产业竞争中脱颖而出；三是对产业链进行纵向梳理，并详细介绍辅助产业的发展水平与趋势；四是基于全球化的视角对国内外产业进行对比分析，探寻境外龙头企业的崛起路径和对国内产业发展的借鉴意义。

本书根据产业的差异性，划分为以下四个部分：第一部分是信息技术和新材料，重点介绍了包括SaaS、5G、物联网在内的新兴产业；第二部分是以内需为驱动的大消费领域，既包含新零售、免税、职业培训等新兴服务业，也包含化妆品、品牌服装等在国内消费升级下老树开新花的传统消费产业；第三部分是对国之重器制造、装备的介绍，涵盖了装备制造和作为轻工业代表的医药制造领域；第四部分是新能源与新传统，主要介绍在能源利用低碳、高效化趋势下重点发展的核、氢能、特高压输送产业，以及可重新定义的大炼化等传统产业。

为增强报告的说服力与可读性，书中使用了大量的图表，直接引用的已注明资料来源，由东兴证券研究人员根据公开资料整理的则不再一一说明。我们在编写过程中尽量力求准确客观，然而纰漏难免，恳请广大读者批评指正！

目录

第一篇　信息技术与新材料

第二篇　内需力量之大消费

第三篇　大国重器之制造与装备

第四篇　新能源与新传统

第一篇

信息技术与新材料

SaaS 产业 / 工业软件产业 /5G 产业 /

物联网产业 / 北斗导航产业 /

动漫产业 / 直播产业 /

显示面板产业 / 电子化工材料产业 / 石墨烯行业

SaaS 产业：

SaaS 是软件产业的一场变革

叶盛　东兴证券计算机行业研究员

一、SaaS 为软件行业带来新机遇

SaaS是Software as a Service（软件即服务）的缩写。SaaS模式的出现，对客户和软件厂商都意味着重大的改变，为软件行业的发展带来新的机遇。

（一）SaaS 模式为客户创造新的价值

首先，客户不再需要一次性采购昂贵的软件，只需要花费较少的初始投入便可以享受原有的软件服务。

其次，客户可以总是使用到最新版本并享受更好的服务，而不用担心后期的维护和更新。

最后，SaaS通常采用预付年费的收费形式，客户使用满意才会不断续费，这迫使软件厂商必须始终关注客户的需求，而不像过去只要把软件卖出去就万事大吉了。

（二）SaaS 模式为软件厂商带来新的机遇

首先，SaaS模式拓展了软件的使用边界。传统软件大多集中在企业资源计划

（ERP）、人力和安全等几个行业。SaaS模式的软件标准化程度高，部署在云端方便了用户的使用，扩张出新的软件使用范围：在客户关系管理（CRM）、人力资源管理（HRM）、安全、协同和垂直等众多领域都采用了SaaS模式来满足客户需求。

其次，SaaS模式催生出新的软件巨头。传统软件定制化程度高，软件公司到一定规模就无法成长了。SaaS模式的产品标准化程度高，使用范围更广，这使得软件巨头的规模扩张成本更低、边界更广，从而使得很多细分行业都诞生了收入规模很大的软件巨头，如CRM领域的Salesforce、HRM领域的Workday等。

（三）SaaS 的四个发展阶段

如果把1999年Salesforce成立作为SaaS行业的元年，则SaaS行业发展可以分为以下几个阶段：

1999—2006年：初始探索期。众多SaaS公司纷纷成立，在启蒙用户身上打磨产品，探索未来产品发展方向。

2006—2008年：企业推广期。2006年8月，AWS对外提供亚马逊弹性云服务，对整个SaaS行业的发展起到巨大推动作用。SaaS公司产品部署在公有云上，可以显著降低成本，增加使用体验。

2008—2010年：加速推广期。在经历国际金融危机后，各大公司对节省成本、提高效率的需求激增，SaaS行业迎来了快速发展。

2010年至今：产品深入期。随着通用SaaS行业逐步成熟，公司业务流程的各个方面都在SaaS化，涌现出新的细分SaaS领域。而且，垂直行业类SaaS也迎来爆发式发展，医药、电商等多个垂直行业都诞生出独角兽公司。

目前，在美国股票市场，SaaS行业是最具有成长性的板块之一，诞生了数十家市值上百亿美元的公司，SaaS龙头公司Salesforce市值甚至超过了千亿美元。而传统软件公司转型SaaS也大获成功，微软市值逼近1万亿美元。

（四）SaaS 行业的发展趋势

第一，SaaS细分市场规模越来越大。众多的细分SaaS领域，当前正处于高速增长中，市场规模不断扩大。例如，刚上市的视频会议SaaS厂商Zoom，最近一年的收入增速高达118%，而Slack等公司也即将上市。

第二，获取的预算规模不断扩大。过去，SaaS能够获得的企业预算主要来自首席信息官CIO掌管的IT预算，但是随着SaaS深入各个职能部门，它们现在能够获得的预算是10倍量级的部门预算。

第三，强者恒强的逻辑仍在继续。SaaS天生具有较强的客户黏性。而SaaS巨头在产品化、PaaS化之后，利用其强大的产品协同能力、客户关系和服务能力，通过并购来继续扩张产品线，满足客户需求，同时可以进一步保持成长性。Salesforce就是典型范例，2016年以来，它在并购上的支出超过100亿美元。

二、SaaS 在软件行业引发的巨大变革

据不完全统计，在美国股票市场上市的提供SaaS服务的公司有74家。图1显示，它们的成立时间有两个活跃区间：

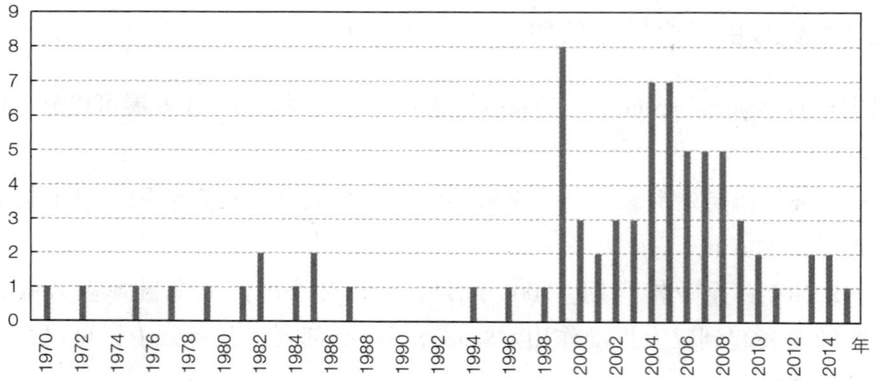

资料来源：Wind。

图1　美股SaaS公司成立时间统计图

第一个成立活跃期是1970年到1987年。这是第一次软件革命的成长期，经过多年发展，最终剩下了数家巨头。最著名的软件公司包括1972年成立的SAP、1975年成立的微软、1977年成立的Oracle和1982年成立的Adobe等。

第二个成立活跃期是1998年至今，其中1999年可以被称为SaaS元年。在1999年，有高达8家目前上市的SaaS公司成立，包括公认的SaaS模式开创者Salesforce。

（一）六大传统软件巨头成功转型 SaaS

早期成立的传统软件巨头在SaaS浪潮到来的时候，虽然反应较慢，但是从2012—2015年起集中精力转型SaaS模式，目前已经基本转型成功。截至2019年5月11日，6家转型SaaS后的传统软件巨头市值规模达1.55万亿美元。

表1　六大传统软件巨头转型SaaS情况

传统软件公司	成立时间（年）	全力转型SaaS时间（年）	转型进度	市值（亿美元）
微软（Microsoft）	1975	2014—2015	大部分完成	9 742
甲骨文（Oracle）	1977	2013—2014	大部分完成	1 868
SAP	1972	2013—2014	大部分完成	1 545
奥多比（Adobe）	1982	2012—2013	基本分完成	1 359

续表

传统软件公司	成立时间（年）	全力转型SaaS时间（年）	转型进度	市值（亿美元）
财捷公司（Intuit）	1984	2013	基本完成	634
欧特克（Autodesk）	1982	2014	转型顺利	381

资料来源：Wind，数据截至2019年5月11日。

工具类是SaaS软件巨头擅长的核心领域，基本没有新兴SaaS公司脱颖而出。微软、Adobe、Intuit和Autodesk的核心软件都成功转型云化，占据着牢不可破的地位。

在ERP领域，传统软件巨头SAP和Oracle经历了巨大挑战，但是仍然占据着ERP行业的前列。虽然ERP行业出现了估值接近百亿美元的NetSuit、Infor等新兴云ERP公司，但是Oracle在2016年以93亿美元收购了NetSuit，利用资本手段补齐了发展短板。目前，传统ERP大厂SAP和Oracle仍然占据在ERP行业的前列。

在B2B生意中，产品、客户关系和服务都很重要。传统软件巨头在这三个方面天然具有强大的优势：核心产品占有率往往很高，显示出其产品的优势；而在客户和服务方面，也已经充分磨合取得了下游客户的信任。

在转型SaaS过程中，软件巨头的产品、客户关系和服务的优势都可以承接过去。特别是工具类软件厂商，其产品黏性极强，已经形成了产品生态系统和用户使用习惯，很难替代。软件巨头在这三个方面的优势在转型SaaS过程中都得到充分体现，转型过程都很顺利。

（二）新兴领域崛起众多 SaaS 新龙头

新兴的SaaS公司在CRM、HRM、安全、协同、分析和垂直型SaaS领域取得了巨大成功。截至2019年5月11日，68家新兴SaaS公司总市值为6 404亿美元。其中协同领域有26家SaaS公司，市值2 498亿美元，占比为39%；其次是CRM领域，共有5家公司，市值1 436亿美元，占比为23%；再接着是垂直领域，共有18家SaaS公司，市值1 357亿美元，占比为21%。此外，还有HRM、安全和分析领域共有19家SaaS公司，市值占比17%。

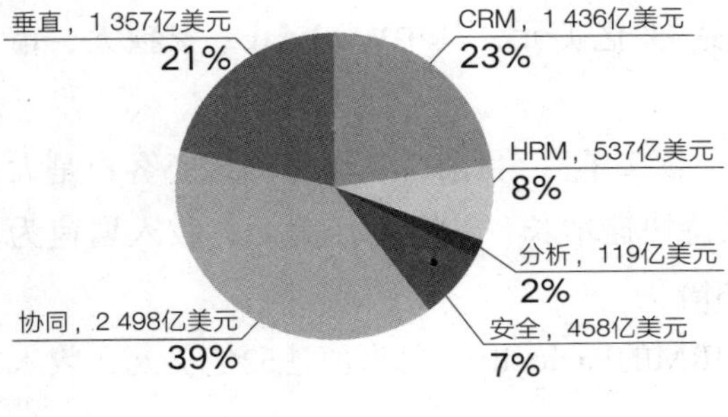

资料来源：Wind，数据截至2019年5月11日。

图2　美股新兴SaaS公司市值规模及占比

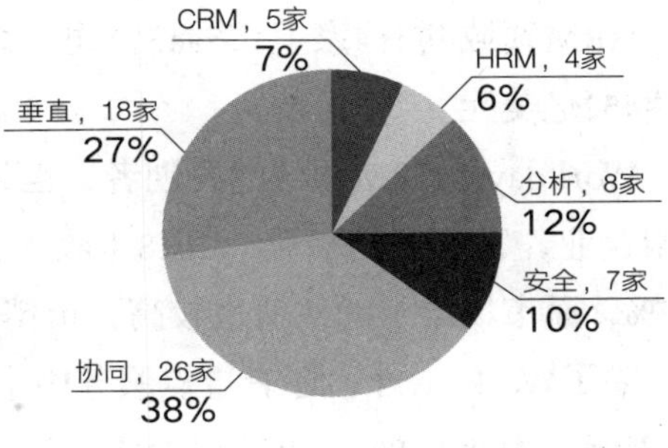

资料来源：Wind，数据截至2019年5月11日。

图3　美股新兴SaaS公司数量及占比

三、新兴 SaaS 领域重点分析

一些优秀的SaaS公司抓住SaaS模式兴起的机会，在细分领域提供出更好的产品，切入客户做大做强，纷纷成长为各细分赛道的龙头公司。

新兴的SaaS龙头公司产品续约率高，处在快速成长期，收入增速很快。下面我们将重点分析各个领域和其中的龙头公司。

（一）CRM 领域：率先发展起来的 SaaS 赛道

CRM是SaaS行业中率先发展起来的赛道。究其原因：（1）CRM产品本身标准化程度高，容易做成SaaS产品；（2）CRM能够帮助企业提升销售效率，直接增加收入，企业客户付费意愿强。

CRM行业市场空间大，行业集中度较高。CRM行业仅5家上市公司，总市值1 436亿美元，其中仅Salesforce市值便高达1 233亿美元。

除了Salesforce之外，CRM赛道还有市值97亿美元的Zendesk和市值76亿美元的Hubspot，这两家公司在营销自动化等领域也有非常强的竞争力。目前，这两家公司收入增速都超过30%，市场给予其市销率估值接近15倍。

表2　CRM领域龙头SaaS公司情况

公司	成立年份（年）	上市日期	总市值（亿美元）	2018年收入（亿美元）	收入增速（%）	市销率
Salesforce	1999	2004-06-23	1 233	133	26.7	9.3
Zendesk	2007	2014-05-15	97	6	39.1	14.9
Hubspot	2005	2014-10-09	76	5	36.6	14.9

资料来源：Wind。

（二）HRM 领域：Workday 一家独大

HRM领域共有4家上市SaaS公司，总市值达537亿美元，其中Workday一家独大，市值达452亿美元。

Workday是HRM领域的开创者，也是行业“领头羊”。目前，其服务的核心客户是大中型企业，客户黏性极强。2018年收入仍然保持快速增长，达到28亿美元，收入增速为31.7%，而市场给予的估值也较高，市销率为16倍。

除了Workday外，还有重点服务中小企业HRM的Paylocity，总市值达52亿美元，收入4亿美元，增速25.8%，市销率为12.4倍。

表3 HRM领域龙头SaaS公司情况（亿美元）

公司	成立年份（年）	上市日期	总市值（亿美元）	2018年收入（亿美元）	收入增速（%）	市销率
Workday	2005	2012-10-12	452	28	31.7	16.0
Paylocity	2013	2014-03-19	52	4	25.8	12.4

资料来源：Wind。

（三）协同领域：诞生众多细分赛道的 SaaS 独角兽

随着通用SaaS逐步成熟，企业各业务流程也在逐步SaaS化。企业协同领域涉及企业管理的各个方面，细分赛道众多，包括ITOM/ITSM、APM、云通讯、云存储和电子签名等众多方向。协同领域是SaaS最大的赛道。目前，该领域共有26家上市SaaS公司，总市值达2 498亿美元。

协同领域最大的Saas公司是做ITSM/ITOM的ServiceNow，市值达508亿美元，2018年收入为26亿美元，增速35%，市销率18.1倍。

除此之外，还有众多的细分龙头SaaS公司，如市值309亿美元的软件开发工具SaaS公司Atlassian，市值204亿美元的视频会议服务商Zoom、云通讯公司Twilio等。表4列出了排名居前的协同SaaS公司的基本情况。

表4 协同领域龙头SaaS公司情况

公司	成立年份（年）	上市日期	总市值（亿美元）	2018年收入（亿美元）	收入增速（%）	市销率
ServiceNow	2004	2012-06-29	508	26	35.0	18.1
Atlassian	2002	2015-12-10	309	9	41.0	27.7
Zoom Video	2011	2019-04-18	204	3	118.2	61.8
Twilio	2008	2016-06-23	170	7	62.9	22.5
Okta	2009	2017-04-07	118	4	53.6	29.7
Dropbox	2007	2018-03-23	110	14	25.7	6.6
Ringcentral	1999	2013-09-27	101	7	34.3	13.8
Docusign	2003	2018-04-27	90	7	35.2	12.9
Coupa	2006	2016-10-06	64	3	39.4	24.4
New Relic	2008	2014-12-12	62	5	34.9	13.8

资料来源：Wind。

四、垂直型 SaaS 公司

尽管通用型SaaS一直快速发展，但是许多垂直行业的痛点需求仍然无法得到充分满足。于是，针对特定行业的垂直型SaaS应运而生。垂直型SaaS能够提供更加贴近客户、有针对性的SaaS解决方案，从而赢得了客户。

在74家SaaS公司中，垂直型SaaS共有18家，合计市值为1 357亿美元。许多细分的垂直型SaaS都做得非常成功，典型的就是电商交易SaaS代表Shopify，目前市值286亿美元，收入11亿美元，收入增速59%，市销率为26.6倍。

除此之外，垂直型SaaS代表还包括支付服务商Square、医药CRM厂商Veeva和Wix等，其基本情况参见表5。

表5　垂直型SaaS龙头公司情况

公司	成立年份（年）	上市日期	总市值（亿美元）	2018年收入（亿美元）	收入增速（%）	市销率
Shopify	2004	2015-05-21	286	11	59.4	26.6
Square	2009	2015-11-19	279	33	49.0	7.8
Cerner	1979	1986-12-01	224	54	4.4	4.1
Veeva Systems	2007	2013-10-16	212	9	25.8	24.5
Wixcom	2006	2013-11-06	71	6	41.8	11.7
Medidata Solutions	1999	2009-06-25	58	6	16.5	9.2

资料来源：Wind。

五、美国 SaaS 产业发展给中国的借鉴

从1999年至今，美国完整经历了SaaS产业发展的四个阶段，现在已经进入了相对成熟的阶段。

相比之下，中国SaaS产业的发展要落后很多。目前，中国通用SaaS的各个赛道都没有发展起来，垂直型SaaS仅有部分行业开始崛起。因此，美国SaaS产业的发展对中国有许多借鉴之处。

（一）公有云的高速增长对 SaaS 产业有很大的推动作用

SaaS公司产品部署在公有云上，可以显著降低成本，增加使用体验。2006年8月，AWS对外提供亚马逊弹性云服务，对整个美国SaaS产业的发展起到了巨大的推动作用。

中国公有云的发展是从2010年阿里云对外公测开始的，迄今已经发展九年。中国公有云市场已经度过了早期的用户教育期，企业上云已经成为共识，整个产业进入爆发式发展阶段。

阿里云作为国内公有云产业的老大，高速增长的业绩相当具有代表性。2019财年，阿里云的收入为247亿元，同比增速84%。高速增长的公有云产业将对SaaS产业产生有力的推动。

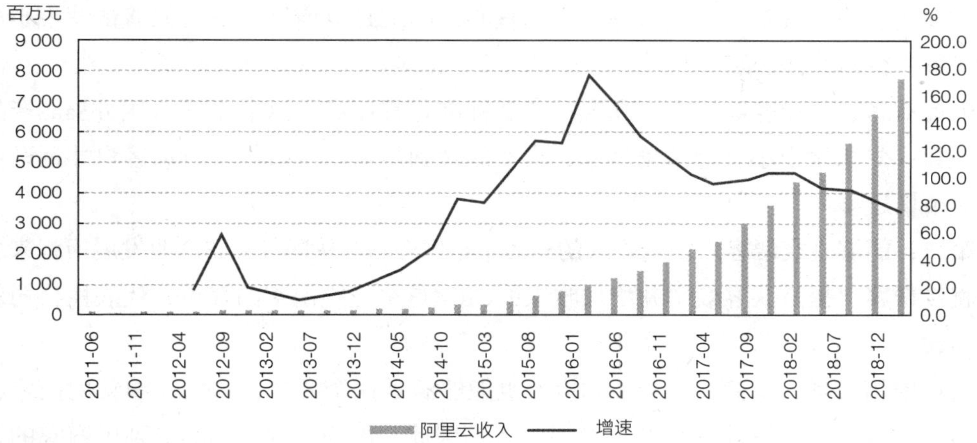

资料来源：Wind。

图4 阿里云季度收入及增速

（二）SaaS 赛道何时爆发取决于给客户创造的价值

1. CRM是美国SaaS率先崛起的赛道的原因

SaaS赛道是否或者何时爆发取决于客户的付费意愿和能力。而客户的付费意愿和能力是由SaaS产品给客户创造的价值决定的。只要SaaS产品给客户创造了足够的价值，客户肯定愿意付费。

从整个SaaS产业发展的历程来看，最先发展起来的赛道是CRM。因为在任何一个企业，收入增长都是最重要的。CRM能够帮助企业提升企业获客效率、增加收入，能够立竿见影地为企业创造价值，从而成为第一个跑出来的SaaS赛道。

而Salesforce等公司脱颖而出，还给我们带来以下的借鉴之处：

其一，SaaS产品从中小企业客群做起相对容易。大型企业业务流程复杂，很难标准化。做得好的SaaS产品往往从中小企业入手，它们的业务流程相对简单，较容易标准化，做出来的SaaS产品能够满足用户需求，从而为企业创造价值。典型代表是Salesforce，它就是从做中小企业市场开始做起，起步时候的目标客户就是300~500人的中小企业。当产品做到足够好的时候，目标客户才逐渐向大中企业市场迁移。

其二，能够帮客户直接增加收入的SaaS赛道率先跑出来。只有能够给客户创造价值的产品，客户才愿意持续使用并付费。

2. 中国电商交易SaaS有望率先崛起

在中国，最佳SaaS赛道可能是去中心化的电商交易类SaaS，因为它最符合SaaS产业发展的逻辑：

第一，从中小商家入手，产品标准化程度高。去中心化的电商SaaS服务场景就是帮商家在微信、快手等平台上卖产品，它的核心产品就是电商微商城，能够帮助中小商家一站式解决在网上开店的问题。

电商SaaS的目标客群是中小商家，产品标准化程度高。这非常符合国外SaaS产品发展的规律：先从做中小企业市场做起，当产品做到足够好的时候，目标客户才逐渐向大中企业市场迁移。

第二，能够直接帮客户创造收入的SaaS才是好SaaS。从国外SaaS产业发展历程来看，能够直接帮客户提升获客效率并增加收入的CRM是率先跑出来的赛道，代表性公司就是Salesforce。

而在中国市场，电商交易类SaaS恰恰也能够满足这个要求，它们能够帮助商家在网上开店，可以立竿见影地帮助商家获得收入。因此，电商交易类SaaS受到了商家的普遍欢迎。

此外，电商交易类SaaS用户往往是各行各业的卖家，基本没有能力开发出单独的SaaS产品，而且绝大部分中小商家也没有足够的体量去支撑单独SaaS产品的开发。但是商家又必须使用SaaS软件才能在网上做生意。因此，电商交易类SaaS服务的中小商家具有非常好的付费能力和意愿。电商交易类SaaS有望成为中国SaaS产业最先跑出来的赛道。未来，电商交易SaaS产业的佼佼者中国有赞、微盟集团有望引领SaaS行业发展。

（三）传统软件巨头转型 SaaS 成功带来的启示

从国外经验来看，工具类软件公司转型SaaS都会很顺利。广联达是中国少见的工具类软件公司，其工程造价和算量软件市场占有率很高。其现实转型SaaS也进展顺利，未来预计能够顺利完成云化转型。

ERP软件巨头SAP和Oracle转型SaaS相对困难一些，但是在公司管理层的坚决转型下，利用资本等多种手段，Oracle和SAP仍然保住了ERP行业的领导地位。我们认为ERP行业的SaaS转型也是行业洗牌的一次契机，传统ERP市场，用友是行业老大，金蝶其次，而在转型SaaS方面，金蝶行动更早、更坚决，未来有望取得领先位置。

工业软件产业：

工业软件是科技强国硬实力

王健辉　东兴证券计算机行业研究员

一、智能制造引发产业革命

（一）智能制造是发展的必然趋势

智能制造是当今制造业在面临多变经营环境下发展的必然趋势。工业领域在全球范围内一直发挥着重要的作用，是推动科技创新、经济增长和社会稳定的重要力量。但与此同时，市场竞争也变得越发激烈。客户需要新的、高质量的产品，要求企业以更快的速度交付根据客户要求而定制的产品。只有那些能以更少的能源和资源完成产品生产的企业，才能够应对不断增长的成本压力。这些问题的解决方案就在于实现虚拟生产和与现实生产环境的融合，采用创新软件、自动化技术、驱动技术及服务。这些能够缩短产品上市时间、提高生产效率和灵活性，帮助工业企业保持在市场上的竞争优势。

广义的智能制造是利用物联网、大数据、云计算、云储存等技术，将用户、供应商、智能工厂紧密联系起来，在制造过程中具有信息自感知、自决策、自执行等功能的先进制造过程、系统和模式的总称。而狭义的智能制造主要是指智能工厂环节，智能工厂中的业务流程主要涉及产品的智能加工与装配，以及面向智能加工与装配的设计、服务与管理。在智能工厂中，上述业务流程将在物理系统中得到全面的优化，实现高度自动化、柔性化的智能制造。相较于传统的数字化工厂、自动化工厂，智能工厂体现出系统集成化、决策智能化、制造自动化、服务主动化等特征。

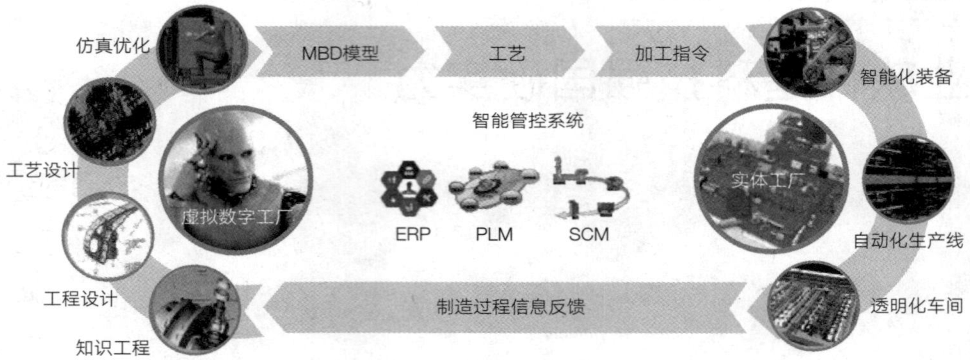

资料来源：杜宝瑞，王勃，赵璐，周元莉．智能制造系统及其层级模型[J]．航空制造技术，2015(13).

图1　智能工厂基本构成

智能制造系统的层次结构可分为设备层、控制层、车间层、企业层、协同层。设备层是制造的物质技术基础，包括传感器、仪器仪表、条码、射频识别等。控制层包括各类控制系统，如可编程逻辑控制器PLC、监视控制与数据采集系统SCADA、分布式控制系统DCS等。车间层面向工厂和车间的生产管理，包括制造执行系统MES等，其中MES又包括工厂信息管理系统PIMS、先进控制系统APC、历史数据库等。企业层面向企业的经营管理，包括企业资源计划系统ERP、产品生命周期管理PLM、供应链管理系统SCM等。协同层体现企业之间的协作过程，它是由产业链上不同企业通过互联网进行全方位的协同和信息分享，实现协同研发、智能生产、精准物流和智能服务等。

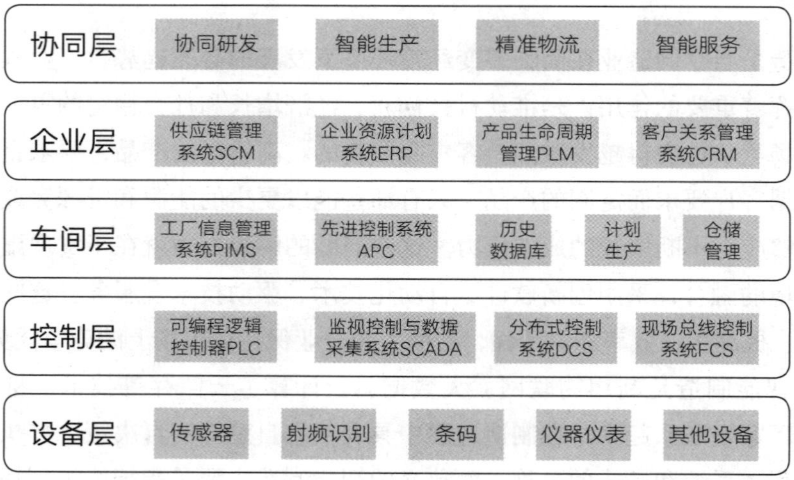

资料来源：中国产业信息网。

图2　智能制造系统层级

智能制造发展需经历四个不同的阶段，每一阶段都对应着智能制造体系中某一核心环节的不断成熟。四个阶段为自动化（淘汰、改造低自动化水平的设备，制造高自动化水平的智能装备）、信息化（产品、服务由物理到信息网络，智能化元件参与提高产品信息处理能力）、互联化（建设工厂物联网、服务网、数据网、工厂间互联网，装备实现集成）、智能化（通过传感器和机器视觉等技术实现智能监控、决策）。

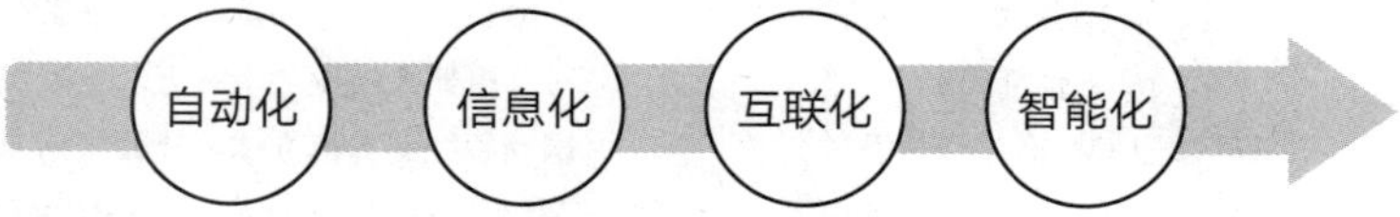

图3　智能制造发展四个阶段

（二）全球范围内大力发展智能制造

制造业作为经济持续增长的动力源泉，日益受到世界各国政府的关注。目前，世界高新科技的发展日新月异，科技竞争十分激烈，但是也给许多传统行业的转型优化提供了更加完善的解决方案。各国政府尤其注重传统制造业的转型升级，制定了多个制造业转型升级的发展战略，目的是推动传统制造业顺利转型智能制造，从而提升制造业企业的运行效率，增强国家经济的增长动力。

表1　世界各国发展智能制造的政策

国家	政策名称	提出时间	政策目标
美国	“再工业化”计划	2009年	发展先进制造业，实现制造业的智能化，保持美国制造业价值链上的高端位置和全球控制者地位。
德国	“工业4.0”计划	2013年	由分布式、组合式的工业制造单元模块，通过组件多组合、智能化的工业制造系统，应对以制造为主导的第四次工业革命。
日本	“新机器人战略”	2015年	通过科技和服务创造新价值，以智能制造系统作为该计划核心理念，促进日本经济的持续增长，应对全球大竞争时代。
英国	“高价值制造战略”	2014年	应用智能化技术和专业知识，以创造力带来持续增长和高经济价值潜力的产品、生产过程和相关服务，达到重振英国制造业的目标。
韩国	“新增长动力规划及发展战略”	2009年	确定三大领域17个产业为发展重点，推进数字化工业设计和制造业数字化协作建设，加强对智能制造基础开发的产业扶持。
印度	“印度制造”计划	2014年	以基础设施建设、制造业和智慧城市为经济改革战略的三根支柱，通过智能制造技术的广泛应用将印度打造成新的“全球制造中心”。
法国	“新工业法国”	2013年	通过创新重塑工业实力。
中国	“中国制造2025”	2015年	通过“三步走”实现制造强国的战略目标。

资料来源：根据公开资料整理。

2019年1月18日，在2019年中国软件产业年会上，工信部陈肇雄副部长指出，软件是新一代信息技术产业的灵魂；2019年3月7日，工信部王江平副部长在全国政协十三届二次会议上提出规划“整芯助魂”工程，软件是“整芯助魂”工程规划的一个重要主题。

软件行业的一个重要应用场景就是智能制造行业，具体表现为各种工业软件。当前，我国也正积极出台各种政策支持智能制造的发展。工业软件渗透于智能制造的各个环节，在推动传统制造业转型升级过程中发挥着不可替代的作用。

表2 中国政府支持智能制造发展的相关政策

颁发时间	颁发部门	颁发文件
2015-05	国务院	《中国制造2025》
2015-07	工信部	《机器人产业“十三五”发展规划》初稿
2015-12	工信部、国家标准化管理委员会	《国家智能制造标准体系建设指南（2015年版）》
2015-11	工信部	《关于贯彻落实〈国务院关于积极推进“互联网+”行动的指导意见〉的行动计划（2015—2018年）》
2016-05	国务院	《关于深化制造业与互联网融合发展的指导意见》
2016-07	中共中央办公厅、国务院办公厅	《国家信息化发展战略纲要》
2016-08	工信部、发改委、科技部及财政部	《智能制造工程实施指南（2016—2020年）》
2016-09	工信部、财政部	《智能制造发展规划（2016—2020年）》
2017-10	工信部	《高端智能再制造行动计划（2018—2020年）》
2018-03	工信部	《智能制造综合标准化与新模式应用项目管理工作细则》
2018-04	工信部	《关于开展2018年智能制造试点示范项目推荐通知》
2018-05	工信部	《工业互联网APP培育工程实施方案（2018—2020年）》
2018-05	工信部	《工业互联网发展行动计划（2018—2020年）》
2018-07	工信部	《工业互联网平台建设及推广指南》
2018-08	工信部、国家标准化管理委员会	《国家智能制造标准体系建设指南（2018年版）》

二、工业软件是科技强国的核心实力

（一）工业软件是实现智能制造的重要工具

制造业信息化是提升中国制造业全球竞争力、最终实现智能制造的关键，其中，数字化工业软件系统是制造业信息化的核心，贯穿智能制造系统的各个层级。

在全球大力推动智能制造的背景下，作为实现智能制造重要因素的工业软件的发展迎来了良好的发展环境，预计将维持较高增长水平。据前瞻产业研究院统计，2018年我国工业软件的市场规模已达1 603亿元。预计至2021年，我国工业软件的市场规模将达2 222亿元。而且早在2016年，全球工业软件市场规模已达3 531亿美元（按当时汇率计算大约为23 304亿元人民币），当年我国工业软件市场规模仅仅是全球工业软件市场规模的1/19，未来发展空间巨大。

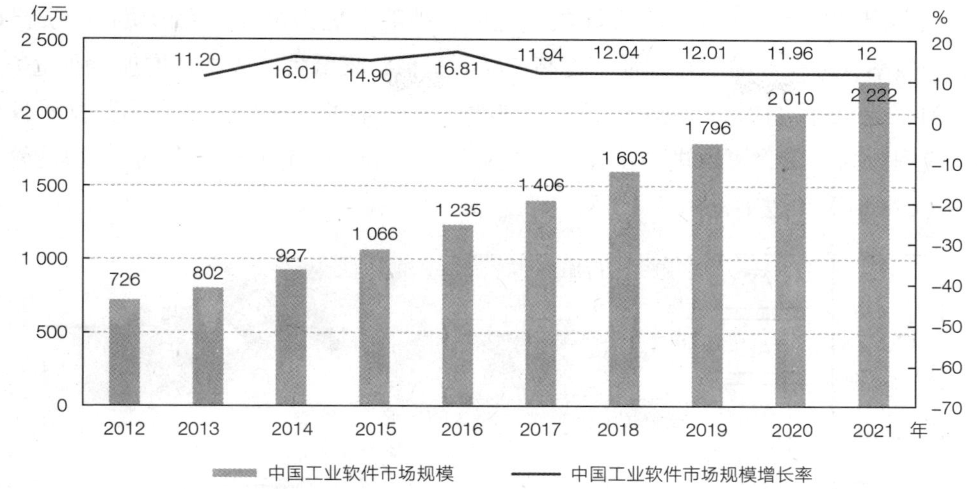

资料来源：前瞻产业研究。

图4 我国工业软件市场规模

（二）工业软件是工业互联网的核心能力

智能制造工业软件从应用环节可分为研发设计类、生产调度和过程控制类、业务管理类三大领域，其中，PLM、MES及ERP分别为这三个领域中工业软件系统的典型代表。依托工业软件系统感知、分析、计划、配置、分工等功能，企业能够从机器、车间、工厂层面提升企业生产效率、促进资源配置优化、提升生产线协同水平，对工业化与信息化融合、数字世界与物理世界融合有举足轻重的作用。

表3 工业软件按应用环节划分

应用环节	内容	代表品牌
研发设计类	产品全生命周期类软件（PLM），包括计算机辅助设计（CAD）、辅助分析（CAE）、辅助制造（CAM）、辅助工艺规划（CAPP）、产品数据管理（PDM）、电子设计软件（EDA）、建筑信息模型（BIM）等，用于提升企业产品研发工作领域的能力和效率	西门子、达索、PTC、Cadence、Synopsys、Autodesk、华天软件、数码大方、广联达
生产调度和过程控制类	制造调度执行系统（MES）、工业自动化系统，用于提高制造过程的管控水平、改进生产流程、提高设备效率和利用率	西门子、通用电子、ABB
业务管理类	企业资源计划（ERP）、供应链管理（SCM）、客户关系管理（CRM）等，用于提升企业的管理水平和运营效率	SAP、Oracle、Salesforce、用友、金蝶、石基信息

资料来源：产研智库。

以ERP和PLM为代表的研发设计类和业务管理类两类工业软件，都体现了一种流程管理思想，而且都是借助信息技术手段实现的。业务管理类软件关注实物资产和材料的流动。企业级ERP解决方案可覆盖并连接所有重要的营运职能和部门，打破“自动化孤岛”，从而满足了市场上的重大需求。这种关联使制造商能够集成制造和供应链流程，以减少延误和提高效率。PLM软件关注的是企业在战略上更为重要的无形资产，提高研发团队协作效率，缩短产品研发周期，提高产品附加值，降低生产成本，增加企业竞争力。

PLM工业软件包括计算机辅助设计、辅助制造、辅助工程分析及产品数据管理等方面，从应用方式上看，可以进一步分为工具类软件（Tools，包括CAx系列）、协同管理定义软件（cPDM）和数字化制造（DM）。

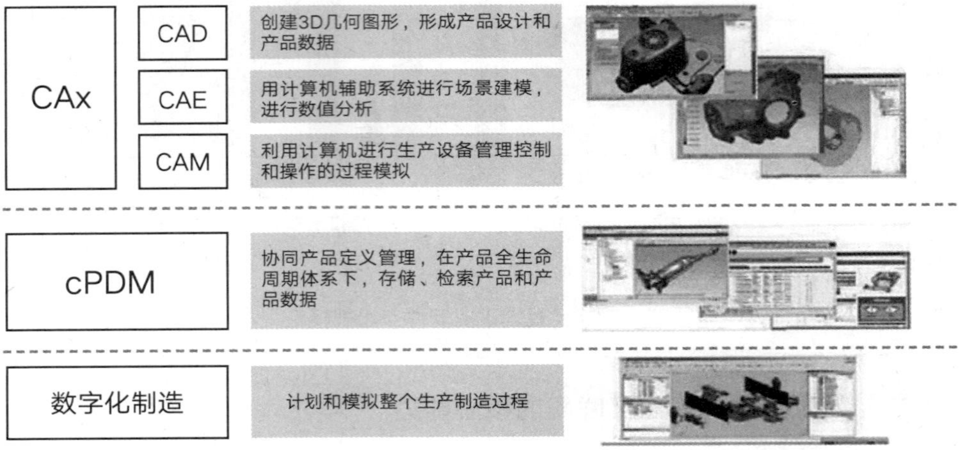

资料来源：产研智库。

图5　PLM软件组成

而以MES为代表的生产调度和过程控制类工业软件，体现着反馈控制的管理思想。MES填补了制造业在生产过程中，从计划管理到实际生产的空白，利于形成制造生产过程中的闭环反馈，增强企业生产过程中实时信息的交互，强化了生产决策的科学性和可行性。

MES系统是一套面向制造业企业车间执行层的生产信息化管理系统。MES共有11个主要功能模块包括：工序详细调度、资源分配和状态管理、生产单元分配、文档管理、产品跟踪和产品清单管理、性能分析、劳力资源管理、维护管理、过程管理、质量管理、数据采集。

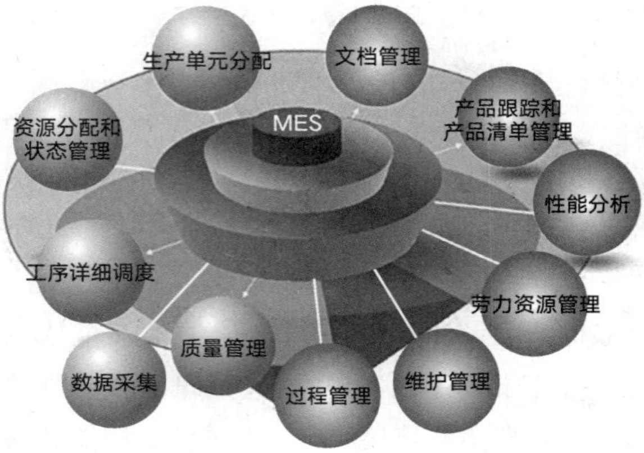

资料来源：CSDN。

图6　MES功能模块组成

工业软件以科学的管理理念为灵魂，以信息技术为手段，为制造业企业实现精益制造、敏捷制造、柔性制造提供了强大的技术支持，从而为企业实现智能制造打下了深厚的技术基础。

三、工业软件面临重大发展机遇

（一）研发设计类软件发展前景明朗

以PLM为代表的研发设计类软件，是从科研体系端到研发设计、工艺生产直至售后服务端，以产品生命周期为主线的集成服务，主要提供产品数据管理、制造工艺管理、数字化虚拟仿真、维护维修管理等，通过多系统集成，打通企业产品数据流，提高产品数据质量，实现企业内部和企业间的协同，促进技术共享，缩短产品研发周期，降低产品研发成本，提升企业建模及仿真水平，帮助客户在更短时间内将产品投放到市场。

近年来，随着智能制造理念的深入，PLM软件市场迎来了高速的发展。设计和服务是现在制造业“微笑曲线”的两端，也是新一轮工业革命下制造业转型升级的两大方向，而个性化的设计和服务都有赖于PLM软件系统所带来的高效研发和创新。PLM行业渗透率逐渐提升和扩展。中国PLM已广泛应用于大中型离散制造业，尤其是航空航天和国防、汽车、装备制造及电子高科技等行业企业，正步入拓展应用和深化应用阶段；钢铁、石化等行业的大型企业开始尝试PLM的应用；大型的服装企业、生物制药企业、食品饮料企业已开始关注PLM应用，部分企业已开始进行小范围探索应用。

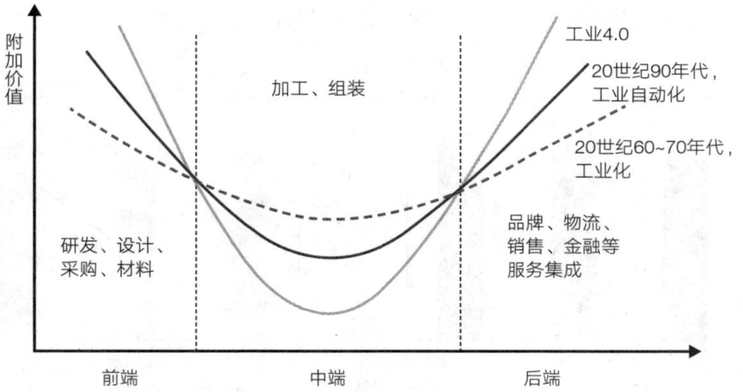

资料来源：牛摩网。

图7 制造业的“微笑曲线”

PLM解决方案在为企业降本增效方面效果显著，发展前景明朗，市场空间巨大。据Aberdeen公司分析，企业全面实施PLM后，可节省5%~10%的直接材料成本，提高库存流转率20%~40%，降低开发成本10%~20%，进入市场的时间加快15%~50%，降低用于质量保证方面的费用15%~20%，降低制造成本10%，提高生产率25%~60%。由此可见，PLM软件可以显著地降低企业成本，提高研发效率，增强企业的竞争力。

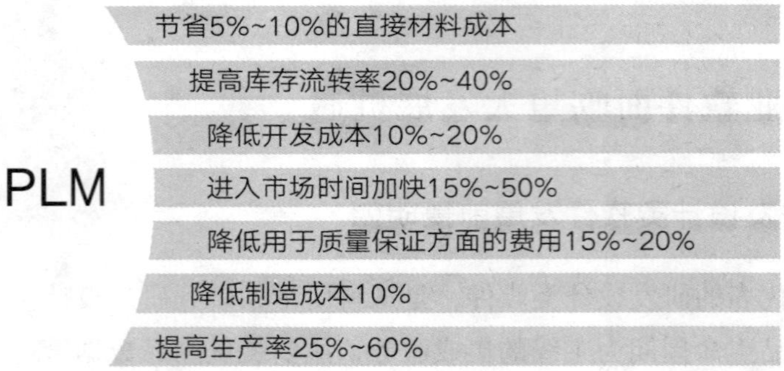

资料来源：周传宏.产品全生命周期管理技术——企业制造资源管理[M].上海.上海交通大学出版社，2006：162.

图8　PLM解决方案大幅提升企业效益

全球主流PLM软件市场增长迅速。根据CIMdata的数据，2017年，全球主流PLM市场总体增长为7.3%，达到436亿美元，同比增长7.1%，其中，工具类（Tools）市场增长7.7%，达到278亿美元；cPDM市场增长2.9%，达到150亿美元，软件增长放缓，服务增长加快；数字化制造（DM）增长6.2%，达到7.618亿美元。

国内主流PLM软件市场同样得到飞速发展。根据CIMdata的数据，2017年中国主流PLM软件市场连续两年实现了两位数增长，市场容量扩大到12.8亿美元，较2016年的11.36亿美元增长了12.68%。2017年中国PLM市场规模达到20.2亿美元，较2016年增长了13.2%。中国PLM市场份额由2016年的4.4%增长至2017年的4.63%。

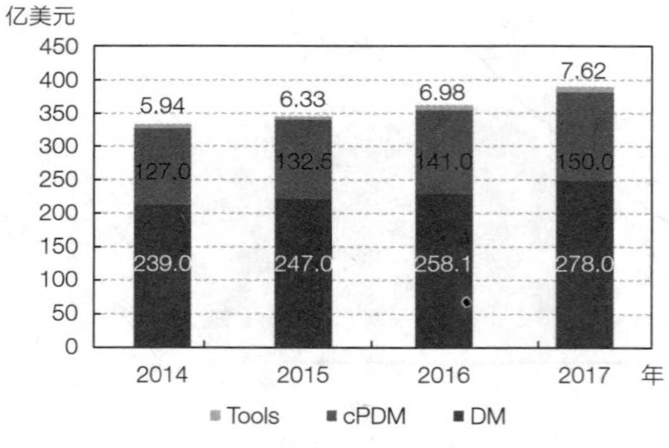

资料来源：CIMdata。

图9　全球主流PLM软件市场规模

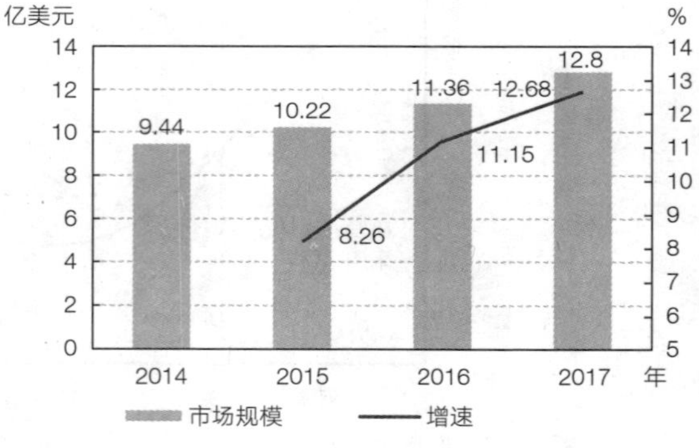

资料来源：CIMdata。

图10　国内主流PLM软件市场规模及增速

同时，CIMdata数据显示，2017年国内PLM市场方面，CAD类软件占比最高，占35.1%；其次是仿真分类软件，占24.9%；再次是cPDM类软件，占24.0%；数字化制造、CAPP等类型软件占比相对较低。

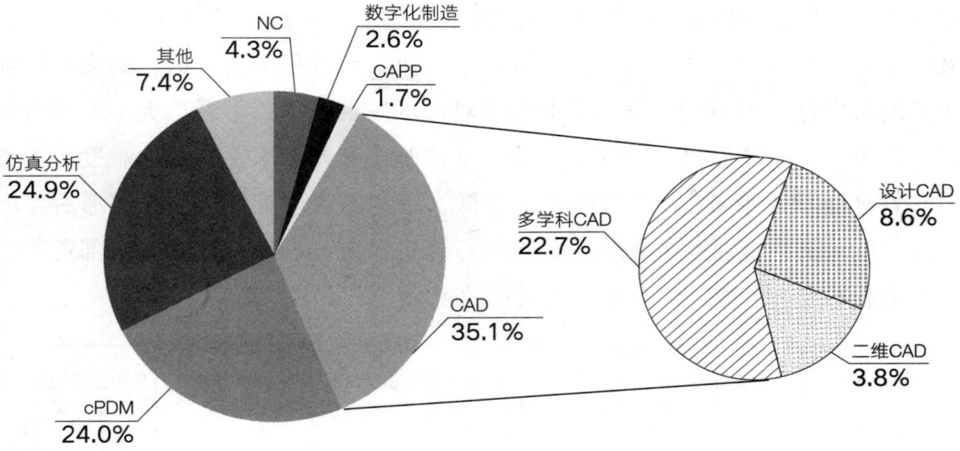

资料来源：CIMdata。

图11 2017年我国主流PLM市场构成

PLM软件为中国工业带来新的增长动力。近十年中国GDP增长逐渐减缓，中国工业增长速度放缓。众多制造企业正面临着巨大的增长压力，因此不仅在传统的离散行业，而且在生命科学、食品饮料和其他新兴行业市场的中国制造商们都越来越关心产品的创新，并通过应用PLM迅速提高内部研发能力和流程，缩短产品研发周期，适应客户不断变化的个性化需求，提高中国工业企业竞争力，焕发新活力。

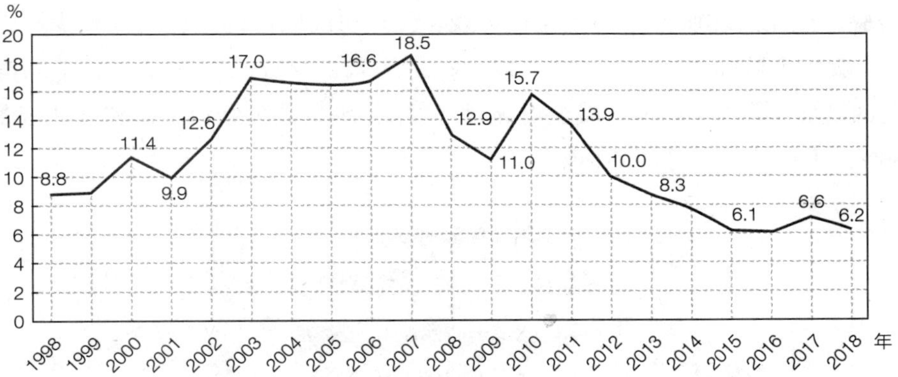

资料来源：Wind。

图12 我国规模以上工业增加值同比

（二）生产调度和过程控制类软件填补了计划到生产的空白

生产调度和过程控制类软件立足实际生产需求，将车间内所有围绕生产驱动的核心业务全部纳入管理范畴之内，从整体架构上打通了从生产计划到生产过程的信息流、数据流、物流，以满足制造业企业的业务需求，实现制造业企业对产品质量、生产效率和生产成本等业务目标的达成。这类软件的代表产品主要为MES工业软件。

MES填补了计划与生产间的空白，增强了企业生产过程中实时信息的交互，强化了生产决策的科学性和可行性。制造企业为应对市场发展要求，不断扩大生产经营规模、增加产品种类、提升产品档次，这给企业的生产制造管理带来了很大的难度，无形中造成了很多管理瓶颈，带来ERP计划执行效率低、在制品管理难、质量跟踪滞后等问题。企业可以借助MES系统对业务优化及管理进行改进，更合理地调配企业内部资源，更深入地发掘企业的生产潜能，使企业摆脱瓶颈的束缚。

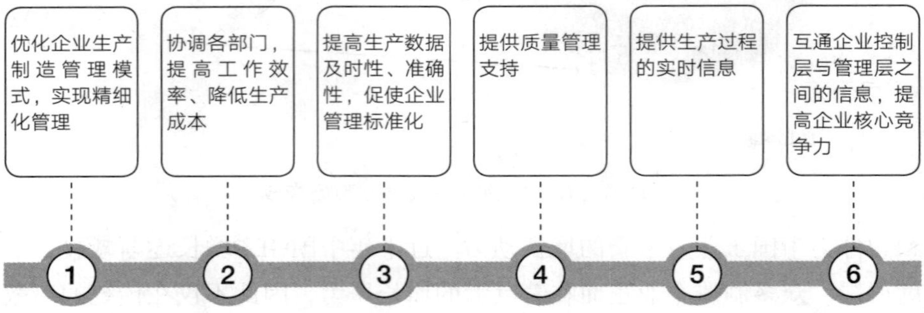

资料来源：CSDN。

图13　MES助力破除制造业管理瓶颈

MES在为企业降低运行成本方面效果显著。国际MESA协会调查研究显示，基于MES用户的经验，使用MES所带来的效益很可观。使用MES软件的企业平均减少制造周期时间45%；一般减少数据输入时间为75%以上；平均减少半成品(WIP)24%；平均减少为交班而准备的纸面工作61%；平均减少引导时间27%；平均减少纸面工作和设计蓝图所带来的损失56%；平均减少产品缺陷18%。

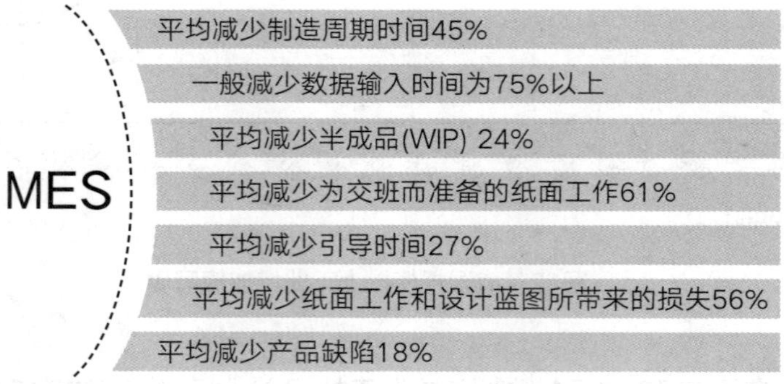

资料来源：e-works。

图14　MES显著降低企业运行成本

中国MES市场前景广阔，规模增长潜力巨大。e-works统计数据显示，中国市场上提供MES软件或实施服务的供应商超过150家，市场竞争活跃。2018年中国MES市场继续保持较稳定增长，市场规模增至33.9亿元，增速为22.0%。以MES供应商龙头埃斯顿为例，年报显示2018年埃斯顿工业机器人及MES业务营收7.3亿元，相比2017年4.9亿元增长约50%。近三年来，受益于国内较大的工业自动化改造实践，MES市场规模同比始终维持较高水平，发展潜力巨大，如果2018年至2020年按年均复合增长率为20%计算，到2020年，国内MES市场规模将达到148.5亿元。

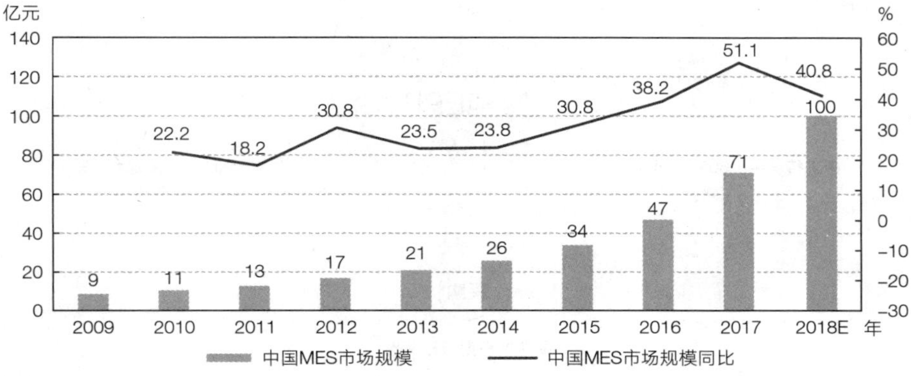

资料来源：智研咨询。

图15 中国MES市场规模

（三）以ERP为核心的业务集成发展基本趋势向好

业务管理类软件的典型代表是ERP软件。ERP针对制造资源管理（工作流）、物料资源管理（物流）、人力资源管理（人流）、信息资源管理（信息流）、财务资源管理（财流）实现系统集成，实现了对整个企业供应链的管理；高效地协调公司各部门的生产计划，统一管理；将多种生产计划集成。

表4 ERP发展历史

时间	企业经营	解决问题	管理软件发展阶段	理论基础
20世纪60年代	追求降低成本； 手工订货、发货； 生产缺货频发	如何确定订货时间和订货数量	时段式MRP系统	库存管理理论； 主生产计划； BOM； 期量标准
20世纪70年代	计划偏离实际； 人工完成作业计划	如何保证计划做到有效实施和及时调整	闭环式MRP系统	能力需求计划； 车间作业管理； 计划、实施、反馈与控制的循环
20世纪80年代	追求竞争优势； 各子系统缺乏联系，矛盾重重	如何实现管理系统一体化	MRP Ⅱ 系统	系统集成技术； 物流管理； 决策模拟
20世纪90年代	追求创新，适应市场环境变化	如何在全社会范围利用一切可利用的资源	ERP系统	供应链； 混合型生产环境事前控制

资料来源：周传宏．产品全生命周期管理技术——企业制造资源管理［M］．上海：上海交通大学出版社，2006：10.

ERP解决方案的演变一直是为了实现企业各种资源集成，保证公司各部门协调统一地完成生产任务，提高企业运转效率。据美国生产与库存控制学会（APICS）统计，使用ERP软件可以在库存、采购、管理等环节显著提高企业的运行效率。

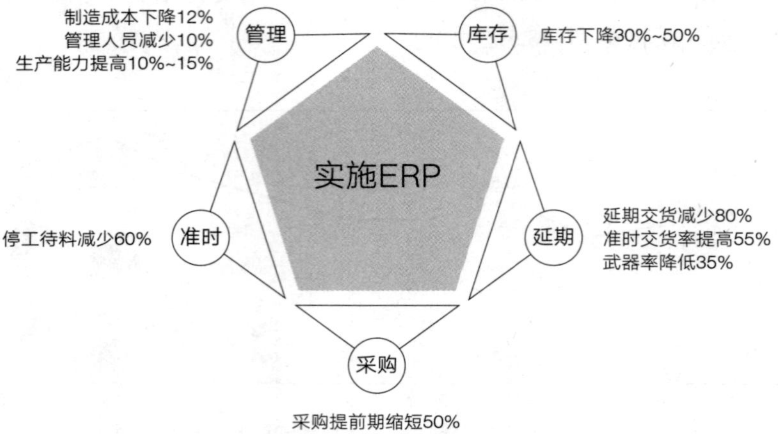

资料来源：周传宏．产品全生命周期管理技术——企业制造资源管理[M]．上海：上海交通大学出版社，2006：1~2.

图16　ERP为企业带来巨大效益

在欧美等发达国家，ERP应用普及度非常高，多数大中型企业已采用，相当比例的小型企业也在纷纷尝试应用。目前国内劳动力成本的上升和企业对于自身精细化管理的需要也促使了企业管理软件市场的增长。2012—2015年，受到宏观经济不景气和企业IT投资意愿下降等因素影响，国内的ERP软件进入低谷期，2016年以后，ERP软件行业需求逐渐回暖。2017年，我国ERP市场规模为242.4亿元，同比增长15.81%，2018年达275.6亿元，到2024年将达486.3亿元。

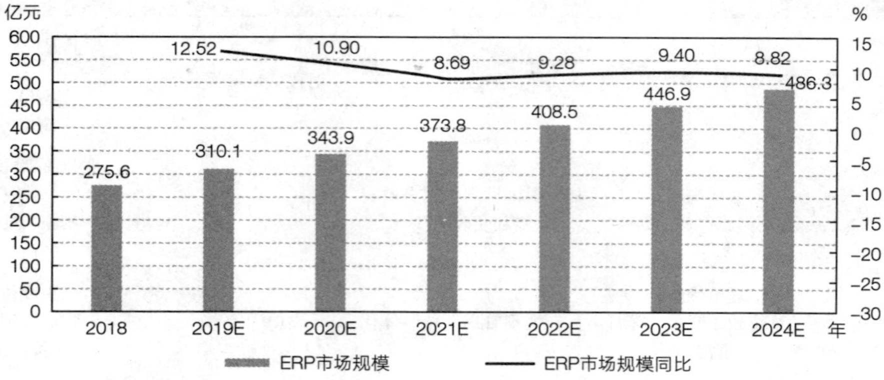

资料来源：华经情报网。

图17　中国ERP市场规模

5G产业：

迎接新时代通信技术革命

李娜　东兴证券研究所通信组

一、5G产业发展历程

（一）5G开启“万物互联”

5G是第五代移动通信技术的简称，5G的意义在于万物互联，即所有“人”和“物”都将存在于有机的数字生态系统中。

移动通信几乎每10年发生一次大的变革，5G时代将来临。移动通信从20世纪80年代诞生，历经1G“大哥大”时代，2G通信方式从模拟变为数字，3G互联网应用具备雏形，直到现今的4G时代，数据业务占据绝对主导，实现“人与人”互联，同时诞生出腾讯、阿里、Facebook等互联网巨头公司。5G技术将形成人、机、物三元融合的“万物互联”空间，作为新一代信息通信基础设施，承载人工智能、自动驾驶、VR/AR、无人机等应用，成为下一轮科技浪潮的先驱。

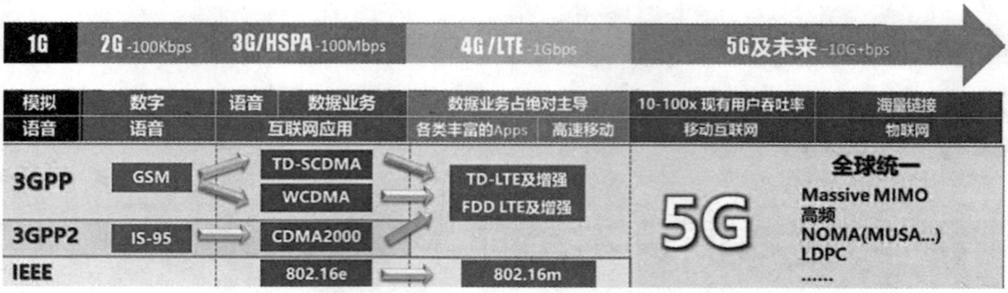

图1　通信技术发展历程

5G三大应用场景开启“万物互联”。ITU提出5G支持三大应用场景增强移动宽带（eMBB）、海量机器类通信（mMTC）和超高可靠低时延通信（uRLLC）三大应用场景，满足万物互联需求。在技术要求方面，5G有8大关键能力指标，其中最受关注为以下四方面：1）1 000x容量；2）1 000亿+的连接支持；3）用户体验速率100M/s；4）时延1ms。

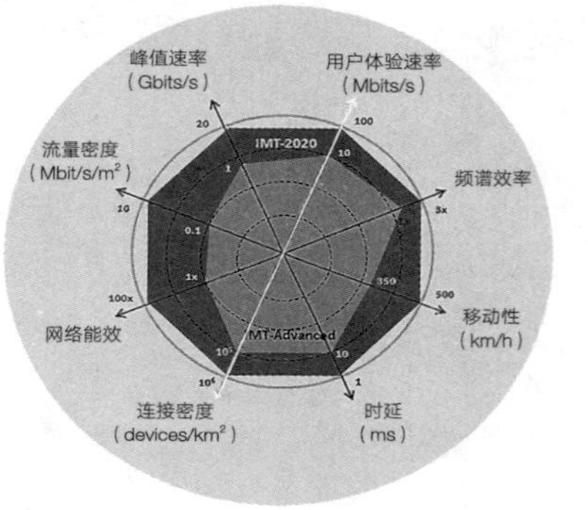

资料来源：中国信息通信研究院．5G 经济社会影响白皮书 [R]．2017.

图2　5G关键能力指标

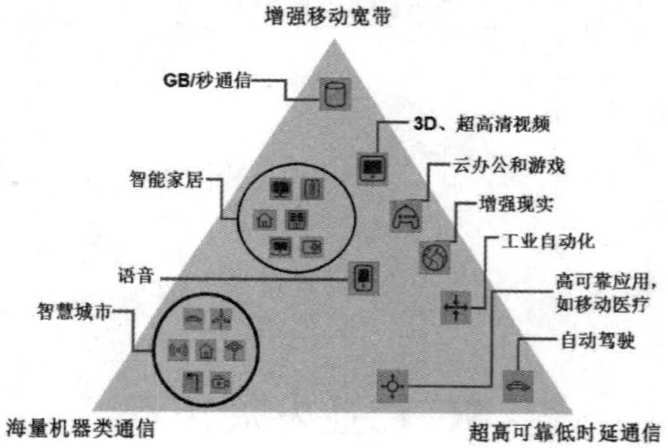

资料来源：中国信息通信研究院．5G 经济社会影响白皮书 [R]．2017.

图3　ITU定义的5G三大应用场景

（二）我国 5G 正处于建设期

根据每一代通信技术发展历程，我们将5G的发展阶段分为规划期、建设期、应用期。

1. 规划期：标准制定（2017—2020年）

5G标准由各国研究机构、运营商、设备制造商、标准组织参与技术研究、开发实践和标准制定。根据3GPP此前公布的5G网络标准制定过程，5G第一阶段启动R15为5G标准，于2018年6月完成，本阶段完成独立组网的5G标准（SA），支持增强移动宽带和低时延高可靠物联网，完成网络接口协议。第二阶段启动R16为5G标准，预计2019年12月完成。

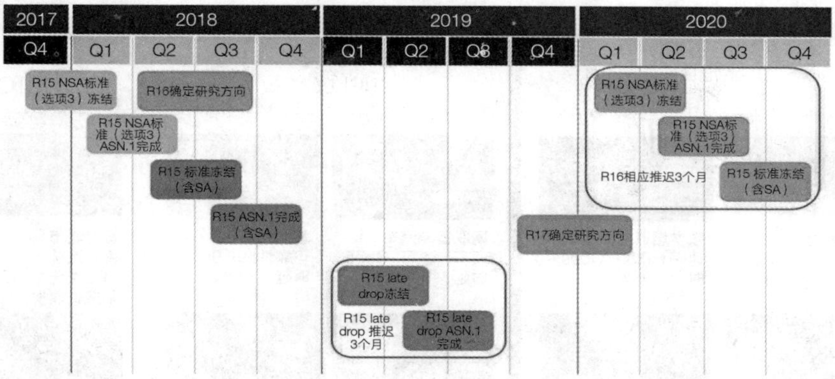

资料来源：3GPP。

图4　3GPP标准化进程

2. 建设期（2019—2025年）

4G时代，全球运营商资本开支在2015年达到高峰，2018年4G建设尾期运营商资本开支达到底部。2019年是我国5G建设元年，运营商资本开始回升。根据三大运营商年报，2019年三大运营商总资本开支预计为3 021亿元（中国移动预计为1 671亿元），其中5G建设预计投入340亿元。由于5G三大场景在技术上难度不同，标准制定在2020年初基本完成，5G场景较4G更广泛、复杂，预计建设周期为5年。

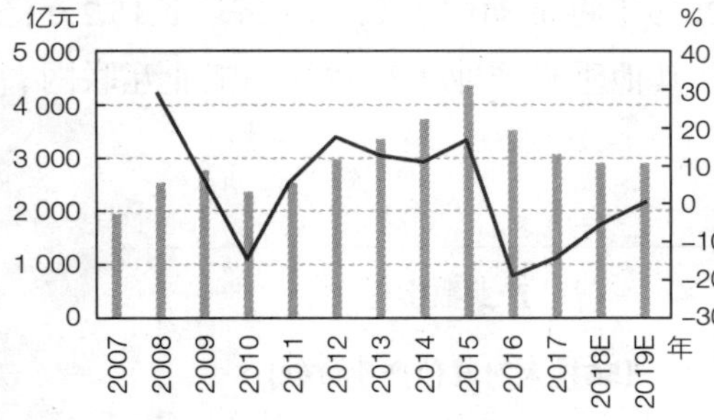

资料来源：Wind。

图5　中国运营商资本开支统计

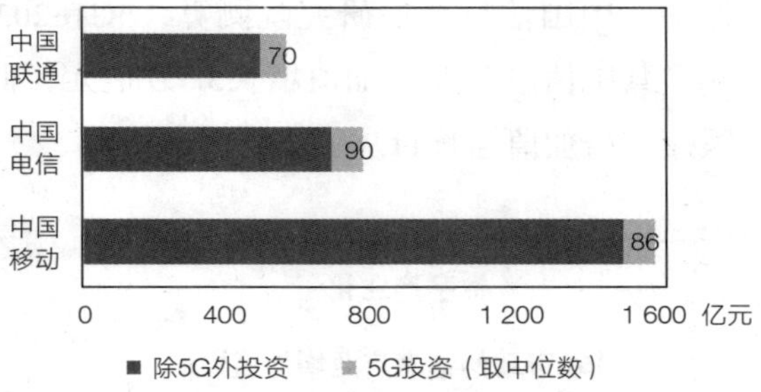

资料来源：Wind。

图6　三大运营商2019年资本开支预算

3. 应用期（2021年以后）

5G应用伴随建设推进，三大应用场景将逐步落实。目前5G小规模试点部署的优势首先将通过eMBB业务面向移动互联网，如以人为中心的4K/8K，360视频带来的沉浸式娱乐消费；2022年后随着基站和下游应用终端数量增加，低时延场景技术成熟度提高，运营商将关注低时延和高可靠的网络建设，工业互联网、车联网等场景的应用使5G价值得到充分发挥。

资料来源：一文尽览5G十大业务应用解决方案及商业模式[EB/OL]. http://dy.163.com/v2/article/detail/ECQT9N070511CSHM.html.

图7　5G应用发展趋势

（三）5G将同时带动信息产业和其他垂直行业发展

5G不仅能在全球科技发展中提升自身的竞争力，也将成为经济疲软状态下有力的抓手。中国信息通信研究院测算，5G在2020—2025年将带动中国数字经济增长15.2万亿元，其中信息产业增加值增长3.3万亿元，而带动其他垂直产业（车联网、工业互联网、医疗）增加值增长11.9万亿元。

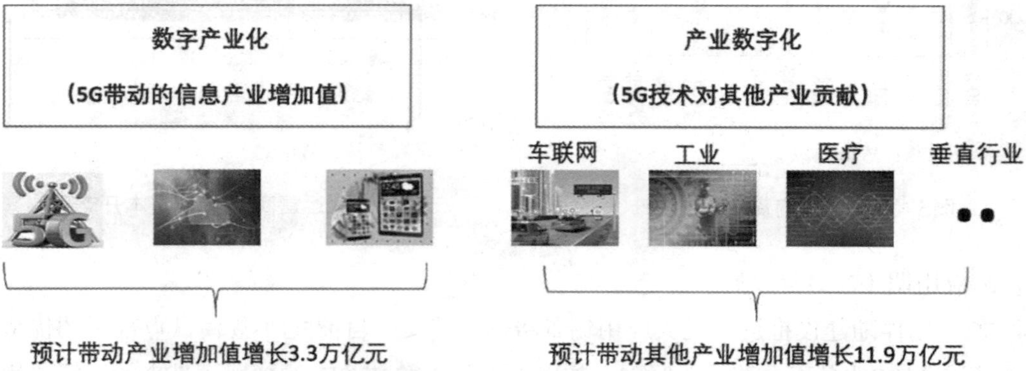

资料来源：《中国5G报告：发展展望与区域比较》。

图8　5G对中国数字经济发展的贡献

二、产业发展的动力

（一）政策：5G 是数字化革命良机，政策方面有望持续加码

从政策角度看，2019年国家对5G有望持续加码。全球经济长期疲软，各国政府希望借由高科技产业带动全行业发展，带动经济走出低谷。5G作为打通各行业进入数字化革命的良机被各国寄予厚望。全国层面，中央经济工作会议将“加快5G商用步伐”作为2019年重点经济工作之一。同年6月，工信部向中国移动、中国电信、中国联通和中国广电发放4张5G商用牌照，标志着我国正式进入5G时代，比预期（2019年预商用，2020年正式商用）提前至少半年。工信部在超高清视频、车联网等5G应用场景方面发布产业支持政策，助推5G应用场景商业模式成熟。地方政府高度关注5G进程，截至2019年5月10日，我国已有5省5市发布5G商用基站建设目标（2020—2022年），总数量达到53.22万个，全国24个省份已经打通5G电话，意味着这些省市已经具备支持5G手机接入端到端5G网络能力。

表1 5G相关产业政策

时间	部门	政策内容
2018-08	工信部、国家发展改革委	颁布《扩大和升级信息消费三年计划（2018—2020年）》，提出加快5G标准研究、技术试验，并确保2020年启用5G商用。
2018-12	工信部	三大运营商已经获得全国范围5G中低频试验频率使用许可，频谱分配方案正式落地，全国范围规模试验将展开。
2018-12	工信部、广电总局、中央广播电视总台	发布《车联网（智能网联汽车）产业发展行动计划》，到2020年，车联网用户渗透率达30%以上，智能道路基础设施水平明显提升。
2019-03	工信部、广电总局、中央广播电视总台	联合发布《超高清视频产业发展行动计划（2019—2022年）》，要求积极探索5G应用于超高清视频传输，实现超高清视频业务与5G的协同发展。
2019-06	工信部	向中国移动、中国电信、中国联通和中国广电发放4张5G商用牌照。

（二）供给端：运营商资本开支计划决定 5G 发展进程

运营商资本开支是5G发展重要的驱动力之一。目前我国4G渗透率已达到75%，4G成为运营商“现金牛”业务，借助4G带来充足的现金流，国内三大运营商紧锣密鼓地进行5G实验及网络建设。5G商用牌照发布后，三大运营商也分别发布2019年5G商用城市，预计各自在10月前为全国40个城市提供5G服务。中国移动建设计划：2018年初至2019年进行5G规模试验，2019年底至2020年完成5G网络预商用和商用，形成面向运营的技术体系、面向友好的业务体验测试，开展规划、组网、建设工作。

中国电信建设计划：2017—2018年已开展小规模外场试验，进行无线组网方案与能力试验，结合终端原型机进行系统试验和业务演示；2018年下半年到2019年开展规模及预商用试验；2020年实现重点城市重点区域规模部署5G网络建设，并开展商用。

中国联通建设计划：2018—2019年初，实验室和外场组网验证；2019—2020年初，网络规划，试商用建设和行业应用推广。

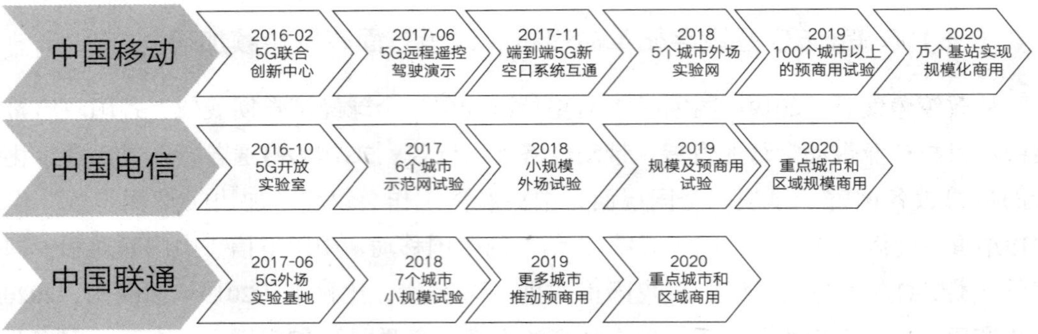

图9　三大运营商5G进展计划

（三）需求方：全球移动互联网流量增长迅速，新应用拓展需 5G 支持

全球移动数据业务流量出现爆炸式增长，4G承载能力不足影响新应用发展。根据思科数据，2021年全球数据量将达到49EB，是2016年的7倍，视频业务成为数据流量增长的动力来源，流量的快速增长使得4G体验速率下滑，同时受限于4G带宽能力不足，无法实现4K/8K视频。

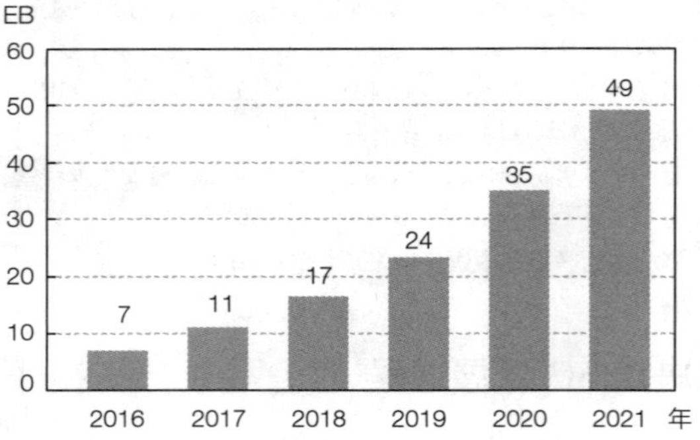

图10　移动数据业务流量增长情况

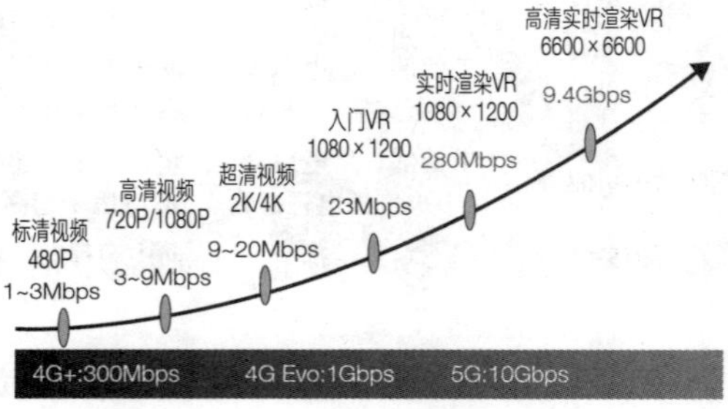

图11　各类清晰度视频对网络的要求

三、产业环境与产业竞争

（一）韩、美、中、日、欧引领 5G 发展

全球5G建设有序开展，韩国和美国已宣布开启5G商用。我国通信技术经历2G跟随、3G突破、4G同步，在5G时代力争全球第一梯队。目前全球5G发展主要由韩、美、中、日、欧引领。

韩国：2019年4月3日，韩国三家运营商正式推出5G商用服务，成为全球首个商用5G的国家。同时韩国计划在2019年下半年开始全国商用部署5G网络，同时推出具备5G毫米波工作频段的智能手机。

美国：2019年4月3日，Verizon率先在明尼阿波利斯和芝加哥商用5G。4月9日，AT&T宣布将其5G网络部署再扩展7个城市，AT&T在美国共有19个城市部署了5G网络。T-Mobile将在2019年下半年启用商用5G；Sprint 2019年5月启用商用5G。

中国：2019年6月6日，工信部向中国电信、中国移动、中国联通和中国广电发放4张5G商用牌照，标志着我国正式进入5G时代。三大运营预计2019年各自在40个重点城市推出5G商用服务。

日本：计划从2020年春季开始陆续推出全面eMBB服务。

欧盟：欧盟主导了5G标准进程，大部分欧洲国家计划在2020年启用5G。

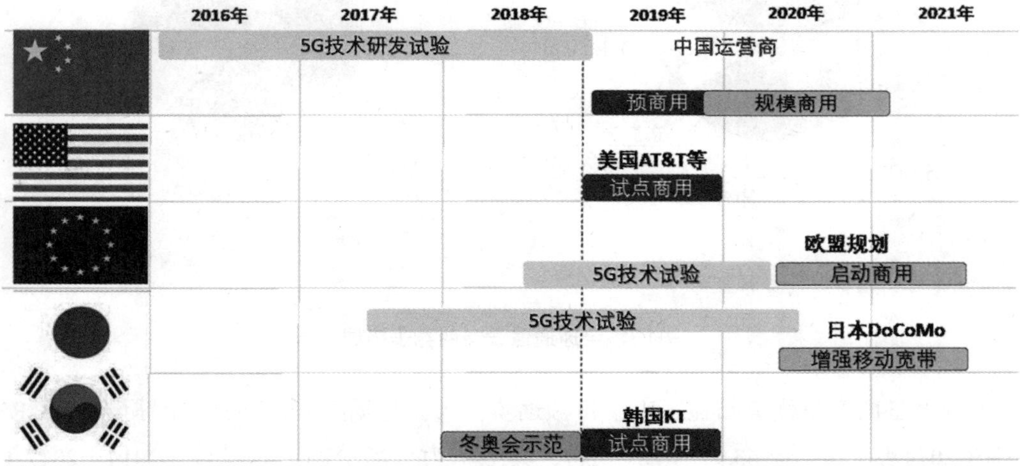

图12　5G第一梯队国家商用现状

（二）全球设备商 CR5 超过 60%，国内设备商竞争优势凸显

全球通信设备商经历数十年变革，形成寡头垄断市场，CR5超过60%。设备商直接向全球运营商提供通信设备，是产业链最重要的环节。随着每一代通信制式变革，早期设备商（如阿尔卡特、朗讯、北电网络、诺基亚等）经历多轮并购重组整合到爱立信、诺基亚。国内设备商华为和中兴在国际巨头角逐中布局3G，在4G时代逐步兴起，目前与诺基亚、爱立信形成四足鼎立格局。

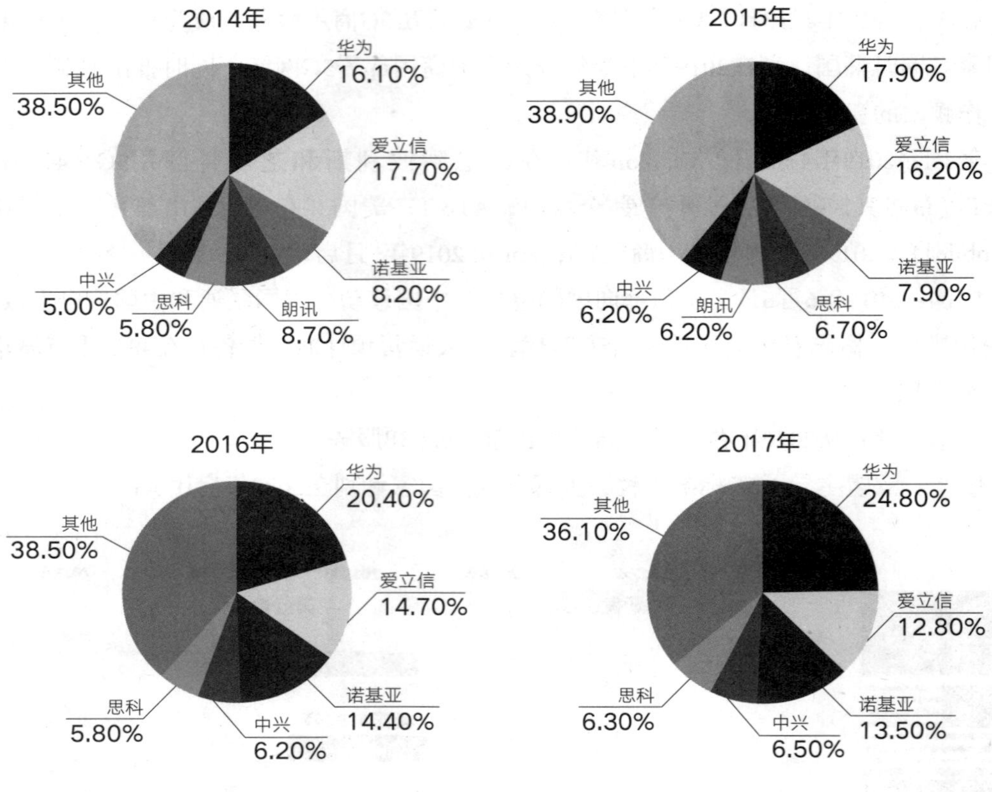

资料来源：根据公开资料整理。

图13　全球通信设备商竞争格局

国内设备商竞争优势凸显，市场份额逐步扩大。根据Ovum数据，全球设备商CR5从61.5%（2014年）上升至63.9%（2017年），其中华为市场份额上升最快。2014—2017年，华为凭借产品性价比优势，4年市场份额提升8.7%，每年保持1个百分点以上的市场份额提升。2015年成功超越爱立信成为全球第一大通信设备商。中兴份额在2014—2017年保持上行趋势。从业绩来看，爱立信和诺基亚近年来并购事件较多，企业组织架构调整较大，业绩均受到影响。反观华为业绩向好，而中兴由于在2016年和2018年分别受到美国贸易制裁导致净利润受损。

在中美贸易摩擦背景下，设备商竞争格局出现新变化，三星成为5G设备商新进入者。贸易反全球化趋势愈演愈烈，2018年4月以来以中兴和华为为首的国内厂商面临的海外压力不断增大。从5G最新订单情况来看，华为订单数量最多，5G基站出货量超过10万个。三星在5G时代成为设备商新进入者，目前主要供货于韩国电信运营商，发货量3.6万个。

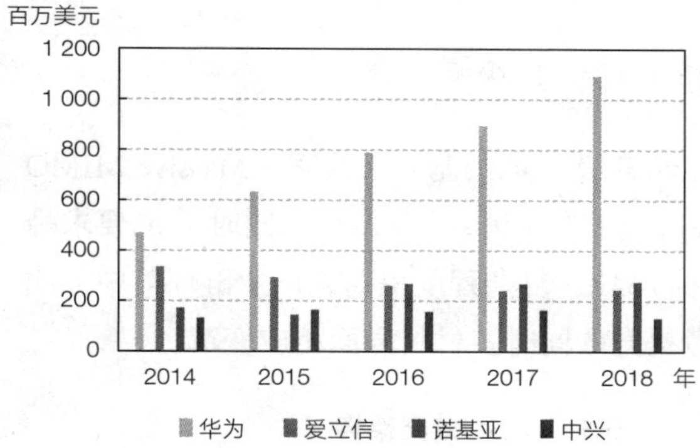

资料来源：Wind。

图14 四大设备商营收对比

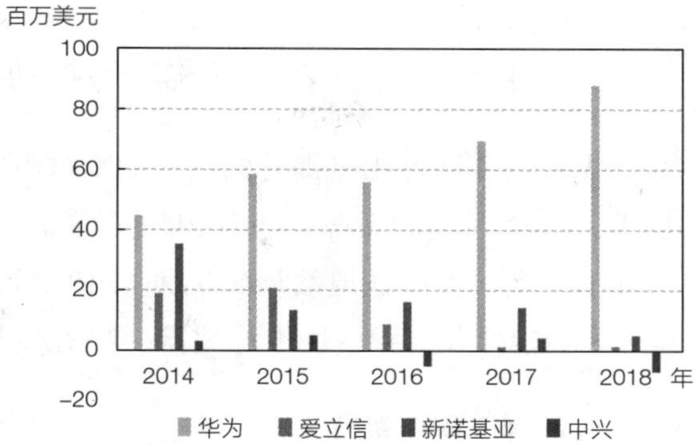

资料来源：Wind。

图15 四大设备商净利润对比

表2 5G合同最新进展

设备商	商用合同情况	5G通信设备出货情况
华为	截至5月10日，已签下42个5G商用合同，其中欧洲25个，中东10个，亚太6个，非洲1个。	5G基站出货量超过10万个
爱立信	截至5月11日，已有18份5G商用合同，包括美国5个，欧洲5个，中东3个，亚太地区4个，亚洲1个。其中5家运营商的5G网络已经正式提供5G商用服务。	
诺基亚	5G商用合同37个，可公开19个，包括美国4个，欧洲7个，亚洲5个，非洲1个，中东1个，南美1个。	
三星	5G商用合同数可能在3~7个。估计主要在韩国，其次是美国。	为运营商提供超过36 000个基站
中兴	与全球30家运营商展开5G合作。	已出货1万个Massive MIMO基站

资料来源：5G微信公众平台。

四、5G产业链分析

5G上游主要包括无线设备（基站天线、射频模块、基带芯片、小基站等）、传输设备（光器件与光模块、光纤光缆、SDN/NFV解决方案等）；中游主要是运营商；下游包括终端设备（可穿戴、车联网、VR/AR等）及一些应用厂商。目前5G还处于建设期，受到5G网络架构变革影响，上游在材料和技术上有新选择。

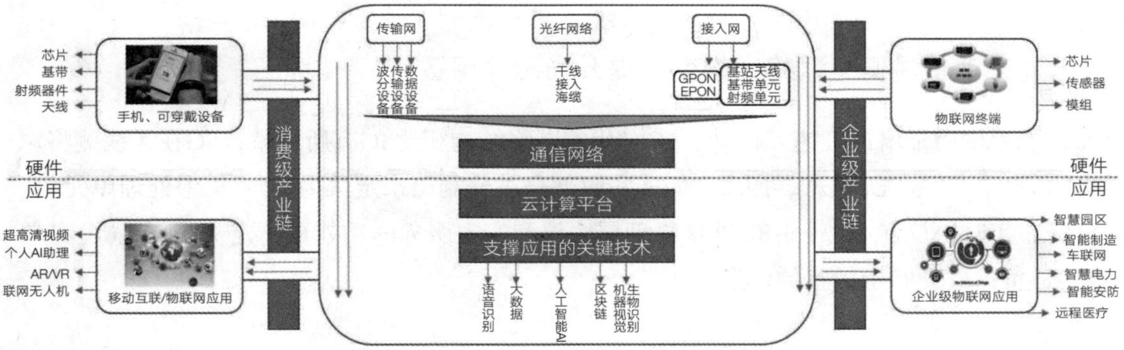

资料来源：赛迪智库。

图16 5G产业链结构图

（一）无线侧：AAU结构变革推动核心部件升级

无线侧零部件用量提升的同时面临材料创新升级。5G的基站天线采用Massive MIMO技术，将4G时期的无源天线+RRU的配置，改进成了有源天线（AAU）。同时，5G要求峰值速率更高，天线通道数从4G时期4T4R变为64T64R，复杂程度提高，产业链环节中天线振子、PCB板及射频模块中滤波器、PA在用量提升的同时，材料方面相应变革。

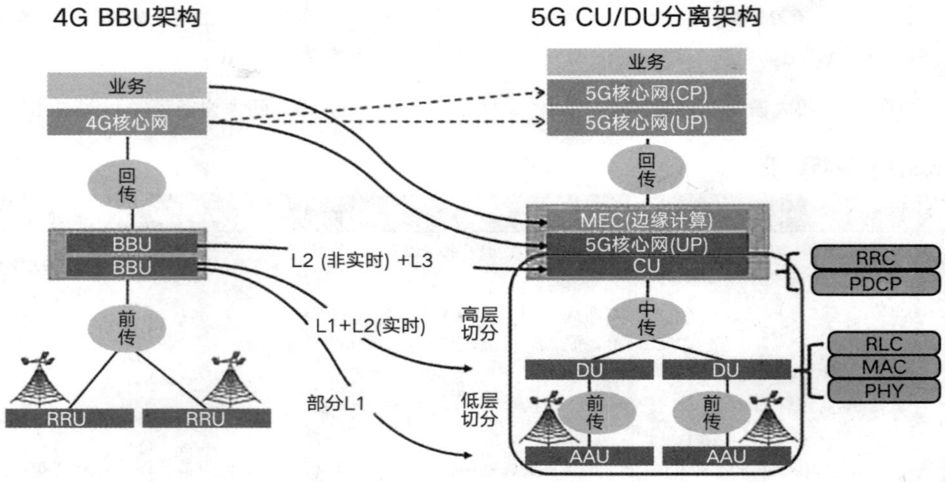

图17　5G网络结构变化

表3　5G天线射频零部件与4G对比

部件	4G方案	5G趋势	优点
天线	4/8通道	64/128通道	匹配高速高频要求
天线振子	金属压铸/钣金	塑料	重量小，成本低，性能优，在大规模MIMO下可满足轻量化需求
滤波器	金属腔体	陶瓷介质	体积更小，重量更低
功率放大器(PA)	LDMOS	GaN	功率密度更高，更适宜小型化
PCB	RRU:射频板BBU:基带板和背板	12~16层复合板，尺寸增加	匹配高速高频要求

（二）传输侧：网络架构变化提升光器件用量

光模块用量增加且速率提升。5G时代的网络结构相比4G有所调整，5G在无线侧将原来的BBU拆分为CU和DU，原BBU的非实时部分被分割出来定义为CU（集中处理单元），负责非实时协议和服务；BBU处理物理层协议和实施服务的功能重新定义为DU（分布单元），负责处理时延敏感的信息。

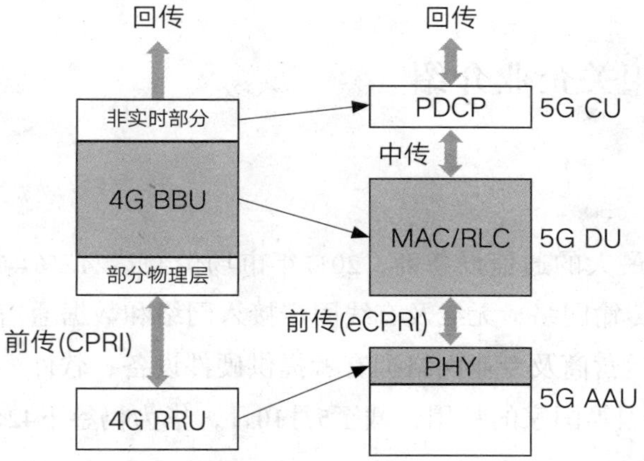

资料来源：中国电信．5G时代光传送网技术白皮书[R]．2017.

图18 5GCU/DU架构

AAU-DU-CU-核心网四部分，相应的承载也分为三段：AAU-DU称为前传，DU-CU称为中传，CU-核心网称为回传。4G时代网络架构只有前传和回传，5G时代光模块用量增加主要是由于CU和DU分离。前传光模块速率要求为25G，显著高于4G时期6/10G，而接入环、汇聚环、核心环的光模块用量也会随之提升，且速率要求也是成倍增长。

表4 5G各环节光模块要求表

传输环节	光模块传输速率	收敛比
前传	25G	NA
接入环	25G/50G	1：8
汇聚环	100G/200G	1个汇聚环带6个汇聚设备；一个汇聚设备接6个接入环
核心网	200G/400G	四台核心设备约有12 000个基站

资料来源：张成良．5G承载需求及方案探讨[R]．2018.

光模块增加推动上游光器件行业需求量扩大。光模块上游主要是光器件，包括光芯片、光纤连接器、光分路器/隔离器、光激光器/探测器、光纤适配器、陶瓷套管/插芯等。光模块增长在提升上游光器件需求的同时，对光模块速率要求更高，对光器件的性能要求也会相应提高。

光纤光缆方面，5G基站密度加大导致光纤光缆用量相比4G多。但是叠加移动FTTx建设接近尾声，光纤光缆行业面临5G需求不明朗，同时光纤光缆价格竞争激烈，市场前景有待观察。

五、产业链相关企业介绍

（一）华为

华为是目前全球最大的通信设备商，2017年市场份额达24.8%。华为产品涉及通信网络中的交换网络、传输网络、无线及有线固定接入网络和数据通信网络及无线终端产品，为世界各地通信运营商及专业网络拥有者提供硬件设备、软件、服务和解决方案。5G方面，虽然受到美国等国家的禁用，截至5月10日，华为仍签下42个5G商用合同，5G基站出货量超过10万个。

（二）中兴通讯

中兴通讯是全球重要通信设备商，也是国内第二大通信设备商。其产品涉及无线网、接入网、核心网等通信设备，在5G研发和商用化产品方面处于世界领先地位。已与全球超30家运营商展开5G合作，MassiveMIMO基站累计发货万台。禁运事件不利影响将逐步消除，2019年第一季度实现盈利。从长期看，中兴与三大运营商合作关系稳定，国内5G建设稳步推进，公司在5G方面技术储备有望在5G时代进一步提升通信设备份额。

（三）中国铁塔

中国铁塔是由中国移动、中国联通、中国电信和中国国新出资成立的通信铁塔基础设施服务企业。公司主要从事通信铁塔等基站配套设施和高铁地铁公网覆盖、大型室内分布系统的建设、维护和运营。2018年，中国铁塔在香港上市。截至2017年底，公司拥有通讯铁塔站址187.2万个，数量全国占比为96.5%。5G基站数量预计是4G的1.2~1.5倍，同时5G应用场景多元化，小微基站也需要大量铺设，给中国铁塔带来新的站址需求。

（四）烽火通信

烽火通信作为信科集团光通信龙头，产品覆盖光通信全产业链，包括光通信设备、光纤光缆及光器件，在国内通信传输承载网络的市场份额仅次于中兴和华为。公司推进“云网一体”战略转型升级，在云计算、大数据、信息安全、物联网等领域稳健发展，积极拓展以电信云为核心的云平台技术开发，ICT融合成效显著。

（五）光迅科技

光迅科技是国内光器件市场龙头，国内少有的具备光芯片到光模块全产业链生产能力的厂商。公司光芯片能力主要有两个来源。一是外延并购，光迅科技2012年以800万美元收购丹麦PLC芯片商IPX，2016年收购法国从事InP基高速激光器研发生产的Almae。二是投资研发，2014年公司定向增资募资6.09亿元用于“宽带网络核心光电子芯片与器件产业化项目”，涉及6类产品，增加共计240.36万只宽带网络核心光电子器件产能。公司也在寻求增强在光模块领域的实力，2019年4月24日，公司非公开发行股票募资12.23亿元，其中10.23亿元用于“数据通信用高速光收发模块产能扩充项目”，预计增加80.89万只100G数通光模块产能。

（六）高新兴

高新兴公司聚焦“车联网和执法规范化”两大业务。车联网方面，公司在国内车联网市场具有先发优势，目前车联网业务主要分为车载端、车路协同。车载端，公司与高通展开合作，为吉利汽车量产针对5G和V2X的车载单元。车路协同主要落实在公司电子车牌项目，公司在重庆项目独占鳌头，目前重庆已拥有国内建设规模最大、系统最完善的电子车牌运营管理系统，同时公司中标天津、武汉、承德电子车牌试点项目。执法规范化方面，公司2018年收购神盾信息，打造“云+端”执法规范化闭环体系。目前在手项目有海关总署2018中心采购项目、广州海关缉私局智慧缉私中心设备采购项目等。

物联网产业：新场景，新变革

韩宇　东兴证券计算机行业研究员

一、物联网蓬勃发展

（一）进入边缘智能时代，想象空间大

物联网的概念来源于经典的无线传感器网络，用意为：

传感器+通讯+电池 = 无线传感器节点

传感器节点可以被撒播在广阔的区域，实施参数回传、无人检测、预警等功能。

之后，伴随技术的演进，小型终端设备在电能、通讯能力、运算能力、传感能力几个方面有了显著的参数提升乃至技术突破，因此诞生出物联网的概念（Internet of Things, IoT）——让所有能行使独立功能的普通物体实现互联互通的网络。

物联网产业进入边缘智能时代。伴随云平台、AI技术的迭代演进，物联网具有更强的智能分析属性，通过将算力边缘化，可以实现在现场的智能化态势感知，而无须像传统模式那样需要在后端处理中心进行响应。物联网系统的智能化水平得到显著提升，可以实现边缘层面的智能分析。

物联网概念想象空间巨大。伴随传感、通信、计算相关基础技术的演进，人类可以

对周边存在的物体的状态进行实时的感知及数据交互，这将显著提升大量设备的智能化水平，城市的治理能力，工业生产的自动化、信息化、智能化水平，使工业化与信息化深度融合，迈向新的时代。

连接数目显著增长，据GSMA统计，2017年物联网连接数目为63亿个，预计至2025年达到252亿个，其中工业物联网设备规模为138亿个。中国信息通信研究院数据显示，截至2018年6月，我国公网M2M连接数目已达5.4亿个，产业规模急剧增加。据中国信息通信研究院口径，2018年我国物联网相关产业规模已达1.2万亿元，2009年为1 700亿元，2015年为7 500亿元。

从全球来看，物联网产业规模巨大、连接数目增长强势。据IDC统计，2018年全球物联网整体支出超过7 720亿美元，投入最多的三个细分领域是制造业（1 890美元）、交通运输业（850亿美元）、公用事业（730亿美元）。从连接数目上看，据中国信息通信研究院统计整理，2018年上半年全球蜂窝物联网连接增速达72%，总连接数目接近9亿个，中国移动物联网连接数目已经达到3.84亿个，沃达丰超过7 000万个，AT&T超过4 000万个。

（二）受到政策高度关注

物联网产业在我国受到政策重点关注。

《“十三五”国家信息化规划》明确提出，要积极推进物联网发展：“推进物联网感知设施规划布局，发展物联网开环应用。实施物联网重大应用示范工程，推进物联网应用区域试点，建立城市级物联网接入管理与数据汇聚平台，深化物联网在城市基础设施、生产经营等环节中的应用。”

工信部《信息通信行业发展规划物联网分册（2016—2020年）》对物联网产业发展目标进行了明确的指引，指出至2020年，产业规模突破1.5万亿元，公众网络M2M突破17亿，研究制定200项以上的国家和行业标准。培育200家左右技术研发能力较强、产值超10亿元的骨干企业。

2017年，《工业和信息化部办公厅关于全面推进移动物联网（NB-IoT）建设发展的通知》提出：至2020年，NB-IoT实现全国普遍覆盖，基站规模达到150万个，总连接数超过6亿个。

物联网产业在国外也受到重点扶持和关注，其中受到发达国家重点关注的是智能制造领域。美国高度重视智能制造，早在2009年就提出了“再工业化”计划，推动信息技术与智能制造融合。欧洲国家也有面向智能制造的政策，比较知名的有德国的“工业4.0”战略。此外，欧盟在2016年提出了一项“数字化欧洲工业”（DEI）计划，用于进一步推动欧洲整体的数字化转型进程，其三大核心基石就为物联网、大数据及人工智能。

二、CIG（消费／工业／政府）三大下游行业驱动物联网产业发展

目前，产业界的共识是物联网刚需下游主要有三个：政府（智慧城市）、工业（产业转型）、个人（消费升级）。由此产生三大驱动因素。

（一）C端：家居智能＋可穿戴设备

1. 可穿戴设备

可穿戴设备主要包括手表、手环等，近年出货量上升很快，根据IDC的数据，2018年第四季度我国可穿戴设备市场交付量为2 269万台，同比增长30.4%。至2022年，可穿戴设备交付量整体的复合年均增长率（CAGR）为12.5%，其中增速较快的品类为蓝牙耳机、智能手表、智能着装。目前，我国市场可穿戴厂商前几名均为手机厂商，如小米、华为等。

表1　2018—2022年可穿戴设备增速预测

产品		2018年交付量（百万台）	2018年市场占有率（%）	2022年交付量（百万台）	2022年市场占有率（%）	2018—2022年CAGR（%）
智能手表	Watch OS系统	20.2	16.2	34.5	17.3	14.3
	Wear OS系统	5.4	4.3	19.6	9.8	38.0
	Android系统	8.0	6.4	17.4	8.7	21.3
	其他操作系统	9.8	7.8	17.6	8.8	15.7
	总计	43.4	34.7	89.1	44.6	19.6
智能手环		45.1	36.1	45.9	23.0	0.4
基本手表		29.6	23.7	39.3	19.7	7.4
耳戴设备		2.2	1.8	12.6	6.3	54.4
智能着装		3.4	2.7	11.7	5.9	36.4
其他		1.2	1.0	1.2	0.6	0.7
总计		124.9	100.0	199.8	100.0	12.5

资料来源：IDC Worldwide Quarterly Wearable Device Tracker, Jun.2018.

可穿戴设备增长背后的原因主要包括技术演进（“好用”）及新应用场景被挖掘（“有用”）两个层面。从技术角度说，智能OS+传感器技术的演进迭代为可穿戴设备“好用”提供了重要基础，通过与手机连接并显示微信、短信等文字内容，可穿戴设备事实上提供了新的交互模式。从新应用场景挖掘角度说，健康、运动、支付等新的场景不断涌现，智能设备的“有用”程度得到进一步提升，如在公交刷卡的场景中，传统的场

景需要找卡—刷卡两个环节，采用智能手机需要拿手机—刷手机两个环节，而采用智能手表仅需要刷一下一个环节，可穿戴设备本身的穿戴属性为提升使用体验提供了强有力的基础。

2. 智能家居

智能家居也是物联网在C端重要的主题。我国智能家居规模已达千亿元，并且产品体系繁茂，形成了以智能冰箱、洗衣机为核心的智能化产品体系。从出货规模来看，家用电器智能化的趋势仍将持续，根据IDC口径，智能家居市场设备出货量将达到1.5亿台，同比增长26.3%，至2022年将达到3亿台。

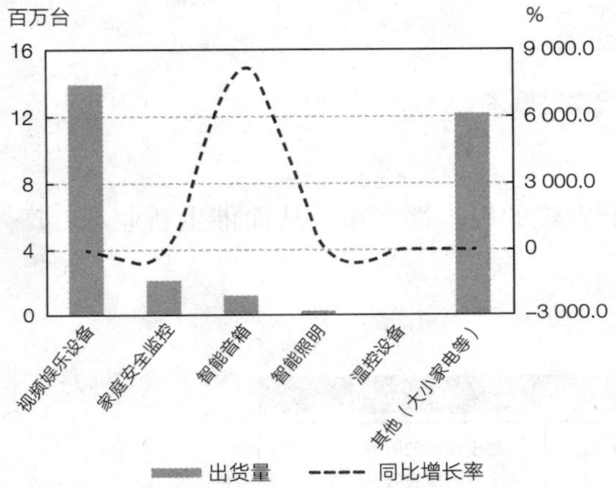

资料来源：IDC. 中国智能家居设备市场季度跟踪报告（2018年第一季度）[R]. 2018.

图1 2018年第一季度中国智能家居市场设备出货量

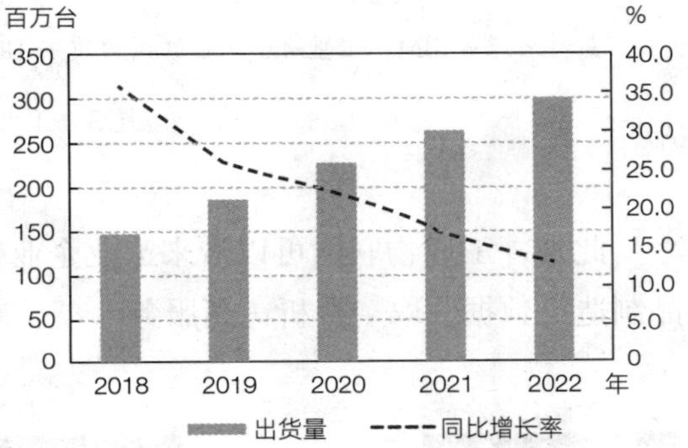

资料来源：IDC. 中国智能家居设备市场季度跟踪报告（2018年第一季度）[R]. 2018.

图2 2018—2022年中国智能家居市场出货量预测

（二）I端：传感＋智能赋能

工业物联网是“工业4.0”技术革命的重要基础，具备三点本质属性：

一是感知与连通：传感器获取大量物理参数，包括生产的各个要素，劳动人员、机器、原料等。

二是分析：包括对于现实世界的物理建模、将相应的数据进行实时的分析处理。

三是响应：基于接收到的数据对物理实体进行参数控制；通过工业物联网系统沉淀的海量数据资源。

物联网概念在工业领域应用前景广阔，可以变革传统的工业生产模式，使得生产向数字化、智能化转型。物联网+云平台+大数据分析技术＝智能化生产。

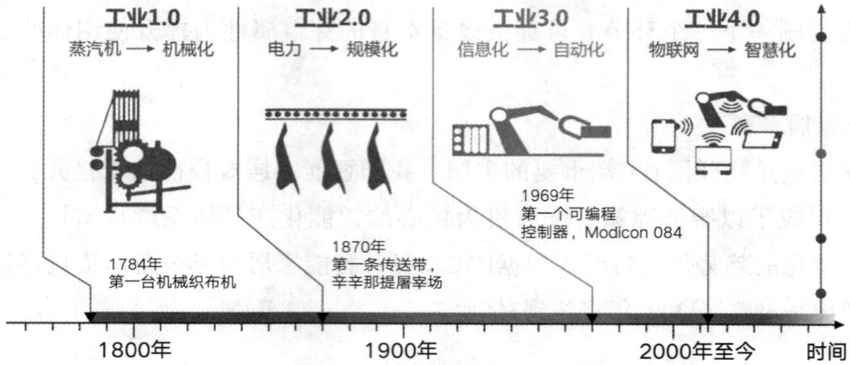

资料来源：IBM．工业 4.0 与物联网白皮书 [R]．2016.

图3　工业世代演进概述

此外，工业物联网可以带来工业企业生产方式的根本性变革，从而催生新业态：产品制造 + 数据获取 + 分析 = 新服务。

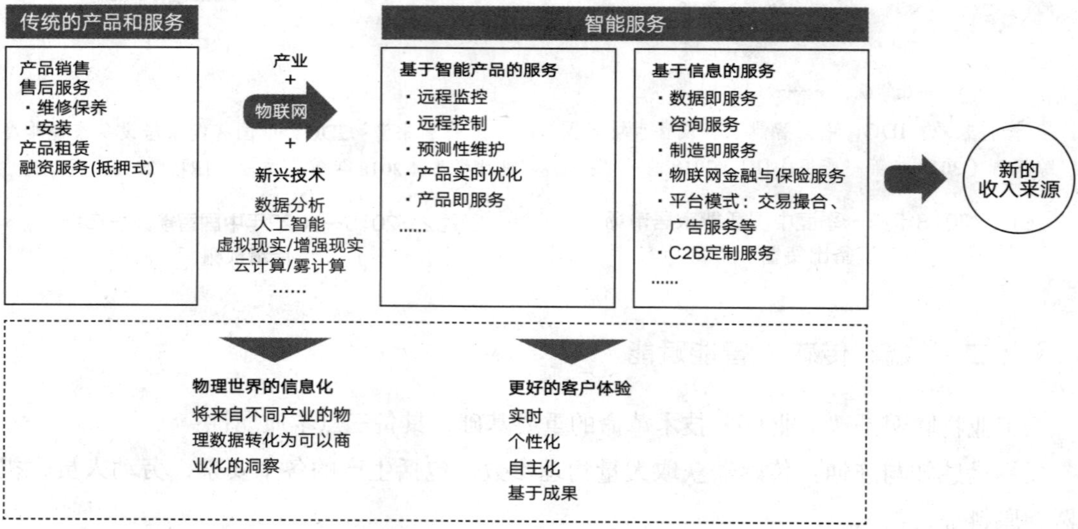

资料来源：埃森哲．物联网 +：制造业向智能服务转型的新引擎 [R]．2018.

图4　基于“物联网+”的智能服务

从产生的实际功能上来说，物联网技术为工业带来的新变革主要体现在精益生产、实时分析、大数据回溯三个层面。

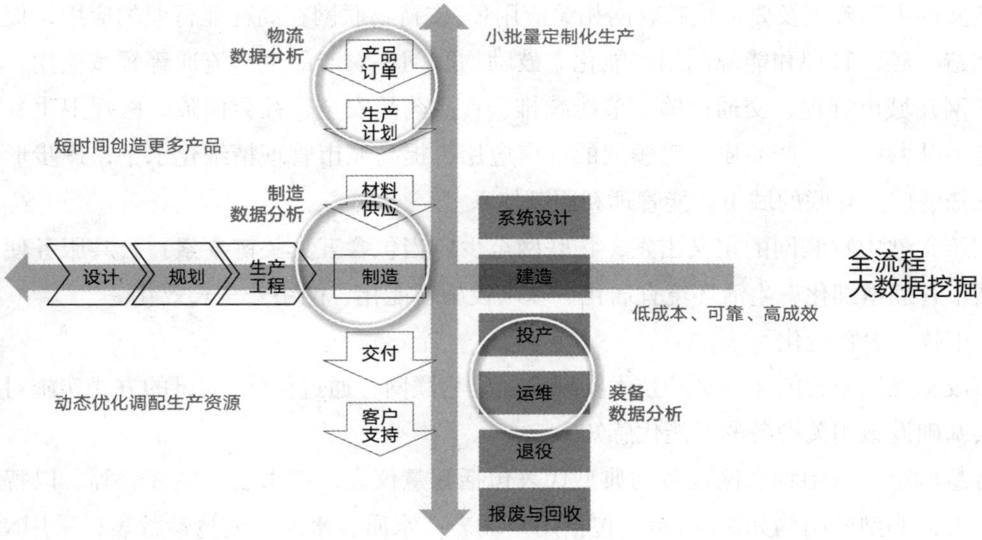

图5　工业物联网赋能示意

落实在具体的场景上面，主要包括以下内容：

（1）优化产品设计与个性化定制。通过传感器搜集大量的产品实际使用数据，如汽车的引擎、刹车参数等，可以帮助厂商更好地以数据理解用户的使用习惯和真实需求，从而更好地满足需求。通过信息技术快速响应用户的定制化需求，并依次作出相应的流程、物料、交付安排，可以实现依托于原有生产线的非标准化订制。

（2）产品故障诊断。通过传感器回传的海量数据，及时分析出设备的真实工况，并依次作出快速的诊断与维修决策。

（3）优化生产流程。通过生产线端部署的海量传感器，及时感知和响应生产过程中存在的微小缺陷与异常。

（4）预测与供应链管理。通过对大量销售数据、供应链数据的分析，对未来的销售情况及相应的供应链储备作出智能化安排。

（5）经营决策分析。工业物联网的好处在于能够提供大量高价值生产环节数据，通过统计分析手段可以有效挖掘生产环节中未知但重要的相关性因素，快速找出生产中未能及时发现的异常与瓶颈，从而以数据为基石为决策优化提供依据。

（三）G 端：智慧城市

智慧城市本质属性对物联网有刚需。政策扶持是G端产业的重要驱动性因素，智慧城市文件大量提及对于感知的要求，直接利好物联网。

智慧城市定义明确提及物联网。国家发展改革委《关于促进智慧城市健康发展的指导意见》中明确提出：“智慧城市是运用物联网、云计算、大数据、空间地理信息集成等新一代信息技术，促进城市规划、建设、管理和服务智慧化的新理念和新模式。”

该文件中明确提及要加快物联网相关应用："支持物联网在高耗能行业的应用，促进生产制造、经营管理和能源利用智能化。鼓励物联网在农产品生产流通等领域应用。加快物联网在城市管理、交通运输、节能减排、食品药品安全、社会保障、医疗卫生、民生服务、公共安全、产品质量等领域的推广应用，提高城市管理精细化水平，逐步形成全面感知、广泛互联的城市智能管理和服务体系。"

从该文件中物联网的定义出发，物联网至少应当包含五大关键要素：公共服务便携化、城市管理精细化、生活环境宜居化、基础设施智能化、网络安全长效化。

1. 市政仪表智能化

市政基础设施智能化的必备技术实现途径是物联网，通过传感+通讯的方式实施对大量公共基础设施相关设备的智能化感知。

智慧城市领域中物联网设备的典型代表包括智慧仪表，如水表、燃气表等。以智慧水表为例，典型的结构如图6所示，包括用户端表，水质、水压、流量参数表，采用NB-IoT技术或者移动网络（CDMA/4G），将数据传输到IoT平台端，并基于此承载计费、报表、监测等核心业务应用。

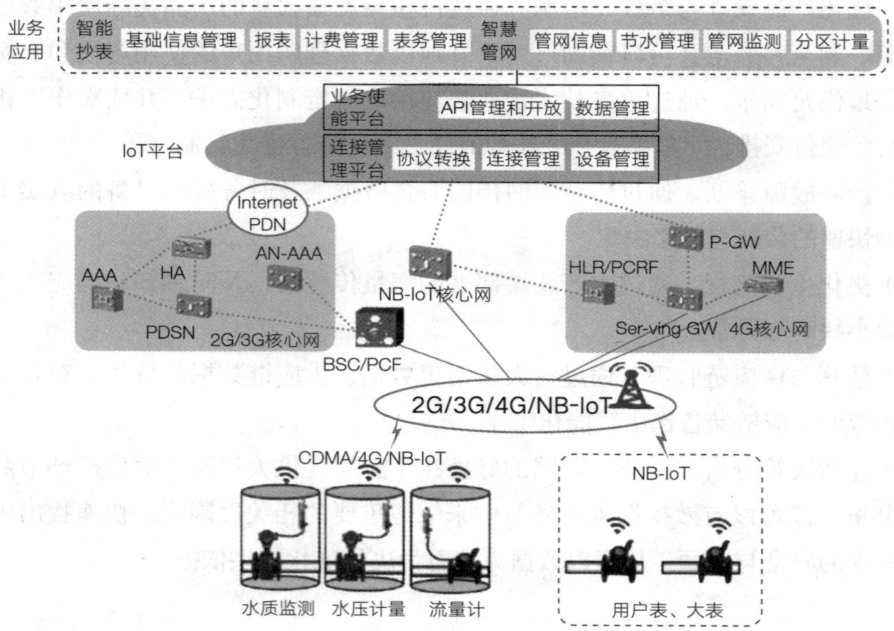

资料来源：中国电信，华为．NB-IoT 智慧水表白皮书 [R]．2017.

图6　智能水表示意图

智能仪表类产品产业空间巨大。以水表为例，参考《NB-IoT智能水表解决方案白皮书》的测算逻辑，按照目前我国人口情况概算，目前我国约有4.2亿~4.5亿台的存量水表市场，假设6年替换一次，则对应7 000万~7 500万台/年的更新换代需求，按照每台水表

200元计算，如果以未来50%更新换代水表为智能水表进行估算，则对应为每年70亿~75亿元的市场规模。如果考虑到智能电表、智能燃气表的业务规模测算，对应的市场容量为120亿~200亿元，市场空间巨大。

2. 安防，关注智能化趋势

另一个典型的应用场景是安防监控。近年受益于平安城市等政策驱动，安防产业高速发展，2018年全球安防设备市场规模约为185亿美元（IHS），折合成人民币为1 280亿元。安防产业趋势为智能化，即在传统的摄像头—网络设备—存储—监控架构基础上叠加了视频智能分析功能，利用AI技术实施对人或者物体的智能识别与分析，目前在公安等领域已经有了显著规模的部署。

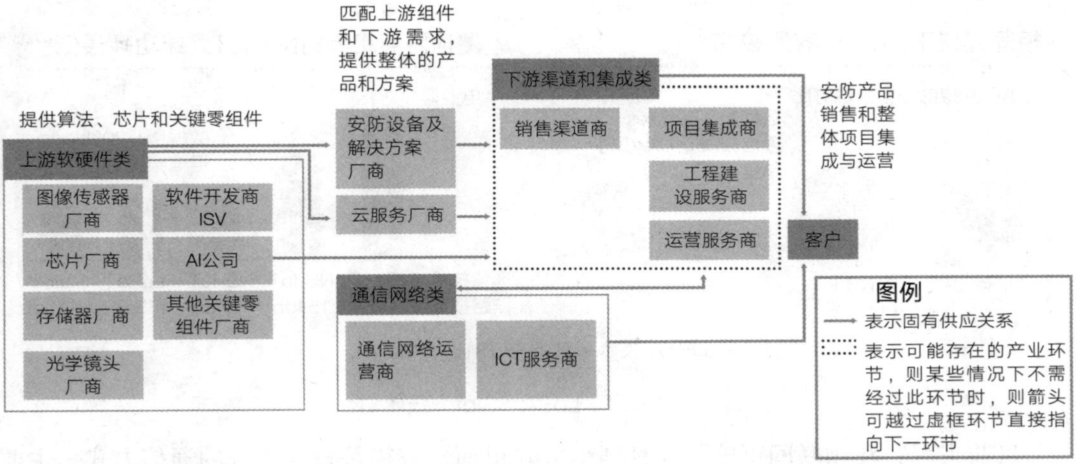

资料来源：艾瑞．中国 AI+ 安防行业发展研究报告 [R]．2018.

图7 2018年中国AI+安防产业链

基于AI的安防（也叫机器视觉）是一个快速增长的细分领域，2018年市场规模约135亿元，至2020年，市场规模预计超过400亿元。

三、产业链

（一）上游：基础组件

1. 通信：关注LPWA、电信运营商

物联网本身并不要求设备采用有线或者无线的传输方式（如安防设备绝大多数为有线连接），但是很多市政、工业的实际场景需求其最好具有无线通信的能力，而这些场景下，物联网节点往往需要能够以较低的功率工作很长时间，由此诞生出了经典的要求：低功率+广域传输（Low-Power Wide-Area，LPWA）

目前来看，经过多年的技术演进已经形成了四大技术流派：eMTC、NB-IoT、LoRA、Sigfox。其中eMTC的功耗相对较高，对于大多数功耗敏感的场景而言，具有实际讨论意义的还是后三者，从目前技术演进的情况来看，主要还是NB-IoT。

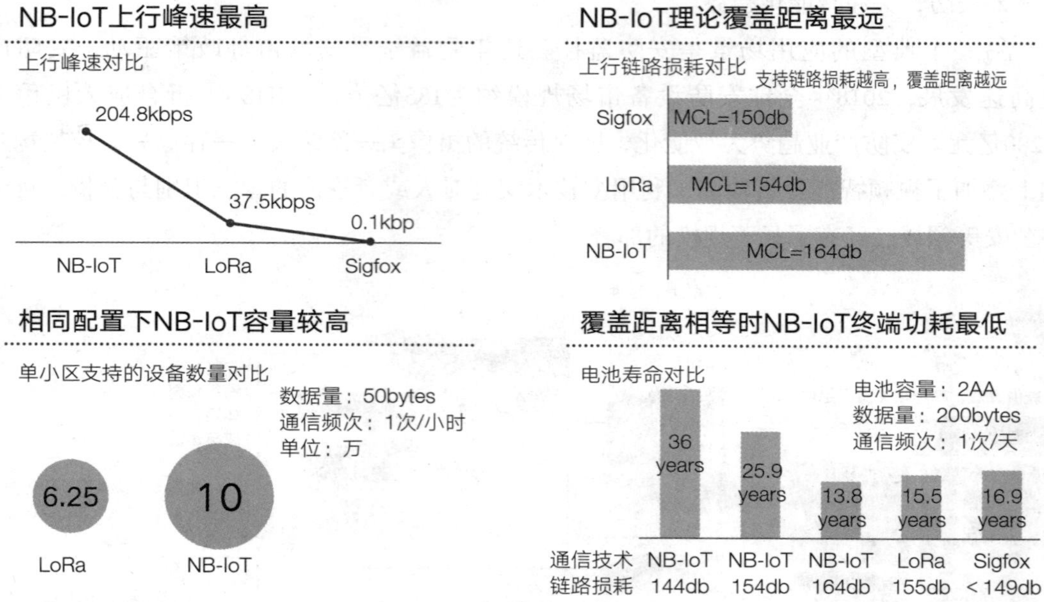

资料来源：艾瑞．中国物联网LPWA技术研究报告[R]．2018.

图8　NB-IoT、LoRA、Sigfox技术对比

目前来看，在物联网可能的几种通信方式里面，有线是较为传统的通信方式，主要的供应商是网关设备厂商，如华为等。无线是值得关注的领域，大致上可以分为两种模式：一种是需要利用运营商网络的，其具体技术会伴随运营商的网络更迭而不断更新。这种模式的特点是能耗较大，但通信速率较高（蜂窝移动通信技术在诞生之初的服务对象不是物联网，而是消费级移动通信场景，这些场景可以认为是数日一充电）。另外一种是不需要利用运营商网络的，主要包括之前我们说的LPWA里面剔除eMTC的三种。这种模式能耗小，但通信速率低，因此场景受限，最典型的场景是无线抄表。从未来发展趋势来看，会呈现出两者并存的发展态势，因此受益于物联网的重点厂商应当是运营商，其次为LPWA相关厂商。不过从目前的市场竞争态势来看，后者的竞争格局相对较为分散，各家难以分出伯仲，大概率从关键技术层面难以拉开差距，另外技术也在不断演变，市场比较分散，因此现阶段应当重点关注运营商。

中兴通讯是我国在此领域的代表厂商，提出“M-ICT”万物移动互联战略，并积极参与行业联盟，是NB-IoT联盟的主要成员，且拥有LoRA联盟唯一的董事会席位。中兴通讯的研发力度很大，2016年在物联网领域专利就超过400件。中兴通讯通过旗下的中兴微电子生产物联网芯片（中兴通讯控股76.0%），目前已经推出RoseFinch7100（朱雀）NB-

IoT芯片，主要特色为安全+低功耗，在智能水表场景下，以每日一次上传数据为假设，采用3 600mAh电池可以支撑十年的使用。

表2 通信领域相关标的

股票代码	股票名称	概要
00941	中国移动	运营商
00728	中国电信	运营商
600050/00762	中国联通	运营商
000063	中兴通信	eMTC/NB-IoT
002017	东信和平	LoRA/NB-IoT
601231	环旭电子	WiFi通信
—	移远通信	NB-IoT/GNSS/LTE
832149	利尔达	LoRA/NB-IoT
834491	小瑞科技	WiFi/蓝牙/NFC/Zigbee

2. 运算芯片

物联网运算芯片主要是满足低能耗前提下具备满足场景要求的运算能力，主要为MCU（单片机，典型特征为运算内存等功能组合在一个芯片上面）芯片与ARM架构的微处理器。目前MCU前8大供应商均为国外厂商，我国在ARM架构芯片领域有一些具备国际竞争力的代表性厂商，比较典型的是华为的海思半导体。整体来看，运算芯片层面我国与国外差距较为明显。

表3 运算芯片领域相关标的

股票代码	股票名称	概要
ARMH	ARM	全球领先的芯片IP供应商
—	海思半导体	国内一流半导体设计公司
NXPI	NXP	MCU供应商
—	Renasas	MCU供应商
MCHP	Microchip	MCU供应商
005930.KS	Samsung	MCU供应商
STM	ST(意法半导体)	MCU供应商
IFX	Infineon	MCU供应商
TXN	TI	MCU供应商
600171	上海贝岭	MCU
300458	全志科技	ARM芯片
300077	国民技术	安全芯片
832149	利尔达	微控制器

资料来源：Wind。

全志科技是我国在此领域的代表厂商，主要产品包括处理器芯片、电源芯片、无线通信产品、模组等。公司采用Fabless模式，也就是负责芯片的设计，制造及封装均通过外包方式完成。公司在视频、音频编码芯片领域具有优势。2018年公司营收为13.65亿元，归属母公司净利润为1.18亿元。其目前生产的芯片包括用于平板电脑的运算芯片（A系列）、声学领域编码器芯片（R系列）、视频编码芯片（V系列）、车规芯片（T7）等，产品覆盖较为全面。

3. 传感器组件

传感器组件主要用于感知物理量，常见的包括对于声、光、电、压力、位置、姿态信号的感知。近年产业界关注的重点是MEMS传感器。MEMS的全称是Micro-Electro-Mechanical System，即微机电系统。MEMS可以将微传感器、机械结构、控制电路集成在非常小的尺寸内，实现对于加速度等物理量的感知，技术含量高、实际用途广，典型应用是加速度计、陀螺仪、麦克风。

表4　传感器组件领域相关标的

股票代码	股票名称	概要
HON	霍尼韦尔	压力、湿度、温度、电流、气体
STM	ST（意法半导体）	陀螺仪、加速度计、压力、湿度、麦克风
—	Bosch	陀螺仪、加速度计、气体、压力
TXN	TI	温度、压力、光、磁
KN	Knowles Acoustics	麦克风、超声波传感器
002241	歌尔股份	MEMS声学传感器
02018.HK	瑞声科技	MEMS声学传感器
300007	汉威电子	气体传感器
002214	大立科技	红外传感器
300456	耐威科技	MEMS惯导
002079	苏州固锝	MEMS加速度计、陀螺仪
600460	士兰微	MEMS加速度计、陀螺仪、麦克风

歌尔股份是我国在此领域的代表厂商，主要产品包括麦克风、扬声器、耳机、受话器等。歌尔股份是苹果系列手机和耳机的声学电子组件供应商，也是声学组件行业龙头，其生产的微型麦克风全球市场占有率第一。2018年营收为237.51元，归属母公司净利润为7.06亿元，未来前景持续向好。伴随着消费电子产品的演进升级，消费电子设备会更倾向于用更多更好的设备（如MEMS器件）来提供更好的音质，声学类电子组件市场会有持续增长的动力。

（二）中游：设备制造

我们认为传感器终端设备制造为产业链的中游。采用CIG三大场景分类，具体主要包括：C端为智能设备生产商，代表厂商为苹果、三星、华为、小米；G端为安防设备和智能仪表厂商；I端为智能制造设备提供商。

表5　设备制造领域相关公司

公司上市代码	公司名称	概要
—	华为	C端可穿戴
01810	小米	C端可穿戴、家电
AAPL	苹果	C端可穿戴
005930.KS	三星	C端可穿戴
600690	海尔	C端家电
000333	美的	C端家电
00651	格力	C端家电
002415	海康威视	G端安防
002236	大华股份	G端安防
300066	三川智慧	G端智能水表
300259	新天科技	G端智能水表
300349	金卡智能	G端智能燃气表
300124	汇川技术	I端智能制造
300222	科大智能	I端智能制造
002008	大族激光	I端智能制造

资料来源：Wind。

（三）下游：系统集成＋平台

产业链的下游主要包括两个方面，一个是G端，由系统集成商进行总体建设，交付一个完整的物联网系统给政府；另一个是物联网平台，平台可以包容不同规格用途的物联网设备，为进一步的数据汇总及分析提供基础。

表6　设备制造领域相关公司

公司上市代码	公司名称	概要
002402	和而泰	智慧城市
300002	神州泰岳	智慧城市
600602	云赛智联	智慧城市
300020	银江股份	智慧城市
300212	易华录	智慧城市
300075	数字政通	智慧城市
BABA	阿里	物联网平台
AMZN	Amazon	物联网平台
600690	海尔	物联网平台
GE	GE	物联网平台

资料来源：Wind。

在智慧城市的物联网集成层面，厂商主要是针对某一具体的应用场景，灵活运用已有技术并进行定制化开发，满足某一特定场景的要求，并最终实现系统层级交付。典型的公司是神州泰岳。该公司针对核电、城市管廊等不同场景开发了系统层级的解决方案。核电层面，开发了Nu-WiFi 核专业无线通信系统，可以满足核电场景下电磁安全、无线安全、高辐照要求的场景特点，可以实现无线通信、精确定位、网络接入等多种功能。管廊层面，开发了隧道移动通信系统，实现了物联网+1.266G宽带的无线全信号覆盖，可实现无线通信、定位、入侵预警功能。

四、产业相关公司

（一）海康威视：智能监控行业龙头

海康威视主营业务是视频监控组件（摄像头、存储、服务器）及解决方案提供商。2018年营收为498.4亿元，归母净利润113.53亿元，是全球安防行业龙头企业。IHS最近的2017年市场份额统计数据显示，海康威视在视频监控设备市场占有率为37.94%。

从我国市场来看，几个关键的驱动因素包括智慧交通、平安城市、雪亮工程、雪亮交通等[①]，从产业趋势延续的持续性来看，我国在安防领域的人均投入水平还有一定的上升空间，且建设存在由一线城市向二三线城市逐渐传导的趋势，在未来3年内这些驱动因素都难以见到边际衰退的趋势，我国安防市场持续增长动能充足。安防产业正在积极经历向AI转型的过程，海康威视布局较早，目前具有较好的技术储备，将重点受益。

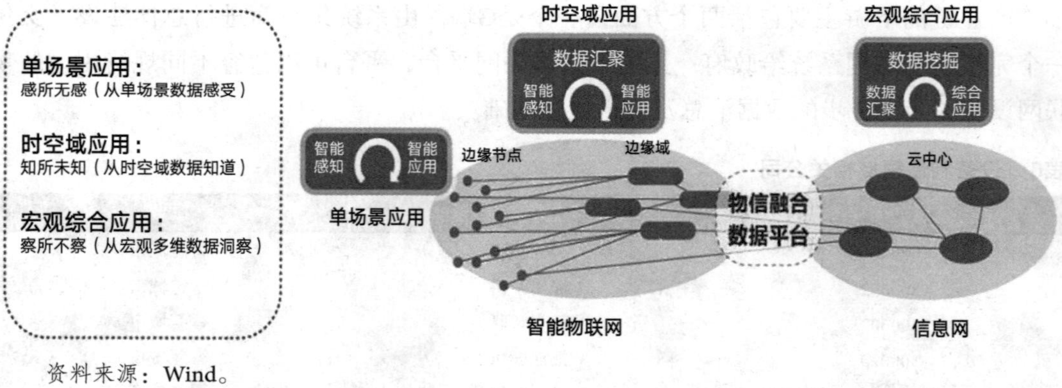

资料来源：Wind。

图9　海康威视：物联网信息网融合概述

（二）小米集团：消费电子行业巨头

小米集团是全球消费电子设备的巨头，2018年总营收为1 749.15亿元，同比增长52.6%，归母溢利为119.89亿元（上年同期为亏损35.92亿元）。2018年，小米手机出货量位居全球第四，销售1.187亿部，据IDC统计，全球市场份额为8.7%，同比上升2.4个百分点。

① 根据《2018 年城市级大安防项目市场分析报告》的招标数据梳理。

从销量层面看，国内的手机市场已经度过了销量增长期，后期将主要由智能手机存量用户的换机需求驱动。2018年中国智能手机销量为3.98亿部，同比下降10.5%。

后续小米的利润增长驱动将更多地依靠IoT相关设备。小米近年在消费类IoT领域不断布局和发力：2018年，IoT平台连接设备数量1.51亿台，同比增长近两倍；IoT业务整体销售额为438亿元，同比增长86.9%；智能电视出货量840万部，同比增长223%。目前小米可穿戴设备出货量全球排名第二位。据IDC统计，2018年小米可穿戴设备出货量2 330万台，占全球出货量的13.5%，仅次于苹果（26.8%）。小米未来在IoT领域仍具有持续增长能力，表现在：（1）小米在智能手机市场上的成功将为其可穿戴/智能家居领域业务进行持续的引流及生态构建。（2）小米经过多年的手机市场磨炼，在消费电子类产品方面具备较完备成熟的供应链管理经验与品控体系。

北斗导航产业：

产业链完备自主可控，全球化引领高速增长

陆洲　东兴证券军工行业研究员

一、北斗卫星定位导航业：产业腾飞在即

（一）GNSS与北斗系统基本情况

全球导航卫星系统GNSS（Global Navigation Satellite System），泛指所有卫星导航系统，包括全球的、区域的和增强的，如美国的GPS、俄罗斯的Glonass、欧洲的Galileo、中国的北斗卫星导航系统，以及相关的增强系统，如美国的WAAS（广域增强系统）、欧洲的EGNOS（欧洲静地导航重叠系统）和日本的MSAS（多功能运输卫星增强系统）等，还涵盖在建和以后要建设的其他卫星导航系统。GNSS系统是个多系统、多层面、多模式的复杂组合系统。

表1　全球四大卫星导航系统对比

系统	研制国家	首颗正式卫星发射升空时间	卫星总数	应用时间	竞争优势	后期发展
GPS	美国	1985年	43颗	1994 年	成熟	预计于 2033 年部署完成由 GPS 三代卫星组成的空间星座，届时定位精度可达：水平 2.1米、高程3.2米

续表

系统	研制国家	首颗正式卫星发射升空时间	卫星总数	应用时间	竞争优势	后期发展
北斗	中国	1989年	38颗	2000年北斗一号、2012年北斗二号、2020年北斗三号	开放且具备短信通信功能	预计于2020年完成全球覆盖，届时定位精度最高可达2.5米
GLONASS	俄罗斯	2000年	24颗	2007年（服务俄罗斯）、2009年（服务全球）	抗干扰能力强	计划于2025年前将其更新为GLONASS-K系统，届时定位精度可达3米
Galileo	欧盟	2011年	30颗	2016年（早期工作能力）	精度高	预计于2019年建成，届时将具备完全工作能力，最高精度可达1米以内

（二）北斗系统建设情况

中国北斗卫星导航系统（BeiDou Navigation Satellite System，BDS）由中国自行研制。中国自20世纪后期开始探索适合国情的卫星导航系统发展道路，逐步形成了“三步走”发展战略：（1）试验系统阶段：2000年发射2颗地球静止轨道卫星并投入运营，2003年又发射了一颗备份卫星后，北斗一号系统正式建成，向中国提供服务；（2）区域系统建设阶段：2012年北斗二号卫星发射数量达14颗，建成覆盖亚太地区的北斗区域系统；（3）北斗三号全球组网：到2020年将完成35颗北斗三号卫星的组网，向全球提供相关服务。北斗三号将增加性能更优的现代化公开信号B1c和B2a，按照国际标准提供星基增强服务（SRAS）及搜索救援服务（SAR）。

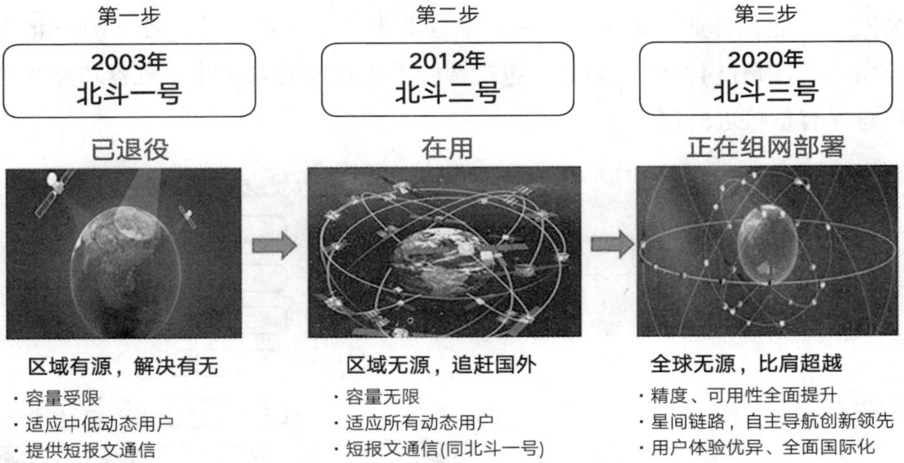

图1　北斗卫星导航系统“三步走”发展策略

截至2018年底，北斗三号系统已成功发射19颗全球组网卫星（2017年2颗、2018年17颗），基本系统星座部署圆满完成，开通全球服务，已实现对巴基斯坦、沙特阿拉伯、缅甸、印度尼西亚等“一带一路”沿线国家和周边国家的覆盖。目前，系统运行平稳，经全球范围测试评估，在全球区域定位精度优于10米，亚太区域定位精度优于5米，满足指标要求。2019年将继续高密度全球组网，计划发射8~10颗北斗导航卫星，完成所有MEO卫星发射，进一步完善全球系统星座布局，全面提升系统服务性能和用户体验。

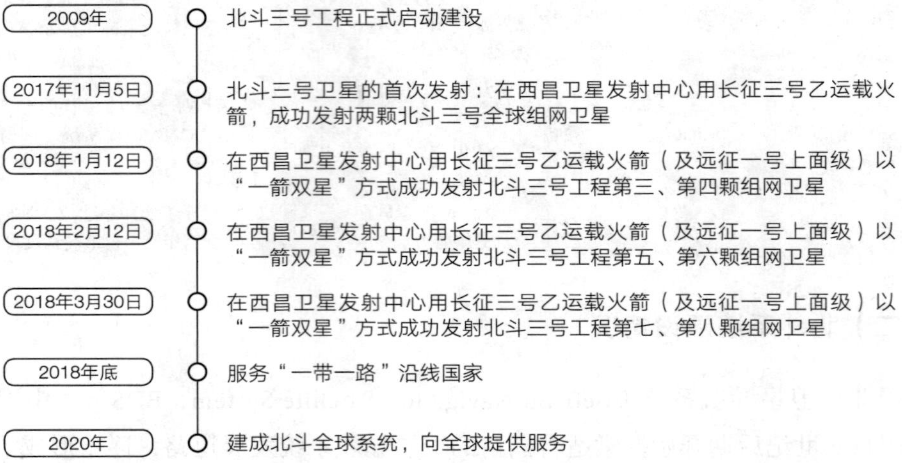

图2　北斗三号卫星全球组网进程

（三）北斗卫星定位导航应用领域广泛，市场空间巨大

1. 北斗定位导航应用广泛，产业产值长期维持高增速

我国卫星导航与位置服务产业发展的核心是北斗，2019年正值北斗系统正式开通7周年。七年来，北斗系统已经广泛应用于交通、海事、电力、民政、气象、渔业、测绘、矿产、公安、农业、林业、国土、水利、金融等十几个行业领域，各类国产北斗终端产品推广应用已累计超过4 000万台/套，包括智能手机在内的采用北斗兼容芯片的终端产品社会用户总保有量接近5亿台/套。

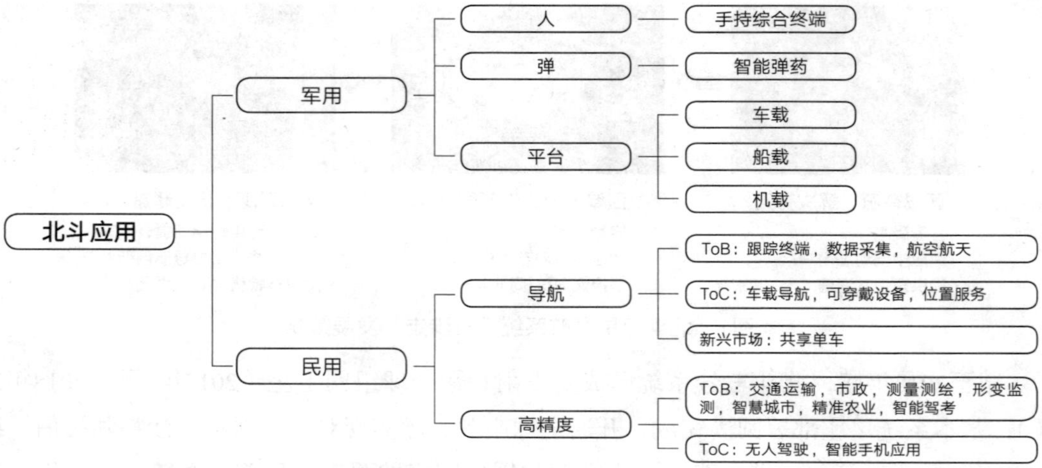

图3　北斗应用领域

北斗三号将增加性能更优的现代化公开信号B1c和B2a，按照国际标准提供星基增强服务（SRAS）及搜索救援服务（SAR）；完成北斗地基增强系统建设，为国内用户提供实时分米级/厘米级、事后毫米级服务；计划利用北斗系统GEO卫星B2b信号播发高精度增强信号，为亚太地区提供动态分米级，静态厘米级导航定位服务。定位和导航精度的提高将促使北斗应用范围进一步扩大，同时使用效果也大幅提升。

近年来，我国卫星导航与位置服务产业规模持续扩大，产值稳步增长，保持了良好的发展态势。2017年我国卫星导航与位置服务产业总体产值达到2 550亿元，较2016年增长20.4%。其中，包括与卫星导航技术直接相关的芯片、器件、算法、软件、导航数据、终端设备等在内的产业核心产值占比为35.4%，达到902亿元，北斗对产业核心产值的贡献率已达到80%；包括各种应用数据及软件、各类应用集成系统、基于位置的运营服务等在内的由应用卫星导航技术所衍生或直接带动形成的关联产值达到1 648亿元。国内卫星导航设备营销总规模相较于全球市场，占比逐年提高，已接近15%。

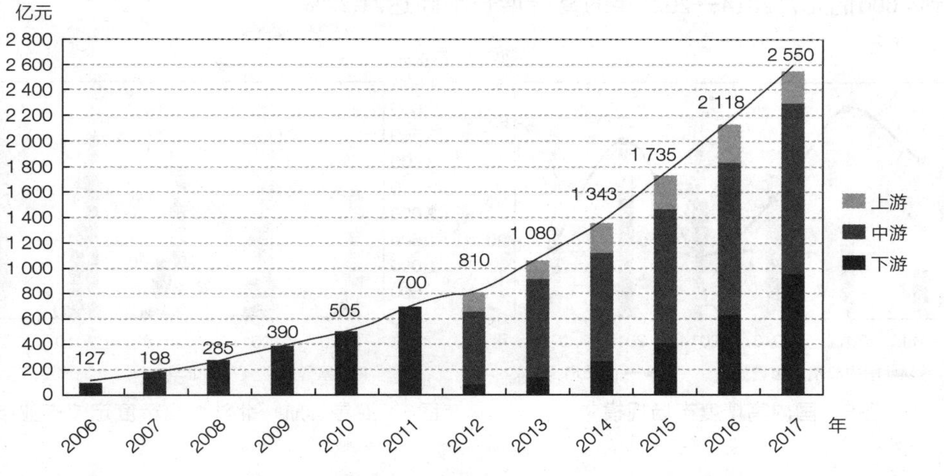

资料来源：中国卫星导航定位协会．2018 中国卫星导航与位置服务产业发展白皮书 [R]．2018.

图4　2006—2017年我国卫星导航与位置服务产业产值分布

2. 子产业高精度定位及导航蓬勃发展

值得注意的是，随着北斗传统定位导航产业不断发展，北斗产业往下细分的高精度定位产业也处于蓬勃发展中。

卫星导航定位行业按照定位精度差别可区分为两大服务群体：一是高精度GNSS行业（常规使用的定位误差在米级以下），应用在测绘勘探、地理信息、地质灾害监测、精细农林业、国防、时间同步等领域；二是消费类行业（常规使用的定位误差在1~10米），如手机导航、车载导航等。近年来，随着大数据、物联网特别是无人驾驶等新兴技术的不断进步，用定位精度来区分服务群体的界限已逐渐模糊。例如，高精度定位在无人驾驶技术中占据了极为重要的位置，而无人驾驶显然未来的属性为消费类。

高精度的实现主要依靠RTK①、SBAS②、"中国精度"星基增强服务等技术手段消除GNSS的误差，来获得更高精度的定位结果。

卫星定位导航技术经历了军用到军民两用的发展，高精度定位、导航及地图也实现了从特殊应用和行业应用向大众消费应用的转变。

伴随着政策驱动和产业链成熟，北斗民用市场加速爆发，高精度定位产业应用市场增长呈现稳中加速态势，U-blox推出集成RTK技术的ZED-F9P多频段GNSS模块，谷歌推出安卓设备的GNSS原始测量功能，都是高精度应用大众化的表现，大众消费市场空间广阔，将迎来爆发拐点。

与此同时，近年来新科技、新概念的不断发展对于高精度定位行业利好多多，其中人工智能、5G通信和云计算技术对高精度定位产业有建设性的促进作用。因此，在民用消费级市场不断扩大+其他关联技术不断发展的环境下，高精度定位产业处于高速发展时期。根据《国家卫星导航产业中长期发展规划》，2020年中国北斗卫星导航定位产业产值将达到4 000亿元，2014—2020年的复合增长率高达21.22%。③

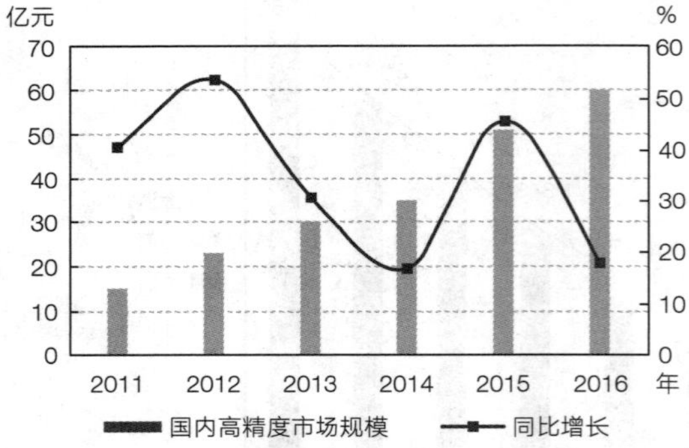

图5　国内高精度市场规模

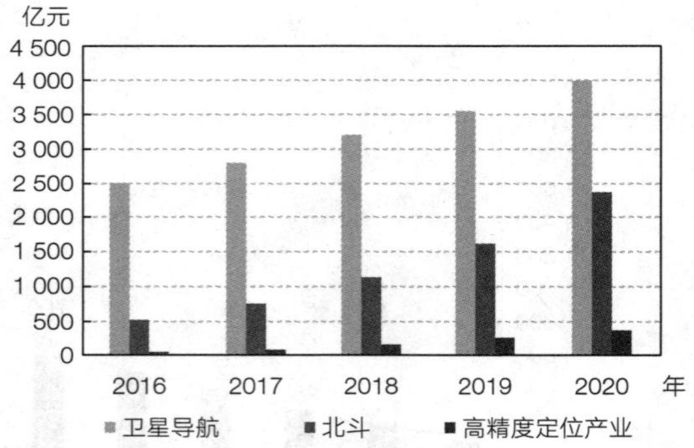

图6　卫星导航、北斗、高精度定位产业市场规模

二、我国北斗产业自主可控性突出，产业链完备且分布合理

从产业链结构来看，北斗产业链包括上游的基础元器件，中游的终端集成和系统集成以及下游的运营服务等。基础元器件主要包括芯片、天线、板卡等，是整个产业发展的基础；终端集成和系统集成设备承载卫星导航定位功能，与用户体验相关，是产业发展水平的重要体现；运营服务是未来时空服务发展的根本依托，是产业实现可持续发展的最重要手段。

① RTK是Real-time Kinematic的缩写，全称是实时动态载波相位差分定位技术。

② SBAS是Space Based Augmentation System的缩写，指利用地球静止轨道卫星建立的地区性广域差分增强系统。

③ 国务院办公厅．国家卫星导航产业中长期发展规划[OL]．2013-10-09，http://www.gov.cn/zwgk/2013-10/09/content_2502356.htm.

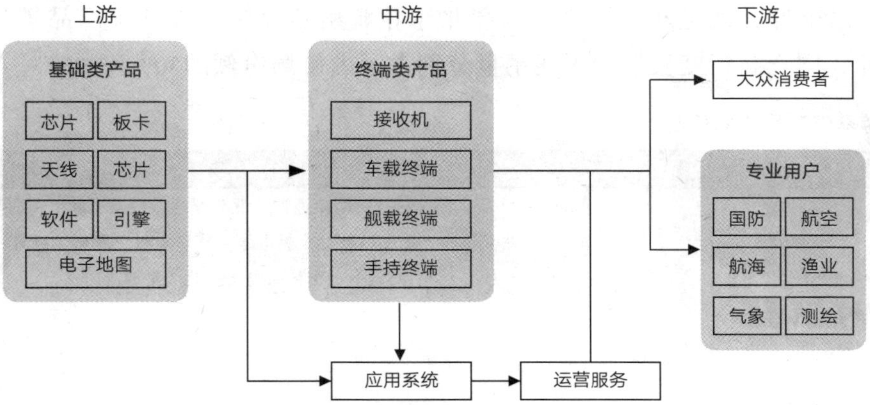

图7 北斗产业链

根据《2018中国卫星导航与位置服务产业发展白皮书》，在北斗产业链中2017年产业链各环节产值较2016年均有明显提升，但增速却有所不同。中游和上游受到芯片、板卡、核心器件、终端设备价格下降的影响，产值增速较上年进一步放缓，在全产业链中占比仍然呈现下降趋势。上游产值在总产值中占比为11.27%，其中基础器件、基础软件和基础数据等环节产值分别占比为4.17%、2%和5.1%；中游产值在总产值中占比为51.92%，其中终端集成环节占比为36.79%，系统集成环节占比为15.13%；下游运营服务产值在总产值中占比增长到36.81%，在产业链各环节中涨幅最快。

表2 我国卫星导航与位置服务产业链各环节产值占比

产业链环节		2014年		2015年		2016年		2017年	
上游	基础数据	15%	8%	14%	5%	13%	5%	11.27%	4.17%
	基础器件		5%		2%		2%		2%
	基础软件		2%		7%		6%		5.1%
中游	终端集成	64%	49%	61%	47%	56%	42%	51.92%	36.79%
	系统集成		19%		14%		14%		15.13%
下游	运营服务	21%		25%		31%		36.81%	

资料来源：中国卫星导航定位协会．2018 中国卫星导航与位置服务产业发展白皮书 [R]．2018.

在具体上市标的中，很少有公司的业务只占据产业链某一环节，大多数公司的业务涵盖至少两个相邻的环节，部分公司也秉承着向整体方案解决商身份转变而逐步延伸自身业务链条。

（一）产业上游

上游产品主要包括基础器件、基础软件、基础数据。其中基础器件是整个行业发展的基础，是终端集成、系统集成等环节的重要支撑，主要包括芯片、天线、OEM

板卡等。据统计，截至2018年底，国产北斗导航型芯片模块等基础产品销量已突破7 000万片，国产高精度板卡和天线销量分别占国内市场份额的30%和90%。

表3 上游基础产品主要厂商

产品	公司
芯片	中电科 24 所、振芯科技、海格通信、北斗星通、合众思壮、雷科防务等
天线	北斗星通、振芯科技、金昌电子、华颖泰科、海积信息等
OEM板卡	上海司南、中科微电子、北斗星通等

资料来源：Wind。

（二）产业中游

中游产品指终端产品和系统集成产品，包括车载导航、航空航海GNSS设备、便携式导航终端。终端产品中的高性能专业产品主要应用于军工、测绘、授时等领域，对精度要求较高且价格昂贵；普通民用消费主要用于车辆监控、车辆导航、信息服务、个人跟踪、娱乐消费等领域。

表4 导航终端产品生产厂商

产品	公司
导航仪	纽曼、任我游、赛格导航、合众思壮等
便携式导航终端	（军）海格通信、航天恒星、北斗星通等；（民）新科、宇达电通 MIO、城际通等
高精度测量与 GIS采集终端	合众思壮、中海达、南方测绘等

资料来源：Wind。

在终端产品的国际市场中，美国占据了卫星导航终端制造业的主导地位，天宝、佳明、苹果、贾瓦德等成为各自行业的领军企业。欧洲和日本在这个市场也有Tomtom、诺基亚、索尼、Topcon等国际知名企业。

在我国卫星导航终端市场中，军用终端由于对可靠性和安全性要求高，技术和资质门槛较高，且不允许外企进入，因此孵化出了一批优秀的本土企业。目前，上市公司中进入北斗军用终端市场的有海格通信、振芯科技、中国卫星、雷科防务、华力创通、合众思壮等。

（三）产业下游

卫星导航下游运营为导航定位终端用户提供位置服务、监控、调度等运营服务，主要分为军用和民用两大领域。在民用领域中，一般又将产品细分为测绘、位移监测、农业机械应用等。部分上市公司产品军用和民用都有涉及。

表5 北斗军工领域主要公司

公司	主要产品
海格通信	短波、超短波、北斗、天通、模拟仿真
合众思壮	自组网
华力创通	北斗终端、无人机
雷科防务	嵌入式计算机、存储、模拟仿真、雷达
振芯科技	手持终端、车载
北斗星通	北斗导航模块、惯性器件、微波组件/器件、北斗应用终端
中国卫星	各类型导航、定位终端

资料来源：Wind。

表6 北斗民用领域重点企业

应用领域	公司名称	业务领域
测绘	合众思壮	传统测绘、新兴测绘
	华测导航	传统测绘、新兴测绘、海洋测绘
	中海达	传统测绘、海洋测绘、新兴测绘
	南方测绘	传统测绘、海洋测绘、新兴测绘
位移监测	合众思壮	变电站设备的形变监测、输变电线路的地质灾害监测
	华测导航	地质灾害安全监测、桥梁监测、大坝监测
	华力创通	桥梁、边坡、杆塔、隧道和地质灾害的监测
	中海达	灾害监测
农业机械应用	合众思壮	农机自动导航驾驶、导航信息化平台
	华测导航	农机自动导航驾驶、农业信息化平台、卫星平地、作业质量监控
	华力创通	农机自动导航驾驶
	中海达	农机自动导航驾驶
安防	合众思壮	合成作战系统、警用综合办公系统、移动警务应用和警务终端
	振芯科技	行业系统集成、车辆夜视和周视系统等新产品研制
机械自动化	合众思壮	重型机械控制、工程信息化应用
	华测导航	工程机械高精度GNSS终端

资料来源：Wind。

三、北斗处于自主可控旗手地位，当前充分受益

1997年，美军正式提出“导航战”概念，并将其定义为：阻止敌方使用卫星导航信息，保证己方和盟友部队可以有效地利用卫星导航信息，同时不影响战区以外区域和平利用卫星导航信息。美军还确立了导航战的作战目标，即在战场上取得导航优势；确保GPS系统正常运行，使美军和盟军不受干扰地使用该系统；阻止敌军在战场上使用GPS系统，并使敌方的卫星导航系统不能正常工作或不能正常使用其服务。

导航战概念的提出有效促进了美国导航战技术的发展。从当前全球导航战技术的发展角度看，美国处于全球领先地位，主导、引领着全球导航战技术的发展。而研制北斗导航定位系统，正是为了摆脱在军事上对GPS或者其他导航系统的依赖。可以说，独立的自主可控的导航系统是保障国家安全的重要屏障。

2018年11月19日，美国商务部安全署发布针对关键技术和相关产品的出口管制框架，其中第三条为定位导航技术。这次涉及的是更为全面的军事领域和军民两用相关技术，未来定位导航相关的技术引进和投资并购乃至人才流动难度将增加，但对国内北斗产业链公司来说也是一个好的发展机会。从目前民用产品情况来看，国内导航产业发展迅速，泰斗微电子和华大北斗等公司导航芯片价格已经与国外导航芯片价格基本持平，而高精度领域，国内厂商对天宝、诺瓦泰公司高精度板卡的国产低价替代已经进入高潮，测量测绘领域中海达、合众思壮、华测导航纷纷提出2019年30%~50%的终端将采用自身板卡，并且合众思壮已经与世界前五的农机自动驾驶公司中的四家进行了合作。随着美国技术管制，中国导航企业有望加快国内替代过程，并深入“一带一路”地区，进入新一轮增长期。

四、无人驾驶是北斗未来最大的市场

当前卫星导航定位消费级市场主要以手机、汽车为主要载体，定位精度在3~10米，以GPS为主，北斗的渗透率也在逐步攀升。对于消费级市场而言，北斗最重要的应用方向还是高精度。因为随着人工智能、物联网、大数据等应用场景逐渐出现，高精度位置信息的需求也将逐步加大，例如，未来自动驾驶必然需要高精度的位置信息。

根据普华永道的报告，2022年自动驾驶相关服务对新车销售产生的影响最大，销售额比2017年增长约35%，约549亿美元。

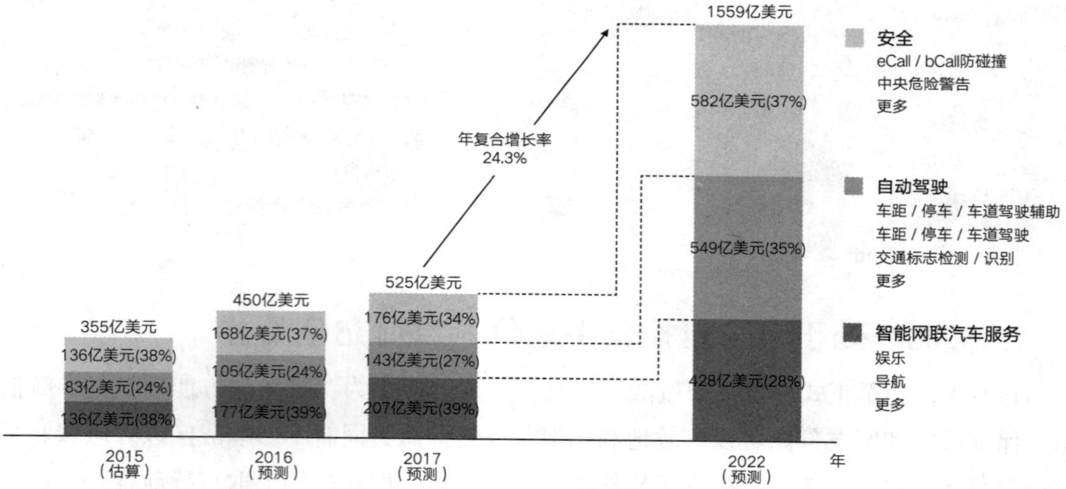

资料来源：普华永道。

图8　自动驾驶相关服务对新车销售的影响

而未来自动驾驶作为交通类基础设施的一部分，自动驾驶相关技术必须做到自主可控，才能不受制于人。北斗将在自动驾驶领域大放异彩，北斗高精度芯片将作为新车的标配，为自动驾驶提供亚米级甚至厘米级定位服务，而相关的北斗高精度服务也将迎来最大的客户需求。

动漫产业：互联网为产业发展提供新动力

石伟晶　东兴证券传媒行业研究员

一、产业化孕育百亿互联网动漫内容市场

动漫产业是指以漫画、动画为表现形式，包含动漫图书、电子漫画、动漫电影、动漫剧集等内容产品的开发、制作和播放，以及与动漫形象二次开发有关的动漫玩具、动漫主题公园、动漫游戏等衍生产业。

（一）国产动漫实现产业化

1. 1926—1976年，国产动漫处于行业幼稚期，早期探索主要分为两个阶段

（1）1926—1945年，在此期间国内诞生了第一部独创动漫《大闹画室》（1926年）、第一部有声动漫《骆驼献舞》（1935年）、第一部长篇动漫《铁扇公主》（1941年）。

（2）1957—1965年，在上海美术电影制片厂带领下，国内动漫作品将民族文化与动漫技术相结合，诞生了一系列精品制作，如《骄傲的将军》《大闹天宫》等。

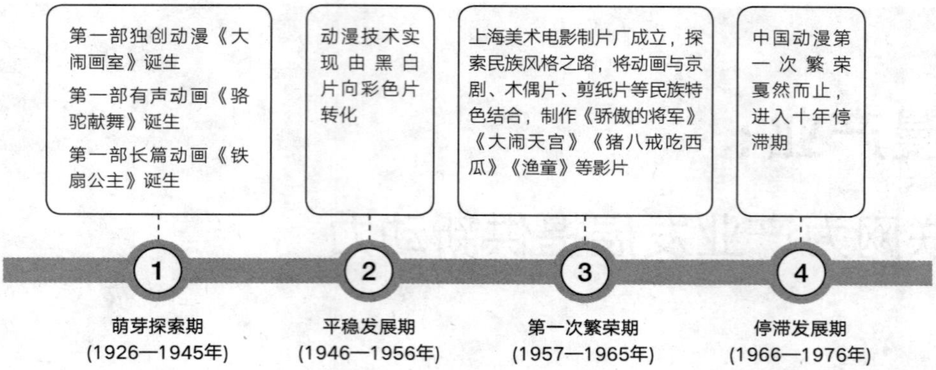

资料来源：搜狐动漫。

图1　早期国产动漫行业发展历程（1926—1976年）

2. 1976年至今，国内动漫恢复发展，进行产业化探索，目前正处于良性成长阶段

（1）1976—1989年，行业处于恢复发展期，期间上海美术电影制片厂先后制作了《黑猫警长》《三毛流浪记》《葫芦兄弟》等优秀作品，但当时国产动漫剧集产品主要依靠政府投资，由电视台采购，商业化水平较低。

（2）1990—1999年，国内动漫产业依靠国内低成本人口红利，探索出代工韩日动漫模式实现盈利，从而开始市场化运营。

（3）2001—2013年，政府开始重视国产动漫产业，通过补贴和税收优惠政策扶持其发展，同时对进口动漫作品制定严格限制政策，补贴“一刀切”政策驱动国产动漫产量在2011年成为世界第一，与此同时，行业存在注重产量忽视质量以及作品低幼化问题。

（4）2014年至今，政府开始减少补贴，国内动漫行业开始由数量转向质量，在创意方面也逐步突破低幼化，目前国内动漫行业正处于良性成长阶段。

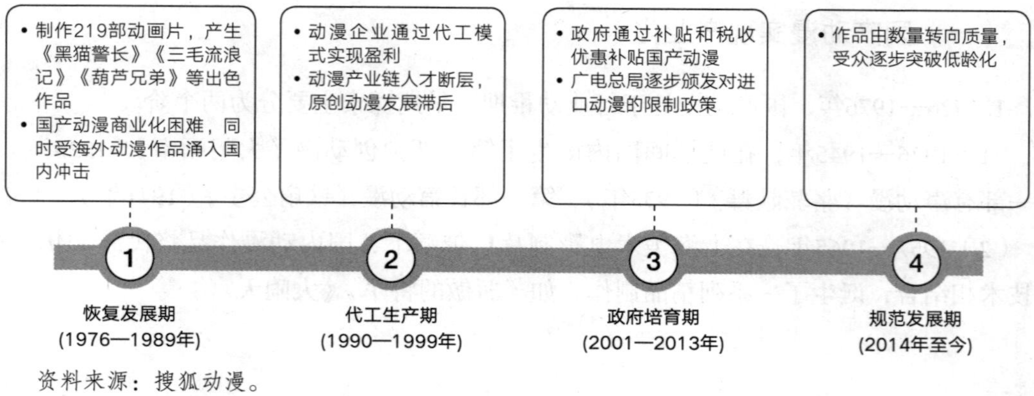

资料来源：搜狐动漫。

图2　国产动漫行业发展历程（1976—2018年）

（二）互联网动漫内容市场快速成长

动漫产业链可以分为上游动漫内容提供方、下游渠道发行方以及衍生品开发。

内容提供方：动漫内容创造者，包括动漫作家、漫画工作室、动画制作公司等；

渠道发行方：具有平台属性，按照渠道划分可以分为漫画杂志、网络漫画平台、网络视频平台、动漫电视台、电影院线等；

衍生品开发：动漫IP价值再开发，如动漫玩具、动漫主题公园、动漫游戏等。

资料来源：艾瑞咨询。

图3 动漫产业链

国内动漫产值主要来自动漫内容市场和衍生市场。根据艾瑞报告，2017年国内动漫行业总产值达1 536亿元，其中互联网动漫内容市场规模为92.5亿元。目前，国内动漫内容市场正处于快速成长阶段。

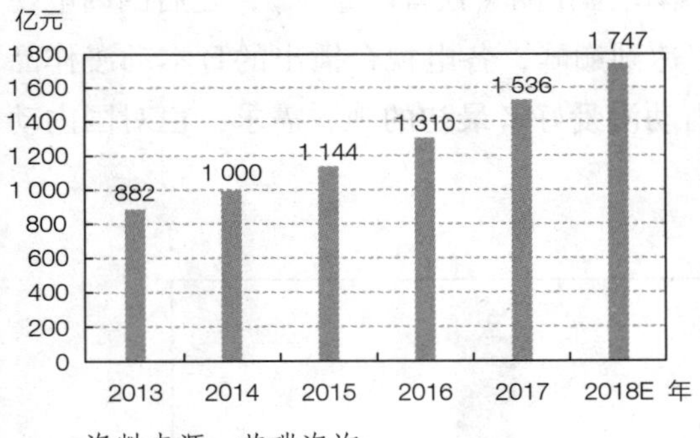

资料来源：艾瑞咨询。

图4 2013—2018年国内动漫行业广义市场规模

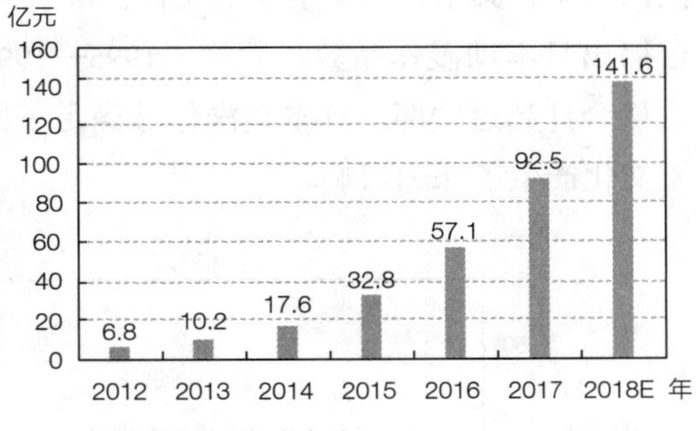

资料来源：艾瑞咨询。

图5 2012—2018年国内互联网动漫内容市场规模

二、互联网为产业发展提供新动力

（一）国内动漫用户群体庞大且年轻

国内动漫产业需求旺盛。2017年微博平台泛二次元用户数达到1.89亿人，其中核心二次元用户达到2 400万人。二次元用户群体较为年轻，30岁以下用户占比超过80%。

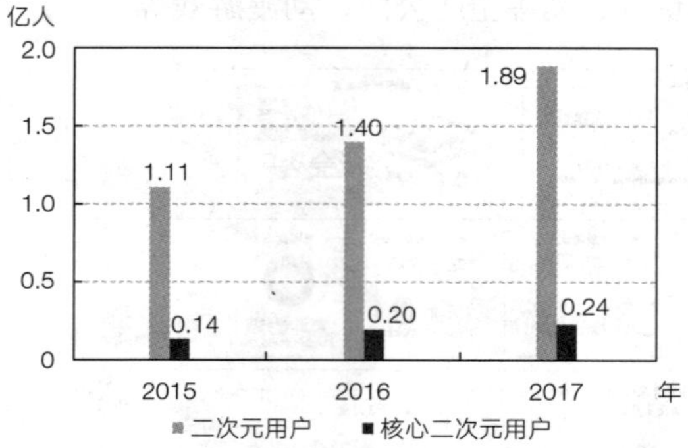

资料来源：互联网数据资讯中心．2016—2017年微博二次元用户洞察报告[R/OL]．http://www.199it.com/archives/663302.html.

图6　2015—2017年微博二次元用户数

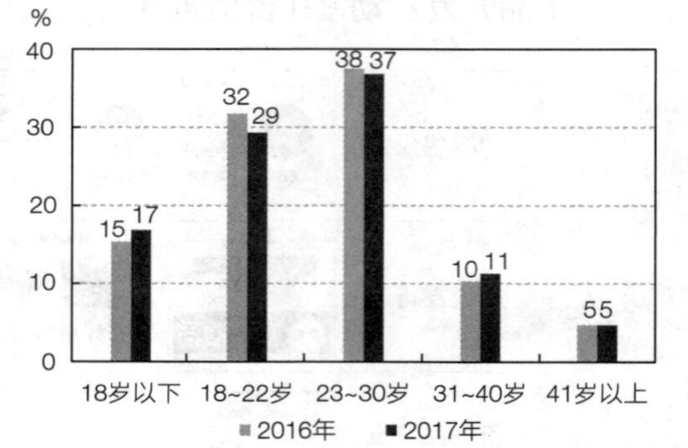

资料来源：互联网数据资讯中心．2016—2017年微博二次元用户洞察报告[R/OL]．http://www.199it.com/archives/663302.html.

图7　2016年和2017年微博二次元用户年龄分布

（二）互联网替代电视，成为主流传播渠道

电视动漫作品单向传播，普及动漫文化。20世纪70年代末，海外动漫作品开始进入国内市场，其中1980年中央电视台首次引入日本动画作品《铁臂阿童木》，之后国内电视台播出日本动漫作品数量骤增。1995—1999年达到巅峰，各电视台播出的日本动漫作品数量合计超过50部。日本动漫作品满足了国内动漫爱好者最初的观看需求，也对国内动漫文化产生了深远影响。

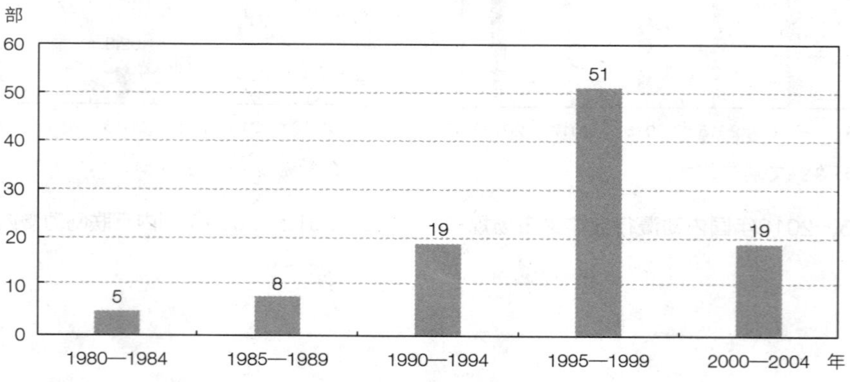

资料来源：界面网，https://www.jiemian.com/article/1005845.html?_t=t。

图8　1980—2004年中国引入日本电视动漫数量

互联网成为国内用户观看动漫作品新渠道。2005—2006年，土豆网、56网、PPS、PPTV、优酷等各类视频网站相继成立。借助视频网站，动漫爱好者可以更便捷地观看动漫作品。

资料来源：Wind，Bloomberg.

图9　中国各大视频网站成立时间

互联网为动漫爱好群体提供线上社交空间。国内动漫爱好者在动漫论坛、视频网站、微博、贴吧等互联网网站追番、交流同人作品，满足动漫爱好群体社交需求，动漫文化影响力迅速扩大。

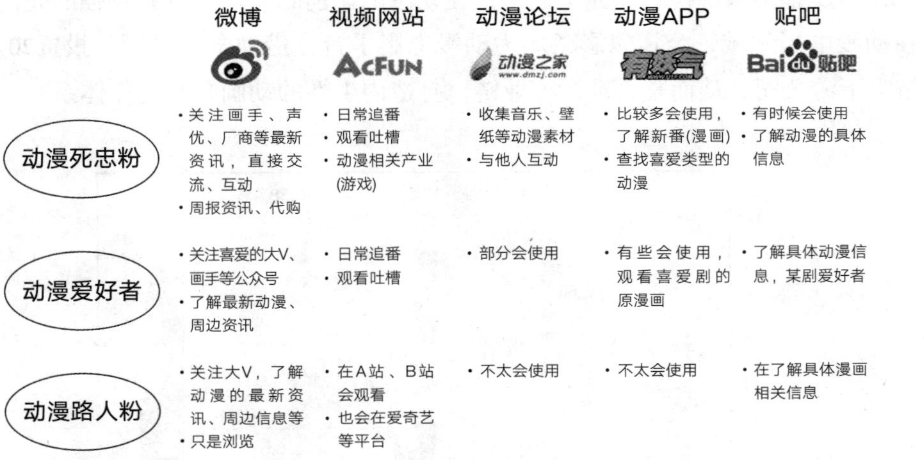
微博
视频网站
动漫论坛
动漫APP
贴吧
AcFun
动漫之家
www.dmzj.com
有妖气
Bai贴吧
动漫死忠粉
·关注画手、声优、厂商等最新资讯，直接交流、互动
·周报资讯、代购
·日常追番
·观看吐槽
·动漫相关产业(游戏)
·收集音乐、壁纸等动漫素材
·与他人互动
·比较多会使用，了解新番(漫画)
·查找喜爱类型的动漫
·有时候会使用
·了解动漫的具体信息
动漫爱好者
·关注喜爱的大V、画手等公众号
·了解最新动漫、周边资讯
·日常追番
·观看吐槽
·部分会使用
·有些会使用，观看喜爱剧的原漫画
·了解具体动漫信息，某剧爱好者
动漫路人粉
·关注大V，了解动漫的最新资讯、周边信息等
·只是浏览
·在A站、B站会观看
·也会在爱奇艺等平台
·不太会使用
·不太会使用
·在了解具体漫画相关信息

资料来源：艾瑞咨询 .2018 年中国动漫行业研究报告 [R/OL]. http://www.199it.com/archives/808558.html.

图10　互联网为国内御宅群体提供线上社交空间

三、动漫价值沿产业链逐级放大

（一）动漫产业内容端朝气蓬勃

动漫产业内容端产品包括动漫图书、电子漫画、动漫电影、动漫剧集等。目前国内动漫制作公司发展迅速，但由于国内大多数动漫制作公司成立时间较短，作品年产量有瓶颈，尚未诞生高估值公司。玄机科技、若森数字等国内原创动漫企业处于第一梯队，

2017年玄机科技与若森数字估值为20亿~30亿元。

根据创作模式分类，目前国内创作企业分为三类：

第一类是具有原创能力的企业，如出品《画江湖》系列的若森数字及出品《秦时明月》的玄机科技；

第二类是技术类企业，如制作《全职高手》的视美精典，CG技术较强；

第三类是企划类企业，如绘梦动画，该企业与日方企业合作，其中绘梦动漫负责企划，日方代工完成。

表1　国内三类动漫内容创作企业

企业类型	代表公司	2017年估值	代表作品
原创类	若森数字	20~30亿元	《画江湖》系列
	玄机科技	30亿元	《秦时明月》
技术类	视美精典	—	《全职高手》
企划类	绘梦动画	5亿元	《狐妖小红娘》

资料来源：36氪，https://36kr.com/p/5167979。

光线传媒是国内影视行业龙头之一，在动漫电影前瞻布局，具有较强的先发优势。

在动漫电影领域，公司以彩条屋为动漫电影平台，借助资本手段，投资20余家动漫产业链上下游公司，从而整合动画产业链，打造内生性的动画电影创作体系。

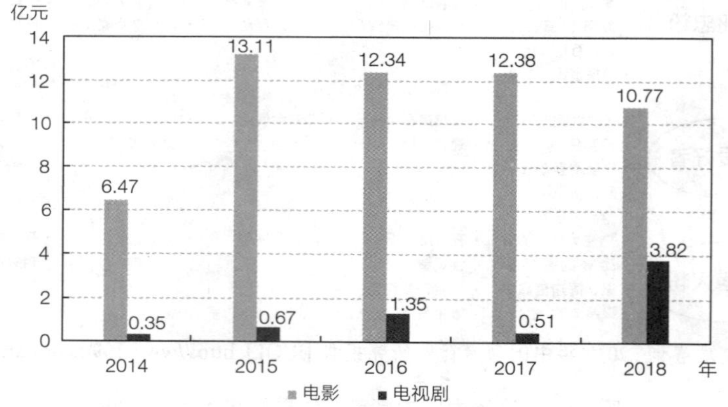

资料来源：Wind。

图11　2014—2018年光线传媒电影和电视剧收入

（二）互联网动漫平台先发优势显著

动漫产业下游的发行渠道方包括动漫杂志、网络动漫平台、网络视频平台、动漫电视台、电影院线等。

目前动漫杂志销量呈现下滑趋势，传统线下发行渠道逐步被互联网替代。知音动漫成立于2006年，旗下动漫类期刊主要包括《知音漫客》《漫客星期天》《漫客小说绘》和

《漫客绘心》，构建漫画、动漫小说、绘本等多元化内容的动漫书刊群。其核心产品《知音漫客》曾是国内发行量最大的原创动漫期刊，2014年发行量达到7 780万册。受网络动漫平台崛起冲击，公司营收和净利润近几年逐步下降，2016年1~9月，知音动漫实现营收1.32亿元，净利润0.20亿元。2017年，知音动漫完成增资扩股，以5.67亿元出让52%的股权，可推算出公司整体估值为10.90亿元。

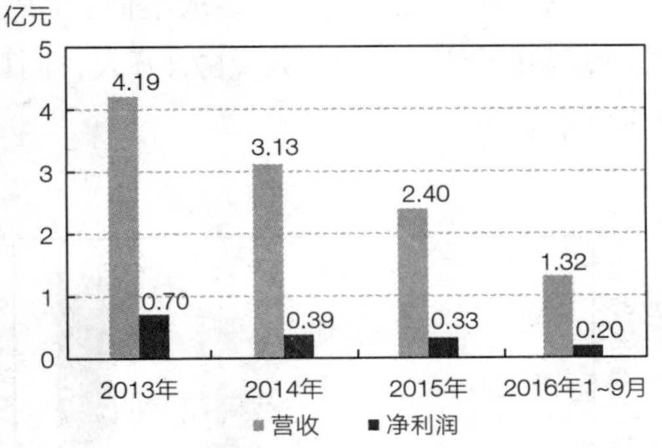

资料来源：Wind。

图12　2013—2016年湖北知音动漫收入及净利润

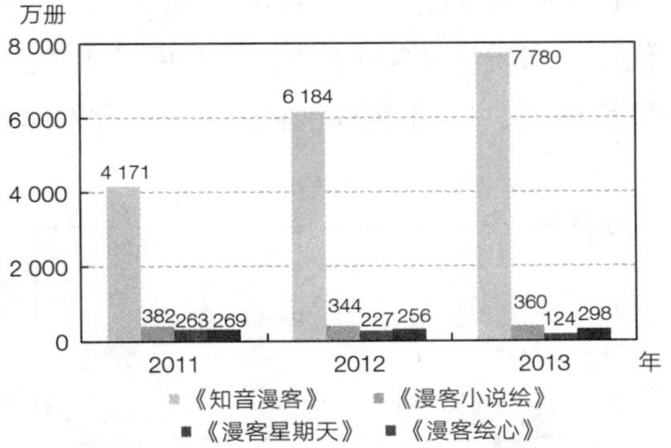

资料来源：Wind。

图13　2011—2013年湖北知音动漫旗下主要动漫期刊年销量

新兴的互联网动漫平台公司发展已经粗具规模，与动漫内容端相比，具有较强的先发优势。

腾讯动漫：截至2018年底，全平台月活跃用户1.2亿人，签约作者数超过900人，签约动漫作品近1 400部，在线动漫作品总量接近30 000部。

B站：截至2018年底，平台月均活跃用户数9 280万人，月均活跃UP主数57.4万人，年度投稿1 500万条，产生超过40亿条弹幕。

	腾讯动漫 TENCENT ANIMATION & COMICS	bilibili
成立时间	2012年	2009年
月活跃用户	1.2亿	9 280万
估值/市值	不详	46亿美元
业务模式	· 约稿模式：签约作者超过900人；签约漫画作品近1 400部 · 购买动漫版权	· PUGV模式：月均活跃UP主数57.4万人，年度投稿1 500万条 · 购买动漫版权
作品数量	· 漫画作品近30 000部	· 2018年采购80+部国产动画，150部日本动画 · 收购网易漫画(20 000部漫画作品)

资料来源：Wind，数据截至 2018 年底。

图14　国内典型动漫平台

B站是国内最大的二次元文化娱乐社区。社区内容以动画、动漫和游戏为主，也包含韩剧、美剧、鬼畜、音乐、舞蹈等内容，媒体形式包括PUG视频、授权视频、直播、短视频等。

B站平台优势显著：（1）平台用户黏性强。2018年第四季度平台平均月活跃用户9 280万人，活跃用户平均每天观看时长78.4分钟。（2）用户付费习惯良好，平台变现能力强。2018年第四季度月均付费用户442万人，付费用户月均支出69元。（3）内容成本低。UP主创作的高质量视频（PUGV）是网站主要内容来源，2017年活跃UP主数量57.4万人，同比增长181%，UP主创作的PUGV占平台整体视频播放量的89%。

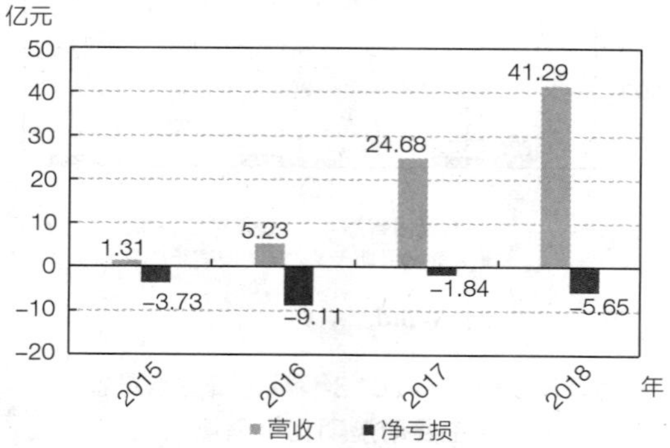

资料来源：Wind。

图15　2015—2018年B站收入及净利润

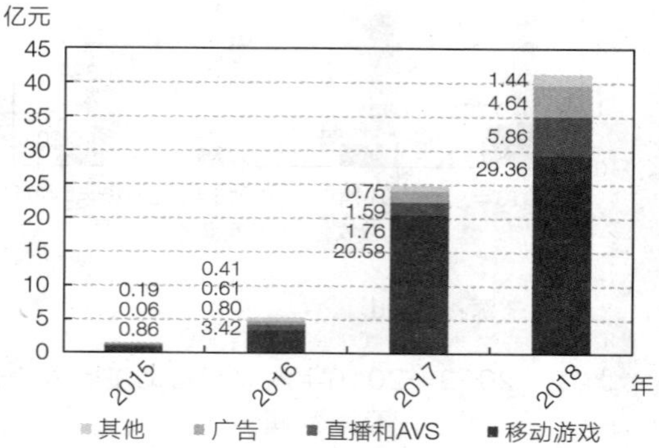

资料来源：Wind。

图16　2015—2018年B站收入构成

B站通过投资并购策略，实现动漫全产业链布局。公司收购、投资超过30家动漫公司。公司通过投资上游动画CP和漫画CP，增强社区生态，实现协同发展；通过投资游戏CP、漫展公司、衍生品公司增强变现能力。

表2　B站投资布局动漫产业链上下游

产业链布局	投资入股公司
动画CP	绘梦、娃娃鱼、中影年年、灵樨文化、七灵石、红小豆、福煦影视、天工艺彩、海岸线动画、戏画谷等
漫画CP	动漫堂、漫娱、鲜漫、日更计划、网易漫画
游戏CP	蛮啾网络、网元圣唐、壳际网络、华仁艺电、猫箱网络等
漫展运营公司	comicup、comiday、comitime、yaca等
衍生品开发、设计与经营公司	艾漫、良笑塑美、ACtoys、漫漫淘等
ACG产业链公司	M站、天矢禾念、729声工场、轻文、优他动漫、S1社区等

资料来源：Wind。

（三）动漫衍生产业价值巨大

在动漫玩具领域，奥飞娱乐在K12年龄段打造“动漫+玩具”模式较为成功，具有较强的协同效应。主要模式如下：

产业文化化：先生产玩具再制作动画片，根据玩具写剧本、拍作品，把产品附加文化，动画产品为玩具起到宣传推广作用，商业模式类似孩之宝模式；

文化产业化：运用玩具产业的盈利反哺和推动动漫及动漫衍生品事业开展，塑造动漫IP，以动漫品牌/形象授权为主要盈利来源，商业模式类似迪斯尼模式。

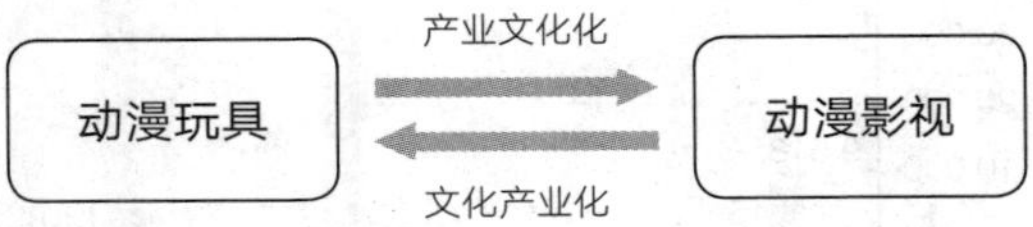

资料来源：Wind。

图17　奥飞娱乐“玩具+动漫”商业模式

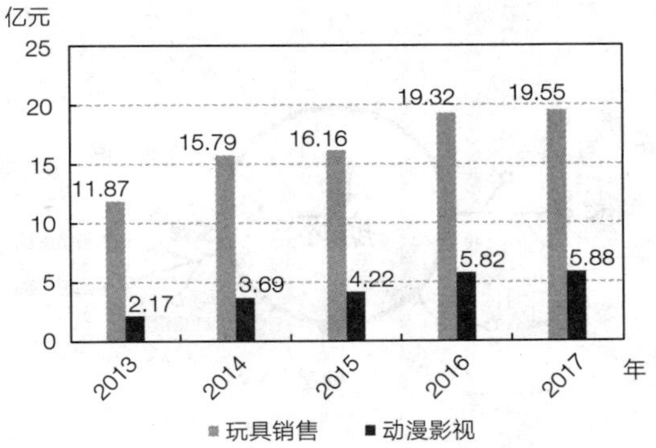

资料来源：Wind。

图18　2013—2017年奥飞娱乐玩具业务和动漫影视业务收入

在动漫主题乐园领域，华强方特将动漫内容业务与主题公园实现有效协同，动漫形象运用到主题乐园中，提高主题乐园文化品牌。

主题公园业务：运营“方特欢乐世界”“方特梦幻王国”“方特东方神画”“方特水上乐园”四大品牌二十余个主题乐园，2017年旗下主题乐园累计接待游客3 850万人次，位列全球主题乐园第五名；

动漫影视业务：培养“熊出没”等知名动漫IP，公司推出的五部“熊出没”系列大电影合计20亿元总票房。

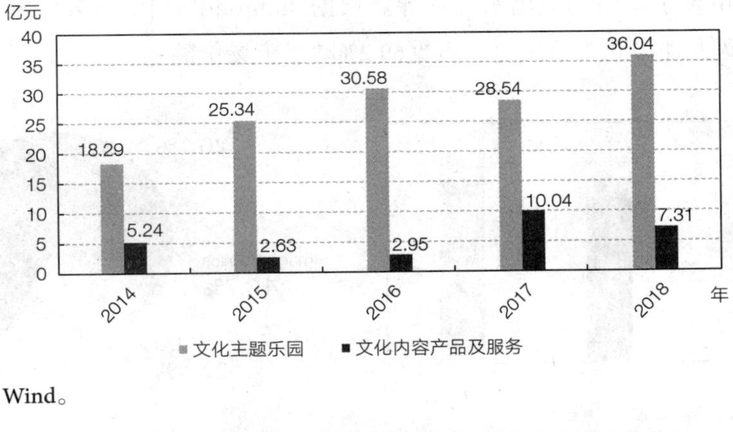

资料来源：Wind。

图19　2014—2018年华强方特主题乐园与文化内容业务收入

在动漫游戏领域，米哈游公司以动画、漫画、游戏和小说等产品为载体，深耕二次元文化的互联网文化企业。公司主要产品为基于“崩坏”IP下创作出的游戏、漫画、动画、轻小说及动漫周边产品，其各类型产品的人物角色、故事主线和世界体系均围绕“崩坏”IP呈现，产品间相互促进、相互影响，逐步形成一个良性的IP产品生态圈，其中游戏为公司主要的收入来源。

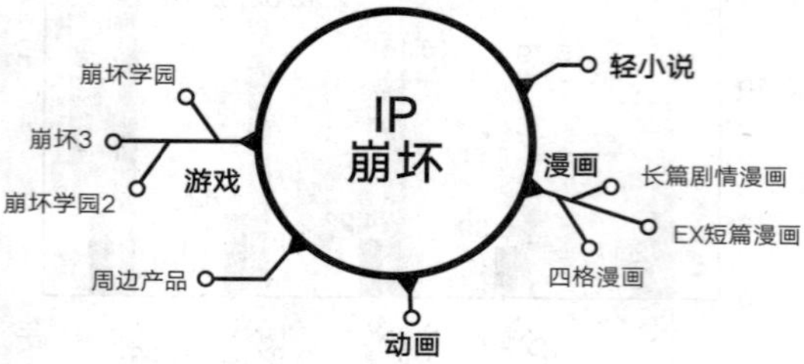

资料来源：Wind。

图20　米哈游构建动漫IP生态圈的商业模式

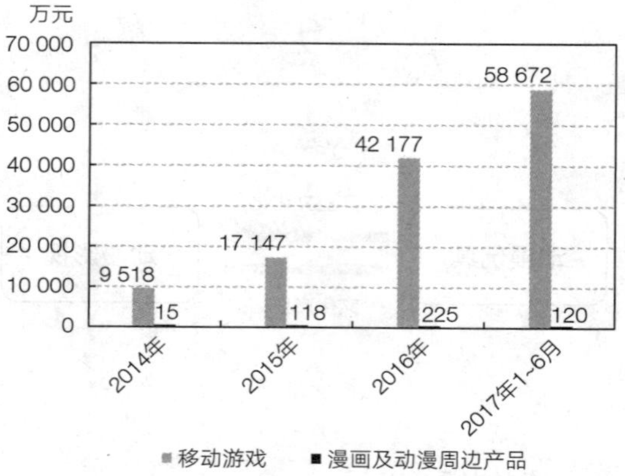

资料来源：Wind。

图21　2014—2017年6月米哈游动漫及游戏业务收入

四、他山之石，可以攻玉

（一）美国动漫打造全产业链运营模式

1. 美国动漫市规模及竞争格局

美国动漫行业仍处于成长阶段，市场规模超过10亿美元。根据Comichron和ICv2测算，2015年北美动漫销售额达到10.3亿美元，其中数字动漫销售额9 000万美元，占比8.7%；纸质动漫9.4亿美元，占比91.3%。

北美动漫市场主要由两大出版商主导。根据Diamond统计，2015年漫威（41.8%）和DC（27.4%）两大动漫龙头公司合计占据69.2%动漫市场份额。

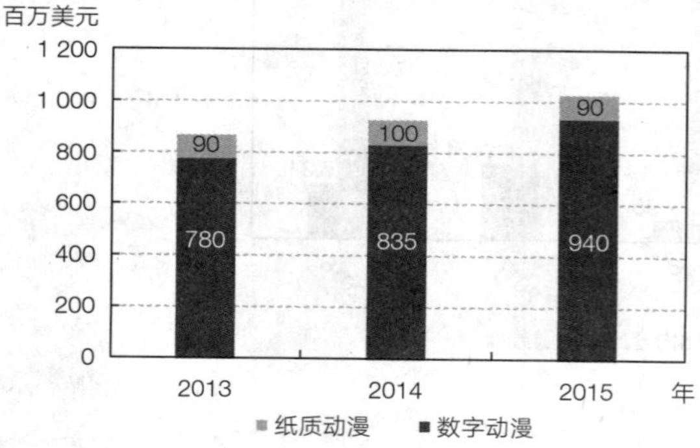

资料来源：搜狐网。

图22　2013—2015年北美动漫市场规模及构成

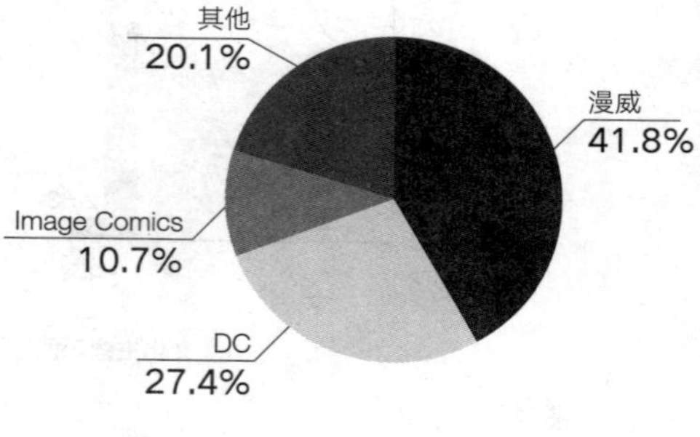

资料来源：搜狐网。

图23　2015年美国动漫市场竞争格局

美国动漫内容产业以动漫电影为核心。借助电影产业优势，美国动漫电影发展最为充分。2013—2016年，美国每年动漫电影票房均超过10亿美元，占比美国整体电影票房10%以上份额。

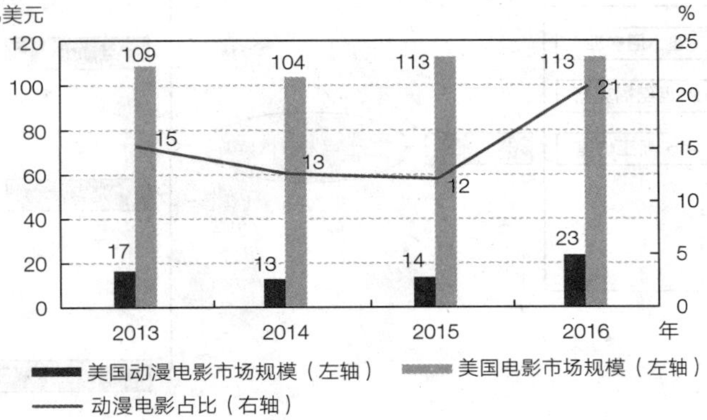

资料来源：Box office mojo。

图24　2013—2016年美国动漫电影市场规模

美国动漫电影市场形成七大动漫工作室格局。迪士尼动漫、梦工厂、皮克斯、蓝天、照明娱乐、索尼影视动漫和华纳兄弟七家工作室基本垄断美国动漫电影市场。2013—2016年，这七家工作室生产上映的动漫电影合计贡献57亿美元，占整体动漫市场的87%。

表3　美国动漫电影市场竞争格局

动漫工作室	2013—2016年动漫电影收入（亿美元）	市场份额（%）	隶属公司
迪士尼动漫	14.92	23	迪士尼
皮克斯	12.33	19	
梦工厂	11.16	17	环球影业
照明娱乐	10.72	16	
华纳动漫	3.31	5	华纳兄弟
蓝天	2.39	4	20世纪福克斯
索尼影视动漫	1.91	3	索尼

资料来源：Box office mojo。

2. 美国动漫产业模式及动漫企业估值

美国动漫龙头企业借助并购手段，打造动漫全产业经营模式。以迪士尼为例，公司早期仅有米老鼠、唐老鸭、白雪公主等儿童与女性动漫IP，通过资本手段，实现全产业链运营。在上游内容领域，公司收购皮克斯动画、漫威工作室和卢卡斯电影公司，收获大量动漫IP，并夯实内容生产能力；在下游渠道领域，公司收购电视网络及网络平台，拓展零售、出版、游戏、主题乐园、授权等变现模式。

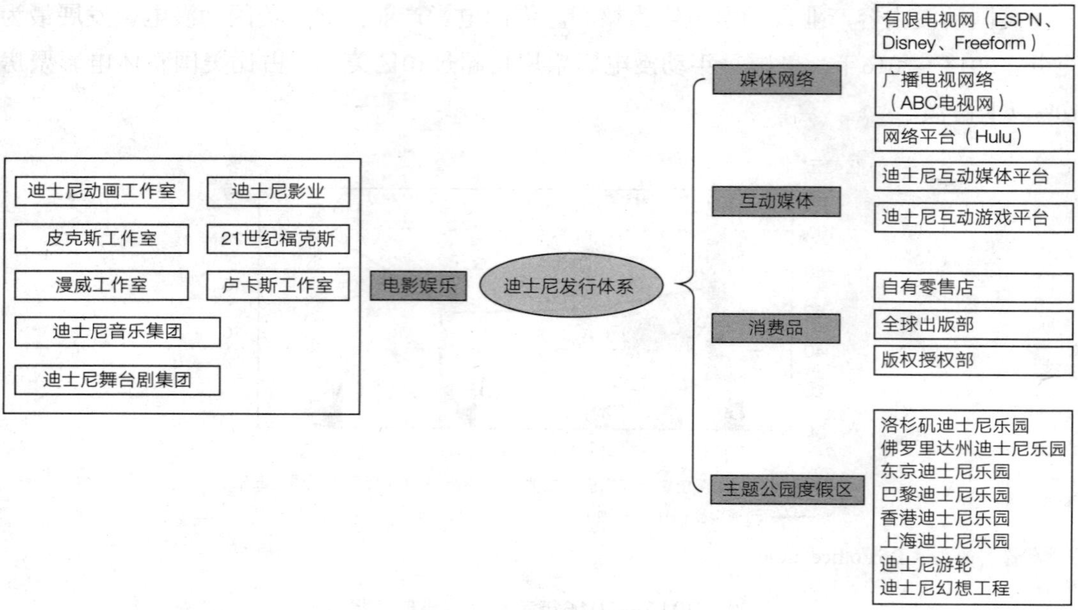

资料来源：Wind。

图25 美国迪士尼全产业链模式

美国动漫内容市场规模为20亿~40亿美元，诞生多家40亿~80亿美元动漫内容公司。根据已有并购记录，2006年、2009年和2012年，迪士尼分别以74亿美元、42亿美元和41亿美元收购皮克斯动画、漫威工作室和卢卡斯电影公司；2016年，NBC环球以38亿美元收购梦工厂动画。

表4 美国动漫产业链代表性公司估值

并购时间	标的	领域	并购方	估值（亿美元）
2006年	皮克斯动画	动画电影	迪士尼	74
2009年	漫威工作室	漫画	迪士尼	42
2012年	卢卡斯电影公司	动画电影	迪士尼	41
2016年	梦工厂动画	动画电影	NBC环球	38

资料来源：Wind。

（二）日本动漫创造“制作委员会”模式提升产业效率

1. 日本动漫用户群体规模及消费习惯。

日本动漫拥有庞大的成年人用户群体。根据2016年日本调研报告显示，从数量看，40~49岁年龄段拥有最多的观看动漫作品人数，约600万人；从渗透率看，5~9岁年龄段动漫用户渗透率最高达到71%，60~69岁年龄段动漫观众渗透率最低，但也达到15%。

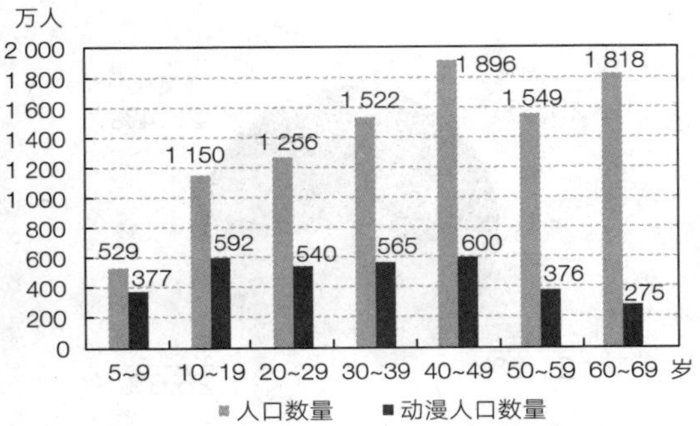

资料来源：アニメ視聴者の年齢構成 [EB/OL]. https://www.f-ism.net/ebi/mreport/r00000000047/.

图26 日本不同年龄段动漫用户数量

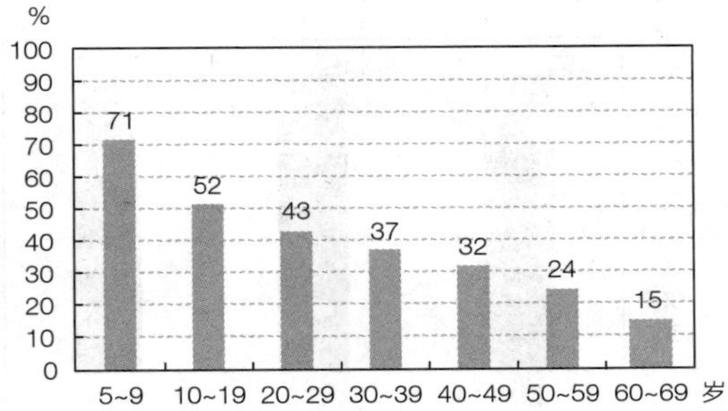

资料来源：アニメ視聴者の年齢構成 [EB/OL]. https://www.f-ism.net/ebi/mreport/r00000000047/.

图27 日本不同年龄段动漫用户渗透率

日本动漫用户具有良好的消费动漫习惯。根据2016年日本调研报告显示，50%非动漫人群及70%动漫人群会消费动漫产品；对于动漫人群，轻度消费用户占比40%，中度消费用户占比22%，重度消费用户占比8%；20~49岁年龄段的动漫重度消费人群占比74%。①

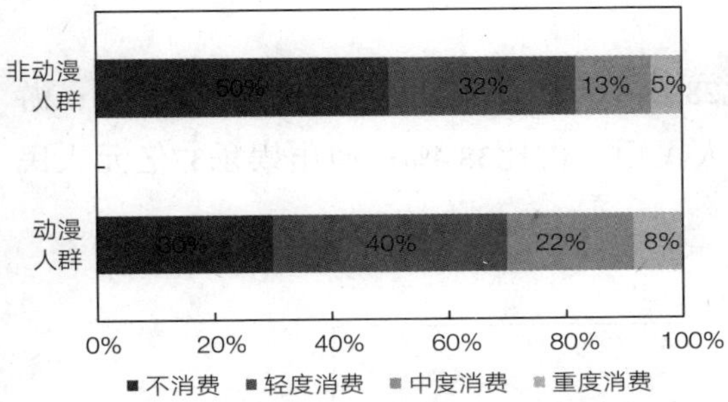

资料来源：アニメ視聴者の年齢構成 [EB/OL]. https://www.f-ism.net/ebi/mreport/r00000000047/.

图28 日本动漫人群及非动漫人群动漫产品消费能力

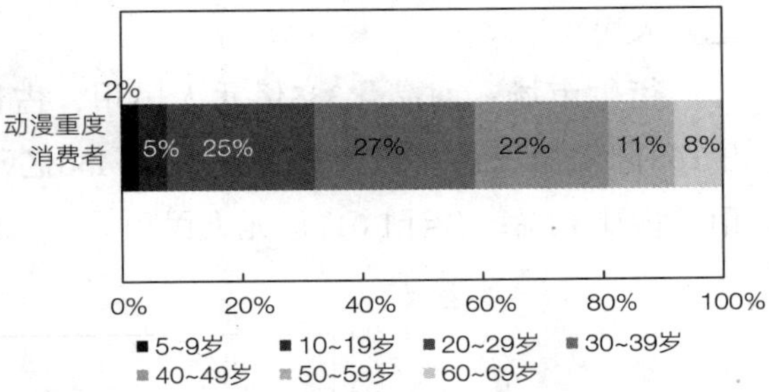

资料来源：アニメ視聴者の年齢構成 [EB/OL]. https://www.f-ism.net/ebi/mreport/r00000000047/.

图29 日本重度动漫消费群体年龄分布

2. 日本动漫市场规模及竞争格局。

日本动漫行业进入成熟发展阶段，市场规模稳定。根据日本全国出版协会统计，2016年日本漫画销售总额4 454亿日元，折合约265亿元人民币，其中电子漫画89亿元人民币，占比33%，渗透率持续提升；纸质漫画176亿元人民币，占比67%。

日本动漫行业以出版社为核心，形成三足鼎立竞争格局。日本三大动漫社分别是集英社、讲谈社、小学馆。根据日本新文化通信社统计，2016年集英社、讲谈社、小学馆合计占据75%漫画市场份额。

① 轻度消费指单个动漫用户每年在 ACGN 及动漫周边支出 1 000~10 000 日元；中度消费指单个动漫用户每年在 ACGN 及动漫周边支出 10 000~50 000 日元；重度消费指单个动漫用户每年在 ACGN 及动漫周边支出 50 000 日元以上。

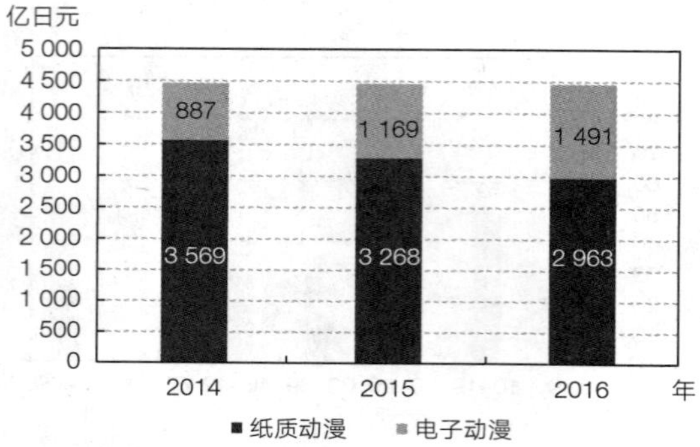

资料来源：凤凰网。

图30　2014—2016年日本动漫市场规模及构成

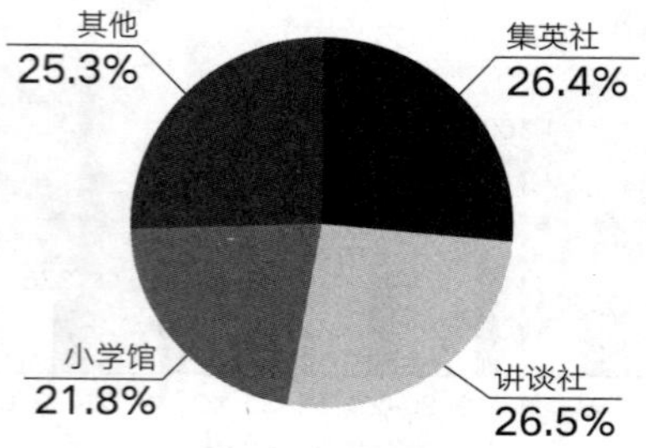

资料来源：搜狐网。

图31　2016年日本动漫市场竞争格局

日本广义动画市场规模超过1 000亿元人民币。根据日本动画产业报告，2016年日本广义动画市场规模达到20 009亿日元，折合约1 190亿元人民币，其中：

动画内容市场：电视动画63亿元人民币，占比5.3%；动画电影39亿元人民币，占比3.3%；录像动画47亿元人民币，占比3.9%；网络动画28亿元人民币，占比2.4%；合计178亿元人民币。

衍生市场：商品化335亿元人民币，占比28.1%；音乐17亿元人民币，占比1.4%；游乐168亿元人民币，占比14.1%；海外456亿元人民币，占比38.4%；演出娱乐37亿元人民币，占比3.1%；合计1 012亿元人民币。

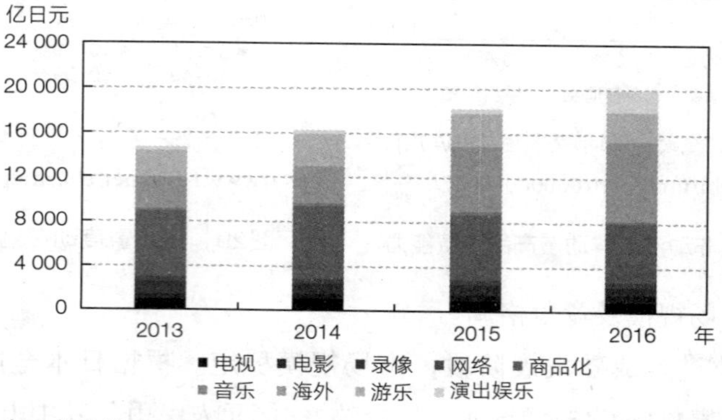

资料来源：日本动画产业报告 2017[R/OL]．http://www.chncomic.com/info/201710/46315.html.

图32　2013—2016年日本广义动画市场规模及构成

3. 日本动漫产业模式及动漫企业估值。

日本动画产业创造"制作委员会"模式，实现风险分担与利益最大化。日本动漫产业经过繁荣发展，形成多种盈利模式，包括图书出版、电视动画广告、动画录像、动画电影、商品化、授权等，因此形成分工明确的动漫产业链格局。由于电视动画投资成本高，成功概率低，为了降低投资风险，各产业链环节的公司组成动画制作委员会，以投资比例分配收益，这种模式有利于提高动漫产业生产效率，实现风险分担与利益最大化。

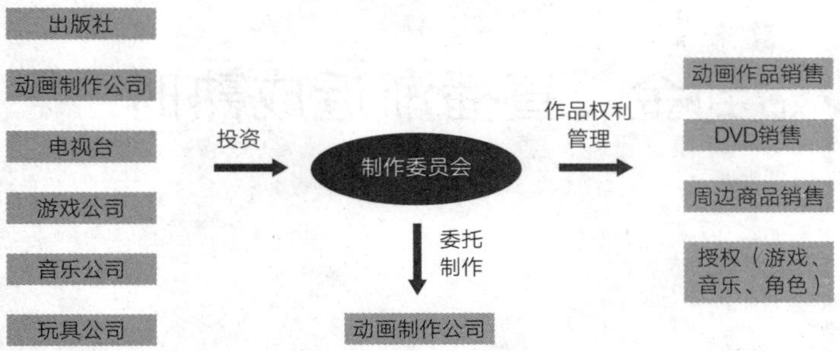

资料来源：Wind。

图33　日本动画制作委员会模式

日本广义动漫产业市场规模超过千亿元人民币，其中内容端市场规模约200亿元人民币，衍生品端市场规模约1 000亿元人民币，由于缺乏产业链上下游整合，因此形成各环节龙头公司。

内容端：诞生多家100亿~200亿元人民币市值的电视动画及动画电影内容公司，如东宝（9602.T）、Toei动漫（4816.T）、东映（9605.T）、松竹株式会社（9601.T）；

衍生品端：诞生市值超过2 000亿元人民币的游戏公司任天堂（7974.T），市值超过700亿元人民币的游戏及玩具公司万代南梦宫（7832.T），以及36亿元人民币市值的音乐公司爱贝克思（7860.T)。

表5　日本动漫产业链上市公司及市值

所在产业链	公司及证券代码	主营	市值（亿元人民币）
内容端	东宝（9602.T）	动画电影	155
	Toei动漫（4816.T）	电视动画	141
	东映（9605.T）	动画电影	127
	松竹株式会社（9601.T）	动画电视和电影	109
	创通（3711.T）	电视动画	18
渠道端	富士媒体控股（4676.T）	电视台	213
	角川多玩国株式会社（9468.T）	互联网动漫平台	59
	东京电视台（9413.T）	电视台	41
衍生品端	任天堂（7974.T）	游戏	2819
	万代南梦宫（7832.T）	游戏和玩具	725
	环球娱乐株式会社（6425.T）	游戏	155
	爱贝克思（7860.T）	音乐	36

注：市值对应 2019 年 5 月 19 日。

资料来源：Bloomberg。

直播产业：

吹尽狂沙始到金，直播渐近成熟时

许磊 东兴证券海外研究员

一、直播行业发展概述

根据艾瑞咨询对在线视频直播的定义，在线视频直播服务为用户通过互联网在直播平台制作或观看直播视频，创造观看方与直播方互动的服务。根据直播平台的不同分为PC直播和移动直播，根据直播内容的不同分为秀场直播、游戏直播、泛娱乐直播及其他。纵观互联网社交的发展史，总共经历由文字、图片、视频、直播的演变，信息的密度、真实性和及时性不断地加强。用户身临其境的参与感，随着网络技术的提升，在直播时代得到体现。

（一）国内直播行业发展历程

1. 探索期（2005—2011年）：直播行业从无到有，平台探索秀场直播模式。

2005年，基于网络视频交友的9158率先发力，针对三四线城市群体主打秀场直播，吸引了大量用户流量，成为国内第一家直播平台。看到用户红利后，六间房从UGC视频平台转型为秀场直播。初期为多人语音群聊软件的YY也走上了直播道路，并同时运营娱乐类直播与游戏类直播业务。

2. 启动期（2012—2014年）：秀场直播商业模式成熟，游戏直播雏形初现。

伴随着平台方运营经验的丰富与互联网的不断普及，基于PC端的秀场直播商业模式逐渐成熟，平台形成了稳定的盈利能力。欢聚时代与天鸽互动分别于2012年与2014年在美国纳斯达克及港交所上市，奠定了行业巨头地位。同时，在此期间游戏直播模式开始出现。2013年YY将游戏直播业务独立为虎牙直播；2014年原AcFun生放送直播改名为斗鱼TV，定位为专做游戏直播的平台，并首次引入主播签约费的概念。除传统打赏外，游戏直播带来了多元化的营收渠道，如游戏联运、承办赛事等。

3. 高速成长期（2015—2017年）；移动直播爆发，全民直播时代来临。

受4G推广、智能手机普及与移动支付技术成熟的推动，移动端直播平台迎来了爆发式增长。传统PC端直播平台布局移动端，同时新的直播APP层出不穷。一直播、花椒、映客等移动端后起之秀受到资本的疯狂追捧，不断有新的直播平台成立，产生了“千播大战”局面。期间，受电竞赛事的带动，游戏直播不断升温。同时，基于移动端的泛娱乐直播与垂直领域直播业态开始出现。

4. 成熟期（2018年至今）：市场集中度提升，平台寻求精细化运营。

2018年发展至今，直播行业步入稳定发展期。伴随着流量红利逐渐消退，行业监管趋严，市场集中度得到提升。中小平台被迫出局，头部平台或寻求上市机会，或进行合作重组，以加强资源和流量的集中。直播平台开始进行内容运营升级以深耕存量用户，寻找增量市场。

探索期 (2005—2011年)	启动期 (2012—2014年)	高速成长期 (2015—2017年)	成熟期 (2018年至今)
直播平台开始出现，主打展现才艺的秀场直播	秀场直播商业模式成熟，游戏直播初成规模	移动直播爆发式增长，进入全名直播时代	直播行业经历洗牌期，业务模式逐渐成熟
◎9158上线视频社区YY，六间房开始直播业务 ◎基于PC端的秀场直播吸引了大量用户流量	◎欢聚时代与天鸽互动盈利模式稳定，相继在纳斯达克与港交所上市 ◎虎牙直播与斗鱼TV分别从YY与AcFun独立，专注游戏直播领域	◎YY等传统巨头转型移动端；映客、花椒等移动直播应用层出不穷 ◎直播应用达到百家之多，受资本热情追捧 ◎基于移动端的泛娱乐直播及垂直领域直播业态出现	◎映客、虎牙上市；微博收购一直播、六间房与花椒重组、YY与小米直播合作 ◎腾讯与今日头条开始布局直播业务 ◎平台进行运营内容升级，深耕存量市场

资料来源：Wind。

图1 中国直播行业发展历程

（二）海外直播行业发展历程

海外直播行业发展阶段与国内大致同步，但受资本介入驱动，市场较早进入了稳定发展期。海外最早的直播模式出现在游戏领域，由游戏类UGC视频发展而来。2007年，

Justin TV成立，成为美国首家直播类平台。2011年，Justin TV将游戏频道分离，成立Twitch，成为首家游戏直播平台，每年覆盖人数以千万量级增加。2014年，Twitch被亚马逊收购，至今仍为海外游戏直播龙头。

2015年，海外直播平台步入移动时代，美国出现主打泛娱乐直播的现象级移动直播应用——Meerkat和Periscope。由于Twitter介入，Meerkat于2016年关闭。目前海外泛娱乐类直播背靠互联网巨头，形成了三足鼎立局面——Facebook Live、Twitter的Periscope及YouTube移动直播服务。

二、直播行业现状

（一）手机用户增长、移动支付普及与居民收入提高长期驱动行业发展

我们认为，手机用户的增长、移动支付的普及与居民收入的提高将长期驱动直播行业发展。一方面，据CNNIC数据，截至2018年底，我国网民规模达8.29亿人，通过手机接入互联网的比例达98.6%。出于用户对兼具实时性、互动性与便捷性的信息传输方式的需求，网络直播全民化趋势明显。依托移动端的稳定用户规模，直播行业将持续维持基数庞大且增长稳定的用户规模。

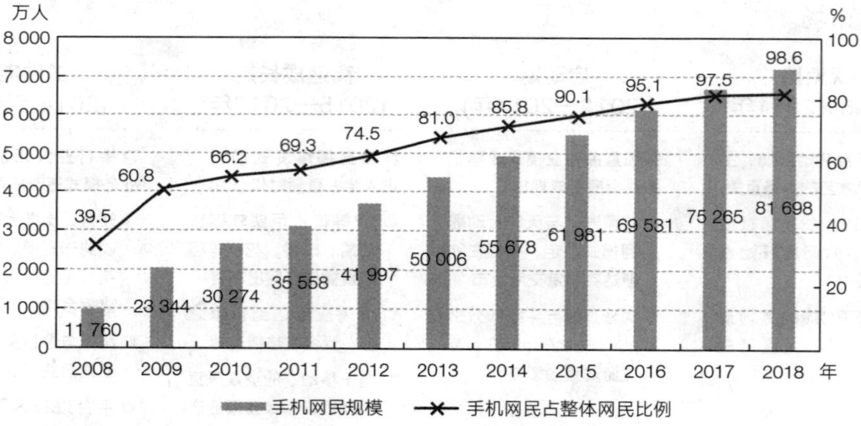

资料来源：CNNIC．第 43 次中国互联网络发展状况统计报告 [R]．2019.

图2　我国手机网民规模及占比

据艾瑞咨询预测，2019年中国第三方移动支付交易规模将达到229万亿元。随着网络支付方式的普及，在线付费的便捷性得到极大提升。同时基于直播行业的互动特性，用户付费意愿不断提升。Questmobile数据显示，2018年用户对直播打赏的付费意愿高达74.1%。而打赏金额的大小则与收入水平呈正相关，据艾瑞数据显示，随着用户收入的不断提高，月打赏金额的均值不断提高。我国居民人均可支配年收入近三年分别为23 821元、

25 974元与28 228元，平均以每年10%的增幅在增长。可以预见，直播行业的用户付费率与人均付费均有较大的发展空间。

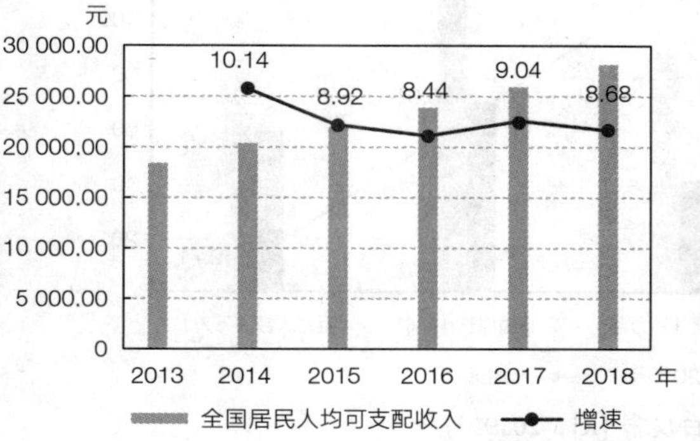

资料来源：国家统计局网站，http://data.stats.gov.cn/easyquery.htm?cn=C01。

图3 全国居民人均可支配收入及增速

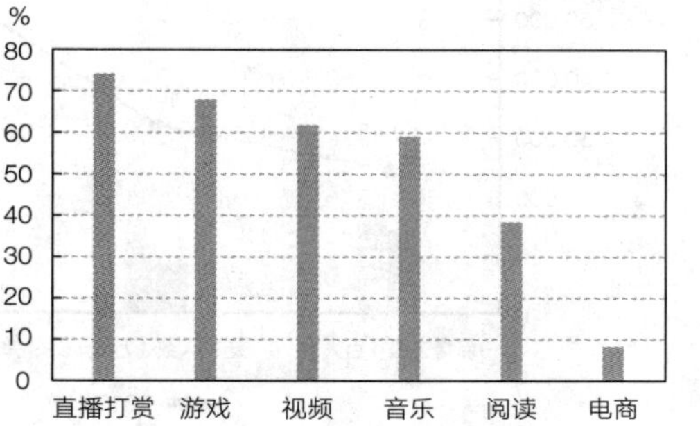

资料来源：Questmobile. 中国移动互联网2018秋季大报告[R]. 2018.

图4 2018年典型行业用户付费意愿

（二）直播用户规模保持优势，用户黏性上升，行业成熟期表征凸显

我国的直播行业从早期的萌芽到逐步的发展，目前逐渐凸显出成熟行业的表征：用户规模增速逐渐放缓，但绝对数量保持优势，同时用户黏性上升。行业从整体粗放大规模增长逐渐向着精细化态势发展。

前瞻经济研究院数据显示，我国直播行业市场规模增速逐渐放缓。但受益于庞大的用户基数，直播行业市场规模有望在2022年达到千亿元市场规模。直播行业拥有庞大的用户群体，决定未来趋势的永远是对于用户需求的满足。直播行业2018年用户为4.6亿人，预计2019年将达到5.01亿人。

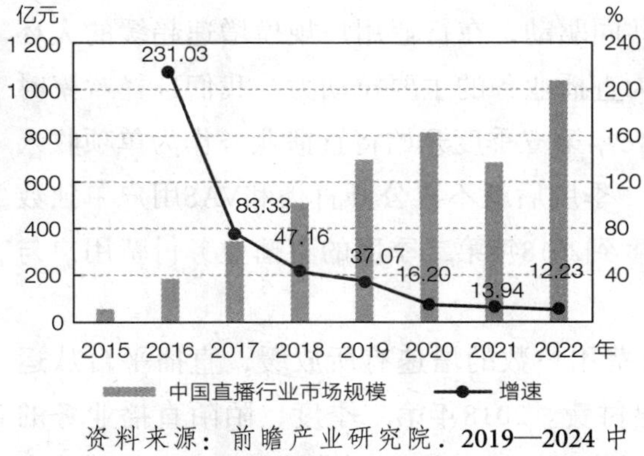

资料来源：前瞻产业研究院. 2019—2024中国网络直播行业商业模式创新与投资机会深度研究报告[R]. 2018.

图5 中国直播行业市场规模及增速

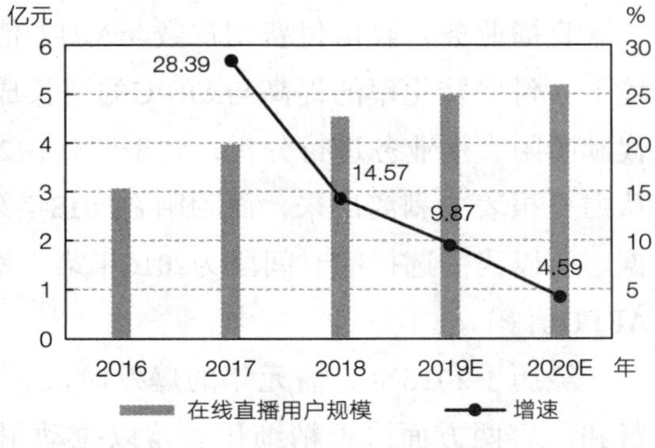

资料来源：艾媒咨询. 2018—2019中国在线直播行业研究报告[R]. 2019.

图6 中国网络直播用户规模及增速

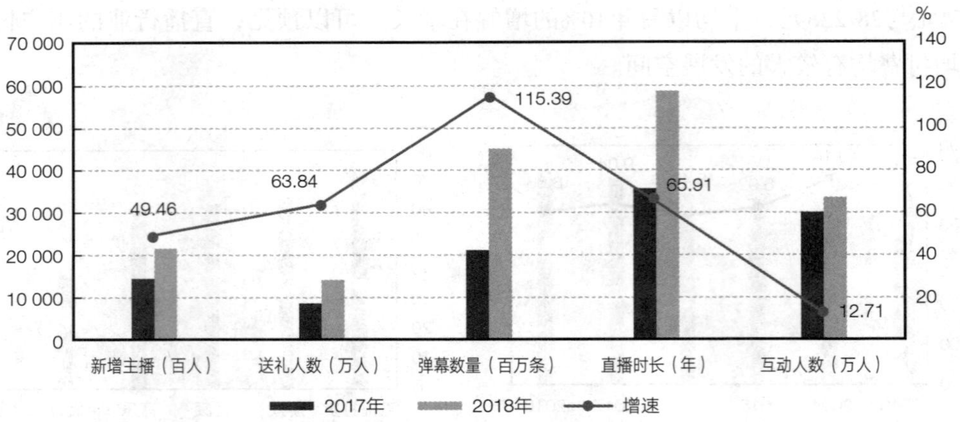

资料来源：小葫芦．2018年度全平台直播行业白皮书[R]．2019.

图7　年度直播行业相关数据

虽然流量红利在逐渐消退，直播行业用户黏性与用户付费行为均保持了良好的增长趋势，行业整体对新主播仍有较大的吸引力。相较于2017年的年度数据，2018年全年直播行业新增主播数、送礼人数、弹幕数量、直播时长均有较高速度的增长。

我们可以通过行业景气程度来进一步判断直播行业目前的行业态势。中国信通院数据显示，以2016年为基期，可以看到景气指数逐步上升，到2018年上半年全行业景气指数达到401，同比增长20.4%。行业景气度指标增速不断趋于稳定，行业已经由爆发性的增长过渡到平稳期，并向着成熟行业不断发展。2018年行业经历洗牌期，多家中小直播平台倒闭，但这有利于留存公司进行资源整合和调整发展战略，也恰恰是直播行业步入成熟阶段的证明。

（三）用户 ARPU 值增长稳健，行业寻求精细化运营刺激用户付费

直播业务营收由付费用户数与ARPU值共同驱动，在行业用户规模增速趋缓的大环境下，付费转化率的提高与ARPU的增长成为直播业务的主要拉动力。我们选择欢聚时代和陌陌直播业务进行分析，欢聚时代由2016年第三季度开始将直播业务作为单项收入从财务报表中剥离出来，而陌陌在2018年第二季度后就不再公开直播和VAS用户单独数据。所以我们选择的时间段为2016年第三季度到2018年第二季度的直播业务付费用户与ARPU值。

经历了2016年直播元年的爆发阶段，付费用户数的增速有所放缓，直播平台从运营和内容两方面进行精细化运营以拉动用户付费。2018年第二季度，陌陌直播业务的付费用户数为460万人，同比增速为12%；ARPU达到89美元，同比增速为41%。其直播业务收入的增长主要来自于ARPU值增长的带动。欢聚时代直播业务的付费用户数

为690万人，同比增长21%；ARPU达78美元，同比提高27%。付费用户数与ARPU增长同时驱动其营收的增长。

业内公司致力于从提高付费转化率与ARPU值两方面拉动直播业务营收：或深耕存量市场，通过直播与社交等生活场景结合，提高用户人均付费，在付费人数保持稳定的同时快速提高ARPU值；或拓展增量市场，从用户基数上提升，从而在ARPU稳定增长的同时达到付费用户数较大的增长空间。

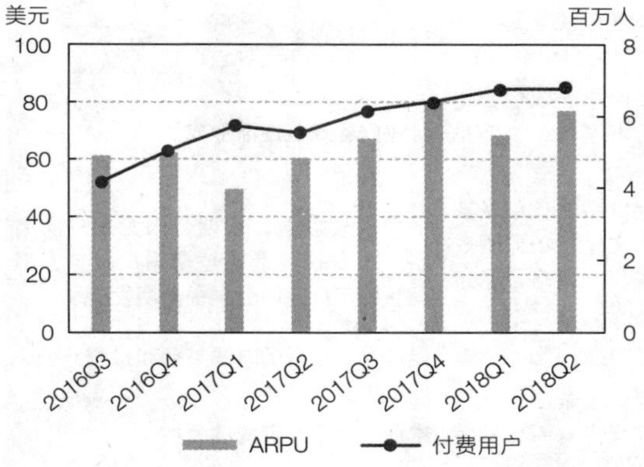

资料来源：欢聚时代2016Q3—2018Q2季度财报。

图8 欢聚时代直播业务付费用户与ARPU值

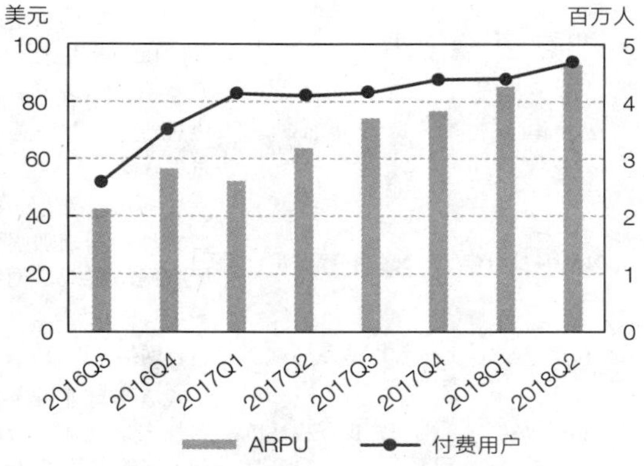

资料来源：陌陌2016Q3—2018Q2季度财报。

图9 陌陌直播业务付费用户与ARPU值

（四）内容监管严格，促进行业洗牌，龙头平台自检优势受利

直播行业的内容生产端主要有三种模式，由个人提供的UGC内容、由公司包装的PUGC内容和由专业内容生产商提供的PGC内容。UGC内容往往良莠不齐，受到个人内容提供者的影响较大。PUGC内容尽管有公司的包装，但是各个不同工会的不正当竞争及过度追利模式使得内容的导向也可能发生价值偏移。所以直播行业内容监管难度较大，直播平台事故多次发生。从游戏直播开挂，秀场直播涉及色情信息等重创行业内容行为屡见不鲜。因此，随着直播行业规模的快速增长，相关政策和禁令不断出台，对直播平台内容进行监管和限制。

内容监管加速了市场集中度的提升，淘汰了不具有技术优势、没有优质内容，只靠噱头获取流量的公司。市场上劣币驱逐良币的现象将得到有效控制，促使业内公司的发展重心从对流量的争夺转移到对优质内容的创造上。拥有网络视听许可证的平台都是行业内颇具代表性的企业，收入表现稳定、内容健全、自检严格、业务模式较为清晰。除牌照优势外，头部平台还受益于优秀的主播内容、强大的资金实力和较为清晰的商业模式。

表1　直播行业主要监管政策

时间	相关部门	相关举措	影响意义
2016年7月	文化部	《关于加强网络表演管理工作的通知》，查处26个表演平台	开始对表演平台进行规范
2016年9月	广电总局	《关于加强网络视听节目直播服务管理有关问题的通知》，规定开展网络视听节目直播服务应该具有相应资质；开设互联网直播间以个人网络演艺形式开展直播业务需要持有许可证	规范牌照，帮助行业进行规范和洗牌
2017年4月	国家网信办	根据《互联网直播服务管理规定》依法关停18款传播违法违规内容直播类应用	行业违规现象查处
2017年6月	文化部	对全国29个省50家主要网络表演经营单位进行集中执法检查，多家网络表演平台被查处	行业内容规范逐渐形成
2018年4月2日	文化和旅游部	文化和旅游部公布一批网络文化市场典型案件，明确加强网络文化市场监管、严查网络游戏、网络表演、网络音乐市场禁止内容	平台自检加强，短期会因为用户实名制、平台控制造成短期用户减少，但是利好于行业内公司中长期发展
2018年上半年	广电总局	整顿网络答题活动，封禁喊麦主播	促进龙头平台的自我整合和检测
2019年初	广州知识产权法院	游戏直播行业首个行为保全禁令，该禁令规定，直播平台的游戏内容需得到游戏公司的内容授权	重创没有版权资源的公司

资料来源：Wind。

三、直播行业新趋势

在行业成熟期如何调整发展战略是每个直播行业业内公司关注的问题及痛点所在。从直播行业整个的逻辑呈现形态来看，最核心的方式应该自下而上，以用户为基础。这也就意味着直播行业中的各大企业将会围绕着流量展开一系列的竞争。可从获客、留存、变现三个维度来评估直播行业对流量的发掘与深耕。

结合行业趋势与自身特点，目前业内公司采用不同的方式来构筑流量池，主要包括：全球化、多元化经营、“直播+”、垂直化，并逐步形成业内的四种趋势。

表2　直播行业四大趋势

趋势	含义	具体方法	针对痛点
全球化	将现有的业务拓展至海外市场	在公司原有市场用户和流量保持相对稳定增速，付费用户带来稳定收益的情况下。进入新的市场，扩大用户基数	扩大用户范围，从而扩大用户规模
多元化经营	通过低廉的其他类型产品来吸引流量	开发由共同需求驱动的，但较低廉、便捷的产品来吸引流量，通过共享入口、品牌分享等方式导流	通过导流提高知名度并获得潜在用户
“直播+”	直播+社交场景，由于社交性的独特性质，使得用户难以转移	依靠人与人之间关系的持续性和互动性，来吸引和留存流量	通过场景的联结提高用户留存与付费
垂直化	各类细分直播领域	细分直播领域如体育、游戏等，吸引精准目标群体。同时提高用户的购买意愿	通过针对细分群体提高用户留存与付费

资料来源：Wind。

（一）全球化构筑流量展现层，抢占海外增量市场

国内直播行业市场增量减缓后，业内公司普遍采取出海策略，以寻求新的增量市场，将已成熟的产品及运营经验复制到新兴市场上。目前，中国直播平台瞄准的海外市场主要包括互联网基础建设不断完善的“一带一路”沿线国家及欧美国家暂时空缺的秀场直播类型。

表3 中国出海直播平台

出海直播平台	主要推广地	团队/主要投资
Uplive	中国台湾、中国香港、中东、印度、印度尼西亚	亚洲创新集团
Kitty Live	中东、东南亚、南美	赤子城
Nonolive	东南亚、欧洲、其他	阿里
Bigo Live	泰国、越南、印度尼西亚	YY
MeMe Live	港澳台、东南亚、南亚	未来趣娱
Stager Live	日韩、东南亚、欧洲	SIG领投
Live.me	北美、中国台湾、日本	猎豹移动
7Nujoom	中东	裂变科技

资料来源：36Kr．海外直播平台行业报告[R/OL]．2018.

（二）多元化运营，借助品牌关联低成本获取流量

处于行业洗牌期的公司，如何持续以较低成本获取流量，同时还能保有存量池中用户的黏性是其面临的关键问题。单一产品给用户带来的新鲜感会迅速削减，且产品本身的生命周期也需要直播业务的不断创新。传统的秀场直播已经很难满足消费者对于新鲜感的追求，很容易使消费者产生审美厌倦。单一产品对于用户黏性的效用呈现递减效应。

多元化经营可以先行开拓其他低成本的模式来吸引新的用户。例如，借助用户对于美的需求研发相机APP，利用“颜值经济”获取新的追求新鲜感和颜值的客户，再通过该软件的导流和推动，或者借助新的工具给用户形成良好的品牌印象，吸引用户进入直播领域，或者让存量池中的用户更具有黏性。在内容上形成和其他竞争对手的差异化竞争，有效利用资源，实现场景的迁移和满足，进而带动消费者付费意愿的提升。

（三）“直播+”模式培育用户黏性，加速用户购买力转换

除了深耕直播平台自身的运营方式，越来越多的平台将直播与其他生活场景结合在一起，以获取较高的用户黏性与货币化能力。“直播+”的模式将直播叠加于不同行业，如“直播+电商”的模式，淘宝通过加入直播的模式，利用网红优势，能够向用户更好地展示商品，并且通过网红自有的粉丝群体力量，通过网红效应精准定位客户群体。“直播+

电商”模式在2018年取得了亮眼的成绩。

此外，“直播+社交”模式也被证明具有强大的获取用户能力及刺激用户付费的效果。从QuestMobile对于“直播+社交”行业用户规模和直播行业用户规模比较分析来看，2018年“直播+社交”行业用户规模达到8 112万人，而纯娱乐直播行业用户规模为6 810万人，已有反超趋势，也构成了未来“直播+社交”的增量空间。

（四）深入布局垂直领域，构筑细分市场护城河

相较于泛娱乐直播内容的同质化与可复制性，针对细分用户的垂直类直播平台具有较高的竞争壁垒。在对用户进行拆解时发现，用户由于年龄、收入、所处地域、社交关系的不同而展现出不同的需求。这种小群体需求的稳定性和社交关系的黏性使得直播平台在细分领域布局显得尤为有意义。在细分领域已经形成较为清晰业务模式的游戏直播就很好地利用了用户的兴趣特征等要素，创造出亮眼的表现，并跑出了虎牙、斗鱼等巨头平台。

四、产业内重点公司介绍

（一）欢聚时代（YY.O）：全球化战略初见成效，用户规模稳居行业龙头

欢聚时代成立于2005年4月，于2012年12月在纳斯达克上市，旗下YY直播平台是国内直播行业的龙头平台。欢聚时代的主营业务主要包括现场直播和其他业务，其中现场直播业务占比94.38%。在集团国际化进程的加速拉动下，2018年公司全年营收为22.927亿美元，较上年增长35.95%，归属于集团的净利润为2.388亿美元。

持续产品创新，YY飞跃产品生命周期。公司2011年就开始布局秀场直播，数年来以强大的资本和丰富的运营经验为依托，坚持产品创新，不断迭代升级YY产品；2018年更发力AI技术，升级数字化运营，精准理解和匹配用户需求，驱动用户不断增长和付费持续提升。截至2018年12月，MAUs达9 040万人，连续8个季度实现正增长；2018年直播营收达21.68亿美元，增长32.7%，第四季度直播付费用户达890万人次，同比增长36.9%，第四季度直播ARPU值达71.89美元。公司对创新的坚持是产品超越生命周期、不断实现增长的坚实后盾。

加码全球化收购BIGO，掘金海外红利有望再造传奇。2019年3月，公司宣布以14.53亿美元收购BIGO剩余股份，自此，BIGO成为欢聚时代全资子公司。BIGO旗下拥有海外头部直播平台BIGO Live 和短视频社交平台LIKE，发展潜力和变现潜力巨大。至2018年底，BIGO的总MAUs达到6 900万人，其中LIKE 的MAUs约4 600万人。根据Sensor Tower的数据，BIGO Live长期位于中国直播和视频类APP海外收入榜之首，未来将对公司营收作

出巨大贡献。公司通过加码全球化布局，抢占海外增量市场，与YY形成协同效应，巩固集团在全球直播领域的领导地位。

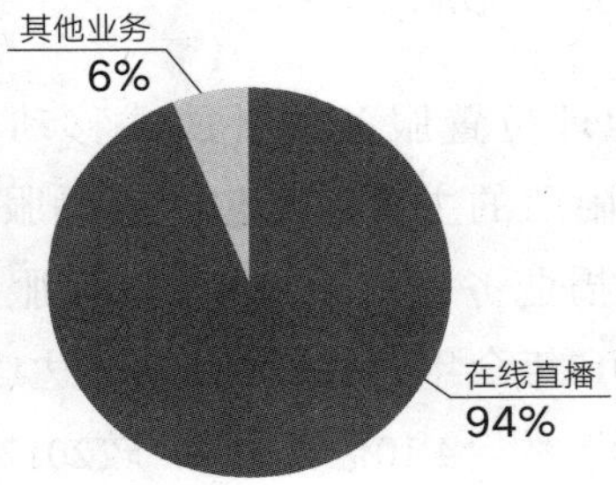

资料来源：Wind。

图10 欢聚时代2018年度主营构成

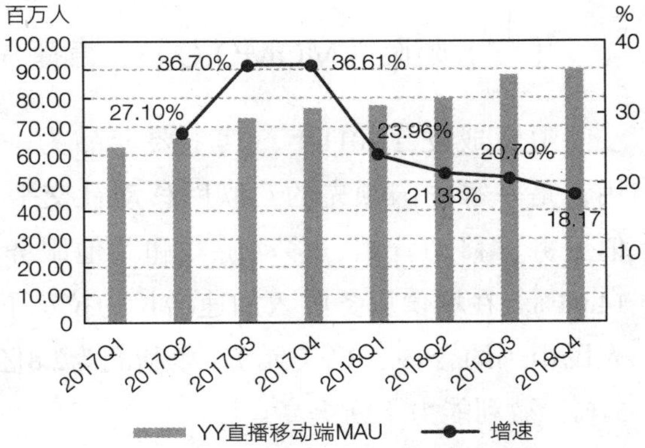

资料来源：欢聚时代2017Q1—2018Q4季度财报。

图11 YY直播2017—2018年移动端MAU及增速

（二）天鸽互动（1980.HK）：直播＋相机，多元渠道打开流量空间

天鸽互动成立于2008年7月，于2014年7月在香港主板上市，是中国最大的实时社交视频平台之一。天鸽互动的主营业务主要包括在线互动娱乐服务和其他收益，在线互动娱乐服务主要是直播服务，在总营收中占比84.34%。受旗下直播平台整合精简影响，2018年公司总营收为人民币751.9百万元，与2017年相比下滑17.9%，净利润为218百万元，下滑31.9%，处于公司战略过渡期。

整合优化核心直播平台，降成本、提效率。公司依托丰富的平台运营经验和对行业周期的灵敏嗅觉，整合精简旗下直播平台为四个平台（9158直播、喵播、欢乐直播和疯播）。受整合策略的影响，公司2018年第四季度的季度用户平均收益（QARPU）环比增加25.8%，达到195元；营业毛利从2017年的42.5%上升到2018年的67.9%；2018年营业成本下降40%，第四季度同比减少41%。公司整合优化策略卓有成效，降低了成本，优化了资源利用率，提高了用户平均付费。

另辟蹊径布局相机，多元渠道获取流量。公司在2018年初以2亿元收购了国内最受欢迎的无他相机所属公司上海本趣80%的股权。2019年，微博斥资3.5亿元人民币投资无他相机。交易完成后，天鸽互动和微博分别持有无他相机51.2%和34.8%的股份。至此，无他相机的估值上涨约四倍。无他相机作为国内最受欢迎的美颜相机之一，本身即为优质广告渠道，同时助力天鸽互动以低廉的价格获取巨大流量。2018年第四季度，天鸽互动的月度活跃用户（MAUs）为56.3 百万人，较2017 年同期增加156.3%，其中无他相机月度活跃用户超过37.8百万人次；公司用户群的性别比也得到进一步平衡，公司的直播平台用户以男性居多，无他相机用户群体中女性用户占比接近90%。公司采取“直播+相机”

的双核心战略，低成本引流，扩展女性用户基础，将打造以旗下短视频、直播、拍照为一体的“颜值经济”生态圈。

（三）陌陌（MOMO.O）：直播＋社交，货币化潜力巨大

陌陌成立于2011年，其主要产品为一款基于地理位置服务的开放式移动社交应用，是一家中国领先的互联网移动社交平台公司。陌陌的主营业务包括直播服务、增值服务、移动营销、移动游戏和其他服务，其中直播业务占比79.87%，增值服务占比14.04%。在增值服务收入加速增长的拉动下，公司2018年全年营收增长51%，达13.4亿元人民币（约合19.50亿美元），净利润为2.8亿元人民币（约合4.10亿美元），较2017年增长31%，盈利能力不断提高。

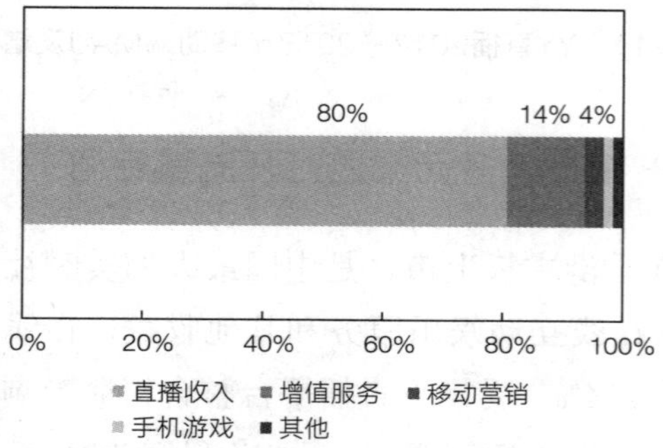

资料来源：Wind。

图12　陌陌2018年度主营构成

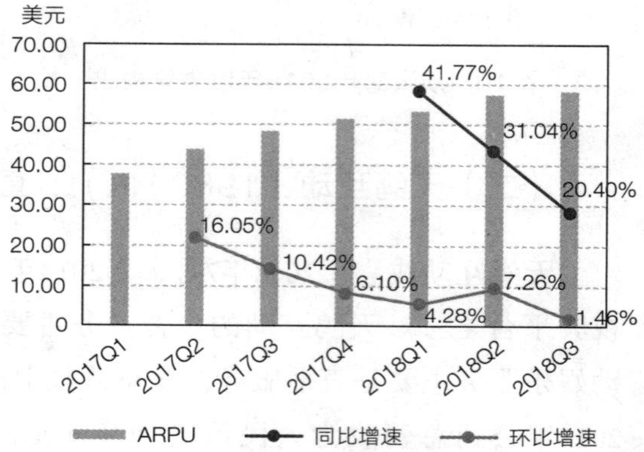

资料来源：陌陌 2017Q1-2018Q4 季度财报。

图13　陌陌（剔除探探）ARPU值及增速

依托多元化社交付费场景拓展，不断提高用户人均付费。公司以直播用户为依托，发力多元社交场景，精细化运营刺激用户付费。截至2018年9月，每用户平均收入（剔除探探）已达到58.46美元，第四季度直播服务营收为4.30亿美元，增值服务营收达1.05亿美元，付费用户达1 300万人次。公司不断拓展陌陌APP内外多元化社交场景，推动了付费用户数和ARPU值的持续增长，增值服务营收较上年翻倍。

坚持初心，加码社交领域布局，促进直播和社交战略互补。2018年2月，公司增发265万股ADS，并以6亿美元现金全额收购同为陌生人社交平台的探探。与陌陌不同，探探专注于1对1的异性匹配社交，在陌生人社交领域实现对陌陌的补充。目前探探货币化的水平还较低，但发展潜力大。2018年12月，探探付费用户数已达390万人次，环比增长8.3%，占公司总付费用户数的30%。公司不忘初心，坚持在社交领域深耕，以“社交”为“直播”引流，以“直播”为“社交”变现，满足人群多样化的社交需求，确立在中国开放式社交领域的垄断地位。

（四）虎牙直播（HUYA.N）：游戏直播龙头，专业化电竞布局

虎牙直播2014年正式从YY直播独立，是以游戏直播为核心的中国领先互动娱乐直播平台。虎牙直播的主营业务包括现场直播、广告及其他收入，其中直播收入占比95.3%，超过九成。随着未来公司对广告商的吸引力提高，广告及其他收入占比有望提升。2018年，虎牙直播全年营收为6.78亿美元，增长113.4%；2018年Non-GAPP利润为0.37亿美元。

深耕游戏直播垂直领域，稳守行业龙头地位。虎牙依托YY的融资优势、丰富的经营经验和公会资源，抢先布局游戏直播领域，抢占头部主播资源，吸引大量游戏玩家。截至2018年12月，虎牙直播的ARPU已达43.77美元，第四季度直播服务营收为210万美元，付费用户达480万人次；从日均活跃主播数、日均开播数、MAUs和付费率来看，虎牙直播都位居行业之首。公司已覆盖所有热门游戏，抢占了移动游戏直播市场的大量份额，Non-GAPP利润有望继续提高。

全面布局电竞产业链，构筑细分内容壁垒。虎牙直播在2013年就开始自主举办热门游戏的电竞赛事，至2018年12月已与超过110个电子竞技组织合作，直播或主办了超过510场电竞赛事，拥有丰富的电竞赛事版权，吸引了大量赛事观众。2018年第四季度，虎牙直播总MAU已达1.16亿人次，同比增长35%，赛事引流效果明显。公司将进行专业化电竞布局，吸引流量，打造内容和版权壁垒，在平台内建设良好长久的电竞生态，提高观众的黏性和忠诚度。

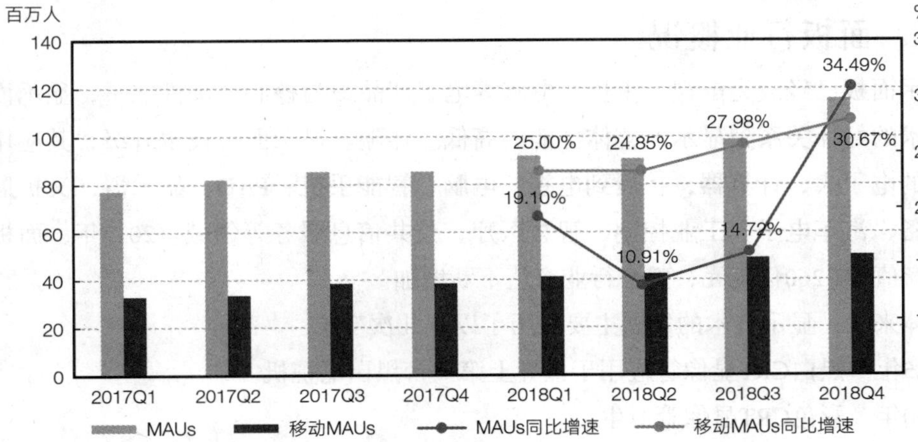

资料来源：欢聚时代及虎牙2017Q1—2018Q4季度财报。

图14 虎牙直播2017—2018年总MAUs、移动MAUs及同比增速

显示面板产业：

逆周期造就行业龙头

刘慧影　东兴证券电子行业研究员

一、面板行业概况

显示面板已经成为电视、手机、电脑等电子产品最为核心的部件之一，显示面板质量、技术的好坏关系到显示器整体性能的高低。伴随着显示面板技术升级，其应用领域从最初的电子表、计算器，扩展到电视、电脑、智能手机、PAD、显示器，又扩展到可穿戴设备、汽车电子、工业控制、智慧医疗、公共信息服务等领域。2017年，面板行业全球总产值约1 260亿美元，整个行业产值不断增加。

整体来看，显示技术的发展主要经历了以下几次变革：

1925年，黑白CRT显像管应用于世界上第一台黑白电视机。

1950年，彩色CRT显像管诞生。

1970年，LCD（液晶显示）出现后很快取代了CRT显像管，显示面板进入液晶屏时代。

1979年，OLED（有机发光二极管）出现，但其技术仍处于发展状态，由于良品率低，生产成本相较于LCD更高，市场商用占比不大。

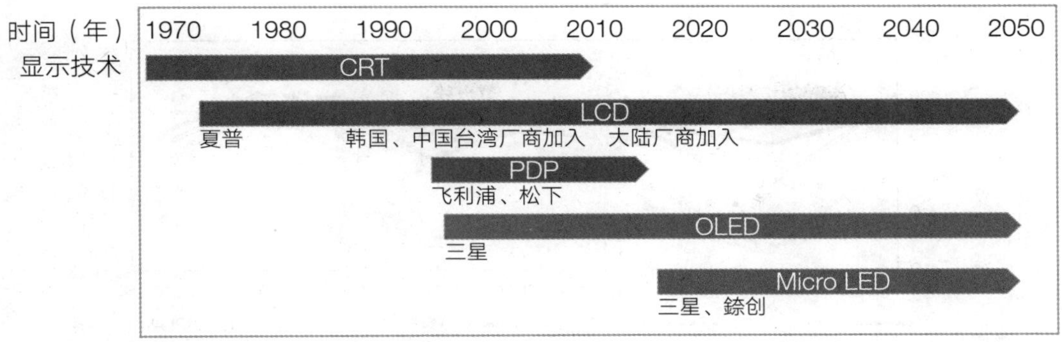

资料来源：群智咨询。

图1 显示技术线路图

二、显示面板行业现状与竞争格局

显示面板下游应用广泛，需求巨大。面板的需求面积近年来不断攀升，2018年需求面积达2.21亿平方米，2024年将达到约2.7亿平方米，十年的年均复合增长率达5%。显示面板下游需求中，大尺寸面板（电视、显示器、笔记本电脑等）占据约90%的份额，小尺寸面板（手机、可穿戴设备等）约占10%。

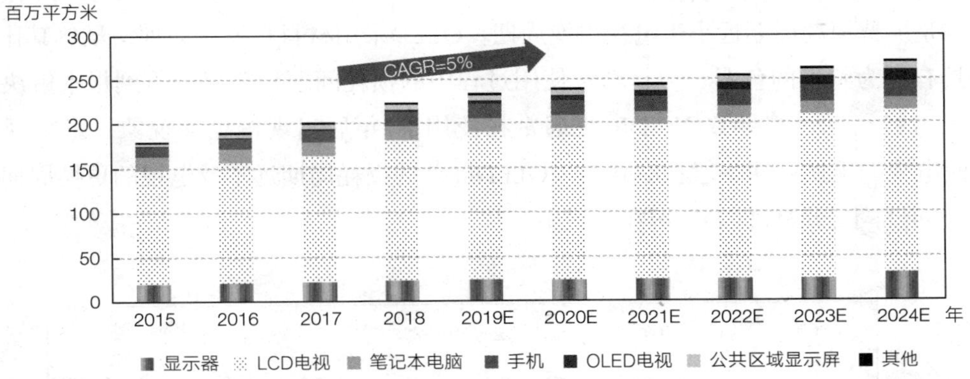

资料来源：David Hsieh . Flat Panel Display Market & Technology Outlook[R] . IHS Markit Technology.

图2 显示面板下游需求预测

显示面板制造全球主要参与者仅10余家，主要集中在中国、韩国、中国台湾和日本。中国有京东方、华星光电、中电集团、深天马等，韩国有三星和LG，中国台湾有友达光电、群创光电等，日本有夏普、Japan Display（简称JDI）。2010年至今，各面板制造厂商毛利率逐步回升，普遍在10%~20%波动。

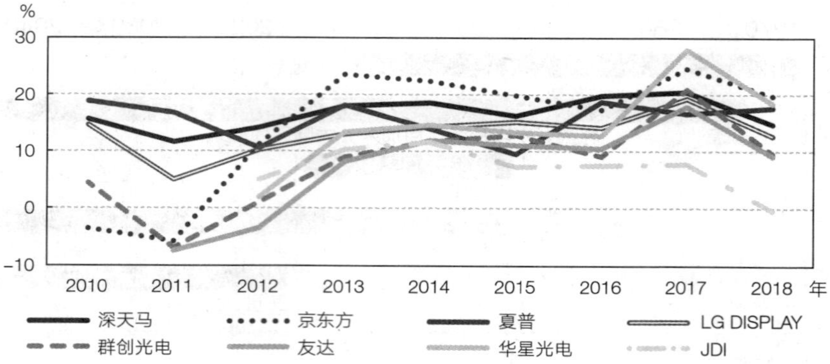

资料来源：Wind。

图3　2010年至今各主要面板厂商毛利率

（一）电视面板市场，液晶（LCD）仍是主流，京东方成为世界第一

OLED技术仍有不能解决的技术难点，难以在电视面板等大型显示器上推广，目前电视面板仍以LCD为主。其原因有两个：

一是成本极高。OLED面板制造技术仍不成熟，尤其是大尺寸OLED面板的制造难度和良品率相比于LCD仍有一定差距，导致OLED面板价格为同尺寸LCD面板的3~5倍。

二是屏幕损耗周期远小于电视更换周期。OLED采用材料自发光原理，虽然其比LCD电视具有更为鲜艳的色彩，但材料在使用过程中的损耗问题目前仍未得到根本解决。蓝色发光材料消耗过快导致OLED电视通常在使用1~2年后出现偏色等现象，影响观看体验，而电视的更换周期一般在8~10年。OLED屏幕的损耗周期远不及电视的更换周期，导致OLED屏幕不会取代LCD应用在电视中。

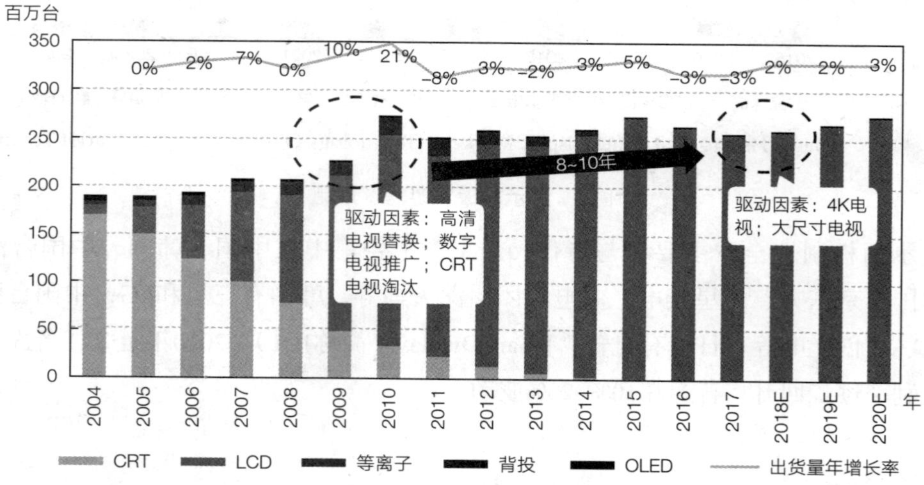

资料来源：David Hsieh . Flat Panel Display Market & Technology Outlook[R] . IHS Markit Technology.

图4　各类型电视出货量

三大厂商出货量占比呈下降趋势，京东方与华星光电份额快速提升。LG、三星和群创三大老牌面板厂商合计出货量占比持续萎缩，由2012年的67.8%逐步下降至2018年的46.8%。与此同时，国内厂商京东方和华星光电迅速崛起，出货量占比迅速提升，2012年不足10%，2018年合计已超过30%。

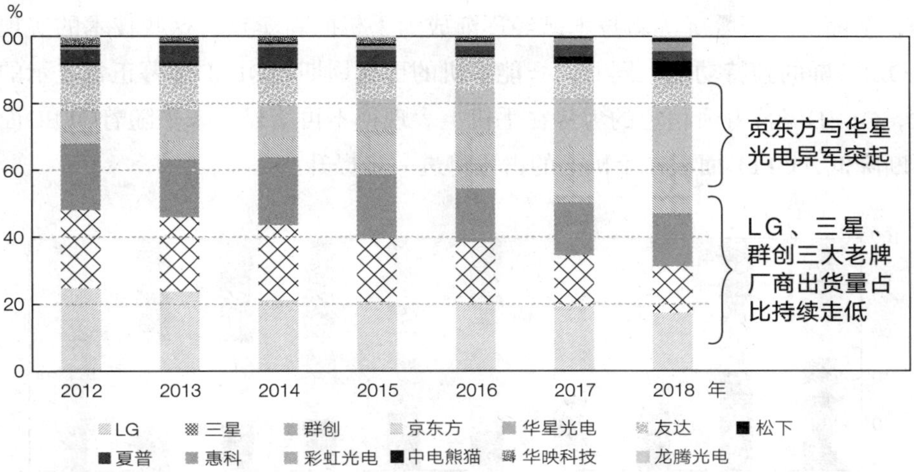

资料来源：彭博资讯。

图5 2012—2018年各厂商液晶电视面板出货量占比

2018年全球液晶电视面板出货量创历史新高，京东方出货量首次位列全球第一。群智咨询数据显示，2018年全球液晶电视面板出货量为2.84亿片，出货面积1.51亿平方米，两项数据均创历史新高。2018年京东方液晶电视面板出货量约5 430万片，占全球总出货量的19.1%，超越LG首次成为液晶电视面板出货量全球第一。

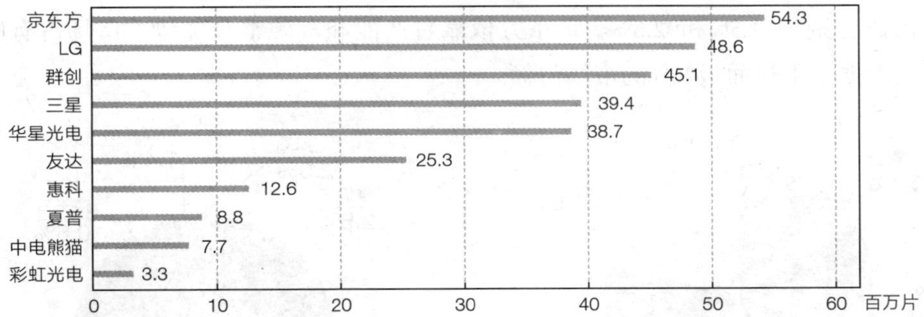

资料来源：群智咨询。

图6 2018年各厂商电视面板出货量

（二）智能手机面板，OLED 逐渐取代 LCD，三星目前一家独大，国内厂商奋起直追

在智能手机领域，OLED将取代LCD成为主流。智能手机与电视的应用领域有着本质的不同，全面屏、折叠屏等新技术已经逐渐成为手机的新卖点，这些技术的实现需要依赖柔性OLED屏的独特功能。同时，智能手机的更换周期与OLED屏幕正常显示的时间差别不大，OLED屏幕寿命稍短的劣势在手机上表现得不再明显。未来随着OLED面板制造成本不断降低，OLED面板在手机上的占比将进一步提升。

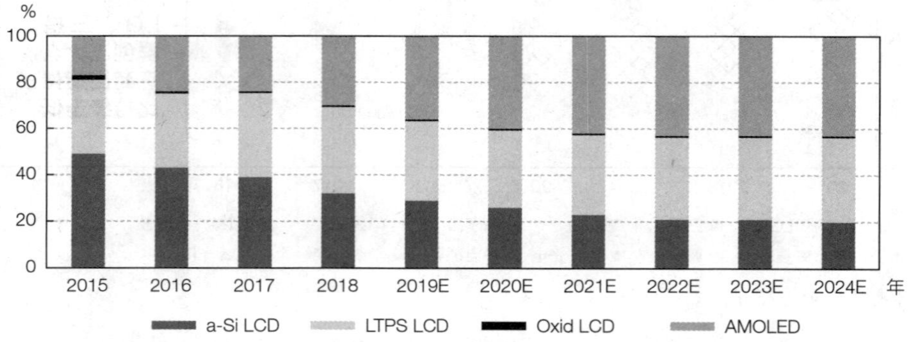

资料来源：David Hsieh．Flat Panel Display Market & Technology Outlook[R]．IHS Markit Technology.

图7 各类面板在手机屏幕中的占比

三星依靠OLED手机面板渗透率提升，占据手机面板市场份额第一。根据CINNO Research数据，2018年全球智能手机面板出货19.1亿片，同比下降4.4%，其中AMOLED面板出货量4.4亿片，同比增长3.4%。三星在智能手机面板和AMOLED面板出货量均为全球第一，占比分别为21.5%和92.6%。京东方依靠着产能和资源整合优势，市场占有率仅次于三星，占据了手机面板20%的市场份额。

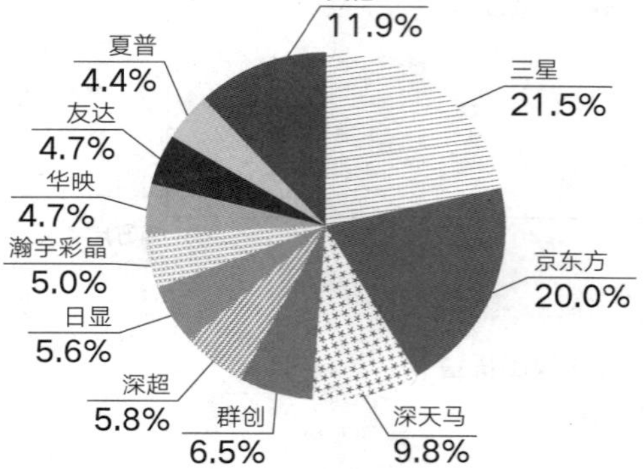

资料来源：CINNO Research。

图8 2018年各厂商智能手机面板出货占比

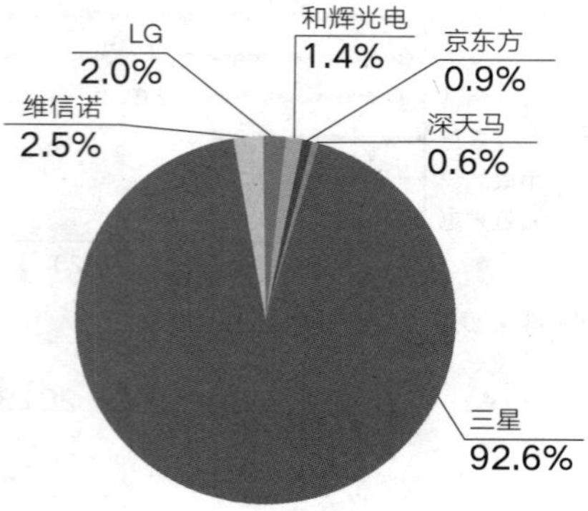

资料来源：CINNO Research。

图9 2018年各厂商AMOLED出货占比

国产OLED产能逐渐爬坡，京东方等国内企业有望在未来改变三星的垄断格局。随着OLED制造技术的不断成熟，其相对于LCD成本在不断降低，未来手机对AMOLED面板的需求量将持续上涨，并逐渐从高端产品向低端产品渗透。京东方、深天马等国内企业均有多条AMOLED产线，2022年中国企业手机AMOLED面板产能将占全球的32%，有望在AMOLED需求爆发的过程中充分受益，折叠屏手机将是一个重要的增长点。折叠屏手机相对于普通触摸屏手机的改变可谓是革命性的，技术成熟后将极大刺激消费者的购买热情，进而带动柔性OLED屏的放量。

表1　京东方具备及在建AMOLED产能

地点	产线世代	产品特性	量产年份	月产能（K）
鄂尔多斯	5.5	刚性	2013	54
成都	6	柔性	2017	48
绵阳	6	柔性	2019	48
重庆	6	柔性	2021	48
福州	6	柔性	2021	48

资料来源：Wind。

大尺寸面板产能向中国大陆转移，韩国逐渐退出LCD市场，专注发展OLED。中国面板行业起步较晚，2010年后，手机、平板电脑等对面板的需求迅速增加，同时我国各地政府也为面板厂商扩产提供了许多优惠政策，催生了国内面板厂建设和投资的热潮。随着LCD相关技术的不断成熟，以京东方和华星光电为代表的国内面板厂商快速扩产，中国逐渐成为全球LCD面板制造业的布局中心，显示出了较强的竞争力。与此同时，三星等韩国企业因中国企业的廉价策略而逐步丧失了LCD的竞争力，将逐步关停LCD面板厂，专注于技术含量更高、盈利能力更强的OLED面板生产。

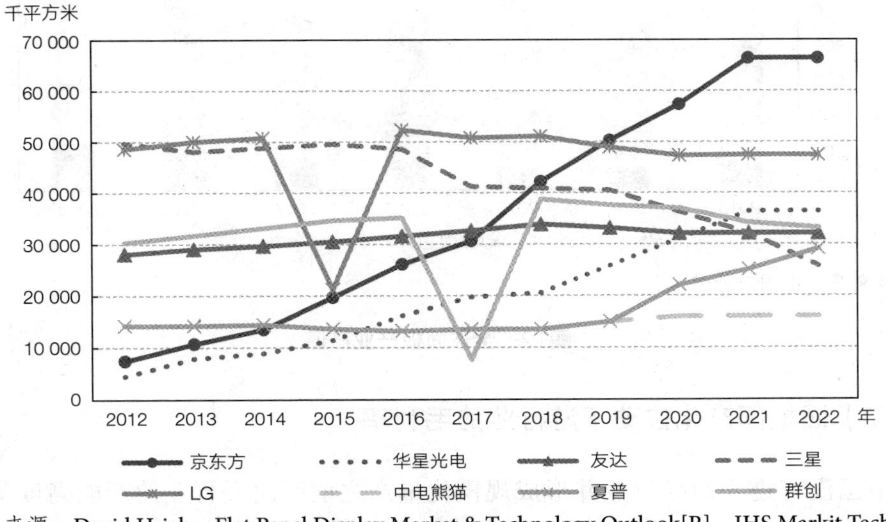

资料来源：David Hsieh．Flat Panel Display Market & Technology Outlook[R]．IHS Markit Technolog.

图10　各厂商LCD面板产能变化情况

三、面板行业发展的必要性

（一）面板行业可以撬动消费电子市场上万亿元的产值

面板是全球消费电子品的核心组件，虽然面板本身的年产值仅达到1 000亿美元，但以其为基础的全球消费电子市场的产值已超过10 000亿美元。随着传统消费电子产品逐渐被物联网产品所替代，全球消费电子市场和面板行业将迎来新一轮强劲的上升周期。2012—2017年，全球消费电子行业总产值维持在10 000亿美元左右，全球面板产值将保持稳步上升趋势。

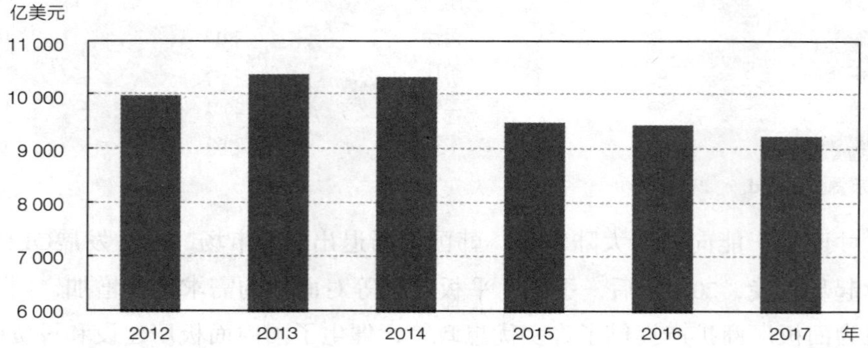

资料来源：中国产业信息网。

图11　全球消费电子市场总规模

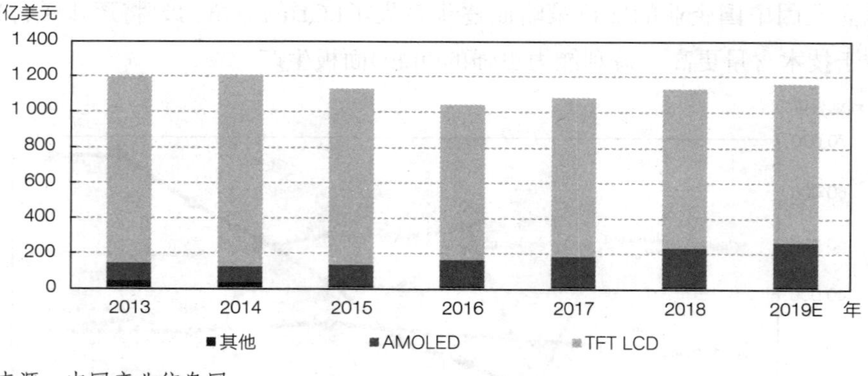

资料来源：中国产业信息网。

图12　全球面板产业产值

（二）面板国产化拉动下游行业的毛利率

在中国没有进入面板行业并形成规模化量产之前，面板行业的产能高度集中在国外，国内消费电子行业的大部分利润都被国外面板厂商赚取。而国外厂家对面板定价较高使得面板成本占据消费电子成本的大部分。

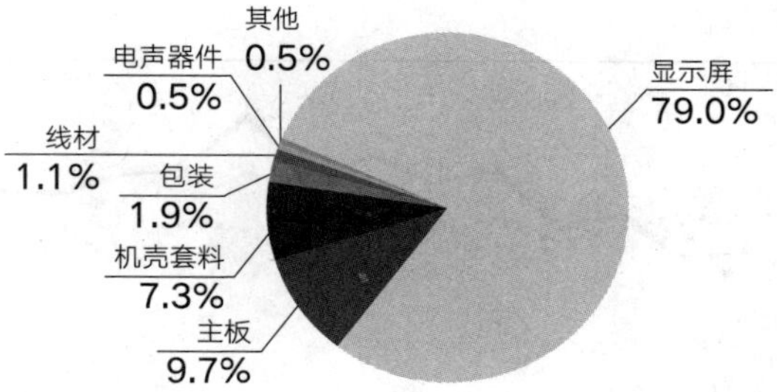

资料来源：中商情报。

图13 32寸液晶电视成本构成

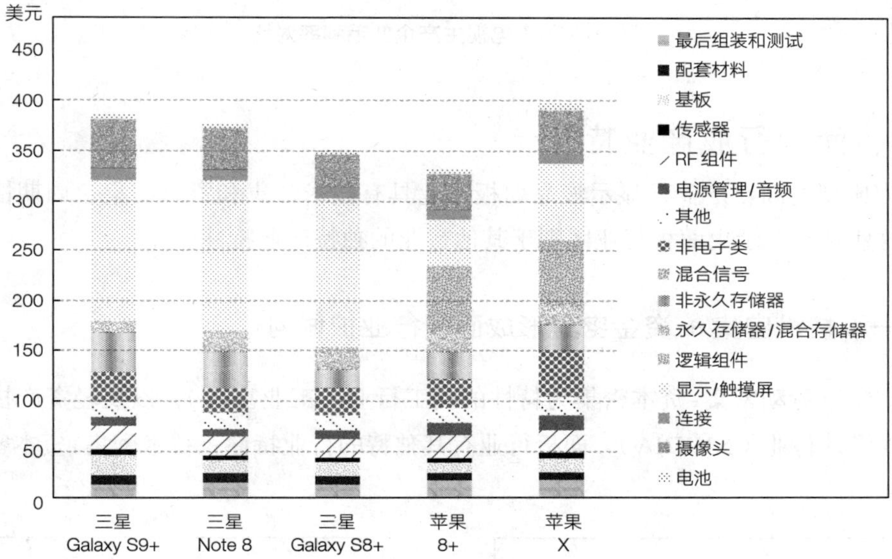

资料来源：Techinsights。

图14 智能手机各项组件成本

自2003年面板成功在中国大规模国产化量产，中国消费电子品市场及毛利率发生重大变化。面板产能近十年的快速扩张使得下游终端获得红利，以最具有代表性的四家老牌电视生产商为例，2000年中国的电视平均毛利率为13.75%，仅在面板规模国产化生产的两年期间已上升至17.62%，每100万平方米的产能释放带来电视1.3亿元人民币的利润上升，并保持上扬趋势；国产手机经历过几次的落败后，在面板这个核心元器件量产之后开始卷土重来；国产平板电脑、智慧终端等开始相应进入起步阶段。中国面板的崛起，为国产消费电子市场打下了坚实的基础。

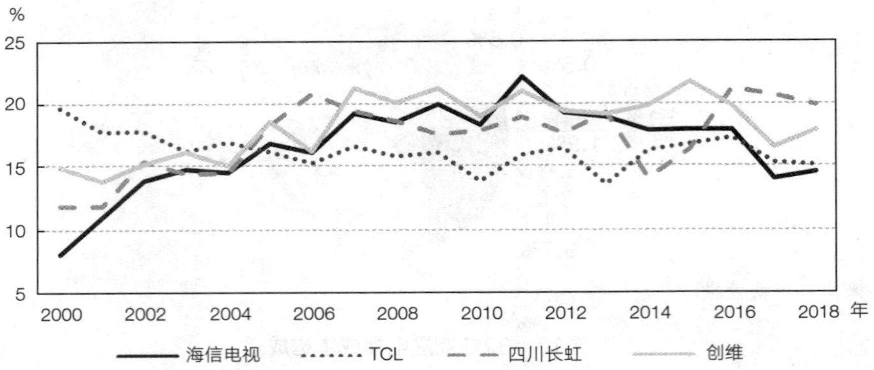

资料来源：Wind。

图15 国内电视生产企业毛利率对比

四、面板行业产业特性

作为典型的高新产业，显示液晶面板行业具有技术密集和资金密集、周期性显著的特点，这些特点显示出面板行业区别于其他行业的独特产业特性。

（一）技术密集 + 资金密集形成面板行业护城河

不同于以劳动密集+资本密集为特性的代工行业（工业富联），以及轻资产技术密集型的芯片设计行业（NVIDIA），面板行业有其独特的行业特性：技术密集+资本密集。

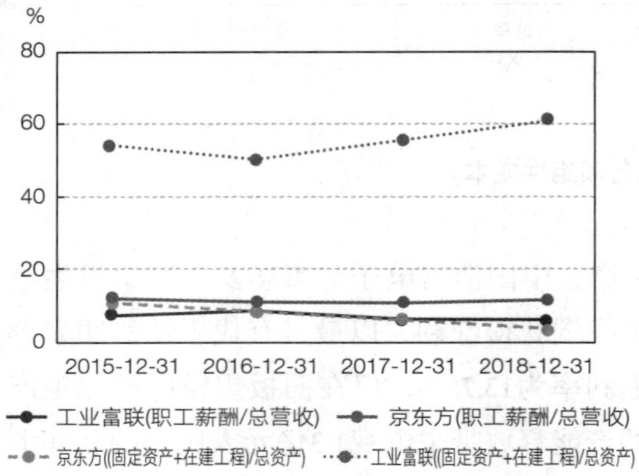

资料来源：Wind。

图16 京东方与工业富联的不同特征

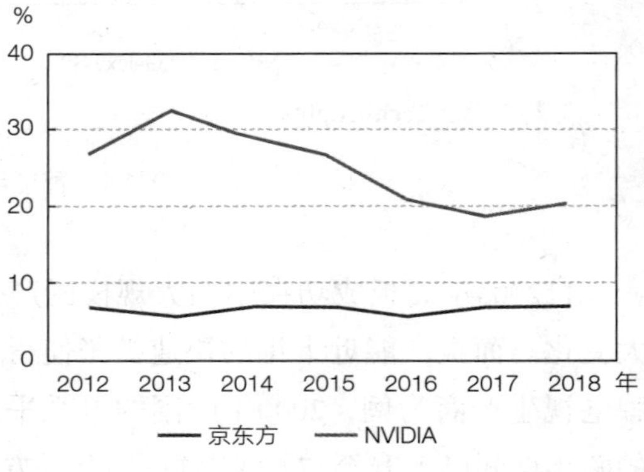

资料来源：Wind。

图17 京东方及NVIDIA研发费用占比

1. 面板行业技术密集程度高

面板行业技术密集形成高壁垒，厂商研发水平成为关键。面板厂商必须每年进行高频且大量的研发投入，并雇用高科技人才和科学技术人员以配合技术研发和投产。以处于面板产业链中游的国内龙头面板制造厂京东方为例，其研发投入每三年提高一倍，以加强自身的产品性能和有效技术保有量。近年来，我国各个面板厂处于快速扩大自身的研发能力阶段以实现弯道超车，迅速抢占全球面板的市场份额。

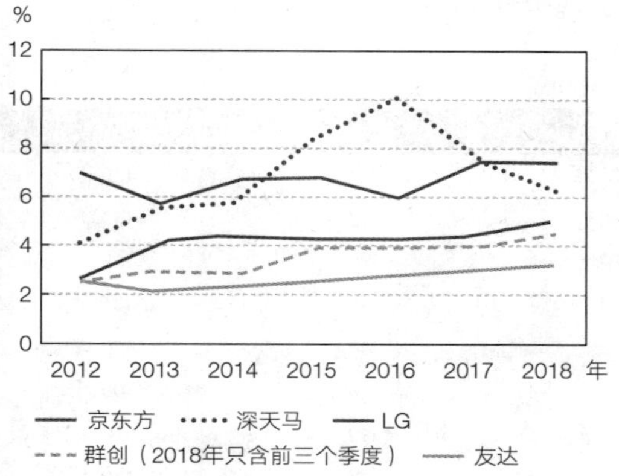

资料来源：Wind。

图18 面板厂研发费用占比近年来呈现上升趋势

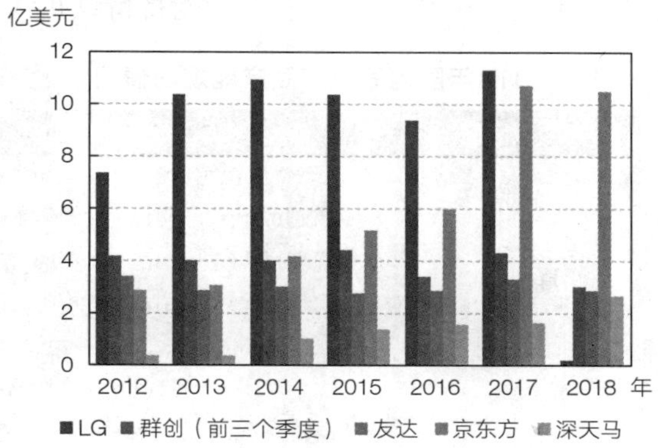

资料来源：Wind。

图19 各面板厂商历年研发费用

2. 资金投入需求迫切且金额高

面板行业不光需要持续投资技术研发，还需要定期扩大产能。液晶面板行业也有这样一个“摩尔定律”，即液晶屏生产线主流面板尺寸每3年就要增加1.5倍。

表2 各世代产线面板尺寸和切割片数

世代线	玻璃基板尺寸	切割尺寸/片数
1代线	320mm × 400mm	/
2代线	370mm × 470mm	/
3代线	550mm × 650mm	15寸/4片
4代线	680mm × 880mm	15寸/4片
4.5代线	730mm × 920mm	15寸/8片
5代线	1 100mm × 1 300mm	27英寸/6片
5.5代线	1 300mm × 1 500mm	27英寸/8片
6代线	1 500mm × 1 850mm	32英寸/8片、37英寸/6片
7代线	1 950mm × 2 250mm	42英寸/8片、46英寸/6片
8代线	2 160mm × 2 460mm	46英寸/8片、52英寸/6片
8.5代线	2 200mm × 2 500mm	55英寸/6片
10代线	2 880mm × 3 100mm	65英寸/6片或60英寸/8片
10.5代线	940mm × 3 370mm	65英寸/8片
11代线	3 000mm × 3 320mm	70英寸/8片

资料来源：巨世显示网，http://www.58display.com/article/zixum/847.html。

高世代生产线意味着可以生产出总面积更大的产品。在相同的时间范围内，面板厂商可以生产出更多的面板，减少的时间成本可以帮助厂商达到最大化的经济效益，从而摊销固定成本。因此，为了释放更大的产能和效益，建设高世代产线成为面板厂保持自身竞争力的核心。在建立高世代线的同时，厂商所投入的制程设备要求更高、制作困难度更深，大量的资金支出成为立足市场的刚需。如果厂家不及时新建更高世代的新生产线，现有产能将很快达不到经济效益，从而被排挤出市场。截至2017年，中国的液晶面板产能达到全球第三，未来产能将持续扩大以实现全球第一。

表3　2018年国内面板厂商产能规划情况

国内面板厂商	LCD面板产业规划	产能（K）	投资额（亿元）
京东方	合肥10.5代线，2015—2017年末	120	460
	武汉10.5代线，2017—2020年（建设中）	120	460
华星光电	深圳11代线，2016—2020年（建设中）	90	465
	深圳11代线，2018—2020年（建设中）	90	426
富士康	贵州6代线，2015—2017年末	40	300
	郑州6代线，2015—2018年初	40	300
	广州8.5代线，2017—2020年（建设中）	90	610
中电熊猫	咸阳8.6代线，2015—2018年	120	280
	成都8.6代线，2015—2018年	120	280
惠科电子	重庆一期8.6代线，2015—2017年	70	120
	重庆二期8.6代线，2017—2019年（建设中）	70	120
	绵阳8.6代线，2018—2020年（建设中）	120	240
	郑州11代线，2018—2020年（建设中）	90	400
信利光电	汕尾5代线，2016—2018年	50	40
	眉山5代线，2017—2019年（建设中）	140	125
深天马	上海4.5代线，2015—2017年	30	32.9
	厦门6代线，2014—2017年	30	120

资料来源：Wind。

（二）面板行业特殊的周期性

面板行业区别于其他行业的周期性有三个原因：一是产能以指数倍数增长：中国面板行业产能2010年至今始终保持着超过20%的增长率，增长模式趋近于指数增长，这种现象是行业特殊的摩尔行业定律导致的；二是新的面板技术产生会快速取代一部分原来面板技术的下游需求，如LCD电视的出现就迅速抢占了原有CRT电视的市场份额，OLED技术的推广迅速抢占了LCD手机的市场份额；三是下游需求的增长有个缓慢的接受过程，面板产能提升速度高于下游需求量增加速度，如国内面板产能2010—2015年始终保持着40%以上的增长率，但同期电视出货量仅有20%左右的增长率，面板产能增长速度远高于需求增加速度。

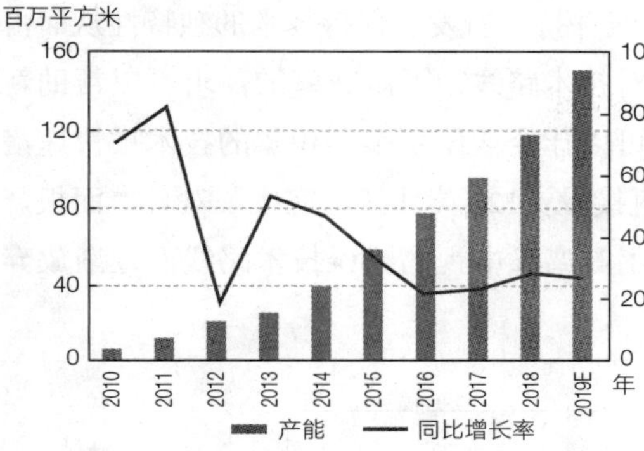

资料来源：中国产业信息网。

图20 中国面板行业产能变化趋势

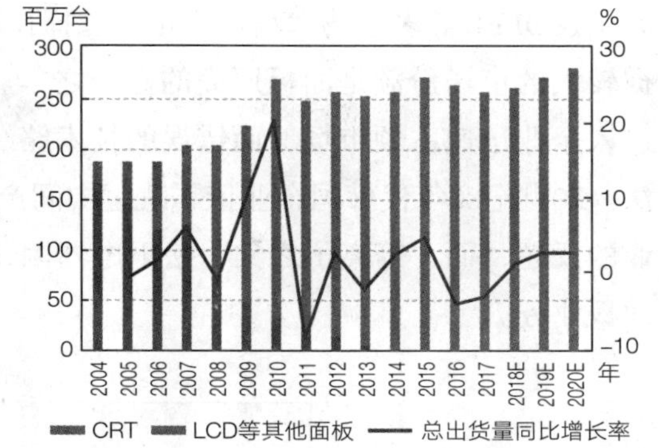

资料来源：David Hsieh．Flat Panel Display Market & Technology Outlook[R]．IHS Markit Technolog.

图21 全球电视出货量

面板周期经验验证，32寸面板的价格可以作为跟踪周期的先行指标。32寸面板价格的涨跌规律为：跌价周期1~2年、涨价周期1年，每涨价周期价格顶部低于上一轮，每一轮跌价周期价格底部低于上一轮。从跌幅和下跌持续时间看，目前32寸价格处于2017年第二季度以来价格跌价周期尾声。

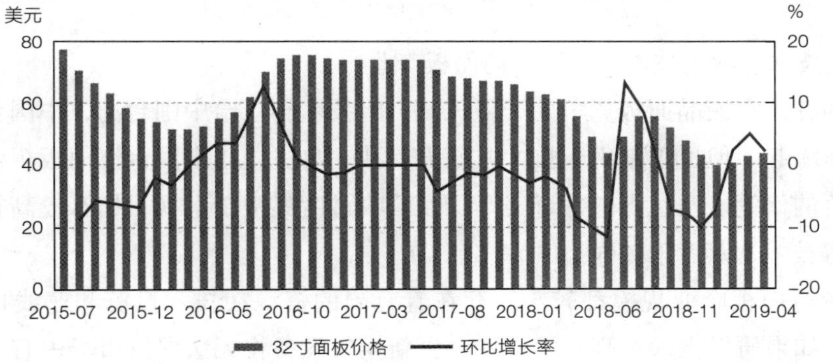

资料来源：Wind。

图22 32寸面板价格及环比增长率

五、面板行业成功的商业模式

（一）正确的技术路线 + 逆周期投资 = 成功

面板行业是一个技术密集、资金密集且周期波动较为明显的行业，这种特性决定了其商业模式的关键要素在于技术和资金两个方面。技术是进入这个行业并在这个行业持续保持竞争优势的关键，而资金是推动技术产业化并不断革新的动力。

厂商正确选择技术路径并持续研发尤为重要。面板行业先后出现了CRT、LCD、等离子、OLED等多条技术路径，正确选择技术路线并持续研发、保持技术的独特性从而占据较大的市场份额是面板厂商的立身之本。选对技术路线，下游旺盛的需求可以帮助新进入企业迅速占领市场，而错误的技术路线也可以让企业研发多年积累的技术被快速淘汰。20世纪80年代韩国企业依靠跳过中间产品直接投资12.1英寸技术完成了对日本面板产业的反超，而“等离子之父”松下电器因选择了等离子电视的错误技术路线而逐渐放弃面板业务。

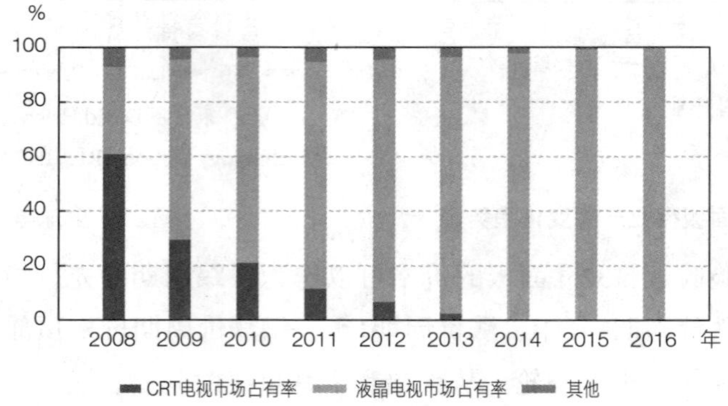

资料来源：Wind。

图23　2008年起各类电视市场占有率分析

1. 成也技术、败也技术：中国台湾面板产业

日本和韩国在液晶面板竞争处于下风时，将技术转让给中国台湾，中国台湾通过设备投资迅速崛起，但也正是由于技术方面没有独立自主，让中国台湾面板企业从开始就埋下了没落的伏笔。友达光电、奇美等厂商营收过度集中于电视，拥有较高技术含量的AMOLED等技术远落后于韩国。

中国台湾面板企业规模都较小，存在着有限的资源在技术投资和产线投资之间分配的矛盾。如果研发投入过高，没有资金更新换代设备将无法保持市场占有率获得现金流。投产线，技术跟不上，低端产能过剩，价格贴近成本，周期来小赚大亏。其实早在2006年，中国台湾友达光电曾一度领先全球量产AMOLED面板，后因成本过高，于同年放弃该项目并解散研发团队，一直到2008年底才重启研发计划，但已经追赶不及。

具体到企业来说，2018年面板行业市场占有率前三的三星、LG、京东方都在保持技术独立性，持续进行技术高投入，并在逆周期投资方面下过苦功夫，也取得了良好的效果。

适时的逆周期投资能够帮助面板行业后入者完成反超。液晶显示器产业存在反复繁荣和衰退现象，被称为“液晶循环”，在循环的低谷期，面板价格下降促使投资和供给减少，整个行业都处于收缩之中。如果能够顶住压力，利用最新技术构造设备，进行逆周期投资，在景气好转的时候将带来巨大的需求，而同时期的厂商产能还没有恢复，市场份额此消彼长将发生很大的变动。

表4 三星、LG和京东方技术和投资情况

企业	技术	投资	影响
三星	1984年，三星电子的子公司三星显示设备公司（SDD），设立了TFT-LCD研究小组，随后从美国OIS公司获得了技术许可； 1991年，三星电子在其半导体事业部内设立了一个特殊事业部，专攻TFT液晶技术； 1991年，三星建成了一条300mm×300mm的试生产线，第二年又研发了在300mm×400mm玻璃基板上，一次生产2片10.4英寸液晶显示器技术。	1995年底建成第一条2代线； 1996年建成第一条3代线； 1998年建成第一条3.5代线，而当时日本还只有3代线； 2001年三星建设了两条5代线； 2005年和2006年连续建成两条7代线，均为当时的世界第一。	从1990年到1997年连续亏损了7年； 1998年三星的液晶面板出货量跃居世界第一； 1999年，三星在全球液晶平板市场占据了18.8%的份额。
LG	1987年开始对液晶显示器的研发，1989年才公开展示成果； 1990年，LG电子成立了专门的研发中心，大约250名员工在试生产线上工作，每年生产12 000片10.4寸和12英寸SVGA液晶面板。	1995年建成P1工厂（2代线）； 1997年建成P2工厂（世界第一条3.5代线）； 2002年建成P4工厂（世界第一条5代线）； 2006年，LG在坡州建成世界第一条7.5代线（P7工厂）。	从1987年到1994年，年均亏损5 300万美元，持续亏损了8年； 1999年LG达到16.2%的市场份额，名列第二。
京东方	2003年1月，北京京东方以3.8亿美元的价格收购了韩国现代电子的液晶业务（包括2.5代线、3代线和3.5代线）	2003年9月在北京亦庄经济技术开发区，投资12亿美元建设一条5代线，于2005年5月量产； 2009年，还在亏损中的京东方，连续上马了合肥6代线和北京亦庄8.5代线； 后又在鄂尔多斯、重庆、合肥上马高世代线； 截至2019年2月底，京东方已有的、在建的、规划中的生产线已经多达14条，总投资4 452亿元。	2005—2011年公司出现大量亏损； 国外主要TFT企业（三星、LG、夏普等）一夜之间全部改变了对中国技术封锁； 手机、电脑等5大领域，京东方的出货量都位居全球第一。

资料来源：Wind。

2. 韩国面板产业反超日本

韩国面板代表企业三星和LG在1995—1996年和21世纪初期成功利用最新技术构造设备，进行逆周期投资，而同时期的日本在1995—1996年由于处于行业下行周期，损失巨大，并没有直接投资最新技术，在景气好转的时候，新的应用和需求的刺激给三星和LG带来巨大收益。21世纪初，日本同样投资失期，韩国成功弯道超车，2001年左右市场占有率成功赶超日本。

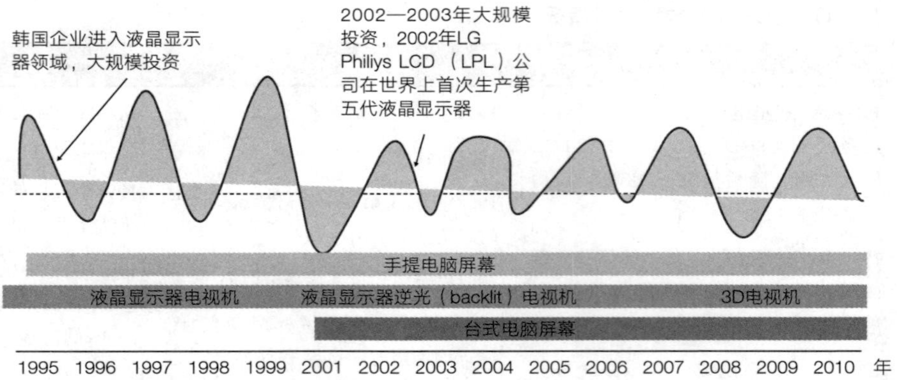

资料来源：韩仁洙，吴根烨，金能镇.韩国LCD产业成功因素探究——基于与日本、中国台湾的比较分析[J].经济管理，2011（3）：26-36.

图24　韩国在面板周期中逆势投资的时间点

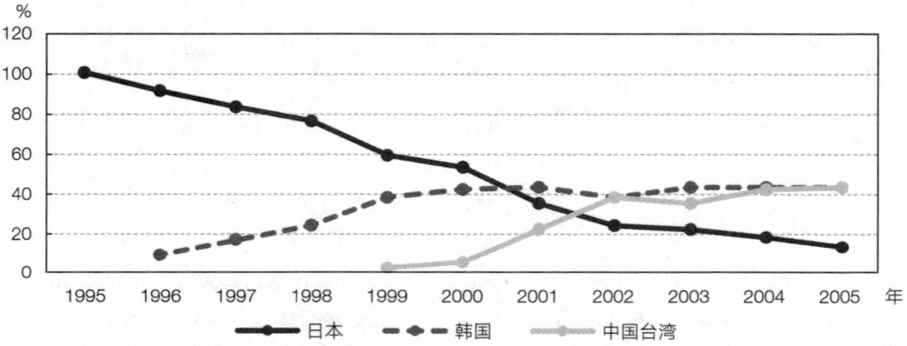

资料来源：韩仁洙，吴根烨，金能镇.韩国LCD产业成功因素探究——基于与日本、中国台湾的比较分析[J].经济管理，2011（3）：26-36.

图25　日本、韩国和中国台湾面板市场占有率情况

表5　京东方、深天马和华星光电的商业模式比较

	研发技术	面板大小	下游产品	风险规避能力	技术转型能力	评价
京东方	LCD和OLED	大屏、小屏	手机、电视	强	强	新技术紧跟电子产业发展且面板形式多样，利于灵活转换
深天马	LCD（向OLED转型）	小屏	手机	一般	一般	技术转型较慢，面板产品单一，客户群体单一
华星光电	LCD	大屏	电视、投影屏	弱	弱	对可能成熟的新技术没有研发投入，一旦技术转换则无法应对

资料来源：Wind。

公司在做大做强后，需要多种技术路线同步发展，以保证自己拥有稳固的市场竞争力和抗风险能力。京东方公司拥有LCD和OLED技术，可以及时进行技术和产品的转换，风险规避能力强。京东方在OLED技术方面从小处着手，一边盈利一边研发，不断逐步壮大；而相比之下，深天马的生产线以LCD为主，同时在2010年左右进行OLED生产研发

相关投入。深天马公司处于LCD与OLED的转型期，如果企业无法及时保证持续的资金支持，OLED一旦成熟则可能陷入无法及时进行技术转换的窘境；华星光电公司一直专注做LCD，新技术一旦成熟就存在被替代的危险。

（二）国内面板龙头京东方符合面板行业成功商业模式特征

1. 选择正确的技术路线并进行适时的逆周期投资

坚定选择液晶的技术路径。1998 年京东方明确提出“进军液晶显示领域”的战略抉择，并开始战略布局与技术积累。为了进军液晶显示领域，京东方在自身还不具备自我研发能力时，采用中外合资和海外收购的方式逐渐打破僵局。2003年1月22日，京东方的韩国子公司以3.5亿美元收购韩国现代旗下所有的LCD业务，从此翻开了中国自主制造液晶显示屏的新篇章。

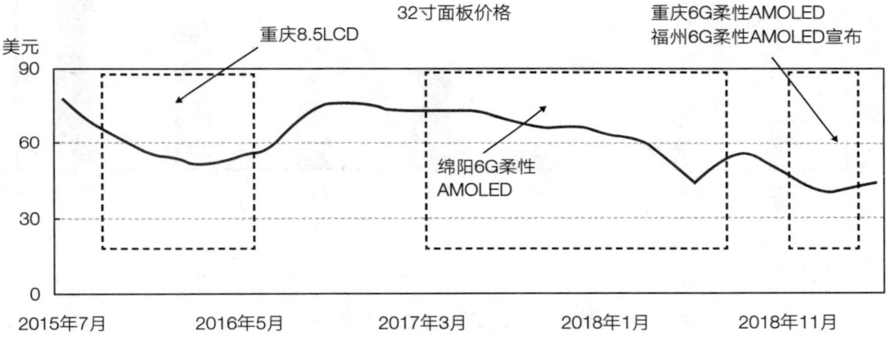

资料来源：Wind。

图26 京东方的产能布局时点

逆周期投资为弯道超车打下了基础。面板行业作为重资产行业，适当地投资商业模式也是非常重要的。京东方在过去的发展历程中，在处于周期下行的情况下进行逆周期投资的举动是非常符合面板行业本身特点的。逆周期投资使京东方营收规模不断扩大，公司的竞争力和行业地位得以持续提升。2009—2018年，公司在营收不断扩大的同时，相应的毛利率和净利率也呈现出不断上升的趋势。

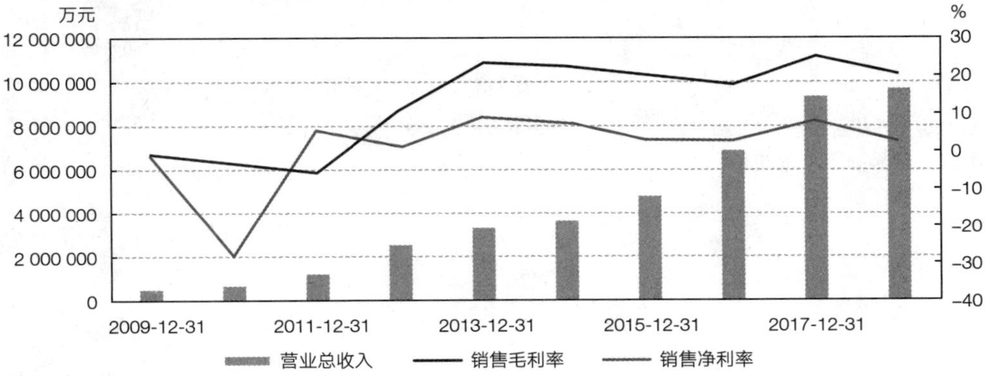

资料来源：Wind。

图27 京东方各类指标变化

2. 全面的技术生态和持续的研发投入为公司提供不竭的动力

全技术、全下游覆盖保证京东方不会错过任何一个面板行业的技术。未来5~10年中大尺寸的面板和低端面板市场仍以LCD为主流，高端产品的显示面板将渐渐由OLED取代。京东方LCD、OLED及大小屏幕都具备的模式可以在利用当前技术盈利的同时，及时转换新的技术。

在研发投入方面，京东方一直毫不吝啬。2012—2018年研发费用逐年递增，研发费用占比常年保持在7%左右。此外，京东方的技术积累效果显著，2018年京东方有1 813项专利，公司申请专利数目在全球排名第七位。

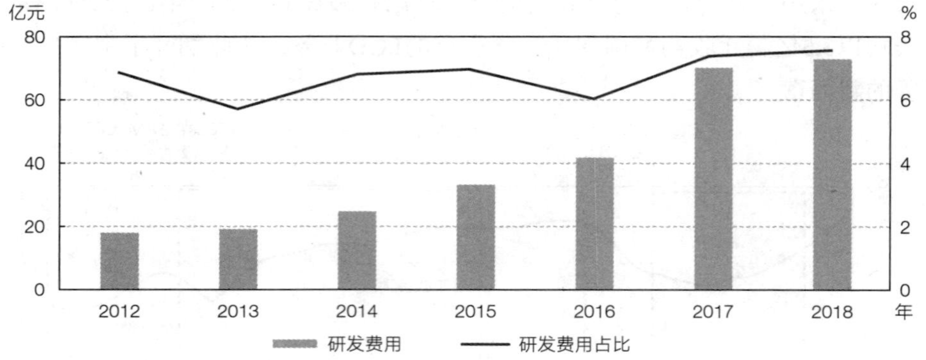

资料来源：Wind。

图28　京东方研发投入及占比

表6　2018年全球公司申请专利数量排名

排名	公司	数量（项）
1	华为技术有限公司	5 405
2	三菱电机	2 812
3	英特尔	2 499
4	高通	2 402
5	中兴通讯	2 080
6	三星电子	2 997
7	京东方	1 813
8	LG 电子	1 697
9	爱立信	1 645
10	罗伯特·博世	1 524

资料来源：世界知识产权组织。

电子化工材料产业：

国产化大势所趋

刘宇卓　东兴证券化工行业研究员

一、电子化工材料：电子信息产业发展的有力支撑

（一）电子化工材料简介

电子化工材料，俗称电子化学品，主要指为集成电路和分立器件、电容、电池、印制线路板、液晶显示器等电子元器件的生产而使用的各种精细化学品，是电子材料和精细化学品结合的高新技术产品。

电子化工材料处于电子信息产业链的前端，是下一代通信网络、物联网、新型平板显示、高性能集成电路、消费电子、汽车电子、节能照明、工业控制、航空航天等领域终端产业发展的基础。没有高质量的电子化工材料就不可能制造出高性能的电子元器件，电子化工材料的国产化对于国内产业结构升级具有重要意义。

（二）电子化工材料的特性

一是品种多、专用性强、专业跨度大。电子化工材料的品种规格繁多（2万余种），专业跨度大，单个企业很难掌握多个跨领域的知识储备和工艺技术，市场细分程度高，

细分子行业龙头企业市场份额大。

二是子行业细分程度高、技术门槛高。电子化工材料属多学科交叉结合的综合性学科领域，要求企业研发人员、工程技术人员具备多学科及上下游行业的知识背景和研究能力，有较高技术门槛。

三是技术密集、产品更新换代快。电子、通信等行业日新月异的快速发展，势必要求电子化工材料更新换代速度不断加快，企业研发压力与日俱增。

四是功能性强、附加值高、质量要求严。下游客户对电子化工材料质量控制要求非常严格，其合格供应商的认证时间长、程序复杂，认证通过后则会建立长期稳定的合作关系，电子化工材料附加值也较高。

（三）电子化工材料的分类

按照用途，电子化工材料主要分为芯片用化工材料、芯片封装用化工材料、印制线路板（PCB）用化工材料、显示（包括LCD显示和OLED显示）用化工材料和LED用化工材料五大类，具体产品包括光致抗蚀剂（国内称为光刻胶）、超净高纯试剂、超净高纯气体、电镀液、抛光液、封装材料、基板材料、液晶材料、光学膜、导电膜、电子专用黏结剂等。

本文主要分析芯片用电子化工材料、显示用电子化工材料（包括LCD用化工材料、OLED用化工材料），其特点是市场空间大、技术壁垒较高、高端产品国产化率低。当前，全球半导体产业、显示面板产业等继续快速向中国转移，电子化工材料国产化率提升空间较大，我们预期国内相关芯片用电子化工材料、LCD用电子化工材料、OLED用电子化工材料等电子化工材料的进口替代有望加速，行业整体收入和利润有望继续高速增长。

二、芯片用电子化工材料：部分产品国产化进程相对较快

（一）在产业链中的地位

芯片用电子化工材料处于整个半导体产业链的上游环节，对整个产业发展起着重要支撑。芯片用电子化工材料细分品种较多，按照工艺环节分为芯片制造材料和芯片封装材料。芯片用电子化工材料对纯度要求极高，制备工艺复杂，更新换代速度快，下游客户认证时间长，具备很高的技术壁垒。

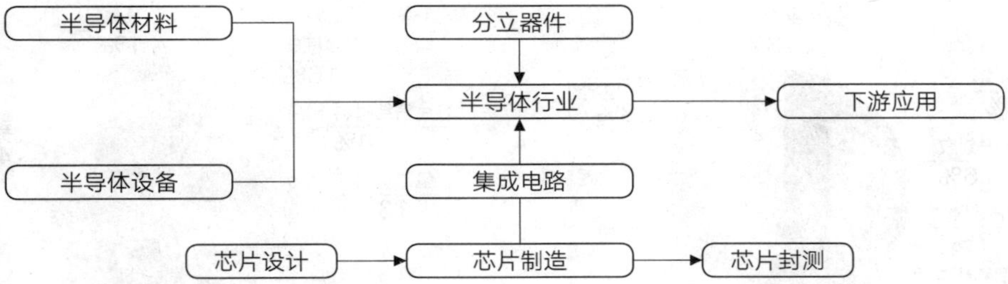

资料来源：新材料在线。

图1 半导体行业产业链

（二）市场规模

2017年全球芯片用电子化工材料市场规模约469亿美元，占整个半导体产业市场规模4 204亿美元的11%，其中芯片制造材料和芯片封装材料的市场规模分别为278亿美元（占比为59%）和191亿美元（占比为41%）。

中国芯片用电子化工材料市场规模增速高。据统计，2017年中国半导体市场规模占全球份额的16.2%，达76.2亿美元，同比增长12.1%，过去5年CAGR达8.2%，远超全球平均增速（2.1%）。

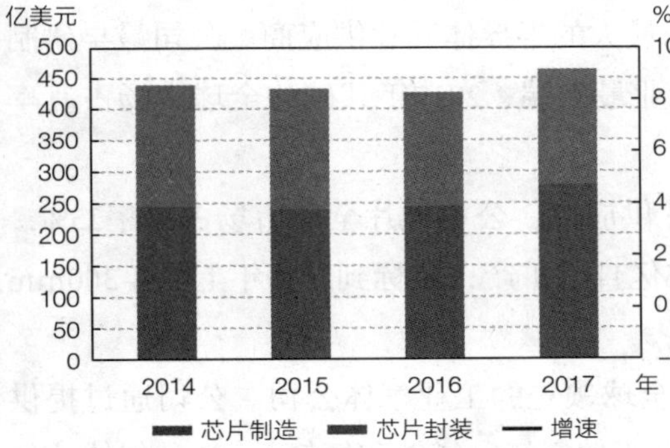

资料来源：根据SEMI数据整理。

图2 全球芯片用电子化工材料市场规模

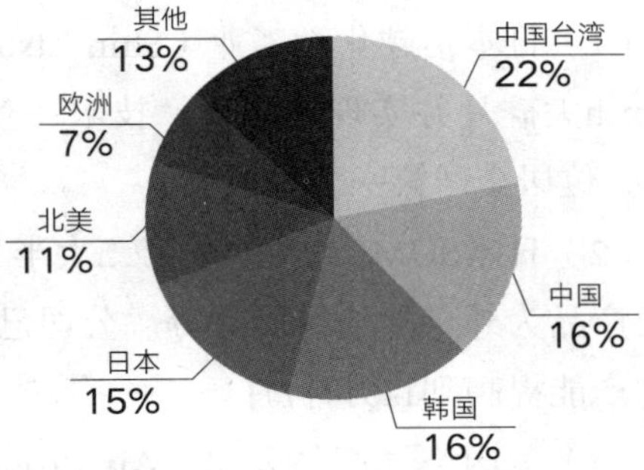

资料来源：根据SEMI数据整理。

图3 2017年全球芯片用电子化工材料市场分布

芯片用电子化工材料品种较多，细分材料市场占比相对较低。芯片用电子化工材料单个品种的市场规模占比较小，芯片制造和封装材料中占比最大的分别是硅片（33%）和封装基板（40%），其余材料占比相对较低。

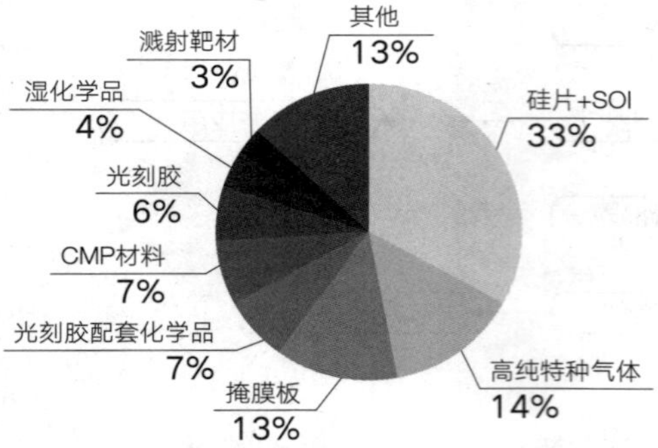

资料来源：根据 SEMI 数据整理。

图4　全球芯片制造材料市场结构

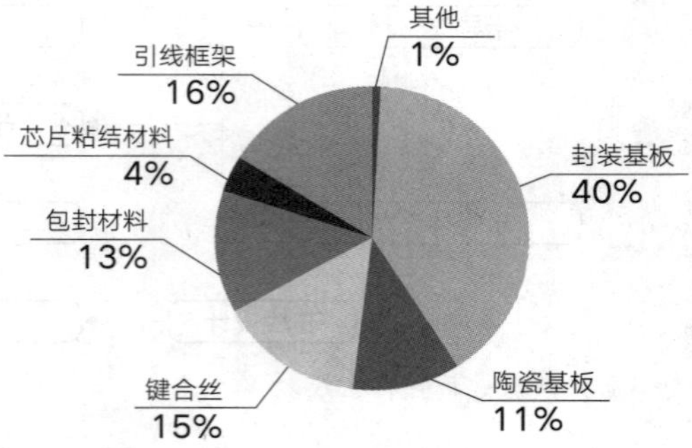

资料来源：根据 SEMI 数据整理。

图5　全球芯片封装材料市场结构

（三）市场供应格局

1. 全球市场

芯片制造用电子化工材料行业集中度高，主要材料的市场被海外企业寡头垄断。由于芯片制造用电子化工材料行业技术壁垒高，主要材料如硅片、光刻胶、电子特种气体、CMP抛光垫等均由日本、欧美、韩国等地区的少数跨国公司垄断，CR5均超过90%，行业集中度极高。

（1）日本信越化学工业（Shin Etsu）：全球最大的半导体硅片供应商。公司最早研制300mm大硅片并实现产品化，技术一直处于行业最尖端，2017年其硅片全球市场占有率28%，位居全球第一。

（2）日本SUMCO：全球第二大半导体硅片供应商。公司硅片全球市场占有率25%，主要产品为外延片、抛光片等。公司已投资436亿日元扩产，目标到2019年上半年300mm硅片产能提高到11万片/月。

（3）美国空气产品公司（Air Products）：全球领先的工业气体公司。公司通过提供一系列高质量的气体产品包括普通空气气体产品（如氧气、氮气和氩气）、特种气体（如氦气、氢气）、电子特气等，为本地和跨国的各行业企业客户提供产品和服务。公司电子特气全球市场占有率26%。

（4）东京应化工业（TOKYO OHKA KOGYO）：全球光刻胶的龙头供应商。公司以光刻蚀为核心技术，始终走在最先进的微加工技术的前列，最早在半导体用光刻胶、FPD材料、封装等领域确立了领先地位。公司g/i线、KrF光刻胶的市场占有率分别达26%、34%。公司用于5~7nm节点的EUV光刻胶已开始销售。

2. 中国市场

国产芯片制造用电子化工材料主要应用于中低端领域，高端材料国产化率不足10%，进口替代空间大。国产材料与进口产品差距较大，目前主要应用于中低端领域。

高端材料国产化率不足10%，12英寸大硅片、高端光刻胶等基本全部依赖进口。

部分细分品种实现了较高端产品的技术突破，预计国产化进程相对较快。国产的靶材、CMP抛光垫、湿电子化学品等材料已部分实现高端产品的技术突破，并逐步在下游芯片厂商认证使用，预计国产化进程相对较快；高纯电子特种气体、12英寸大硅片、高端光刻胶等材料国产化放量预计仍需较长时间。

三、LCD用电子化工材料：高端混晶材料国产化起步

（一）在产业链中的地位

LCD（液晶显示）用电子化工材料，尤其是混合液晶，是液晶面板的基础材料，占液晶面板总成本的3%~4%，对液晶面板的性能至关重要。

混合液晶由液晶单体及添加剂配成。由于任何液晶单体只具有一方面或几方面的优良性能，不能直接用于显示，因此在实际应用中，通过选用多种具有一些优良性能的液晶单体，并加入少量添加剂，将其调制成综合性能最佳的混合液晶，满足显示用液晶材料的各项性能要求。液晶显示器所使用的液晶材料均为混合液晶。

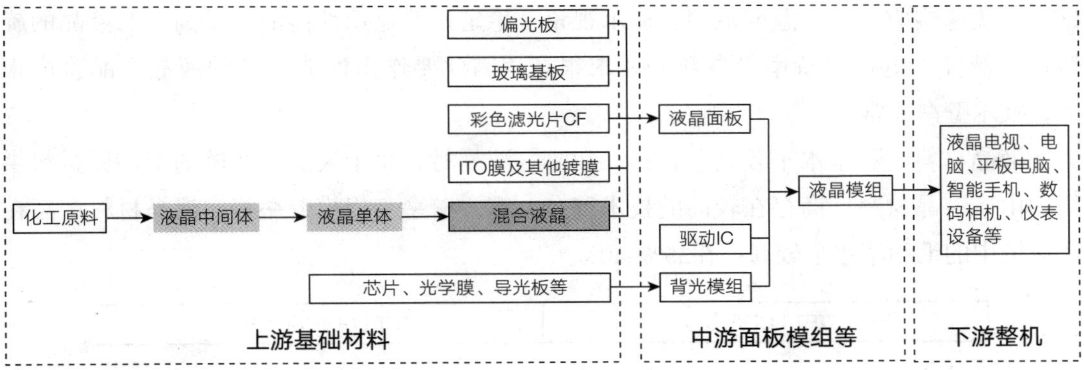

资料来源：中国产业信息网。

图6　液晶面板产业链

（二）分类

LCD材料主要产品有TN-LCD、STN-LCD、TFT-LCD，其中，TFT-LCD是目前的主流。TFT-LCD材料主流产品有TN TFT-LCD、VA TFT-LCD、IPS TFT-LCD，其中TN型主要应用于中小尺寸液晶面板，VA型和IPS型主要应用于液晶电视面板。

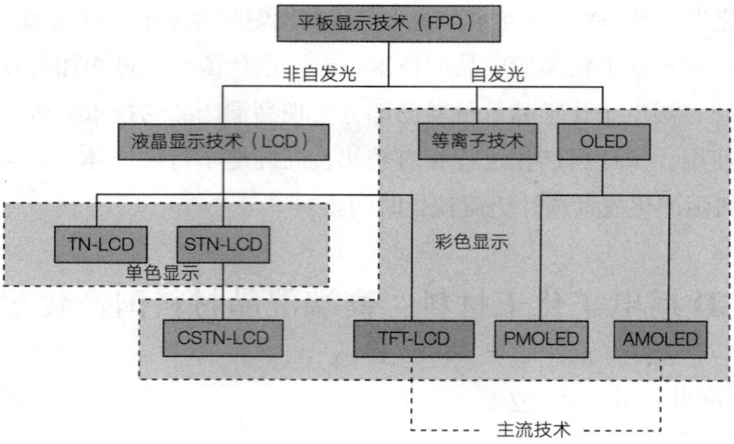

资料来源：瑞联新材招股说明书。

图7　平板显示主流技术

（三）技术壁垒高，毛利率高

TFT液晶材料技术难度大，技术壁垒高。液晶材料的制备特征使得其生产过程往往需要几十步合成步骤，因此其生产工艺要求很高，对纯度的要求也很高。另外，TFT-LCD对快速响应、工作温度范围、显示视角、稳定性等显示性能的要求高，对液晶的旋转性、极性、电荷保持率等参数的要求很高，因此要作出性能优良的液晶产品难度很大，技术壁垒非常高。

液晶材料毛利率水平较高，在35%~40%。液晶材料属于液晶产业链的前端原材料供给，由于液晶材料厂商存在较高的技术壁垒、客户壁垒、规模壁垒等，液晶材料产品在产业链中的毛利率水平较高，在35%~40%。

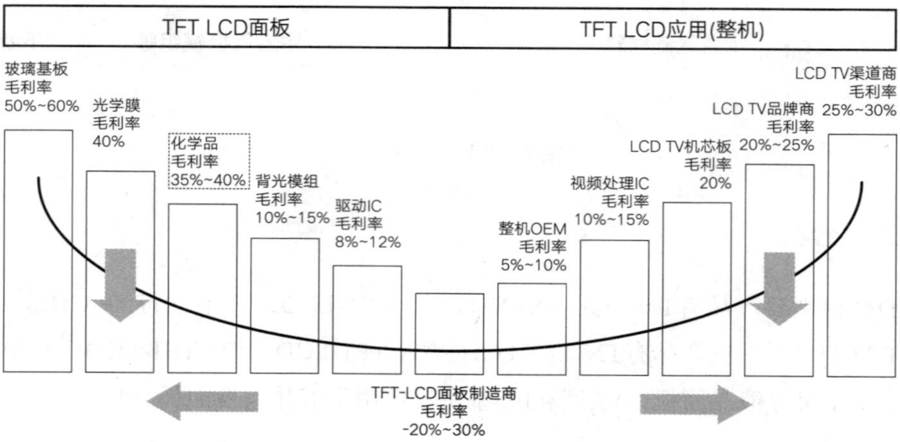

资料来源：中国产业信息网，http://www.chyxx.com/industry/201708/546957.html.

图8　TFT-LCD产业链毛利率微笑曲线

（四）国内市场发展潜力大

下游液晶面板行业保持增长，国产面板将迎出货高峰期。液晶材料的主要增长点在于TFT型液晶材料。大尺寸趋势是推动全球TFT-LCD面板需求增长的主要动力，尤其是电视面板平均尺寸不断提升。中国面板企业快速崛起，2017—2019年是国内液晶面板投资的高峰期，且主要为高世代生产线，预计目前在建的新产线全部投产后，国内高世代液晶面板总产能将比2016年提高140%。考虑到液晶面板从投产到达产尚有1年左右的爬坡期，预计2018—2020年是国内液晶面板出货的高峰期。

国内混晶材料市场发展潜力巨大。目前全球TFT-LCD材料市场规模约100亿元，年需求量700多吨，其中中国年需求量从2016年的147吨（全球占比24%）提升至2018年的232吨（全球占比32%）。据统计，2016年中国混晶材料厂商整体销售量约40吨，仅占国内市场需求量的27%、全球需求量的6%，预期未来国产化率提升空间较大。

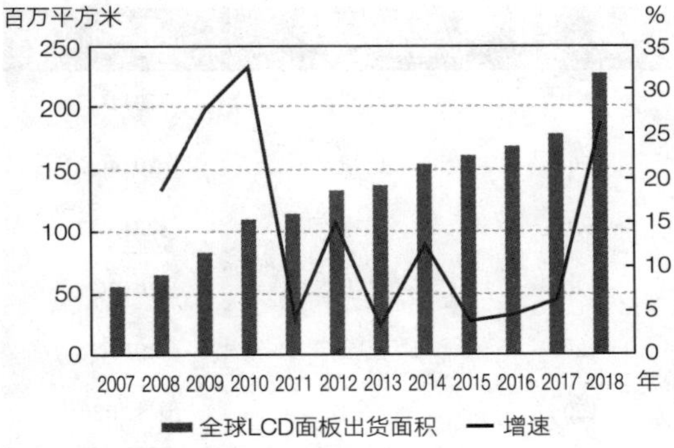

资料来源：Bloomberg。

图9　全球LCD面板出货面积及增速

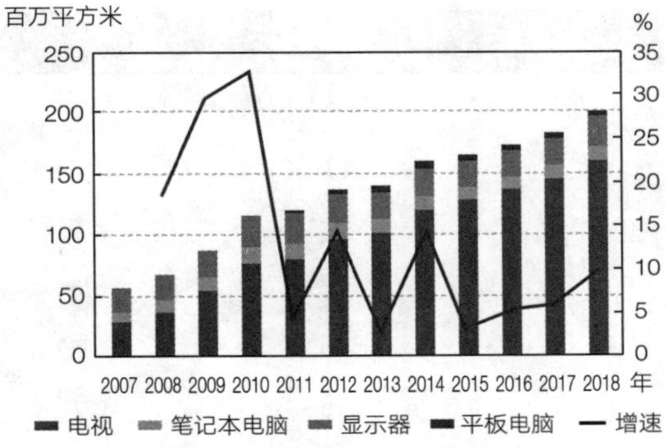

资料来源：Bloomberg。

图10　全球TFT-LCD面板需求面积及增速

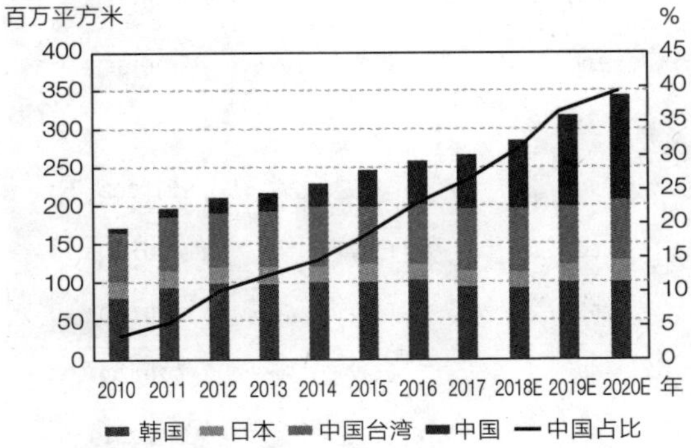

资料来源：中国产业信息网。

图11　全球液晶面板产能分布

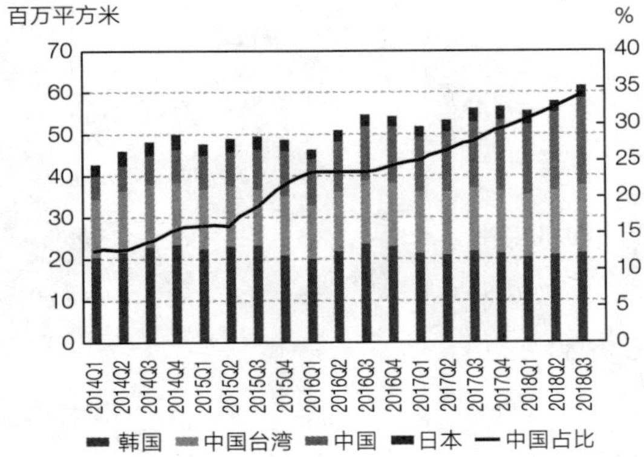

资料来源：Bloomberg。

图12　全球大尺寸TFT液晶面板产能分布

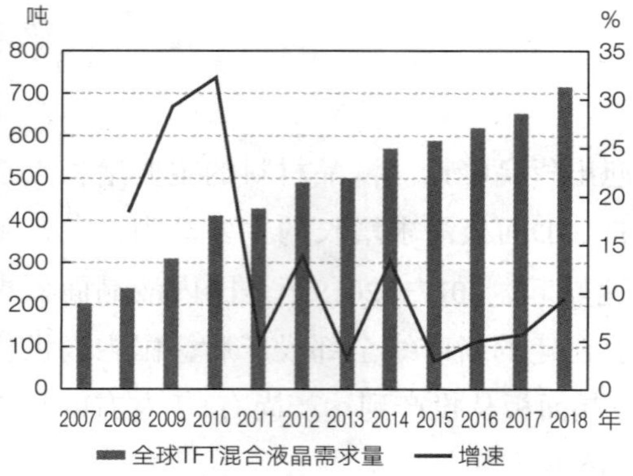

资料来源：Bloomberg。

图13　全球TFT液晶材料需求量及增速

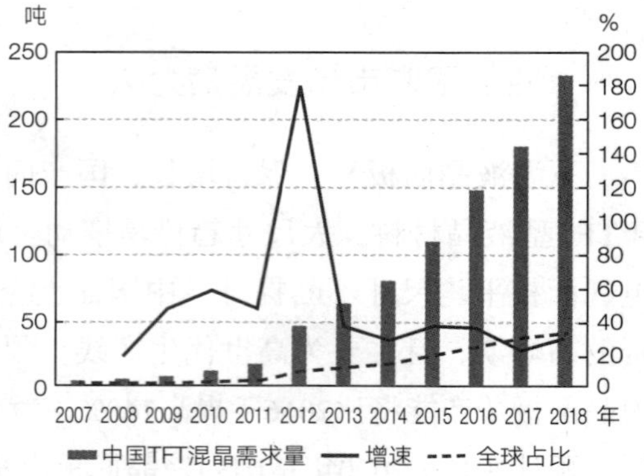

资料来源：Bloomberg。

图14　中国TFT液晶材料需求量、增速及占比

表1　中国TFT-LCD高世代生产线产能情况

公司	世代线	生产基地	月产能（千片）	投产进度	投产时间
京东方	8.5	北京	90	已投产	2011Q3
	8.5	合肥	90	已投产	2014Q2
	8.5	重庆	90	已投产	2015Q2
	8.5	福州	120	已投产	2017Q1
	10.5	合肥	120	已投产	2017Q4
	10.5	武汉	120	在建	预计2020年
中电熊猫	8.5	南京	60	已投产	2015Q2
	8.6	咸阳	120	已投产	2017Q4
	8.6	成都	120	已投产	2018Q4
华星光电	8.5	深圳	120	已投产	2011Q4
	8.5	深圳	100	已投产	2015Q2
	11	深圳	90	已投产	2018Q4
	11	深圳	90	在建	预计2021年
LGD（广州）	8.5	广州	60	已投产	2014Q3
三星（苏州）	8.5	苏州	55	已投产	2013Q4
惠科光电	8.5	重庆	60	已投产	2017Q1
富士康	10.5	广州	90	在建	预计2019年

资料来源：各公司公告。

（五）市场供应格局

1. 全球市场

高端混晶材料供给海外高度垄断。全球高端液晶材料的供应主要以国际三大厂商为主，德国MERCK（默克）、日本CHISSO、日本DIC，三家企业市场占有率合计高达95%。日德三家企业不仅垄断TFT混合液晶的市场，还垄断了TFT混合液晶的专利。目前，三家企业在TFT混合液晶的专利布局已经完毕，基本没给其他厂家留下参与竞争的机会。

（1）MERCK（德国默克集团）：长期致力于先进液晶材料的研发，用严密的专利网构筑起坚实的技术壁垒，拥有全球近1/3的液晶材料专利，是液晶材料领域拥有专利最多的企业。默克可提供TFT、TN、STN等多种类型的液晶材料，积极开发适用于新用途的新型液晶材料，包括建筑领域的液晶玻璃、汽车领域的液晶窗等。默克在中国高端液晶材料市场上处于绝对领先地位。

（2）CHISSO（日本智索株式会社，已将液晶材料相关业务全部转入其全资子公司JNC）：全球液晶材料排名第二位的供应商，生产的液晶产品稳定、性能优良，在液晶电视面板领域具有非常大的优势。

（3）DIC株式会社：全球第三大液晶材料生产企业，液晶材料产品包括TFT液晶材料、STN液晶材料等。

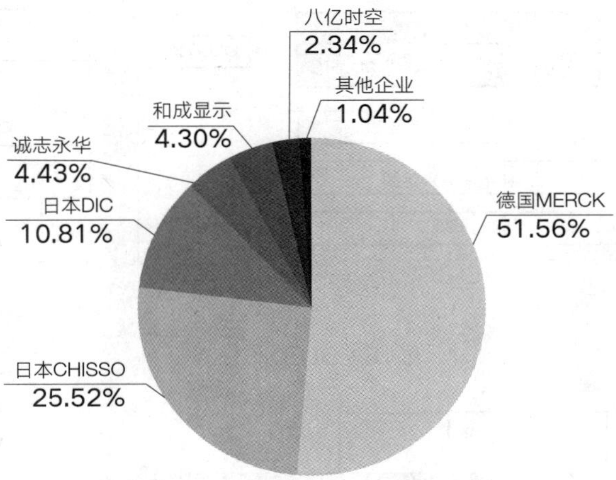

资料来源：瑞联新材招股说明书。

图15 2017年全球混合液晶材料市场竞争格局

2. 中国市场

混晶材料国产化进程刚刚起步，部分国内企业有望突破。国内液晶材料企业的主打产品是液晶中间体、液晶单体、中低端混合液晶，TFT混合液晶市场占有率极低。目前国内液晶材料企业正在加大力度研发TFT混合液晶材料，发展前景广阔，且国内企业将越发具有本土化竞争优势。目前国内具备混合液晶生产能力的企业只有少数几个，其中诚志永华、和成显示、八亿时空有望率先打破国外垄断格局。

表2　国内TFT液晶材料情况对比

公司	成立时间	TFT液晶材料产能（吨）	生产基地	主要面板客户
诚志永华	1987年	100	石家庄开发区	京东方、中电熊猫、惠科
和成显示	2002年	100	南京市六合区	京东方、中电熊猫、惠科
八亿时空	2004年	100	北京市房山区	京东方

资料来源：各公司公告。

四、OLED用电子化工材料：国产材料以前端产品为主

（一）在产业链中的地位

OLED的显示性能主要由有机发光材料决定，有机发光材料可影响OLED面板的显色、寿命、电力消耗、TFT设计、驱动IC设计等各项性能，材料之间的相互影响复杂且重要，因此有机发光材料在OLED产业链中地位重要。

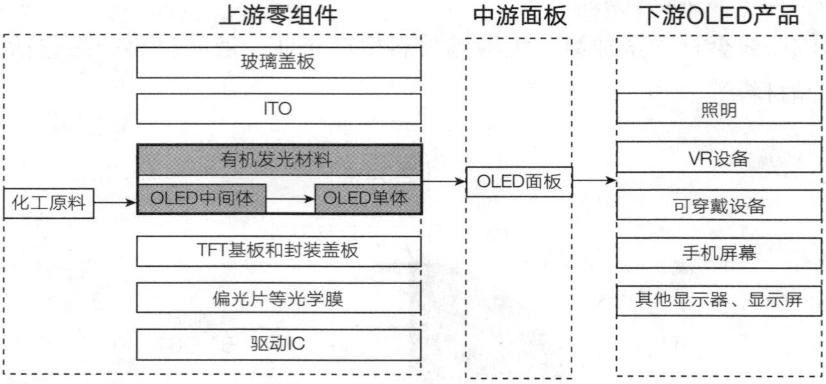

资料来源：新材料在线。

图16　OLED产业链

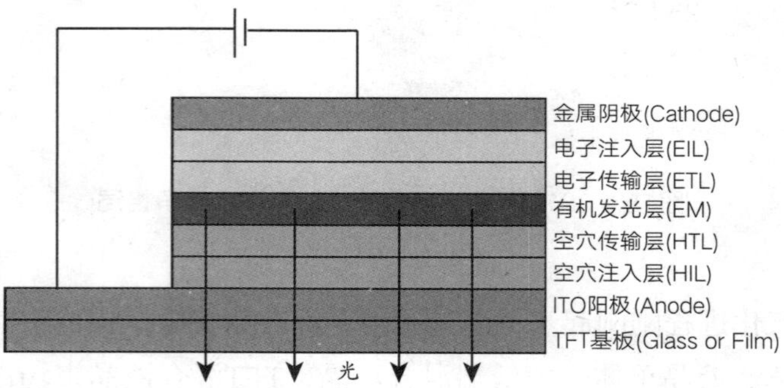

资料来源：与非网。

图17　OLED发光结构

（二）市场规模

全球OLED产业爆发式增长，2020年市场规模有望达430亿美元。随着OLED生产效率的提升、生产线建设成本的降低，OLED屏幕价格大幅下降，且良品率显著提升。据IHS数据，2016年第一季度AMOLED屏幕生产成本降至14.3美元，已低于LCD的14.6美元，使得OLED下游产品的价格进入大规模商业化应用阶段。据IHS数据，2017年全球OLED面板收入约236亿美元，同比增长52%，占全球平板显示器总收入的23%；预计到2020年，全球OLED面板收入将增长至430亿美元，CAGR达22%，占全球平板显示器总收入的份额提升至29%；预计到2024年，达到495亿美元，CAGR约4%，份额提升至36%。

OLED产业上游材料需求快速增长，2020年有机发光材料全球市场规模有望超过30亿美元。据IHS数据，面板材料在AMOLED显示屏幕的成本占比约17%，其中有机发光材料占比约13%、光学膜占比4%。随着生产成本的逐步下降，预计有机发光材料在OLED面板成本的占比将逐步下降至7%~8%。按照2020年全球OLED面板市场规模430亿美元测算，届时有机发光材料的全球市场规模将相应达到30亿~34亿美元。

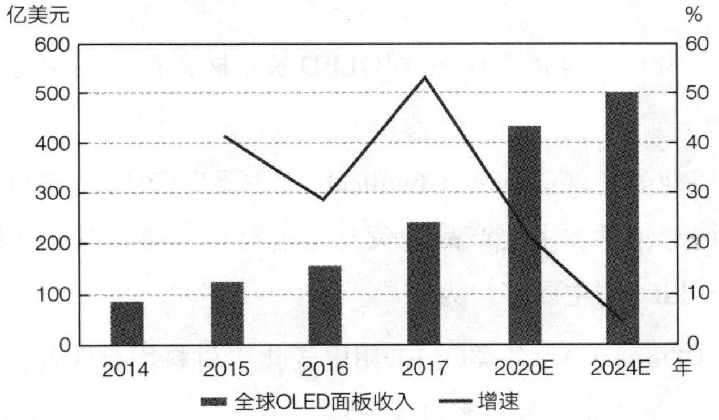

资料来源：根据 IHS 数据整理。

图18　全球OLED面板市场规模

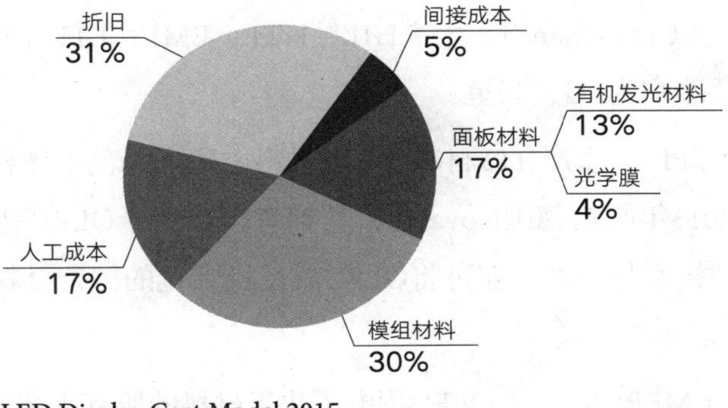

资料来源：IHS OLED Display Cost Model 2015。

图19　AMOLED显示屏幕成本结构

（三）市场供应格局

1. 全球市场

OLED发光材料市场供应集中在日、韩、欧美等地区。

（1）美国UDC（Universal Display Corporation）：成立于1994年，是全球OLED发光材料的龙头企业。UDC目前在全球范围内拥有授权或独家授权的专利超过4 200项。UDC技术的来源有三个：内部研发、合作开发和专利收购。UDC的客户主要有韩国的三星、LG，也包括国内的京东方。

（2）美国陶氏化学（DOW）：在红色和蓝色发光材料方面全球领先，红色发光材料全球市场份额第一，蓝色发光材料市场份额仅次于出光和SFC。主要客户为LG、三星。

（3）日本出光兴产（Idemitsu Kosan）：按照销售额统计，2016年出光兴产在全球蓝色主体发光材料市场的市场占有率高达89%，2017年因同行SFC市场占有率从5%激增至23.4%，出光兴产的市场占有率降低至65.4%，但仍有很强的市场支配力。主要客户包括LG、三星等。

（4）日本新日铁化学（NSCC）：公司OLED绿光材料在市场中有一定地位。主要客户为三星。

（5）日本保土谷化学（Hodogaya Chemical）：主要生产HTL、ETL等材料。其收购的子公司SFC（三星精密化学）主要产品为荧光蓝色材料、磷光及荧光绿色材料等。主要客户为LG，其子公司SFC的主要客户为三星。

（6）韩国斗山（Doosan）：各类OLED用电子化工材料均有涉及，三星采购其传输层材料为主，包括HTL、a-ETL。主要客户为三星。

（7）韩国德山（Duksan Neolux）：公司之前做HTL材料为主，2013年成功开发Red Host，目前其Red Host材料市场份额仅次于陶氏化学。主要客户为三星。

（8）韩国LG化学（LG Chem）：生产HIL、HTL、EML、ETL等材料。公司ETL材料市场份额较高。主要客户为LG、三星。

（9）韩国三星（SPI）：生产HTL材料、ETL材料、磷光绿色主体材料。公司在绿光领域市场份额领先。2013年收购德国Novaled，其拥有多项用于OLED高效率传输层（ETL/HTL等）材料的关键技术与专利，在可将OLED效率极大化的掺杂材料（Dopant）技术方面地位独特。

（10）德国默克（MERCK）：在OLED用电子化工材料的所有领域均有涉足，提供所有产品组合。公司在绿光材料方面的市场份额较高，仅次于三星。主要客户为LG、三星。

2. 中国市场

国产OLED用电子化工材料供应仍集中在前端材料，收入规模将随产业整体发展而不断扩大。受制于技术壁垒和专利垄断，OLED终端材料仍集中在日、韩等国，国内企业主要生产OLED单体、OLED中间体、OLED升华前材料等前端材料，部分企业产品已进入日韩主流供应链，预计未来收入规模将随OLED产业整体发展而不断扩大。

石墨烯行业：

应用前景广阔的烯望材料

洪翀　东兴证券研究所化工组

一、石墨烯：性能突出、结构特殊的“烯望”材料

石墨烯（Graphene）是从石墨材料中剥离出来，由碳原子组成的只有一层原子厚度的二维晶体。石墨烯狭义上指单层石墨，厚度为0.335nm，仅有一层碳原子。但实际上，10层以内的石墨结构也可称作石墨烯，而10层以上的则被称为石墨薄膜。单层石墨烯是指只有一个碳原子层厚度的石墨，碳原子—碳原子之间依靠共价键相连接而形成蜂窝状结构。完美的石墨烯具有理想的二维晶体结构，由六边形晶格组成。石墨烯因为其特殊的结构，具有很多突出的性能，引起科学界巨大兴趣，成为材料科学研究热点。

表1　石墨烯的优异性能总结

性能	特点	备注	应用
力学性能	极高的断裂强度	42N/m（钢的200倍）	机械结构
	高柔性	弯折不影响优异的性能	柔性材料、曲屏、可穿戴设备
电磁性能	最高的电子迁移率	200 000$cm^2/(V \cdot s)$（硅的100倍）	芯片、集成电路、导电剂、传感器、锂电池
	最好的导电体	电阻率$10^{-6}\Omega \cdot cm$	超级电容、储能元件
	最高的比表面积	2 630m^2/g	传感器、催化载体、超级电容
热学性能	最好的导热体	导热率5 300$W/(m \cdot K)$（优于金刚石）	散热元件、导热元件

续表

性能	特点	备注	应用
透光性	或优异的单层吸光率	2.3%	透明导电薄膜
渗透率	碳六元环结构，高致密	He无法穿透；孔隙可修饰	滤膜、海水淡化、防腐涂料

资料来源：滕瑜，陈福亮，宋群玲，张文莉，李瑛娟．新材料石墨烯及产业化发展与前景 [J]. 昆明冶金高等专科学校学报，2017，33（5）：1-6.

二、石墨烯引起全球关注热潮，中国研究领先一步

自2010年英国曼彻斯特大学物理学家安德烈·盖姆和康斯坦丁·诺沃肖洛夫用微机械剥离法成功从石墨中分离出石墨烯，并共同获得2010年诺贝尔物理学奖之后，全球范围内掀起了石墨烯研究开发及产业促进的热潮。

石墨烯相关专利和知识产权的申请数量逐年递增。根据有关数据统计，石墨烯相关专利最早出现在1994年，随着研究的深入和诺贝尔奖的获得，2010年之后迎来井喷式的爆发，2010年全球相关专利数量为480项，2017年已经增长到13 371项，增长了20余倍，反映出石墨烯在近几年成为研究的热点。

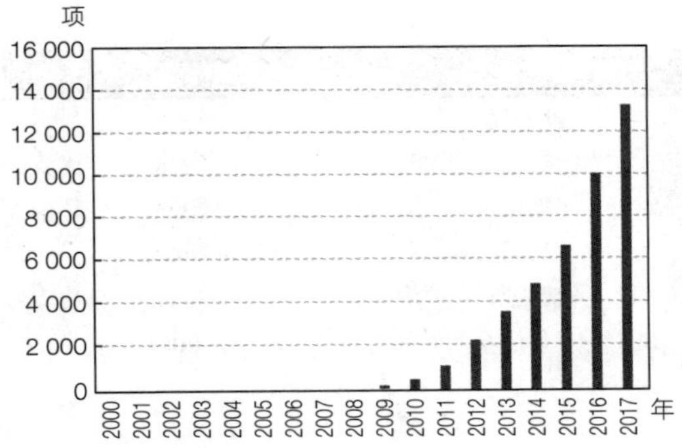

资料来源：Wind。

图1 全球石墨烯专利申请数量

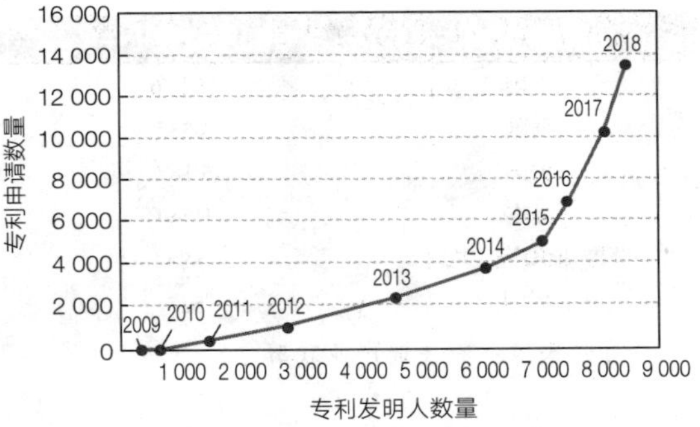

资料来源：石墨烯产业联盟。

图2 石墨烯专利技术生命周期

通过石墨烯技术生命周期图可以看出，2008年之前石墨烯相关专利技术还处于萌芽阶段，2010年之后，每年都有大量的新增的发明人进入相关研究，新的技术不断出现，石墨烯技术进入快速成长阶段。2017年开始，增长率有所下降，说明石墨烯相关技术正在由成长阶段向技术成熟阶段过渡。

表2 世界主要石墨烯政策汇总

国家	时间	相关战略
美国	2000—2001年	美国国家自然科学基金会（NSF）关于石墨烯的资助项目达200多项
	2008年	美国国防部高级研究计划署（DARPA）投资2 200万美元研发超高速和低耗能石墨烯晶体管
	2014年	国家自然科学基金会和美国空军科研办公室投入1.87亿元对石墨烯及相关的二维材料开展基础研究

续表

国家	时间	相关战略
欧盟	2013年	选定石墨烯项目作为“未来和新兴技术旗舰项目”，计划10年投入73.6亿元，以期实现石墨烯在复合材料、（光）电子产品、储能及健康领域的远景应用目标
英国	2011年	投入6.25亿元支持石墨烯研究，包括建立国家石墨烯研究院
	2014年	英国政府联合马斯达尔公司宣布继续投资5.25亿元在曼彻斯特大学成立石墨烯工程创新中心，作为国家石墨烯研究院的补充
韩国		将在2018年前向石墨烯领域投资16.8亿元助力石墨烯技术开发及商业化应用研究
日本	2011年	经济产业省实施的“低碳社会实现之超轻、高轻度创新融合材料”项目，重点支持了碳纳米管和石墨烯的批量合成技术
	2012年	日立、索尼、东芝等企业投入大量资金和人力从事石墨烯的基础研究及应用开发

资料来源：张雯钰．石墨烯产业政策变迁研究 [D]. 南京工业大学，2016.

我国对于该领域的研究领先一步，在所有技术原创国之中处于首位，并且大幅度领先于其他国家，占据了较高的份额，专利申请数量高达35 570件，而韩国、美国、日本作为其他主要技术的原创国家，从数量上看有明显的差距。从知网数据也可以看出，石墨烯中文相关文献数量从2010年开始快速增长，石墨烯引起了学术界及其他各方的广泛关注，成为当下炙手可热的话题。

表3　石墨烯技术最早优先权国家专利申请量

国家/组织	专利申请量（件）	国家/组织	专利申请量（件）
中国	35 570	欧专局	527
韩国	6 587	英国	328
美国	5 187	德国	325
日本	1 660	法国	169
世界知识产权组织	889	俄罗斯	141
加拿大	527	其他	1 064

资料来源：石墨烯产业联盟。

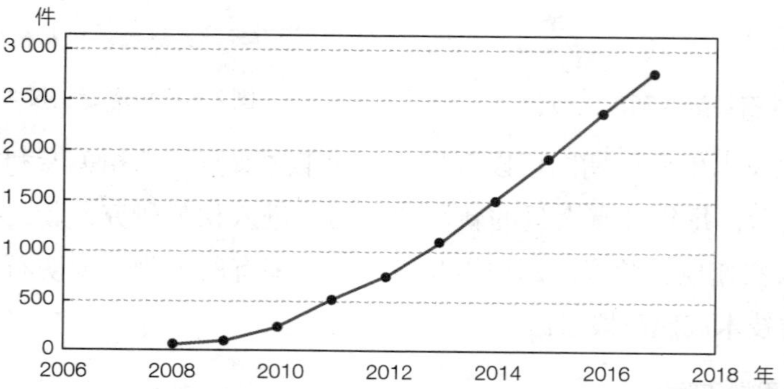

资料来源：邢悦，许婧，郝思嘉，任志东，杨程．石墨烯材料的技术与应用研究进展 [J]. 科技创新导报，2019，16（2）：84-87.

图3　石墨烯相关文献数量

石墨烯在我国的迅猛发展离不开国家政策的引导。从2012年的《新材料产业“十二五”发展规划》起，国家逐渐不断通过各种利好政策，推动石墨烯的产业化进程，而最近的新材料“十三五”规划也将石墨烯作为先导性产业。

我国首个石墨烯国家标准GB/T 30544.13—2018《纳米科技术语第13部分：石墨烯及相关二维材料》已正式发布，将于2019年11月1日开始实施。石墨烯国家标准的出台，对于行业的规范有重要意义，也说明国家正在通过政策进行引导，作为一个良好的开端，可以吸引更多的专业人才进入石墨烯的研究，有利于石墨烯产业链的拓展。

表4 石墨烯技术领域的政策支持

时间	政策	内容
2012年1月	《新材料产业“十二五”发展规划》	将前沿新材料作为发展重点，并强调加强纳米技术研究，重点突破纳米材料及制品的制备与应用关键技术，积极开发纳米粉体、纳米碳管、富勒烯、石墨烯等材料
2014年11月	《关键材料升级换代工程实施方案》	到2016年，推动新一代信息技术、节能环保、海洋工程和先进轨道交通装备等产业发展急需的石墨烯等 20种左右重点新材料实现批量稳定生产和规模应用
2015年2月	《关于印发2015年原材料工业转型发展工作要点的通知》	制定石墨烯等专项行动计划，组建碳纤维、石墨烯、稀土等新材料产业联合创新中心，重点突破共性技术 、专用装备、高端品种等制约
2015年10月	《中国制造2025》	明确了石墨烯在战略前沿材料中的关键地位，强调其战略布局和研制，努力实现石墨烯产业“2020年形成百亿产业规模，2025年整体产业规模破千亿”的发展目标
2015年11月	《关于加快石墨烯产业创新发展的若干意见》	到2018年，石墨烯材料制备、应用开发、终端应用等关键环节良性互动的产业体系基本建立；到2020年，形成完善的石墨烯产业体系，实现石墨烯材料标准化、系列化和低成本化
2016年2月	《关于加快新材料产业创新发展的指导意见》	到2020年重点发展新材料产业，积极开发前沿材料，包括石墨烯、增材制造材料、智能材料、超级材料等基础研究与技术积累
2016年3月	《国民经济和社会发展第十三个五年规划纲要》	战略性新兴产业发展行动的高端材料：大力发展形状记忆合金、自修复材料等智能材料，石墨烯、超材料等纳米功能材料，碳化硅等下一代半导体材料，高性能碳纤维、高温合金等新兴结构材料，可降解材料和生物合成新材料等
2016年5月	《国家创新驱动发展战略纲要》	发展引领产业变革的颠覆性技术，不断催生新产业、创造新就业。发挥纳米、石墨烯等技术对新材料产业发展的引领作用
2016年8月	《“十三五”国家科技创新规划》	重点发展以石墨烯等为代表的先进碳材料
2017年1月	《新材料产业发展指南》	对于石墨烯、超导材料等出了任务要求，明确提出大力发展石墨烯产业
2017年4月	《“十三五”材料领域科技创新专项规划》	重点发展领域，石墨烯碳材料技术方面：单层薄层石墨烯粉体、高品质大面积石墨烯薄膜工业制备技术， 柔性电子器件大面积制备技术，石墨烯粉体高效分、复合与应用技术，高催化活性纳米碳基材料应用技术

资料来源：石墨烯产业联盟。

三、石墨烯产业化稳步推进

石墨烯材料作为全球新兴研究热点，尤其是国内的研究领先一步，其研究应用已体现在产业化进程中。首先，石墨烯制备方法多样，适用不同的产品领域，既保证了供给又保证了需求。其次，石墨作为石墨烯的上游资源，储量丰富，市场规模未来可期。最后，伴随着国内优秀企业的不断涌现，石墨烯产业化进程加快，稳步推进。

（一）石墨烯制备方法

石墨烯制备方法主要分为“自上而下”和“自下而上”两种。“自上而下”法是以石墨为原料，通过剥离的方法来制备石墨烯层，如机械剥离法、氧化还原法、液相剥离等；“自下而上”法是通过碳原子的重新排列来合成石墨烯，如化学气相沉积法、外延生长法、有机合成法等。目前，比较主流的石墨烯制备方法有氧化还原法、化学气相沉积法、液相剥离法和外延生长法。

不同制备方法获得的石墨烯利用品质和成本上的差别，适用于对应的领域。上述四种石墨烯制备方法中，最常采用的是氧化还原法和化学气相沉积法。此外，也有少部分企业探索应用外延生长法或液相剥离法进行石墨烯量产。

表5　石墨烯制备方法对比

制备方法	基本原理	制造成本	优势	劣势
氧化还原法	利用强质子酸形成石墨层间化合物，并用强氧化剂、还原剂依次进行氧化还原	较低	方法简单，温度较低，适用于大规模产业化制备	难以充分还原，导电性和透明性无法保证；存在污染的问题
液相剥离法	选择合适的溶剂利用超声波破坏石墨烯层间范德华力从而剥离出石墨烯	较低	操作简单，石墨烯结构缺陷少	利用超声设备，石墨烯尺寸小，片层数多
化学气相沉积法	铜箔、镍膜等为生长基底，利用甲烷等含碳化合物作为碳源，在基体表面高温分解并逐步生长得到石墨烯	较高	工艺简单，产出石墨烯质量高，可大面积生产	成本高，大规模量产难度大
外延生长法	用硅的高蒸汽压在高温和超高真空条件下使硅原子挥发，剩余的碳原子通过结构重排在碳化硅表面形成石墨烯层	较高	石墨烯质量较高，尺寸与厚度可控	制备条件苛刻，需要高真空度，成本高、效率低

资料来源：黄海平，朱俊杰．新型碳材料——石墨烯的制备及其在电化学中的应用 [J]. 分析化学，2011，39（7）：963-971.

（二）石墨烯上游石墨资源丰富

中国石墨的基础储量占世界总储量的24%左右，2016年石墨基础储量达7 321.51万吨，其中已探明晶质石墨的储量达3亿吨。中国石墨的产量也位居世界前列，2017年中国石墨的产量已经达78万吨。

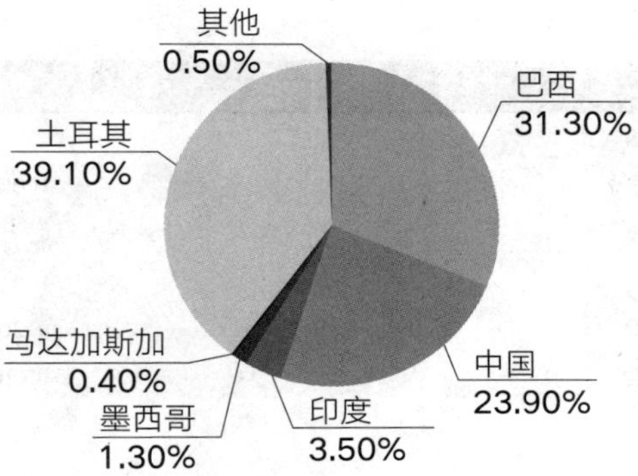

资料来源：石墨烯产业联盟。

图4　全球天然石墨探明可开采储量占比

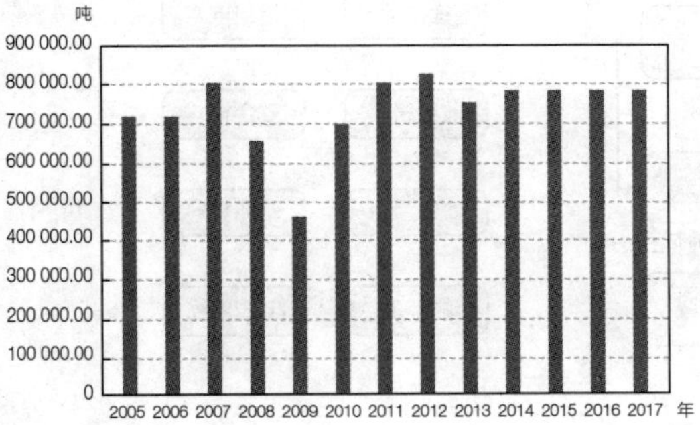

资料来源：Wind。

图5　中国天然石墨产量

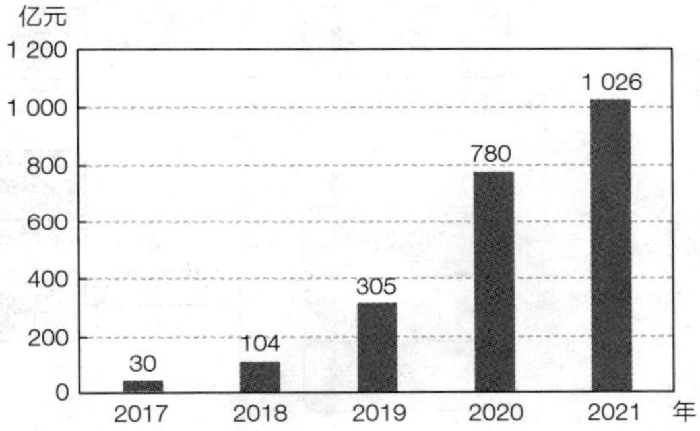

资料来源：郑宁来．2020 年全球石墨烯市场将达 1 000 亿元 [J]. 合成技术及应用，2016，31（3）：20.

图6　石墨烯市场规模预测

随着石墨烯研究的进一步发展，现在很多石墨烯相关产品已经开始准备商业化进程，石墨烯产业可能进入快速发展阶段，市场正逐步扩大，预计未来2021年我国石墨烯市场规模将达到1 026亿元。

（三）石墨烯产业化进程加快

国家在全国各地建立了多个石墨烯产业园和石墨烯联盟。国内常州、宁波、青岛、重庆、无锡等地率先设立石墨烯产业园，江苏、内蒙古、山东等地也成立了石墨烯联盟，有利于进一步整合上下游资源，完善石墨烯创新体系，促进石墨烯产业发展，同时有利于国家的宏观调控。

同时，国内各种石墨烯优秀企业也不断涌现，虽然高端产品因成本、技术问题短时间难以得到大面积的突破，但是一些低端产品已经在公司得到了商业化生产，并且在不断进步中，我们有理由和有信心相信未来石墨烯产业化的进程速度。

表6　各公司石墨烯产能对比

公司	产能
宁波墨西	500吨
第六元素	100吨+8万平方米
烯碳科技	30吨
宝泰隆	150吨
重庆墨希	300万平方米
二维碳素	20万平方米

资料来源：Wind。

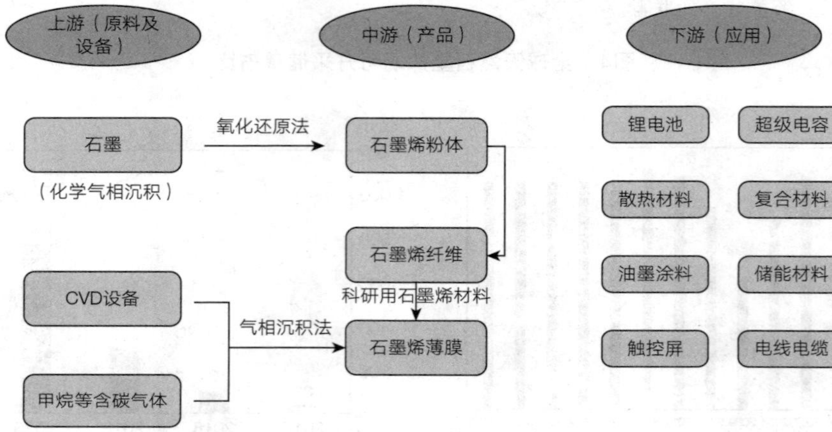

资料来源：翟东升，柴庆凤，张杰，王路凯．产业价值链视角下潜在专利交易机会挖掘方法研究 [J]．科技进步与对策，2018，35（7）：58-67.

图7　石墨烯产业链全景图

四、石墨烯粉体下游应用种类多样，稳步发展

石墨烯粉体下游应用已经打开多方领域，石墨烯超级电容器、复合材料（防腐材料、导电油墨、散热涂料）、正负极材料优势明显，石墨烯锂电池（负极材料、正极材料、导电剂）导电剂效果优于天然石墨。

（一）石墨烯超级电容器，全球市场应用的新星

超级电容器是指介于传统电容器和充电电池之间的一种新型储能装置，它既具有电容器快速充放电的特性，又具有电池的储能特性。超级电容器对电极材料有“六高”的要求，分别是：高比表面积、高中孔率、高堆积比重、高纯度、高电导率和高性价比。

综合各种电极材料特性来看，石墨烯具有较大的比表面积、高导电性，其特殊的平面二维结构是超级电容器的理想材料，但是较高的成本是在技术上需要解决的问题。

表7　超级电容器各种电极材料性能比较

碳材料	比表面积（m^2/g）	密度（g/cm^3）	导电性（S/cm^3）	成本
富勒烯	1 100~1 400	1.72	10^{-8}~10^{-14}	中
碳纳米管	120~500	0.6	104~105	高
石墨烯	2 603	>1	106	高
石墨	10	2.26	104	低
活性炭	1 000~3 500	0.4~0.7	0.1~1	低
模板法多孔炭	500~2 200	0.5~1	0.3~10	高
功能化多孔炭	300~2 200	0.5~0.9	>300	中
活性炭纤维	1 000~3 000	0.3~0.8	5~10	中
碳气凝胶	400~1 000	0.5~0.7	1~10	低

资料来源：郭慰彬，陈嘉炼，刘金玲，白欣，陈登龙．超级电容器用碳基电极材料研究进展 [J]．电子元件与材料，2019，38（1）：1-8.

表8　不同电容器之间的性能对比

参数	传统电容器	碳基超级电容器	电池	石墨烯超级电容器
能量密度（Wh/kg）	<1 000	1~10	20~500	10~170
功率密度（W/kg）	10 000	500~10 000	<1 000	1 500~2 200
放电时间	10^{-6}~10^{-3}s	0.3~30s	0.3~3h	快充快放
充电时间	10^{-6}~10^{-3}s	0.3~30s	1~5h	快充快放
库伦充放电效率	>100	85~98	70~86	<100
循环寿命（次）	>105	>105	<100	>105
电压存储影响因素	电极面积和电介质	电极材料的微孔材料和电解液	活性材料的质量和热力学性质	—

资料来源：王华兰．石墨烯 / 导电聚合物纳米复合材料及其电化学研究 [D]. 南京：南京理工大学，2011.

石墨烯超级电容器为基于石墨烯材料的超级电容器的统称。由于石墨烯独特的二维结构和出色的固有的物理特性，如异常高的导电性和大比表面积，石墨烯基材料在超级电容器中的应用具有极大的潜力。石墨烯基材料与传统的电极材料相比，在能量储存和释放的过程中，显示了一些新颖的特征和机制。

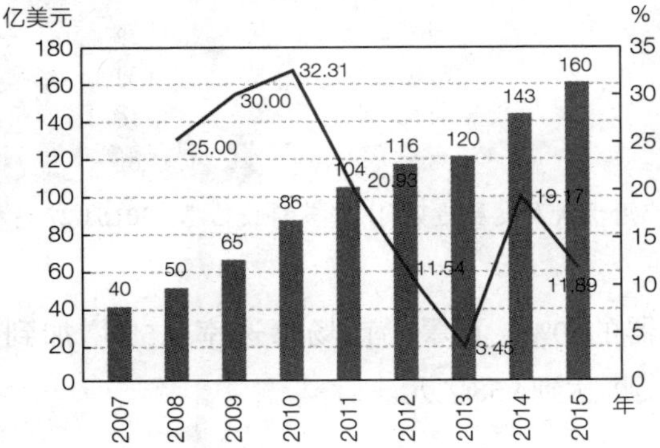

资料来源：黄晓斌，张熊，韦统振，齐智平，马衍伟．超级电容器的发展及应用现状 [J]. 电工电能新技术，2017，36（11）：63-70.

图8　全球超级电容器市场规模

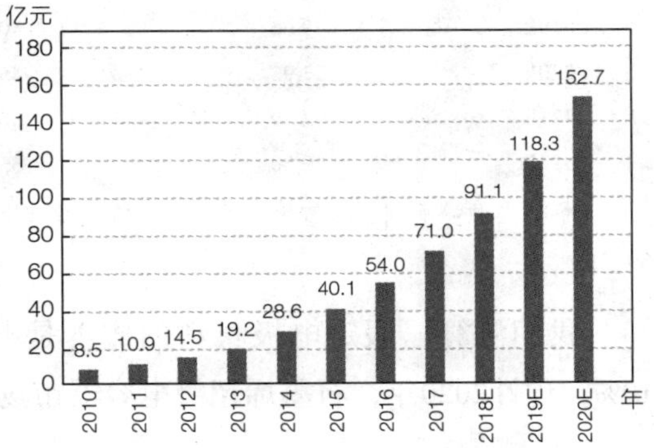

资料来源：黄晓斌，张熊，韦统振，齐智平，马衍伟．超级电容器的发展及应用现状 [J]. 电工电能新技术，2017，36（11）：63-70.

图9　中国超级电容器市场规模及预测

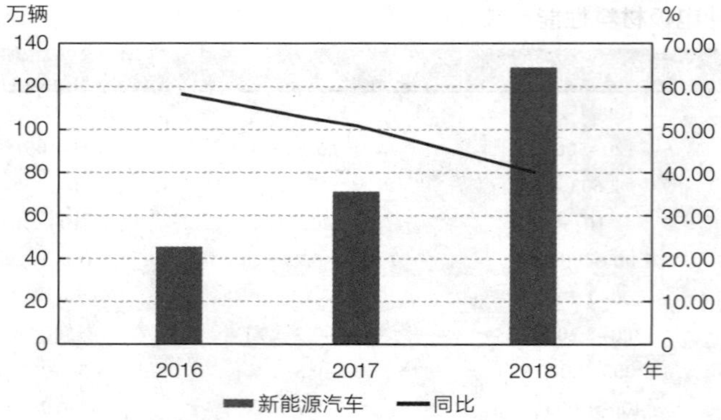

图10　中国新能源汽车产量

下游稳步增长带动石墨烯超级电容器市场发展，全球超级电容器市场规模稳步增长，2015年达到160亿美元，预计未来年增长率有望达到19.28%。

从国内来看，超级电容器市场规模逐渐扩大，从2010年的8.5亿元增加到2017年的71亿元，预计未来三年仍然保持将近30%的增长率，2020年预计可以达到150亿元水平。

因为中国在环保和新能源方面的政策促进，近几年中国新能源汽车稳步增长。我国新能源汽车产量2015年为45.5万辆，2018年增加到129.6万辆，同比增长40.10%。随着我国的政策支持，可以预测超级电容器的使用会极大增加，而其中性能优越的石墨烯超级电容器在未来也将继续快速发展，在交通运输和新能源方面的使用将会大幅度增加。

表9　超级电容器细分产品规模及预测

年份	交通运输用超级电容器	工业用超级电容器	新能源用超级电容器	装备等其他应用领域
2014	18.78	17.91	6.78	4.49
2015	25.40	20.50	14.50	6.10
2016	31.24	25.42	18.04	7.30
2017	36.86	29.97	20.76	9.41
2018E	43.28	34.69	24.3	10.74
2019E	49.66	40.04	28.34	11.96
2020E	55.92	45.26	31.54	13.29
2021E	62.59	50.37	34.88	15.16
2022E	69.50	55.57	38.92	17.01

资料来源：王钊，赵智博，关士友. 超级电容器的应用现状及发展趋势 [J]. 江苏科技信息，2016（27）：69-71.

我们测算，假定电极材料的成本是电容器的30%，石墨烯市场渗透率从5%增加到10%，预计2020年，石墨烯超级电容器市场规模将达到4.58亿元。

表10　石墨烯超级电容器市场规模预测

年份	超级电容器市场规模（亿元）	电极材料市场规模（亿元）	石墨烯渗透率（%）	石墨烯市场规模（亿元）
2018	91.09	27.33	5	1.37
2019E	118.32	35.50	8	2.84
2020E	152.75	45.82	10	4.58

资料来源：崔超婕等．石墨烯在锂离子电池和超级电容器中的应用展望[J]. 材料工程，2019（5）：1-9.

（二）复合材料种类多样，市场空间广阔

石墨烯具有很多优秀的性能，但是当石墨烯添加到传统材料中时，能改善原材料的性能，形成增强型的复合材料。比如石墨烯在防腐涂料、导电油墨、散热涂料等中均可以大幅提高产品的综合性能。随着经济的发展和技术的进步，国内涂料的需求增长迅速。数据显示，我国涂料产量从2001年的122.78万吨增加到2017年的2 041万吨，近年来依旧保持一个增长趋势。钢铁等金属的生锈、腐蚀既影响金属的使用寿命，又造成大量的经济损失，因此国家对于防腐涂料的需求也在逐年扩大。

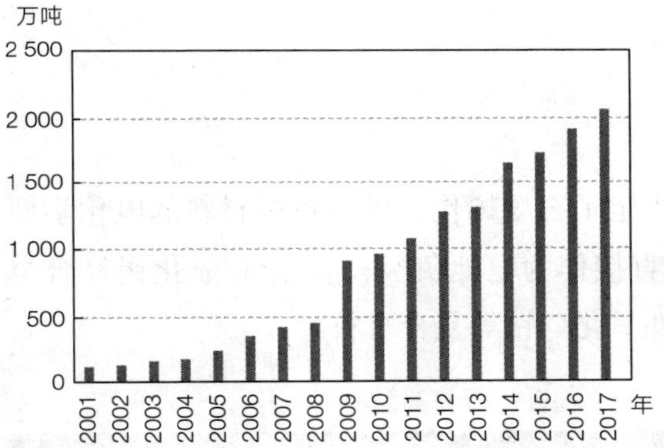

图11　中国涂料产量

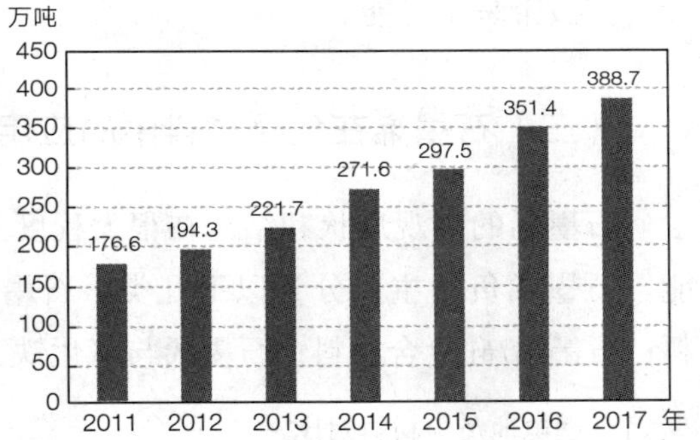

资料来源：刘栓等．石墨烯改性重防腐涂料在世界最高输电铁塔的防腐应用[J]. 腐蚀科学与防护技术，2019，31（1）：114-120.

图12　重防腐涂料产量规模

1. 防腐材料

石墨烯本身具有的独特结构性质，使其在物理防腐和电化学防腐方面都展现出一定的优势，相比于纯石墨烯防腐涂料，石墨烯复合防腐涂料能够兼顾石墨烯优异的化学稳定性、快速导电性、突出的力学性能和聚合物树脂的强附着力、成膜性，可协同提高涂料的综合性能。因此，石墨烯复合防腐涂料将是发展的重点，市场潜力巨大。

2. 导电油墨

导电油墨是用导电材料（金、银、铜和碳）分散在连结料中制成的油墨，具有一定程度导电性质，可作为印刷导电点或导电线路之用。而石墨烯具有强大的导电性，其比表面积大、载流子迁移率高，由其制备的石墨烯导电油墨可以在传感器、电容器、电子线路、射频识别（RFID）天线、导电电极等电子产品领域得以较好的应用。

石墨烯应用在导电油墨的优势主要有两点：一是兼容性强，石墨烯油墨可在塑料薄膜、纸张及金属箔片等多种基材上实现印刷；二是性价比高，与现有的纳米金属导电油墨相比，石墨烯油墨具有较大的成本优势。可以看出，石墨烯导电油墨具有强大优势，发展前景广阔。

3. 散热涂料

石墨烯本身热导率高，高比表面积能够增大涂层散热面积。石墨烯高散热涂料能够将散热涂料的导热系数提高到20W/M·K，是普通散热涂料导热系数的10倍。石墨烯散热涂料在发光二极管（LED）、舞台设备、电子设备中均有应用。

锂离子电池是迄今为止能量比最高的二次电池，而石墨烯具有质地薄、硬度大、电子移动速度快、导电性强等优势，其出现为锂离子电池高性能、高容量、高倍率、长寿命的突破带来了可能。

（三）石墨烯在负极材料中的应用

石墨烯的微观形状和结构在很大程度上决定了石墨烯作为电池负极材料的电化学性能。石墨烯负极主要分为以下几类：石墨烯直接作为电池负极；石墨烯/氧化锡复合材料；石墨烯/硅复合材料；石墨烯与氧化铁、四氧化三钴等复合材料。

表11　锂电池负极材料对比

	比容（mAh/g）	循环寿命（次）	安全性	优点	缺点
钛酸锂	165~170	30 000	一般	循环好，寿命长，适用广	锂电位高，易产气，导电性不好
硅碳负极	4 000~4 500	500	一般	能量密度大，提升电芯容量	易膨胀，寿命低，导电性差
天然石墨	340~370	1 000	一般	容量高，工艺简单，价格便宜	循环性差，吸液差
人造石墨	310~360	1 000	一般	安全性能较好，循环较好	价格略贵，工艺较复杂
石墨烯	600	10	最高	容量较高，导热性能好	价格昂贵，工艺复杂

资料来源：中国粉体网，http://www.cnpowder.com.cn。

石墨烯作为负极材料的优势主要有：（1）石墨烯两面镶嵌锂离子比容量超普通碳材料两倍；（2）石墨烯的微观皱褶表面提供了额外的存储空穴；（3）提高了锂离子传输扩散功能。

但也有一些缺点：（1）与电解质接触面积变大，形成固体电解质界面膜（SEI），造成材料的不可逆容量增加；（2）石墨烯易团聚堆积，丧失比表面积大带来的高储锂空间优势。

（四）石墨烯在正极材料中的应用

石墨烯在正极材料中主要利用的是石墨烯柔韧的网状导电结构和石墨烯的片层结构形成的连续的三维导电网络。目前石墨烯在正极材料中主要作为“辅料”，主要分类有：石墨烯/锰酸锂复合材料；石墨烯/磷酸钒锂复合材料；石墨烯/磷酸铁锂复合材料。

（五）石墨烯作为导电剂

石墨烯还可以作为导电剂添加进正负极材料中增加电极的导电性，提高材料的循环性能和高倍率性能，其改性效果明显要高于天然石墨，但是其高倍率性能不理想，难以广泛应用。

表12　石墨烯导电剂与传统导电剂比较

比较项目	导电炭黑	导电石墨	石墨烯
接触方式	点对点	点对点	面对点
颗粒尺寸	40nm	片径3~6nm	厚度<3nm
比表面积（m^2/g）	60	17	30（BET法）
粉体导电率（S/cm）	10	1 000	1 000
吸油值DBP（mL/100g）	290	180	>2 000

资料来源：中国粉体网，http://www.cnpowder.com.cn/。

2016年东旭光电宣布推出了世界首款石墨烯基锂离子电池产品——“烯王”，以15分钟快充技术震惊业界。2017年4月11日，东旭光电与倍斯特联合发布了石墨烯基锂离子电池“烯王二代”。石墨烯电池在产品性能方面具备15分钟充满5 000mAh的效率，电池上限使用环境对比上代产品提高10℃，允许在–30~80℃环境下工作。

华为中央研究院瓦特实验室宣布，其在锂离子电池领域实现重大研究突破，推出业界首个高温长寿命石墨烯基锂离子电池。实验结果显示，以石墨烯为基础的新型耐高温技术可以将锂离子电池上限使用温度提高10℃，使用寿命是普通锂离子电池的2倍。

五、石墨烯薄膜产品种类不断增多，市场空间广阔

石墨烯薄膜下游应用的产品种类不断增多，主要包括轻量便携柔性屏和利用其电子性能开发应用的传感器。

（一）轻量便携柔性屏

柔性显示是指一类使用柔性基板，可以制造成超薄、超大、可弯曲的显示器件或显示技术。柔性显示屏作为玻璃显示屏的替代品，具备耐冲击、可弯曲、轻量便携、节能环保等特性，更适用于便携式或可穿戴式消费电子产品。

表13　不同透明导电膜对比

类别	优点	缺点
氧化铟锡（ITO）膜	技术成熟，兼具导电率和透光性，高机械硬度，化学性能稳定	储量有限，原材料成本高，导电性能存在极限，不适用于弯曲
金属网格	低面阻值，良好的电磁干扰屏蔽效果，原材料价格低	受制于印刷工艺，金属线宽较粗，存在莫瑞干涉
纳米银线	线宽小，低方阻，透光性高，适合曲面显示，供应链完整	导电性欠佳，存在雾度问题，低阻值时透明度显著下滑
石墨烯	电阻率低，导电性好，可透红外光，支持柔性技术	大尺寸技术有待解决，目前价格偏高

资料来源：许子文．石墨烯基超级电容器和透明导电膜的制备研究 [D]. 杭州：浙江理工大学，2018.

目前，传统手机触摸屏的工作层材料主要为陶瓷材料氧化铟锡（ITO），但是氧化铟锡（ITO）弯折后就不再具有导电性，越来越无法满足未来移动设备、可穿戴设备、智能家居等的产品需求。近年来，出现了多种氧化铟锡（ITO）的替代材料，如金属网格、纳米银线、石墨烯等。而这其中，石墨烯导电薄膜具有优秀的导电性、透光性、柔性等，被认为是柔性显示屏中可完美替代氧化铟锡（ITO）的材料，未来可以广泛应用于触摸屏、可穿戴设备、智能家居等方面。

未来的手机、电视、可穿戴设备、电子产品等必然向柔性化发展。随着需求的逐步扩大，预计未来全球柔性显示市场规模能够达到677亿美元。

2016年4月，重庆墨希推出了全球首款墨烯柔性可弯曲智能手机，这款石墨烯柔性屏手机比一般的手机长一些、窄一点，屏幕有5.2英寸大，可以弯成一个圆环，戴在人的手腕处。

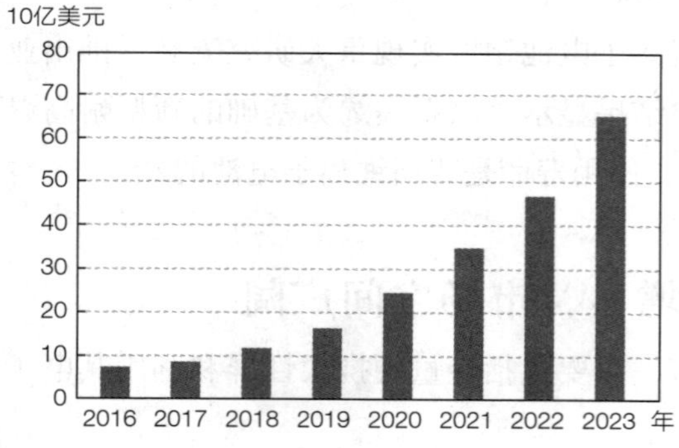

资料来源：中国产业信息网。

图13　全球柔性显示市场规模预测

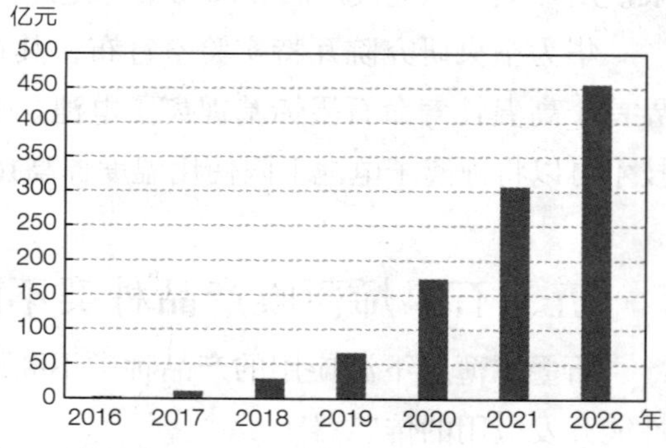

资料来源：石墨烯产业联盟。

图14　中国石墨烯薄膜市场规模预测

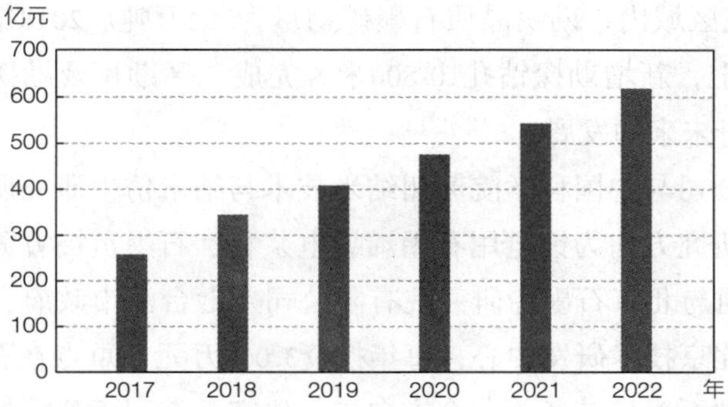

资料来源：中国产业信息网。

图15　中国可穿戴设备市场规模预测

对比于智能手机，柔性屏对于可穿戴设备的作用则更加重要，柔性的屏幕可以适合不同人的身形。可穿戴设备越来越多地出现在人们的生活之中。根据预测，中国可穿戴设备的市场规模稳步增长，预计2020年可以达到607亿元。相应的石墨烯薄膜的市场规模预计2020年也将达到405亿元。可穿戴设备的快速发展及其对柔性屏的需求，在未来将推动石墨烯柔性屏的快速发展。

（二）利用电子性能开发应用的传感器

石墨烯有着独特的物理属性，使得它在探测和传感器方面是很有利的材料。石墨烯具有大比表面积，使之对周围的环境非常敏感，即使是一个气体分子吸附或释放也可以检测到，因此可以用于制作石墨烯气体传感器。石墨烯具有很强的电子性能，可以提供大面积检测，其超高机动性和双极性场效应的特点，可以作为优秀的生物传感材料，因此石墨烯生物传感器也有很广的应用。除此之外，目前在石墨烯压力传感器、石墨烯液体传感器、石墨烯电化学传感器等方面的研究也较多。

六、产业内主要公司介绍

（一）宝泰隆（601011.SH）

公司是集新能源、纳米新材料、煤基石油化工、化工、发电、供热、煤炭开采和洗选加工于一体的大型股份制企业。

目前公司在进行积极的产品升级和产品转型战略，即产业由煤化工向新材料转型，推进石墨烯等新材料产业项目。公司积极开发石墨烯相关产品，目前具有50吨/年的物理法石墨烯生产线、100吨/年的化学法石墨烯生产线及1 000吨/年的导电油墨生产线。

公司石墨上游资源丰富。目前具有勘查面积为16.35平方公里的密林石墨探矿权，在

3.68平方公里的详查区域内，勘明晶质石墨矿物量为554万吨。2018年密林石墨矿区在完成全年计划的基础上，新增勘探钻孔10 800米，完成二区勘探及勘探报告。石墨烯原料丰富，能够保证自身未来的发展。

在技术方面，公司与中国科学院苏州纳米技术与纳米仿生研究所南昌研究院签订了合作协议，确定的研究方向为锂电用石墨烯导电浆料、石墨负极方面的研发和石墨烯导电油墨。2018年公司与北京石墨烯研究院有限公司及七台河市政府合作成立了宝泰隆新材料股份有限公司北京技术研发中心，每年投资3 000万元，重点在石墨矿资源深加工与新型石墨建材、高端石墨烯装备等九个方向进行研究，有利于公司加强石墨烯下游产品开发及市场的开拓。

（二）东旭光电（000413.SZ）

公司是国内领先的集液晶玻璃基板装备制造、技术研发及生产销售于一体的高新技术企业，也是全球领先的光电显示材料供应商。

公司开拓内生与外延的产业链整合优势，积极拓展新能源汽车及石墨烯领域，努力构建“高端材料—石墨烯基锂离子电池—新能源汽车”产业链闭环，为公司快速发展增添了新活力。

公司加大石墨烯产业的技术研发，联合国际，推动石墨烯相关产业孵化。目前公司石墨烯产业化应用已成功接轨英国曼彻斯特大学等全球知名大学和科研机构，依托国际先进装备与技术储备，加速完善自身石墨烯应用产品的开发。公司已有多款产品实现产业化，包括石墨烯基锂离子电池、石墨烯节能照明、石墨烯电采暖及石墨烯防腐涂料，并且积极探索石墨烯和其他二维材料的新型制备技术。2018年，公司石墨烯业务板块实现营收1.81亿元。

（三）中泰化学（002092.SZ）

公司主营聚氯乙烯树脂（PVC）、离子膜烧碱、粘胶纤维、棉纱等产品。公司在2013年以增资扩股方式收购厦门凯纳石墨烯技术有限公司，持股35%，布局石墨烯产业，双方共同开发石墨烯的生产及应用技术，开拓石墨烯应用及其衍生产品领域，重点研究石墨烯与聚氯乙烯树脂（PVC）产品的结合和应用。

（四）厦门凯纳

厦门凯纳是国内首家从事石墨烯、石墨烯微片生产研发的新兴专业化高科技企业。公司采用独特的机械剥离工艺生产石墨烯产品，产品中的石墨烯晶格结构完整、导电导热性能优异，广泛应用于涂料和塑料等复合材料领域。截至2018年12月31日，公司已获得国家专利授权30项，正在申请的专利共有13项。2018年，厦门凯纳建成年产5 000吨石墨烯产品生产线并正式投产，进一步提高公司的石墨烯产品生产能力。

公司主要从事石墨及炭素制品、铁矿粉的生产与销售。主要产品有石墨电极、高炉炭砖、炭素新材料和炭素用原料等。公司2018年生产石墨炭素制品18万吨，其中石墨电极15.9万吨、炭砖1.8万吨，具有丰富的上游石墨资源。

为加快新材料产业创新，进一步推动公司产业延伸和拓展，2018年底，公司参股设立四川铭源石墨烯科技有限公司，旨在通过研发优质石墨烯和其终端应用，发展高品质和低成本的石墨烯系列材料及储能产品、催化产品、光电产品、医疗与生物技术产品，拟从事石墨烯新型材料的研发、技术孵化、技术转移等相关工作，发展新的生产力，促进新的经济增长。

第二篇

内需力量之大消费

新零售 / 免税产业 / 宠物食品产业 /
快递产业 / 服装产业 /
化妆品产业 / 乳制品产业 /
调味品产业 / 瓶装水产业 / 职业培训产业

新零售：

新零售推动生鲜产业第五次变革

赵莹　东兴证券研究所商贸零售组

我国居民饮食结构中蔬菜瓜果需求高，导致生鲜产品市场规模大、消费需求弹性小。生鲜产品作为必选消费，2018年生鲜市场规模约为2万亿元，并保持每年6%以上的增长趋势，未来市场空间将持续上升。消费者对果蔬等生鲜食品新鲜程度要求高，但由于生鲜产品具有易损耗、非标准化、供应分散等特性，生鲜企业面临经营难度大、成本毛利低的现状。同时，在消费升级的趋势下，需求端对生鲜产品的品类及保鲜度、消费场景等方面的要求进一步提升，生鲜行业成为新零售业态重点布局的领域。新零售从重塑“人—货—场”出发，提升零售效率、盈利能力。我们认为，生鲜行业将以消费者需求为导向转变经营路径，打破原有各业态孤军作战的模式，探索出纵横双向多业态协同发展（以线上便捷服务和线下体验消费的纵向协同和以区域门店为支撑，社区门店“服务到家”的横向协同）的高效零售模式。

一、消费升级推升生鲜消费稳步增长

（一）大行业，小公司

大行业：生鲜市场体量巨大，增速稳定。据中国产业信息网，2018年我国生鲜市场交易额为1.91万亿元，同比增长6.6%。生鲜产品作为我国家庭日常的必需消费，交

易具有一定的确定性，在我国庞大的人口基数支撑下，生鲜市场有望保持6%左右的增长。

小公司：生鲜行业处于完全竞争市场，市场集中度低。据Kantar，2018年我国生鲜行业CR5占比为27.5%，远低于欧美发达国家，龙头公司市场占有率低。同时，电商平台布局生鲜消费市场，生鲜电商消费渗透率逐渐提高，2018年生鲜电商渗透率达10.99%，预计2020年将达22%左右，市场竞争加剧。超市行业具有门槛低、竞争激烈的特点，随着行业的发展，集中度在不断提升，龙头公司最先受益。

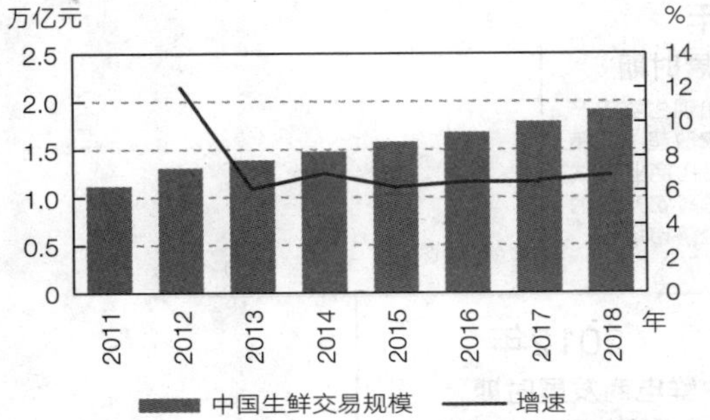

资料来源：前瞻产业研究院 . 2018 年中国生鲜行业研究报告 [R]. 2018.

图1　2011—2018年我国生鲜市场交易规模及增速

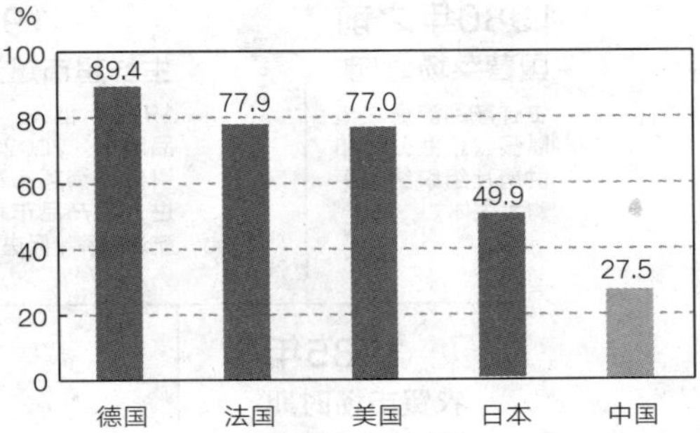

资料来源：Kantar。

图2　2018年各国超市行业集中度比较

（二）我国生鲜产品消费渠道历经四次变革

农贸市场是我国居民采购生鲜产品的最主要渠道，占生鲜产品终端零售的57%，但农贸市场一直存在脏、乱、差及食品安全难以保障等缺点。自2002年以来，我国政府开始推行“农改超”，以期改善人们生鲜产品采购的体验。相比农贸市场，生鲜超市则拥有环境舒适、品类多、食品安全有保证等特点。我国生鲜消费市场可以划分为以下四个阶段：

第一阶段是国营菜场一统天下。受改革开放前农产品统购统销流通体制的影响，1980年之前国营菜场是生鲜产品销售的主体。蔬菜购销政策使合同订购占大部分，并实行货源分配制，菜场不能自主选择品种，有效供给率低，加之沉重的费用负担，经营陷入困境。

第二阶段是农贸市场取代国营菜场。20世纪80年代，国家放开了蔬菜、水果、肉类及水产品等生鲜农产品的购销，由农贸市场基本取代国营菜场，形成以批发市场为枢纽、以城乡集贸市场 为末端的农产品流通体系，但农贸市场缺乏统一良好的监管，质量、环境问题频发。

第三阶段是“农改超”下生鲜超市迅速发展。1996年在北京、深圳等地开始出现生鲜产品超市零售，但产品数量较少，品种有限且价格偏高，农产品批发市场或农贸市场仍是生鲜产品的主要采购渠道。2002年，政府推出农贸市场超市化。2008年政府开始部署“农超对接”模式试点，超市与供应基地对接，开始解决生鲜产品供应与配送问题，价格与农贸市场差距逐渐缩小。

第四阶段是生鲜电商蓬勃涌现。2012年下半年，生鲜电商本来生活褚橙网络营销成功，大批企业关注到生鲜电商这一巨大市场，电商逐步渗透进生鲜领域。自2013年起，生鲜电商蓬勃涌现。截至2018年，我国生鲜电商渗透率达10.99%，交易规模年增长率保持在40%以上。生鲜线上市场渗透率不断提高，预计2020年将达到22%左右。

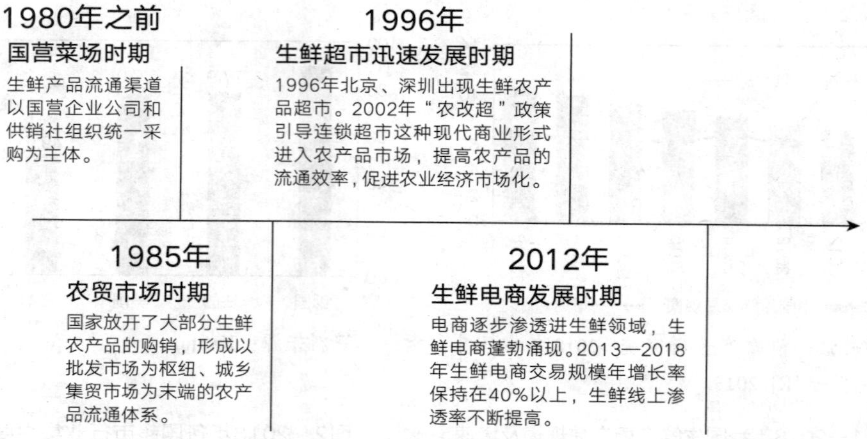
1980年之前
国营菜场时期
生鲜产品流通渠道以国营企业公司和供销社组织统一采购为主体。
1996年
生鲜超市迅速发展时期
1996年北京、深圳出现生鲜农产品超市。2002年“农改超”政策引导连锁超市这种现代商业形式进入农产品市场，提高农产品的流通效率，促进农业经济市场化。
1985年
农贸市场时期
国家放开了大部分生鲜农产品的购销，形成以批发市场为枢纽、城乡集贸市场为末端的农产品流通体系。
2012年
生鲜电商发展时期
电商逐步渗透进生鲜领域，生鲜电商蓬勃涌现。2013—2018年生鲜电商交易规模年增长率保持在40%以上，生鲜线上渗透率不断提高。
图3　生鲜产品流通渠道变革

（三）生鲜市场交易规模稳步增长，消费者需求全面提升

在消费升级趋势下，人们对消费品质的追求逐渐提高，市场逐渐从“卖方市场”转变为“买方市场”。生鲜消费由于高频消费的特性与消费者接触最为密集，消费升级呼声最高。消费者对生鲜产品的需求从品类丰富到生鲜新鲜度、消费场景便捷度等要求全面提升。

我国生鲜市场交易规模稳步增长，预计2023年生鲜市场交易规模将达2.62万亿元。根据前瞻产业研究数据，2013年至2018年我国生鲜市场交易规模同比增速保持在6%以上。截至2018年，我国生鲜市场交易规模达1.91万亿元。我们预计，2019年生鲜市场交易规模将达2.03万亿元，2020—2023年生鲜市场交易规模增速将维持在6%以上，生鲜消费市场具备巨大的发展潜力。

我国生鲜市场朝着便捷性维度发展。移动互联网的普及塑造了全新的社会形态，淘宝、京东等电商得到极大发展，线上购物成为人们的重要消费方式。随着线上购物习惯的形成及消费者对消费便捷性要求的提高，电商已开始渗透至生鲜领域。目前，生鲜线上市场渗透率较低，有较大发展空间。据易观数据统计，我国生鲜线上市场渗透率在

2017年为7.9%，有着持续提升的趋势，预计2020年可达21.7%。我国生鲜市场将朝着满足消费者便捷需求的趋势发展。

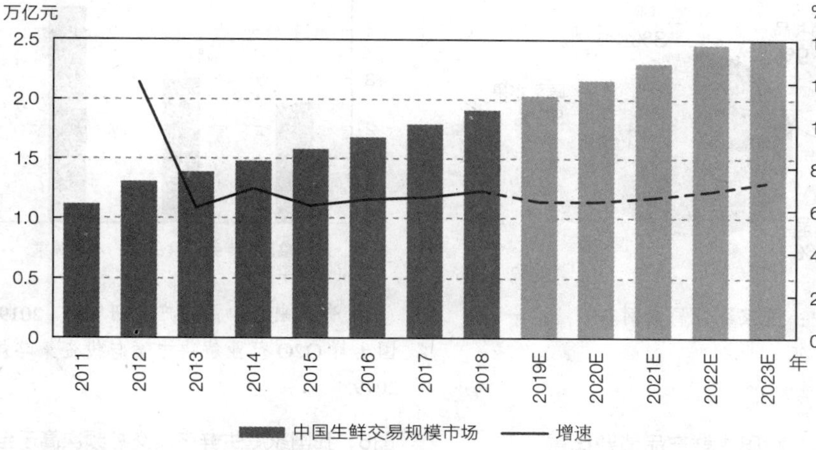

注：2019—2023年数据为预估。

资料来源：前瞻产业研究院.2018年中国生鲜市场行业研究报告[R].2018.

图4　我国生鲜市场交易规模及同比增长

二、新零售以下游需求为导向重塑生鲜产业"人—货—场"

新零售革命下颠覆传统的零售行业以"场"出发的营销模式，转变为从"人"的需求出发，解决人、货、场的匹配，提升客户满意度和经营效率。相较于标准化的百货产品，生鲜产品具有易损耗、非标准化、供应分散等特性，同时生鲜消费存在受众人群分散、客单价低的弊端，导致"人—货—场"三方匹配难度高，造成经营效率、盈利能力低的现状。"人""货"的变化倒逼终端零售市场转型。生鲜市场新零售革命从下游消费者需求出发，货与场无限接近消费者终端需求，打通"人—货—场"三者匹配模式。

（一）"人"：消费习惯叠加年龄层两端人口需求变化，生鲜消费便捷度亟待提高

1. 消费习惯：高损耗率的生鲜消费规模大，生鲜消费频次高于世界水平

高需求、高耗损的生鲜产品导致高购买频率，生鲜消费便捷度亟待提高。我国生鲜市场年交易规模在1.91万亿元以上，占全国社会零售总额的5%。其中，高耗损的蔬菜水果交易占生鲜市场总规模的55%，肉禽蛋品、水产海鲜、牛奶乳品占比分别为17%、16%、9%。前瞻产业研究院调研结果显示，我国新鲜食品的购买频次约为3次/周，高于全球平均水平（2.5次/周）。其中，高损耗的蔬果购买频次最高（4.5次/周），其次是新鲜食品（3次/周）和水产海鲜（2.4次/周）。高采购频次下消费者对生鲜消费的便捷性有更

高要求，生鲜店成为终端零售待深耕的领域。

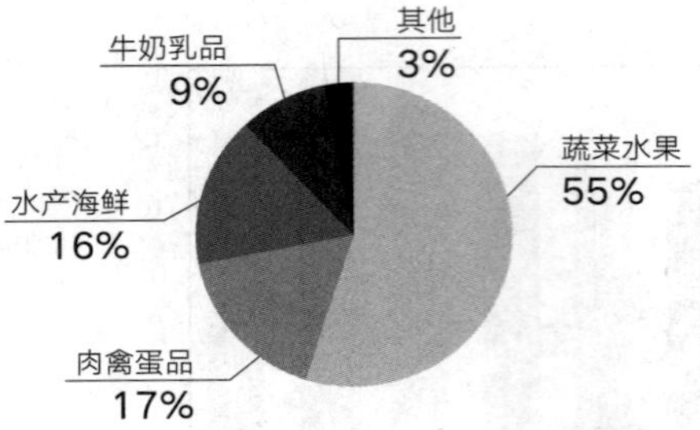

资料来源：国家统计局官网。

图5　我国生鲜产品消费比重

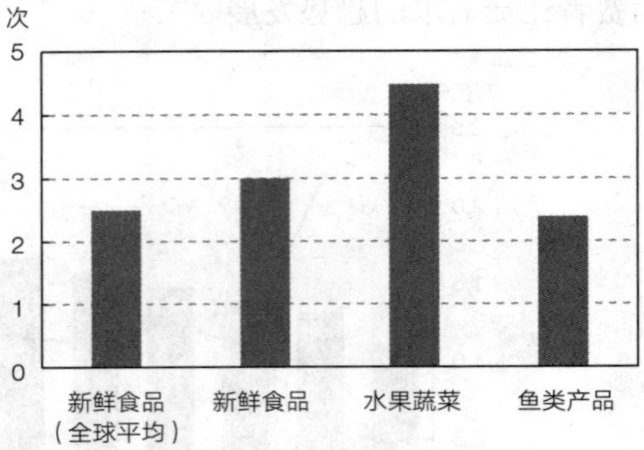

资料来源：前瞻产业研究院 . 2019—2024 年中国生鲜 O2O 行业解决方案与投资策略规划报告 [R]. 2019.

图6　我国家庭生鲜产品交易频次高于全球平均水平

2. 人口结构：年龄层级两端人群成为生鲜消费新变化主要扰动因素

从人口结构来看，年龄层级两端的消费者成为生鲜消费新变化的主要扰动因素。一方面，生鲜消费呈现年轻化趋势，年轻消费人群观念不同，相较中老年市场有更强的消费意识，为生鲜消费注入新活力。另一方面，我国步入老龄化时代，由于老年人口多，养老基础设施不健全，居家养老成为必然趋势，生鲜消费作为基本生活需求成为解决老龄化问题的重要议题。

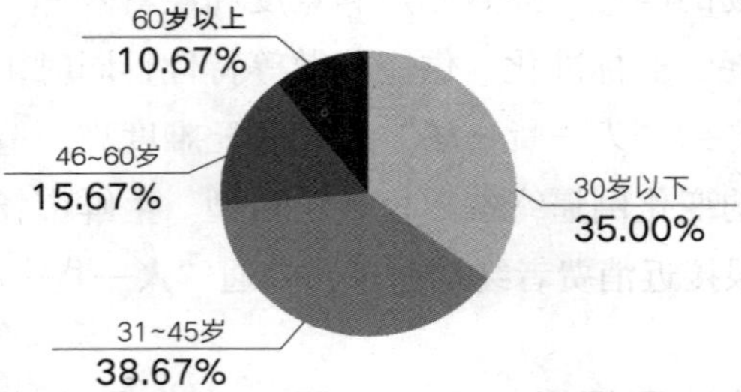

资料来源：公众号第三只眼看零售：《生鲜消费“真相”：主力客群仍处于“初级阶段”》。

图7　生鲜消费人口结构

第一，生鲜消费呈现年轻化趋势，快节奏下“花钱买时间”意愿强。根据第三只眼看零售调查，生鲜消费呈现年轻化趋势。45岁以下的消费人群占比达73.67%，其中30岁以下消费者达35%。由于成长环境和消费理念不同，年轻人群价格敏感度较老年人低，更加注重生活效率，对于生鲜品项需求、购物环境有更高的要求；并且由于工作生活节奏快、压力大，更重视消费便利程度。年轻人群花钱节约时间的意愿更强烈，乐于使用短时间送达的线上消费方式，并且对净菜、半成品生鲜接受度更高。

第二，高龄人口规模比重上升，消费偏好向社区生鲜消费转移。根据国家统计局公布的数据，2000—2017年，我国60岁及以上老年人口比重从10.2%上升到17.3%，预计到2020年，我国60岁以上老年人将达到2.48亿人，占比为17.5%。老年人群消费结构单一，消费集中在基本生活必需和生活服务领域；并且老年人由于受节约观念和购买力的影响，对生鲜品质、价格更加敏感。同时，受制于出行半径，老年人对生活区周边的农贸市场有明显偏好。2016年民政部和财政部联合发布的《关于中央财政支持开展居家和社区养老服务改革试点工作的通知》（民函〔2016〕200号），以及2018年北京市出台的《北京市社区商业便民综合体规范》等条例在多方面扶持和规范了社区商业便民服务综合体的发展。

随着年轻群体进入消费市场及老龄化程度加剧，以市场需求为导向的新零售将推动生鲜产业提升下游需求与产品、终端结合度。

（二）“货”：生鲜易损质地叠加供应链设施不完备，行业损耗率较高

1. 生鲜产品特性导致经营损耗高

生鲜产品具有易破损、易腐坏等特点。在冷藏状态下，生鲜和鲜食保质期在5~7天，同时由于我国生鲜产品生产地域较分散，产销地分离决定了生鲜产品需要进行长距离的运输，当产品到达销售场地时保质期仅剩短短几天，而且由于生鲜产品一般质地鲜嫩，含水量较高，在流通过程中易在不同程度上受到损害，导致生鲜产品易腐坏变质。

生鲜产品标准化低。我国生鲜产品上游生产地相对分散，产品生长环境、条件各不相同，在大小、口感、外观等方面差异巨大。而在欧美和日本等国家，农产品是以高度的标准化为基础生产的，播种、收获、加工整理、包装上市都有一套严格的标准。此外，由于消费市场的多样化需求，生鲜产品质地、品类、标准都有很大差异，因此生鲜产品难以标准化。

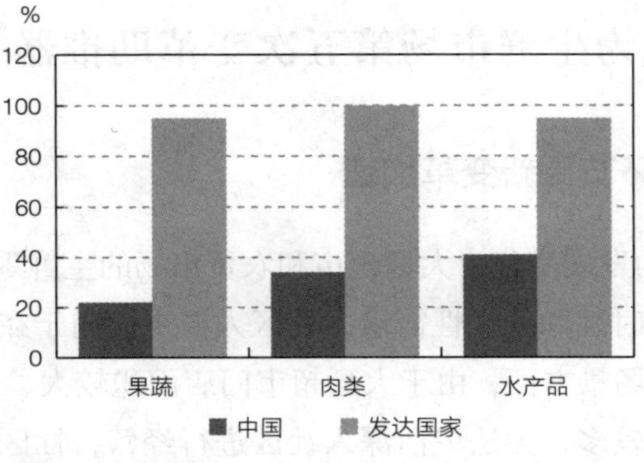

资料来源：前瞻产业研究院．中国生鲜行业研究报告 [R]. 2018.

图8　我国生鲜冷链运输率应用水平低于世界发达国家

2. 冷链物流辅助行业应用水平低于发达国家平均水平

我国生鲜产品销售渠道以传统农贸市场为主，占生鲜产品消费市场的70%，生鲜产

品供应模式主要为传统农贸市场采购模式，上游生产地相对分散，组织化程度低，流通环节冗杂，蔬果从采收到消费者手里时间较长，而我国在运输中冷链物流的使用率不高，短保期的生鲜产品在流通环节中易出现腐坏、破损等现象，损耗率过高，导致成本大大增加。

表1　终端零售生鲜供应链模式对比

采购模式	供应链模式	产品质量控制	采购成本	供应链要求
农贸市场采购模式	农户→产地收购商→产地批发市场→销地批发市场→农贸市场→消费者	小农户相对分散，产品标准化程度低，质量和安全难以保证	生鲜产品流通中损耗率高，中间环节人力、物力支出较大，成本较高	冷链运输普及率不高，难以控制流通环节产品损耗
超市供应商模式	供应商直属基地→供应商→超市→消费者	相较于传统的模式来说，生鲜产品比较优质和安全	供应商与物流加价率高，成本较高	冷链运输普及率不高，难以控制流通环节产品损耗
超市直采模式	农产品直采加工基地→超市→消费者	产品进入流通与销售之前已经最大限度地被标准化和产品化，直采可节省1~2天的货物周转期，产品质量有保证	直接对接上游生产商，自建物流配送链，最大限度地节约成本	从规模化采购、运输设备、冷藏设备等领域提升产业链效率，是国内生鲜消费的趋势

超市供应模式相较传统模式流通环节缩短，效率更高，但超市直采直营模式只占一定的比例，超市直接对接上游生产商，自建物流配送链投入较大，目前国内生鲜直采直营的企业较少。超市供应模式主要仍为超市供应商分级采购运输的模式，供应商与物流加价率高，成本仍然较高，而且目前市场上缺少专业化的生鲜产品物流提供商，物流冷链技术尚不成熟，与国外完善的超市生鲜流通仍存在较大差距。

由于生鲜产品自身特性，叠加冷链物流应用水平较低，因此改善产品端与市场、终端渠道匹配，将提高产品周转率，从而降低损耗，提升经营效率和获利空间。

三、新零售成为生鲜市场第五次变革助推器

（一）终端零售环节更新变革加速

随着“人”“货”的发展变化，大型超市和农贸市场的生鲜零售场景无法很好地满足消费者对生鲜消费的即时性和便捷性需求，社区人群更倾向于在家门口购买高品质生鲜产品。在大型超市消费场景方面，由于大型超市门店面积较大，以2 500平方米大型超市为主，选址时考虑因素较多，无法灵活深入社区进行经营，社区人群的消费需求无法满足。在农贸市场消费场景方面，对标大型超市，农贸市场经营面积灵活，具有产品种类全、产品价格低的优势，至今仍然是生鲜线下购买的主要渠道之一。但农贸市场的商户流动性大，市场经营环境存在“脏乱差”的现象，致使市场监管较为困难，消费者的食品安全问题难以把控。

2013年我国生鲜电商爆发式涌现，对原有生鲜线下场景造成冲击。据易观数据统计，生鲜线上市场渗透率在2017年达到7.9%，并有着持续提升的趋势，预计2020年可达到21.7%，生鲜线上市场迅速发展。然而，随着生鲜电商的发展，其经营问题逐渐暴露。与其他电商产品不同，生鲜产品作为高频消费品，购买频次较高，客单价相对较低，加之生鲜电商冷链配送难，产品损耗程度高，造成了生鲜电商行业毛利水平较低，呈现普遍亏损的状态。其中，略亏的占88%，巨额亏损的占7%。生鲜电商无法给消费者提供良好的线下体验，消费者难以建立对品牌的认知，用户黏性较差。

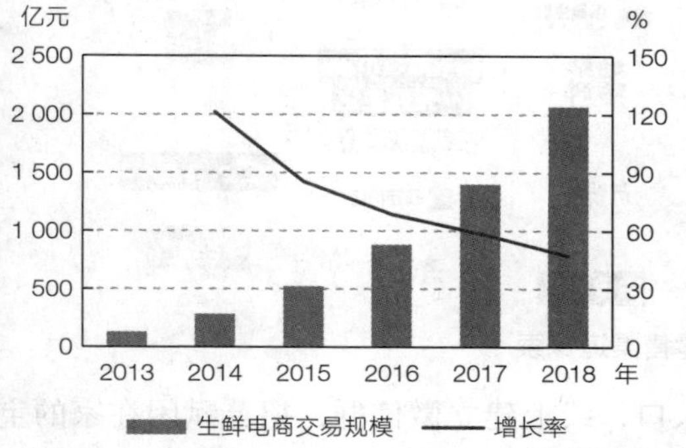

资料来源：前瞻产业研究院. 中国生鲜电商行业解决方案与投资策略规划报告 [R]. 2019.

图9　2013—2018年生鲜电商交易规模及增长

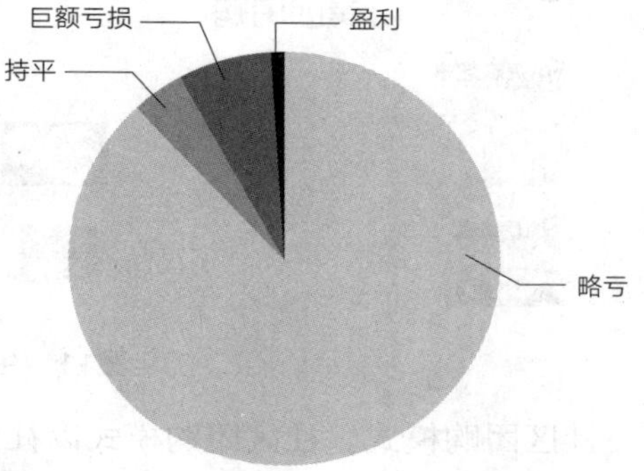

资料来源：前瞻产业研究院. 2019—2024 年中国生鲜 O2O 行业解决方案与投资策略规划报告 [R]. 2019.

图10　生鲜电商亏损比例

（二）生鲜产业新零售尚未打通盈利模式

当前，阿里巴巴、腾讯、京东等电商企业及红杉资本等VC机构都在生鲜新零售领域展开积极布局，永辉、物美等大型传统商超也在进行生鲜新零售模式的探索。各企业正以不同模式探索在生鲜领域的发展，但由于对生鲜产品的即时性、便捷性需求尚未完全满足，生鲜新零售盈利模式尚未被打通。

生鲜新零售发展模式包括以下三种：

“前置仓+到家”模式。商家通过建立更靠近消费者的小型仓储中心，覆盖“最后一公里”，消费者下单后，商品从最近的前置仓发货，极大地缩短了生鲜产品的配送时间。以每日优鲜为例，其采用“移动端下单+前置仓配货+即时配送到家”的方式，建立“城市分选中心+社区微仓”的二级分布式仓储体系，覆盖周边3公里，1小时内送达。在配送速度及配送成本方面，前置仓模式比商家远程配送模式更有优势。同时，该模式盈利水平与订单量、客单价及成本息息相关。其中，作为高频消费的生鲜，购买频次高，客单价低，造成低单价高配送成本。运营上，前置仓的建仓成本、建仓后的人工管理成本较高，前置仓盈利模式尚未被打通。

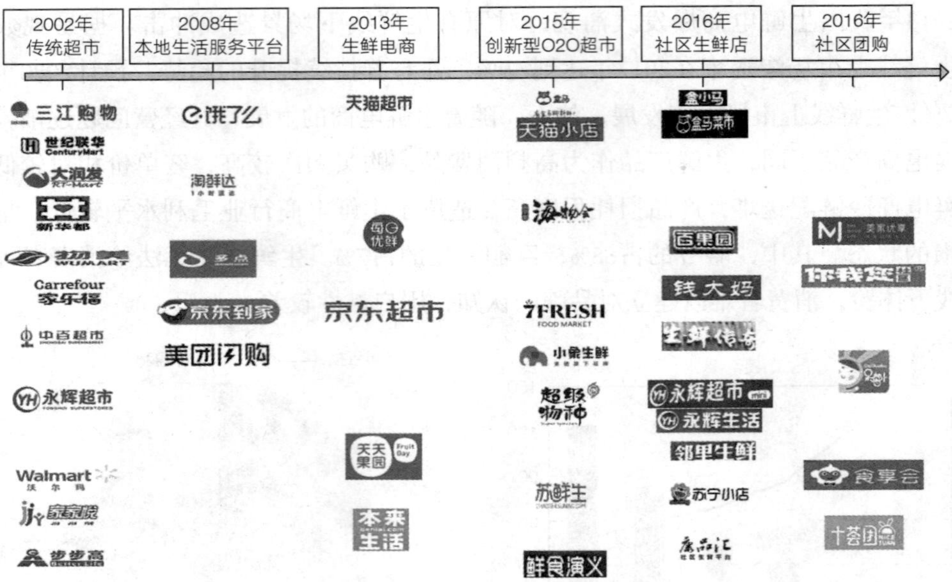

图11　生鲜新零售渠道探索

社区团购模式。社区团购模式以社区为入口，线上建立微信群，招募赋闲在家的宝妈等人群为团长，在微信群中分享商品信息。小区用户下单后，再经由平台将商品配送至团长处，用户自提商品，完成交易。社区团购模式省去了社区店的租金成本，获客成本低，减轻了商家的经营压力。根据QuestMobile的统计，社区生鲜用户中70%以上来自二三线城市（包含新一线城市），下沉趋势明显。但社区团购模式的生鲜SKU低，且依赖团长进行引流，组织结构松散，终端用户掌握在团长手中，稳定性较差。

“O2O”模式。与前置仓模式和社区店模式相比，O2O门店提供更丰富的SKU和到店服务体验。同时，该模式对门店位置要求较高，租金较贵，经营成本相对更高。这种模式以“超市+餐饮”的形式开展，店内提供餐饮区域，构建可现做现吃的超市场景，提升用户的购物体验，同时，这些企业提供三公里内配送服务，接入线上流量入口，促进营收增长。

表2　生鲜新零售发展模式

模式	布局方式	优势	劣势	代表企业
“前置仓+到家”模式	建立更靠近消费者的小型仓储中心，覆盖“最后一公里”，消费者下单后，商品从最近的前置仓发货	极大缩短生鲜的配送时间	订单量增长较难，客单价较低，成本较高，盈利模式尚未打通	每日优鲜、叮咚买菜、朴朴超市
社区团购模式	以社区为入口，瞄准家庭日常消费场景，提供社区果蔬、生鲜等产品的团购服务	省去了社区店的租金成本，获客成本低	依赖团长进行引流，组织结构松散，终端用户掌握在团长手中，稳定性较差	十荟团、你我您、美家优享、兴盛优选
“O2O”模式	以门店运营为主，为消费者提供良好的购物体验，同时提供三公里配送服务	客单价较高，以“超市+”形式提升用户的购物体验	店面较大，选址考虑因素较多，开店不灵活，无法满足社区人群的消费需求	盒马鲜生、7fresh、超级物种

（三）顺应消费需求变化，“1+1>2”业态协同模式成为发展趋势

新零售是从人的需求出发，通过“人—货—场”重塑达到人的满足、货的高效供应和场景的匹配。新零售生鲜市场以互联网为依托，通过运用大数据、人工智能等先进技术手段，对生鲜产品的生产、流通与销售过程进行升级改造，进而重塑业态结构与生态圈，并对线上服务、线下体验以及现代物流进行深度融合，实现供应链贯通、全渠道营销，提升用户的购物体验。我们认为，单一经营模式下获客成本高，客源覆盖低，新零售将推动生鲜市场朝着纵横双向多业态协同发展，打破原有各业态孤军作战的模式，做到满足市场需求的高效零售模式。

1. 以线上便捷服务和线下体验消费的纵向协同

传统门店营收增速遇“瓶颈”，电商“烧钱”模式非长久之策。生鲜线下门店获客成本高，流量增长慢。生鲜产品为易损耗产品，并且具有刚需的特性，消费者倾向于“少量多次”进行购买，客单价相对较低。生鲜线上业务存在配送成本，加之生鲜产品的易损耗特性及低客单价现象，致使生鲜线上业务存在低毛利、高成本的问题，难以盈利。此外，生鲜线上业务缺乏消费体验，相比门店体验式服务不足，消费者难以建立对品牌的认知，用户黏性较低。

纵向协同是线上线下一体化，提供全场景、全时段服务。通过线上线下一体化，线下门店可以提供良好的门店体验服务，建立品牌印象，提高用户黏性，线上业务可以获取流量，增加企业消费者数量，通过线上线下协同配合，实现营收增长。线上线下一体化将企业线上业务和线下业务相结合，实现双轨并行、协同发展，形成线上线下高密度的“人—货—场”，实现和客户的高频对接。

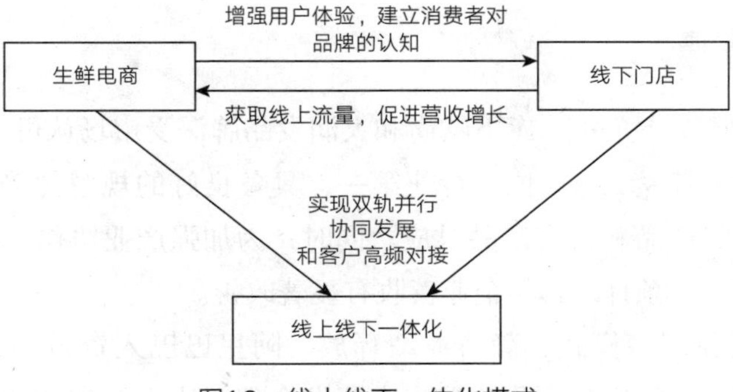

图12　线上线下一体化模式

2. 以区域门店为支撑，社区门店“服务到家”的横向协同

家门口的生鲜店是解决近场消费最有效的途径。现有生鲜市场，大型超市面积较大，选址不够灵活，无法深入社区密集布局，导致社区人群的即时性生鲜需求无法被满足。线上生鲜电商方面，由于未提供门店体验服务，消费者未能建立清晰的品牌认知，

用户黏性差。随着消费者需求的变化，生鲜消费的便利性和即时性要求提高，家门口的生鲜店成为解决居民即时性、便捷性生鲜消费的重要途径。

横向协同是横向一体化“大店+小店”协同。社区生鲜店做到“下沉”以服务社区人群为主要目标，在社区周边选址，离客户更近，具有门店小、布局密的特点，满足消费者对于生鲜产品的即时性要求。社区生鲜店通过精选品类，聚焦居民一日三餐的生鲜产品需求，以低价、新鲜、高品质的生鲜产品供给提升客户黏性，提高客户忠诚度。现阶段，我国社区生鲜店发展水平较低，发展空间巨大。“大门店+社区店”协同，通过小店高流转、贴近消费者的优势为原大型门店赋能，提升大店活力，实现聚集客流、供应链共享，提升盈利空间。

对标日本永旺MY BASKET生鲜便利店，我国社区生鲜市场存在极大的发展空间。MY BASKET是日本的超小型生鲜超市，依靠深入社区、密集布店、低成本规模化的运营方式实现盈利。近年来，MY BASKET门店迅速扩展，从2009年的29家发展到2016年的637家。其店内面积约在150平方米，定位于上班女性、单身人群和老年客户，经营品类包括蔬果、水产、精肉、日配、冷冻食品、预包装食品及日用杂货等，集中了高复购率和家庭消费占比大的产品。MY BASKET通过母公司永旺的数据分析，精选每个品类的品牌畅销品和永旺自有品牌“TOP VALU”的产品，同时在发展过程中突出了两个核心定位：供应链相互开放赋能以降低成本和充分发挥社区店的便利性功能，在社区生鲜市场成为佼佼者。由于中日人口结构和消费习惯有较高的相似性，生鲜市场的发展或将存在相似的趋势。

四、产业链相关企业

（一）高鑫零售

公司深耕大卖场二十余年，旗下欧尚和大润发品牌深受市场认可。Euromonitor数据显示，公司市场占有率为15%，位于行业第一，具备良好的规模优势。2018年公司调整经营战略，加强生鲜产品和自有产品供应。同时，为加强产业协作，公司先后完成与淘宝、苏宁3C战略合作，预计2019年企业营收有显著改善。

公司积极开展新零售模式，静待业绩释放。阿里巴巴入资带动公司新零售发展，2018年公司已基本完成门店数字化改造，大润发全部门店上线淘鲜达。O2O业务的发展带动门店营收的增长，线上日均订单达500单，预计2019年营收将持续稳健增长。同时，公司与阿里巴巴合作培养新零售业态盒马、盒小马，完成在一线城市快速布局，成为线上线下一体化经营标杆。

（二）永辉超市

据Euromonitor数据，2018年中国行业市场占有率的排名永辉超市位居第四，同时营收呈现双位数增长，居上榜企业中最高。

永辉超市生鲜占比和营收位居同业第一。永辉超市深耕生鲜板块18年，生鲜板块在公司收入的占比一直保持在44%以上，与同业业务构成相比，形成了“生鲜为王”的特色。公司2018年生鲜类创营收316.6亿元、毛利47亿元，稳居生鲜类超市龙头地位。

永辉超市实施社区迷你店布局，以“大店+小店”航母模式完成全业态协同。永辉大卖场已开700多家，2019年计划实现门店1 000家。公司布局迷你店模式，通过大店带小店，实现小型店连成片布局。迷你店到目前为止新增合约400多家，预计2019年完成1 000家。公司通过“大店+小店”模式，深入社区跑完生鲜市场“最后一公里”。

免税产业：

扬帆风正劲，免税黄金期

张凯琳　东兴证券社会服务行业研究员

一、需求激增、政策加持，免税黄金期正当时

（一）赛道优：享千亿元级市场，我国免税业厚积薄发

免税业从属于旅游零售中的免税品零售，是指部分国家和地区授权一家或几家企业，允许其在运输工具、口岸或市内设立门店，向出入境旅客销售免税商品的旅游服务行业，包含免税购物和退税购物两种形式。免税商品减免的是进口关税、进口环节征收的增值税和消费税等（主要包括烟、酒、贵重首饰、高档化妆品、高档手表等），免税商品价格与境内含税商品价格的价差可达10%~45%。

国际免税业始于20世纪中期，以国际经济贸易发展为契机，随国际旅游业发展兴起，是国际旅游消费的延伸。免税业须遵从各地政策要求及获得许可经营，因此具有天然地理分割性。1979年，我国免税行业兴起，2000年四部委联合发布《关于进一步加强免税业务集中统一管理的有关规定》和2005年海关总署发布《中华人民共和国海关对免税商店及免税品监管办法》定义免税经营需"经国务院或者其授权部门批准"，由此奠定和明确了我国免税行业的垄断格局。

2011年政府发布海南离岛免税政策，在三亚市内免税店和海口机场率先试点。2014年全球规模最大的单体免税店三亚海棠湾国际免税城正式建成开业。我国免税行业发展近40年，2017年行业龙头中免集团成功跻身全球第八大旅游零售运营商（不包含日上），随后便开启行业整合之路，先后收购日上（中国）（2017年）、日上（上海）（2018年）和海免（2019年），成为行业绝对霸主。

注：此处TOP8指穆迪全球旅游零售运营商排名，此处中免不包含日上。

资料来源：中免集团官网。

图1　我国免税行业发展历程

1. 全球免税规模稳步增长，我国免税业占比持续提升

2018年全球免税销售额高达760亿美元（约合5 031亿元人民币），同比增长9.3%，近十年年均复合增长率达7.5%；其中亚太地区2018年销售额达352亿美元，同比增长15%，占全球免税总额比重由2013年的30%提升至46%，成为拉动全球行业增长的重要引擎。预计到2023年，全球旅游零售市场规模将达到1 251亿美元，预计2018—2023年年均复合增长率达10.5%。

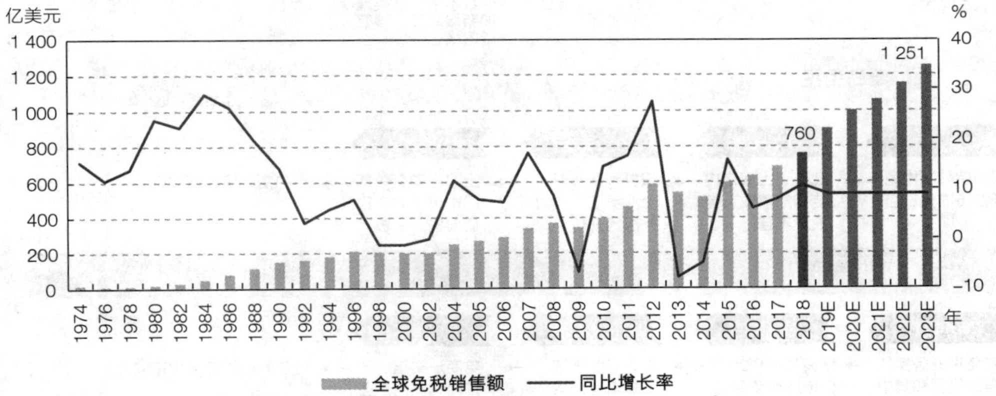

资料来源：Generation Research。

图2　全球免税销售额及同比增长率情况

虽然起步较晚，但我国免税业后来者居上，近年免税销售额保持快速增长。2018年达395亿元，2009—2018年年均复合增长率为23%，高于全球增速9%，我国免税销售额占全球的比重也升至8%。根据当前政策放开及免税行业增长态势，预计到2021年，我国免税业市场的规模将达到750亿元人民币，成为全球免税消费大国之一。

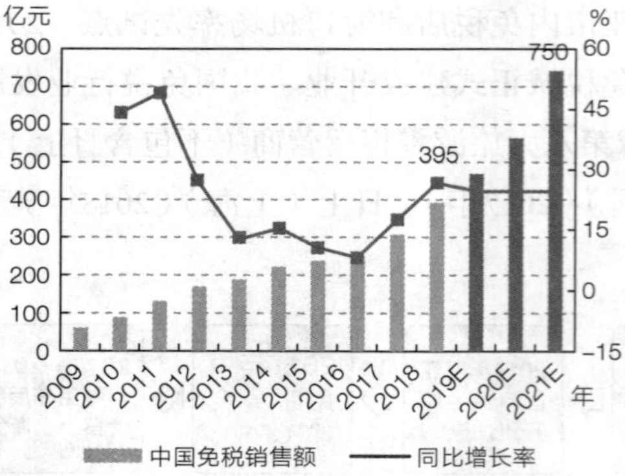

注：2019—2021 年数据为预估。

资料来源：General Research。

图3 我国免税销售额快速增长情况

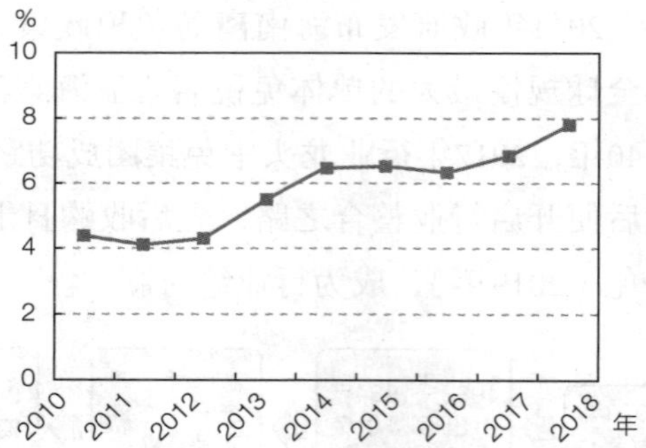

资料来源：General Research。

图4 中国免税销售额占全球比重情况

2. 政策逐步释放，免税黄金期正当时

政策加持是近年我国免税业快速发展的重要支撑，我国免税政策在口岸免税、离岛免税、市内免税等方面逐步推进，包括经营模式和免税渠道的拓展，免税限额、次数及品类的放宽等；并且为满足居民旅游消费需求的快速增长和升级，政府“引导境外消费回流”逐步推进落实，未来免税政策仍有放宽和完善空间。

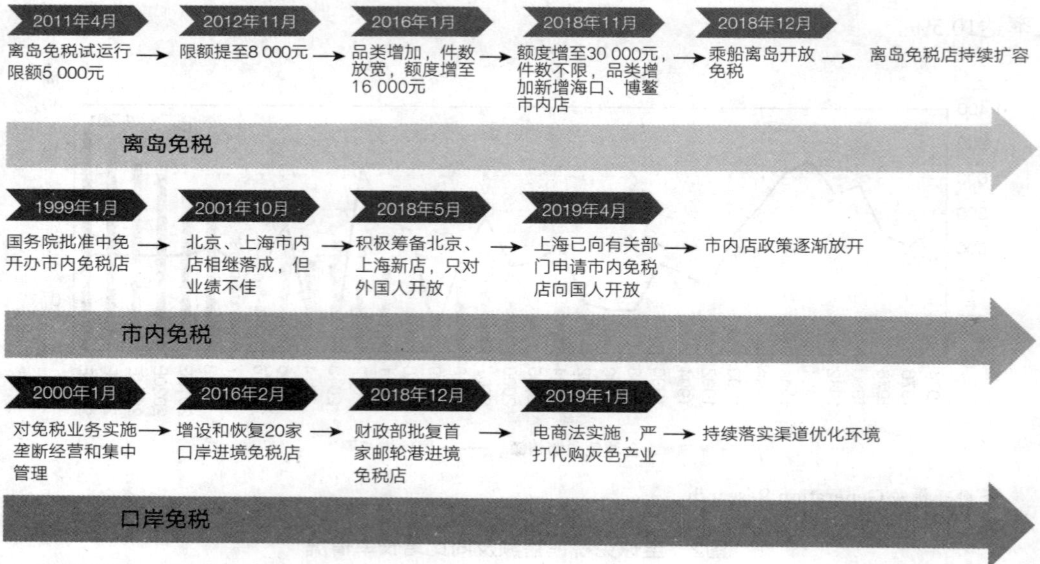

资料来源：中国政府网、财政部官网、阳光海南网。

图5 我国免税政策逐步推进

（二）驱动强：高端消费旺盛，免税肩负引导消费回流之重任

1. 富裕人群消费增长，奢侈品需求旺盛

免税行业的核心动因源于境内外商品价差，尤其进口奢侈品由于税费及品牌商全球

定价策略等因素，导致国内奢侈品价格相对较高。加之随着我国居民收入与消费水平的提升，出境旅游快速增长，国内居民高端消费外流现象十分严重。2012—2018年全球个人奢侈品市场一半的增幅来源于中国，2018年中国消费者奢侈品消费达7 700亿元，占全球总额的1/3，麦肯锡预测到2025年该值或将达1.2万亿元，占全球比重将达40%，对2018—2025年全球奢侈品消费增长贡献达65%。

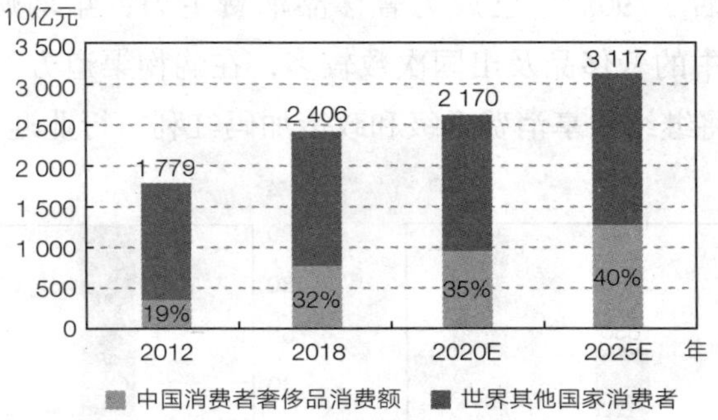

资料来源：麦肯锡咨询。

图6 中国奢侈品消费占全球总额不断提升

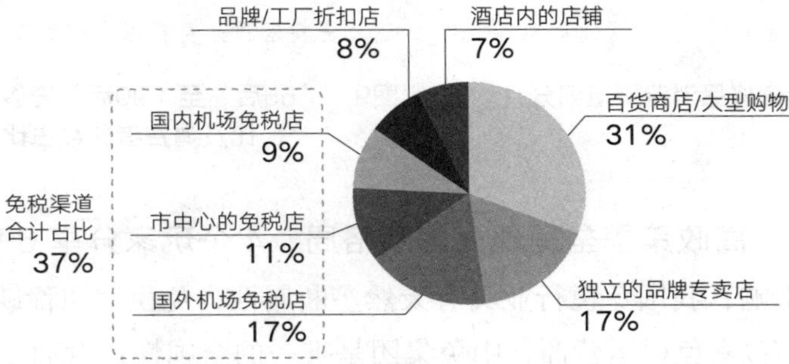

资料来源：奥纬咨询。

图7 中国游客免税购物渠道占比

免税店是消费者尤其是中高收入群体购买奢侈品的重要渠道，持续成长的中高收入群体及其不断增长的奢侈品购买力，是推动我国免税业保持快速增长的核心。麦肯锡数据显示，我国富裕群体购买奢侈品的首选渠道，仍是以亲自前往实体店为主，而实体免税店因其正品质量及价格优势成为首选，选择网购和代购的比例很低。

2. 免税扛起大旗，消费回流趋势仍将继续

我国免税业肩负促进消费回流重任，消费回流趋势将加速。从中国居民奢侈品消费细分渠道看，受益近几年免税行业发展，目前国内消费占比回升至27%，在高端消费继续回流趋势下，预计2025年国内奢侈品消费占比将上升至50%，达6 000亿元。动因除政策大力支持免税业发展外，还包括以下三个方面：

第一，我国进口关税持续降低。我国近四年内5次下调日用消费品关税。品类包括服装

鞋靴、日化用品、特色食品、部分母婴用品等，尤其2018年7月关税平均降幅超过50%。

第二，灰色市场监管趋严。近年，新《电商法》实施，海关也加大了惩查违法代购行为的力度。

第三，价差调整。近年部分奢侈品牌相继下调了中国门店产品售价，提升了中国门店（含免税）服务品质，价差调整和服务提升将更有效促使消费回流。

目前，我国“80后”“90后”已成为奢侈品消费主力，年均购买额占比近80%。因年青一代偏爱价格适中的奢侈品及出国次数较多，在购物渠道方面较老一辈更偏爱免税店，未来我国免税业将继续坐享消费升级和政策加码红利，行业迎来黄金发展时代。

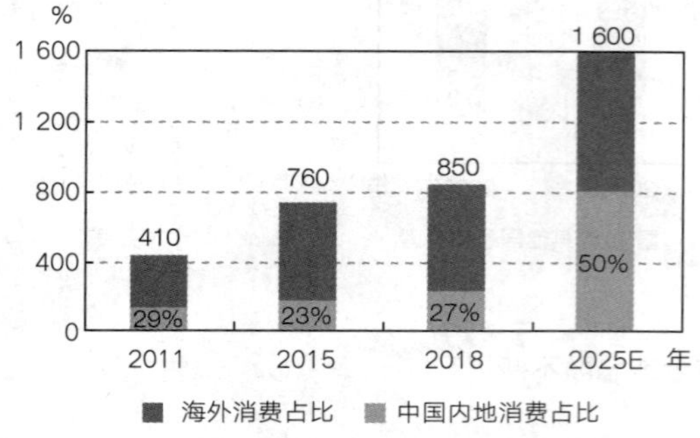

资料来源：贝恩咨询。

图8 中国消费者奢侈品消费渠道细分

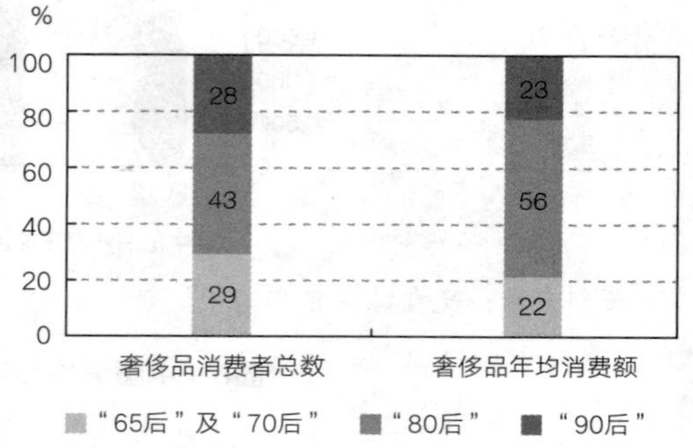

资料来源：麦肯锡咨询。

图9 “65后”至“90后”奢侈品年均消费额占比及消费者总数占比情况

（三）壁垒高：高政策壁垒呈现高垄断格局，4个玩家分享6种玩法

受地域及政策影响，我国免税行业具有天然垄断属性，免税牌照稀缺性极强。2017年3月之前，我国共有7家免税运营商，中免集团是唯一的全国性运营商。但随着行业快速发展及政策推动，龙头公司中免集团先后整合并购港中旅、日上（中国、上海）和海免，行业目前仅剩4家独立运营商。由于行业牌照管制性强、新设免税店要求高（需经征求财政部、商务部、海关总署和税务总局四部委审批）等原因，我国免税业成为极高寡占型行业，行业格局难以打破，未来集中度仍可能进一步提升。

表1 我国经国务院批准的原7家免税运营商（目前整合至4家）

名称	种类	实际控制人	成立时间	经营范围
中国免税品（集团）总公司	全国性运营商（唯一经国务院批准可在全国范围内开展免税业务的公司）	国务院国资委	1984年	全国主要边境口岸（包括机场、陆上口岸、水上口岸等）、主要城市、外轮停靠点，以及三亚海棠湾免税购物中心
日上免税行（集团）有限公司（2017年被中免收购）	特殊运营商（经国务院特批允许经营京、沪机场免税店）	—	1999年	北京首都国际机场出入境免税店（仅占49%权益）、上海浦东国际机场出入境免税店、上海虹桥机场出入境免税店
深圳市国有免税商品（集团）有限公司	区域性运营商	深圳市国资委	1980年	深圳主要口岸

续表

名称	种类	实际控制人	成立时间	经营范围
珠海免税企业集团有限公司	区域性运营商	珠海市国资委	1987年	珠海主要口岸
中国出国人员服务总公司	市内店运营商（只针对归国入境的中国公民）	国务院国资委	1983年	全国主要城市
海南省免税品有限公司（2019年被中免收购）	海南离岛免税运营商	海南省国资委	2011年	海口美兰国际机场离岛免税店
香港中旅国际投资有限公司（2016年与中免整合）	曾拥有入境免税牌照，但一直未能使用，目前仅拥有一家市内店	国务院国资委	1992年	港中旅哈尔滨中侨免税店

资料来源：中免集团官方网站、Wind、国家企业信用信息公示系统。

目前，我国共有6种主要的免税店经营形式，包括口岸免税店（主要包括机场、陆路和水路口岸免税店）、离岛免税店、运输工具免税店、市内免税店、外交人员免税店、供船免税店（也叫外轮供应免税店）。从销售份额结构来看，我国免税仍以机场免税为主，销售额占比超过六成；离岛免税快速发展，占比达26%。但相较于全球结构来看，未来随着市内店的逐步开放和离岛免税强化，我国免税渠道结构将进一步优化。

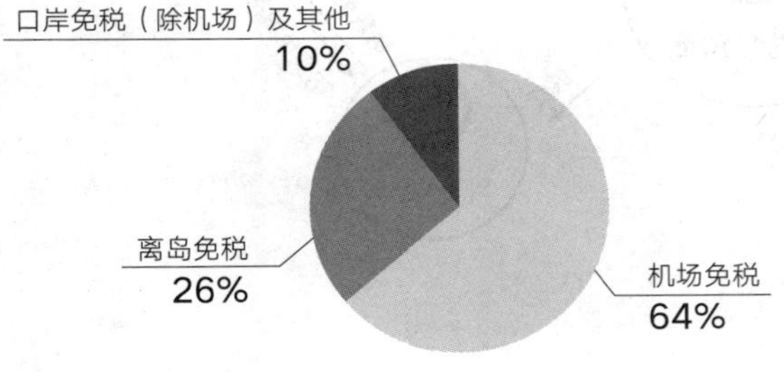

资料来源：Wind、《中国国旅年报》。

图10 2018年我国免税业总销售额渠道占比

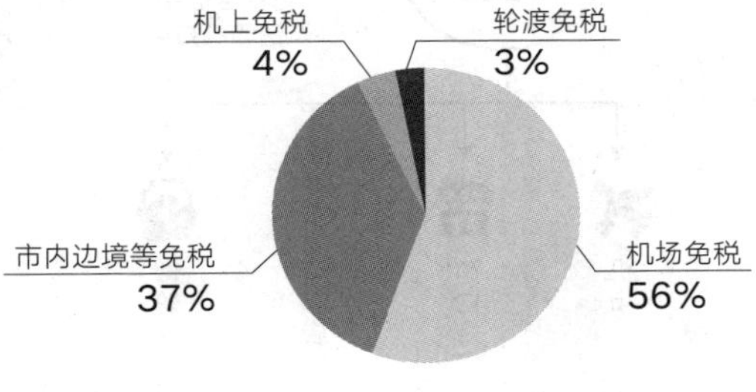

资料来源：Generation Research。

图11 2017年全球免税业总销售额渠道占比

二、产业链条清晰，规模效应下强者恒强

免税业属旅游零售服务业，三大主要参与者主要包括免税运营商、品牌供应商、场地运营商。免税运营商上游成本端主要受品牌供应商与场地运营商的影响。免税运营商向品牌供应商批量采购免税品进行销售，随着销售额的持续增长，规模效应将提升免税运营商上游议价能力，同时加强品牌供应商对中国市场的重视程度，影响其市场定价策略缩小国内外价差。免税运营商向场地运营商支付租金及销售额扣点，以换取位于机场、市内、口岸等地的经营场所，扣点率很大程度上决定了免税销售成本。以中免集团为例，中免、日上中国、日上上海分别以47.5%、43.5%、42.5%的扣点率中标首都机场T2、首都机场T3、浦东及虹桥机场，2019年中免中标北京大兴机场综合扣点率约为45.3%。

现阶段下游我国免税销售渠道主要为机场免税及离岛免税。2013—2018年我国居民出境游人次年均复合增长率达12.2%，未来在消费升级及签证放宽等多因素下，机场免税销售作为主要线下销售渠道将同步受益。离岛免税近年来受政策利好发展迅猛，近五年销售额年均复合增长率达32.8%。三亚海棠湾免税店受益三亚客流增长及知名度提升，进店购物人数较接待人数渗透率过去四年间由20.70%稳步提升至28.48%。近年来，海南政策持续放宽，个人免税额度提升至30 000元，品类逐渐增加，件数不受限制。未来，随着海南建设国际旅游岛步伐的加快，更多利好政策值得期待，离岛免税在中免免税版图中的地位有望进一步提升。

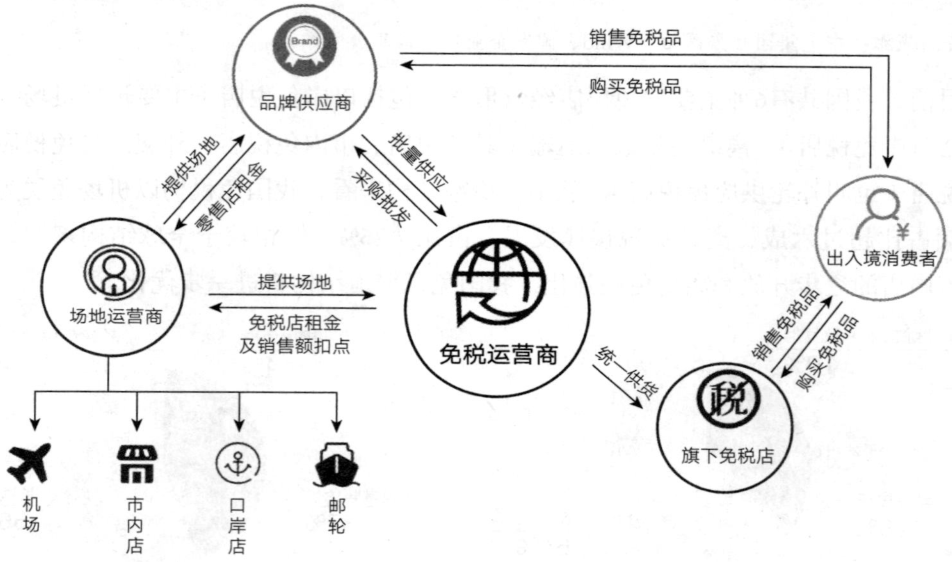

图12　免税产业链

（一）全球格局“1+3+N”，龙头公司强者恒强

1. 全球：Dufry稳坐第一，行业集中度逐步提升

业内持续并购整合，全球免税行业集中度逐步提升。2013年前，DFS依托其亚太区的布局叠加日本、中国居民出境购物浪潮，长期位居全球免税龙头。Dufry在2014年完成对两大国际免税零售巨头（Nuance纽昂司、World Duty Free世界免税店）的收购之后跃居全球免税榜首，同时显著提升了全球免税行业的集中度，位居行业前十的免税集团销售总额占全球免税市场份额从2013年的50.8%提升至2014年的64.0%。

全球免税呈现“1+3+N”市场格局，中免地位抬升迅速。根据穆迪最新公布的2017年世界旅游零售商排名，Dufry作为国际免税龙头排名第一，排在之后的是乐天、拉格代尔、DFS三家公司，呈现“1+3+N”的市场格局。2017年中免销售收入位居第八（若合并2017年7月所收购的日上上海，中免已经达到全球第六位），2018年中免共实现免税业务营收332亿元，预计将跻身全球第四大旅游零售商。

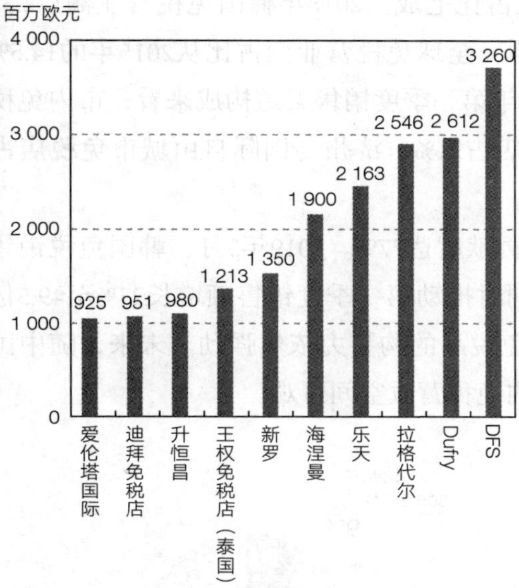

资料来源：Moodie Davitt Report。

图13 2012年全球免税集团排行前十名

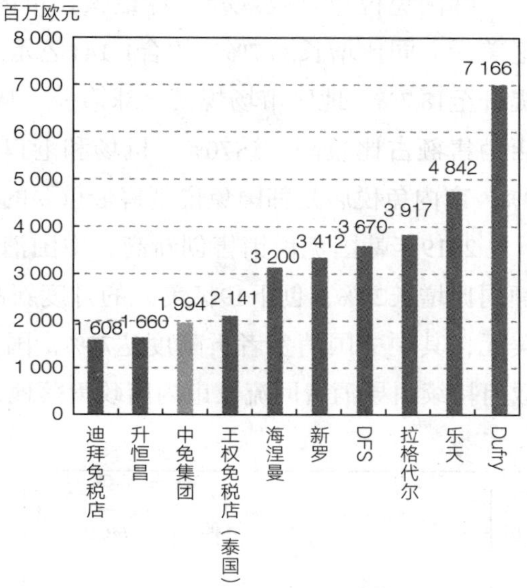

资料来源：Moodie Davitt Report。

图14 2017年全球免税集团排行前十名

2. Dufry：并购扩张规模，毛利率提升助推盈利增强

依托并购扩张，Dufry成为国际免税龙头并稳居榜首。Dufry总部位于瑞士，成立于1865年，是全球第一大旅游零售企业。2015年收购世界排名前十位的免税零售商 Nuance/WDF后全球市场占有率达24%。截至2018年，公司旗下2 300多家门店业务遍布全球64个国家，规模化采购有效提升了企业向上游资源供应商的议价能力，物流中心与运营平台逐渐优化，成本多方面降低，规模效益优势明显。从品类来看，Dufry目前已覆盖香化、糖果、烟酒及奢侈品等全品类，经由机场、边境店、火车站、游轮等渠道销售，其中机场在渠道中的占比高达90%。2018年公司营收86.85亿瑞士法郎，约合590亿元人民币，2004—2018年营收年均复合增长率达18%。

毛利率提升助推盈利能力持续增强，2004年以来Dufry毛利率累计提升11.4个百分点，自2010年开始维持在58%左右，2018年已达到59.8%，同比提升0.4个百分点。Dufry的毛利率提升过程先陡后缓，前期规模经济显著，成本下降快速，后期规模经济显著性下降，毛利率下降趋缓。

中免商业销售业务占比更高，对标Dufry仍有盈利提升空间。2018年中免完成日上整体并表后实现营收345亿元，采购渠道整合后毛利率上升至52.24%，仍处于规模效应初显阶段。考虑到Dufry和中免集团的业务结构差异，Dufry商品销售业务中免税销售

额占比61.0%，而中免集团占比高达96.8%，因此对标Dufry，中免毛利率仍有一定提升空间。

3. 韩国免税：市内店比例高，依托东亚客源建起全球最大市场

韩国免税业营收规模全球最大，市内免税占比七成。2018年韩国免税营业额172.38亿美元，同比增长34.7%，约合1 141亿元人民币，全球免税营业额占比从2015年的14.5%提升至18.7%，地区市场规模全球第一。从2019年第一季度销售渠道构成来看，市内免税店销售额占比较高，达70%，机场和港口免税店占21%，济州岛国际自由城市免税店占9%，市内免税店是韩国免税销售最重要的渠道。

2019年韩国免税销售创新高，中国消费者贡献度达77%。2019年3月，韩国免税销售额同比增长23%，创下19亿美元的月度新高，同时推动第一季度销售额增长27%至49.5亿美元，其中中国消费者贡献度达77%，国人对免税品的购买力依然强劲。未来，随中国政府持续引导消费回流及市内店政策落地，市内免税营收空间可观。

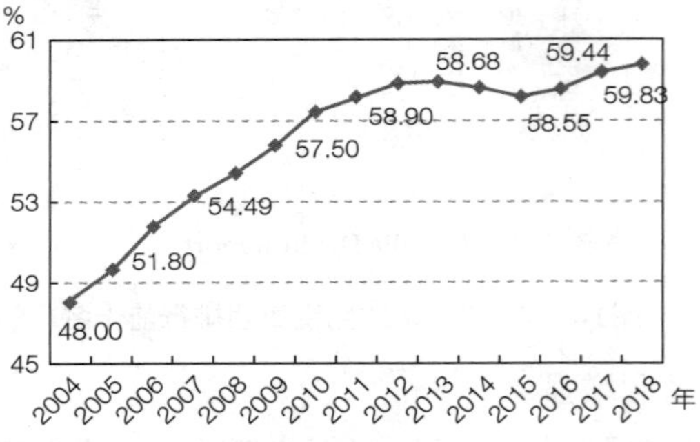

资料来源：Dufry 年报。

图15　2004—2018年Dufry整体毛利率

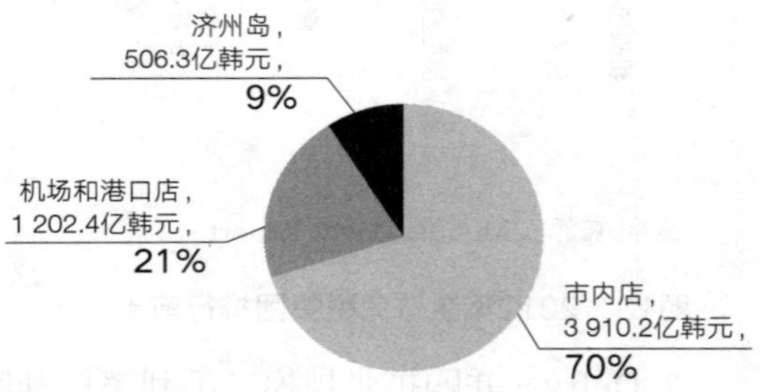

资料来源：韩国关税厅。

图16　2019年第一季度韩国免税店各渠道占比

（二）对标海外，中免一家独大，国内免税市场潜力持续释放

中免集团作为唯一一家经国务院授权，在全国范围内开展免税业务的国有专营公司，近年来收购整合步伐加快。集团于2017年3月收购日上（中国）51%股权，2018年2月收购日上（上海）51%股权，2019年1月集团通过换股成为海免公司控股股东。至此，中免国内市场占有率超过85%，在我国免税行业形成绝对垄断，有利于提升与上游品牌商和机场等场地运营商的议价能力，实现规模效益。同时，中免自2015年开始国际化布局，目前拥有柬埔寨、中国澳门、中国香港等国际免税店，2019年公司制定实施“一带一路”旅游零售拓展战略，积极关注“一带一路”沿线国家重点机场的免税业务投标，择机参与，加速走出国门参与国际竞争的步伐。

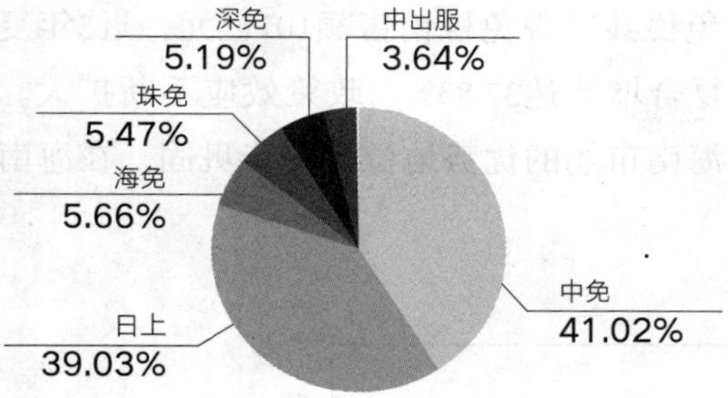

资料来源：中免集团官网。

图17　中免整合日上、海免前,市场占有率情况

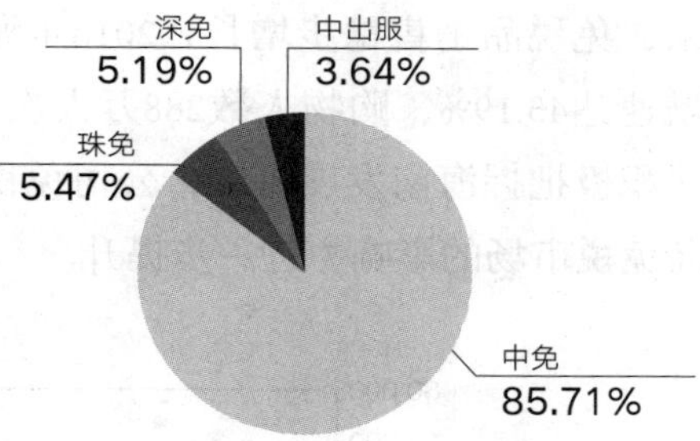

资料来源：中免集团官网。

图18　中免整合日上、海免后,市场占有率情况

三、免税龙头中国国旅：整合资源，聚焦主业，多点开花

受日上（上海）并表影响，2018年中国国旅实现营收470.07亿元，同比增长66.21%，其中免税业务商品销售实现营收 332.27 亿元，同比增长123.59%。中国免税行业空间广阔，中免集团掌握牌照资源核心优势，承担引导消费回流国内重任，控股日上、海免巩固免税垄断龙头地位，市场占有率逐步提升。

2018年底公司公告剥离旅行社业务，聚焦免税主业。中国国旅旗下旅行社业务近年来受到线上OTA平台的冲击，增长趋缓，2017年的收入和净利润均出现下滑，拖累公司整体增长。而此次转让国旅总社股权，有助于上市公司优化业务结构，聚焦免税主业，提升盈利能力，公司毛利率、净利率在旅行社剥离后将会有显著提升。

受益收购日上后对上游采购渠道进行整合优化，公司免税品采购议价能力明显增强，免税业务毛利率提升7.36个百分点至53.09%，规模效应提升毛利率水平的逻辑正得到验证。未来，随着采购端进一步整合、免税业务继续扩大，公司毛利率水平将仍处上升通道。

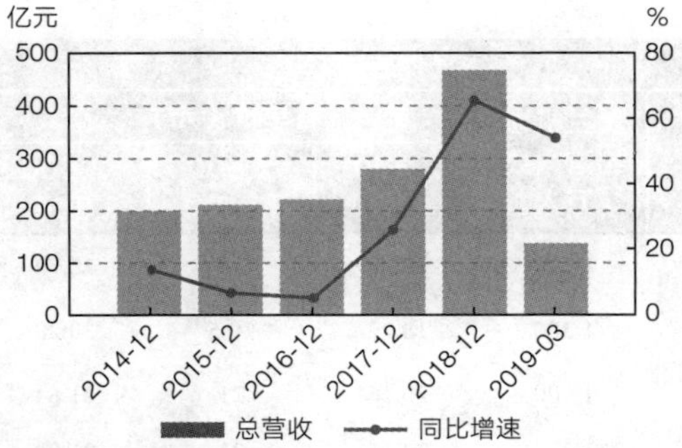

资料来源：Wind。

图19　近三年公司总营收及增长情况

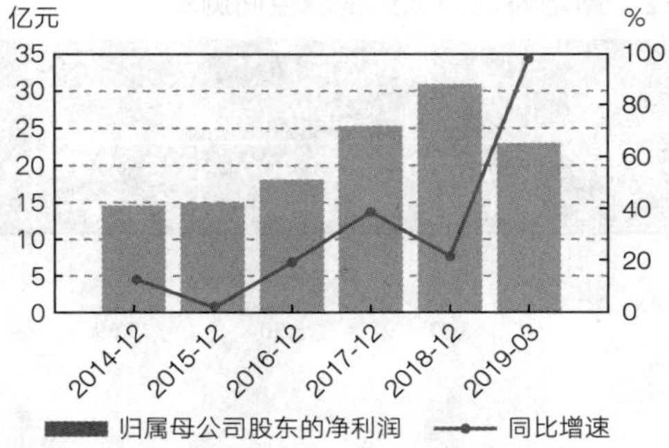

资料来源：Wind。

图20　收益行业整合公司业绩情况

（一）离岛免税持续利好

受益海南国际旅游岛建设，我国离岛免税持续坐享政策红利。从实施离岛免税政策

以来，免税品销售稳步增长，2018年海南离岛免税共实现免税销售额101亿元，近5年复合增速达45.19%，购物人数288万人次，近5年复合增速达37.83%，政策效应不断扩大。公司积极把握海南发展机遇，公司免税业务在海南市场的优势地位进一步巩固，在海南离岛免税市场的影响力进一步提升。

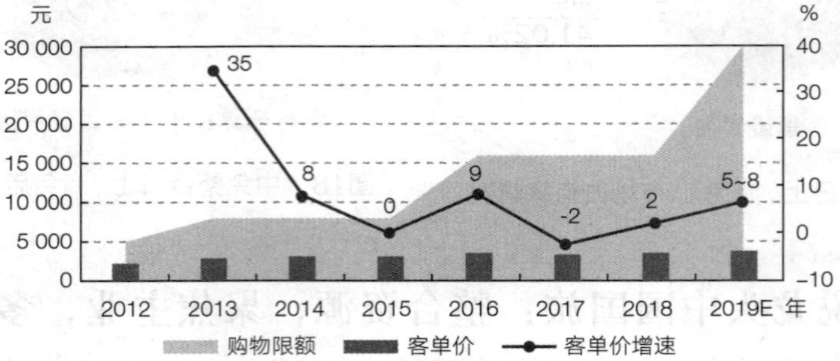

资料来源：阳光海南网。

图21　离岛免税客单价与免税限额

海口免税城新店开业，叠加坐船离岛政策完善，预计将为离岛免税带来36亿元营收增量。海口国际免税城将在三年内开业，因地处岛内居民聚集区，加之岛内居民购物限制也于2018年放开，因此我们对岛外、岛内居民分别进行预测。参考海棠湾开业初期购物渗透率为4.15%，我们推测岛外/岛内综合渗透率分别为7%、6%；考虑海口商旅人群和本地人群需求差异，我们推测岛外、岛内综合客单价分别为2 500元、2 900元；在美兰机场旅客吞吐量和海口本地居民人数的基础上，我们推测岛外、岛内综合人流量分别为1 300万人、380万人，最终测算得岛外、岛内居民将带来22.75亿元、6.6亿元免税业务收入。

表2　新增海口国际免税城空间测算

岛内居民				岛外居民				
渗透率	客单价（元）			渗透率	美兰机场出港人数（万人）	客单价（元）		
	2 800（保守）	2 900（一般）	3 000（乐观）			2 400（保守）	2 500（一般）	2 600（乐观）
保守（5%）	5.31	5.50	5.69	保守（6%）	1 200	17.28	18	18.72
					1 300	18.72	19.5	20.28
					1 400	20.16	21	21.84
一般（6%）	6.38	6.61亿	6.83	一般（7%）	1 200	20.16	21	21.84
					1 300	21.84	22.75亿	23.66
					1 400	23.52	24.5	25.48
乐观（7%）	7.44	7.71	7.97	乐观（8%）	1 200	23.04	24	24.96
					1 300	24.96	26	27.04
					1 400	26.88	28	29.12

资料来源：美兰机场官网、Wind。

坐船离岛途径已于2018年底放开，但琼州海峡进出港拥堵问题解决仍需要一定时间，拥堵问题妥善解决后预计带来6.75亿元营收增量。因此，预计到2021年，海口新店叠加坐船合计将为离岛免税贡献36亿元的营收增量。考虑到海南正加速建设国际旅游岛，改革创新试验区的区位优势明显，离岛免税政策未来仍将持续放开，三亚、海口免税店有望率先受益，未来成长空间广阔。

（二）市内店持续推进，政策预期渐进

相比其他渠道而言，客户在市内免税店购物环节简单、方式便捷，对运营商来说，市内店则租金成本更低，免税运营商盈利能力也更强。中免拥有国务院批准的北京、上海、青岛、厦门、大连 5座城市的市内免税店经营牌照，2019年5月，青岛、厦门市内店双店齐开，北京、上海市内店正积极推进。

目前，上海已向国家有关部门申请市内免税店面向国人开放，假设后期政策放开，市内免税店向出境本国人开放，以中国人在韩国市内免税店的消费总额为基础，我们对市内店空间进行测算：2018年韩国免税销售额约合1 027亿元人民币，考虑到市内店销售规模占韩国总体免税销售规模的70%，中国人消费占比约为75%，且其中80%为代购消费。假设余下20%自发消费中有50%回流国内，则推算韩国回流为市内免税店带来的市场规模约为53.92亿元。2018年韩国免税销售额占全球比例为22.7%，由此推算国内市内店政策放开可集中海外回流消费约237亿元。市内免税店有望大幅提升公司业绩，到2023年，预计市内店可获海外消费回流规模达435亿元。

（三）海外布局，国际化稳步推进

中免加快“走出去”步伐，持续推动国际化向纵深发展。公司陆续开设柬埔寨三家免税店，与海外免税龙头合资布局港澳机场免税店，中标意大利歌诗达邮轮免税经营权，并计划在香港、澳门市内开设免税店。公司扩张在港澳、东南亚、邮轮等海外业务，积极布局出境游热门目的地，一方面落实公司走出国门参与免税行业国际化竞争的战略；另一方面希望吸引海外内地旅客，扛起促进国人5 000亿元海外消费回流之重任。

近年来，公司积极响应国家吸引海外消费回流，满足居民消费需求和加速升级旅游消费的号召，抢抓机遇，通过并购、招投标等方式获得北京、上海、香港、澳门等境内外大型免税渠道经营权，公司免税业务的市场份额持续扩大，国际竞争力和品牌影响力不断提升。

宠物食品产业：

小动物吃出大产业

程诗月　东兴证券农林牧渔行业研究员

一、蓬勃发展“它经济”，宠物食品空间广阔

（一）蓝海行业：宠物行业快速发展，食品占比最高

1. 中国宠物行业处于快速发展阶段

随着20世纪90年代养殖宠物的法规放开，中国宠物行业迎来了启蒙期，玛氏、皇家等外资巨头进入中国，带来了西方养宠概念，推动了中国宠物行业的发展。进入21世纪，中国宠物行业进入长达十年的孕育期，一些国内知名企业如佩蒂、中宠开始涌现，多家宠物互联网平台聚集了大量宠物主并传播着科学的养宠理念，国内宠物主的消费观开始改变，专业宠物商品、服务的渗透率开始提升。从2010年至今，中国宠物行业进入了快速发展期，随着人口结构的改变、家庭收入水平的提高及资本的助推，中国宠物行业发展迅速。

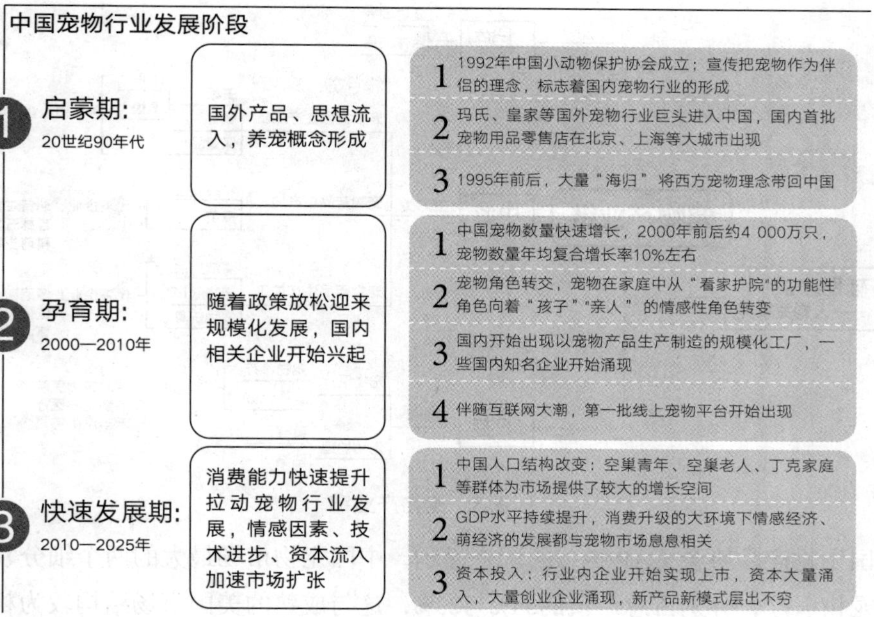

资料来源：狗民网。

图1　中国宠物行业已进入快速发展期

《中国宠物行业白皮书》数据显示，中国宠物行业规模在2018年已经达到1 708亿元，行业增长动力充足，行业前景广阔，2010年到2018年的年均复合增长率为36.71%。

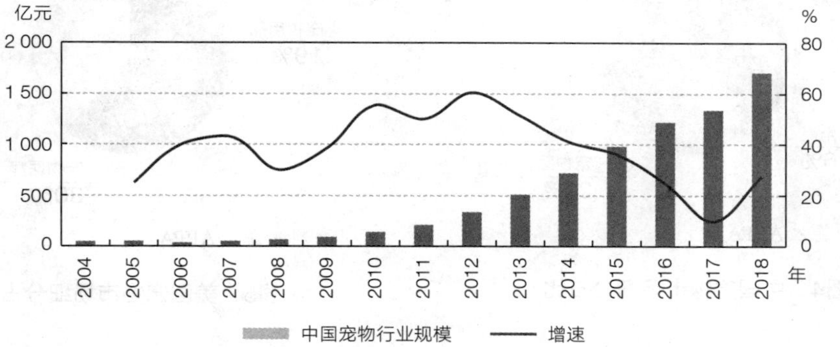

资料来源：狗民网。

图2　中国宠物行业规模

2. 产业链涵盖甚广，食品占比最高

宠物产业链涉及宠物从出生到死亡的整个生命周期，从上游的宠物饲养繁育到中游的食品、药品和用品生产加工到下游的医疗和护理服务，还涉及宠物寄养、训导等多个辅助产业。

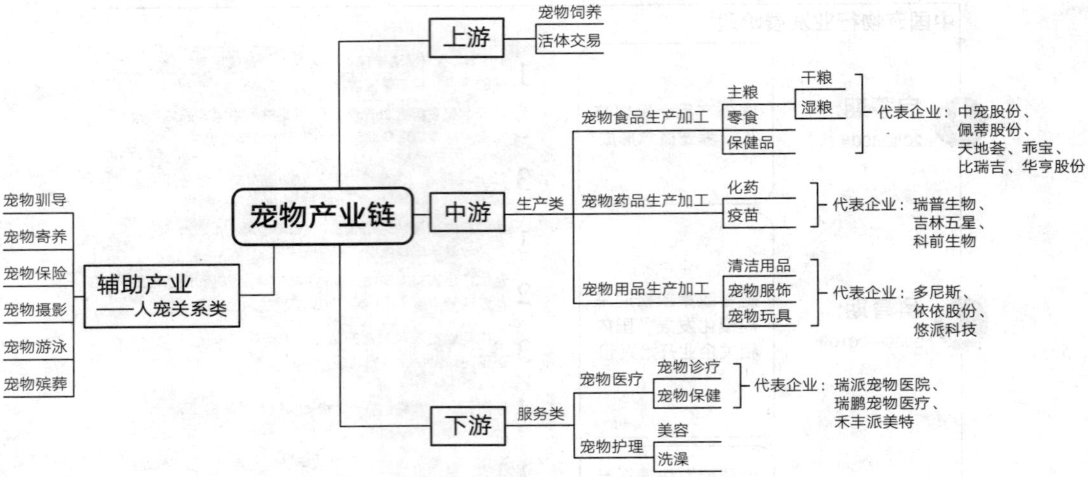

图3　宠物产业链

美国宠物产品协会（APPA）的调查显示，中国宠物市场最大的两个细分领域是宠物食品与宠物医疗，分别占总产值的34%与23%，这与成熟的美国市场结构较为相似。而宠物食品作为刚需性高频次消耗品，占据了最大的市场份额，也是在宠物经济崛起中优先发展起来的细分领域。

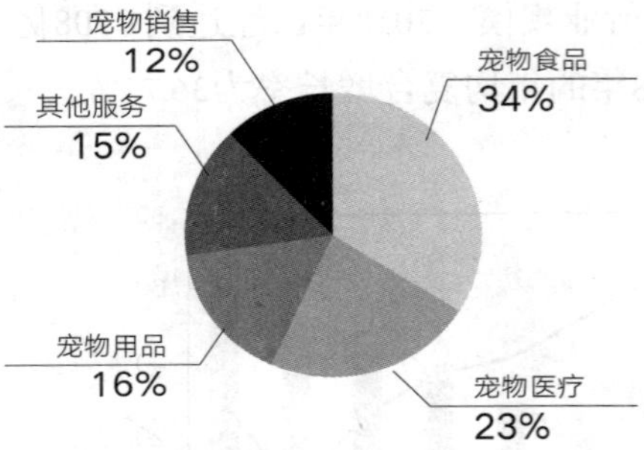

资料来源：APPA。

图4　中国宠物市场细分占比

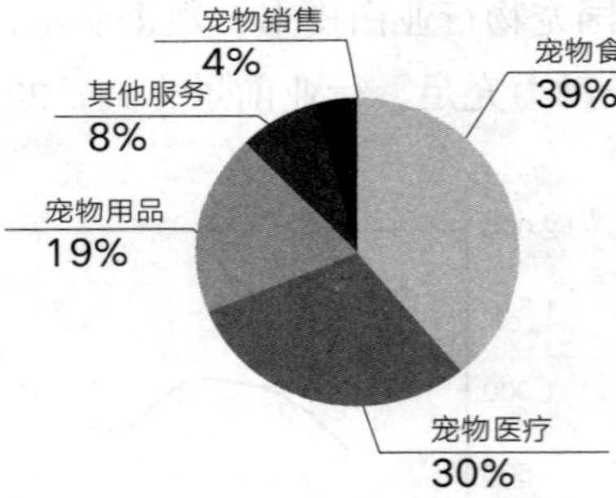

资料来源：APPA。

图5　美国宠物市场细分占比

（二）空间广阔：情感需求作用下，宠物市场前景可观

1. 宠物数量不断增多，奠定规模基础

中国人均宠物量远低于成熟市场国家，成长空间广阔。根据狗民网与APPA的统计与预测，2017年中国宠物猫、狗的数量为8 746万只，美国为1.839亿只。对应的人均拥有宠物猫数中国为0.04只，美国为0.29只，是中国的7.25倍；人均拥有宠物狗数中国为0.03只，美国为0.28只，是中国的9.3倍。中国人均拥有宠物量远低于美国这样宠物市场发展成熟的国家，随着人们养宠意识的兴起，未来中国宠物数量会有巨大的增长空间。

家庭户数的增长是宠物数量增长的基本保证。养宠多是以家庭为单位的，国家统计局数据显示，我国登记在案的家庭户数保持稳定增长，特别是城市总户数从2010年的2.08亿户增长到2017年的2.39亿户。家庭户数的增长为养宠数量的增加奠定了坚实的基础。

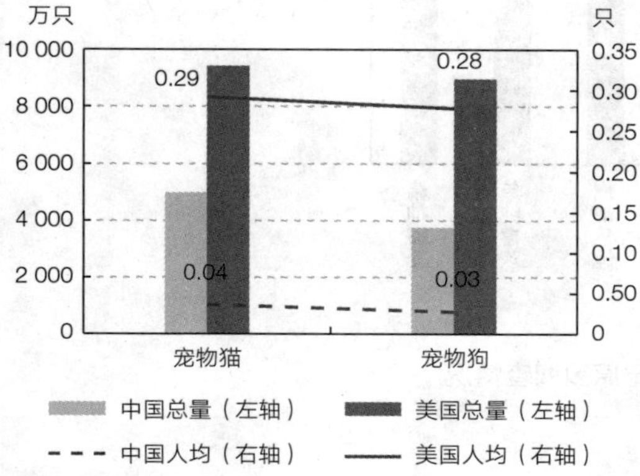

资料来源：APPA、狗民网。

图6 中国和美国宠物绝对数与人均数情况

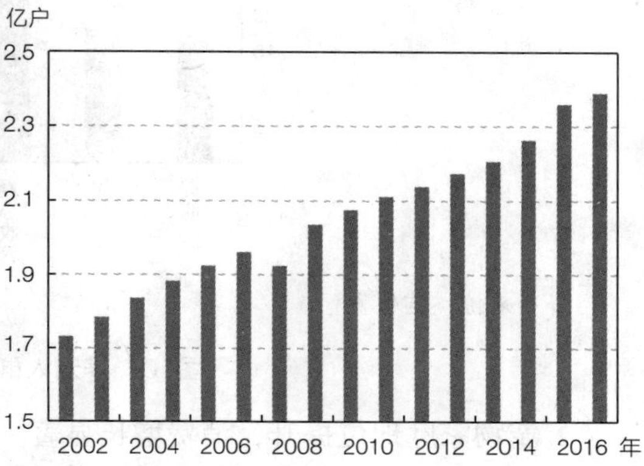

资料来源：Wind。

图7 2002—2016年中国城市总户数增长情况

家庭多代群居消退促使养宠家庭占比的提升。2016年，仅北京、上海、广州、深圳和成都的“空巢青年”人数就高达1 300万人，全国65岁以上的人口占比达到了10.8%。随着一线城市“空巢青年”和丁克家庭数量的增多，以及人口老龄化趋势的加重，需要“精神寄托”的人越来越多，而通人性的宠物是满足这一“精神寄托”需求的重要选择。

我们认为，人口结构的变化以及家庭多代群居模式的改变将显著提升养宠渗透率和养宠家庭占比。假设65岁以上人口和“空巢青年”人群能够达到美国的人均养宠数量，仅这部分人群就能创造超过1亿只的宠物需求。

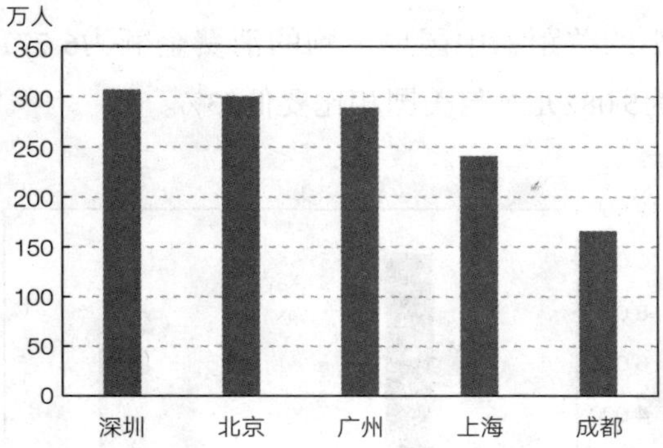

资料来源：阿里数据。

图8 2016年中国城市“空巢青年”人数

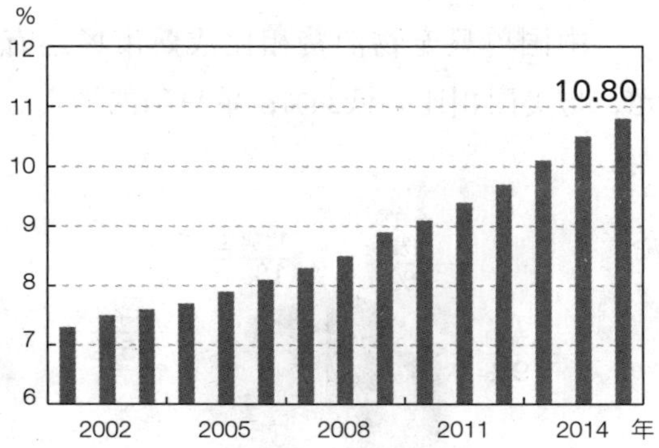

资料来源：国家统计局。

图9 中国65岁及以上人口占比

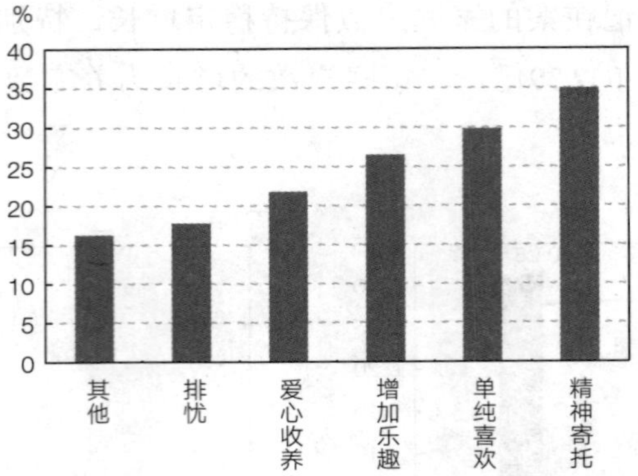

资料来源：狗民网。

图10　养宠人群养宠原因调查情况

2. 宠物家庭地位提升，消费增长显著。

农村家庭饲养的猫、狗大多作为看家或者其他用途，城镇家庭饲养的猫、狗多数作为宠物。然而，只有作为宠物的动物才能为宠物行业的市场规模作出贡献。我们认为，随着人均国内生产总值和城镇居民可支配收入的增加，城镇居民的消费能力将进一步地提升，这为宠均消费额的进一步提升奠定了充分的物质基础。

如今宠物成为城市家庭的重要成员，狗民网统计，2017年养宠家庭中把宠物当作自己孩子、亲人、朋友的比例已经高达90%，宠物家庭地位的提升将带来以下三点变化：

一是人们更多地关注科学养宠的方法，提升专业宠物食品和用品的渗透率。

二是宠物的高度拟人化也使宠物主在宠物身上增加消费的意愿越发强烈。

三是出于家庭成员情感需求以及从宠物情感需求的角度考虑，很多家庭会增加养宠数量，从单宠家庭转变为多宠家庭。

中国单只宠物消费相比成熟市场还有不小的差距，中国单只狗的消费金额为6 771元，与美国相比要低34%；单只猫的消费金额为5 082元，与美国相比要低23%。

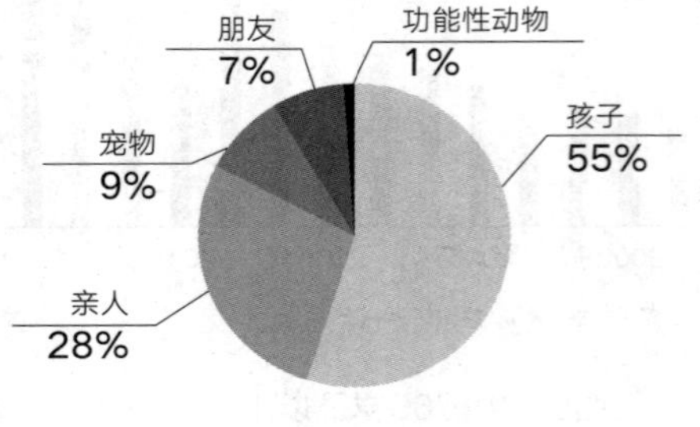

资料来源：狗民网。

图11　宠物家庭地位占比

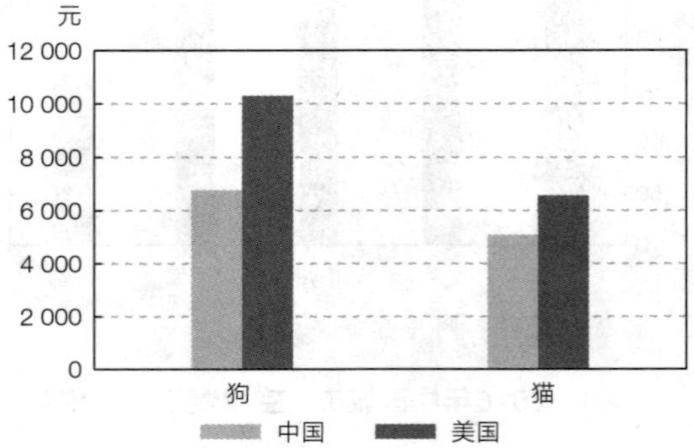

资料来源：狗民网。

图12　中国与美国宠物主单只宠物消费

以上几个因素叠加起来，我们相信，随着城镇居民消费升级以及中国宠物在城市家庭中地位的提升，宠物主人会更加注重宠物的生活品质，从而带动家庭宠物年消费额的快速提升。

中国宠物行业正处于宠物数量与宠均消费共同增长的黄金时期，宠物食品作为科学养宠与宠物消费升级的第一步，必将率先爆发。基于宠物食品消费量与均价的基础假设，我们测算2018年宠物食品终端消费市场规模在525亿元，后期伴随着养宠数量、渗透率和宠物消费的持续提升，预计宠物食品市场还将在未来5~10年保持每年15%~20%的年复合增长率。

表 1　宠物食品市场空间预测

	2018年		2025年	
宠物类别	狗	猫	狗	猫
年主粮喂食量（千克）	73	18	73	18
均价（元/千克）	40	50	40	50
年主粮消费额（元）	2 920	913	2 920	913
年湿粮零食消费额（元）	1 000	1 000	2 000	2 000
年保健品消费额（元）	800	800	1 500	1 500
年食品消费总额（元）	4 720	2 713	6 420	4 413
宠物数量（万只）	5 085	4 064	6 254	4 998
渗透率（%）	15	15	30	30
食品市场规模（亿元）	360	165	1 205	662
合计（亿元）	525		1 866	

资料来源：狗民网。

（三）监管初建：规范文件颁布，监管逐步健全

我国宠物行业发展迅速，但在监管方面还存在很多问题，大部分监管法规中将宠物与经济动物合并管理，配套法规不健全，监管人员团队建设等问题亟待解决。

多年来，我国宠物食品行业都与饲料生产统一标准。2018年4月27日，农业农村部先后颁布《中华人民共和国农业农村部公告》第20号、第21号文件，《宠物饲料管理办法》《宠物饲料生产企业许可条件》《宠物饲料标签规定》《宠物饲料卫生规定》《宠物配合饲料生产许可申报材料要求》《宠物添加剂预混合饲料生产许可申报材料要求》等多个规范性文件出台，并考虑宠物的营养需求，对《饲料添加剂品种目录（2013）》进行了品种增补和使用范围调整。从此，宠物食品行业步入了监管专门化、规范化的新阶段。

另外，行业领先企业的带头作用逐步显现，协助监管部门共同制定出台宠物食品的国家标准，消费者科学养宠意识提升，多方合力从生产端和消费端倒逼监管逐步规范。

二、新时代带来新机遇，多方竞争各显神通

（一）竞争格局：外资品牌先发优势，国内品牌弯道超车

我国宠物食品行业竞争格局较为分散。国内宠物市场在很长一段时间并无明确监管，消费者对产品分辨力不足，导致生产服务各环节鱼龙混杂，行业进入壁垒较低。我国目前宠物食品主要有外资品牌原装进口、外资品牌本土生产及合资/内资品牌本土生产三类。

国际品牌原装进口：正规渠道进口需要保证进口国在中国检验检疫局允许进口饲料和饲料添加剂地区（国家）产品名单中，同时国外生产厂家和国内代理商需要分别具备进口登记证和合法进口资格。目前，我国仅允许从18个国家和地区进口宠物食品，其中仅允许从新西兰进口宠物食品生产原料。原装进口手续复杂，限制较多，整体金额不大。市场上存在跨境走私和仿冒产品。

国际品牌本土生产：我国宠物食品产业从20世纪90年代开始起步。1993年，玛氏公司旗下著名狗粮品牌“宝路”和猫粮品牌“伟嘉”进入中国，开启了中国专业宠物食品市场，随后，雀巢普瑞纳旗下品牌冠能、康乐多、喜跃在中国市场上市。为进一步扩大在中国市场的份额，宠物行业的国际巨头纷纷在中国投资设厂。玛氏公司在北京设立了中国最大的宠物食品生产企业玛氏食品（中国）有限公司，主要生产宝路狗粮和伟嘉猫粮；雀巢公司在天津设立了天津雀巢普瑞纳宠物食品有限公司，作为宠物食品的分装基地。本土生产的国际品牌从90年代开始进入国内市场，具备先发优势和大集团品牌效应，在线下专业渠道和商超渠道具备更强的优势。

合资品牌/国内品牌本土生产：2001年，成都好主人宠物食品有限公司成立，其生产的第一袋狗粮的上市标志着宠物食品行业开始出现中国本土宠物食品品牌的身影。经过了十几年的发展，特别是借助近五年电商平台的蓬勃发展，国内品牌逐步崛起，在宠物食品市场占据了一席之地，甚至实现了对部分外资品牌的弯道超车。

目前，我国宠物食品公司可分为两类，部分公司通过清晰品牌定位，集中发展优势品牌的策略，自有品牌在国内市场上已经获得了一定的知名度和影响力。

一类公司以好主人、诺瑞为首，主要从事全系列的猫粮狗粮研发、生产和品牌销售，主要经营自有品牌，产品以主粮为主，公司以国内市场为发展重心。

另一类公司以温州佩蒂股份和烟台中宠股份为代表。这类企业立足区域资源和成本优势，从事宠物零食加工，逐步形成了区域性的专业生产企业群，例如，山东地区以生产肉干零食为主，温州地区以生产咬胶零食为主。此类企业以OEM、ODM的方式进入国际市场，以出口为支撑，逐步发展内销业务和自有品牌。

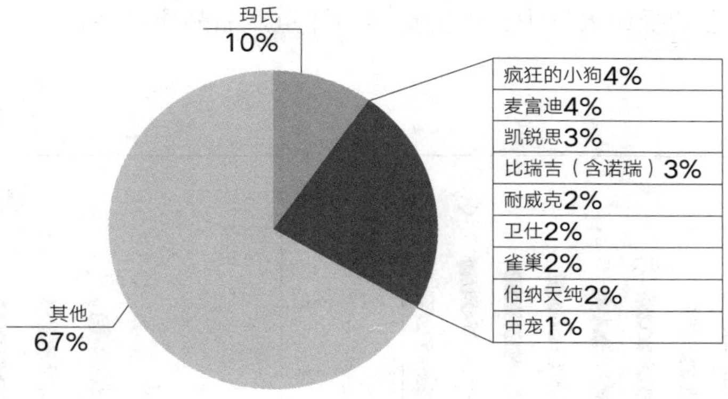

资料来源：淘数据。

图13　2018年5月至2019年4月淘宝体系宠物食品品牌销售额占比

（二）新的变量：信息化改变生活方式，新人群带来新消费观

1. 信息时代下，电商与新媒体带来机遇和挑战

我国宠物行业快速发展的阶段始于2010年，与美、欧、日、韩均不同的是，2010年之后信息技术蓬勃发展，开始广泛应用于我们的生活，从而带来了信息传播渠道、产品购买方式等种种变化，这也给宠物行业的发展带来了新的机遇和挑战。

从信息传播的角度来看，传播速度加快，传播渠道多样化。宠物主大量从社交信息类平台（微信公众号、微博、抖音等）、养宠社群网站论坛（狗民网、波奇网等）等渠道获取信息。这种变化客观上给了品牌迅速崛起的可能性，品牌有望通过精准定位、打造自媒体矩阵、创新IP和内容，实现知名度的迅速扩张。

从产品购买方式的角度来看，不同于世界上任何一个市场，我国电商平台的迅速发展带来了宠物产品购买方式的显著变化，目前宠物主消费一半以上通过网购来实现。因此，线上渠道的铺设、线上推广和活动会对企业经营产生至关重要的影响。

2. 养宠结构年轻化，新生代宠物主消费观念超前

狗民网调查显示，近几年养宠人群年轻化趋势明显，2017年相比2016年，“80后”“90后”用户占比增长10.7个百分点，学生等社会新鲜人养宠占比涨幅较大。

从消费观念来看，“80后”“90后”成长于我国经济蓬勃发展的年代，生活的富足带来了更为超前的消费观念，他们倾向于多消费、少储蓄，更多地使用信用卡分期、蚂蚁花呗、京东白条等信用支付手段，新生代宠物主的消费能力显著提升。

从消费习惯来看，“80后”“90后”对产品品质、审美设计及情感交互体验都有更高的要求。“80后”“90后”成长于我国民族自信心与自豪感增强的时代，对外资品牌并没有盲目崇拜的心理，对于品质好、特立独行的新国货产品十分支持。更有很多年轻人从需求出发，成为行业产品和服务的提供商，创立了自己的品牌。狗民网调查显示，在购

买宠物主粮和零食的受访人群中，人们更多地注重产品品质和性价比，而非单独考虑品牌知名度高。

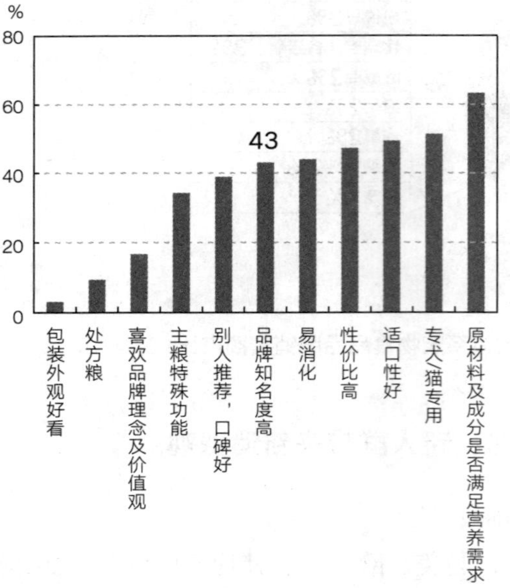

资料来源：狗民网。

图14　宠物主粮购买考虑因素

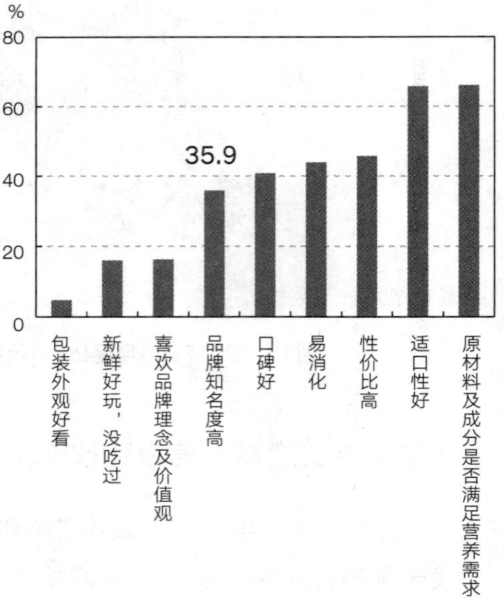

资料来源：狗民网。

图15　宠物零食购买考虑因素

我们认为，养宠人群的年轻化和信息时代带来的新变化给宠物行业特别是国内宠物品牌带来了新的机遇。外资品牌虽然在国内市场具备了先发优势，国内自主品牌产品只要能够在保证产品质量的基础上适当选择品牌策略，逐步树立品牌形象，更好地契合宠物主和宠物的需求，必将在国内广阔的宠物市场孕育出媲美国际宠物集团的行业巨头。

（三）海外对标：成熟市场稳定增长，优势企业三力齐发

1. 生命周期：成熟市场规模稳定

通过观察成熟宠物市场的发展历史和现状，我们发现，各个国家和地区的宠物市场基本上经历了启蒙期、孕育期、快速发展期和成熟期。而宠物市场在进入成熟期后，宠物消费逐步转化为养宠家庭的必选消费，宠物产业链各细分产业不断进化完善，整体消费规模保持稳定，维持动态平衡。

美国宠物市场是全球最成熟的宠物市场，经历了多年的发展，已经在21世纪初进入了成熟期。现阶段养宠数量增速放缓而宠均消费额提升加速，目前宠物食品消费以每年5%左右的速度增长。美国宠物主对新产品的接受度很高，不断探索和追求更为科学健康的宠物食品。

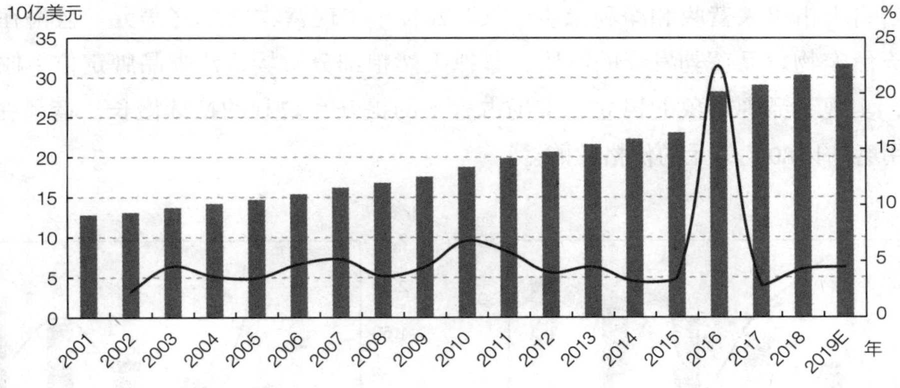

资料来源：APPA。

图16 美国宠物食品市场增长情况

就行业集中度来看，美国市场孕育了全球最多的大型宠物食品集团，市场占有率前两位的玛氏宠物食品和雀巢普瑞纳宠物食品合计占比达到了50%。然而我们发现，美国市场单一品牌市场占有率并不高，大型宠物食品集团大多通过多品牌战略来提升市场份额。

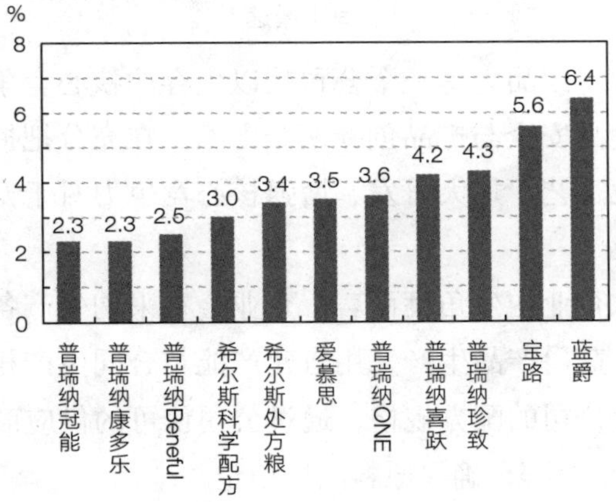

资料来源：Euromonitor。

图17 2017年美国宠物食品品牌市场占有率

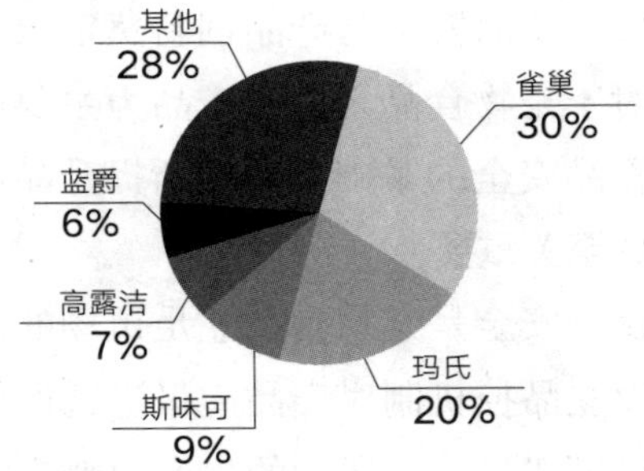

资料来源：Euromonitor。

图18 2017年美国宠物食品公司市场占有率

2. 优势企业："产品+渠道+品牌"三力齐发

作为消费品行业，宠物食品公司的核心竞争力离不开产品、渠道和品牌。我们认为，产品力是公司立足的根本，渠道力助推产品销售，二者合力最终能够实现自有品牌的树立，而品牌影响力和知名度的提升离不开适当的品牌策略的选择。下面我们以美国最大的天然有机粮品牌蓝爵为例，梳理行业优势企业的成功之道。

（1）清晰品牌定位。蓝爵公司专注于单一品牌，在天然有机宠物食品市场占优，公司产品虽分为多个系列但都以蓝爵为品牌，包装统一，辨识度较高。蓝爵公司成立15年以来，共推出了五条生产线，以天然有机粮为主打，现正进军处方粮市场。2017年蓝爵产品在天然健康市场中占比1/3，为占比最大的品牌，是占比第二的品牌的4倍以上。

蓝爵自上市以来营收和净利稳步增长，2017年实现营收12.75亿美元。蓝爵在美国高端有机天然宠物食品蓬勃发展的阶段，紧抓天然粮细分市场，清晰品牌定位，倾力打造单品牌，实现了品牌形象的树立、市场占有率的提升和盈利的持续增长。蓝爵在2018年初被通用磨坊以80亿美元的价格收购。

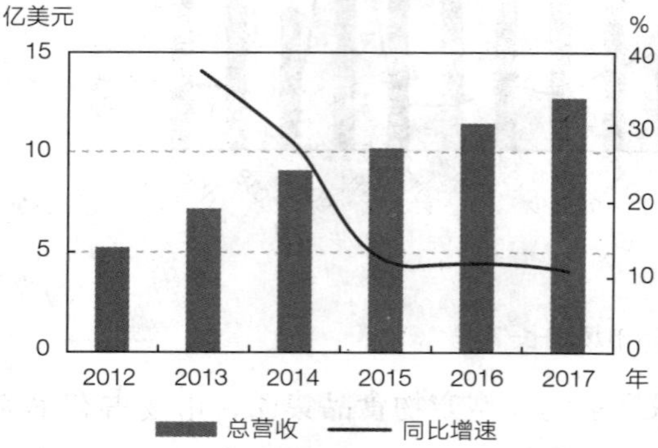

资料来源：Wind。

图19　2012—2017年蓝爵营收及同比增速

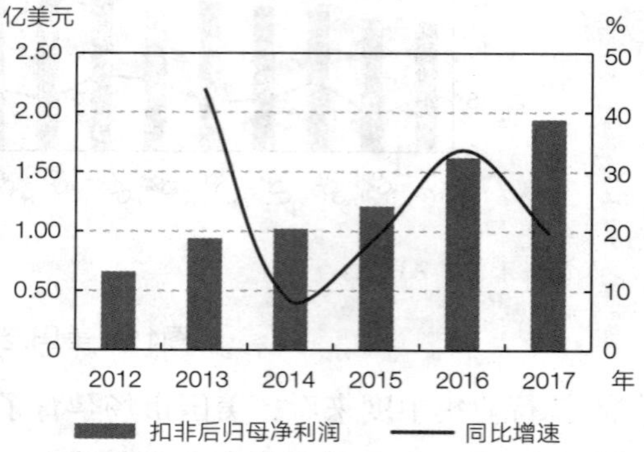

资料来源：Wind。

图20　2012—2017年蓝爵扣非后归母净利润及同比增速

（2）食品安全与产品创新奠定核心产品力。产品力是一个公司赖以生存的核心竞争力，对于宠物食品来说，产品力主要体现在食品安全与产品创新两个方面。在充分把握基础食品安全的基础上，不断提升品质、优化工艺、加大研发、增强核心竞争力对于宠物食品至关重要。

食品安全是宠物食品立足市场的基础。从企业内生角度而言，企业会在采购生产各环节设立品控机制对产品质量进行严格控制。蓝爵产品生产采用自建产能与合同生产相结合的模式运营，所有的生产原料都需要符合公司的配方规格，通过公司认可的供应商采购，在原料发货之前需要经过严格的质量认证过程，确保原料品质稳定。

产品研发创新是公司的生命力之源。蓝爵通过优选天然原料、创新处理技术在市场上独树一帜。蓝爵公司的产品生产都以天然原料为材料，比如肉类、蔬菜、水果。在一般的宠物食品制作过程中，因烤制过程中的高温有超过75%的营养成分流失。蓝爵为改善这方面的情况，通过加大研发力度，采用冷冻技术处理原材料而制作出蓝爵特有的生命之源颗粒，让原材料中的所有营养成分能得到百分之百保留，在保证食品安全的同时更有利于宠物的营养吸收。生产健康的天然宠物食品所需要的配方与人工合成宠物食品迥然不同。天然食品对开发和管理宠物食品的保质期有着更高的要求。小麦作为一种低成本的原材料被广泛地运用为宠物食品黏合剂，蓝爵的产品不含小麦，运用其他的天然原料来代替小麦充当黏合剂。2014—2017年，蓝爵的研发支出分别为760万美元、950万美元、980万美元和1 130万美元，呈逐年上涨趋势。

（3）全渠道发力与创新营销并举打造营销力。专业渠道和商超等传统渠道是培训宠物主消费习惯的关键场所，而线上渠道以其便捷性成为近年来宠物消费品销量增长的重要动力。紧抓消费需求，采取全渠道发力与创新营销并重的发展思路，帮助蓝爵成长为美国最大天然粮制造商。

多渠道营销并重：蓝爵公司早期专注于专业渠道，利用专业渠道接触客户的便捷性对客户的教育式营销，培养了一大批忠实客户，树立了健康高端品牌的良好形象。在销售规模逐渐扩大之后，蓝爵自2017年开始进入大众消费市场，特别是在通用磨坊入主公司之后，蓝爵品牌在大众零售市场市场占有率快速提升，从2018年第二季度的2.8%提升至2019年第二季度（财务年度）的8.5%。

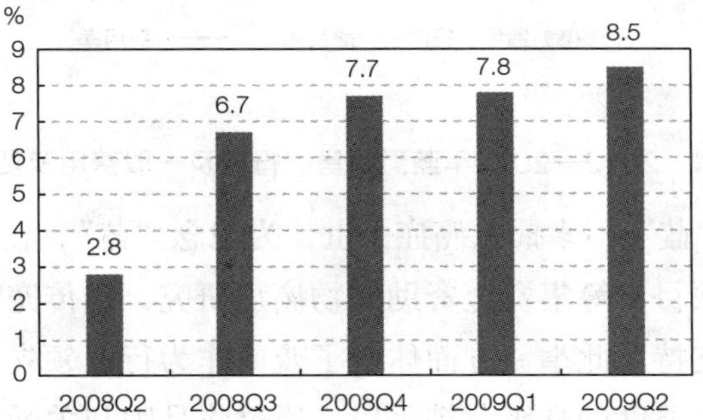

资料来源：Petfood Industry。

图21　蓝爵品牌大众市场消费占比

蓝爵从2014年开始布局电商渠道，线上销售规模行业领先。美国宠物主使用最多的电商平台是亚马逊，调查显示，55%的美国宠物主会选择通过亚马逊采购宠物用品。蓝爵在亚马逊宠物食品销售中排名第一，销售额占比为11%。2017年公司最大合作伙伴Petsmart收购了垂直电商Chewy.com，同样带来了蓝爵线上销售的增长。

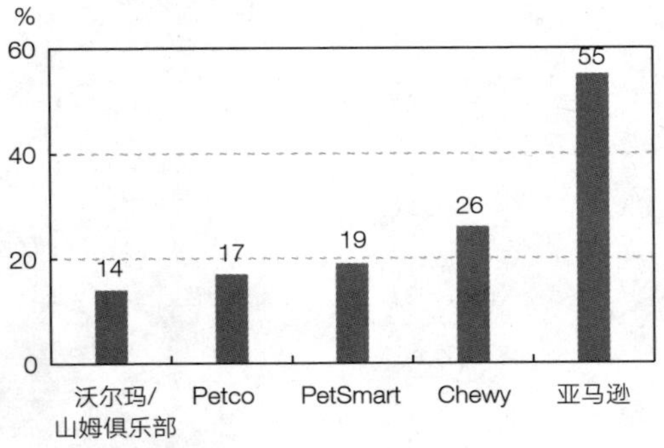

资料来源：Packagedfacts。

图22　宠物产品在线销售平台使用比例

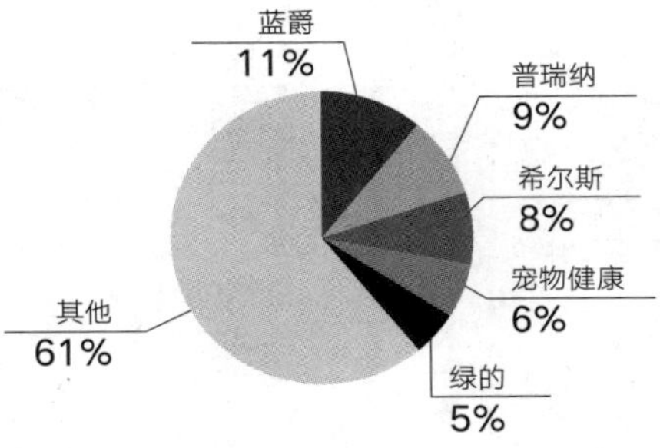

资料来源：Packagedfacts。

图23　亚马逊宠物食品品牌销售情况

创新营销模式：蓝爵顺应了宠物家人化的趋势，以“亲人般宠爱，亲人般喂养”为口号，打造自然健康的品牌形象。公司发展早期推出“宠物侦探”活动，组建了普及养宠知识的志愿团队，在线下销售门店对消费者进行教育式营销，逐步树立起了品牌形象。打好基础后，公司更是不吝费用投入，销售、行政及一般费用率保持在20%左右。

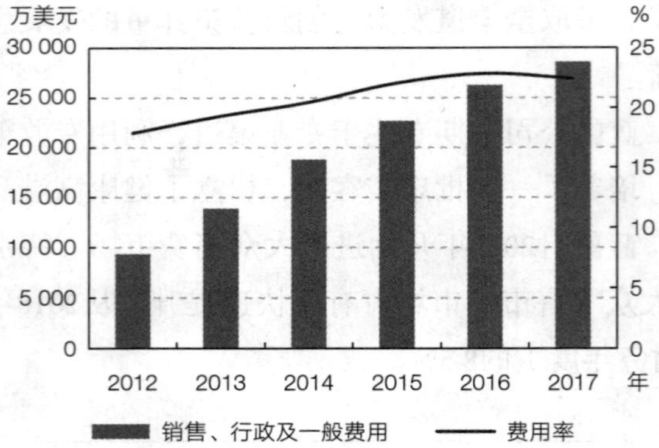

资料来源：Wind。

图24　2012—2017年蓝爵销售、行政及一般费用及费用率

蓝爵创始人的狗“蓝”不幸罹患癌症去世，为纪念“蓝”，蓝爵成立了名为“宠物癌症认知计划”的公益项目，筹集资金资助宠物癌症研究，宣传宠物癌症相关知识并为宠物癌症治疗提供资金支持。此举一方面体现了蓝爵作为行业领先企业的思考与担当；另一方面更是赋予品牌以温度的高级营销手段，通过将品牌与关爱宠物健康的理念联系起来，获得了视宠物为家人的宠物主的广泛认可。

我们认为，清晰品牌定位、保证产品安全与研发创新及适当的营销渠道与手段塑造了蓝爵的成功之路。我国正处于科学养宠观念塑造、消费需求逐步升级的过程中，国内企业可以学习蓝爵的成功经验，把握需求找准定位，通过教育营销与国内宠物主共同成长。

快递产业：

兴于电商，而不止于电商

曹奕丰　东兴证券交运行业研究员

每当我们论及中国经济的增长引擎，近十年来异军突起的电商行业一定是讨论的重心之一。而伴随阿里巴巴、京东等电商平台实现了大跨步发展的快递行业则同样吸引了众多关注的目光。

由于中国的快递行业起步较晚，对快递行业的研究不免要参考行业的前辈们，如美国的UPS、FedEx，欧洲的DHL，日本的宅急便等。但与欧美市场以直营快递为主不同，我国快递呈现出更多元化的组织形式：直营的顺丰与德邦、加盟制的通达系快递以及依托电商背景发展起来的京东物流等，不同的组织形式都被证明有其可取之处，并在这10年间实现了高速的成长。

2018年中国实现快递包裹量507亿件，是第二名美国的3倍多，其中70%左右的业务量由电商件贡献。行业单量增速连续多年维持在25%以上。

然而，借助电商板块兴起的中国快递行业是否能在电商增速下滑的大环境下继续保持高增长，行业的价格战是逐步停歇还是愈演愈烈，企业需要依靠怎样的特质才能站到最后？本文希望通过探究快递行业的过去与现在，来展望行业未来的发展路径。

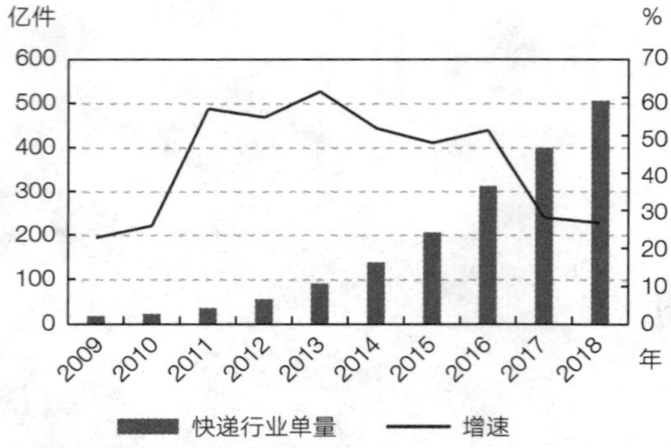

资料来源：Wind；国家邮政局：《2018 年邮政行业发展统计公报》。

图1　2009—2018年我国快递行业单量及增速

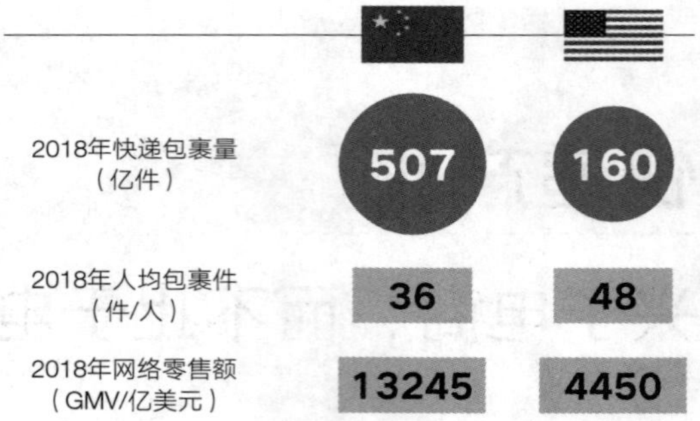

资料来源：Wind；国家邮政局：《2018 年邮政行业发展统计公报》。

图2　中国快递市场体量情况

一、兴于电商的中国快递

（一）电商爆发性增长是我国快递行业崛起的主要推动力

从淘宝诞生至今，我国电商板块已经维持了多年20%以上的快速发展。

快递行业伴随电商一同成长，电商件是快递需求中最主要的组成部分。可以看到，自2011年起，电商件逐渐代替商务件成为我国快递最主要的组成部分，此后快递行业增速与电商消费增速呈现出较为明显的相关性。

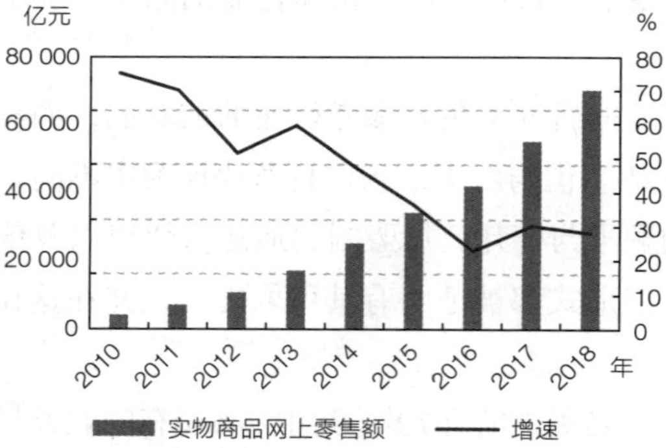

资料来源：Wind。

图3　2010—2018年实物商品网上零售额及增速

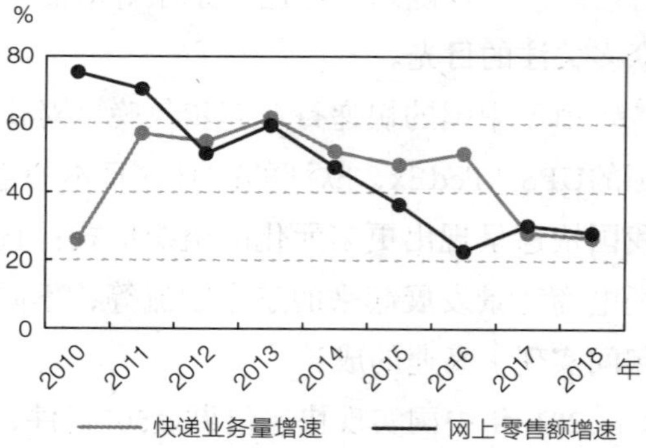

资料来源：Wind。

图4　2010—2018年快递业务量及网上零售额增速

（二）快递与电商相互促进，带来两个行业持续性的增长

对于一个成长中的行业，大家普遍关心的问题就是行业的天花板问题。可以肯定的是，一个行业随着体量的持续扩大，其增速逐渐放缓是时间问题。然而，电商与快递行

业的增长却总是能超出我们的预期，即使行业已经达到相当大的体量，增速也一直维持在25%左右。我们认为，快递与电商行业在成长中相互促进，形成了一个正向的循环。

1. 快递费用持续下降带来单票货值降低，购物频次上升

网购与快递联系非常紧密，可以说如果没有中国高性价比的快递配送，就没有网购现在的繁荣。随着快递单票价格的降低，可以发现网购的单票货值也在随之下降，同时客户购物意愿与购物频次在上升，快递逐渐小件化。这个非常容易理解，如果快递一次的费用是15元，那么50元以下的东西寄快递就显得不划算。如果快递费只需要5元或者直接包邮，那么就不存在货物价格上的顾虑了。

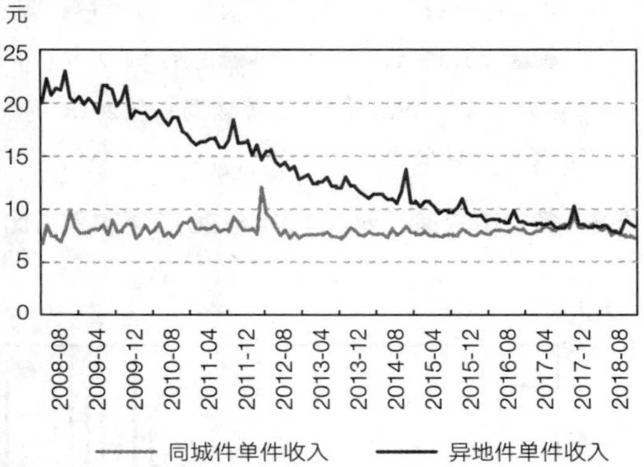

资料来源：Wind；国家邮政局：《月度邮政行业运行情况》。

图5　2008—2018年同城件及异地件单件收入

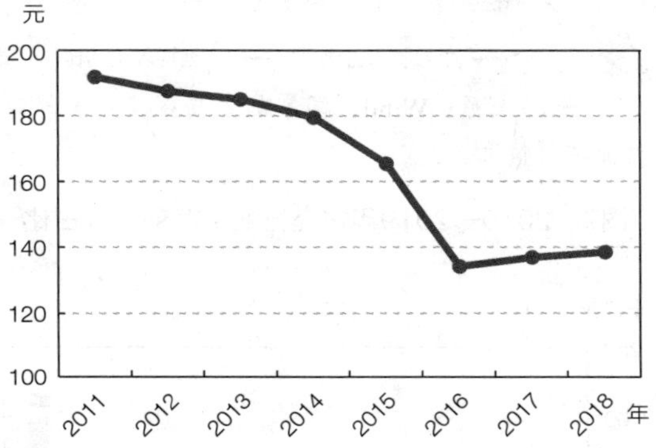

资料来源：Wind；国家邮政局：《2018年邮政行业发展统计公报》。

图6　2011—2018年单票快递对应货值

快递业务量的增长有助于快递公司分摊成本，进一步降低运价，提升了网购的吸引力。两者相辅相成，互相促进，实现了共同的繁荣。

2. 由沿海向内陆、由城市向农村的渗透还将持续推动需求增长

多年以来，快递行业主要集中在沿海城镇，内陆地区与乡村地区快递产业并不发达。这一方面是因为乡村人口密度低，网络普及率低，电商需求不足；另一方面，电商商家主要集中在东南沿海，内陆地区和乡村地区的揽件远低于派件，导致乡村快递网点生存困难（揽件是网点利润的主要来源）以及中转资源的极大浪费。

我国邮政局计算快递业务量与收入皆按照揽件计，可以看到，2018年广东、上海、浙江、江苏、北京5省市的快递收入占全国近65%。但相比2013年已经有明显下降（2013年为70%）。

快递行业中部与西部省份的收入占比皆有一定的提升。分省份来看，收入占比增长的省份一部分是长三角、珠三角与北京周边的省份，这些省份容易享受到头部省份的溢出效应；另一部分是内陆大城市所在省份，如河南、湖北、四川等。

随着电商不断向乡村渗透，乡村快递的发展环境也正在发生改变。拼多多的出现就是电商与快递行业逐步由沿海向内陆、由城市向乡村渗透的外在表现。拼多多通过下沉

乡村及三四线城市，实现迅速发展，活跃用户人数已经超过1.5亿人。

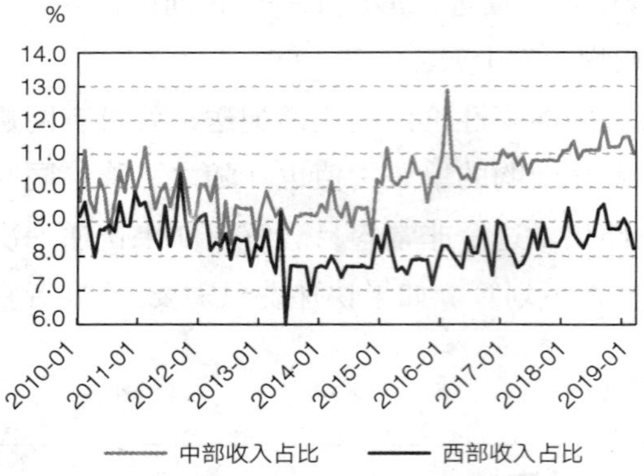

资料来源：Wind；国家邮政局：《月度邮政行业运行情况》。

图7　2010—2019年快递行业中西部收入占比

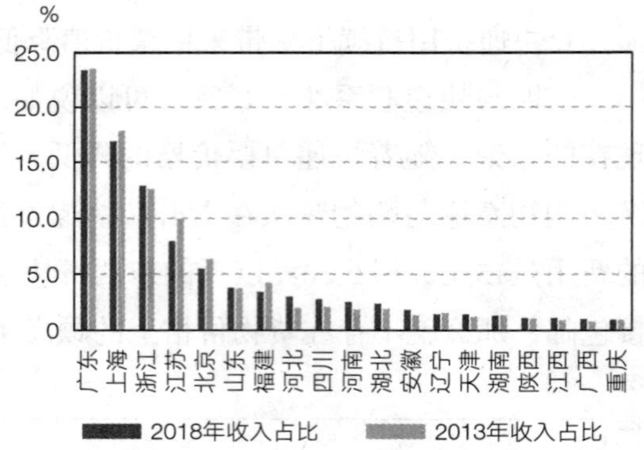

资料来源：Wind；国家邮政局：《2018年邮政行业发展统计公报》。

图8　各省市快递行业2018年与2013年收入占比

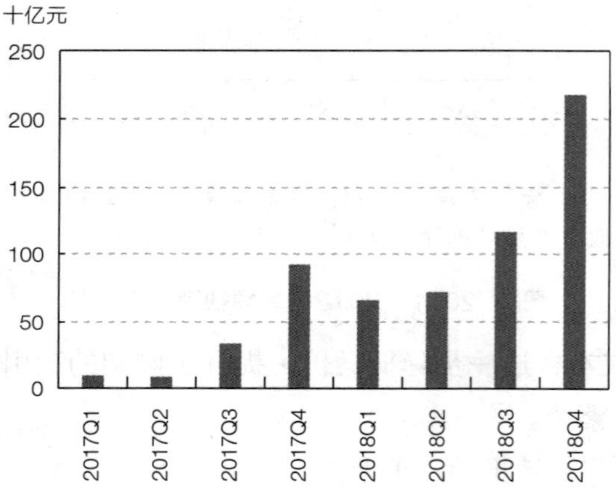

资料来源：拼多多2018年年报。

图9　2017Q1—2018Q4拼多多交易量

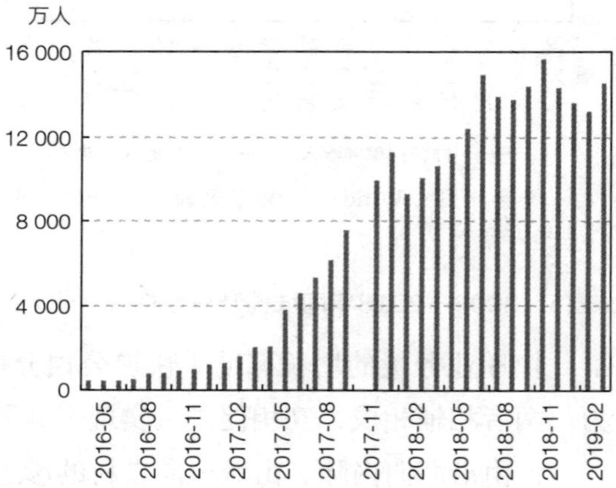

资料来源：Wind。

图10　2016—2019年拼多多移动APP活跃用户数

快递行业从多年前就一直存在对于增长放缓的担忧。但现在来看，虽然行业主体需求依然来自电商，但内部需求结构的优化和增量需求的不断拓展使行业可以维持高增长，未来的增速预计表现为缓慢下降，而不是快速滑坡，行业增长的天花板还未到达。

二、多强格局成型，战国时代刚刚开始

（一）集中度持续提升，但第一梯队格局并不稳定

随着行业最大的几家快递公司上市，快递行业诞生初期的乱战宣告终结。快递行业的CR8上升至80%以上且还在持续提升，不成规模的中小快递公司被吞并或破产，这是行

业逐渐脱离成长期并进入成熟期的典型特征。

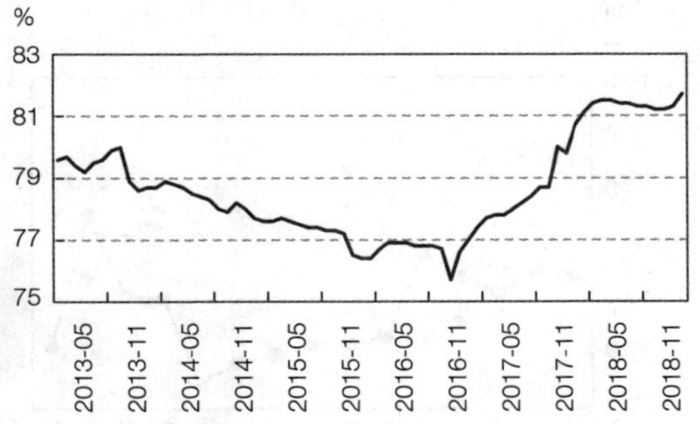

资料来源：Wind；国家邮政局：《月度邮政行业运行情况》。

图11 2013—2018年快递行业集中度（CR8）

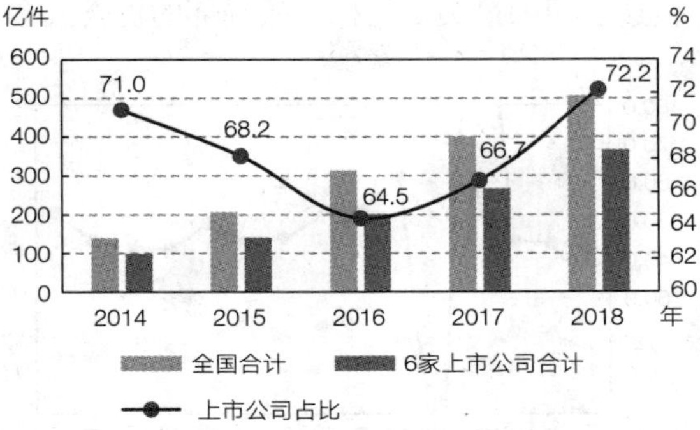

资料来源：Wind；6家上市公司年报；国家邮政局：《2018年邮政行业发展统计公报》。

图12 2014—2018年全国快递单量、6家上市公司合计快递单量及上市公司占比情况

从快递行业CR8数据来看，快递行业自2016年末起集中度持续回升，现已达82%以上。其中，已上市的6家快递公司市场占有率达72%以上。反观中小型快递公司，占比持续下降，规模较小的公司大概率面临被吞并或淘汰的命运。未来，快递行业的竞争将在几个上市的快递公司之间展开。

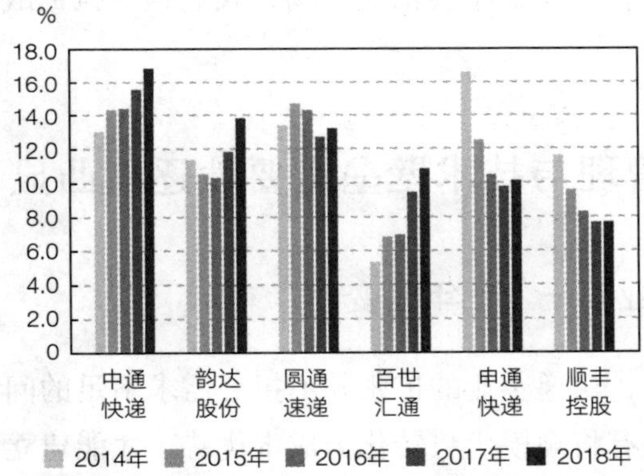

资料来源：6家上市公司年报、Wind。

图13 6大快递公司市场份额增速情况

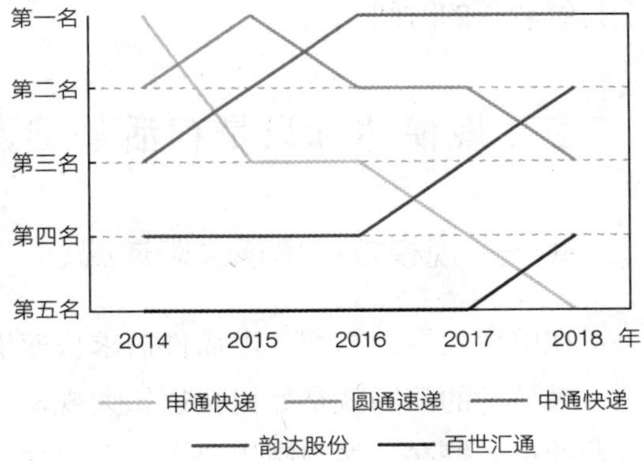

图14 2014—2018年快递行业排名变化

快递行业多强格局的形成只是新一轮行业竞争的序幕。从2015年几大快递上市至今，行业格局变化迅速，单量最大的快递公司由申通变为圆通，再变为现在的中通。韵达在这几年间快递单量超越申通和圆通位居行业第二，行业格局变化很快。

（二）行业格局变化将伴随持续的局部价格战

考虑到快递行业服务趋于同质化，对新增需求的竞争会主要集中在价格博弈方面。由于小额补贴对于存量客户格局变动影响有限，我们认为短期内行业爆发大规模价格战

的可能性不大。但在增量需求层面，由于新增用户还没有形成黏性，价格会成为其选择快递公司的最关键指标，故局部的价格战会持续展开。

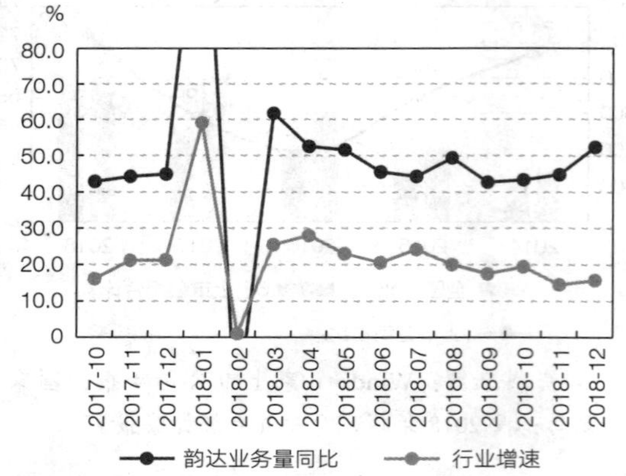

资料来源：Wind。

图15　行业增速及韵达业务量同比增速情况

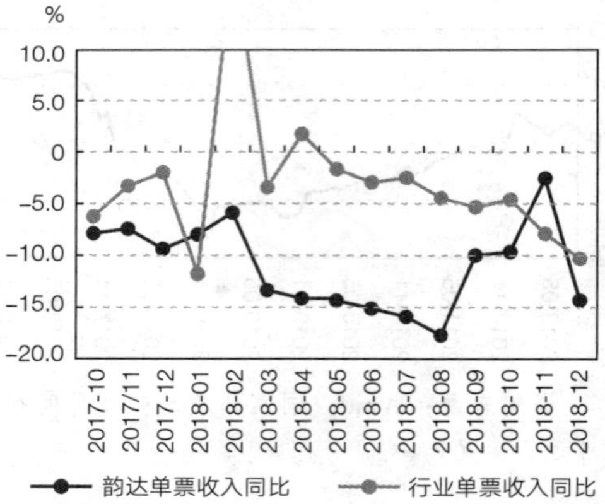

资料来源：Wind。

图16　行业单票收入及韵达单票收入同比

2018年随着拼多多业务量的爆发，行业对拼多多带来的业务增量展开争夺，各家快递通过降价带来的价格优势迅速占据增量市场。以韵达为例，公司业务量增速高于行业水平近20个点，但单票收入同比也相应下滑。

在资本市场的加持下，快递行业的战国时代很明显不会快速收场，我们预计拉锯战会持续较长的时间。

三、规模达标只是存活基础，管理与技术壁垒重要性逐渐凸显

（一）规模效应呈现边际递减，“行业第一”三年两变

在电商发展的初期，电商件需求快速增长，快递企业的扩张并不担心需求不足的问题，最关键的问题就是如何快速扩大规模。只有将规模优势转化为成本优势，才能建立行业的进入壁垒。加盟制快递正是在这种背景下应运而生。这种以快速扩张为目标的组织形式同时还实现了明显低于直营模式的单位成本，形成了一个“规模扩张—降低成本与价格—加速获得客户—继续降低成本与价格”的正向循环。

在行业发展初期，规模效应与网络效应相当明显，一个成熟的快递网络对于一个不成熟的网络拥有明显的价格优势。而各大快递公司也不断通过扩大规模实现降低成本的目的，行业的单件收入持续下降，价格壁垒快速形成。规模最大的几家公司顺理成章地成为行业头部企业，与后方的中小快递公司逐渐拉开差距。

但近几年，单纯的规模扩张带来的成本优势呈现出明显的边际效应递减，对应地，可以发现行业单件收入的降低幅度在逐渐减小，毕竟有大量的成本项目并不会因为单量的扩大而摊薄。

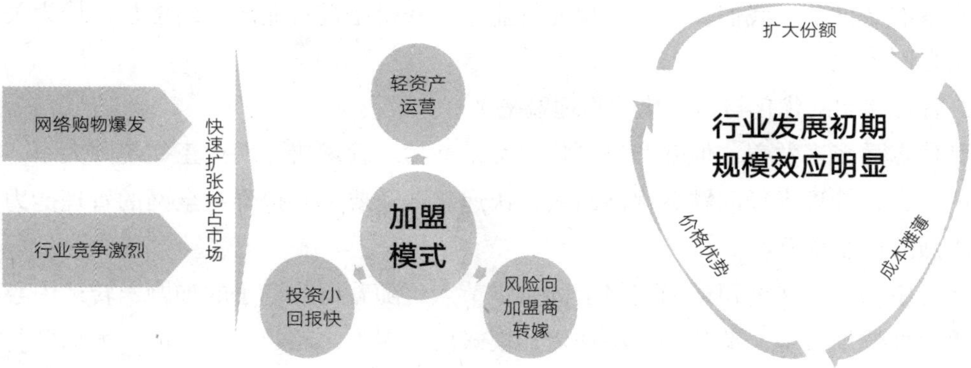

图17 行业发展初期规模效应明显，“加盟制”的组织形式快速发展

对于几家已经上市的、快递网络较为完善的头部企业来说，业务规模的差距已经难以带来决定性的优势。头部企业排名的快速变化可以很直观地说明这个问题：成规模的业务体量只是一个企业在快递行业生存下去的必要条件，但能否在行业中脱颖而出需要的是独有的特质。

（二）管理与技术的升级是行业核心竞争力

在规模效应开始出现边际效益递减的情况下，需要寻找快递行业中边际效应不会递减的要素。一个企业的哪些要素会随着业务规模的不断扩大而变得越发重要？这是今后快递行业研究首先需要确定的方向性问题。

根据我们的常识，对于传统的实体性资源的投入基本都呈现边际效应递减的特点。对应到快递行业来说，如果快递网点过于密集，网点之间的竞争会加剧；车辆、人力投入太多，会导致利用率的下降等。但思想、科学、行为模式层面上的变化却经常不受这一限制的影响。对于快递企业来说，需要不断对既有的体系进行优化，提升运行效率，从而达到超越竞争对手的目的。

举例来说，20世纪70年代，FedEx用创新的轴辐式航空运输网络代替了传统的点对点运输模式，建立了以孟菲斯机场为轴心的新型运输网络，节约了运输成本，提升了运输效率。现阶段快递行业的转运中心模式也是为了达到路径优化的效果。

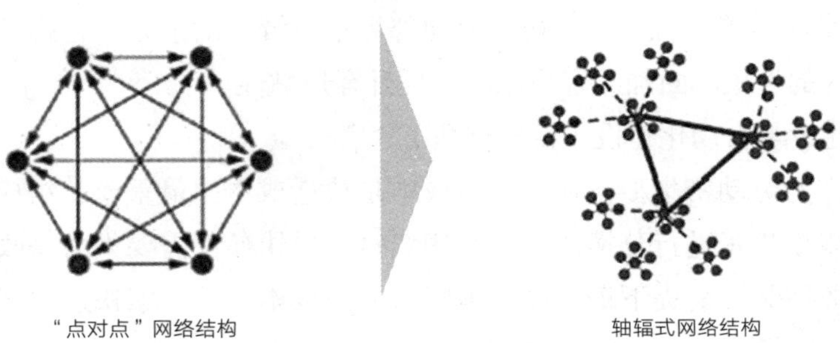

图18 FedEx用轴辐式网络代替点对点运输网络以降低成本

在现有条件下，我们认为一家快递行业想要获得超过行业水平的增长，最为关键的要素来自以下两点。

1. 管理体制的优化与精细化（管理壁垒）

韩信点兵多多益善，但并非每个将军都是韩信。管理快递网点正如统帅大军，随着体量的扩大，管理半径问题会逐渐凸显，快递总部需要不断提升对全网的管理能力，以应对激烈的行业竞争。

转运中心是快递公司运输网络上的关键节点，随着行业竞争的加剧，转运中心直营化的重要性逐渐凸显。韵达的“小加盟”模式后来居上，超越了申通的“大加盟”模式就是例证。

转运中心全直营既有利于对票件中转、运输等核心环节的绝对控制、保障全程时效水平，又可以快速拓展服务网络、灵活配置终端资源，确保网络覆盖与服务双优。现阶段转运中心直营率偏低的申通也在不遗余力地收购加盟的转运中心，进行直营化改造，相信很快“大加盟”模式就将被“小加盟”模式所替代。

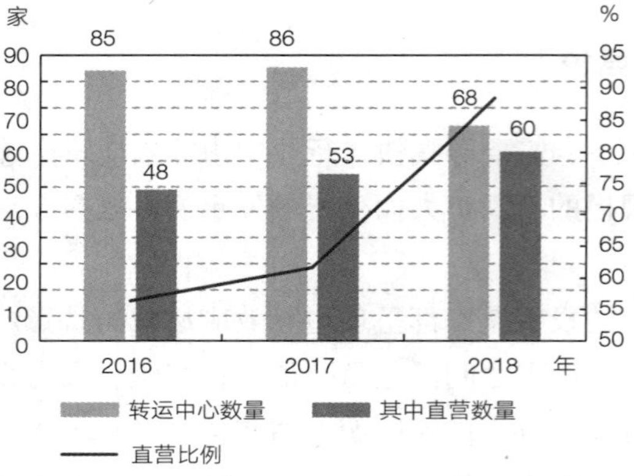

资料来源：申通快递2017年、2018年年报。

图19　2016—2018年申通转运中心数量、直营数量及直营比例

收购资产	收购金额（万元）	收购完成时间
北京申通快递服务有限公司等3家	28 944.54	2018年6月
湖北申通物流有限公司等2家	12 430.20	
深圳全通达申通快递有限公司等4家	23 768.55	2018年7月
广东申通物流有限公司	34 531.50	
湖南申通快递有限公司	6 183.33	
东莞市瑞佳申通速递有限公司等2家	7 978.67	2018年9月
南昌申通快递有限公司	2 010.49	
河南申通实业有限公司	8 142.58	
广西南宁申通速递服务有限公司	2 570.94	
长春申通快递有限公司	3 339.55	2018年11月
龙里新申通快递有限公司	3 866.85	
昆明申通快递有限公司	3 539.81	
成都瑞华快递有限公司	4 491.34	2019年1月
沈阳申通快递有限公司	3 469.92	
山西申通快递有限公司	3 843.68	
合计金额	149 111.95	

资料来源：申通快递2018年年报。

图20　申通收购加盟转运中心情况

为了提升快递企业自身的业务质量，企业对内需要不断规范自身的标准化流程，包括仓储操作规范、派送操作规范、客服信息反馈处理操作规范、货款回笼操作规范、异常情况处理操作规范等。对外，公司需要向外界推出统一的形象，包括门店、快递员服饰等，通过统一的形象不断加深客户印象，提升客户黏性。

2. 信息化建设与自动化建设（科技壁垒）

快递行业作为劳动密集型行业，人力成本是快递成本中最重要的组成部分之一，也是最难以依靠规模扩张进行分摊的成本，毕竟每一单快递都需要人力来收取和派送。在保证或提升服务质量的前提下最大限度地降低人力成本，是一家快递公司相比同行获得竞争优势的主要途径。

为此，快递公司一般会从两个方面出发去考虑：一是如何提高员工的工作效率，二是如何利用机器替代部分人工作业。现在看来，这两个方面的进步与公司的技术研发投入都有相当大的关联。

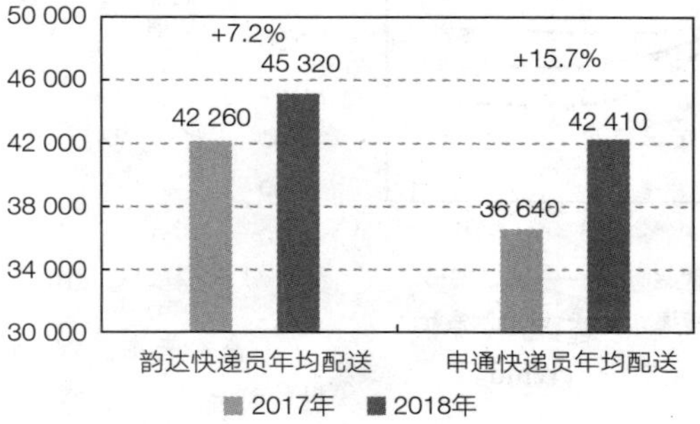

资料来源：韵达股份、申通快递 2018 年年报。

图21　快递员配送效率逐年提升

提升派送效率与派送质量主要是依靠智能的路径规划系统及物流追踪系统，具体包括运输路径优化，电子面单与隐私面单，包裹追踪系统，手持PDA终端、手机下单等。

人工替代方面则以设备投入为主，包括智能仓储、智能分拣系统、无人机无人车、智能快递柜等。

四、从公开数据看行业竞争格局：高设备与研发投入带来高回报

我们已经了解到，一家快递公司能否在激烈的行业竞争中立于不败之地，主要在于其管理体系是否先进，科研投入与设备投入是否到位。但问题也随之出现，并不是所有人都有机会全方位地考察一家快递公司的各个环节，要在几家公司之间进行业务环节的直接对比则更为困难。这就引出了一个关键问题：哪些公开的数据指标能够较为准确地反映一家快递公司的经营情况与行业竞争力？

（一）业务量增速与单件盈利体现公司直接竞争力

在行业同质化的情况下，单量增速是公司在行业中的竞争力的直接反映指标，一般来说体现为价格优势。高于行业平均的增速也就意味着公司的竞争力高于行业平均水平，因此能够在市场增量中占据更大的份额。

从图23可以看到，行业上市公司业务量增速普遍高于行业平均水平，说明行业正向头部集中。通达系业务量增速也出现一定的分化，表现为中通、韵达领跑，圆通、申通紧追的态势。

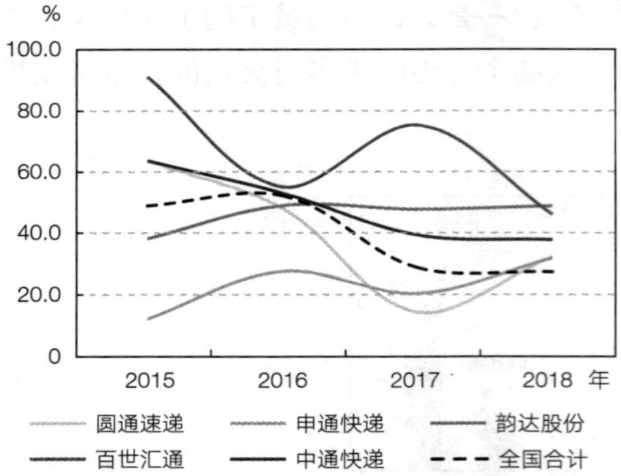

资料来源：上市公司年报数据、Wind。

图22　2015—2018年上市快递公司业务量增速情况

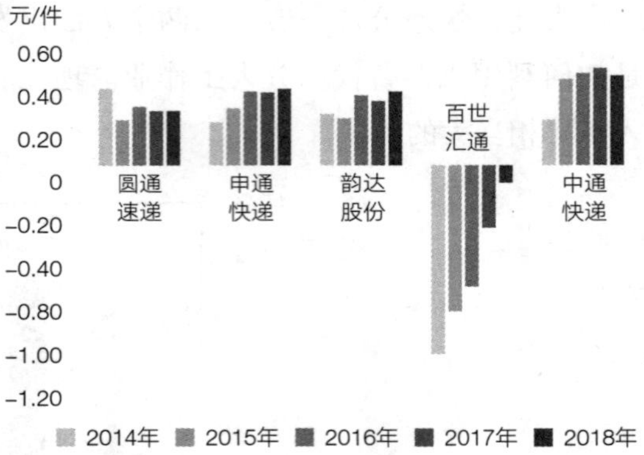

资料来源：Wind、百世快递招股说明书、百世快递年报。

图23　2014—2018年上市快递公司单件盈利情况

需要注意的是，较高的增速也可以依靠降价+补贴终端网点的方式实现，因此如果单看业务量增速，有可能得到片面的结果。但如果再结合单件快递的盈利水平，则得到的结论会更加客观。现阶段，大部分快递企业的单件盈利较为稳定，百世快递通过高补贴实现快速扩张，虽然还处于亏损状态，但在迅速实现减亏。

越高的单件毛利水平不但意味着更高的盈利，还意味着在局部价格战中拥有更大的降价空间，甚至可以作为价格战的发起者。在每一单给予同样数额补贴的情况下，单件毛利较低的竞争对手会先支撑不住。

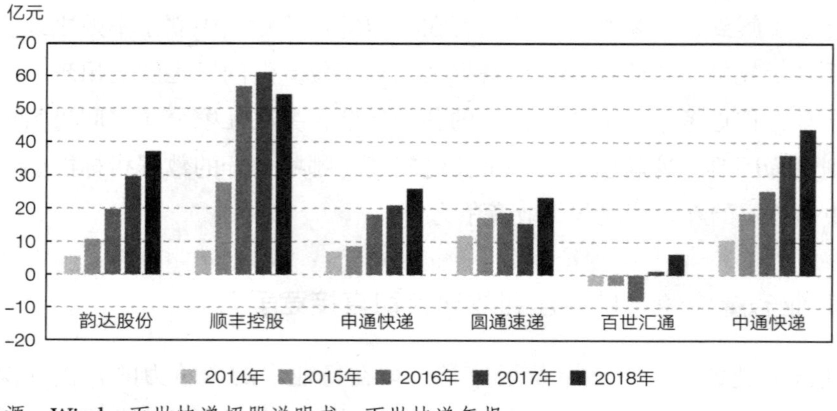

资料来源：Wind、百世快递招股说明书、百世快递年报。

图24　2014—2018年上市快递公司经营净现金流增长情况

考察一个快递公司的持续经营能力，最为接近的观察指标是经营净现金流水平。现阶段，上市快递公司都有着健康的经营现金流，且随着业务规模扩大而不断增长。直营快递中，顺丰独树一帜，经营净现金流明显高于其他通达系的快递企业；通达系快递中，中通与韵达现金流增长最快，其他几家企业的现金流也在稳步增长。

（二）单件中转费用集中反映了公司的成本管控能力

快递公司的主要成本包括两大部分：第一部分是两端的揽件和派件成本，第二部分是中转成本。我们认为，对于快递公司而言，能够集中反映成本管控能力的是中转环节成本。中转环节成本又分为两大部分：一是在转运中心产生的装卸、分拣、打包成本，二是干线运输的成本。

干线运输方面，快递公司基本采用区域集散与点对点相结合的运输网络，网络复杂性较高，需要高水平的路由设计。公司的路由系统会在每一单快递揽收时从备选路由数据库自动挑选适合的路由以及各节点的送达时点要求。各转运中心及加盟商按照系统生成的路由执行快件的运输中转。

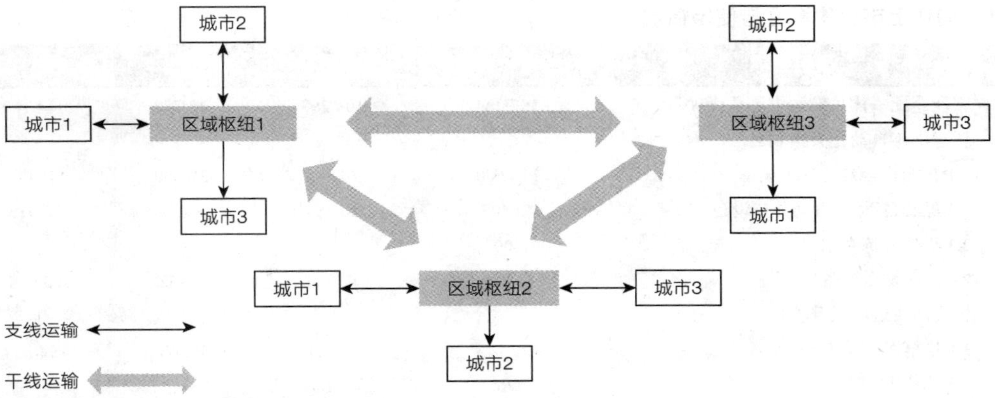

资料来源：韵达股份 2018 年年报。

图25　快递公司普遍采用区域集散与点对点运输相结合的模式

干线运输方面的成本管控需要公司系统能够根据不同线路的业务规模、转运中心分布情况和处理能力及干线车辆运能等因素，在运输成本与时效间寻找平衡点，进行持续的优化调整；并根据各区域的业务完成量、揽收和派送区域分布情况，对转运中心布局和处理能力进行规划与调整，必要时设立新的转运中心。

中转方面的成本管控主要依靠自动化与智能化设备降低人工费用。因此，我们需要重点关注快递公司在自动化设备以及对应的信息系统上的投入。

可以看到，快递企业对于转运中心的自动化改造相当重视，募集资金也很大部分用于相关设备的投入。对应地，快递单位中转成本随着设备与系统的升级有了持续的下降。

这里以韵达为例，单件人力成本由2015年的0.27元下降至2018年的0.07元，转运中心的自动化建设效果非常明显。单件装卸扫描费用、折旧摊销费用虽有所提升，但在人力成本持续上涨的大环境下，低人工的成本结构显然更加健康。

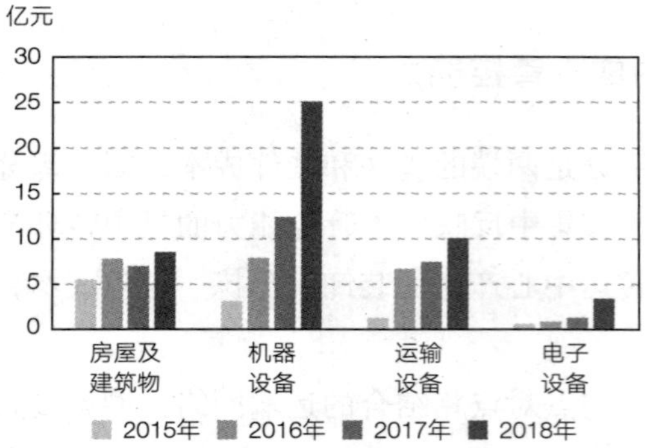

资料来源：韵达股份 2016—2018 年年报。

图26 2015—2018年韵达的各类设备与运输车辆资产增长情况

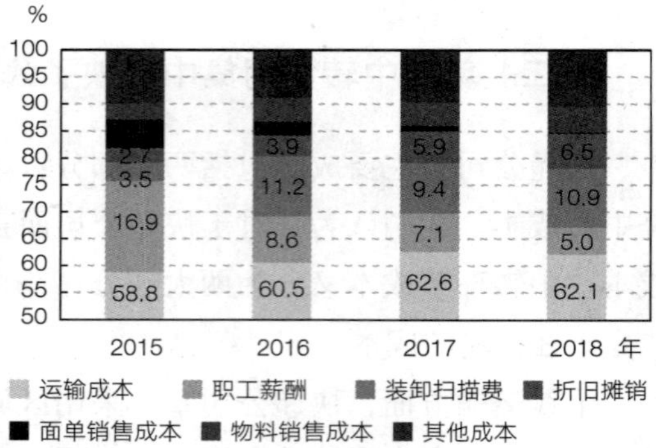

资料来源：韵达股份 2016—2018 年年报。

图27 2015—2018年韵达各项成本占比

表 1 韵达上市募集资金与使用情况

	项目名称	总投资（万元）	2017年	2018年	2019年
1	智能仓配一体化转运中心建设项目	197 284	104 297	48 798	44 189
2	转运中心自动化升级项目				
	2.1 智能化全自动分拣设备	116 600	70 800	27 800	18 000
	2.2 配套自动/半自动分拣设备	40 403	26 489	8 000	5 915
	2.3 小件分拣专用设备	400	400	—	—
	2.4 配套输送设备	47 840	37 214	4 952	5 674
3	快递网络运能提升项目				
	3.1 拖挂车	122 745	22 341	45 570	54 834
	3.2 箱货车	2 765	2 765	—	—
4	供应链智能信息化系统建设项目				
	4.1 硬件设备	40 073	11 932	16 029	12 112
	4.2 软件	3 203	3 203	—	—
	4.3 研发费用	20 685	6 895	6 895	6 895
	4.4 机房建设及配套工程	3 000	2 000	1 000	—
	4.5 终端设备	2 700	1 350	675	675
	合计	597 698	289 686	159 719	148 294

资料来源：韵达股份 2018 年募集资金与使用情况专项报告。

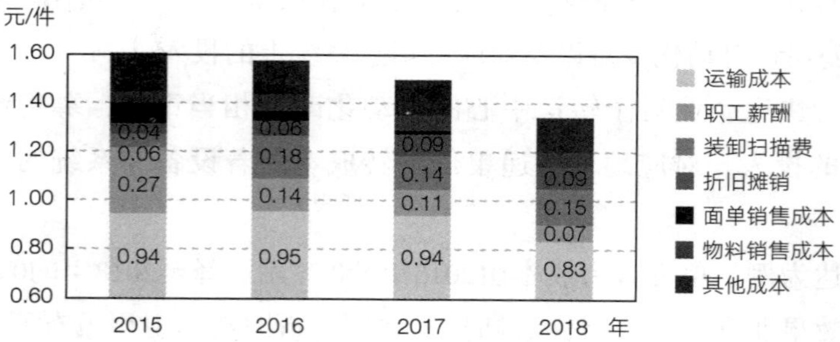

资料来源：韵达股份 2016—2018 年年报。

图28 单件成本构成的变化情况

（三）高研发投入是公司立于不败之地的保障

研发投入也是企业获得成本优势的重要途径之一。行业巨头UPS等公司一年的研发费用在10亿美元左右，顺丰一年的研发费用超过20亿元，高研发投入确保了头部公司不会错过关键的技术进步，始终走在行业前列。这方面通达系快递企业有待加强。

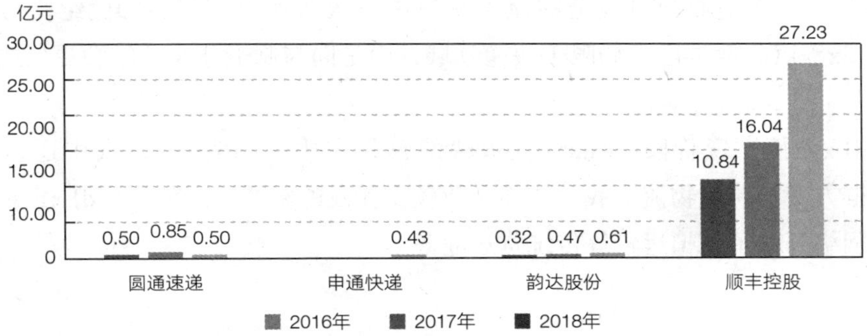

资料来源：上述上市公司 2016—2018 年年报。

图29 2016—2018年上市快递公司研发费用情况

五、由末端配送逐渐向供应链上游延伸是行业发展趋势

（一）仓储前置模式预示快递不会局限于末端配送环节

随着客户对于配送效率的要求不断提升，我们认为快递局限于末端配送的情况会有所改变。

以仓储前置模式为例，传统的快递需要将商品由商家所在地仓库通过网点—转运中心—网点的一整套流程最后到达客户手中。但以京东为代表的物流体系通过强大的存货管理系统及大规模的仓储资源实现了仓储前置的配送模式：商家可以提前在客户所在地附近的仓库备货，当客户下单时，商品并非由商家所在地发出，而是直接从客户所在地周边仓库发出，节约了大量的时间。

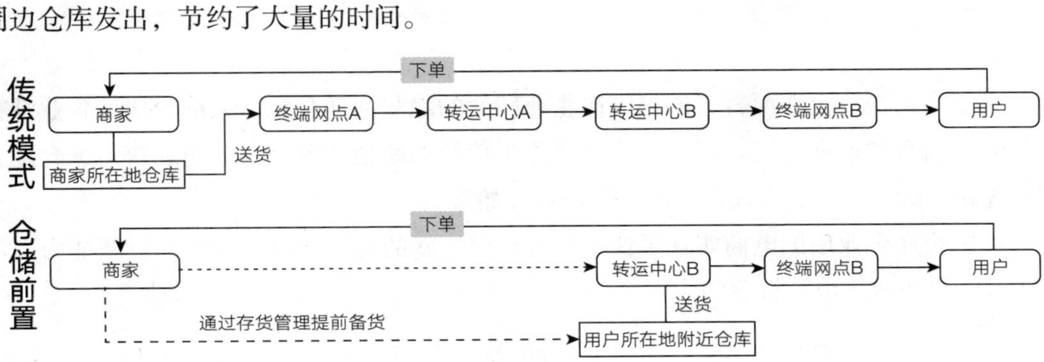

图30 传统模式与仓储前置模式对比

在仓储前置模式中，快递企业不仅负担了末端的配送工作，同时也深入参与了企业（商家）的存货管理，并提供了仓储服务。相比于传统的快递企业，仓储前置模式下的快递企业其实更类似于一个全程供应链物流企业。

（二）快递企业向供应链物流领域发展是大势所趋

事实上，快递企业向供应链物流领域渗透是大势所趋。早在20世纪，行业先驱的UPS、FedEx等巨头就早已不局限于快递领域，而是向与制造业企业结合更紧密的上游领域发展。

以FedEx为例，现阶段FedEx快递板块的营收占比大约为55%，其中还包括货物代理、供应链方案、跨境物流等我国快递企业较少涉及的领域。此外，FedEx还依托自身强大的物流网络开辟了零担运输等传统货运业务。

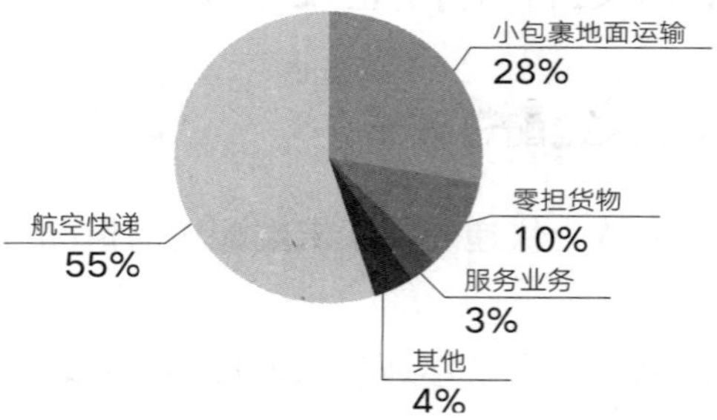

资料来源：FedEx2018 年年报。

图31　FedEx发展的多元化物流业务

表2　FedEx子板块分类

主要业务	分公司	业务内容
快递板块	FedEx Express	航空快递
	FedEx Trade Networks	货运代理与报关
	FedEx Supply Chain System	供应链解决方案
	Bongo	跨境实施技术
地面运输	FedEx Ground	小包裹地面运输
	FedEx Smart Post	小包裹集运商
	GENCO	第三方物流
货运业务	FedEx Freight	零担货运
	FedEx Custom Critical	紧急货运
服务业务	FedEx Services	销售、通信、IT、后台功能
	FedEx Office	文档及商业服务等

资料来源：根据 FedEx 年报整理。

对于中国快递企业而言，向供应链企业转变的趋势同样存在。大部分快递企业都在逐步拓展自身的业务范围。以韵达为例，除了传统的跨地业务外，公司在快运、仓配、同城配送、跨境物流、企业供应链等领域也开始涉猎。

中国快递企业借助电商实现了快速兴起，而广阔的市场与自身持续的创新能力则注定了其不会止步于电商行业的附庸。

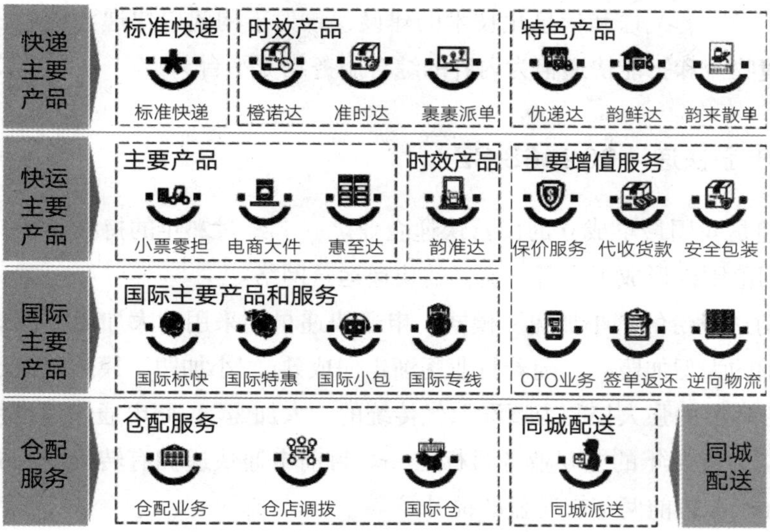

资料来源：韵达股份 2018 年年报。

图32 快递行业借助物流网络优势向其他领域扩展业务

六、产业重点公司介绍

目前，A股上市快递企业共计四家，其中直营系企业有顺丰控股，通达系快递企业分别为韵达股份、申通快递及圆通速递。

（一）顺丰控股（002352.SZ）

顺丰控股是我国最具代表性的直营快递，同时也是国内收入体量最大的快递企业。由于其在国内商务件领域占据主导地位，单件营收远高于全国平均水平。直营化带来的高品质服务使其申诉率常年位于行业最低水平。

作为国内领先的快递物流综合服务商，经过多年发展，顺丰已初步建立为客户提供一体化综合物流解决方案的能力，不仅提供配送端的高质量物流服务，还延伸至价值链前端的产、供、销、配等环节，以消费者需求出发，利用大数据分析和云计算技术，为客户提供仓储管理、销售预测、大数据分析、金融管理等“一揽子”解决方案。

（二）韵达股份（002120.SZ）

韵达股份是国内知名快递物流企业，2018年共完成快递配送69.8亿件，业务量规模排名国内第二，仅次于美股上市的中通快递。作为通达系的代表企业之一，公司率先实行了转运中心全直营化的“小加盟”模式，并取得了不俗的成绩。

公司以科技为驱动力、以大数据能力为载体，通过多样化的快递产品、“最后一公里”“末端100米”的配送和信息化技术的建设，致力于构建以快递为核心，涵盖仓配、云便利、跨境物流和智能快递柜为内容的综合服务物流平台。

（三）申通快递（002468.SZ）

申通快递是我国最早成立的民营快递企业之一。经过25年的持续发展，目前申通快递已经在全国范围内形成了完善、流畅的快递运营网络。

不同于韵达股份的“小加盟”模式，申通快递早期采用“大加盟”模式，拥有大量转运中心级别的大型加盟商。随着行业逐渐走向成熟，“小加盟”模式受益于其对票件中转运输等核心环节的强大控制力逐渐取代传统的“大加盟”，而申通快递也将转运中心的直营化改造作为近两年的主要业务目标之一。目前申通快递拥有转运中心68个，其中直营转运中心60个，较前两年有明显的提升。

（四）圆通速递（600233.SH）

圆通速递是国内知名的综合性快递物流运营商。公司以自营的枢纽转运中心和扁平的终端加盟网络为基础，积极拓展末端网点、优化网络建设，不断提升网络覆盖广度和密度、提高时效水平、提升服务质量，为客户提供最具性价比的快递服务。

拥有自营的航空机队是公司相比其他通达系快递最大的特色所在。截至2018年底，公司自有航空机队数量达 12 架。虽然自营机队前期建设成本较高，但在提升时效性、开拓国际市场及进军冷链等高附加值产品寄送方面能够形成先发优势，但其具体效果还有待公司机队规模进一步成型。

服装产业：

设计师品牌引领个性化消费新时代

刘田田　东兴证券研究所纺织服装组

一、设计师品牌：品牌服装最佳赛道

（一）设计品牌价值链：以设计师为核心

设计师品牌服装指以设计师为核心，产品带有强烈的设计师特色和标志性风格的品牌服装。设计师品牌可以分为三类：以设计师命名的品牌；另起一个名字作为品牌核心；由设计师主导的品牌。设计师品牌独特的设计风格和设计理念，使其品牌忠诚度高于非设计师品牌。

从产业链看，服装产业链一般包括设计、生产、营销三大环节，服装设计占价值链利润的30%~40%，经济附加值高；营销占40%~50%；而生产只占10%~20%。设计和营销环节直接面对消费者，可以创造更高的经济附加值，因此处于价值链的优势地位。而设计师品牌的产业链与非设计师品牌相比，将设计师放在更核心的位置上。

图1　服装行业价值链

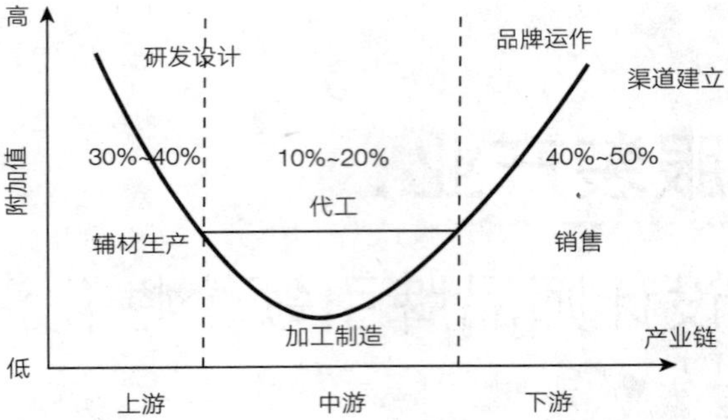

图2　服装行业微笑曲线

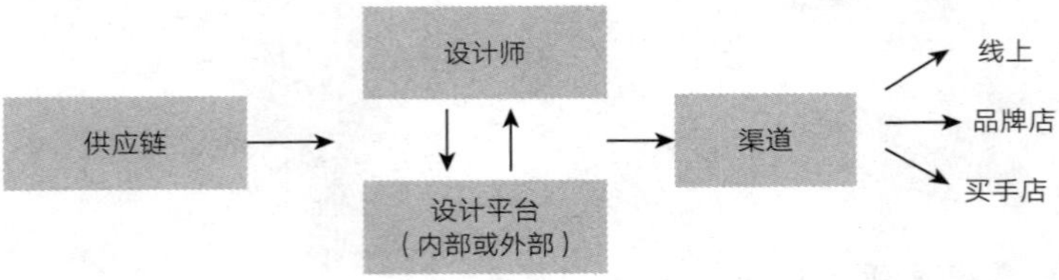

图3　设计师品牌的产业链

设计师品牌最大的特点是个性化程度高使其规模化难度大，具体表现为：

第一，设计的独创性。设计师注重独立思考和判断，他们有强烈的原创欲望，制作的产品具有鲜明的特色。而一般的商业品牌大部分还处在模仿和借鉴国际大牌的阶段，不易撞衫的效果受到追求个性化消费者的追捧。

第二，对象的小众性。独立设计师品牌艺术品位独特，有着自己相对固定的一部分客户群。不少设计师将自己的品牌定位于收入较高、追求个人品位的客户。这样的定位，容易满足现代人讲求个性的需求，在差异化中扩大自己市场影响。

第三，对设计师的高度依赖性。设计师品牌的产品特色，是设计师自己性格的延伸，其风格高度依赖于设计师本身。如果是设计师团队，则设计师团队的稳定性对品牌的稳定性至关重要。

（二）我国设计师品牌仍处在快速成长期

截至2017年底，设计师品牌市场规模达450多亿元，占成人服装市场比重的2.83%。2013—2017年设计师品牌市场复合增速接近26%，远超服装行业里的其他细分行业。未来几年仍将延续20%以上的市场增速，到2022年规模将达到1 340亿元。大众消费的多元、需求的个性化以及对品质生活的向往，是未来设计师品牌市场发展的主要驱动因素。

回顾设计师品牌的发展历程，行业在20世纪90年代经历了初级发展阶段。在20世纪初期，实现了规模化。目前，行业进入品牌化阶段。伴随着2016年江南布衣赴港IPO在联交所挂牌交易，设计师品牌与资本的结合也越来越紧密。

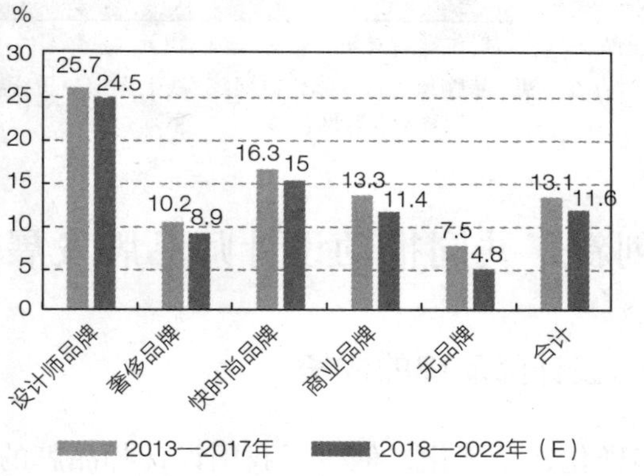

资料来源：江南布衣2017年、2018年年度报告，CIC。

图4 设计师品牌与其他服装子行业CAGR比较

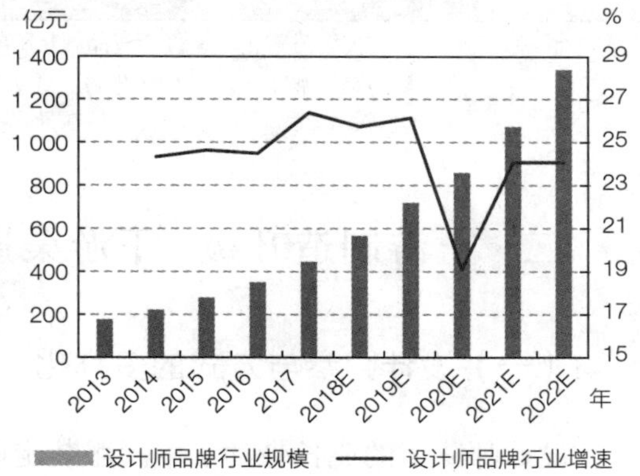

资料来源：江南布衣2017年、2018年年度报告，CIC。

图5 2013—2022年设计师品牌行业规模及增速

表1 中国设计师品牌行业发展历程

时间	发展阶段	行业发展特征
1990—2000年	萌芽阶段	20世纪90年代前我国服装设计师数量少，设计理念不成熟。90年代初期，中国民营服装企业有了快速发展，珠三角地区新建很多服装企业，大批服装设计师进入企业，设计师的职业素养渐渐形成。
2000—2010年	初具规模阶段	1998—2002年规模扩张职业评选、专业大赛、流行趋势发布、国际交流，推出了一大批有影响力的职业服装设计师。设计师在市场磨砺中渐渐成熟，作品风格也日趋国际化。
2010年至今	品牌化阶段	受益于中国服装消费需求发展趋势，设计师纷纷注册成立自己的服装品牌。越来越多的设计师从企业中走出来，成立了设计工作室或自己的服装品牌。

（三）设计师品牌是消费个性化时代的产物

Z世代逐步进入消费人群，带来消费个性化。Z世代是指出生于“95后”“00后”的新一代人，他们已经逐步走入社会，成为越来越重要的消费群体。他们对产品的差异化要求更高，对高端产品的需求也更多。同时，新一代消费者对本土品牌的接受程度更高，这对立志打造优质本土品牌的企业来说，将是前所未有的机遇。

中产阶级的扩大，提升整体消费品质。根据欧睿信息咨询的估算，2017年中国中产阶级的规模为2.46亿人，是拥有中产阶级人口数量最多的国家。到2020年中国的中产阶级和富裕人群将达到4亿人以上，届时将会占总人口数量的29%以上。人群结构的变化带来了消费需求、观念、结构的升级，品质成为中产最基本的要求。

表2 “90前”消费者与“90后”消费者对比

消费人群	消费类型	品牌	营销	渠道
“90前”消费者	传统消费	经历过品牌化阶段，重品牌	广告影响力大	线下为主
“90后”消费者	新消费（个性、互联网消费）	品牌化与品牌去化同时存在，更重视产品本身	品牌和营销一体化，网红营销移动互联网营销	线上渠道颠覆线下

二、上游制造升级、下游渠道创新，共同推动设计师品牌发展

（一）设计师参与方式的多样化，助力设计师品牌的成长

设计师队伍的成长带动了中国服装走向多样化、品牌化，催生了我国设计师品牌的兴起与发展。据不完全统计，目前开设服装与服饰设计专业的大学共有266所，大量服装专业人才走向社会为服装行业的发展奠定了基础。2017年底，我国服装设计师有272万人，但是高端设计师仍存在几十万人的缺口。

目前，服装设计师的参与平台有三类：（1）品牌服装企业内部的专业设计师团队，主要服务于本公司；（2）小型服装设计工作室，提供少量单品的设计概念图、设计样板等；（3）设计师集合平台，由设计师提供设计、平台商提供上游供应链服务和下游渠道。目前国内服装设计仍以内部设计为主，第三方设计平台尚处于发展初期。从市场发展来说，第三方设计服务平台尚少，但是市场潜力巨大。

（二）上游服装工厂的转型升级，为设计师品牌提供生产条件

传统的供应模式下，服装的生产周期长，上新频次低，无法满足时尚性品牌的需求。采用柔性供应链后，服装公司可以从设计到生产到上新，都加快频次、提升效率。另外，近几年，天猫等电商平台在推动设计师品牌的发展方面重要性十足。天猫不仅是提供线上销售的平台，更重要的是天猫还扮演一个资源整合者的角色，在供应链端为设计师品牌对接优质工厂。设计师品牌集合也使许多规模不大但是质量较优的工厂获得新生。

（三）下游买手制新渠道模式，为设计师品牌和消费者建立桥梁

传统服装品牌的商业模式主要通过建立销售渠道进行市场推广。但是买手制反其道行之，从消费者入手，根据消费者的需求采买货品，市场投放更精准。买手店模式能为设计师品牌节约开店、渠道以及营销费用。在世界范围内买手制已经发展多年，在欧美有很多高档百货公司采用买手制来进行经营。

在中国，买手制虽然起步较晚，但发展势头却十分迅猛。2010年前后，买手店最初

出现在某些一线大城市，但当时的买手店规模普遍较小，很多货品也只是来自海外的设计师品牌，商业模式和供应链方面都不够成熟。近几年，买手店在中国的发展势头已经突飞猛进，2015年全国买手店有1 636家，2017年激增至3 781家，增幅超过130%。

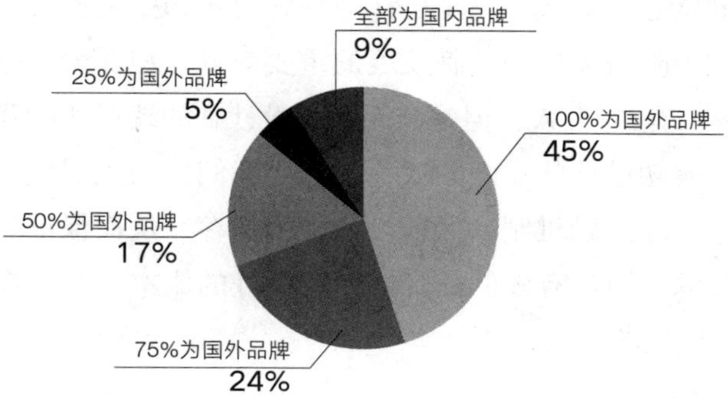

资料来源：搜狐网。

图6 国内买手店国内外品牌产品占比

三、行业渗透率、集中度仍低，品牌成长空间大

设计师品牌作为新兴的流行趋势发展模式尚未成熟，目前行业正处于快速发展阶段，市场规模在不断扩大，但行业集中度较低。从行业角度来看，2013—2017年以来，设计师品牌在整个服装行业的渗透率逐渐提升，由1.86%逐渐增长至2.83%。行业内部格局上，CIC数据显示，2018年行业巨头江南布衣的市场占有率约为9.4%，市场表现较好的地素时尚的市场占有率约为6.3%，其他本土设计师品牌的占有率平均为3%左右。

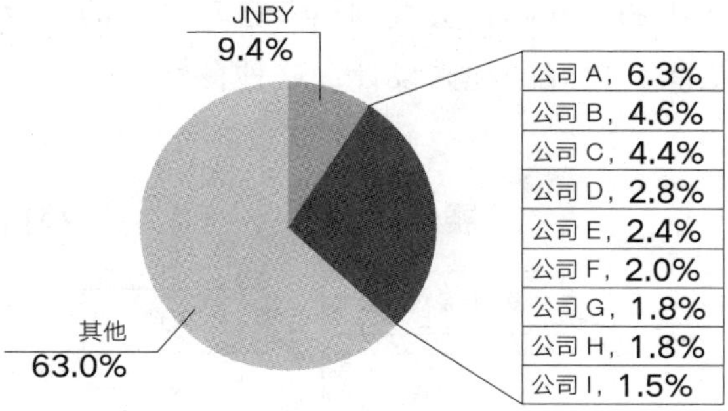

资料来源：江南布衣2017年、2018年年度报告，CIC。

图7 2018年中国设计师品牌Top10市场占有率

设计师品牌规模化的过程中也要克服几大痛点：

第一，设计上的高个性化容易导致目标消费群体数量较小，品牌的销售规模很容易触碰到天花板。

第二，供应链薄弱，小批量生产同时追求品质容易成本高企。设计师品牌很难把控个性化设计与工业化生产之间的平衡。

第三，设计师品牌管理难度大。设计师品牌以设计师为核心，但是公司运营的其他方面往往缺乏经验，尤其在成本控制、库存管理、物流管理、渠道拓展方面。

第四，设计师品牌规模化的过程中面临设计师人才短缺问题，这也是最重要的痛点。设计师是品牌最核心的资产，也是设计师品牌公司的壁垒所在。国内顶级设计是人才相对匮乏，这也成为阻碍设计师品牌发展的重要因素。搜狐大数据分析，我国从事服装设计的设计师人数约有270万人，但是高端服装设计师的缺口达40万人。

回顾江南布衣等成功设计师品牌的成长之路，我们认为克服设计师人才这一痛点，需要公司建立完善的人才激励机制，保证设计师的留存，从而保证品牌基因的延续。而面对供应链和管理难题，通过有效的品牌协同、良好的成本及费用控制使品牌得以有良性循环，从而实现规模化的发展。

四、 拥抱新零售、多品牌发展是方向

（一）国际经验：欧洲大牌服装多来源于设计师品牌

国际上一些著名服装品牌多是从独立设计师品牌起步的。例如，人们熟悉的Valentino、Channel、Dior、Versace，以及新晋的YSL和D&G，品牌启动的初期都是从较小的独立设计师开始。他们通过欧洲成熟的买手制进入市场，继而发展成国际性大品牌。独立设计师→设计师品牌展会、时装周、品牌集成的showroom→买手、多品牌集成店，这几个环节的关键元素构成现在欧洲成熟的买手制产业链生态。在这个成熟的生态链里面，各个大大小小的设计师都会找到适合自身品牌的生存之道，从而也为整个时尚行业带来更多、更新、更好的优秀设计，这种良性生态也让欧洲一直走在时尚界前列。

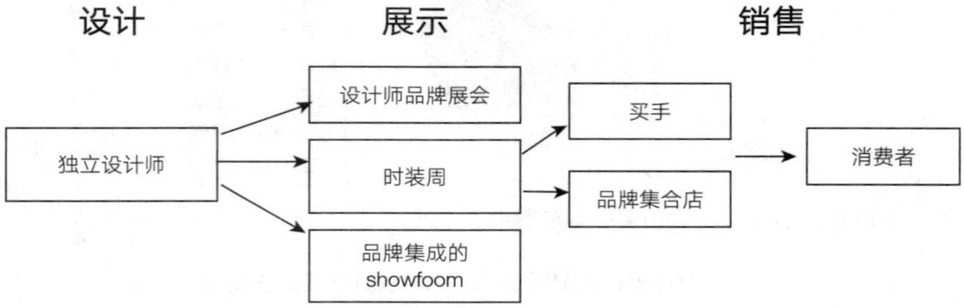

图8　欧洲比较成熟的买手制产业链

（二）中国设计师品牌方向

1. 与新零售模式共同成长

欧洲成熟的买手制产业链，使真正有才华的设计师能成功创造自己的品牌。我国的

设计师品牌发展天然条件落后于欧美，但是随着信息化等的发展，更多渠道模式的出现为品牌发展提供了可能性。从客户群体看，我国设计师品牌的受众群体正是在互联网和信息化时代成长起来的人群，为了触达客户设计师品牌，需要不断拥抱新零售，为自己的品牌发展赋能。

买手店的出现便为一些优秀的本土设计师品牌“雪中送炭”。买手店目前呈现出更多元化的商业模式。比如，联合商业地产，为设计师品牌提供快闪共享空间；提供汇聚了买手店、创意家居、轻餐咖啡甚至健身等多个跨界业态和时尚生活方式的体验服务。除了线下渠道，线上方面网红经济的触角在不断扩展和延伸。网红的粉丝运营及与消费者受众的沟通连接是设计师品牌值得借鉴的方面。与消费者建立情感联系是小众品牌运营急需关注的。但是目前鲜有设计师品牌主动开拓网红运营模式，这将会成为设计师品牌未来需要开辟的新方向。

2. 多品牌战略

设计师品牌个性化强的特点也使其受众群体有限，规模化很容易面临天花板。因此，多品牌是设计师品牌公司进一步做大规模的重要途径。设计师品牌公司基于统一的品牌理念拓展子品牌，同时各品牌拥有独特的设计形象及风格，从而实现各年龄段的品牌矩阵，这是吸引更多忠实客户群、持续扩大规模的关键策略。除了针对高端消费女性，设计师品牌也可以做目标人群延伸，甚至品类延伸。以JNBY为例，JNBY最初的消费者为女性，延伸出其家人对男装（CROQUIS）、童装（jnby by JNBY）的需求，孩子成长以后延伸出对Pomme de terre的需求。此外，在服装层面需求获得满足后，再延伸出对其他品类的需求（如家居JNBYHOME）。

表3　国内两大设计师服装集团的品牌布局

公司	子品牌	成立年份(年)	产品风格	店面数（年）	收入规模（百万元）
江南布衣	JNBY	1990	现代、活力、情趣及坦然，面向25~40岁的女士	832	1 622
	Less	2005	简约、精致、独立及理性	150	238
	REVERB	2018	零浪费的时尚(circular fashion)为品牌哲学，秉持“Athleisure、无性别、再生和灵动”的设计理念	4	6
地素时尚	DAZZLE	2005	定位于引领潮流的时尚品牌，目标消费人群为25~40岁自由率性、自信独立、追求时尚与艺术的都市女性	614	1 135.55
	DIAMOND DAZZLE	2010	定位于高端时装，目标人群为30~45岁，追求高端、精致、时尚生活的优雅女性	46	148.24
	d'zzit	2011	定位于中端潮流女装，目标人群为18~35岁，追求个性，具有颠覆和创新思维的潮流引领者	368	640.41

资料来源：江南布衣 2017 年、2018 年年度报告，地素时尚 2018 年年度报告。

五、产业重点公司介绍

（一）江南布衣

江南布衣是国内规模最大的设计师品牌运营公司，目前运营多个设计师品牌。公司品牌被划分为成熟、成长、初生品牌三大类别，呈现了品牌不同的增长潜力。2019年上半财年成熟品牌JNBY贡献了57%的营收，增速近20%；三个成长类品牌合计贡献营收41.3%，增速超25%，成为收入增长的主要驱动力；初生类品牌营收占比不足2%。

2018年，在国内设计师品牌中，江南布衣的市场占有率约为9.4%，是当之无愧的行业巨头。调研数据显示，江南布衣是辨识度最高的中国女装设计师品牌，也是复购率最高的中国女装设计师品牌。公司的核心竞争力在于优秀设计师团队，以及围绕“粉丝经济”制定渠道和营销战略。公司的设计师团队从首席创意主管到主设计师，每一位均在集团工作超过15年。

作为设计师品牌行业的龙头之一，江南布衣在设计师品牌孵化方面已经积累了成熟经验。目前公司已经形成完善的孵化体系，公司的品牌梯队保证了公司的长期稳定发展。

（二）地素时尚

地素时尚2002年创立于中国上海，是一家多品牌运作的时尚集团，公司品牌风格和时尚内涵得到市场的广泛认可。自成立以来，公司围绕中高端品牌定位，分别创立DAZZLE、DIAMOND DAZZLE、d/zzit和RAZZLE四个知名服装品牌，四大品牌分别存在不同的增长潜力。

公司的核心竞争力在于强大的独立设计研发能力和供应链管理能力。公司拥有189名设计师，并配置配饰、面料开发、图案设计等专业设计研发人员，追踪国际时尚潮流的同时，推进研发创新能力。在供应链信息化管理方面，公司及时有效地汇总处理数据信息，并不断地提升完善信息管理系统。

公司未来的发展点在于现有品牌风格的继续裂变及更多品牌的培养。目前，公司三大女装品牌在风格上存在相近，仅在价位上有明显区隔，公司已引进国际大牌设计师对公司部分产品风格进行变革，以期裂变后的产品风格吸引更多的受众人群。

（三）柏堡龙

柏堡龙自身作为以服装设计、生产为主要业务的公司，其自身在面料研发和打版制作上有着天然的优势。公司原有业务包括匹克、特步、富贵鸟等100多个品牌客户提供设计生产服务，这使其积累了大量的面料及打版的技术与资源。

公司自2017年起开始打造“衣全球”时尚生态圈。“衣全球”是一个围绕设计师的全产业链服务平台，平台整合设计师、买手、面辅料供应商、成衣生产企业，解决产业链各环节痛点。“衣全球”的运营模式：设计师投稿→“衣全球”买手挑选→“衣全球”组织打版、生产→销售。销售分为B2B、B2C两种渠道：B2C 渠道面向柏堡龙设计师品牌集合店1#WOR 线上/线下店；B2B 渠道销售给买手店和品牌服装公司。

“衣全球”通过其拥有的优秀的设计能力和优秀的供应链服务水平，解决了设计师供应链及开店成本高的最大痛点，公司作为设计师平台的发展潜力大。

化妆品产业：

颜值需求拓宽产业空间

魏鹤翀　东兴证券轻工行业研究员

一、化妆品产业发展概况

（一）从无到有叠加消费升级，产业长期增长逻辑清晰

化妆品作为一个兼具日用品和奢侈品双重属性的产业，体现着人类对“美”的追求。化妆品主要包括面部护肤及彩妆产品，更广义范围内还包含身体护理、婴童用品等日化产品。中国的美妆消费意识自古皆有，从1830年扬州谢馥春的香粉铺，到如今国内外品牌互为竞争，中国化妆品行业进入高速成长阶段。据Euromonitor，2017年中国化妆品市场规模达到2 210.72亿元，同比增长11.9%，已经成为全球第二大化妆品市场。

化妆品产业的高速成长，表现出中国双主线引领化妆品市场发展：一方面，年轻和高线群体经历从“0”到“1”的消费过程，市场规模高速扩张；另一方面，高偏好的消费者从低端市场逐渐转向高端市场。量价齐升持续推升化妆品行业景气度。但对标成熟的日本市场，中国化妆品市场触及天花板尚早，行业长期发展的确定性强。2017年中国人均化妆品支出仅为181元，远不及日本（1 196元）。对标接近饱和的日本市场，中国的化妆品市场有望发展到万亿元以上的体量。

表1　化妆品分类

分类	产品
护肤品	面部：洗面奶、爽肤水、乳液、精华、面霜、眼霜
	身体：身体乳、身体护理精油
	手部：护手霜
彩妆	面部彩妆：粉底、腮红、修容、高光
	唇部彩妆：口红、唇部打底
	眼部彩妆：眉笔、眼影、眼线、睫毛膏
其他品类	头发护理、口腔护理、沐浴清洁、男士用品
	婴童产品、香水等其他

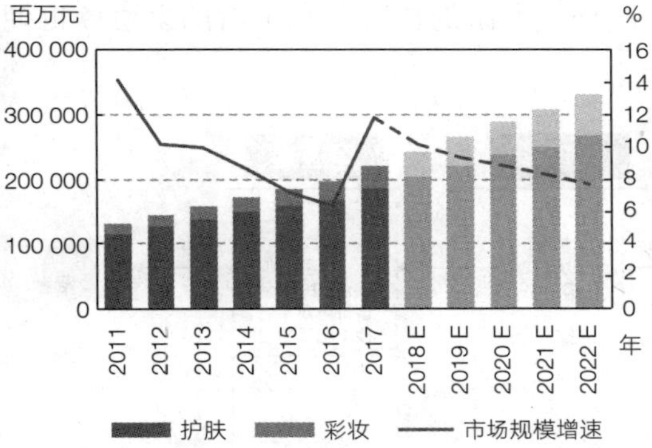

资料来源：Euromonitor。

图1　2011—2022年中国化妆品市场规模

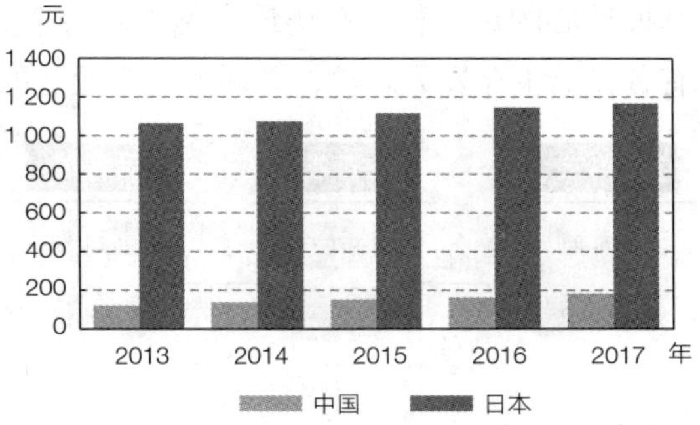

资料来源：Euromonitor。

图2　2013—2017年中国与日本人均化妆品支出对比

（二）化妆品产业正处于高速成长阶段

从产业发展的角度来看，化妆品产业脱身于现代化工产业。中国的化妆品产业发展历程可以划分为四个阶段：

第一，19世纪至1978年，本土工厂成立阶段。在19世纪50年代公私合营的浪潮下，上海明星家用化学品制造厂、谢馥春日用化工厂等日化工厂成立，生产肥皂、蛤蜊油、雅霜等价格低廉、原料简单的产品。

第二，1978—2000年，国产品牌发展阶段。工业化生产促进了化妆品行业的发展，大宝、小护士、雅倩、美加净等物美价廉、形象亲民的国产化妆品风靡全国上下。

第三，2000—2010年，外资涌入大举并购阶段。20世纪初期，雅诗兰黛、欧莱雅、资生堂等国际化妆品巨头逐渐在中国市场站稳脚跟，开始大举并购战略。2004年欧莱雅收购小护士、羽西，2008年强生收购大宝，2011年Coty收购丁家宜，大部分品牌收购后遭遇雪藏。国际品牌市场份额快速扩张，本土品牌错过行业发展前期的黄金时段。

第四，2010年至今，本土品牌复苏阶段。化妆品需求爆发，消费群体扩容和高端化成为化妆品需求的两大助推器，带动化妆品产业链上游繁荣发展。而品牌端，尽管国际品牌的综合竞争力仍占上风，但其本土化进展不如预期，国产品牌把握机遇，借助新渠道、新营销方式重新进入大众视野，与国际品牌的差距逐渐缩小。

（三）产业链各环节经营规模和盈利能力差异明显

化妆品长期增长逻辑清晰，带动产业上下游繁荣发展。沿着产业纵向流通的顺序，化妆品产业可拆解为上游原料设备供应与生产端，中游品牌端，下游代理端及渠道端，各环节经营规模和盈利能力差异明显。中游的品牌端毫无疑问成为附加值最高的环节，掌握核心的定价权，有望最先跑出巨头企业；此外，上游的代工厂和下游的渠道商也拥有各自的生存发展之道，共同分享产业链的利润。

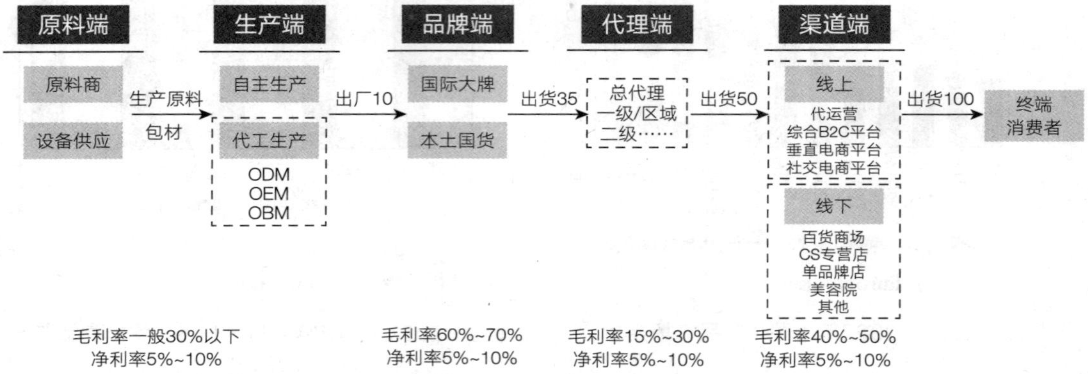

资料来源：峰瑞资本．化妆品一路向贵，但你的脸真的价值百万吗？［R］. 2019。

图3　化妆品产业链构成

表2　化妆品产业环节代表企业

产业链	代表企业	市值（亿元）	营收（亿元）	营业利润（亿元）	毛利率（%）	净利率（%）
生产端	诺斯贝尔	—	19.78		30	10.14
	栋方股份	1.08	1.81	0.1	33.92	5
品牌端	上海家化	197.48	71.38	6.46	62.79	7.57
	珀莱雅	125.25	23.61	3.88	64.03	12.14
	御家汇	37.35	22.45	1.58	51.67	5.68
渠道端	唯品会	54.3	843	17	20.2	2.5
	聚美优品	3.05	43	-3	25.43	2.74

资料来源：Wind。

二、上游：原料行业处于起步阶段，代工产业进入洗牌时代

（一）原料商：全球市场梯度分明，国内原料研发生产技术待提升

国内原料商生产能力整体落后，后向制约国内品牌的研发能力。从全球化妆品原料生产商格局来看，国内化妆品原料生产商处于第三梯队，能实现基础的保湿滋润等功能，但高阶工艺的关键性原料对国外生产商的依赖度较高。在技术研发能力、测试检验系统及化妆品产业认知能力等方面的落后，导致国内原料商的生产水平整体落后于国际，并后向制约着国内品牌商的研发能力。

此外，原料生产上的差距使国内原料端存在较多降低纯度、以次充好、以相似原料替代、添加微量激素等造假现象，更进一步地影响国产品牌的研发能力，并对整体国产化妆品形象带来负面影响。

表3　化妆品原料供应商分布情况

	国家	代表性原料生产企业
第一梯队	美国	Ashland（亚什兰）、Lubrizol（路博润）、DowCorning（道康宁）
	欧洲	BASF（巴斯夫）、DSM（帝斯曼）、Clariant（科莱恩）、Evonik（赢创）、Symrise（德之馨）
第二梯队	日本	NissinOillio（日清奥利友）、NikkolChemicals（日光化学）、Shin-Etsu（信越）、Ajinomoto（味之素）、Sumitomo（住友）、TAYCA（帝国化学）
第三梯队	韩国	SK、KCC、Kelon
	中国	蓝星、丽臣、华熙、天赐、新和成

资料来源：中国日化工业信息中心．中国化妆品原料产业界的现状和使命（Ⅰ）［R］. 2019。

表4　中国、日本、韩国原料产业对比

项目	中国	韩国	日本	中国潜在优势
低端合成护肤油脂	强	弱	中	较强
高端合成护肤油脂	弱	中	强	市场需求逐渐提升，受限于批量，国产质量不够精致
乳化剂	弱	中	强	聚甘油系、烷基糖苷类、蔗糖酯、卵磷脂系，国内质量不够精致
保湿剂	强	弱	强	强，但生产商不注重化妆品产业
单体活性物（提取）	强	弱	中	强，但生产商不注重化妆品产业
单体活性物（合成）	中	中	强	正在崛起，未来主攻方向（α-熊果苷、葡萄糖甘油、ECTOIN等）
防腐剂	中	弱	弱	正在崛起，未来主攻方向（对羟基苯乙酮、二醇等）
香精	弱	强	强	
功能粉体	弱	中	强	
防晒剂	强	弱	弱	比较强，基本为代工厂
高端表面活性剂	中	中	强	正在崛起，未来主攻方向（胺基酸系、羧酸系等）

资料来源：中国日化工业信息中心．中国化妆品原料产业界的现状和使命（Ⅰ）[R]. 2019。

（二）代工厂：行业竞争白热化，中国龙头企业具备良好成长空间

化妆品生产端主要采取自行生产和委托生产两种模式。少数化妆品企业拥有独立生产线、可完全自主实现化妆品研发生产，大多数为压缩产品周期和费用采取代工模式（OBM、OEM和ODM）。

表5　化妆品代工厂分类

模式	主要内容	特点
OEM	客户提供配方，按要求采购原材料及生产样本	只负责生产，对研发能力要求不高
ODM	自行研制配方，生产产品，品牌商贴牌	研发能力是核心竞争力
OBM	自有品牌输出，提供从生产到营销一站式服务	全方位考察研发、生产、营销等能力，比较吸引处于初创期的小众品牌

代工环节提供产能和技术支持，增长稳定，波动较小。常见的代工类企业在某一流程上专精，相较于自主生产往往效率和产能更高，且能以自身经验在生产研发上对品牌提供一定的帮助。技术和生产导向的2B业务意味着代工环节拥有比下游更加稳定的增速和抗风险能力，是分享国内化妆品消费市场增长的合适选择。

技术优势+客户资源决定代工厂竞争优势。品牌企业通常会同时和数家优质代工厂确立稳定的合作关系。知名代工厂如意大利的莹特丽，韩国的科丝美诗、科玛等包揽了众多一线品牌。但国际大厂普遍存在的短板是生产周期较长、生产成本偏高、对个性化需求响应不及时，这就给本土的代工企业创造了发展空间。以韩国代工厂为例，把握趋势、适应韩妆快速推新节奏的本土企业科丝美诗积累大量国内订单，形成规模和成本上的优势，并通过不断的技术创新逐渐获得国际大牌的订单。

表6　各大代工厂对比

国家	代工企业		国际品牌	国内品牌
意大利	莹特丽	中高端	美宝莲、雅诗兰黛、欧莱雅	
		大众端		自然堂、毛戈平、完美日记、玫琳凯
韩国	科丝美诗	中高端	雅诗兰黛、兰蔻、迪奥、资生堂	
		大众端	植村秀、巴黎欧莱雅	韩束、伽蓝集团、上美、百雀羚、卡姿兰
	科玛	中高端	香奈儿、兰蔻、雅诗兰黛、兰芝	佰草集
		大众端	谜尚、菲诗小铺、悦诗风吟	伽蓝集团、上美、高姿
中国	诺斯贝尔	中高端	资生堂	佰草集
		大众端	屈臣氏、妮维雅、雅芳、曼秀雷敦	韩后、御家汇、东方风行
	栋方股份	中高端		阿芙
		大众端		植萃集、韩后、瓷肌等
	上海永力笔业	中高端		
		大众端	悦诗风吟、伊蒂之屋、谜尚	稚优泉、韩后、自然堂

资料来源：峰瑞资本．化妆品一路向贵，但你的脸真的价值百万吗？［R］. 2019。

中国代工行业竞争激烈，优胜者具备良好的发展前景。代工行业毛利率普遍在30%左右，利润空间小于下游品牌端。加之国外大型代工厂的入驻，直接挤压中小代工企业的生存空间。在原料价格上涨、准入门槛提高、竞争加剧等冲击下，行业拉开整合趋势，2017年中国持证化妆品生产企业减少近500家。大浪淘沙的竞争直接利好龙头企业，形成生产技术和客户资源上的集中。代工龙头企业具备本土生产的成本控制优势，有望逐步拓宽成长空间。

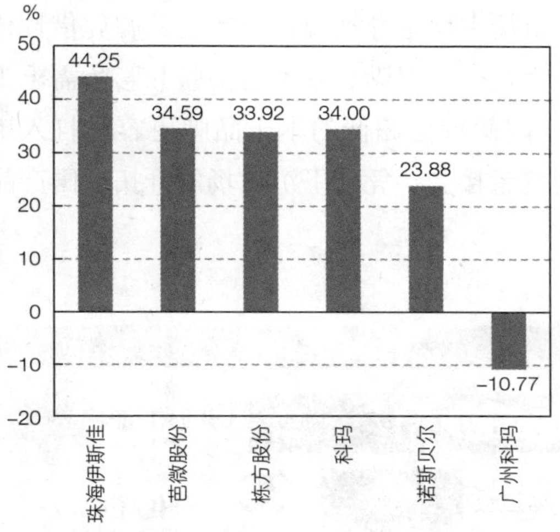

资料来源：Wind。

图4　中国代工企业毛利率水平情况

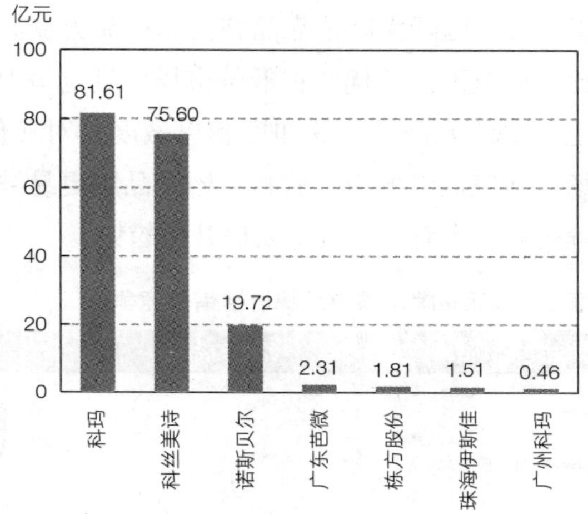

资料来源：Wind。

图5　中国代工企业规模

三、中游：品牌端掌握定价权，国货突破需多维发力

（一）品牌端掌握定价权，为产业链高附加值环节

化妆品价格构成中，品牌端占据主导地位。化妆品终端售价远高于其初始成本，品牌商和渠道商是重要的提价环节。品牌商的毛利率普遍处于50%~60%的区间，净利率为5%~15%，高利润空间的品牌环节有望最先跑出本土巨头公司。

表7　化妆品价格组成

上游	价格组成（%）	中游	价格组成（%）	下游	价格组成（%）
原材料及包装	8	品牌商费用	20	渠道商费用	40
生产商费用	1	品牌商利润	5	渠道商利润	10
生产商利润	1	代理商费用	10		
		代理商利润	10		

资料来源：Wind。

品牌溢价决定定位，营销能力+产品研发决定溢价空间。掌握定价权的品牌商，其品牌的溢价能力直接影响产品的价格和定位。沿着品牌溢价形成的营销和研发两大来源，我们可以进一步剖析国产品牌的生存现状和潜在路径。

（二）国际品牌与国内品牌错位竞争，本土品牌需发力多品牌

中国正处于第二消费时期向第三消费时期过渡阶段，化妆品的高低端市场分布接近3：7。国际大牌依靠品牌力和产品力在高端市场占据主导地位；而本土品牌凭借性价比、渠道下沉等优势在低价市场更具竞争力。大众市场以满足基本的护肤和彩妆需求为主，定位人群品牌认知度和忠诚度相对较低，因此价位偏低的本土品牌更容易打入市场。在三四线城市及农村，国产品牌更易被消费者接受。凭借下沉市场的开拓，国产品牌的市场占有率呈现不断提升的趋势。

表8　国际品牌与国内品牌价格错位竞争

	国内品牌	国际品牌
高端 >500元		LA MER；clé de peau BEAUTÉ；GUERLAIN PARIS；HR；la prairie；GIORGIO ARMANI；CHANEL；SHISEIDO GINZA TOKYO
中高端 300~500元	佰草集 HERBORIST	LANCÔME PARIS；ESTĒE LAUDER COMPANIES；YSL
中端 200~300元		OLAY；Kiehl's SINCE 1851
中低端 100~200元	百雀羚；CHANDO 自然堂；PROYA 珀莱雅	MAX FACTOR；L'ORÉAL PARIS 巴黎欧莱雅；innisfree；ETUDE HOUSE
低端 <100元	一叶子；美加净 maxam；Dabao；完美 PERFECT	

表9　中国化妆品市场占有率情况——以品牌划分　　单位：%

彩妆	2015年	2016年	2017年	市场占有率变化	护肤	2015年	2016年	2017年	市场占有率变化
美宝莲	17.5	15.8	13	–4.5	百雀羚	3.4	4	4.5	1.9
欧莱雅	9.4	8.6	7.4	–2	玫琳凯	5	4.1	3.6	–1.8
卡姿兰	5.6	5.5	5	–0.6	欧莱雅	4.1	3.7	3.3	–1.4
DIOR	3.1	3.4	4.7	1.6	自然堂	2.5	2.8	3.1	0.8
MAX FACTOR	—	2.8	3.4	0.6	OLAY	3.9	3.2	2.8	–1.8
悦诗风吟	1.7	2.8	2.7	1	韩束	2.4	2.7	2.7	1.1
兰蔻	2.1	2.4	2.6	0.5	兰蔻	2.1	2.1	2.5	0.3

续表

彩妆	2015年	2016年	2017年	市场占有率变化	护肤	2015年	2016年	2017年	市场占有率变化
香奈儿	2.2	2.1	2.5	0.3	雅诗兰黛	2.1	2	2.5	0.5
玛丽黛佳	2.2	2.4	2.5	0.3	萃雅	1.7	2.1	2.1	0.6
韩束	2.9	2.8	2.4	−0.5	一叶子	0.9	1.3	2	1.1
YSL	0.5	1.1	2.2	1.7	佰草集	2.1	2	1.8	−0.4
MAC	1.2	1.6	2.2	1	完美	2.3	2.1	1.8	−0.5
玫琳凯	3.1	2.4	1.9	−1.2	珀莱雅	2.1	1.9	1.8	−0.4

资料来源：Euromonitor。

中国化妆品公司的整体市场占有率与国际龙头还存在一定的差距。主要是因为国际集团在品牌、品类和各价格带上的布局齐全，各品牌相辅相成。本土公司对单一品牌或品类的依赖过大，且定价被压制在中低端，使公司层面的市场占有率落后较多。在单一品牌上的突破证明了本土企业的品牌培养能力，多维品牌的打造及高端品牌的培育将是下一阶段本土企业的发展重点。

表10　中国化妆品市场的市场占有率情况——以公司划分　　单位：%

彩妆	2015年	2016年	2017年	市场占有率变化	护肤	2015年	2016年	2017年	市场占有率变化
巴黎欧莱雅	31.1	29.8	27.8	−3.3	巴黎欧莱雅	10.9	9.7	9.6	−1.3
LV	5.7	5.6	6.8	1.1	上海上美	3.3	4	4.7	1.4
爱茉莉太平洋	5.4	6.7	6.1	0.7	百雀羚	3.4	4	4.5	1.1
雅诗兰黛	3.7	4.2	5.7	2	资生堂	4	4	4.3	0.3
卡姿兰	5.6	5.5	5	−0.6	宝洁	4.7	4	3.9	−0.8
资生堂	3.7	3.6	3.5	−0.2	珈蓝	3.2	3.6	3.9	0.7
科蒂	—	2.8	3.4	0.6	雅诗兰黛	3.1	3.1	3.7	0.6
香奈儿	2.2	2.1	2.5	0.3	玫琳凯	5	4.2	3.6	−1.4
上海飞扬	2.2	2.4	2.5	0.3	爱茉莉太平洋	2.8	3.4	3.4	0.6
上海上美	2.9	2.8	2.4	−0.5	上海家化	3	2.8	2.5	−0.5
玫琳凯	3.1	2.4	1.9	−1.2	李锦记	2.1	2.5	2.5	0.4
IMC	1.9	1.8	1.7	−0.2	拜尔斯道夫	2.1	2.1	2	−0.1
LC	1.1	1.4	1.3	0.2	珀莱雅	2.2	2	1.9	−0.3

资料来源：Euromonitor。

（三）把握消费变迁趋势，国货寻求弯道超车的机会

分品类来看，彩妆与护肤市场的成长逻辑存在一定的差异。

1. 护肤：进入门槛较高，营销+研发双轮同步累积品牌价值

国产品牌仍处于“营销驱动”发展阶段，营销投入加大、营销方式趋于多元化成为国产品牌崛起的重要推力。目前，国货护肤产品普遍定位大众市场，旨在以高性价比的

产品满足新进入消费者的基础需求。在这一区间，产品间无显著区别，营销是决定企业规模的关键。在过去两三年中，国内社交平台、自媒体的兴起带来了颜值经济、社群经济等新兴营销模式，国货也由此把握机会，成功打进下沉市场。

但大众产品线的提价能力有限，且化妆品消费主力的年轻人愿意为品牌和服务付出溢价，对高端美妆品牌的热爱远高于其他年龄段。在他们的主导下，化妆品类上的消费趋势滚滚袭来。本土企业若要与跨国集团达到同一高度，高端市场是必攻之地。本土品牌的高端化需在以下两方面持续努力。

（1）重视研发投入提升产品力，营销+研发双轮需平衡。在爆款营销、内容营销持续发力的同时，研发端是本土企业不可忽视的环节。中国化妆品企业的研发费用率虽已较为接近国际水平，但整体投入的绝对值仍相差较远；从原料端的原料研发到生产端的产品加工配制均无法匹敌国外知名品牌。如何提高研发费用效率，打造具有竞争力的产品是国内品牌商亟待解决的问题。

（2）把握消费趋势，寻找弯道超车的机会。核心消费人群的迭代、消费环境的变化带来化妆品消费趋势的不断潜移，为本土企业后来居上创造了有利条件。例如，护肤品中“成分党”的出现，既源自新生代“95后”“00后”消费者品牌意识逐渐淡化，也代表着去品牌化的消费趋势在化妆品中的体现，这就成就了新晋国货HomeFacialPro、薇诺娜等品牌的崛起。随着化妆品需求逐渐走入多元化、细分化、碎片化，国货有望凭借敏锐的本土洞察力打造在需求和情感上均贴近国人需求的化妆品牌。

表11　化妆品企业费用构成表

	上海家化	珀莱雅	御家汇
销售费用（亿元）	29.0	8.9	8.5
占比（%）	40.6	37.5	37.7
管理费用（亿元）	8.8	1.7	1.0
占比（%）	12.4	7.3	4.6
财务费用（亿元）	0.6	-0.1	0.1
占比（%）	0.9	-0.5	0.3
研发费用（亿元）	1.5	0.5	0.5
占比（%）	2.1	2.2	2.0
营收（亿元）	71.38	23.61	22.45

资料来源：Wind。

2. 彩妆：进入门槛较低，“类快时尚”消费习惯下依赖营销投入

彩妆消费存在以下四个特点：

（1）彩妆产品使用周期较短，产品迭代快。

（2）彩妆产品的研发和创新要求较低。

（3）彩妆产品单价较低，消费者试新成本较低。

（4）消费者购买彩妆首要的考量是颜值和使用感（可见和可直接感受），对安全性和工艺的要求小于护肤品，对新品牌的接受度也高于护肤品，试新意愿更高。

因此，对彩妆的营销投入后，引流和转化路径更为顺畅，但也注定了彩妆品牌的护城河较窄，赛道中的竞争更为激烈。随着品牌数量的快速增长，彩妆市场格局愈加分散。国内化妆品上市公司皆以护肤产品为主情况，侧面佐证了单纯依赖彩妆的企业难以做大规模。但在扩品类的过程中，彩妆品类能够成为企业收入快速增长的来源。

四、下游：线上＋线下多位引流，渠道创新加快

（一）线上：社交电商平台崛起，线上渠道持续引流

线上渠道格局趋于多元化，新兴渠道不断崛起。随着线上渠道的发展趋于成熟期，传统电商平台的增长基本稳定，新兴渠道成为增量流量红利。

团购电商平台：拼团促销方式以低价策略吸引众多消费者，以拼多多、云集为首的新兴团购式电商渠道销售额快速增长。

社交电商平台：在社交平台的发展过程中，营销与销售界限逐渐模糊，“社交+电商”模式成为电商渠道发展的大趋势。社交平台成为越来越多消费者获取美妆信息的重要渠道，以小红书、微博为首的社交平台在年轻消费者中影响力度越来越大。社交媒体的兴盛、美妆KOL的带货能力为新品牌、新产品的崛起提供新机遇。

表12 线上渠道模式趋于多元化

分类	电商平台	特点
B2C平台	天猫、京东	品牌商直接授权官方旗舰店，有品质保证
C2C平台	淘宝	多为个人零售店，品牌小、多、杂
垂直电商平台	唯品会、聚美优品	品牌商直接授权代理商代运营
新兴渠道	拼多多、云集	团购形式，主打低价营销策略
	微店、小红书	内容集合平台，流量变现渠道

（二）线下：新兴渠道风口已现，单品牌店实现“产品＋服务”最佳结合

当传统百货面临客流下滑，专营店面临高成本、低效率等多方面挑战时，以单品牌店为代表的全品类一站式、体验式业态逐渐引领化妆品线下渠道的新风潮。与传统渠道相比，单品牌店存在以下三个方面的优势：

第一，渠道下沉的最优门店形式，加深品牌印象，抢占消费者心智。三四线城市消费者较多的闲暇时间奠定了体验式业态的发展基础。作为“产品+服务”结合的绝佳场所，单品牌店成为渠道下沉的最佳门店形式。一方面，形象感优于专营店，通过品牌特色的装修风格，门店可直接确定品牌定位和形象，以好的形象感抢占消费者的心智；另一方面，服务体验优于百货商店，围绕优质产品，单品牌店可以打造更加个性化的服务体验。

第二，美容体验服务开辟新市场，增强客户黏性和产品连带率。作为独立门店，单品牌店可开设护理专区，使用自有产品提供专业美容服务，开辟出新市场。中国的美容院市场目前品牌力较弱，使用的常常是三无产品。单品牌店通过开拓美容增值服务可直接替代无品牌的美容院，在服务过程中可有效增强客户黏性，促进全套产品的连带购买。

第三，缩短供应链条，提高渠道流转效率。自建单品牌店，品牌商可有效减少中间经销、代运营的渠道成本，提高渠道效率，最大限度地攫取产业链的利润空间。供应链环节减少，品牌商能更直接地感知消费趋势的变化，灵活满足市场需求。

表13　化妆品渠道商的对比

分类	百货专柜	商超/卖场	日化专营店	单品牌店
品牌数量（个）	20~30	10~60	<10	1
产品定位	中高端	中低端	中端	中高端
价格区间（元）	200~2 000	40~300	40~300	300+
服务内容	美容导购、美容咨询	简单的产品咨询	简单的产品咨询	美容导购、产品体验
终端特点	通过设立专柜树立品牌形象，竞争激烈，知名度、销量低的品牌易被淘汰	中低端产品的重要销售渠道，进入门槛较低	二三线城市及乡镇的专营店数量众多，本土品牌占据主导	独立门店，品牌形象突出；提供美容体验、皮肤测试等多样服务，客户体验感佳

资料来源：珀莱雅首次上市招股说明书。

市场开拓期，外资单品牌店发挥了排头兵的作用。早期的外资单品牌店以悦诗风吟、伊蒂之屋为代表的韩系和欧舒丹为代表的欧美系为主，在国内市场发挥了排头兵的作用，培养了群体的消费习惯。随着国货品牌商逐渐重视单品牌店的机会，门店数量的增加带来竞争加剧，韩系门店在国内仅靠先发优势抢占下沉市场而无长期品牌运营战略的弊端逐渐暴露。2017年韩国总部决定停止菲诗小铺单品牌店的拓展，并定下逐步退出计划。

门店扩张期，国货单品牌店百花齐放。在门店数量的快速拓展期，国货单品牌店模式依托本土优势迅速抢占下沉市场，与开店集中在一线购物中心的国际品牌开展错位竞争。起步较早的植物医生，目前已拥有超过3 000家门店；珀莱雅旗下的优资莱单品牌店，精确定位中档大众，在三线、四线、五线市场的开拓进展良好。单品牌店已成为带动销量的重要渠道，有望在未来三年内成为线下增量的主要来源。

表14 各品牌的单品牌模式对比

门店	优资莱（珀莱雅）	佰草集	植物医生	林清轩	膜法世家	樊文花
数量（家）	1 000	200	2 800	370	505	3 700
形态	健与美智慧门店，皮肤测试+护肤方案，茶疗体验区	“养美空间”产品+专业SPA护理，轻彩妆试妆服务	产品+体验 会员模式、 护理模式 倡导环保	新零售 手淘+钉钉 全产业链经营模式	现场试用、皮肤护理、深度体验	产品+服务的新型线下体验店模式，免费享受面部护理
渠道	专卖店、超市店中店、百货店	百货专柜	街边店	百货商店、购物中心、标准店、旗舰店	CS、电商	百货商店、购物中心、化妆品小店
产品	SKU：400个 护肤、彩妆、美妆工具、身体护理、保健产品	SKU：约50个 草本护肤品、低价彩妆	SKU：400个 复方精油、清洁膏、面膜、身体乳	SKU：200多个 手工皂、山茶花油、芦荟膏、面膜	SKU：100个 面膜、男女士护肤品、去黑头产品	SKU：300个 单品美白为主，洁面、爽肤水乳、面膜、精华
运营	加盟、代理	加盟	直营+加盟	直营	直营+加盟	直营+加盟
形象	墨绿色和白色相间，天然、清新、科技	清新绿色	绿色为主	草绿色+原木色，田园风	绿色，体现草本天然	草绿色，草本天然

资料来源：一点资讯。

五、产业相关上市公司介绍

化妆品行业长期增长逻辑明确，产业链龙头共享庞大增量。上游生产商格局分散，代工厂商大浪淘沙胜者为王；中游国产品牌增长势头强劲，构建长期竞争力的品牌商有望最先跑出行业巨头；下游渠道模式创新不断，单品牌店助力品牌下沉。

（一）青松股份（300132.SZ）

青松股份是全球规模最大的合成樟脑及系列产品生产企业，收购国内最大的化妆品ODM厂商诺斯贝尔，成功切入化妆品行业，打开利润新增长点。

代工厂商增长稳定，抗风险力强，本土龙头成长可期。诺斯贝尔是国内最大的化妆品ODM厂商，产品涵盖面膜、护肤品和湿巾三大系列，面膜产能全球第一。与屈臣氏、资生堂、御家汇等国内外众多品牌均建立合作关系。作为本土企业，诺斯贝尔有望凭借较低的人力成本和较强的盈利能力，与国际大厂一决高下。

（二）珀莱雅（603605.SH）

珀莱雅公司是一家专注于化妆品研发、生产和销售的美妆企业，旗下拥有珀莱雅、优资莱、韩雅、悠雅、猫语玫瑰等多个品牌，产品覆盖护肤品、彩妆、清洁洗护、香薰等多领域。公司产品侧重于大众护肤品，营销网络重点布局国内二三线城市。

卡位大众化妆品消费市场，多品牌拓品类策略稳步进行。公司产品主定位大众端，满足美妆消费从无到有阶段，化妆消费群体持续拓展为公司持续贡献营收增量。公司不断发力产品矩阵的构建，从单品牌、单品类向多品牌、全品类发展，新锐彩妆品牌增长势头强劲、潜在空间巨大；搭建生态平台化机制进行新品牌孵化，品牌建设进展良好。

线上线下全渠道布局，单品牌店布局加速。公司线上渠道保持高速增长，线上收入占比从2014年的16%快速提升至2018年的43.6%。线下方面，公司加快对直营单品牌店的布局，旗下优资莱、悦芙媞单品牌店在三四线城市反响良好。单品牌店在产品展示和销售功能之余，也是提供体验和服务的最佳场所，符合下沉市场的消费习惯。

（三）上海家化（600315.SH）

上海家化公司主要从事化妆品、个人护理、家居护理用品的研发、生产及销售，旗下品牌包括佰草集、高夫、美加净、启初、六神、家安等。公司以差异化的产品和品牌定位覆盖不同年龄和消费层次的消费需求。

产品全方位布局，品牌差异化定位。公司多元化业务线协调发展可为公司全方位创收，避免单一化业务局限。战略转型下，公司品牌定位逐渐高端化、年轻化、细分化。美加净、六神等大众护理系列加快向年轻化转型，跨界合作动作不断，期待重焕新光彩；公司收购母婴品牌汤美星，满足细分化需求。

百年日化龙头，高端品牌转型可期。作为公司的战略发展重点，佰草集主攻高端市场，逐渐由渠道导向转向消费需求导向，经营战略理顺。调整期后，明星爆款产品策略有望帮助佰草集在定位和品牌形象上突破。

乳制品产业：

低温化趋势下，布局上游资源正当时

刘畅　东兴证券食品饮料行业研究员

一、浩瀚的乳制品产品变迁史，隐藏不断更迭的消费者需求

（一）乳业发展简史就是一场“白色革命”

1. 全球乳制品的两次跨越式发展

有记载最早的奶牛饲养可以追溯到公元前12 000年的中东地区，但是由于大众普遍对液态牛奶食用安全性持怀疑态度，同时对这一品类也没有任何权威性背书，直至18世纪末仍未有地区普及牛奶。19世纪60年代后的两次“牛奶革命”推动全球乳制品行业的大发展。

第一次牛奶革命始于1862年，法国科学家巴斯德发明了巴氏杀菌法，可通过短时间加热牛奶、杀死细菌来延长保质期。不过由于此方法无法消灭芽孢，故巴氏奶需在4℃左右的环境中冷藏，保质期一般在7天左右，这限制了牛奶的运输半径。19世纪末期，火车的出现使运送液态奶更为便捷。20世纪，冰箱的出现使奶类的保存更便利，当时喝牛奶已经逐渐成为美国和欧洲城市居民的饮食习惯。

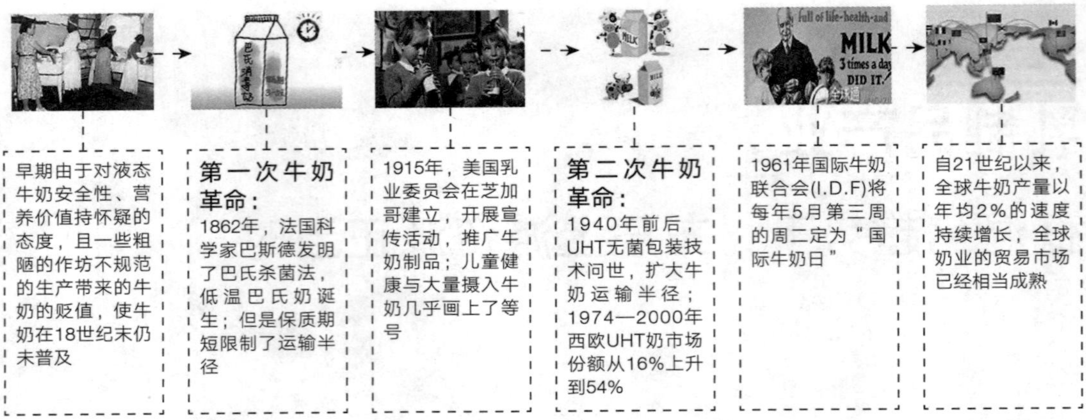

资料来源：公开资料整理。

图1　全球乳制品发展史

第二次牛奶革命始于1940年前后，UHT无菌包装技术问世，20世纪60年代后在瑞典利乐公司工业化生产。该技术扩大了牛奶的运输半径，从1974年到2000年，西欧国家UHT奶市场份额从16%上升到54%。由于这一技术解决了牛奶运输半径的问题，在上游资源并不是很发达的地区牛奶的普及得到了跨越式的发展。

自21世纪以来，全球牛奶产量以年均2%的速度持续增长，全球奶业的贸易市场已经相当成熟，供给情况日趋稳定，奶制品以从发达国家到发展中国家的顺序得以普及。目前，牛奶消费量占比最大的仍是主要发达地区如美国、欧盟等，而发展中国家也贡献较多增量。

全球乳业的发展史就是一部白色的革命史，从安全问题不被接受，到杀菌技术的创造，再到运输半径的扩展（产品保质和物流配送能力的双向提升），都为乳制品的全球化发展提供了有力保障。未来，行业的发展将在健康化的基础上围绕品类多样化的轨迹不断探索。

2. 改革开放让中国乳制品的推广如沐春风

中国的乳制品行业始于20世纪初期，但是由于养殖技术的落后和消费习惯的影响，一直没有突破性发展。中华人民共和国成立前长期的战争以及之后的“大跃进”“大饥荒”，也使这个行业没有很好的发展环境，也没有给予中国的消费者足够的认知时间。改革开放后，受益于UHT无菌包装技术的推广，以及从国外公司引入的育种技术、生产设备、加工技术等，国内乳制品行业得以高速发展。

改革开放前：1908年，企公牛奶公司在中国上海设立分公司，1930年改名雀巢奶品公司，也就是今天雀巢公司的前身。1928年前后，中国奶业出现第一个投资高潮。西湖炼乳公司共养牛400余头，是当时我国最早最大的奶牛场。1949年，中华人民共和国成立时全国奶类年产量为21.7万吨，人均用奶量仅为0.4公斤/年。

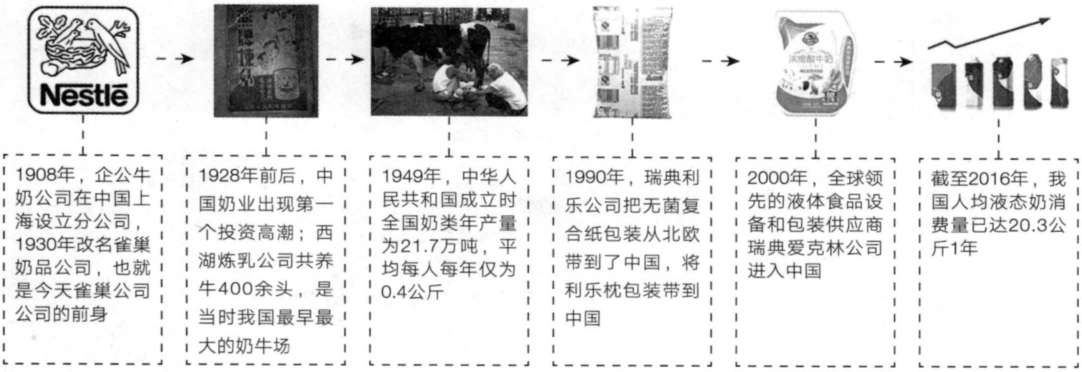
Nestlé
1908年，企公牛奶公司在中国上海设立分公司，1930年改名雀巢奶品公司，也就是今天雀巢公司公司的前身
1928年前后，中国奶业出现第一个投资高潮；西湖炼乳公司共养牛400余头，是当时我国最早最大的奶牛场
1949年，中华人民共和国成立时全国奶类年产量为21.7万吨，平均每人每年仅为0.4公斤
1990年，瑞典利乐公司把无菌复合纸包装从北欧带到了中国，将利乐枕包装带到中国
2000年，全球领先的液体食品设备和包装供应商瑞典爱克林公司进入中国
截至2016年，我国人均液态奶消费量已达20.3公斤1年

资料来源：公开资料整理。

图2　中国乳制品发展史

改革开放后：1990年前后，瑞典利乐公司把无菌复合纸包装从北欧带到了中国，将利乐枕包装带到中国，直接推动了中国乳业“黄金10年”的到来，让牛奶成为家家必备的日常食品，中国常温奶的发展就此插上了翅膀。2000年全球领先的液体食品设备和包装供应商瑞典爱克林公司进入中国，当时蒙牛、新希望等均采用其新型的爱壳包装，为低温酸奶的扩张扫清了障碍。

国内的乳制品市场目前需求端仍存上涨空间、供给端“马太效应”明显。从需求端来看，我国的人均乳制品消费量远未达饱和，与欧美、日韩等差距明显，未来三四线及农村市场仍存空间。从供给端来看，随着国家对乳制品加工业市场准入的严格限制以及对现有乳制品加工企业的整顿，国内乳制品行业的市场集中度有所提高，市场份额开始转向品牌知名度高、实力强、规模效益显著的大企业。

（二）从供给驱动到需求为纲，乳制品行业驱动力逐渐转变

纵观我国乳制产品的品类发展，可分为三个阶段，即突破限制—丰富种类—追求健康，三个阶段乳制品品类迭代，同时行业的主要驱动力也从供给端转变为需求端。

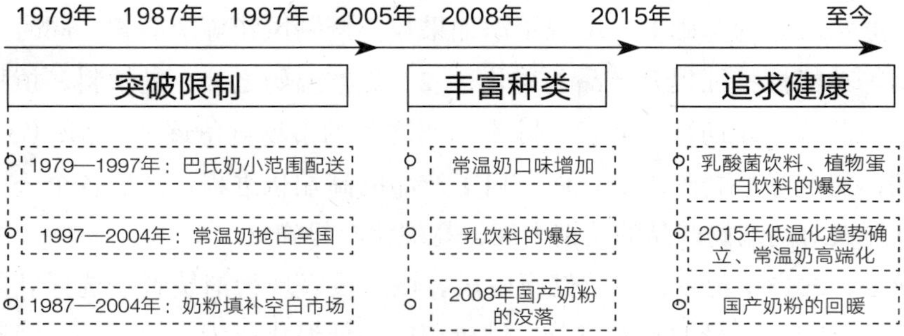
1979年
1987年
1997年
2005年
2008年
2015年
至今
突破限制
1979—1997年：巴氏奶小范围配送
1997—2004年：常温奶抢占全国
1987—2004年：奶粉填补空白市场
丰富种类
常温奶口味增加
乳饮料的爆发
2008年国产奶粉的没落
追求健康
乳酸菌饮料、植物蛋白饮料的爆发
2015年低温化趋势确立、常温奶高端化
国产奶粉的回暖

图3　我国乳业历史发展三个阶段的主要特征

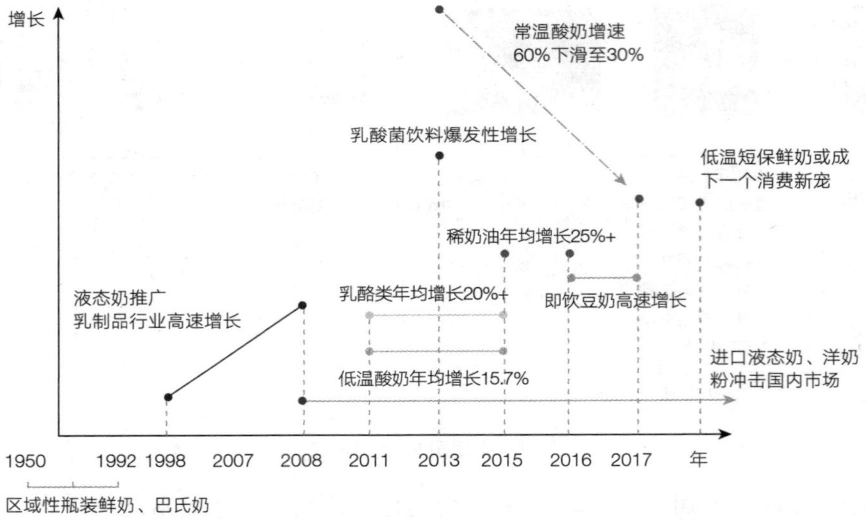

图4 我国乳制品细分市场的增速情况

第一阶段：1979—2005年，突破限制阶段。1979年后我国主要是巴氏奶的小范围配送，由于巴氏奶的保质期短、运输距离及销售距离有限、保存条件不成熟的限制，当时奶业的供给远不能满足需求，存在严重的供不应求，行业的发展主要由供给端驱动，能够达到更远、更大市场的产品无疑成为成功的产品。奶粉不受保质期及运输半径的限制，填补巴氏奶无法触及的空白市场，这促使行业在1979—1996年快速兴起。1997年由于超高温瞬时灭菌（UHT）技术突破和利乐无菌包装的引入，常温白奶突破限制从而在全国范围内兴起、爆发，该阶段成就了伊利、蒙牛等大乳制品企业，同时低温巴氏奶逐渐退出历史舞台。

第二阶段：2005—2015年，丰富种类阶段。该阶段表现为消费者注重产品的口感多样性，在快速铺设渠道抢占市场之后，乳制品企业通过扩充单渠道SKU来增加市场厚度，在细分领域不断推出新品类产品，在此过程中消费者需求逐渐得到重视。随着单一口味的常温白奶市场在全国范围内的快速扩张，产品同质化严重，在2005年前后，提高产品差异化、扩充品类成为乳业公司抢占市场的策略，主要表现有三个方面：（1）在基础的白奶、原味酸奶的基础上，出现了添加果粒、调制风味等新品类，同时白奶产品以低乳、低脂等功能性特征提升产品差异化；（2）除常温奶之外，乳饮料、植物蛋白饮料等新品类在该阶段实现萌芽、爆发，除常温奶之外的市场竞争逐渐加剧；（3）2005年蒙牛推出高端白奶产品特仑苏之后，便开启了产品的高端化进程，随后各个公司以品质高度为切入点加大对高端奶产品的营销力度，高端化趋势确立。

第三阶段：2015年至今，追求健康阶段。该阶段表现为消费者在选择乳制品时注意力从口感转移到产品本身的营养成分、健康程度，低温化成为大势所趋，消费者的需求进一步成为行业发展方向的主导。2015年营养价值更高的低温巴氏奶再次成功回归大众消费，并由于技术的成熟得以在更大范围内销售。早期的含乳饮料与植物蛋白饮料产品从2015年前后开始走向没落，牛奶饮品在乳制品消费中的占比从2015年开始下降。除其自身的产品更新换代落后、渠道被挤占的原因外，更主要的是消费者需求的再次变化。2005年消费者对乳制品的需求第一次升级，表现为对口味的追逐，这促使乳企加大产品多样性的研发与推广，推出含乳饮料、风味白奶等，而这实际上偏离了牛奶营养价值升级这一主线。而2015年后消费者需求重新回归乳品本质——营养价值，保留牛奶最原始营养成分的低温巴氏奶重新回到消费者视野，同时低温酸奶也逐渐以“零添加”作为产品标签，酸奶与低温巴氏奶占比呈逐年提升态势。

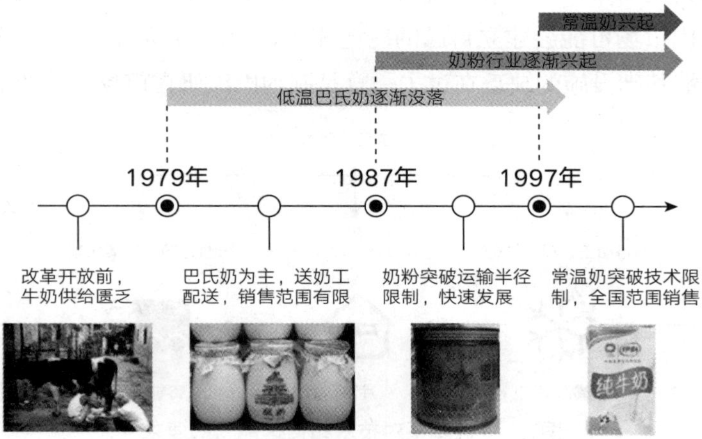

图5 乳制品发展第一阶段主要特征

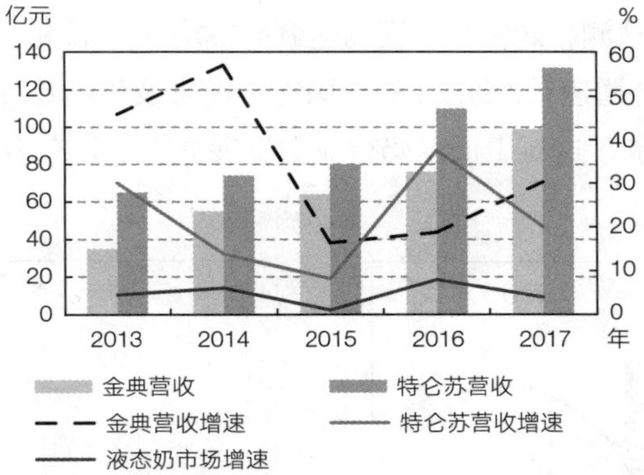

图6 2013—2017年乳制品发展第二阶段高端奶产品营收及增速

综上所述，我们不难发现，从原始的低温巴氏奶—常温奶—多样化风味常温奶—低温巴氏奶的发展过程中，乳制品经历了最原始的小范围经营，到疯狂拓展渠道市场的初级发展期，而产品的多样化往往意味着渠道铺设的成熟与竞争的加剧，而在双寡头引领的过度营销投入主导下的市场割据之后，一切归于平静，消费者对乳品的需求重新回归产品本元，接下来对于乳品本身品质的升级才将是各大全国性乳企、区域性乳企要走的康庄大道，产品本身就是最好的营销。

二、低温化是大势所趋，产业链上游重要性凸显

（一）低温趋势日渐显著，多重因素助推低温发展

1. 低温冷链技术桎梏得以克服，供给已经基本能够覆盖需求

冷链产业具有一定壁垒属性。一般而言，冷链运输包括预冷速冻、冷藏、运输三个环节，相对于常温物流而言，每个环节都对冷藏技术和物流管理能力有一定的要求。对于乳制品企业，区域内市场可能会建立自己的冷链体系，全国市场则往往需要第三方冷链的支持。长久以来冷链基础设施的缺乏在过去一直是制约巴氏奶在市场上普及的绊脚石。

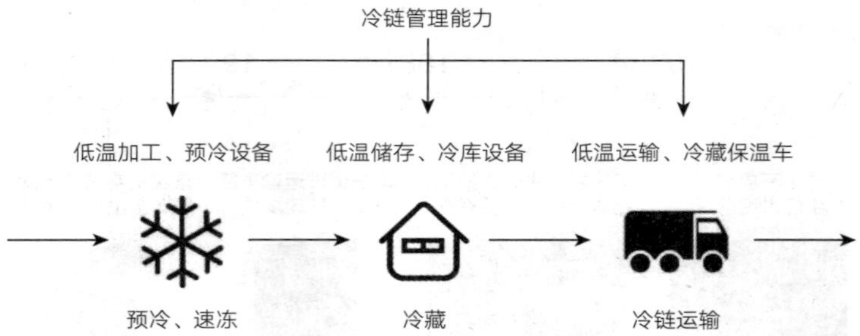

图7　冷链体系对技术和管理能力的要求

随着近年来冷链基础设施的快速发展和冷链物流的兴起，这一绊脚石的影响正在逐年削减。中商产业研究院估测，2020年规模约达到4 700亿元，冷链运输车2017年数量达到14万辆，2011—2017年复合增速约27.8%。从全国冷链需求及供给热度对比来看，目前冷链供给已经基本能够覆盖需求，这对于低温奶行业的发展提供了强有力的技术保障。

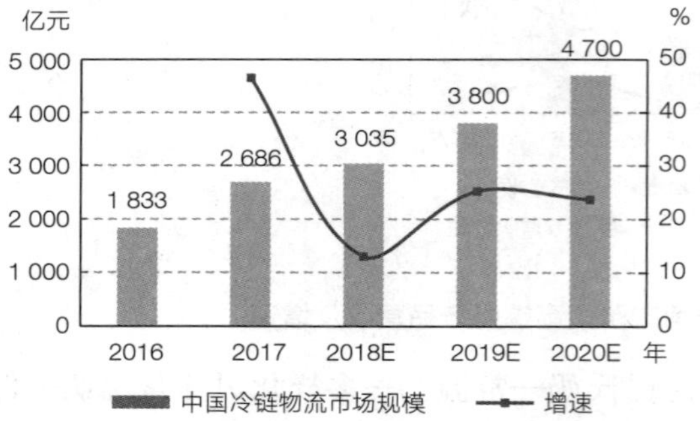

资料来源：中商产业研究院．2018—2023年中国冷链物流市场前景及投资机会研究报告［R］．2018.

图8　2016—2020年我国冷链物流市场规模及增长率

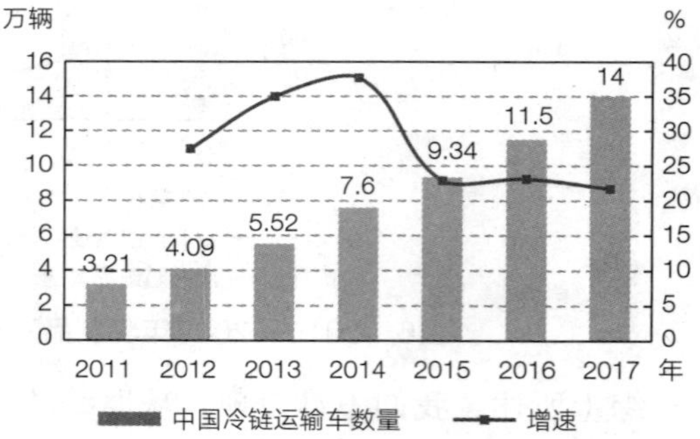

资料来源：中商产业研究院．2018—2023年中国冷链物流市场前景及投资机会研究报告［R］．2018.

图9　2011—2017年我国冷链运输车数量及增长率

2. 低温奶产品更具营养价值，适应消费升级趋势

乳制品的消费升级最突出地体现在健康化方面，不仅仅要求产品安全，还对产品的营养水平有着越来越高的要求，并为此愿意付出高价格。从这一角度出发，市场上的长保白奶由于使用了UHT高温灭菌技术，牺牲了口感和牛奶本身的营养价值，并不能迎合消费需求，而使用巴氏杀菌法处理的白奶保全了营养价值和口感，在需求上契合了消费心理。

表1　巴氏杀菌乳和灭菌乳营养价值对比

		巴氏杀菌乳	灭菌乳
乳蛋白	乳清蛋白变性率	15.4	91
	β-乳球蛋白	0.43	94.2
	蛋氨酸损失率	10	34
	胱氨酸损失率	4.6	34
	赖氨酸损失率	1.8	3.8
	免疫球蛋白（具免疫功能）	保留部分活性	几乎丧失殆尽
维生素	维生素C损失率	12.4	36.1
	维生素B1损失率	5	35.2
	维生素B12损失率	10	20
	叶酸损失率	7.3	35.2
矿物质	可溶性钙损失率	较少	较多
副产物	糠氨酸（mg/100g蛋白质）	<12	<140
	乳果糖	<2.7~58	<600

资料来源：百度文库。

3. 从三维升级模型看未来的低温化趋势

从三维升级模型来看，观念、技术、渠道三方面均有支撑未来低温化发展趋势的论据。在观念升级上，消费者对健康和口味的追求深入人心；在技术升级上，冷链行业快速发展，支撑低温奶市场扩张；在渠道升级上，供应链重构，新零售成为低温乳制品流通的新渠道。

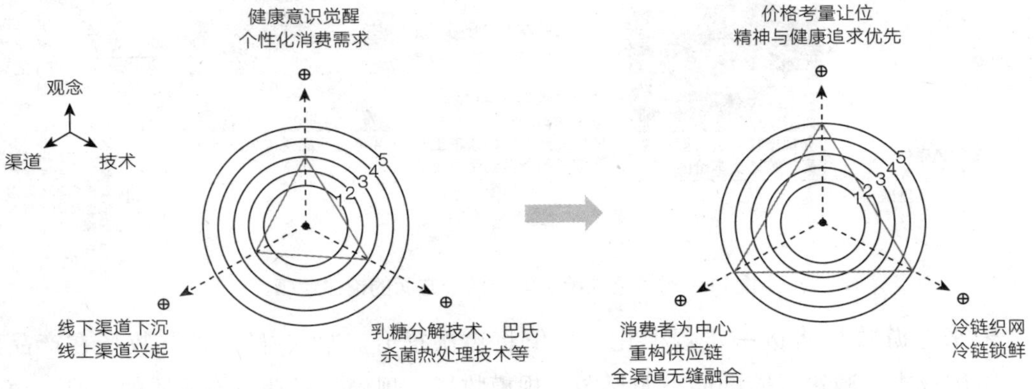

图10　乳制品的三维升级展望

（二）低温化趋势下，产业链上游牧场价值逐渐升高

在过往以常温奶为主的市场，乳制品企业往往从国外进口成本更低、可替代牧场原奶的大包粉进行加工制作。然而，当下低温市场逐步扩张，且低温奶的制作多数无法利用大包粉复原乳，因此是否能够掌握销售市场周围的优质牧场将成为乳制品企业未来在低温市场竞争的关键所在。如果从乳制品供需两端做一个简单的梳理，不难发现以下问题：

从需求角度，低温市场将伴随着消费意识的觉醒和冷链发展的爆发而不断提升。由于低温运输半径的限制，牧场在与乳制品企业的供需博弈中的地位将改善，主要消费市场周边的优质牧场将拥有更高的议价权，这是由消费需求的变化决定的。核心点在于低温奶市场扩张背景下，下游乳制品企业对市场周围优质牧场原奶的需求上升。

从供给角度，基于我国与以色列在自然环境、牧场现状等方面的相似性，未来我国要发展以色列集约化的奶牛养殖方式，以提高母牛单产来应对市场需求，这意味着更高的成本投入。环保倒逼牧场的规模化仍是大势所趋，规模化牧场对生产成本波动风险拥有更高的防御能力，地位将更为稳固。在规模化过程中，牧场的单位生产成本将上升。因此，未来牧场成本的上升将导致牧场的准入壁垒提升，从而推高牧场的资产价值。

从美国低温奶的运营经验来看，低温奶的市场供应多是由就近的奶源牧场负责，主要是由于冷链运输成本较高，且在运输距离较长的情况下，低温产品达到销售市场的新鲜度将打折扣，故未来低温产品市场的核心一定是围绕核心的奶源牧场竞争，优质规模化牧场价值凸显。

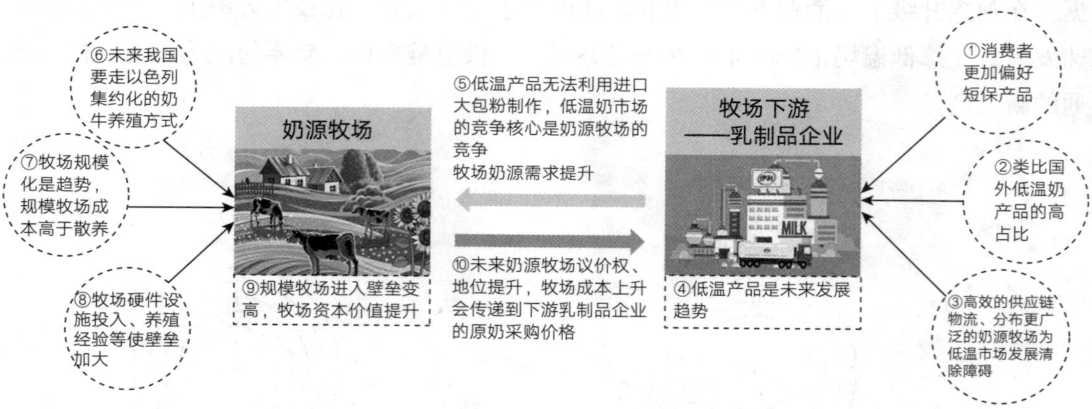

图11　对牧场供给、需求两个方面的论述逻辑

未来上游牧场将进一步规模化，价值将再次提升。“小、散、低”牧场在产品质量、防御成本、政策风险的能力明显弱于规模牧场，规模牧场拥有更优质的产品、更高

的议价能力，未来在产业链中的地位将有所提升，目前主要由于成本较高，成本利润率较低，未来盈利能力也将有所改善。同时，规模化牧场的抗风险能力较强，经营将更稳定，在市场波动下将驱逐“小、散、低”牧场退出市场，未来规模化牧场将成为行业发展趋势。

表2 “小、散、低”牧场与规模化牧场对比

	“小、散、低”牧场	规模化牧场
产品质量	饲料一般使用自有或外购，缺乏科学的饲养机制，原奶营养成分含量较低	统一外购饲料，进行科学饲养，积极管理原奶质量
生产效率	对奶牛单产缺乏主动管理，生产效率较低	厂房、设备、人工条件先进，养殖方法成熟，奶牛单产高
防疫风险	不定期防疫，疫病易发生且死亡率较高	定期防疫，疫病不易发生且死亡率较低
受饲料成本波动风险影响	被动接受	采购方式多样，且饲料成本占总成本比例低于小牧场
资金风险	亲朋无息，稳定性低	银行有息，较为稳定
受安全监管政策影响	被动负担较高的检疫成本	奶牛存栏量大，对抽样检疫成本有一定的摊薄作用
受环保政策影响	露天堆放粪便或肥田，需要缴纳环保税	将粪便处理为生物肥料或能源，环保设备先进，可达到免税标准
原奶销售的议价能力	低	高

资料来源：李冬雪，李翠霞．中国规模化牧场管理效率研究——基于全国20个省份中规模牧场数据[J]．农业技术经济，2017（9）．

我们对不同规模的牧场进行生产成本敏感性分析，当精饲料价格上升5%时，散养、小规模、中规模、大规模牧场的成本利润率下降幅度依次降低。大规模牧场对精饲料价格上涨的敏感性最低、受影响最小，即大规模牧场对于饲料成本波动的风险抵抗能力最强，这将使其地位更为稳固，因此大规模牧场占比将提升。

表3 测算当精饲料价格上涨5%，各规模牧场的盈利变化

	散养	小规模	中规模	大规模
生产成本变化（%）	2.31	2.43	2.14	2.01
净利润变化（%）	−7.45	−6.92	−9.53	−7.67
成本利润率变化（百分点）	−8.15	−7.44	−2.74	−2.42

注：假设其他条件不变，均使用2017年数据进行测算。

资料来源：Wind。

三、双寡头竞争走向非零和，区域性乳制品企业迎来低温机会

（一）伊利和蒙牛占据主要常温市场，销售费用投入大，竞争激烈

伊利和蒙牛作为行业势均力敌的两大龙头，在常温奶市场处于绝对的寡头地位，伊

利和蒙牛占据常温奶市场超过60%的份额，且仍处于上升态势；占据低温酸奶市场超过50%的份额，未来两年液态奶常温市场剩余15%~20%的市场份额将被伊利和蒙牛加速蚕食完毕。

伊利和蒙牛一直保持着较为激烈的竞争状态，两者的销售费用率较高，均达到25%左右，伊利和蒙牛在营销上的投入高，而近些年的营销重点一直是高端常温奶产品。近年来，金典和特仑苏这两款高端常温白奶的营收增速超过20%，且占比逐年提升，而且伊利和蒙牛一直在扩张高端常温白奶的规模。

持续进行常温高端化的竞争策略是畸形的业态。回顾三维模型，观念、技术和渠道决定了乳制品的未来趋势是低温化。若乳制品企业选择持续推进常温高端化，一方面将占用低温品类的人力、渠道等内部资源，另一方面会争夺低温品类的奶源资源。另外，高端化带来的定价提升有天花板，不可能走得太远。

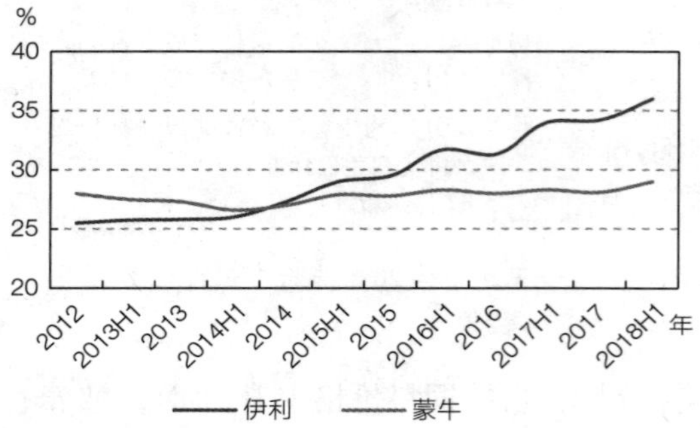

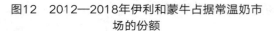

资料来源：公众号中国快消品精英会．尼尔森：2017年上半年液态奶市场分析［R］．2017.

图12　2012—2018年伊利和蒙牛占据常温奶市场的份额

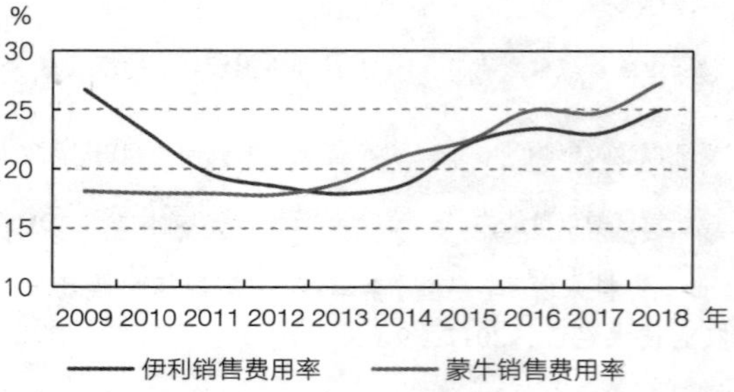

资料来源：Wind。

图13　2009—2018年伊利和蒙牛销售费用率

（二）双寡头走向非零和竞争：伊利横向拓宽品类，蒙牛深耕低温市场

伊利或将效仿雀巢，在常温路线上扩品，未来涉足其他食品饮料领域。2018年这一路径已初现端倪，伊利分别推出豆乳新品“植选”，进入植物蛋白饮料领域；对标“红牛”，推出功能性饮料“焕醒源”；投资7.44亿元，新建长白山天然矿泉水饮品项目。

蒙牛或将深耕乳制品品类，在低温布局上更胜一筹。2016年蒙牛将职能部门重构为常温、低温、冰品和奶粉等独立事业部，聚焦品类纵深发展。蒙牛低温事业部与第二大战略股东达能集团合作进行研发升级，2018年上半年便推出7款低温新品，领先伊利推出“每日鲜语”等低温牛奶产品。伊利和蒙牛的竞争逐渐向非零和的方向发展。

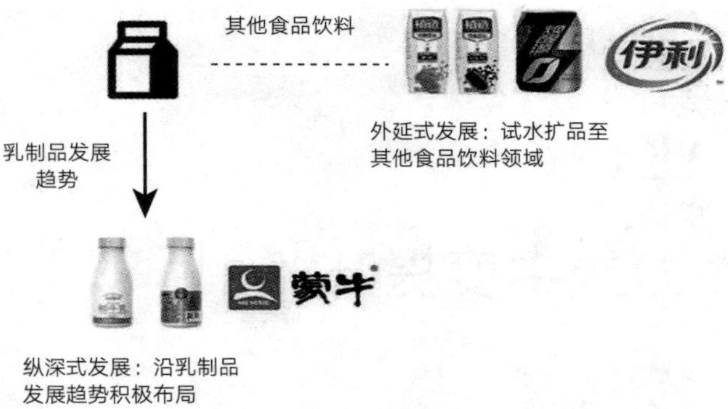

图14 伊利、蒙牛分别在乳制品行业外延和纵深上布局

（三）低温趋势下，区域性乳制品企业迎来发展机遇

全国性乳制品企业与区域性乳制品企业相比，低温短保奶上的差距体现在物流方面而非渠道方面。全国性乳制品企业可以借助酸奶渠道进行低温短保白奶的铺货，但冷链运输物流成为限制其发展的短板。据草根调研反馈，巨头的目光已经投向地方性冷库建设投资方面，但自建成本高、管理不易成为其限制性条件，未来两大全国性乳制品企业可能参股或控股地方性冷链公司（集团），全面进军低温短保白奶，抢夺市场份额。

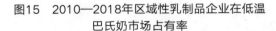

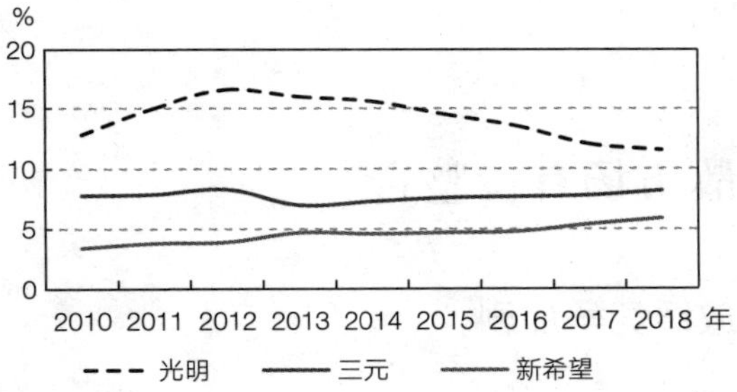

资料来源：公众号中国快消品精英会．尼尔森：2017年上半年液态奶市场分析［R］．中国产业信息网。

图15 2010—2018年区域性乳制品企业在低温巴氏奶市场占有率

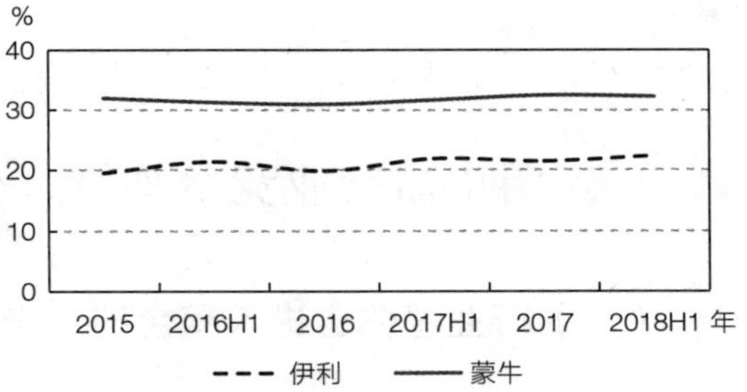

资料来源：公众号中国快消品精英会．尼尔森：2017年上半年液态奶市场分析［R］．中国产业信息网。

图16 2015—2018年伊利和蒙牛在发展时间较长的低温酸奶市场占比

从目前来看，伊利和蒙牛在低温巴氏奶市场的市场占有率并不高，一些区域性企业发展较好，如光明、三元、新希望。这主要是因为冷链物流最关键的冷库这一基础设施具有地域的分散性，一般为第三方拥有，储藏类别包括海鲜、奶类、时蔬等品类，且冷藏车运输也多为区域性组织。天然的地域壁垒为区域性乳制品企业提供了在低温短保奶上“反击”全国性乳制品企业的机会。目前，盒马与每日优鲜利用自身强大的低温供应链与当地市场的中小乳制品企业合作，未来可能每个城市的低温奶都主要由城市周边的规模化牧场供应，当天的奶可当天到达。未来，低温市场将会成为区域性企业开拓的新领域。

调味品产业：

行业整合助力集中度提升

娄倩　东兴证券食品饮料行业研究员

一、调味品行业竞争加剧，分散市场有待整合

（一）行业整体：进入整合期，增速放缓竞争加剧

我国调味品行业已有数千年的历史，结合政策、产品、需求及增速，我们把行业发展划分为四个阶段，即政策管制的萌芽期、外资及民企竞相发展的上升期、下游消费助力的高速发展期及产品渠道品牌不断优化的整合期。

表1　调味品行业发展历程

阶段	时间	行业特征	CAGR	表现及成因
第一阶段	1991年以前	萌芽期	—	政府管制调味品价格，调味品企业数量较多。品种初级、单一
第二阶段	1991—2004年	上升期	—	企业逐渐重视品牌价值，区域性品牌开始通过多种方式拓展全国市场，部分企业国企改革助力，外资企业竞相涌入中国市场
第三阶段	2004—2012年	高速发展期	20%	品种逐渐丰富，行业标准、食品安全、市场准入制度稳步完善，消费助力行业高增
第四阶段	2011年至今	整合期	13%	产品向健康、便利、中高端发展，规模效应叠加环保成本等，小企业生存困难

目前，调味品行业规模已增至3 400多亿元，利润总额300多亿元，近10年收入复合增长率达13%，利润复合增长率达17%。目前行业增速放缓，预计未来5年内收入增速平均在8%附近。需求端趋于稳定，供给端逐步加大，行业竞争越发激烈。

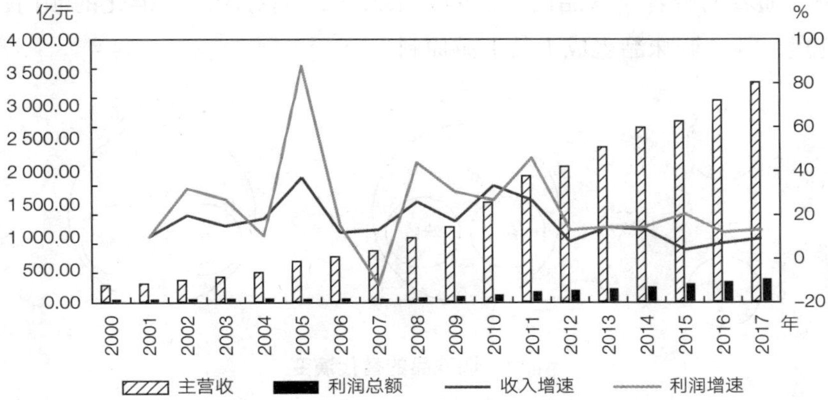

资料来源：Wind。

图1　调味品、发酵制品近10年营收与净利润变化情况

（二）子行业：品类众多集中度低，健康便利引领发展

调味品行业子品类众多，酱油、食醋逐步整合，复合调味品增速快。调味品行业子品类众多，包括酱油、醋、蚝油、酱、味精、鸡精、鸡粉及新兴的复合调味品等，其中酱油为目前最大的品类，2018年产量占比高达42%。各子行业发展阶段不同，盐、糖、味精、鸡精等发展较为成熟，酱油、醋需整合，复合调味品发展快。

目前，中国调味品行业集中度低，分散市场有待整合。2018年，中国调味品CR3约15%，从细分品类看，发展成熟的细分子行业集中度高，味精CR3为92.6%，阜丰、梅花、伊品稳居前三甲；鸡精、鸡粉CR5为89.9%，太太乐、家乐等排名靠前；酱油CR3高于20%，海天一超多强；醋仍较为分散，恒顺产能领先，海天逐步抢占中低端醋企市场；复合调味品各子项众多，集中度更低，尚处于早期阶段。

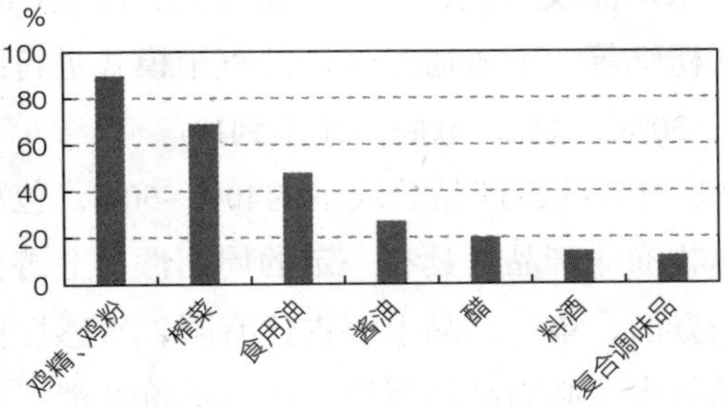

资料来源：搜狐财经。

图2　调味品行业集中度（2018年）

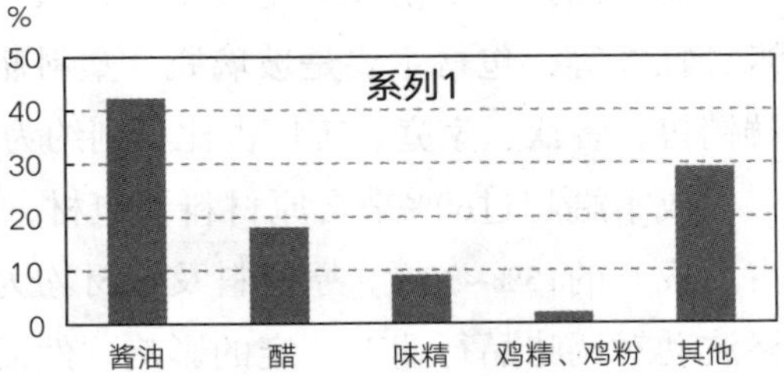

资料来源：中国产业信息网。

图3　调味品消费结构（2018年）

行业的更替有其内在规律，健康便利引领品类发展。人们味蕾对咸味和鲜味的需求带来了盐和味精的发展，随着消费者对食品健康便利性及口感的要求提高，能同时提供咸味及鲜味的酱油逐渐部分替代盐和味精等基础调味料，盐和味精也成为酱油上游原料。近年来，随着消费者对食品便利性的需求及工厂端对产品标准化的倾向，复合调味品的增长迅猛，基础调味品也成为其上游原料。

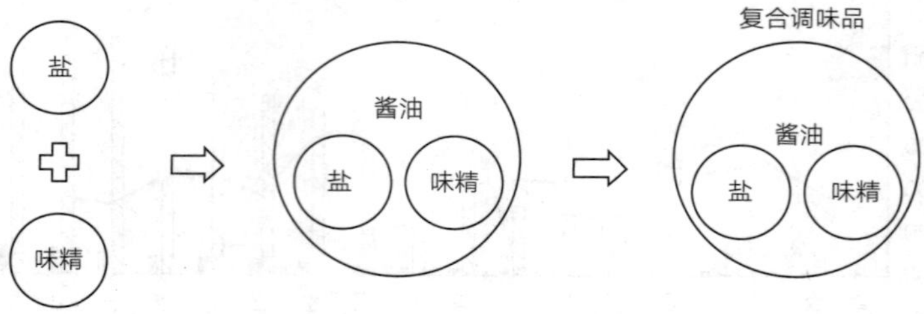

图4　调味品的替代演变

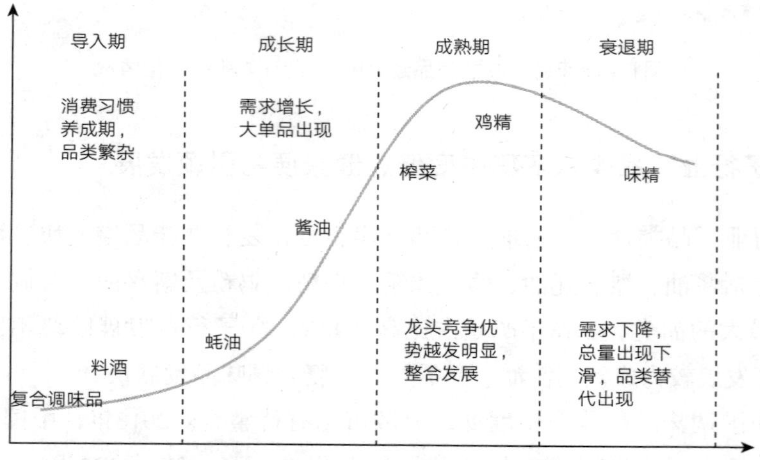

图5　调味品的阶段性替代演变

（三）产业链：成本周期波动，龙头公司提价转移风险

调味品行业上游原料主要是各种农产品、水产品及包材，原材料如大豆、高粱、糯米、牡蛎等，包材主要是玻璃瓶、塑料瓶、瓦楞纸等。下游通过经销及直销模式进行终端销售，餐饮、家庭、工厂占比分别约为40%、30%、30%，电商占比不到1%。

成本端超过60%来自原材料及包材，其中原材料约占产品总成本的40%~50%，包材占总成本的15%~30%。原材料及包材均为农林牧渔业产品，具有一定的周期性，上游价格波动对调味品行业有一定的影响。然而，一方面，单一产品上游占比有限，敏感性反映到毛利率端会稍有平缓；另一方面，调味品是生活必需品的属性，使其单价及消费频次较低，而且口味黏性较大，因此消费者对调味品价格变动并不敏感，调味品企业往往可以通过提价的方式，把成本上涨压力转嫁给终端消费者。提价也受竞争格局的影响，一般酱油行业龙头海天率先提价，其他品牌相继跟随，一般2~3年一提价。

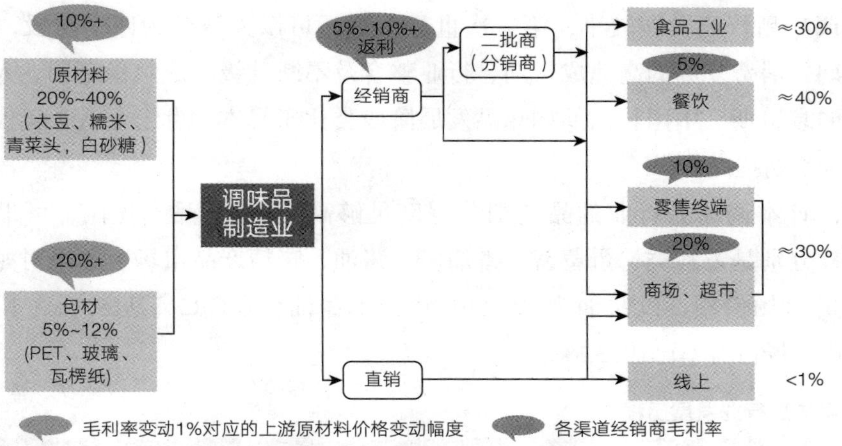

图6 上下游产业链

表2 调味品行业提价时间表

年份	公司	提价情况	提价原因
2011	海天味业	酱油提价8%、蚝油提价4%	综合考虑市场需求、竞争格局
	中炬高新	厨邦提价6%~7%	成本上涨
2012	海天味业	金标酱油提价0.5元，涨幅10%	
2013	李锦记	酱油提价7%~10%	产品结构升级
2014	海天味业	60%商品提价4%，酱油提价7%左右	理顺价格体系
2016	恒顺醋业	主营经典醋系列19个单品，平均提价9%	
2017	海天味业	70%商品提价5%	原料成本上涨
	中炬高新	提价5%~6%	原料成本上涨
	恒顺醋业	醋提价10%~15.04%，料酒提价10%	理顺价格体系
2019	恒顺醋业	核心A类产品提价6%~15%	聚焦核心品类

资料来源：海天味业首次公开发行股票招股说明书；恒顺醋业：关于公司部分产品提价的公告（2016年、2019年）；东兴证券中炬高新深度报告：《厨邦速度一名追赶者的自我修养》（2018-08）。

二、对标日本成熟市场，变革在发生

日本市场及其行业龙头对中国的借鉴意义较大。全球调味品市场在过去15年内持续保持增长，发达市场如欧美、日本等较为成熟，增速放缓，新兴市场如东南亚地区增速快。欧美地区调味品以番茄酱等蘸料为主，与中国的酱油醋等烹调类产品差别大，且欧美饮食习惯致使调味品早期发展便利性较高，可比性较弱；东南亚地区尚处于发展中，而日本调味品产品结构与中国最为接近，发展也比中国更为成熟，其行业及龙头企业的发展对中国借鉴意义较大。

（一）日本调味品市场发展成熟，子行业集中度高

日本调味品行业发展较早，第二次世界大战后可以大致分为四个阶段，即经济低迷的萧条期、消费复苏的高速成长期、行业整合及不断升级的成熟稳定期、人口老龄化需求放缓的衰退期。中国目前的调味品发展阶段类比于日本20世纪七八十年代行业整合期，集中度不断提高。

目前，日本调味品行业的品类细分程度足够高，S&B食品、丘比、可果美、龟甲万、味之素分别是香料类、蛋黄酱、番茄酱、酱油、味精产品市场上的绝对龙头企业，拥有很高的市场份额。以酱油为例，2017年日本酱油行业CR5高达59.4%，其中仅龟甲万一家企业市场占有率已达33.5%。

表3　日本调味品行业发展历程

阶段	时间	行业特征	表现及成因
第一阶段	第二次世界大战至20世纪40年代末	萧条期	第二次世界大战国内经济低迷，人均调味品消费量大幅度减少，于40年代末跌入谷底
第二阶段	20世纪50年代至70年代	高速成长期	随着第二次世界大战经济恢复，需求上升，调味品行业进入高速成长期
第三阶段	20世纪70年代至90年代初	稳定增长	日本经济稳定增长，人均收入增长带动行业消费升级，行业不断集中，龙头实现12%左右的年均复合增长率
	20世纪90年代初至2010年	轻微衰退期	受宏观经济影响，行业收入出现轻微衰退
第四阶段	2010年至今	停滞期	产品结构已趋成熟，渗透率较高，叠加老龄化发展，年均复合增长率几乎为零

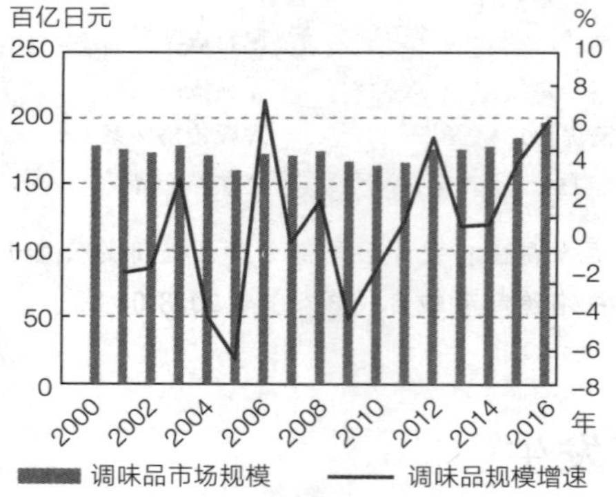

资料来源：日本经济产业省。

图7　2000—2016年日本调味品市场规模及增速

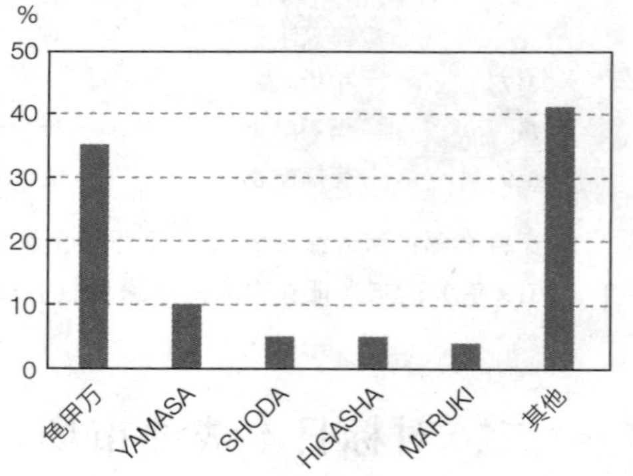

资料来源：Euromonitor。

图8　日本调味品行业集中度

（二）健康化和便利化是趋势，产品渠道持续升级变革

健康安全和便利化是引领日本调味品行业发展的需求动力，产品不断中高端升级、细分化和复合化。日本发展到20世纪七八十年代，随着消费者收入水平的提高，其在选购食品时，对价格的关注度降低，安全性和健康性成为首要考虑因素，单品类产品持续

中高端升级，细分口味品类也越来越多；同时，随着生活节奏的加快，消费者对方便快捷的诉求越来越强，消费者更偏好用方便快捷、风味多样性的复合调味品代替口味单一的调味品，加上西式文化的影响，复合调味品及西式调味品的需求增速快。

以酱油为例，日式酱油前后已经历经低盐酱油、全脂大豆酱油、鲜榨酱油三次产品升级，并反映在价格阶段性涨价中。截至2018年，日本高端纯酿造酱油占比已经由1977年的67%提升至90%左右，产品升级已进入成熟阶段。

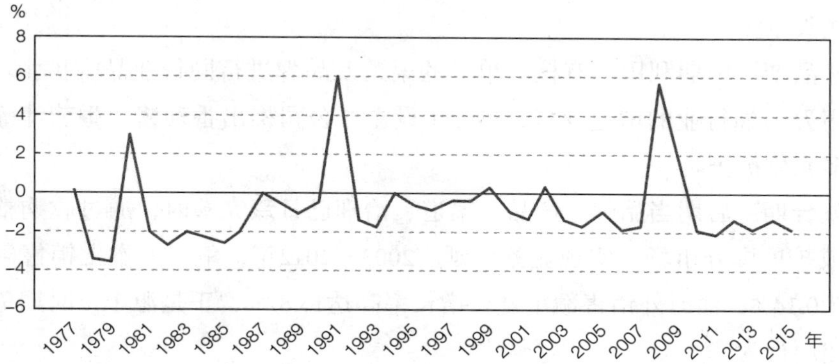

资料来源：日本经济产业省。

图9　1977—2015年日本酱油价格变动情况

餐饮及工厂渠道占比持续提升。1998年左右，日本酱油约79%通过百货店、超级市场、普通零售店及生协、家协经营的商店供应给消费者，余下21%供应给食品加工行业。随着外出就餐人数的增多、餐饮端调味品用量的加大、中央工厂+半成品的工厂渠道的扩大，日本调味品流通销量呈下降趋势，截至2016年，流通渠道占比仅约为28%，餐饮及工厂渠道成为调味品流通的主要渠道。1998年至2017年，龟甲万以餐饮业为主要销售路径的大包装产品销量占比由30%提升至55%，从侧面佐证调味品餐饮渠道占比提升。从流通渠道来看，便利店增速快，部分实现对百货商店、超级市场的替代。

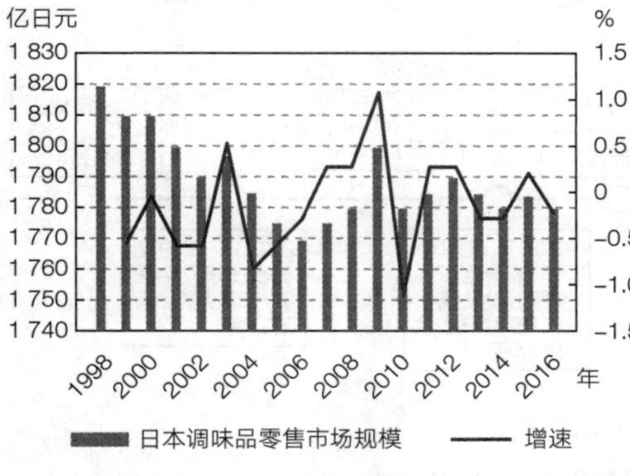

资料来源：日本经济产业省。

图10　1998—2016年日本调味品流通渠道销量变化

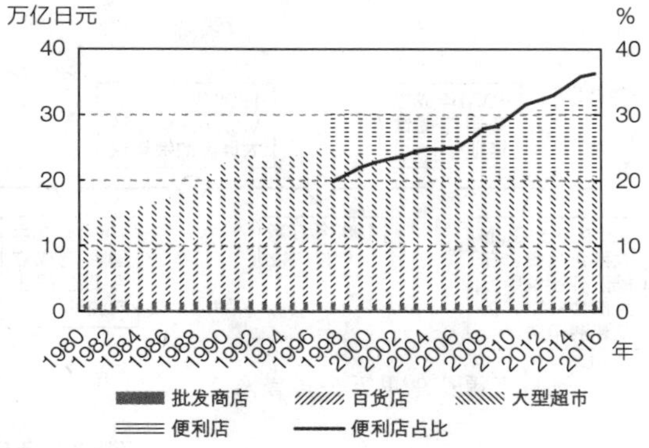

资料来源：日本经济产业省。

图11　1980—2016年日本调味品流通渠道占比情况

（三）从龟甲万看龙头企业发展路径：单品—扩品—整合

从日本调味品龙头企业龟甲万的发展历程来看，调味品龙头企业一般呈现出做大做优单品—拓品—整合期的三段式发展路径。

（1）单品期：指早期通过富有竞争力的核心单品树立子行业龙头地位。龟甲万自日本江户时代就以酱油起家，不断从品类渠道进行创新优化，早期成为日本酱油子行业不可撼动的龙头企业。

（2）扩品期：中期利用已有核心单品的渠道及品牌进行同行业品类扩张。20世纪60年代，龟甲万酱油行业的增速变缓，1962年设立子公司推出番茄酱、番茄汁等新品，在国内开始多元化扩张。

（3）整合期：后期当品牌、产品、渠道、治理已日臻完善时，通过收购整合产业链相关资源或扩展国外市场，实现业务外延。2003—2012年，龟甲万本土销售额的年复合增长率仅为0.14%，而海外销售额年复合增长率高达15.87%，正是源于该时期龟甲万的收购及海外建厂行为。

如今，龟甲万涵盖酱油、复合调味料、番茄酱等产品，同时从事餐厅、批发销售等业务，其在世界上100多个国家开设工厂，海外业务占比高达45%，已经成为全球食品产业巨头。

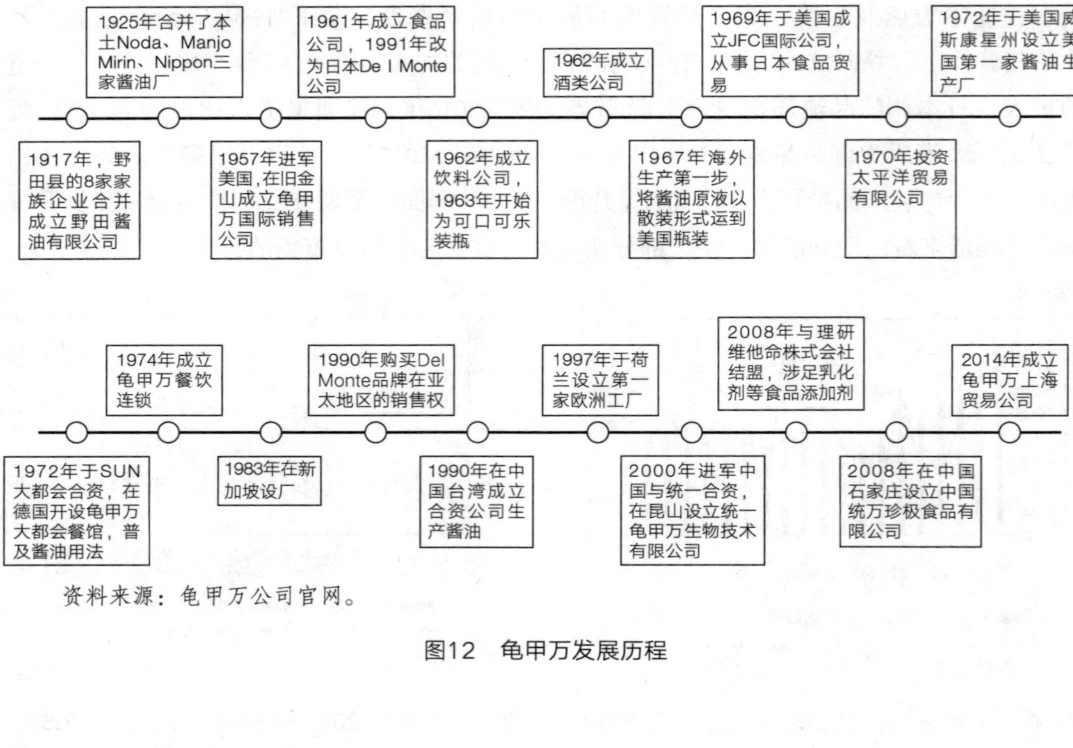

资料来源：龟甲万公司官网。

图12　龟甲万发展历程

三、行业集中度持续提高，量价齐升拓宽行业空间

（一）行业集中度仍有较大提升空间，单品类龙头企业市场占有率有望达30%

调味品行业集中度仍有较大上升空间。2018年，日本酱油子行业CR5高达59.4%，其中龟甲万市场占有率达33.5%。而中国酱油子行业CR3只有25%，龙头企业海天市场占有率为17%，仅为龟甲万的1/2。从调味品行业整体而言，日本CR3在49%左右，而中国调味品CR3仅为15%。

随着消费者品牌意识的觉醒，具有品牌优势的调味品企业将不断挤压区域型调味品企业市场；在经济下行以及环保趋严的大环境下，受制于成本及环保压力，小企业经营越发困难；龙头企业的规模优势不断显现，“护城河”持续走高；伴随企业的内生增长及并购行为，行业集中度不断提升。类比日本及行业发展规律，我们认为，中国调味品行业集中度仍有较大上升空间，同时细分子行业龙头企业的市场占有率有望达到30%。

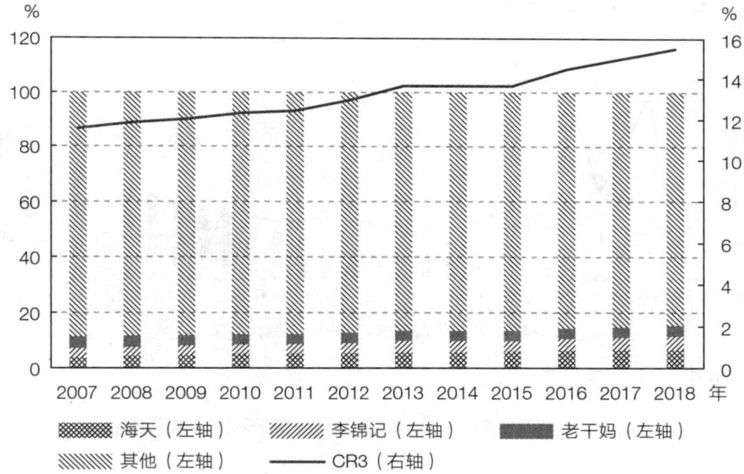

资料来源：Euromonitor。

图13 2007—2018年中国调味品CR3发展趋势

（二）“产品细分多样化 + 餐饮消费增加”扩大调味品量增空间

品类不断细分，中高端调味品发展前景广阔。随着消费观念与习惯的转变，消费者对于调味品的功能需求也逐渐提升，针对消费者对调味品不同口味的需求，企业纷纷推出独具风味的调味品，如咖喱酱、叉烧酱、海鲜酱油等。随着消费者对健康关注度的提

高，低盐、低糖、零添加、有机等要素受到消费者的青睐，因此产品更新换代正在进行中。以酱油为例，生抽、鲜酱油逐渐替代老抽，零添加、低盐、有机酱油等健康产品逐渐进入消费者视野并广受欢迎。

表4　酱油品种细分化历程

时间	酱油品种	发展历史
20世纪90年代后期	老抽	老抽取代黄豆酱油和本土酱油成为新品
2000年后	生抽	鲜调属性广受欢迎
2010年后	功能化酱油	红烧酱油、鲜味酱油、儿童酱油等不断功能细分
2013年后	零添加酱油	有机、零添加酱油走进消费者视野

资料来源：搜狐财经。

餐饮消费增加将直接提升调味品用量。一方面，随着生活节奏的加速，年轻消费者对食品便利性的要求提高，受限于较低的可支配收入和较少的空闲时间，连锁快餐和外卖逐渐成为年轻消费者外食的主要选择，外出就餐人群与外卖人数不断增长，消费频次不断增加；另一方面，对于同样的烹饪，餐饮的调味品使用量是家庭的1.6倍，餐饮业的发展会使调味品使用量增长更多。

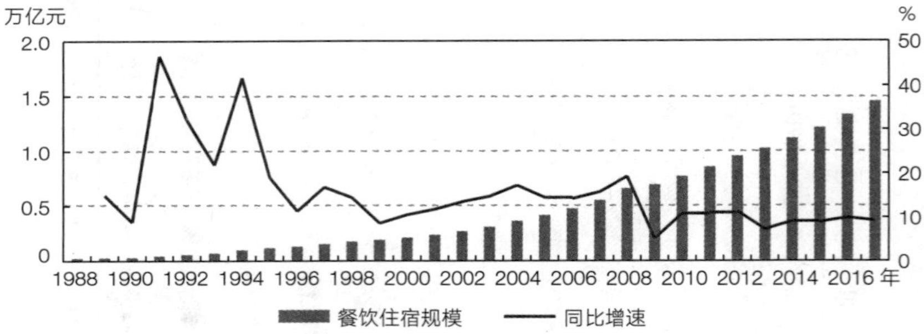

资料来源：Wind。

图14　1988—2016年中国餐饮住宿行业规模及增速

（三）“需求弹性小＋消费升级”提供调味品价升基础

调味品为生活必需品，居民消费调味品的频次低，平均1~2个月购买一次酱油等调味品，对价格的记忆较弱，造成消费者对调味品的价格不敏感，需求弹性小。此外，中国的人均调味品支出非常低，2017年中国人均调味品支出为5.38美元，日本人均调味品支出为73.87美元，是中国的13倍，中国的人均调味品支出仍有很大上升空间。

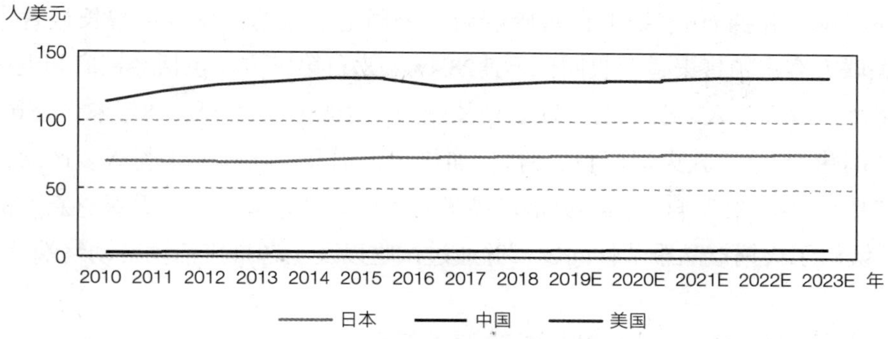

资料来源：Euromonitor。

图15　日本、中国和美国人均调味品支出情况

居民消费升级有望提升中高端调味品需求。2017年中国恩格尔系数下降到29.3%，首次低于30%，达到富裕国家水平；城镇人均居民可支配收入快速增长，可支配收入的增加允许消费者购买更多品质好、价格高的产品，推动消费升级。目前，调味品企业顺应产品高端化潮流，纷纷推出有机、无添加的中高端产品，以酱油为例，鲜味酱油等终端产品比普通酱油价格高30%以上，零添加酱油等高端产品价格是普通酱油的2~5倍。目前，中高端酱油（≥8元/500mL）的销售额占比已经达到23%，同比增速高达47%。我们认为，未来酱油整体价格带有望持续上移。

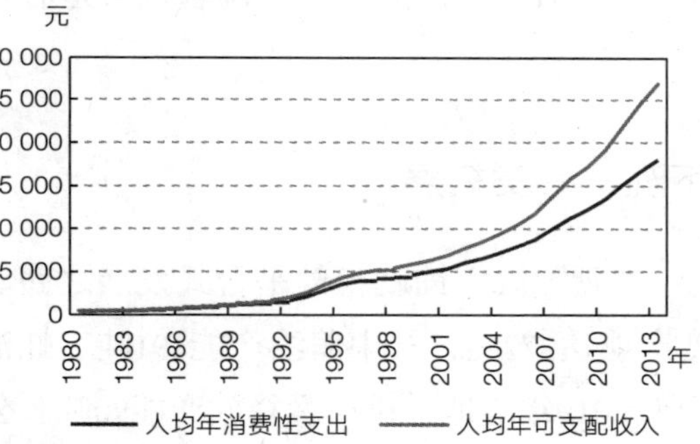

资料来源：国家统计局。

图16　1980—2013年中国城镇居民家庭人均收入/支出变化

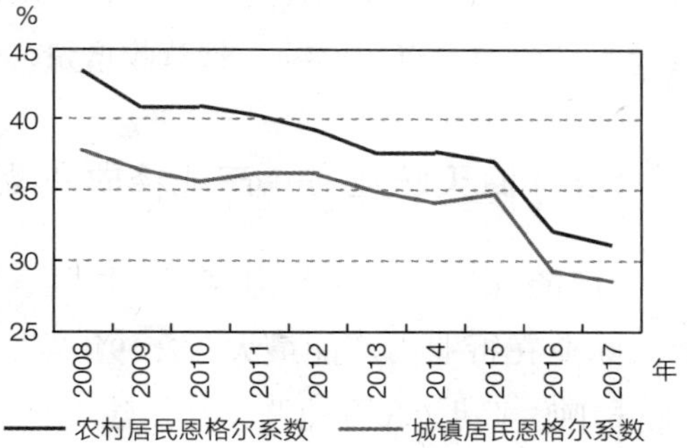

资料来源：国家统计局。

图17　中国近十年城乡恩格尔系数

四、调味品相关企业

（一）颐海国际——渠道扩展＋新品研发

渠道拓展第三方业务大幅提升，新产品开发迎合市场需求。颐海国际致力于提升第三方零售渠道销售能力，销售网络覆盖全国31个省（自治区、直辖市）、港澳台地区及

24个海外国家，并拥有6家线上自营旗舰店。公司电商渠道2018财年增长显著，增速超100%，关联方客户销售渠道营收同比增速28.4%，来自第三方（包括经销商和电商）的营收首次超过关联方收入，公司对关联公司依赖进一步减少。截至2018年末，公司新增5款中式复合调味产品、3款火锅底料、5款自加热小火锅和12款标准化餐饮装产品，并对所有蘸料产品和原有的5款自加热小火锅产品进行了配方和包装的优化升级，新产品紧跟市场需求，缓解了火锅产品季节性问题，并通过试吃以及主题推广活动带动终端消费。

（二）天味食品——双轮驱动 + 渠道扩张

火锅底料和川菜调料双轮驱动，渠道扩张推动营收增长。 2018年天味食品火锅底料、川菜调料、香肠腊肉调料、鸡精收入占比分别为48.6%、36.7%、8.3%、2.7%，火锅底料和川菜调料收入占总营收高达85%，同时火锅底料与川菜调料增速分别为31.2%、27.6%，较高增速推动公司营收快速上涨。公司不断加码火锅底料和川菜调料等复合调味品，目前公司产能8.9万吨，其中火锅底料和川菜调料产能分别为3.9万吨和3万吨。2021年郫县天味家园生产基地扩建完成后，预计分别增加火锅底料和川菜调料产能0.8万吨，产能释放有望扩大公司优势。公司采取了以经销模式为主、其他销售模式为辅的复合型销售模式，销售网络覆盖全国31个省（自治区、直辖市），约有30.8万个零售终端、5.86万个商店超市卖场和4.1万家餐饮连锁单店，经销商有809家。此外，定制餐调渠道客户数量明显增加，有望继续贡献营收增量。

（三）海天味业——产能释放 + 渠道下沉 + 品类拓展

“产能+渠道+产品”构筑高护城河，“内生+外延”海天铺就稳健平台式发展之路。海天味业在行业内产能最大，2019年第一季度产能达277吨，其中酱油产能191吨、蚝油产能61吨。高明220万吨调味品扩建项目一期预计2019年落地，投产后释放产能90吨。公司渠道覆盖最深，2018 年底海天的经销渠道已覆盖100%的地级及以上城市，近90%的内陆省份销售过亿元，公司渠道未来拓展空间在于通过KA 渠道提升家庭消费量及三四线城市及县乡市场渠道下沉。海天产品知名度高，产品性价比高，经销商可薄利多销，产品受欢迎程度高。公司保持“内生+外延”式增长。在内生式增长方面，公司利用现有的250 万吨产能及未释放的100 万吨产能及强大的销售渠道，走大单品策略。在外延式并购方面，海天走横向扩张之路，继2014年收购广中皇腐乳及2017年收购丹和醋业后，将公司多措并举，由多品类公司向平台型企业发展。

（四）中炬高新——产品差异化 + 产能释放 + 渠道拓张

渠道、产能逐步释放，多品类发展可期。中炬高新品类扩张避开海天已比较成熟的蚝油和调味酱市场，从鸡精、食用油、料酒和米醋等产品切入，公司蚝油、料酒增长亮眼，2019年第一季度同比增长66.45%、90.24%。随着阳西美味鲜2019年开始进入产能释放期，蚝油、食用油、料酒等进一步释放，公司“酱油为主、多品类协同发展”的产品定位稳步推进。公司全国化布局稳步推进，以华南为根据地，往增速更快的中西北部（增速25%+）及三四线城市下沉，未来将进一步深耕餐饮渠道，将餐饮渠道占比由20%提升至40%。公司2019年第一季度期末经销商总量为907 家，2019年底可达到1 000家，随着全国化进程不断推进，经销商网络仍会持续扩大。

（五）恒顺醋业——推进全国化 + 打造大单品

全国化战略稳健推进，打造大单品提高知名度。恒顺醋业以恒顺+北固山双品牌为核心，逐步走出华东迈向全国。在传统渠道方面，公司2018 年新增99家全国大型商店超市形象店、583家乡镇超市、18 000家农贸点。在现代渠道方面，公司积极与阿里巴巴、京东新通路等新型to B渠道合作，to C端则与盒马鲜生、天猫超市等合作，品牌全国化与渠道下沉同步推进公司发展。2019年第一季度公司经销商达1 202个，对比期初净增加13个。其中，主力地区华东以及新兴西部市场经销商数增量最大。过去公司SKU一直高于行业平均水平，在2015 年公司确立精简SKU、打造大单品的方针后，A 类产品SKU 已减至15 种，2019年公司继续精简SKU至60~70 种水平。未来，公司将围绕恒顺+北固山双品牌运作，全力打造A 类核心产品和高端产品。

瓶装水产业：

差异化趋势助推产业发展

吴文德　东兴证券食品饮料行业研究员

一、瓶装水迎来繁荣期，领跑软饮料市场

（一）我国瓶装水历经四大发展阶段，逐步迎来繁荣时期

1. 瓶装水范畴较小，整体可分为四大类别

瓶装水是密封于符合食品安全标准和相关规定的瓶装容器中，可供直接饮用，是不含糖的水。在饮品大类中，瓶装水因为密封于瓶装容器中而不同于可以直接饮用的活化水，因为不含糖而区别于常规的含糖饮料（如果汁饮料、含乳饮料、茶饮料等），因为可直接饮用而区别于未处理的非直接饮用水。瓶装水按照水质可划分为四大类别——纯净水、天然水、矿物质水和天然矿泉水。

表 1　瓶装水种类划分

序号	项目	纯净水	矿物质水	天然水	天然矿泉水
1	水源	自来水	自来水	地表水	地下矿水
2	矿物质含量	无	适中	适中	高
3	微量元素	无	有	有	有

资料来源：百度文库。

2.瓶装水行业历经四个发展阶段，目前处于高速发展期

我国瓶装水行业伴随消费者需求的变化，经历了萌芽到发展的四个阶段。

萌芽期（1930—1982年）。1930年在青岛建立的崂山瓶装矿泉水厂，成为我国第一家矿泉水生产厂商。然而，此时瓶装水的生产与监管流程不够成熟，多数生产企业设备落后、管理不规范，大量假冒伪劣产品充斥市场，使瓶装水市场销售疲软。

兴起期（1982—1990年）。自1982年起，饮料被列为计划管理产品，瓶装水位列其中，国家加强对饮料市场的监管，这标志着我国瓶装水工业的发展正式进入起步阶段。另外，改革开放以后，居民生活水平得到提高，人均收入从1982年的533元增长到1990年的1 663元，瓶装水消费在一定程度上被激发。

崛起期（1990—2007年）。这一阶段有两大基本特征：一是瓶装水市场迅速扩大，市场寡头初步形成，CR5接近50%的市场竞争格局。二是纯净水取代矿泉水成为瓶装水的主导：由于需求量的快速增长导致了大批矿泉水生产商的涌现，而诸多假冒伪劣矿泉水也涌进市场，矿泉水安全问题的爆发为纯净水的诞生提供了契机。

发展期（2007年至今）。行业规模保持快速增长，高端水市场成为行业新战场。瓶装水自2007年进入高速发展阶段，一方面行业规模保持近10%的增长，另一方面各瓶装水生产厂商开始发力中高端产品。

（二）瓶装水行业已成为规模最大的软饮料类别

我国瓶装水市场增长迅速，规模不断提升。随着居民人均收入的提高及接连不断的水污染事故的影响，居民对于瓶装水的需求也日益增长。从2013年到2018年，我国瓶装水零售额逐年上涨，由2013年的1 200亿元，到2016年突破1 500亿元大关，增长至2018年的1 900亿元，年均复合增长率高达11.1%。

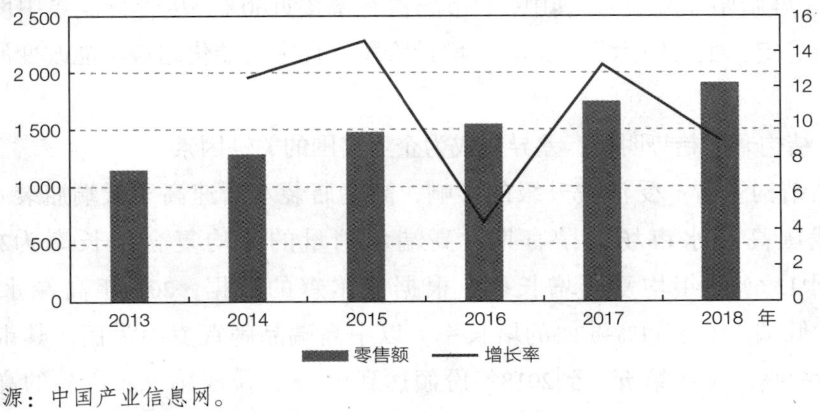

资料来源：中国产业信息网。

图1　2013—2018年我国瓶装水零售额

瓶装水接替碳酸饮料，成为软饮料最大子行业。一直以来，碳酸饮料占据着我国软饮料行业最大的市场份额，随着人们健康意识的不断增强，碳酸饮料增速持续走低，而瓶装水市场保持稳健增长。自2011年起，瓶装水市场年均增速达到近15%，明显高于同期其他软饮料。份额方面，2012年，瓶装水首次超过碳酸饮料，成为软饮料中市场占有率第一的子行业，市场占有率达23.7%。此后，瓶装水销量不断增长，到2017年，瓶装水市场份额高达29.4%，延续了稳中有增的态势。

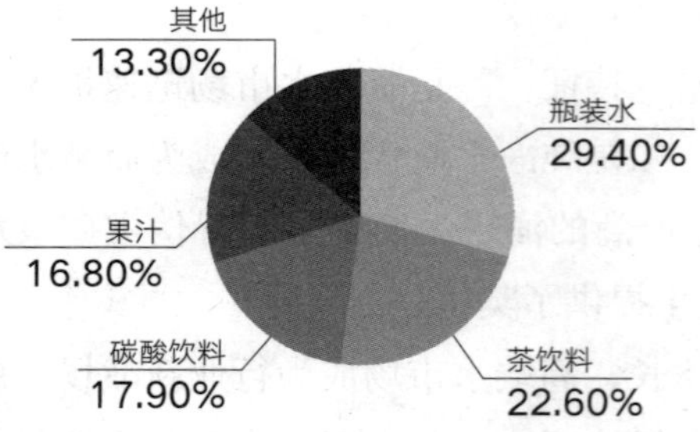

资料来源：Useit 知识库。

图2　2017年软饮料各子品类市场占有率情况

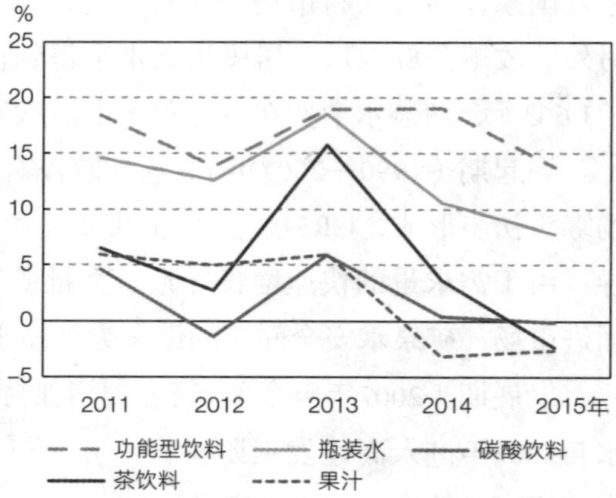

资料来源：乐晴智库。

图3　2011—2015年软饮料各子品类产量同比增速

（三）行业集中度提升，差异化是主要竞争力

1. 行业集中度高，但竞争格局仍未稳定

我国瓶装水行业集中度较高，六大巨头瓜分行业80%的份额，市场占有率由高到低分别为农夫山泉（26.5%）、华润怡宝（21.3%）、百岁山（10.1%）、康师傅（9.9%）、冰露（7.4%）、娃哈哈（5.3%），其中CR3市场占有率接近60%。尽管行业集中度高，但行业格局并未稳定，主要因为行业仍处在增量阶段，且中高端化趋势可能改变原有的市场格局。

2. 产品结构升级趋势明显，差异化成为企业突围的关键因素

从产品结构上看，受消费升级的影响，高端瓶装水增速高于低端瓶装水。2005—2010年是我国高端水市场的孕育期，高端水销量的年均复合增长率为21%，高于同期大众水13.6%的年均复合增长率。根据尼尔森的数据，2014年高端水的增长在46%~50%，低端水只有11%~12%的增长率。以中高端品牌百岁山为例，其市场份额在2015年仅为6.8%，位居第五，到2018年份额达到10.1%，位居第三，产品的高端化趋势明显。

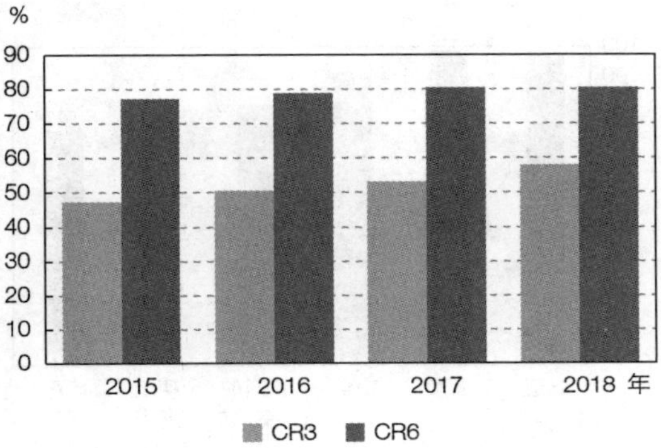

资料来源：尼尔森。

图4 2015—2018年CR3与CR6市场份额

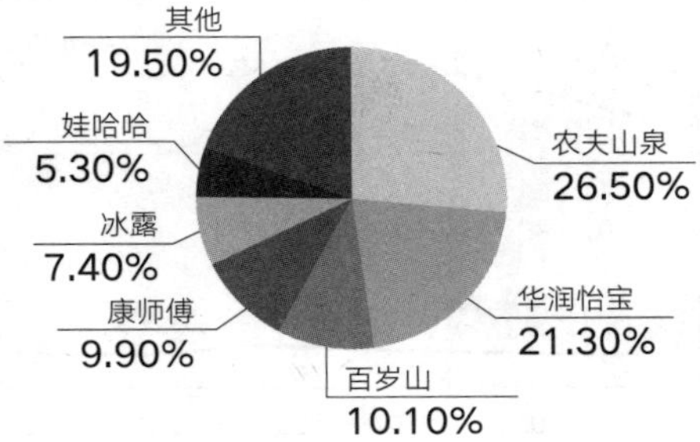

资料来源：中商情报网。

图5 2018年瓶装水市场份额分配

瓶装水企业的产品生产重视与现存竞争者的差异化，通过差异化营销，定向突破来打开市场。1998年，农夫山泉产品上市的时候，市场上已经存在了娃哈哈、康师傅等饮用水，其通过天然水这一独特概念，以及相匹配的营销手段迅速打开市场，俘获大批消费者。百岁山则在营销方面以“水中贵族”的定位，拉开与其他竞品的差距，通过独特的产品定位占据了新的市场份额。依云主要通过优质的水源及独特的“年轻化”产品内涵锚定高端市场。

二、美日市场寻对比，国内发展潜力大

（一）美国：健康意识强化，人均收入提高推动行业发展

逐渐增强的健康意识，是美国瓶装水快速发展的首要原因。美国的碳酸饮料消费量巨大，长期霸占饮料子类消费榜首。长期大量饮用高糖、高热的碳酸饮料及其他食物致使美国人的肥胖率居高不下。据美国疾控预防中心发布的报告，2014年美国成年人的肥胖比例高达37.7%，青年肥胖率高达17%。面对不断攀升的肥胖率，美国消费者开始注重饮料的健康性，瓶装水恰好迎合了消费者对于低糖、低热的诉求。根据国际瓶装水协会对美国群众的调查，影响消费者选择饮料的六大因素中，质量成为几乎每一位消费者（99%）首要考虑的因素，且在调查影响消费者选择瓶装水的因素中，无甜味剂和低卡路里成为前两大因素。

人均可支配收入上涨，促进瓶装水行业的发展。美国次贷危机发生后，由于人均收入几乎无增长，瓶装水的人均消费也面临了两年的发展停滞期，2008年与2009年增长率分别为−1.72%和−3.16%，之后逐步恢复5%以上的增长速度。而随着美国经济的逐步复苏，人均收入重新回到增长通道，相应的人均消费量也恢复正增长。

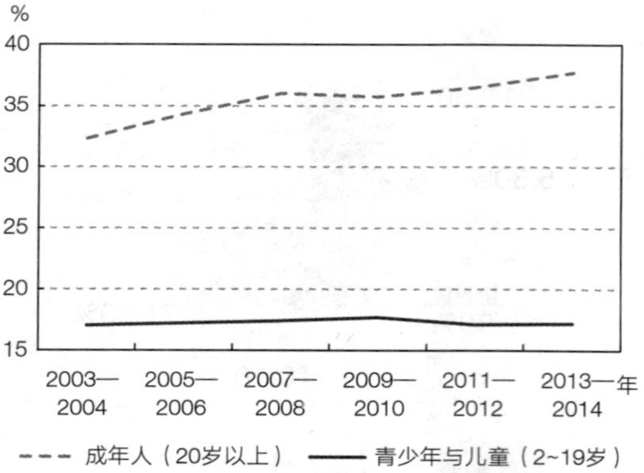

资料来源：美国疾控预防中心。

图6　2003—2014年美国人口肥胖率

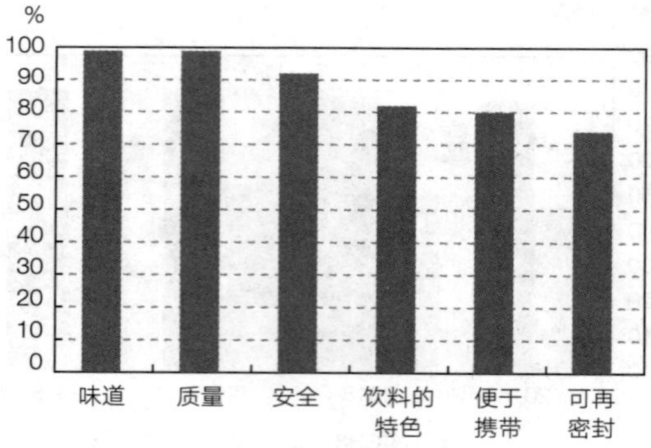

资料来源：国际瓶装水协会。

图7　影响消费者选择饮料的六大因素

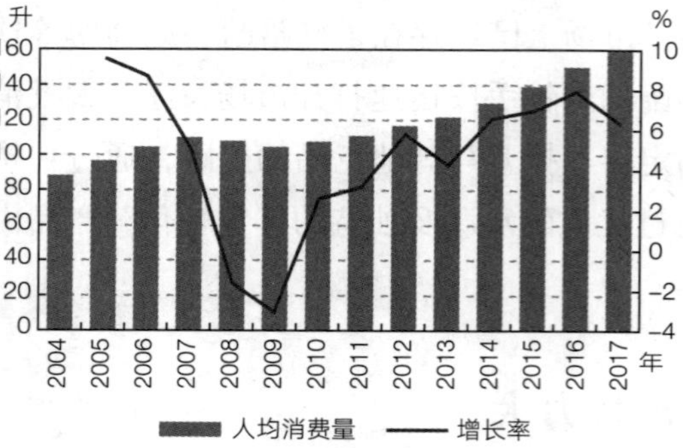

资料来源：百度文库。

图8　2004—2017年美国瓶装水人均消费量

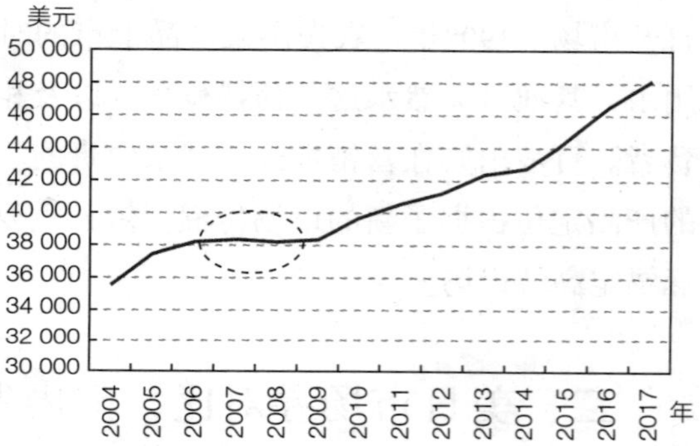

资料来源：美国商务普查局。

图9　2004—2017年美国人均收入

（二）日本：以收入增长下的消费升级为背景，以特殊事件发展为契机

日本瓶装水行业近几年发展得益于两个因素：一是消费观念的健康化。日本2005年进行的消费升级使其进入第四消费时代，瓶装水与新生的健康的消费观念不谋而合，同时老龄化的人口结构也使瓶装水的需求不断增强。二是日本近年发生事件的驱动，如2011年发生的福岛核泄漏，让群众对自来水的安全性产生了质疑，而这类事件的发生也促进了日本瓶装水行业的发展。

随着第四消费时代的到来，日本消费者进入了健康化、简约化、精神化的消费时代。日本于2005年进入第四消费时代，消费指数不断降低，“平成一代”（“90后”）在日本经济低速增长的时代步入社会，他们不再崇尚奢侈化的购物观念，极简化的生活和健康的消费观念深入人心。在收入增长和消费转型的背景下，瓶装水与其他饮料相比，既有健康的特点，又符合极简的观念，因此更受消费者青睐。

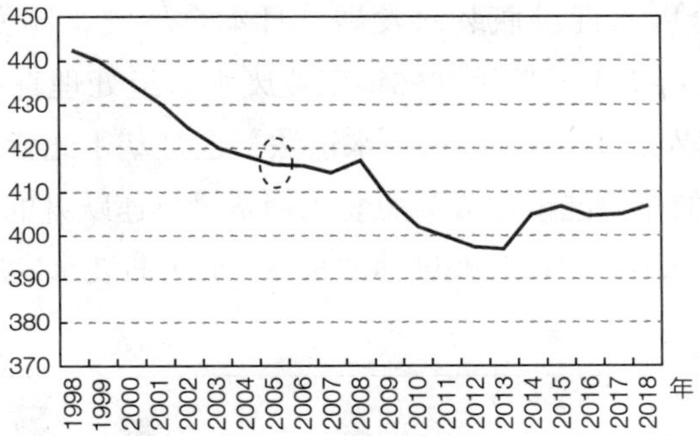

资料来源：日本内阁府。

图10　1998—2018年日本消费指数

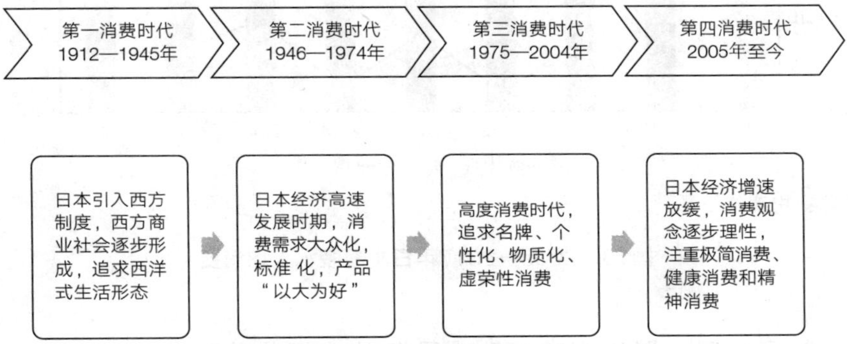

图11　日本消费时代变迁

在老龄化背景下，老年人对健康的诉求更为强烈。日本作为老龄化最严重的国家，2017年65岁以上的老年人占比达28.1%，创历史新高。中老年群体对健康诉求更加强烈，对高糖类、高热量的饮品消费更少，瓶装水成为解渴的最佳饮品。调查显示，2005—2010年，50~70岁的消费者对瓶装水的支出金额为全国平均值的1.1~1.2倍，而40岁以下的年轻消费群体支出则为全国平均值的0.9倍。

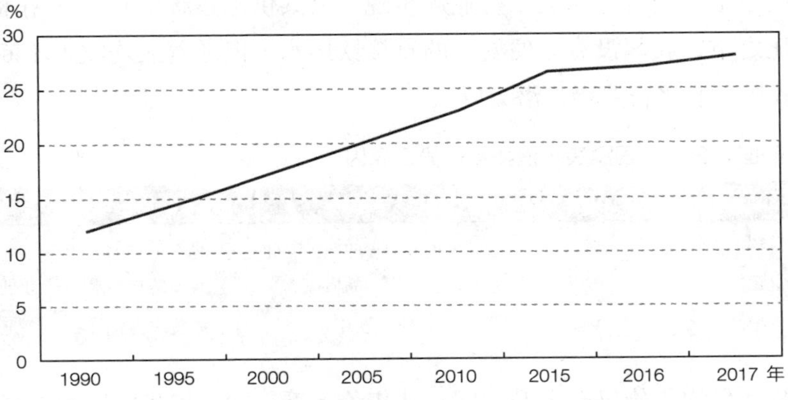

资料来源：日本统计局。

图12　20世纪90年代后日本65周岁以上老年人占比

自然灾害等不安全因素促进瓶装水发展。日本自然灾害频发，长期的不安全感使日本人注重饮水安全。历史上，曾因1956年工业废水未经处理直接排放，造成饮水的污染，直接导致了震惊世界的水俣病事件，《水道法》也是基于此背景而颁布并严格执行。2011年日本大地震引发的核泄漏事件成为瓶装水消费量急速跃升的有力推手，瓶装水的人均消费量由19.52升增至24.91升，增长幅度达27.58%，成为瓶装水发展过程中增幅最高值。

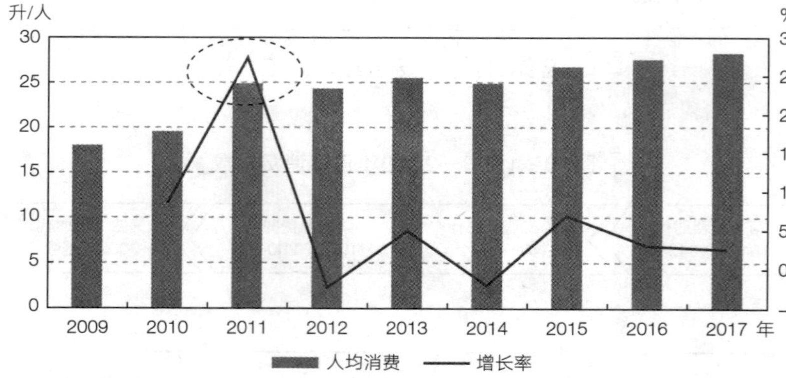

资料来源：中商情报网。

图13　2009—2017年日本瓶装水人均消费

（三）对标美日，量价双轮驱动中国瓶装水行业发展

1. 我国瓶装水人均消费量及瓶装水售价仍存在较大的增长空间

我国瓶装水人均消费量增长潜力大。从总销量来看，2017年我国瓶装水市场规模位居第二，仅次于美国。从人均消费来看，2017年我国人均瓶装水消费量为36.45升，低于世界平均水平，而美国人均消费高达159.37升，是我国的4.4倍，但日本人均瓶装水消费量只有28.29升，低于我国。主要原因在于美国瓶装水行业起步早，人均收入高，有直接饮用瓶装水的习惯，而日本瓶装水行业起步晚，公共供水系统的直接饮用水质量高，获取方便。相比之下，我国没有方便安全的直接饮用水，但随着人均收入不断向发达国家靠近，未来我国瓶装水行业增长潜力巨大。

表 2　中国、美国、日本三国瓶装水消费量差异及原因

国家	行业起步时间	人均收入	公共供水系统	外出饮水习惯	人均消费量
美国	19世纪50年代	高	可直接饮用，品质低	瓶装水为主	高（159.37升）
日本	20世纪70年代	高	可直接饮用，品质高	公共场所直饮水	低（28.29升）
中国	20世纪30年代	中	不可直接饮用	瓶装水为主	低（36.45升）

我国瓶装水平均售价仍有上升空间。从售价上看，2017年我国瓶装水行业平均售价大约为1.74元/500毫升，折合美元约为0.26美元/500毫升，相比于美国的0.45美元/500毫升

和日本0.8美元/500毫升，我国瓶装水价格较低。与中国类似，美国瓶装水消费主要以本土低价品牌为主，进口的高价瓶装水占比较低，平均售价的差距主要是经济发展水平导致的物价水平差异。而日本每年进口的高价瓶装水数量较大，消费结构上也主要以品质较高的高价水为主，再加上物价水平的差异，故平均售价远高于我国。近年来，我国瓶装水价格带不断上移，消费升级趋势显著，随着未来经济发展水平进一步提升，瓶装水平均售价仍有一定的上升空间。

表 3　中国、美国、日本三国瓶装水平均售价差异及原因

国家	物价水平	进口数量	消费结构	消费升级趋势	平均售价（美元/500毫升）
美国	高	较低	以低价水为主	显著	中（0.45）
日本	高	较高	以高价水为主	显著	高（0.8）
中国	低	较低	以低价水为主	显著	低（0.26）

预计未来瓶装水行业高增长趋势将延续，到2019年零售额有望突破2 000亿元，2020年零售额接近2 300亿元。

2. 他山之石：我国瓶装水行业具备量价齐升双驱动

消费结构升级，带来瓶装水的量价齐升。美国和日本的人均可支配收入的增长带来了消费的结构升级，瓶装水对自来水的替代及高端水对低端水的替代分别促进了瓶装水量、价端的上涨。近几年来，我国人均可支配收入保持高速增长，从2013年的18 310.76元增长至2018年的28 228元，年均复合增长率高达9.04%。收入的增长也将从销量和价格两方面促进了瓶装水行业的发展。

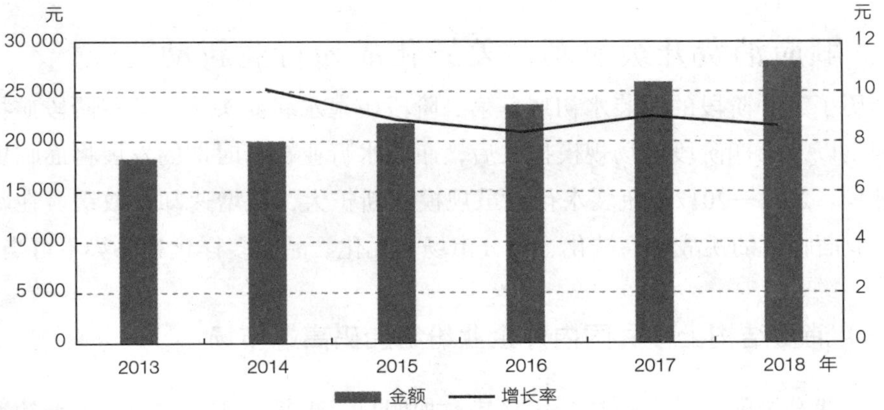

资料来源：国家统计局。

图14　2013—2018年我国人均可支配收入

居民健康意识提升促使瓶装水销量提升。降低肥胖率、追求低糖低卡是美国瓶装水迅速发展的首要原因。同时，日本第四消费时代的到来强调消费更加注重简约、健康的理念，美国、日本对健康理念的推崇促进了瓶装水销量的增长。中国居民健康素养监测

结果显示，2017年中国居民健康素养水平上升至14.18%，较2016年增长2.6个百分点，呈持续上升态势。健康意识的提升也将从销量方面促进瓶装水行业的发展。

老龄化趋势促进对高质量瓶装水的需求进而带来瓶装水行业价格提升。日本人口老龄化问题突出带来其对高质量瓶装水的需求，而中国社会人口结构老龄化趋势也越来越明显，2007年，我国60周岁人口占比为11.6%，到2017年，该比例达17.33%，十年间年均复合增长率为4.1%。老年人对健康的重视程度更高，也更愿意对健康高质的产品付费。在已经进入老龄化社会的日本，50~70岁的消费者对瓶装水的支出金额为全国平均值的1.1~1.2倍，而40岁以下的年轻消费群体支出则为全国平均值的0.9倍。随着中国老龄化社会的到来，未来高质量的瓶装水也将迎来广阔的发展空间。

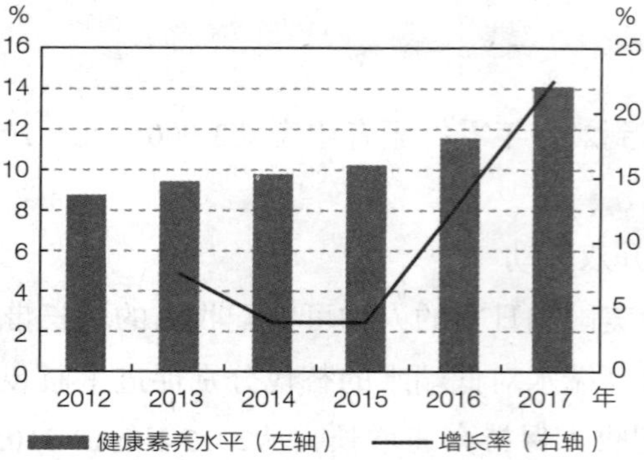

资料来源：国家卫生计生委。

图15 2012—2017年中国居民健康素养水平

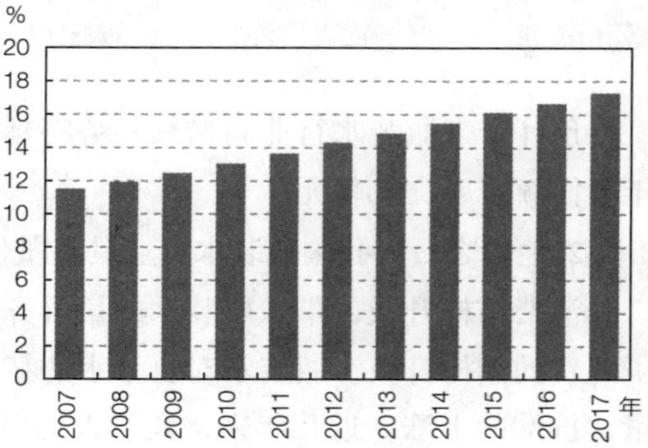

资料来源：国家统计局。

图16 2007—2017年我国60周岁人口占比

三、顺应消费升级浪潮，差异化成为行业新动能

在经历了第一阶段的瓶装水初现、第二阶段矿泉水崭露头角、第三阶段矿物质水天然水涌现，以及第四阶段市场规模扩大后，瓶装水行业在新时期的发展将面临更加复杂的市场环境。2013—2017年瓶装水行业虽规模不断扩大，但增速却在放缓。在新时期，瓶装水行业面临新的挑战，高端化、细分市场多元化、品类多样化趋势势不可当。

（一）消费结构上移，国内外企业纷纷加码高端市场

随着消费升级的演进，中高端化趋势愈加明显。天猫发布的2018年《水品类消费趋势白皮书》显示，我国饮用水消费呈现出高端化趋势，国内高端水的线上销售增长27%，远高于中低端水的5%，成为推动瓶装水整体销售增长的新动力。当前，农夫山泉、华润怡宝等每升单价超过3元的中高价品牌占据了主要的市场份额。未来，昆仑山、依云等每升单价超过5元的高端品牌也将有更广的受众，瓶装水市场将呈现出“水往高处走”的消费趋势。

此外，高毛利的追求也是企业布局中高端的驱动因素。普通瓶装水定价在1~3元，平均利润率仅3.85%，而高端瓶装水凭借高价，毛利率是普通瓶装水的6~7倍。企业纷纷顺应消费升级趋势，布局中高端市场，以期寻求高毛利，不断夯实企业的盈利能力。

（二）差异化趋势下，场景和品类呈现细分化

1. 消费场景和人群需求细分化趋势初显

（1）场景细分化。在2018年，康师傅率先展开对家庭用水市场的布局，推出1.5升家庭装，随后其他巨头也纷纷加入家庭用水争夺战：百岁山、农夫山泉依次推出14.8升一次性大包装饮水和15升桶装水。此外，各大企业还推出厨房饮用水、餐厅饮用水。例如，雅克发现绝大多数消费者都有清晨喝一杯水的习惯，打出了“早晨第一杯水，从长白山出发”的宣传语；奥陶纪相中厨房饮用水，以“两万年天然水”为宣传，打造“还原茶之本味”的沏茶饮用水。

（2）人群细分化。瓶装水不仅向着场景化的方向发展，更针对不同年龄段的消费者推出了细化的产品，如婴儿水、儿童矿泉水、女性矿泉水等，各细分市场均表现出强劲的增速。以儿童矿泉水为例，在2021年以前，儿童水市场每年将会有7%的市场增速，其中亚太地区会引领全球市场。而未来几年，比较有增长潜力的可能是针对0~14岁幼儿和儿童的水产品。儿童瓶装水定价一般比普通水高20%~50%，净利润更高。不少企业已经涉足儿童矿泉水市场。

2. 品类细分为行业发展增添新动力

在原有的瓶装水产品之外，衍生出了诸多其他水产品，主要以苏打水和气泡水为主。二者皆呈弱碱性并有养胃的功效，同时还含有钠元素，因此成为备受年轻人追捧的健康饮品。

（1）苏打水。目前市场销售的苏打水以天然苏打水为主，主流售价为3~8元，定位群体主要为高端消费者。调研发现，高端苏打水在包装水中市场形势好，2009—2017年高端苏打水产量保持近10%的增速，到2017年产量已高达14.39万吨，我们预计这一增长趋势在未来5年内仍将持续。

（2）气泡水。近几年，主打无糖、零卡路里的气泡水正在中国饮料市场中悄然兴起并呈现快速增长态势。目前，市场上销售的气泡水可分为天然气泡水和人工加气水两种。气泡水主打高端市场、产品定位年轻化。据欧睿咨询，2015年气泡水的升均零售价格约为31.25元，而瓶装水整体的升均零售价格为3.19元，仅为气泡水的1/10。据调查，气泡水在家庭月收入超过1.6万元的人群中渗透率达到39%，远超过瓶装水29%的渗透率。目前，气泡水行业规模仍较小，涉足企业并不多，属于蓝海行业；同时，因为气泡水的价格比较高，利润空间较大，随着消费的升级、中产阶层的崛起，以及企业不断加强对

消费者的科普和市场培育之后，气泡水行业在未来的3~5年内会呈现比较大的增长态势以及增长空间。

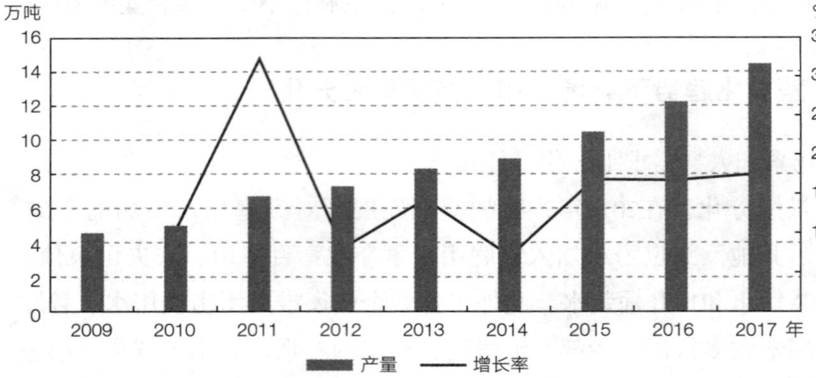

资料来源：中商情报网。

图17　2009—2017年中国高端苏打水产量

四、产业相关公司介绍

（一）农夫山泉

据尼尔森，2018年农夫山泉在瓶装水行业市场份额高达26.5%，稳坐行业内头把交椅。公司营收在2015年突破百亿元，并保持高速增长。我们认为公司具备两大核心竞争力：

一是品牌知名度高助力未来发展。通过多年以来持续的广告营销投入，农夫山泉优质的品牌形象已经深入人心，在国内具有很高的知名度。公司主打的农夫山泉天然水在2元价格带占据了绝对优势。2015年公司正式进军高端水市场，依靠优质的品牌形象和强大的营销能力，农夫山泉未来能在高端瓶装水市场占有一席之地。

二是优质水源地为其今后的发展奠定坚实基础。水源地水质的优劣直接决定了瓶装水产品质量的高低。农夫山泉对于水源地的寻找非常重视，从1999年开始，农夫山泉经过20年的发掘与勘探，拥有了遍布全国的八处优质的水源地。这些核心资产确保了农夫山泉高品质产品的供应，为其今后的发展奠定了坚实的基础。

（二）景田百岁山

景田公司发展迅猛，份额快速提升。公司近几年高速发展，2017年实现了30%左右的高增长，并在2018年超越康师傅，跻身国内瓶装水前三甲。从2013年开始，景田公司启动双品牌战略，将原来的“景田百岁山”品牌一分为二：景田主打纯净水，而百岁山则作为瓶装矿泉水品牌。2017年，公司推出设计感极强的高端矿泉水品牌——本来旺，正式进军高端水市场。

矿泉水市场潜力巨大，公司将成为消费升级的最大受益者。在六巨头中，只有百岁山是矿泉水品牌，其他品牌大都以纯净水、天然水为主。一方面，随着收入的增加及消费者对于瓶装水品质的关注，未来矿泉水市场具有较高的增长潜力。另一方面，目前国内3元以下瓶装水市场已经饱和，而百岁山所在的3元瓶装水市场还有较大的增长空间。预计景田百岁山在未来瓶装水市场的份额将继续提升。

（三）吉林森工

2017年，吉林森工通过发行股份购买资产的方式合计持有泉阳泉75.45%的股权。泉阳泉成立于2001年，主要产品为天然矿泉水，水源来自长白山。公司近年曾数度提出区域化转向全国化的销售策略，并明确提出了布局全国的时间表，预计公司未来将继续保持高速增长。

作为区域龙头，公司在当地市场占有率高。公司目前产品线较全，不仅覆盖了低端到高端的天然矿泉水市场，还开发了适应多元化需求的各类产品，如家庭桶装水市场、母婴用水市场、气泡水和泡茶用水市场。作为地处东北的区域性矿泉水品牌，公司在吉林和辽宁矿泉水市场长期保持市场占有率第一，有大批忠实的消费者。

公司拥有优质矿泉水源，持续全国扩张。泉阳泉在吉林省长白山山脉的核心区拥有四处优质矿泉水源，是长白山优质水源储备最好的企业之一，水源地水质口感较好，含多种天然矿物质及微量元素，符合国家矿泉水标准。优良的自然环境、优质的水源成为公司主要产品“泉阳泉”牌长白山天然矿泉水的绝佳优势。未来，通过持续开拓全国销售渠道，泉阳泉有望完成区域品牌向全国品牌的转变。

（四）西藏水资源

2018年，西藏水资源实现营收8.81亿元，同比为−5.51%；净利润3.18亿元，同比为0.75%。公司产品定位高端，毛利率高达54.52%。随着高端化趋势和场景细分化趋势的发展，公司具备两大核心优势：

一是水源地优势明显，产品定位高端市场。公司以其“拥有中国最好水源地”的美誉主打高端水产品生产。以西藏5100天然矿泉水为例，该产品来自西藏念青唐古拉山脉海拔5 100米的原始冰川水源地，泉水含有丰富的锂、锶、偏硅酸等稀有矿物质，优于天然矿泉水的中国新国标和欧盟标准。优质的水源地也为公司构筑较强的壁垒。

二是销售渠道多元化，助攻公司持续发力。公司拥有多元化的销售渠道，公司旗下的产品不但进入超市、便利店、酒店、电影院线、机场、餐饮和健康娱乐店等线下零售渠道，还与天猫、一号店、京东等达成战略合作，拥有完善的线上线下营销系统。多元的渠道使公司在细分场景能够深度渗透，助力公司产品的市场拓展。

职业培训产业：

经济转型与人口结构变化推动产业发展

王紫　东兴证券社会服务、教育行业研究员

职业教育包括职业学校教育和职业培训两个部分。职业学校教育指初等、中等、高等职业教育，毕业后获得相应的学历；职业培训是学历教育以外的其他职业教育形式。本文重点阐述了职业培训产业的发展阶段、发展动因及相关重点细分行业等。

目前，我国职业培训产业处于形成期向成长期过渡阶段。经济结构和人口结构变化导致人才供求错配，人才缺口成为职业培训行业发展的内在驱动力。此外，政策不断落地将助推行业加速发展。但产业内部众多赛道在市场格局和未来空间上都存在较大差异性。

一、职业培训行业内在差异大，仍处于产业形成期

职业培训，即非学历职业教育，是指在国家正规教育以外的，以就业为导向的，按照不同职业要求对接受培训的人员传授职业知识、培养职业技能、进行职业指导的职业教育活动。其目的是提高劳动者的就业能力、工作能力和职业转换能力，促使劳动者提高自身素质并实现就业和再就业。

（一）行业细分众多，内部差异较大

职业培训总体可分为两大类：职业技能培训和职业资格培训。这两大类中多个细分

子行业的市场格局、商业模式、未来发展都存在较大差异。

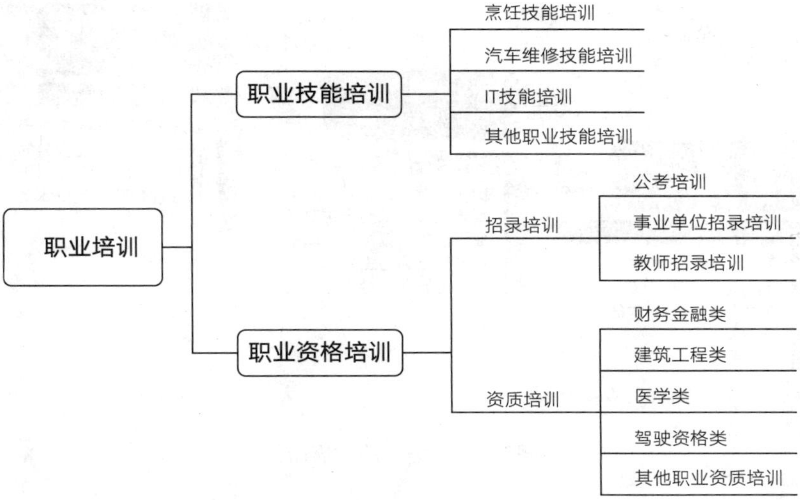

图1 职业培训的分类

职业技能培训是指由技能培训机构开展的，按照国家职业分类和技能标准进行的规范性培训，通过技能考核，可以得到国家认可的技能证书。根据市场份额和培训人数划分，主要的职业技能培训包括烹饪、汽车维修、IT等。

职业资格培训以获得执业资格证书为主要目的，从而证明具有从事某一职业所必备的知识和技能。按照培训方向和职业活动性质，可分为招录培训和资质培训两类。

（二）职业培训处于产业形成期至成长期过渡阶段

职业培训发展起步晚，仍处于产业形成阶段。从产业角度来看，我国职业培训仍处于产业形成期，尚未完成向产业成长期的过渡。根据改革开放以来，“国企改制带来失业潮”和“现代职业教育概念的提出”两个里程碑事件，职业培训的发展可以划分为三个阶段，分别是20世纪90年代的“学徒制”萌芽阶段、2000—2014年的职业培训形成阶段、2014—2020年的现代职业教育形成阶段。

“学徒制”萌芽阶段（1976—1999年）：与教育行业其他分支相比，我国职业培训行业发展起步较晚，改革开放至20世纪90年代我国职业培训行业始终处于小而分散的阶段，学习模式以传统的“学徒制”为主，这一阶段基本没有相关政策出台。

职业培训形成阶段（2000—2013年）：20世纪 90年代末国企改革使大量职工转岗或再就业，产生对职业培训的大量需求，以职业技能培训为主要形式的非学历职业教育兴起。

现代职业教育形成阶段（2014—2020年）：2014年6月在国务院《关于加快发展现代职业教育的决定》中，提出“到2020年，形成适应发展需求、产教深度融合、中职高职衔接、职业教育与普通教育相互沟通，体现终身教育理念，具有中国特色、世界水平的现代职业教育体系”。

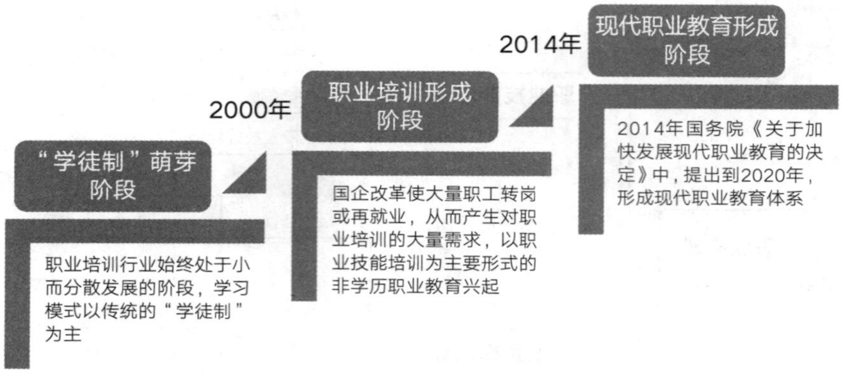

资料来源：国务院新闻办公室官网。

图2　职业培训的发展阶段

二、人才供需错配是职业培训发展的内在动力

我国人才培养供给和职业所需技能的结构性错配是推动职业培训产业发展的内在动力。当前，我国的人才供求缺口主要是由于经济结构变化和人口结构变化等多方面因素带来的，具体包括以下三个方面：

一是当前经济处于结构转型的关键时期，需要大量技能型人才。

二是我国面临的人口老龄化问题，可能面临未来劳动力不足。

三是目前学生大学理论学习的专业与最终所从事职业的匹配度较低。

（一）供给端研究人才过剩与技能人才缺失

人力资源和社会保障部（以下简称人社部）在就《技能人才队伍建设工作实施方案（2018—2020年）》执行解释中指出，目前我国劳动力结构中，技能型劳动者缺失，高技能人才匮乏，且内部结构不合理。

第一，研究型人才过剩。1999年教育部出台《面向21世纪教育振兴行动计划》，提出扩大普通高校本专科院校招生人数，提高高等教育毛入学率。1999—2012年长达十余年的本科扩招提高了国民素质，推迟初次就业时间从而缓解了就业压力，但同时也带来了新的问题。扩招学校是以研究型为导向的普通高等院校，高考录取人数从1998年的108万人增长到2012年的近685万人，研究型人才供给大幅提升。

第二，技能型人才缺失。由于我国技术技能人才社会地位不高、待遇水平较低，高职院校体系缺乏上升通道带来的生源水平远不及普通高等院校，所以导致我国技术技能人才显著短缺且结构失调。截至2017年底，我国技能劳动者仅有1.65亿人，占劳动力总数的21%左右、高技能人才有4 791万人，占技能劳动者总量的29%左右，而发达国家的技工占比普遍在40%~50%。我国技能劳动者供需持续保持在1：1.5以上，随着产业转型速度加快，技能型人才缺失成为常态。

老龄化趋势日益凸显，劳动年龄人口先于总人口停止增长，我国不断加速的人口老龄化趋势导致未来劳动力不足，或将扩大劳动力供给结构失衡问题的影响。

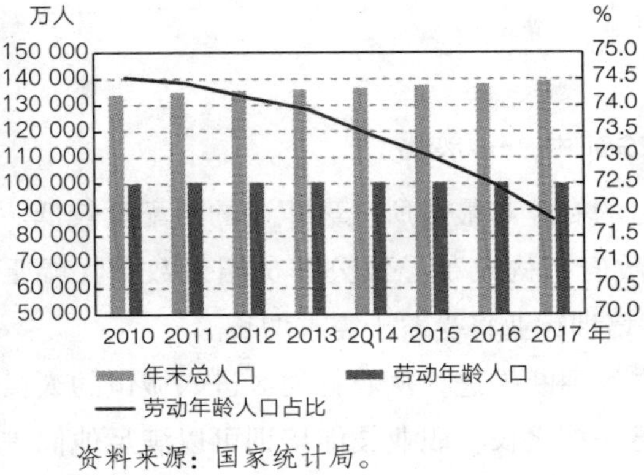

图3 2010—2017年我国劳动年龄人口（15~64岁）占人口占比

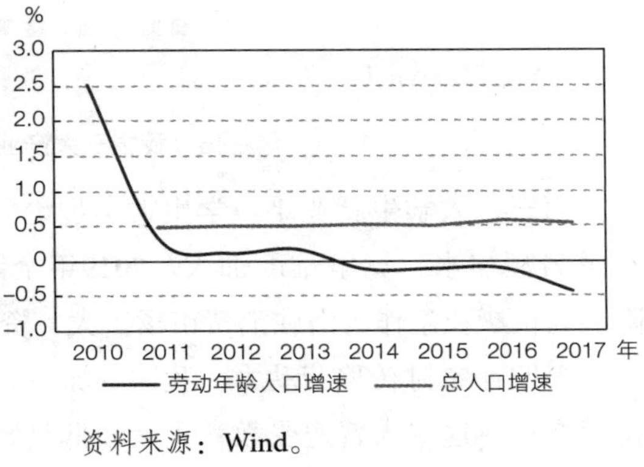

图4 2010—2017年我国总人口和劳动年龄人口增速对比

（二）经济与人口结构调整驱动人才需求变化

从历史来看，国企改革、经济高速发展为职业培训带来需求。经济环境和产业环境变化，催生出职业教育行业的第一次发展。国企改革带来的大规模下岗职工有再就业需求，2000年左右经济快速扩张，总量不断扩大，行业结构、地域结构、类型结构等不断调整，经济波动和劳动力市场的日趋完善使劳动力产业间流动加速。

经济结构转型，产业升级驱动职业结构变化。当前，我国正处于供给侧结构性改革和经济“新常态”的战略机遇期。国家统计局《2018年国民经济和社会发展统计公报》显示，2018年我国国内生产总值达90万亿元，GDP实际增速6.6%，创下自1991年以来最低水平。产业结构持续优化，第一、第二、第三产业占GDP的比重分别为7.2%、40.7%、52.2%，而三大产业职业技能要求差异显著。产业结构调整等因素使技术技能型人才及第三产业服务型人才需求不断加大。

第一，服务型人才需求增加。我国产业结构调整表现为第一产业劳动力向第二、第三产业转移速度加快，第三产业吸收劳动力人数骤增，产业间流动加速。就业人员进入第三产业，但大量人员缺乏相应的职业技能。

第二，专业技能人才缺口显著扩大。近年来中国产业结构调整，产业升级带来大量传统产业及企业转型，“中国制造2025”的国家战略也将创造更多技术含量更高的岗位。因此，更高的职业技术要求将给职业培训带来广阔市场。

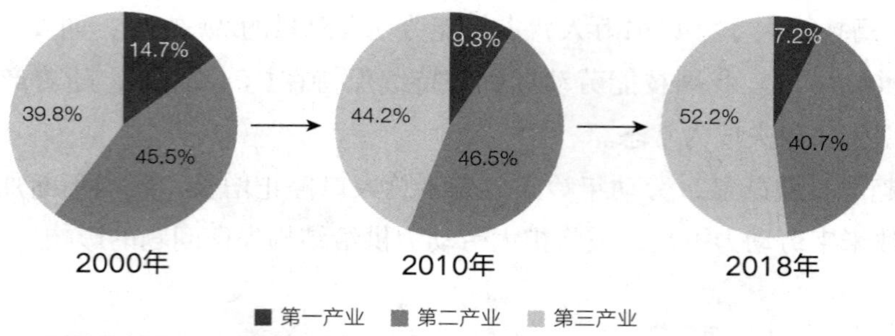

资料来源：Wind。

图5　我国三大产业在GDP中的占比变化

第三，大学生就业难。学生大学理论学习的专业与最终所从事职业的匹配度较低。招录名额缩水，竞争难度加大。2019年全国政府机构改革导致公务员招录数量大幅下降，高校毕业生作为潜在消费市场扩大，资格培训行业将受益于需求增长。

第四，农村转移劳动力。我国的城镇化进程不断推进，从农村地区进入城市的人员持续增长，这些人普遍受教育程度较低且缺乏一技之长。职业技能培训可以满足他们进入城市地区的就业需要，使他们在城镇站稳脚跟，缓解社会矛盾。

此外，独生子女一代对于养老家政服务等服务行业需求日益增加。“80后”“90后”一代独生子女已经成为现在劳动力市场和消费市场主力。双职工独生子女一代即将或正在面临的是四个老人的养老和一个或两个子女的抚养，他们对家政服务的大量需求正在到来。

三、扶持政策从外部助推行业发展

（一）加速落地，政策从务虚走向务实

目前职业培训行业处于发展转折期，政策不断加速出台将助推行业向规模快速扩大、产业不断完善的成长期过渡。政策扶持是一个产业由形成期向成长期发展的重要推动力。自2014年首次提出现代职业教育的概念后，国家政策不断加速出台，尤其2019年，几乎每月都有相关政策出台。

从近期职业教育、职业培训的相关政策内容来看，在从务虚的方向性政策转向务实的具体实施细则。在经过了前期更多的“决定”“意见”类文件后，近期密集出台的政策更多是“实施方案”，且各省也在纷纷针对国家方向性文件给出具体落实计划。更多具体落地实施细则的出现，意味着政策对于职业教育领域的扶持已经不再局限于方向指引，而是更多地落到实处，进入具体操作层面，政策对于职业培训领域的影响将进一步加速。

《职业技能提升行动方案（2019—2021年）》发布，提出三年目标共开展各类补贴性

职业技能培训5 000万人次以上，其中2019年培训1 500万人次以上；到2021年底技能劳动者占就业人员总量的比例达25%以上，高技能人才占技能劳动者的比例达30%以上。该方案提出对重点群体开展有针对性的职业技能培训，同时要激发培训主体积极性，职工参加企业新型学徒制培训的，给予企业每人每年4 000元以上的职业培训补贴。

表1　近几年职业培训相关政策文件及主要内容

时间	文件	主要内容
2019年5月	《职业技能提升行动方案（2019—2021年）》（国办发〔2019〕24号）	三年目标共开展各类补贴性职业技能培训5 000万人次以上，其中2019年培训1 500万人次以上；到2021年底技能劳动者占就业人员总量的比例达25%以上，高技能人才占技能劳动者的比例达30%以上。
2019年4月	《关于在院校实施"学历证书+若干职业技能等级证书"制度试点方案》（教职成〔2019〕6号）	自2019年开始，重点围绕服务国家需要、市场需求、学生就业能力提升，从10个左右职业技能领域做起，稳步推进1+X证书制度试点工作。教育部将结合实施1+X证书制度试点，探索建设职业教育国家"学分银行"，对学历证书和职业技能等级证书所体现的学习成果进行认证、积累与转换，促进书证融通，探索构建国家资历框架。
2019年3月	《2019年政府工作报告》	从失业保险基金结余中拿出1 000亿元，用于1 500万人次以上的职工技能提升和转岗转业培训。加快发展现代职业教育，支持企业和社会力量兴办职业教育。扩大高职院校奖助学金覆盖面，提高补助标准，加快学历证书和职业技能等级证书互通衔接。
2019年2月	《加快推进教育现代化实施方案（2018—2022年）》（国务院办公厅印发）	构建产业人才培养培训新体系，完善学历教育与培训并重的现代职业教育体系，推动教育教学改革与产业转型升级衔接配套。健全产教融合的办学体制机制，开展国家产教融合建设试点。建立健全职业教育制度标准，制定并落实职业院校生均拨款制度。建立国务院职业教育工作联席会议制度。
2019年2月	《国家职业教育改革实施方案》（国发〔2019〕4号）	职业教育与普通教育是两种不同教育类型，具有同等重要地位。到2022年，建设50所高水平高等职业学校和150个骨干专业（群）。建成覆盖大部分行业领域、具有国际先进水平的中国职业教育标准体系。推动建设300个具有辐射引领作用的高水平专业化产教融合实训基地。同时，具备理论教学和实践教学能力的"双师型"教师占专业课教师总数超过一半。从2019年开始，在职业院校、应用型本科高校启动"学历证书+若干职业技能等级证书"（1+X）制度试点。
2018年10月	《关于开展职业教育校企深度合作项目建设工作的通知》（教职成厅函〔2018〕55号）	重点围绕现代农业、先进制造业、现代服务业和战略性新兴产业等，通过项目建设，推动一批行业龙头企业、高成长性企业设立校企深度合作项目，与一大批优质职业院校强强联手、互利共赢，在人才培养方案制定、实训基地建设、教学模式改革、职业培训等方面实现"深度合作"；发挥龙头企业的引领示范作用，带动更多企业借鉴合作模式、深化校企合作。
2018年10月	《关于全面推行企业新型学徒制的意见》（人社部发〔2018〕66号）	在企业全面推行"招工即招生、入企即入校、企校双师联合培养"的企业新型学徒制。到2020年底努力形成职业技能培训新格局，力争培训50万人以上企业新型学徒。自2021年起，继续加大工作力度，力争年培训学徒50万人左右。
2018年10月	《技能人才队伍建设实施方案（2018—2020年）》（人社部发）	加强技能人才激励保障、大规模开展职业技能培训、大力发展技工教育、深化技能人才评价制度改革、推动职业技能竞赛发展和加大技能扶贫工作力度。
2018年5月	《关于推行终身职业技能培训制度的意见》（国发〔2018〕11号）	建立并推行终身职业技能培训制度，实现培训对象普惠化、培训资源市场化、培训载体多元化、培训方式多样化、培训管理规范化，大规模开展高质量的职业技能培训，力争2020年后基本满足劳动者培训需要，努力培养造就规模宏大的高技能人才队伍和数以亿计的高素质劳动者。
2018年3月	《关于提高技术工人待遇的意见》中共中央办公厅、国务院办公厅发	突出"高精尖缺"导向，大力提高高技能领军人才待遇水平。实施工资激励计划，提高技术工人收入水平。构建技能形成与提升体系，支持技术工人凭技能提高待遇。强化评价使用激励工作，畅通技术工人成长成才通道。

续表

时间	文件	主要内容
2017年12月	《关于深化产教融合的若干意见》（国办〔2017〕95号）	逐步提高行业企业参与办学程度，健全多元化办学体制，全面推行校企协同育人，用10年左右的时间，使教育和产业统筹融合、良性互动的发展格局总体形成，需求导向的人才培养模式健全完善，人才教育供给与产业需求重大结构性矛盾基本解决，职业教育、高等教育对经济发展和产业升级的贡献显著增强。
2017年9月	《关于进一步推进职业教育信息化发展的指导意见》（教职成〔2017〕4号）	到2020年，基础能力明显改善，落实“三通两平台”建设要求，数字教育资源基本覆盖职业院校公共基础课程和各专业领域，网络学习空间全面普及，线上线下混合教学模式广泛应用，自主、泛在、个性化的学习普遍开展，大数据、云计算等现代信息技术在职业院校决策、管理与服务中的应用水平普遍提升。
2017年5月	《贯彻落实〈职业教育东西协作行动计划（2016—2020年）〉实施方案》（教职成厅〔2017〕3号）	全面覆盖与重点推动相结合。教育扶贫和产业发展相结合，推广“教育+产业+就业”“学校+合作社+农户”等模式，实现造血式扶贫。精准脱贫与职教发展相结合。职业教育与继续教育相结合。
2014年6月	《关于加快发展现代职业教育的决定》（国发〔2014〕19号）	到2020年，形成适应发展需求、产教深度融合、中职高职衔接、职业教育与普通教育相互沟通，体现终身教育理念，具有中国特色、世界水平的现代职业教育体系。

资料来源：国务院官网、教育部官网、人社部官网。

（二）政策全方位支持，行业地位提升

政策导向指引了未来国家的发展方向，为缓解可能出现的人才供需缺口提前准备。党的十九大报告提出“加快建设学习型社会，大力提高国民素质”，到《中国教育现代化2035》明确提出到2035年建成服务全民终身学习的现代教育体系，可以看出国家对于职业阶段人群教育的重视与政策倾斜。目前，国家通过一系列政策文件给予了职业培训行业在政策、制度、资金上的全方位支持。

政策支持：引导社会力量积极参与职业教育与培训；提高技术工人收入水平，支持技术工人凭技能提高待遇，打通技术工人成长成才通道。

制度支持：启动1+X证书制度试点工作，加快推进职业教育国家“学分银行”建设。

资金支持：从失业保险基金结余中拿出1 000亿元，用于1 500万人次以上的职工技能提升和转岗转业培训。

职业教育地位提升，政策持续性较强。在《国家职业教育改革实施方案》中，提出职业教育与普通教育同属教育两个类型，具有同样重要的地位。从已发布的政策文件来看，目前职业培训领域的政策具有较强的延续性，当前的政策扶持并非一时，而是会在未来有长期持续的发展。

四、未来行业将进一步细分，竞争加剧优胜劣汰

产业结构变化和社会经济发展驱动职业培训行业纵向发展，非学历职业教育受到政

策青睐，技能培训和资质培训两大板块细分赛道不断延长，市场规模将不断扩大。根据弗若斯特沙利文报告，中国职业教育行业市场规模由2013年的6 016亿元增至2017年的7 681亿元，年复合增长率为6.3%，其中非学历职业教育市场占比在40%上下。我们认为，职业教育市场规模将很快达到万亿级别，并且未来非学历职业教育占比将提升至50%以上。

行业进入门槛较低，高度竞争。对于民办职业培训学校设立，《民办职业培训学校设置标准（试行）》中的相关要求包括：基本办学规模不超过200人；理论课集中教学场所达到300平方米以上；专职教师不少于1/4；固定资产20万元以上，注册资金在10万元以上。整体来看，职业培训的进入门槛较低，导致行业竞争者众多。

目前，职业培训机构（包括技工学校、就业训练中心、综合培训基地及培训集团等）是我国职业培训产业的主要参与者；行业分类庞杂，各细分领域在市场空间和行业格局上存在较大差异。行业尚处于发展初期，因此行业市场集中度很低，整体行业格局尚在形成过程中。

未来，在就业市场需求和国家政策的双重推动下，职业培训行业将涌现更多细分领域，企业数量将加速增长；随着产教融合、1+X证书制度的不断推进和完善，我国职业培训将发展为高校、职业培训机构、企业共同参与。

（一）职业技能培训：细分众多，部分领域格局已初步形成

职业技能培训市场规模增速较高。据弗若斯特沙利文报告，职业技能教育总收入由2013年的630亿元人民币增至2017年的980亿元人民币，年均复合增长率为11.7%，增速高出职业教育行业整体增速近1倍。

由于第三产业涉及的职业类型种类繁多且差异化大，职业的多样性使职业技能培训拥有众多细分领域。2017年技能培训的前三大市场参与者市场份额仅为2.5%，可以说我国职业技能教育市场是高度分散的，市场趋于完全化竞争。

目前的技能培训提供商主要是关注某特定行业细分，目前IT、烹饪、汽车维修为比较大的三个细分领域，三者整体约占技能培训市场份额的40%。

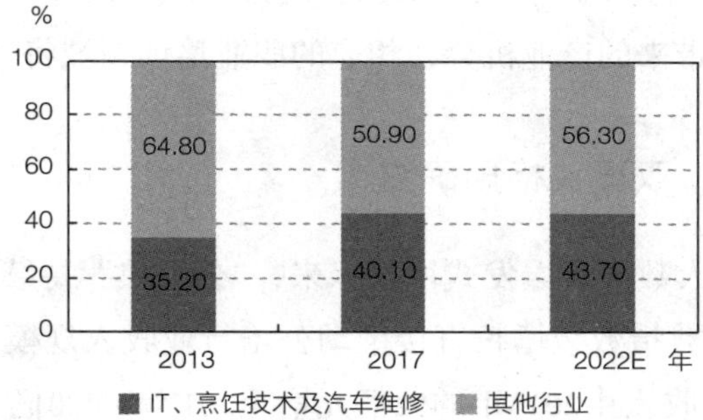

资料来源：中国东方教育招股书。

图6　IT、烹饪、汽车维修三大主要板块在职业教育市场收入的总占比

烹饪：相对成熟的细分赛道，龙头公司已形成。由于经济发展带来消费升级，推动了餐饮行业的蓬勃发展；客户需求多元化趋势显著，导致餐饮市场不断细分；同时政策加持，烹饪技师薪资水平不断提高，形成人才吸引力。此外，中国专业烹饪技师市场缺口由2013年的140万人增加至2017年的220万人，未来3~5年内，将出现更大规模的人才缺口。烹饪培训的竞争格局相对集中，就参培人数而言，2017年第一大市场参与者中国东方教育占比为23%，前三大市场参与者约占27%。细分赛道寡头效应凸显。

汽车维修：汽车保有量的提升带动了汽车维修保养服务的快速增长。据公安部交管局统计，2018年我国汽车保有量达到2.4亿辆，2008年仅为0.65亿辆，年均复合增长率为14%，2017年中国汽车服务行业熟练工人供需缺口达400万人。对比其他国家，中国汽车人均保有量及驾驶员渗透率仍有较大的增长空间。据 NationMaster显示的世界各国汽车千人保有量，中国排名靠后，千人保有量仅为83辆，远低于欧美发达国家，甚至低于泰国（206辆）及俄罗斯（293辆）。从发达国家经验看，我国汽车人均保有量将进入快速扩张时期。同时，新能源汽车和电动汽车成为购买热点，其效用的不稳定性将带来汽车维修行业人才缺口的扩大。汽车维修培训市场竞争较为集中，就培训人次而言，2017年前三大市场参与者占比分别为9.7%、9.5%和1.3%，细分领域市场的“双寡头”格局已初步形成。

IT：产业发展催生人才需求。通信、数据分析、云计算行业成为市场新宠，“互联网+”催生大量新兴行业出现，带来人才需求，形成对信息技能培训市场的有效辐射。伴随着“中国制造2025”的迫近，未来一段时间内行业仍将处于高速发展。国家统计局《国民经济和社会发展统计公报》显示，2018年信息服务大类市场营收同比增长30.7%。软件业务收入超过6万亿元，按可比口径计算，同比增长14.2%。根据弗若斯特沙利文报告，信息技术职业技能培训教育市场的总收入从2013年的186亿元增至2017年的332亿元。从市场竞争格局来看，中国IT职业技能教育市场相对分散，就2017年培训人次而言，前三大市场参与者各占3%左右，合计CR3为9.9%，尚未出现优势企业。

除了烹饪、汽车维修及IT培训三个目前相对集中的行业之外，职业技能培训还有很多细分赛道，如技术工程类培训、家政培训、成人英语培训等，但都尚处于发展伴随产业升级和人口结构变化带来的产业机会，相应的职业培训领域将存在发展机遇。

（二）招录培训：双寡头格局确立

自2008年公职考试人数出现爆发式增长以来，“公考热”持续升温，逐渐成为现象级考试，公职考试参与人数指数级增长直接推动公培行业收入规模扩张。根据弗若斯特沙利文报告，公职培训总收入由2013年的52亿元增至2017年的90亿元，年均复合增长率为17.4%，2017—2022年，公职培训总收入预计以14.5%的年均复合增长率增长，市场规模持续扩大。主要驱动因素包括以下几个方面：

一是中国文化中“学而优则仕”的传统观念和较高的社会地位使公考热度持续走高。

二是当前高校入学门槛降低，升学率提高，大量高校毕业生面临就业难问题，成为公考培训的潜在人群，市场潜力较大。

三是公考培训录取率极低，备考时间紧张，通过专业培训增大录取可能成为高校毕业生的首选。华图教育报告显示，专业培训显著增大了公考培训的录取概率。

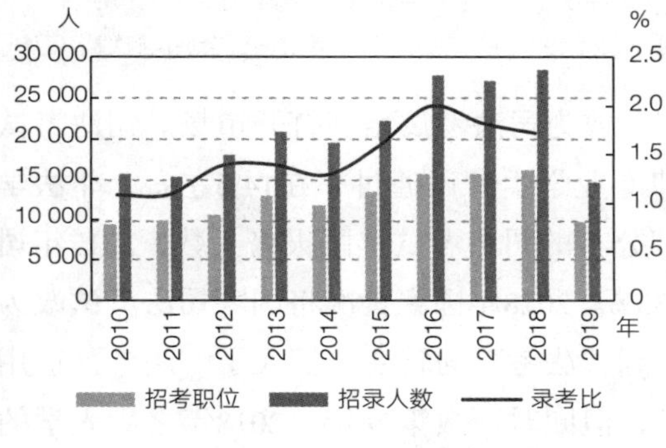

资料来源：国家公务员局官网。

图7 2010—2019年公务员招录人数及录考比

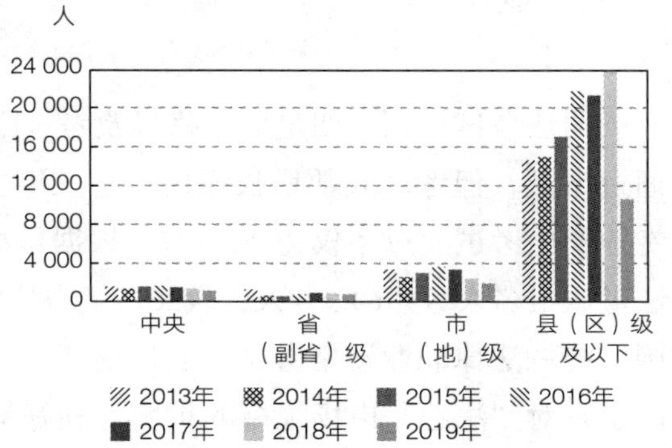

资料来源：公务员考试网。

图8 2013—2019年公务员各层级招录人数

根据弗若斯特沙利文报告，事业单位招聘培训学员人数从2013年的195.2万人增至2017年的270.68万人，年复合增长率为8.5%，同期，渗透率从24.3%上升至25.6%，截至2022年，预计学员人数达396.26万人，2017—2022年均复合增长率为7.9%。除与公考培训市场相似的市场环境原因，事业单位培训行业市场规模扩大的原因还在于，事业单位考试时间往往在国家公务员考试时间之后，大量未被国考录取的同学转向地级市事业单位，时间更为紧迫，对录取期望值要求更高，因此往往希望通过这种“短、平、快”的方式通过考试。

（三）资质培训：线上为主，存在一定垂直壁垒

资质培训以线上教育为主要形式。根据职业资格证书培训产业定义及细分赛道，主要的几类资质培训市场参与者均为线上教育模式。另外，相比技能培训和招录考试培训，职业资质培训目标客户往往已经身在职场，因而更倾向于“兼业式”学习，对细碎化时间运用要求更高，因而催生了职业资格考试培训市场独特的商业模式。

在线教育市场分散，各细分领域容量有限，总体潜在规模庞大。以线上运营为主要形式的资格培训考试专业深度较强，因而垂直壁垒较高，参与者众多但市场占有率较低。

财会金融类资质考试培训：资质培训的主力板块，行业格局相对集中。由于此行业集聚大量高学历专业技能人才，因此执业资质要求和就业门槛普遍较高。另外，不同于司法考试和医师资格考试“一次性”的考试性质，本领域内仍包括较多细分赛道，且多

处于“进阶式”考试，因此客户黏性的发挥对收入增长的贡献较为显著。根据入门考试和进阶考试分类，财会金融资质培训市场可以分为从业和水平考试两大类。主要市场参与者如下：

表2　财会金融类考试培训主要市场参与者

财会金融考试	中华会计网校	中华会计网校网课、梦想成真系列丛书、正保在线题库
	东奥会计在线	东奥会计在线、东奥会计继续教育、轻松过关系列图书
	高顿财经	高顿公开课、CPA CFA FRM在线课程、秀财网管会、高顿线上题库

司法考试培训：四足鼎立格局及考试限制开放为司法考试培训打开市场。司法考试通过率低，但考试人数增长缓慢。近三年法律专业学生考试通过率在14%左右，非法学专业学生考试通过率仅为7%左右。根据司法部公布的司法考试全国报名人数，2017年司法考试报名人数达64.9万人，较2016年增长10.35%。2018年国家首次将国家司法考试改为国家统一法律职业资格考试，实现由“司考”到“法考”的转变。扩大了“法考”适用岗位，对“法考”市场规模的扩增是利好消息，但同时新政策规定，2018年之后入学的非法学本硕不得参与“法考”，因此全国参考人数有所下滑。“法考”首年，共有60.4万余人报名，较2017年“司考”人数有所回落。2018年“法考”市场规模约为2.3亿元。从市场竞争格局来看，司法考试领域目前已经形成由厚大司考、万国教育、瑞达法考、众合教育构成的“四足鼎立”的局面，但并无任何一家企业具备绝对优势。另外，2018年随着国家全面放开司法考试参考身份的限制条件，参考人员不局限于法律专业的学生，考生不限定专业，只要符合报名条件均可参与考试，这会促使未来两年司法考试培训人数的加速增长。司法考试主要市场参与者及业务版图如表3所示：

表3　司法考试培训主要市场参与者

司法考试培训	万国教育	线上课堂、线下培训、图书出版、万国司考APP
	瑞达法考	线上课堂、线下培训、图书出版、瑞达法考APP
	厚大司考	在线360、专属教材、主客观题面授
	方圆众合教育	线上网授、线下面授、众合图书、众合APP

医药卫生执业资格考试：医药卫生执业资格考试包括医疗单位招录考试、医师执业资格考试、药师执业考试及护士执业资格四大类。其中，护士执业资格考试通过率最高，约为60%，同时其招录规模较大，考试难度较低，因而市场规模占比最大；药师执业资格考试通过率最低，仅为10%左右，且报考门槛高，同时对参考人员的学历、专业、工作年限提出了一定要求，因此市场规模相较其他几类执业考试较小；医师执业资格考试通过率约为30%，不同于财会金融及司法考试的全国统一考试形式，医护人员招录考试一般由各医院执行，被留用后再进入考试培训集中阶段。由于我国医药卫生执业资格人数接受国家严格管制，且始终供大于求，因而总体市场规模在较长时间内保持稳

定。根据培训机构业务范围，可以将市场参与者划分为综合型和专业型两大类。几大培训企业主要以线上培训模式为主，在线培训市场收入占总收入比超八成，市场规模约为20亿元。医疗卫生考试培训主要市场参与者如表4所示：

表4　医疗卫生考试培训主要市场参与者

医疗卫生考试培训	综合型	566考试网、嗨学网、华图教育、文都教育、环球网校
	专业性	百通世纪、金英杰医学、正保医学教育网

驾驶资格培训：驾驶资格培训主要包括普通机动车驾驶员培训、道路运输驾驶员从业资格培训、残疾人驾驶员培训等。道路运输驾驶员从业资格共有六类，包括经营性道路旅客运输类、道路货物运输类、危险货物运输类、机动车驾驶教练类、危险货物运输装卸管理人员和危险品押运人员和维修技术人员类。其中前四类需要获得相应的机动车驾驶证（驾照），因此普通机动车驾驶员培训是道路运输从业资格培训的基础。我国超过98%的驾驶员培训机构拥有该类别的培训内容，是驾驶员培训领域最大的市场。根据中国交通运输协会驾校联合会的数据，截至2016年，我国共有机动车驾驶员培训机构16 512家，近几年维持在高单位数增长；与此同时，我国机动车驾驶员超过3.8亿人，近几年同比增速维持单位数且持续下滑。其中，随着我国汽车保有量的不断攀升，C1、C2小型汽车驾照培训占据了机动车驾驶员培训人群的绝大多数。

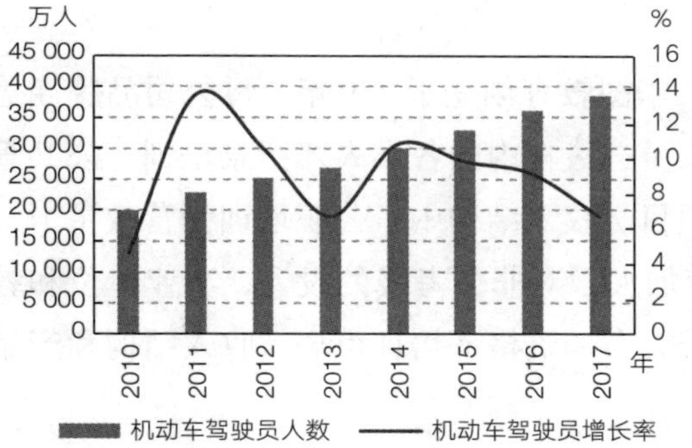

资料来源：国家统计局官网。

图9　2010—2017年我国机动车驾驶员人数及同比

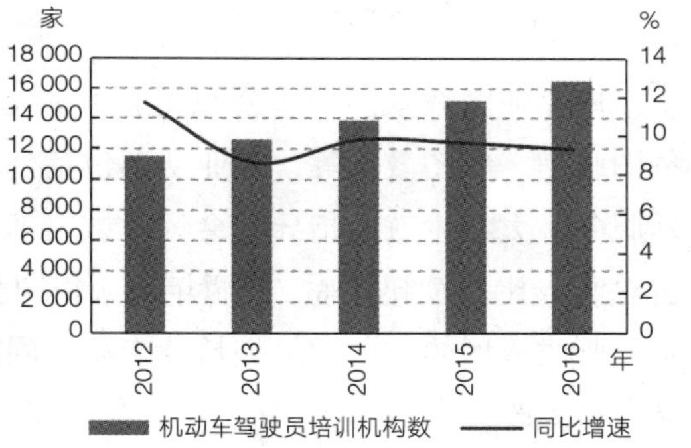

资料来源：中国产业信息网：《2019—2025年中国驾校市场专项调研及投资潜力评估报告》。

图10　2012—2016年我国机动车驾驶员培训机构数及同比

五、产业内主要公司

（一）中公教育

中公教育是招录行业龙头企业，事业版图配比均衡。按收入计，中公教育是目前国内最大的招录类职业培训提供商，三大主营业务公考、事业单位和教师招录培训市场占有率均为第一。公考业务为公司主力板块，参培人数较多，为公司发展提供了稳定现金流，市场占有率近20%，远超其他市场参与者。事业单位和教师招录培训参培人数受制于市场规模，但仍保持了三大板块的创收均衡，为后期的稳定扩张奠定基础。

品牌议价能力较强，寡头效应凸显。公司营收与净利润有较高双位数增长。2018年，中公教育实现净利润11.5亿元人民币，同比增长119.7%，相比2017年的60.7%的增幅跃升较大。直营分支机构总数为701个，净增长150个，同比增加27.2%。利润增幅和规模扩张受益于品牌效应和议价能力的提升，客单价持续走高，约为市场平均价格的1.2倍。普通面授和高端协议两种班型中，高端协议班贡献营收近七成，为拉高营收作出了主要贡献。

数字化转型提产增效，研发支持力量充足。近年来，中公教育力求实现数字化转型，在双师模式和IT系统升级上持续发力。2018年，研发人员增至1 370人，同比增长36.9%，研发费用占比约为8%，属业内领先水平。充足的研发储备力量对线上规模的快速扩展形成了有效的辐射。2018年在线培训111.6万人次，较上年增长91.2%。在线端收入4.4亿元，较2017年增长57%。线上有效引流，积极助力线下，线上线下协同实现了培训人次的稳步提升。

（二）华图教育

产品业务线众多，非公职类业务扩展快。华图教育创立于2001年，母公司品牌涵盖华图政信、华图教师等，专业从事包括公职人员选拔在内的各类人才招录培训、公共管理服务、大学生就业指导、会计考试培训等项目。收入结构中，公职培训为营收主力，占总收入比持续超50%。近两年来，华图教育加大了对非公考线的投入，事业单位和教师招聘收入增幅较公职培训持续走高，同时着力布局资格证培训市场，收入结构和产品品类得到改善。

公司自上市以来，营收稳步增长，产品性价比高。按营收计算，公司为市场第二大参与者。华图教育主要布局中低端职业培训市场，客单价略低于市场平均水平，处于业内中下水平，师生配比为1：179，产品性价比较高，线下培训人次增长迅速。

营销导向、品牌优势形成，全渠道效应立显。华图教育近500家培训中心遍布全国所有省、自治区、直辖市，省会城市覆盖率达100%，地级市超90%，县级市扩长迅速。招录培训行业双寡头格局形成，一类品牌效应凸显，华图受益于全渠道覆盖，在宣传、招生、授课一站式培训方面优势突出，2012—2018年，华图教育面授累计培训超过230万人次，线上课程付费用户超过17万人次。

（三）正保远程教育

正保远程教育成立于2000年，是网络职业教育的领军企业，在其收入结构中，线上培训占比超八成。公司自成立以来课程总入学人数超过300万人，近五年年均复合增长率为25%左右，位居同类企业之首。

业务规模涉猎广泛，深耕领域渗透率有待提高。正保远程业务范围涉及会计、建筑、卫生、医疗、创业、信息技术等13个不同职业资质培训领域，专业涵盖230多个辅导类别，音视频课程累计22 000小时，但就平均培训人次来讲，渗透率有待提高。中华会计网校、医学教育网、建设工程教育网贡献约75%的营收，但其市场占有率仍有上升空间，其中在线会计市场占有率为15%左右，建筑仅为3%，品牌优势尚未完全凸显。未来的市场渗透率将更为倚赖国家的政策扶持和明确的产业支持导向，在线教育的市场规模扩展值得期待。

轻资产模式提升盈利能力。在公司300多位教师中，有90%以上为兼职教师，固定费用减少，边际效益有所提升。近年来，正保远程客单价不断提升，精品班、实验班、冲刺班逐步超越普通面授班成为主力班型。在毛利润率保持稳定的情况下，盈利能力有所增强，未来公司规模的扩张将更为倚赖其营运能力的提升。

（四）中国东方教育

中国东方教育是目前国内最大的职业技能培训提供商，旗下包括新东方烹饪教育、欧米奇西点西餐教育、新华电脑教育、华信智原DT人才培训基地、万通汽车教育和美味学院六大子品牌。截至2018年8月，学校数量达139所，遍布中国29个省（自治区、直辖市）及香港地区。

业绩增长稳定，烹饪业务成为营收主力。2017年，中国东方教育总收入达28.5亿元，同比增长22.0%，烹饪业务收入达17.4亿元，年均复合增长率为28.1%，占公司业务收入比重超过60%。中国东方教育烹饪、IT、汽车维修三大主营业务均属细分领域龙头，培训人次位居行业第一，市场份额分别为23.1%、9.7%、4.3%。2018年12月，中国东方教育在香港证券交易所递交招股说明书，拟赴香港上市。

轻资产运营，规模化扩张奠定发展基础。公司主要依靠口碑和品牌宣传，销售费用较低，同时以租赁方式经营大部分学校和教学中心，有效地降低了资本负担，同时集团将经营重点放在学校数量和线下培训规模上，因此就参培人数而言，市场优势显著，学校数量为公司的规模化扩张奠定了基础。

（五）蓝翔技校

细分赛道辐射面广，营销树立学校形象。蓝翔技校下设汽车工程学院、美容美发与形象设计学院、烹饪学院、计算机学院、数控学院、电气焊学院、工程机械学院、电子竞技学院、轨道交通学院九大院系，涵盖了60余个细分工种，每年培训人才达3万人次，累计为社会培养各类专业技能型人才40余万人。通过电影植入和媒体报道的方式，蓝翔技校迅速被大众熟知，因地制宜地运用广告和自媒体手段，市场渗透率显著高于同类型市场竞争者。

双师教学紧跟市场前沿，注重学生实践性。蓝翔技校着力培养走上讲台能讲课、走进车间能带实习的“双师型”教师；积极引进国内外名校优秀毕业生，支持本校教师到国内外著名高校进修，进一步优化了教师队伍结构。同时，蓝翔技术注重人才培养的实践能力，绝不培养“半成品”，实现学员毕业到工作的无缝连接。

第三篇

大国重器之制造与装备

大飞机制造产业 / 小卫星产业 /LED 照明产业 /
连接器产业 / 医药原料药产业 /
生物医药产业 / 医疗器械产业 /
半导体装备产业 / 氢能装备产业 / 自动化装备产业

大飞机制造产业：

引领我国装备制造业升级

张卓琦　东兴证券军工行业研究员

一、国产民用大飞机的尝试

（一）大飞机的定义及主要结构

大飞机是相对的概念，各国航空工业发展水平不同，在我国大飞机是指最大起飞重量超过100吨的运输类飞机，包括军用大型运输机和民用大型运输机，也包括一次航程达到3 000公里的军用飞机或乘坐达到100座以上的民用客机。在我国，150座以上的客机被称作“大型客机”，100座以下的称作“支线飞机”，狭义的民用大飞机专指150座以上的客机。目前我国有两款大飞机C919和C929在研。

C919是我国首款窄体单通道飞机，座级为158~168座，航程为4 075~5 555公里。C919设计之初对标的是美国波音737和欧洲空客A320系列飞机，未来面对的主要对手有：欧洲空客A320系列最先进的neo系列，波音737MAX 系列，俄罗斯MC-21客机，加拿大庞巴迪CS300等。

表1 C919客机参数比较

	C919	A320系列	B737系列	C系列	MS21系列
国家	中国	欧洲	美国	加拿大	俄罗斯
首飞时间	2017	1988	1967	2013	2014
典型机型	C919	A320-200	B737-800	CS300	MS21-300
座位数（个）	156/168	150/164/180	162/189	135/150/160	150/162
最大起飞重量（吨）	72.50/77.30	78.00	79.01	65.32	67.6
最大满载航程（千米）	4 075/5 555	5 950	5 665	5 463	4 700
巡航速度（马赫）	0.78~0.8	0.78	0.785	0.78	0.78
单价（万美元）	5 000	9 800	9 600	6 000	6 000

资料来源：百度百科。

C929飞机是中俄联合研制的宽体大飞机，其航程约为12 000公里，座级为280座，该机型的全球竞争对手有波音B787飞机和空客A350系列飞机。

表2 C929客机参数比较

	C929	A350系列	B787系列
国家	中国	欧洲	美国
首飞时间	计划2020	2013	2009
典型机型	C929	A350-800	B737-9
座位数（个）	280/350	276	290
最大起飞重量（吨）	约220	248	247
最大满载航程（千米）	约12 000	15 300	14 140
巡航速度（马赫）	0.78~0.8	0.86	0.85
单价（万美元）	—	30 000	22 500~30 000

资料来源：百度百科。

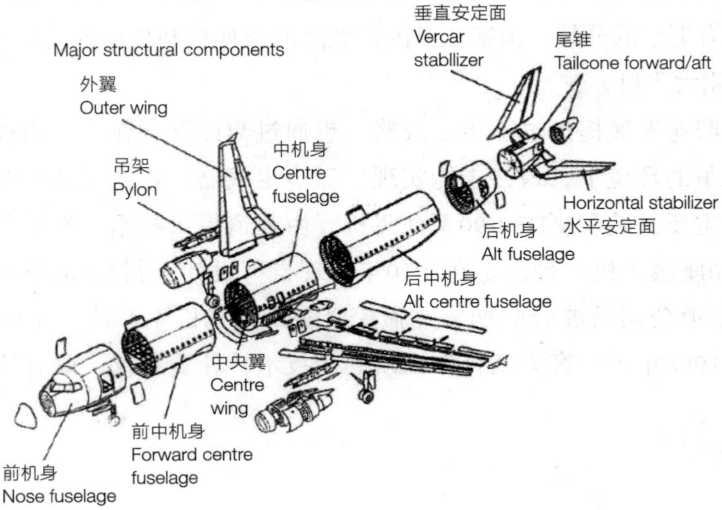

资料来源：百度文库。

图1 大飞机主要结构

大飞机机体、发动机和机载系统是飞机三大组成部分，三者价值占比大致相同。大飞机可分为飞机机身、起落架、发动机、机电系统、航电系统、内饰等。机身包括前机身、中机身、后机身、机翼、尾翼，约占大飞机整体造价的30%；发动机及动力系统约占25%；机电系统包括电源、燃油、液压、第二动力、机轮刹车、环境控制和生命保障系统，占15%~20%；航电系统包括通信系统、导航系统、飞行管理系统、综合显示系统、核心处理系统、机载维护系统等，约占飞机15%~20%，此外还有约5%的起落架和4%的内饰。

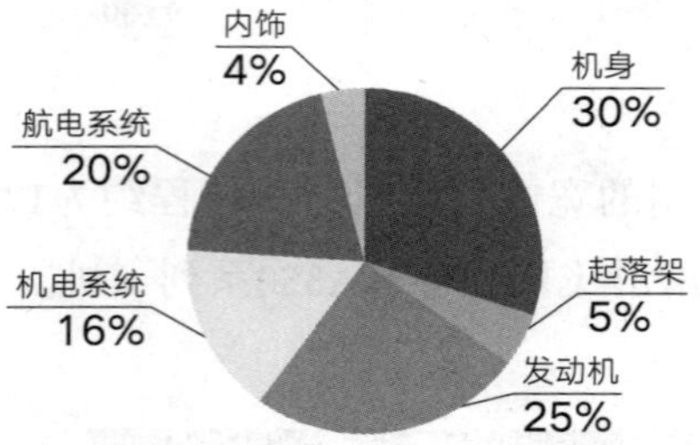

资料来源：中国产业信息网。

图2　大飞机各组成部分价值占比

（二）我国对民用大飞机制造的探索由来已久

我国对大飞机研制的探索很早，但早期对其发展思路没有形成深刻的共识。大型航空器的制造技术是衡量一个国家科技水平、制造业水平及综合国力的重要标志，我国民用大飞机项目研发走过了一条坎坷曲折的道路，从最早的运-10立项到C919成功首飞，其间经历了四次国家重大决策。在大飞机研制路径上，一直有支线和干线、民用和军用、国际合作和自力更生的分歧。国家从对国民经济的长期性和战略性高度考虑，最终决定要自主研制民用大飞机。

我国航空产业发展提出过三步走战略，想通过与国外合作生产再逐步国产化，但在国际垄断竞争的环境下，最终未能实现。三步走战略：首先是装配和制造部分支干线飞机，当时主要是装配MD80/90系列飞机，由麦道提供技术；然后与国外合作，联合设计研制100座级飞机；最后是在2010年实现自行设计、制造180座级干线飞机。后因1997年8月麦道公司被波音收购，并撤销MD80/90飞机生产线，中国被迫停止了和麦道的合作；1998年因空客无意合作，以巨额技术转让费相挟，联合研制项目也最终终止。

表3 有关大飞机研制的国家决策

序号	时间	决策内容	结果
1	1970年8月	立项研制中国第一架大型喷气客机运-10	1980年9月运-10在上海首飞，1985年停飞，1986年项目搁置
2	1986年12月	国务院第125次常务会作出通过国际合作走与国外合作生产的道路，消化吸收国外技术发展我国150座干线飞机的决定	该项研制最终转化为MD90国产化中美干线飞机合作项目，并于2000年终止
3	1993年11月	国务院要求要不失时机地研制我国自己的、掌握知识产权和总体设计技术的150座级以上的干线飞机，力争2000年前后搞出样机并取得国内适航证	因与国外合作对象商谈未果，1998年国家决定终止相关项目，在实施中无果而终
4	2007年2月	批准大型飞机研制，重大科技专项正式立项	2017年5月C919上海成功首飞

资料来源：新浪网财经频道。

二、大飞机制造产业链条长，孕育于军机制造体系

C919大飞机研制的定位是“自主研制、国际合作、国际标准”。C919整机的产权属于中国商飞所有，飞机的设计、总装、试飞、销售等关键环节都掌握在中国商飞手里。在大飞机制造领域充分体现了国际合作，飞机机身主要由国内企业承担，发动机采用法国赛峰的CFM LEAP-1C发动机，而航电系统和机电系统则主要由合资企业提供。

大飞机制造产业呈金字塔状，层级越低供应商越多。大飞机产业链复杂而庞大，大飞机产业金字塔最上面是商飞负责总装，第二级是大飞机的分系统供应商，而底部则是各种机械、电子零部件企业。每一个系统均由成百上千个分系统、子系统组成，因此越到金字塔下层供应商数量越多。

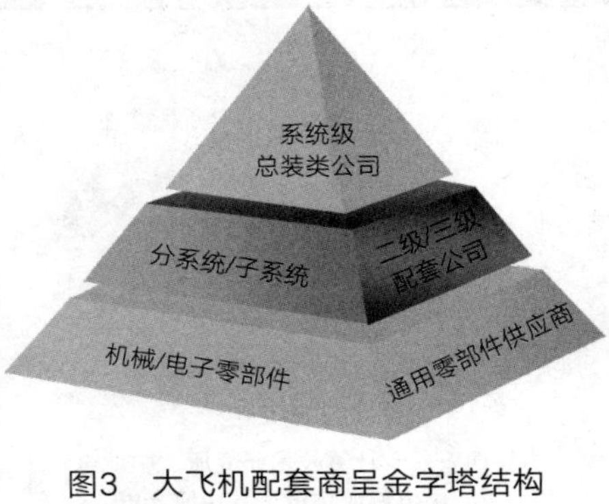

图3 大飞机配套商呈金字塔结构

目前我国民用航空制造业还处于成长初期，尚依附于军机制造体系。航空产业的组织结构和研制能力主要服务于军用飞机，航空工业集团和航发集团承担着飞机和航空发动机的研制，科研和产能也完全向军用飞机倾斜。但很多军用飞机的先进技术可以完全移植到民用飞机上面，以军机制造能力为基础，能很快消化吸收国外的先进民机制造技术。

在原材料领域，C919大飞机主要用到铝合金（机体结构重量占比约62%）、钢铁

（15%）和少量的钛合金（9%）和复合材料（12%）①。对于我国大飞机而言，碳纤维复材的应用比例有很大提升空间。目前我国航空碳纤维复材的产量规模在16亿元左右，基本都集中在军用航空领域。国内航空碳纤维复材领域的上市公司主要有中航高科、光威复材、恒神股份以及中简科技。

C919机载设备以合资公司为主，国内供应商主要是中航机载系统有限公司。该公司由中航机电系统有限公司与中航航空电子系统有限公司合并而来。中航工业下属相关机载设备研制生产企业与国际机载设备公司柯林斯、霍尼韦尔、派克等建立合作。航电方面，C919大飞机的飞控系统由霍尼韦尔和中航工业西安飞控研究所两家承担，通信与导航系统是柯林斯和中电科航空电子两家，客舱核心系统、信息系统则是中航工业测控所和中电科航空两家。机电方面，陕西航空电气和汉胜公司负责C919的电源系统，燃油系统则是由南京机电和派克公司承担；除航空工业集团企业外，博云新材和霍尼韦尔一起配套刹车系统。2018年，我国整个机电系统产业规模在200亿元左右，航电系统产业规模在300亿~320亿元，其中绝大部分是配套军机，据此推测的我国军用飞机制造产业规模在1 500亿元左右。国内航电和机电系统的上市公司主要有中航电子、中航机电、中航光电、中航电测。

C919机身都是由国内企业完成，主要承担者是各大主机厂，包括西飞、沈飞、成飞、洪都、哈飞和昌飞在内的国内主要飞机制造企业都有参与大飞机的机体配套，其中西飞的比例最高，涉及的上市公司有中航飞机、中航沈飞、洪都航空、中直股份。

表4　C919供应商列表

结构件或系统	国内供应商	国外供应商
机头	成飞	
前机身、中后机身	洪都	
中机身/中央翼、副翼、外翼翼盒、扰流板	西飞	
后机身、垂尾、平尾、发动机吊挂	沈飞民机	
机身整流罩、起落架舱门	哈飞	
机翼扰流片	昌飞	
雷达罩	中航济南特种结构研究所	
RAT舱门和APU舱门	西子航空	
航电系统	中航西安航空计算技术研究所、中航电子、中电科航空电子、中航光电	通用电气、罗克韦尔柯林斯、霍尼韦尔
飞控系统	中航西安飞行自动控制研究所	霍尼韦尔、派克、汉胜、穆格
起落架系统	中航起落架公司	利勃海尔、霍尼韦尔
发动机		赛峰、通用电气
防冰系统		利勃海尔、古德里奇
电源系统	中航机电（陕西航空电气）	汉胜

① 新财富APP：《捋一捋C919大飞机用到的先进材料，背后是巨大的工业实力》。

续表

结构件或系统	国内供应商	国外供应商
燃油系统	航空工业南京机电、中航南京金城	派克
照明系统	中航电子（上海航空电器）	古德里奇、伊顿
刹车系统	博云新材	霍尼韦尔
APU		霍尼韦尔

资料来源：中国商飞官网。

在民用航空发动机方面主要依靠进口，国内航发正处于研发状态中。C919使用的是CFM公司研发的LEAP-1C发动机，其性能总体优于波音737MAX客机所使用的LEAP-1B发动机，与空客A320neo客机使用的LEAP-1C发动机处于同一水平①。中国航发商发公司在为C919研制涡扇发动机CJ-1000A，在航发材料和叶片方面，国内的相关上市公司有钢研高纳、火炬电子和万泽股份。

三、大飞机制造有集群效应，行业壁垒高

大飞机制造从分散走向集中，并且集群效应非常明显。欧洲空中客车的成立就是一段整合的历史，初衷也是为同波音和麦道竞争。欧洲空中客车公司创建于1970年，是一家集法国、德国、西班牙与英国公司为一体的欧洲集团，总部设在法国图卢兹。为了应对空客公司日趋激烈的竞争，1997年全球民用航空排名第一的波音公司与排名第三的麦道公司宣布合并，从此开启了波音与空客两大航空巨头垄断竞争的历史。世界上著名的飞机产业集群有法国的图卢兹、美国的西雅图、加拿大的蒙特利尔和巴西的坎普斯。西雅图在2017年以前一直是波音公司总部所在地，而蒙特利尔是庞巴迪公司总部所在地，坎普斯是巴西航空工业公司的总部所在地。

我国的大飞机产业集群未来将主要集中在上海、西安、成都、沈阳、哈尔滨、南昌。上海是大飞机产业的主要集中地，目前中国商飞公司总部落户浦东陆家嘴，飞机设计研发中心落户浦东张江，民用航空配套产业基地落户浦东临港新城，中国商飞总装制造中心落户浦东。西安已经形成了集飞机研究设计、试验试飞、生产制造为一体的航空产业体系，包括西飞、中航一飞院、中国飞行试验研究院，西安航空单位达307家，国有科研院所16家，航空相关院校19家，民营航空企业251家，涉及航空计算机、航空发动机、飞机起落架、飞行数据采集记录系统、机载设备、飞机强度试验等领域研发制造。成都有40余家航空领域企业，如中电科航空电子公司、成都飞机设计研究所、中航成都发动机公司、成飞民用飞机公司等，涵盖从设计、研发到生产制造，从核心构造件到整机总装的航空与燃机全产业链体系。沈阳则立足沈飞民机，壮大飞机大部件、通航产业集群，哈尔滨则依托哈飞工业有限责任公司，南昌依托洪都航空来打造自身的航空产

① LEAP-1 发动机：商飞 C919 和波音 737MAX 的唯一心脏 [EB/OL]. http://mini.eastday.com/mobile/170507141415670.html#。

业集群。

目前国内大飞机产业链上，越偏上游竞争越激烈，而产业链下游则处于完全垄断状态。由于上游的供应商数量多，而且有很多民营企业参与，而中下游由于技术壁垒高、研发投入大，还处于国有企业垄断环境中。

合格的民用大飞机供应商要满足适航技术要求。民用飞机的适航管理制度简单地称为“三证管理”，即对民机型号设计批准的“型号合格证”（Type Certification，TC)、对民机型号生产批准的“生产许可证”（Production Certification，PC）和飞机投入航线运行之前适航当局还颁发单机“适航证”（Airworthiness Certification，AC）。飞机制造商的新机型在国内飞行需要获得中国航空管理局（CAAC）颁发的适航证，在全球市场上运营还要获得EASA（欧洲航空安全局）和FAA（美国联邦航空管理局）的适航证。对于特殊的机载设备及零部件，需要单独颁发适航技术要求，并采用特定的适航管理形式，因此民用大飞机供应商具有较高的护城河。

四、国内市场需求大，国产替代是必由路径

我国民机需求呈稳态增长，未来20年民航机队规模将翻倍。根据民航资源网的数据，2018年国内航空公司共计新引进飞机426架，至2018年底国内民航运输机队规模达3 615架。从2012年的1 941架增长到2018年的3 615架，我国民航运输机规模6年内翻了近一倍，年均复合增长率为10.92%。2017年9月19日，中国商飞发布《中国商飞公司2017—2036年民用飞机市场预测年报》，预计未来20年，我国航空公司将有8 575架新机需求，到2035年中国机队规模将达到8 684架，规模将是2018年的2倍多，其中，单通道喷气客机5 539架、双通道喷气客机2 048架、喷气支线客机1 097架。

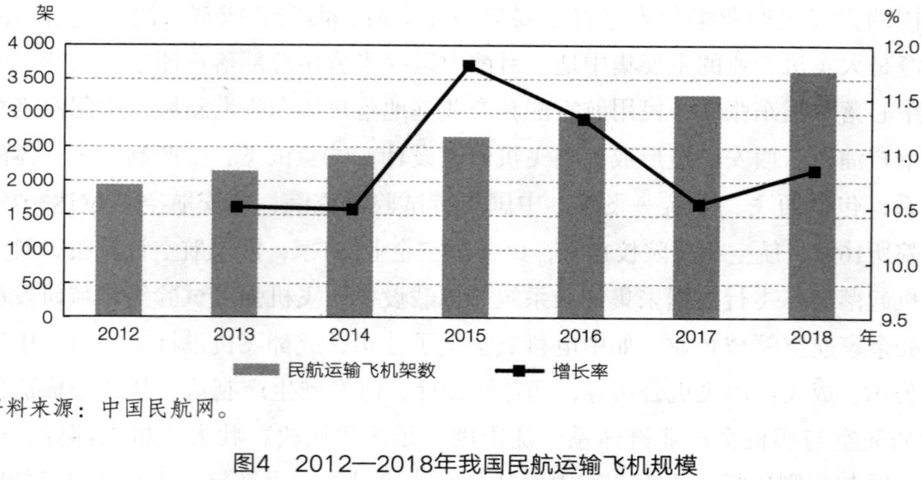

资料来源：中国民航网。

图4　2012—2018年我国民航运输飞机规模

未来20年我国民用客机市场空间近8万亿元。根据《中国商飞公司2017—2036年民用飞机市场预测年报》，到2036年底将有8 575架新机需求，其中单通道喷气客机占64%，共

计5 475架，其中以160座级的单通道客机为主，达4 052架；双通道喷气客机占23%，共计2 003架，其中以250座级客机占比最高，达1 097架；喷气支线客机占13%，共计1 097架，其中以90座级客机为主。按照商飞民用飞机市场预测年报给出的价格参考计算，未来到2036年我国民用客机需求规模将有7.76万亿元。

表5 未来20年我国民用客机需求规模

机型	2036年需求数量（架）	需求占比（%）	单价（亿元）	客机价值（亿元）
单通道喷气客机	5 475	64	6.4	35 040
双通道喷气客机	2 003	23	19.6	39 259
支线客机	1 097	13	3.0	3 291
合计	8 575	100	—	77 590

资料来源：《中国商飞公司 2017—2036 年民用飞机市场预测年报》。

机载设备公司将会快速成长，分得大约35%的增量空间。按照民航客机总需求规模7.76万亿元估算，未来20年机载设备将有2.72万亿元增量空间，均摊到每年约为1 400亿元，规模远在军机配套之上。受制于气动和性能要求，同型号飞机的机体相对固定，发动机与机身需要配套，同型号飞机的发动机也不会轻易改变，而机载设备则会不停更新，尤其在智能软件方面。

大飞机产业将会推动新材料的快速发展，主要是能够提升飞机总体性能、减轻飞机重量的新材料，如碳纤维复材和第三代铝锂合金材料。碳纤维复材由于其优越的强度模量特性，被大量应用在民航飞机上。根据相关报道，碳纤维复材主要应用在C919方向舵等次承力结构和飞机平尾等主承力结构，主要包括雷达罩、机翼前后缘、活动翼面、翼梢小翼、翼身整流罩、后机身、尾翼等部件,机体结构重量占比达到12%。铝锂合金是一种轻金属合金材料，用它替代常规铝合金材料，能够使飞机构件的密度降低3%，重量减少10%~15%，刚度提高15%~20%，在C919前机身大部段首次采用这种材料①。未来新材料在大飞机上比例会越来越高，目前波音787大型飞机上碳纤维复材的应用比例已达到50%。随着大飞机C919产量的增加，前端新材料必将得到快速发展。

国产大飞机的国产化比例会逐渐提升直至掌握全部核心技术。目前C919大飞机国产化率不到60%，其中大部分在机体，发动机尚需进口，机载设备领域则是合资公司占据主流。未来大飞机借鉴高铁消化再创新的路径，国产化率目标是100%，完全进口的部分要通过自主研发逐步国产化，这是商飞购买原装进口产品时设置的“门槛”。

五、C919 必将成为波音和空客后的第三极

波音公司的研制能力超强，代表着美国工业制造最高水平。波音公司是全球最大的

① 揭秘 C919 飞机用的新材料：第三代铝锂合金减重并提高刚度 [N/OL]. https://www.thepaper.cn/newsDetail_forward_1794666。

民用和军用飞机制造商，此外产品还包括旋翼飞机、电子和防御系统、导弹、卫星、发射装置及先进的信息和通讯系统。目前公司主要民用机型有波音737-700/800/900、波音737MAX系列、波音747-8、波音777X及波音787。根据波音公司网站宣称，波音公司华盛顿州伦顿波音737生产线月产量将达到57架，每天都会有超过一架波音737下线，这还只是波音公司一种机型。2018年波音公司共交付了806架飞机，刷新了2017年763架的交付纪录。2018年波音737机型月产量52架，大部分为波音737-MAX系列，787机型交付了145架，其余为777机型、767机型和747-8机型。我国大飞机产量初步为年产20架，未来将实现年产100架的设计能力，我国大飞机制造水平还有很长的路要走。

波音公司近年业绩稳步增长，从2010年至2018年公司营收年均复合增长率为6.3%，净利润年均复合增长率达16%，尤其是近2年，公司利润增速加快，2017年为67%，2018年为24%，明显高于收入的个位数增长。公司成本控制取得明显成果，公司从2012年开始逐渐裁员，目前稳定到15万人，相比2012时减少了2万人。公司研发费用也在控制，从2016年的320亿元降到2018年的224亿元。

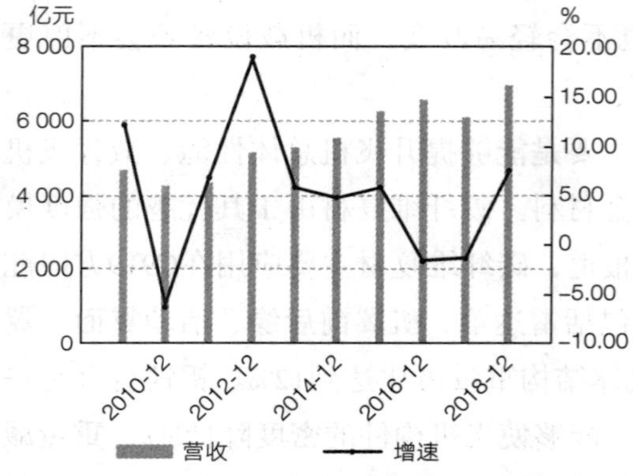

图5　2010—2018年波音公司营收及增速

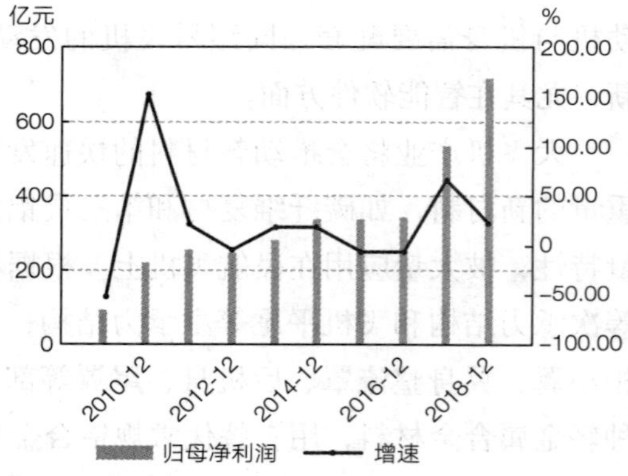

图6　2010—2018年波音公司归母净利润及增速

空客公司是一家欧洲航空公司的联合企业，是业界领先的商业飞机制造商。空中客车公司成立于1970年，隶属于空中客车集团，从事商业飞机业务。空客公司在产民用机型有A220系列，A320系列，A330系列，A350系列和A380。2018年公司交付了800架商用飞机，其中有626架A320系列飞机，月产达到52架[①]。空客公司2019年的交付目标是880~890架。空客A320系列飞机的生产设施遍及全球，在欧洲（法国图卢兹和德国汉堡）、中国（天津）和美国（莫比尔）共四条总装线。德国汉堡总装线是2018年启用的，大幅应用数字技术，并且拥有更加灵活的工业流程设置，是公司A320机型实现月产60架的关键推动因素。

空客公司营收保持稳定，利润整体处于上涨趋势。空客公司近年来营收基本维持在4 500亿~5 000亿元收入，利润近两年出现较大波动，2016年净利润下滑63%，2017年增长

① 空中客车2018年度交付800架民用飞机[N/OL]. http://news.carnoc.com/list/477/477105.html。

189%。2016年之所以出现大幅下滑，主要是因为研制军用运输机A400M的相关支出剧增12亿欧元，导致毛利水平降低。公司2011—2018年净利润的年均复合增长率为16%。

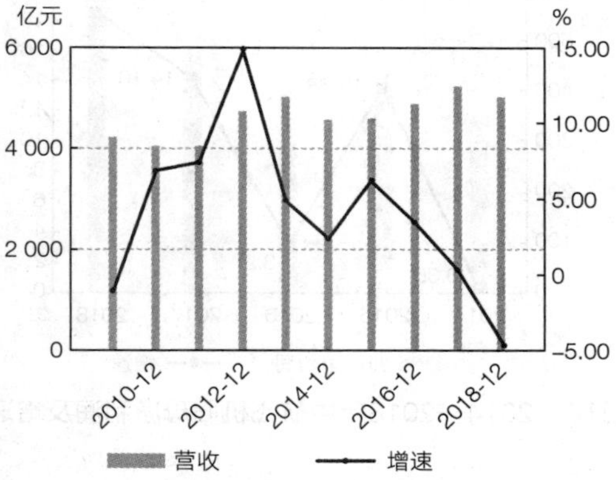

图7 2010—2018年空客公司营收及增速

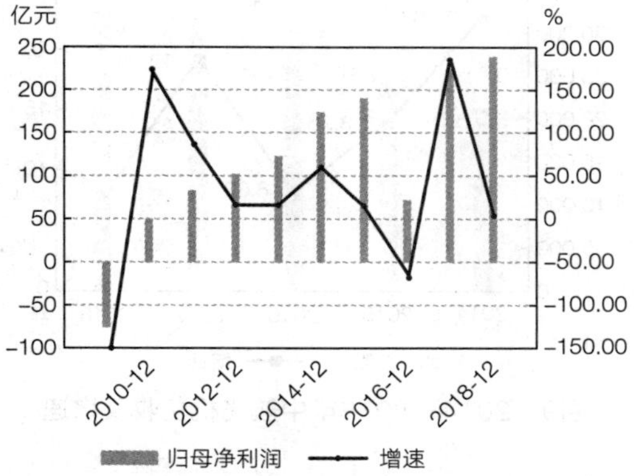

图8 2010—2018年空客公司归母净利润及增速

C919试飞进度加快，预计在2021年商用运营。2018年共有三架机进入试飞状态，2019年C919预计又有三架机开展试飞，分别为104、105、106。民航局在2018年“两会”期间就曾透露，中国商飞力争在2020年底让C919取得中国民用航空适航证，2019年“两会”期间，大飞机总设计师吴光辉表示，C919正在进行最后的上市进程，将按部就班完成生产、试飞的各项进程，力争2021年上市。根据公开资料，目前104架机已进入总装阶段，105架机正处于部装阶段，106架机正按计划进行各个大部段制造，预计到2019年底将全部投入试飞工作。目前，C919客机已经获得来自28家公司的815架订单。

国产大飞机注定是波音和空客不可小觑的对手。一方面，受益于国内巨大市场，C919目前尚处于试飞阶段但已经获得了815架订单，包括中国国际航空、中国东方航空和中国南方航空三家国有航空公司在内的7家国内航空公司的135架订单①。C919在取得美国和欧洲的适航认证方面经验不足，并且周期会较长，但国内市场空间巨大，在满足国内需求后C919便会成长为一型成熟的飞机。另一方面，我国大飞机产业链完整，从上游原材料、关键零部件到下游动力、飞控、燃油等大系统，我国都有独立研制能力和创新能力。

六、产业重点公司介绍

（一）中航飞机

中航飞机是国内大型军用运输机、轰炸机唯一供应商，也是国产大飞机机体的主要承担者。在民用航空领域，公司采用整机业务与零部件业务双管齐下，产品覆盖民机整机新舟系列和C919、ARJ21核心零部件，承担C919大飞机6个主要工作包和ARJ21支线客

① 中国商飞官网。

机85%以上零部件制造，是大飞机制造领域最受益一家上市公司。

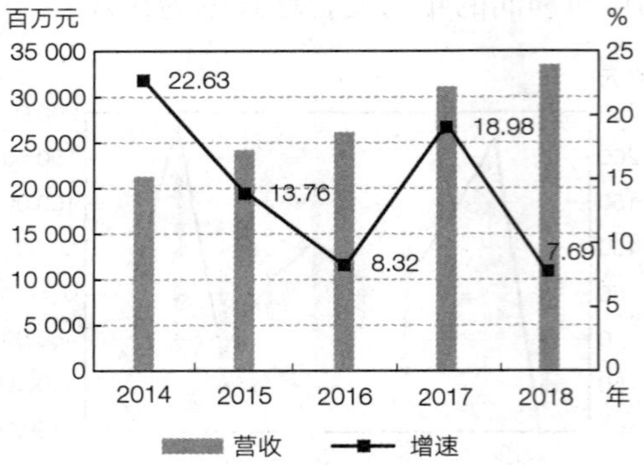

图9　2014—2018年中航飞机营收及增速

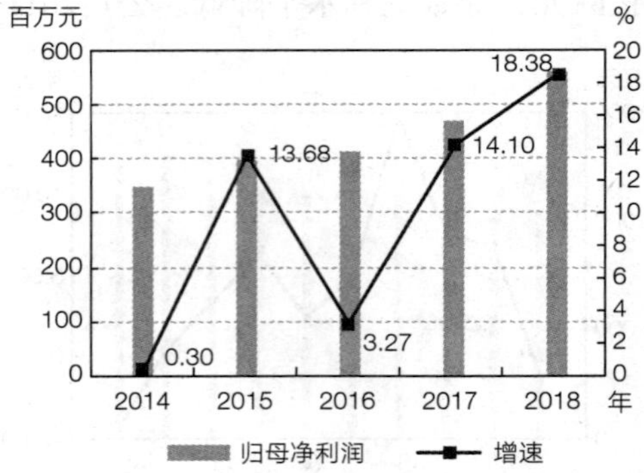

图10　2014—2018年中航飞机归母净利润及增速

（二）洪都航空

洪都航空隶属航空工业集团，产品以教练机生产为主，是唯一可提供初级教练机、中级教练机和高级教练机全系列教练机的研制生产企业。公司军贸产品主要为教练机，包括 CJ-6初级教练机、K-8中级教练机、L-15高级教练机等，并且负责研制大飞机 C919前机身和中后机身。

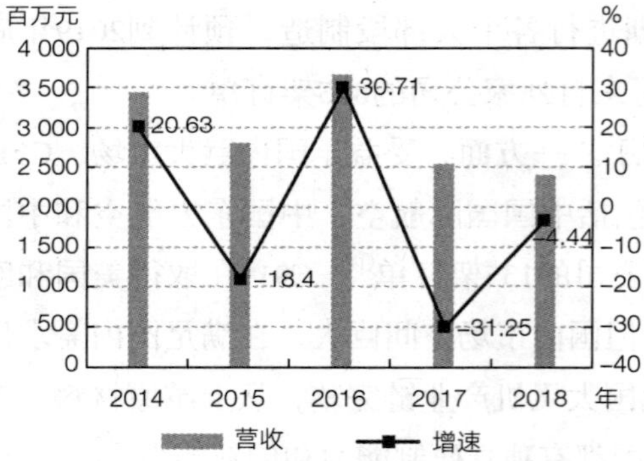

图11　2014—2018年洪都航空营收及增速

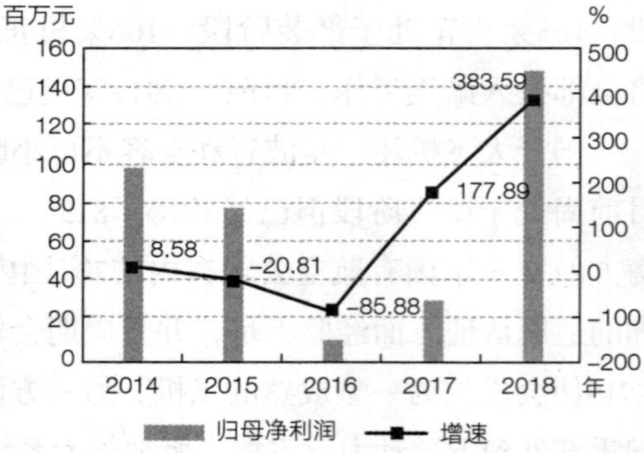

图12　2014—2018年洪都航空归母净利润及增速

（三）中航沈飞

中航沈飞被誉为“中国歼击机的摇篮”，承担我国歼击机及防务装备的研发、生产任务。公司主力机型有歼-15和歼-11，目前已经批量列装的三代半战机歼16性能较强，是一种地对地海的高性能歼击轰炸机，而在研型号歼31则有望成为四代舰载机，需求增长空间也值得期待。公司在C919大飞机项目中承担了机头部分。

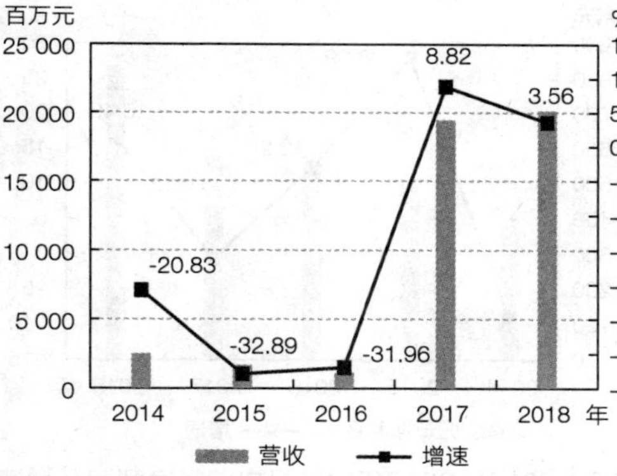

图13 2014—2018年中航沈飞营收及增速

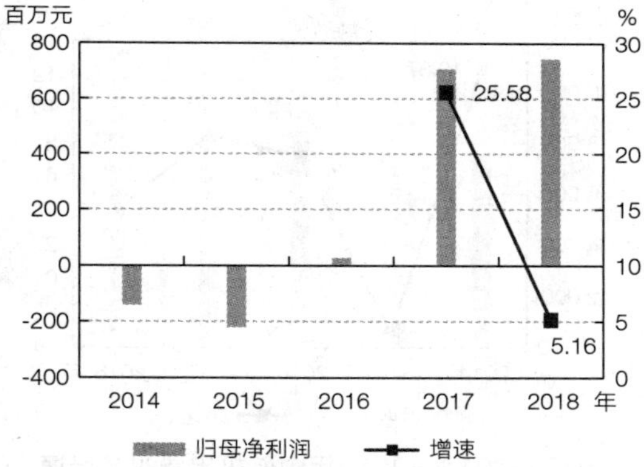

图14 2014—2018年中航沈飞归母净利润及增速

（四）中航电子

中航电子隶属航空工业集团，包括受托管的企业和研究所，公司共有所属单位29家。公司是综合化航电系统整体解决方案提供商，产品谱系覆盖飞行控制系统、雷达系统、光电探测系统、座舱显示控制系统、机载计算机与网络系统、惯导系统、无线电与卫星导航系统、大气数据系统等航电系统领域。公司是国内军主要机航电系统的唯一配套公司，也是国产大飞机产业链机载航电系统的主要供应商，在国内航电领域处于绝对龙头地位。

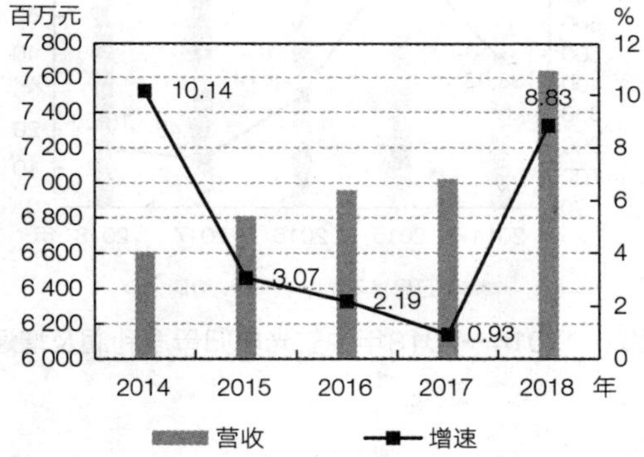

图15 2014—2018年中航电子营收及增速

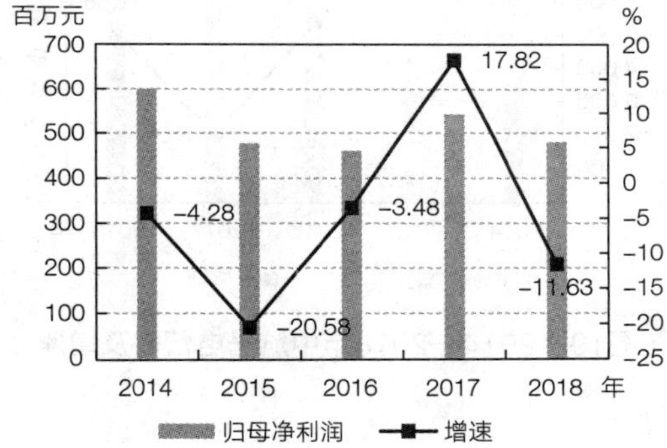

图16 2014—2018年中航电子归母公司净利润及增速

（五）中航机电

中航机电是中国航空工业集团公司旗下航空机电系统业务的专业化整合和产业化发展平台，公司业务包括航空机电产品、非航空产品（主要是汽车座椅调节器和空调压缩机）、现代服务业及其他三类。公司的航空机电产品主要包括机载飞行控制子系统、机载悬挂与发射控制系统、机载电源分系统（交直流发电及控制、机上一次配电装置、应急发电子系统、变流/变压等装置）、航空机载燃油测量系统、机载液压作动装置、发动机点火系统及装置、无人机发射系统等多个子系统。

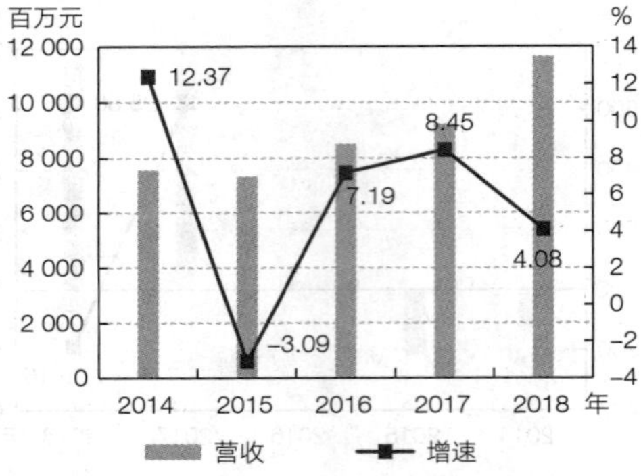

图17 2014—2018年中航机电营收及增速

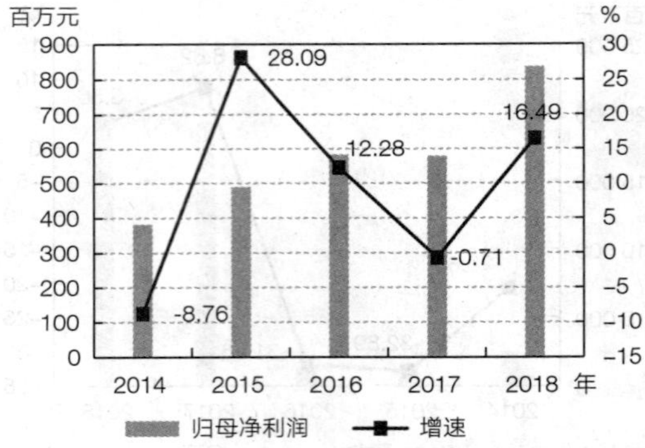

图18 2014—2018年中航机电归母净利润及增速

（六）中航光电

中航光电是国内规模最大的军工防务及高端制造领域互连技术解决方案的供应商，凭借其在光电连接器领域的技术优势和市场化的运营管理，占据着中国中高端连接器行业龙头地位。公司为C919配套了电子设备综合设备架和整套电缆组件。

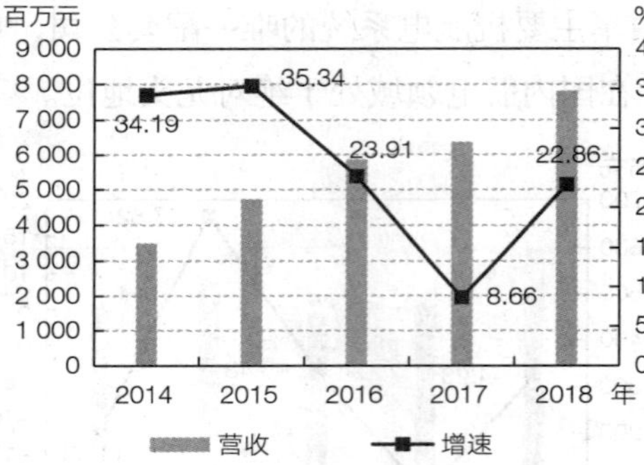

图19 2014—2018年中航光电营收及增速

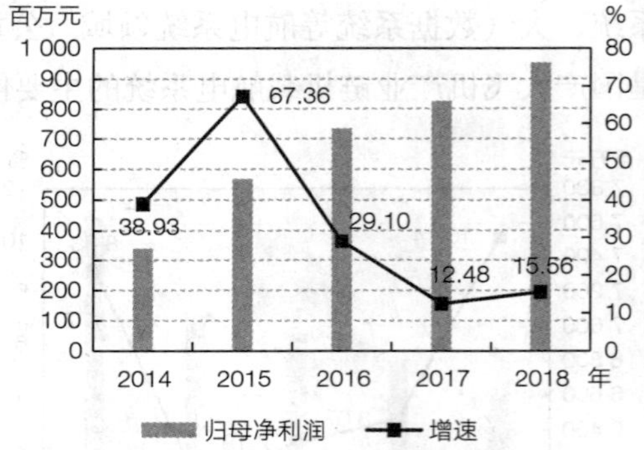

图20 2014—2018年中航光电归母净利润及增速

小卫星产业：

低成本引领产业变革

刘彬　东兴证券军工行业研究员

一、小卫星有望凭借成本优势成为未来主流

微小卫星是指质量在500kg以下的卫星，其中，100~500kg的卫星称为小卫星，10~150kg的卫星称为微卫星，1~10kg的卫星称为纳卫星，0.1~1kg的卫星称为皮卫星，小于0.1kg的卫星称为飞卫星。

表1　国际电信联盟对小卫星分类

	分类（物理特性）	质量（kg）
小型卫星	小卫星	100~500
	微卫星	10~150
	纳卫星	1~10
	皮卫星	0.1~1
	飞卫星	＜0.1

资料来源：余文革．信息时代微纳卫星的挑战 [J]. 光机电信息，2003（3）．

立方体小卫星将会成为未来商业小卫星的实现方式。立方体小卫星从概念深化、方案设计以及研究和空间演示实验和后期的应用阶段均是参照标准化的思路开展，其标准化、模块化、低成本的优势将会助力商业小卫星的发展进程。

小卫星具有体积小、研制快、技术更新快、性能好（功能密度高）、生存能力强（可多星编队或组网运行）等特性，其技术优势凸显。

表2　小卫星技术优势

技术优势	荷载较少	每次任务中仅需装载一种特殊装备
	研制时间短，费用低	研制一般1~2年
	重量轻	重量较小，体积小，功能密度大，模块可多次利用
	信号覆盖范围广	有较强的组网能力，形成功能强大的星座系统
	减缓频率压力	包括多颗卫星，可以频率重复使用

资料来源：余文革．信息时代微纳卫星的挑战 [J]. 光机电信息，2003（3）.

小卫星的研制主要有三种模式：一是由商业公司自主研制，如Planet Labs；二是自行设计，然后交由专业的小卫星制造商负责批量化制造，如天空盒子成像公司（Skybox Imaging）采用天地一体化创新设计理念设计2颗天空卫星，经在轨运行验证卫星设计方案可行后，天空盒子成像公司与劳拉空间系统公司（SS/L）签订商业合同，将设计方案和卫星批量化制造任务授予后者，天空盒子成像公司则重点负责商业运行和卫星应用；三是由商业公司提出任务要求，由卫星制造商提供设计并竞标获得卫星制造合同，如一网公司（One Web）的低轨互联网接入星座。

表3　小卫星研制模式

项目类型	模式	实施主体	代表卫星
小卫星研制	商业公司自主研制	Planet Labs	鸽群
	商业公司自行设计小卫星并交给由专业的小卫星制造商负责批量化制造	Skybox Imaging	SkySat-1/2
	商业公司提出任务要求，由卫星制造商提供设计并竞标获得卫星制造合同	One Web	
小卫星发射	政府为小卫星任务提供免费或廉价搭载发射机会	NASA	
	一箭多星的商业化发射	美国航天飞行公司	
小卫星运营	立方体卫星研究机构负责运营	NASA、高校等	萤火虫等
	自主运营+租用商业运营（地面站）	美国商业航天公司	鸽群

资料来源：张召才．美国典型小卫星项目创新管理模式分析 [J]．国际太空，2016（3）.

小卫星的发射管理模式主要有两种：一是政府为小卫星提供免费或廉价的搭载发射机会，美国NASA于2010年启动了“立方体卫星发射倡议”（CSLI）为1U-6U立方体提供免费搭载机会；二是商业发射服务，“一箭多星”已经成为小卫星发射的主流方式。

小卫星的运营模式也主要有两种：一是政府、机构等一般是由立方体卫星研究机构负责人运营，并通过与其他高校、研究机构联合的方式实现卫星工程运营，在单星运管方面，NASA现有的地面测控站为立方体卫星运营管理提供了重要辅助；二是美国商业航天公司则通过自主运营和租用商业运管服务相结合的方式运行管理小卫星星座，单纯依靠商业公司自有的卫星运管网络无法满足同时运管数十颗、数百颗小卫星的需求。

根据美国商业航天公司提供的卫星发射报价来看，单体立方形随发射轨道的不同，价格在12.5万~49万美元，美国箭实验室公司则创造性地提出了发射服务网上订购的业务，提供了更低的报价，单体小卫星发射价格为每颗7万~8万美元，三体小卫星为每颗20万~25万美元。小卫星发射价格的降低，将会加快小卫星商业化的进程。

表4　小卫星价格

卫星类型	立方体卫星				小卫星		
	1U	3U	6U	12U	50kg	180kg	300kg
最大长度（cm）	10	34	36	36.6	80	100	125
最大宽度（cm）	10	10	10	22.6	40	60	80
最大高度（cm）	10	10	22.6	22.6	40	60	80
质量（kg）	1	5	10	20	50	180	300
LEO价格（万美元）	12.5	32.5	59.5	99.5	175	495	695
GTO价格（万美元）	25	65	99.5	195	325	795	996
GSO价格（万美元）	49	99.5	199	325	950	1 590	1 990

资料来源：张召才．美国典型小卫星项目创新管理模式分析 [J]．国际太空，2016（3）．

二、低成本优势带来小卫星下游产业变革

（一）立方体小卫星大大降低商业卫星的门槛

未来商用应当值得关注的应用以遥感和空间探测两大方向为主，微小卫星标准化、低成本的特点使其有可能实现全球实时覆盖。立方体小卫星将是未来的技术发展趋势，强大的数据平台和数据处理方式是小卫星行业的价值所在。

1.“一箭多星”低价发射开启百亿美元规模的小卫星市场

“一箭多星”已经成为小卫星发射的主流方式，目前单体小卫星发射价格为每颗7万~8万美元，三体小卫星为每颗20万~25万美元，低价的发射成本助力商业小卫星的发展进程。据欧洲咨询公司预计，2015—2024年，全球小卫星市场制造和发射收入最高可达205亿美元。太空工厂（Space Works）预计在未来5年内小卫星发射量将迅猛增长，其中低轨商业微小卫星的比例将迅速上升，2016—2020年的增长速度将达到60%。

2. 遥感和网络通信将是未来小卫星行业两大主要的应用领域

小卫星所具备的星群化运行，使其具备高时空分辨率信息获取优势，实现高精度近实时气象监测、空间环境监测等系统应用，并且结合大数据技术，在构建全球地理信息大数据集方面具有巨大的应用前景，是未来小卫星发展的主要应用领域。由于小卫星标准化、低成本的特点，使其有可能实现成百上千颗卫星部署，实现全球实时覆盖，可在数据采集、移动通信及网络星群等建设上具备发展潜力，而研制周期短、部署灵活等优

势，将使应急通信业务微小卫星系统具备优势。

在2016年全球发射的小卫星中，质量在0~10kg的卫星有78颗，10~100kg的卫星有23颗，100~500kg的卫星有20颗，小卫星数量占同期入轨航天器总数的57.89%，是各国航天重要的发展领域。从卫星发射数量上看，经历了2015年的高潮之后，2016年小卫星发射数量再次减少，但依旧处于历史较高的发射水平，连续4年保持在120颗以上。

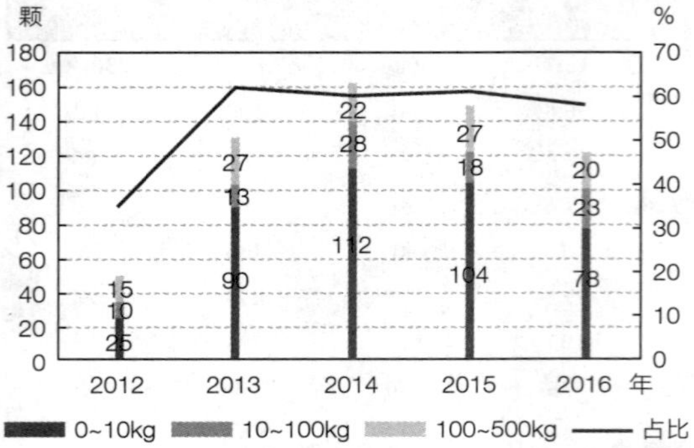

资料来源：何慧东．2016年全球小卫星发展回顾[J]．国际太空，2017（2）．

图1　2001—2016年全球小卫星发射规模

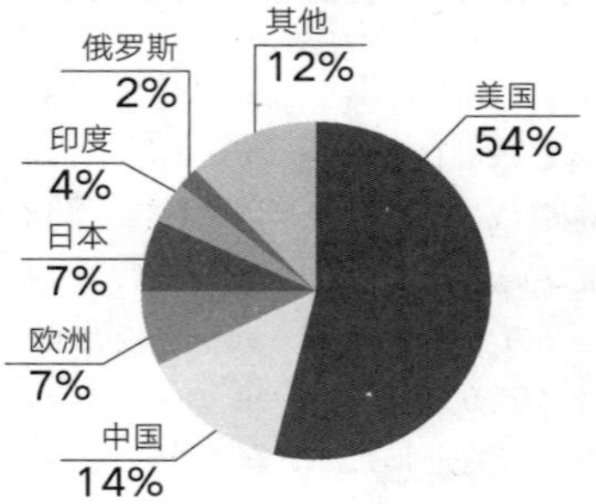

资料来源：何慧东．2016年全球小卫星发展回顾[J]．国际太空，2017（2）．

图2　2016年发射小卫星所属国家（共计121颗）

小卫星行业增长速度的提高，离不开其标准化、集成化的模式，如“鸽群”卫星用的即是具有显著标准化和集成化特征的立方体小卫星模式。立方体小卫星是一种目前在商业卫星市场上广泛应用的一种小卫星，规定其体积为10cm ×10cm ×10cm，重量不大于1.33kg的皮卫星。立方体小星从概念深化、方案设计以及研究和空间演示实验和后期的应用阶段均是参照标准化的思路开展的，这使包括大学、研究机构、商业公司约70家单位参与到该研究项目中。2014年，全球共成功发射小卫星130颗，其中立方体小卫星103颗，立方体小卫星因其标准化、模块化、低成本的优势而广受高校与初创航天公司的青睐，发射数量快速攀升。

（二）小卫星行业下游精彩纷呈

1. 5G地面网与空中网共同构建6G网络

相比地面移动通信网络，卫星通信利用高、中、低轨卫星可实现广域甚至全球覆盖，可以为全球用户提供无差别的通信服务。未来，地面第五代移动通信（5G）将具备完善的产业链、巨大的用户群体、灵活高效的应用服务模式等。卫星通信系统与5G相互融合，取长补短，共同构成全球无缝覆盖的海、陆、空、天一体化综合通信网，满足用户无处不在的多种业务需求，是未来通信发展的重要方向。卫星与5G的融合将充分发挥各自优势，为用户提供更全面优质的服务。

2. 遥感领域

在全球小卫星遥感产业发展势头迅猛的大背景下，面向立体测图应用的高分辨率遥感小卫星将具备更高的系统综合精度指标，通过多星组网和多网协同，实现对全球范围高分辨率遥感影像的及时获取、重点区域的高频次重访和动态地理环境监测，有利于提升卫星测绘产品服务的质量和效益，促进卫星应用的商业化、国际化发展和一系列关键技术的突破。

3. 军事领域应用

小卫星项目在战场态势感知、军事通信、天基目标监视以及空间对抗等领域可以使用。态势感知方面有快速响应空间（Operationally Responsive Space，ORS）的战术卫星（TacSat），SeeMe项目采用空基发射的方式，90天之内完成24颗卫星的星座部署，单颗卫星质量约50kg，轨道高度为200~350km，扫描幅度为±10°等。

（三）小卫星产业链分析

由于卫星产业是一个高技术含量、高资金投入、高风险的三高行业，因此这背后不乏政府、财团、老牌公司的身影。

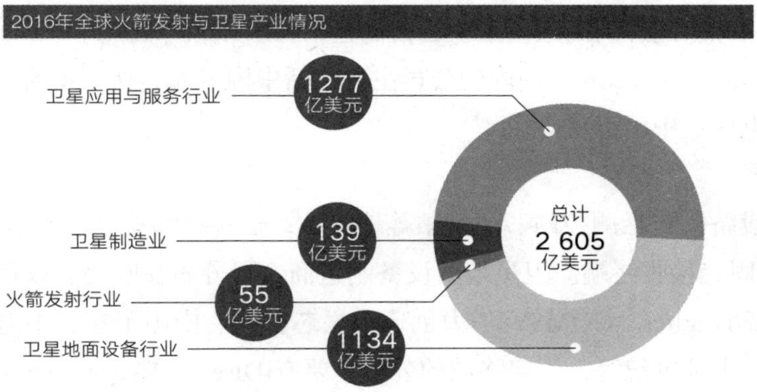

资料来源：美国卫星工业协会：《2017年卫星产业状况报告》。

图3 卫星产业链示意

整个卫星产业的上游是卫星制造以及相关的地面设备，其中地面设备制造业近5年年均复合增长率为9.2%，高于卫星产业整体增速4.4%，增速较快；中游主要包括卫星发射服务业以及卫星服务业务中的卫星固定业务；下游是卫星服务业，占比行业总规模的61%，包括对地观测业务、大众通信消费、卫星移动通信业务等，其中大众通信业务占比最高，而对地观测业务近几年增速较快。

卫星产业链大体可以划分为卫星制造、卫星发射、卫星运营以及卫星地面四个环节。

1. 卫星制造

卫星制造可以分为平台制造和有效载荷，平台就是支持有效载荷的组合，而在通信卫星中，有效载荷指的就是转发器和天线。美国的劳拉公司（SSL）、波音、洛克希德·马丁公司，欧洲的空客，法国的泰雷兹等都是知名的卫星制造商，而中国最强的卫星制造公司当属航天五院。

其他核心零部件的国外企业包括SatixFy、Advantech Wireless、Satcom Technologies、CSR等，国内公司包括杰赛科技、南京熊猫、海格通信、北斗星通等。

2. 卫星发射

我们熟悉的卫星发射公司应该就是SpaceX，由特斯拉汽车CEO伊隆·马斯克（Elon Musk）于2002年创办。5月13日，猎鹰9号终极版本“Block 5”完成首次发射，将孟加拉国一颗3.5吨重的通信卫星送入预定轨道，并且一级火箭海上回收成功。猎鹰9号已经在世界航天发射市场占据统治地位。其他的卫星发射公司包括联合发射联盟公司（波音、洛马合资）、空客、赫鲁尼契夫国家航天研制中心、三菱重工和航天一院，主要集中在美国、欧洲、俄罗斯、日本、中国等强国手中。

3. 卫星运营

卫星运营商通过自建网络向客户直接提供服务，或者将带宽出租给地面运营商，间接为客户提供服务。国外的高通量卫星运营商包括Echostar、ViaSat、Intelsat、Inmarsat、Avanti、Thaicom、Spacecom，国内的公司主要包括中国卫通、亚太星通、中信卫星、亚太卫星、中国电信、中国卫星等。

4. 卫星地面

卫星地面设备既包括测控站、关口站等地面站，也包括移动卫星通信终端(卫星电话或卫星手机)和固定接收终端。卫星地面设备制造商主要分布在欧美和以色列，移动终端的公司主要包括Hughes、COMSYS华力创通、振芯科技、中国卫星、中电科54所、星网卫通、海莱特、中邮世纪等，固定终端的公司主要有iDirect、ViaSat、Hughes、Gilat、中国卫星、海格通信、北斗星通、中电科54所、航天五院西安分院、南京熊猫等。而随着高通量卫星的迭代，卫星地面设备也在呈现更加灵活的配置方式。

三、小卫星产业现在仍属萌芽期，但经济价值极高

自2004年全球首颗HTS发射以来，截至2016年底，国外共发射了56颗HTS，并正向全球化和产业化方向发展。我国也于2017年4月成功发射了首颗HTS，中星-16号。目前，产业界对HTS的概念逐渐达成共识，即“HTS是以点波束和频率复用为标志，可运行在任何频段，通量取决于分配的频谱和频率复用次数，可提供固定、广播和移动等各类商业卫星通信服务的一类卫星系统”。就系统容量和用户月支出而言，GEO-HTS 相比GEO-FSS (Fixed Satellite System) 有了数量级的改善。例如，Viasat-1和Viasat-2作为 GEO-HTS星

座的代表，单星容量就分别达140 Gbit /s和350 Gbit /s。而通过表5可知，LEO-HTS在延时和支出以及容量上有其他卫星通信不可匹敌的优势。而且从LEO卫星商业模式上看，相对GEO卫星其现金流情况要好很多。

表5 不同通信方式的成本、容量和时延

通信方式	建设成本（亿美元）	系统容量（$Gbit \cdot s^{-1}$）	用户月支出（美元/($Mbit \cdot s^{-1}$)）	时延（ms）
CEO-FSS	1.0	1.2	500.00	250
CEO-HTS	3.5	100.0	25.00	250
MEO-HTS	11.0	80.0	150.00	150
LEO-HTS	100.0	7 000.0	20.00	30~50
光纤	按需	按需	5.00	10~20
LTE	按需	按需	0.50	10
5G	按需	按需	0.05~0.10	1

资料来源：王继业，张雷．蜂窝通信与卫星通信融合的机遇、挑战及演进 [J]．电讯技术，2018（5）．

四、各国公司加紧力度布局小卫星市场

为满足全球不断增长的卫星宽带接入需求，全球多家企业纷纷开始打造非静止轨道卫星星座，提供全球宽带互联网接入服务。这些企业中既有波音、O3b、Telesat、ViaSat等老牌企业，也有SpaceX、OneWeb、Audacy、Karousel、Kepler和Theia等初创公司。

（一）OneWeb

OneWeb（一网公司）致力于采用低轨卫星星座群，实现为全球终端用户提供高速率、低延时的卫星互联网接入服务。OneWeb公司初期预计发射720颗低轨卫星完成一期建设，星座分布于1 200km高度的18个轨道面上，星上采用透明转发，借助于地面关口站实现数据的中转。该星座群的单星质量不超过150kg，单星容量可达5Gbit/s，可为0.36m口径的通信终端提供高达50Mbit/s的网络通信服务。

OneWeb公司采取产业化发展方式，使卫星制造自动化、标准化，并通过新型技术和高效管理并施等手段，降低成本，以提供高性价比的互联网接入服务。目前，OneWeb公司已获取美国联邦通信委员会（FCC）的授权，能够在美国境内提供互联网通信服务。通过综合评估，OneWeb公司将增加1 972颗低轨卫星，以填补供不应求的通信市场空白。

（二）SpaceX

SpaceX（美国太空探索技术公司）开创了商业卫星互联网新时代，公司计划的“星链”互联网星座系统拟发射4 000多颗低轨卫星，同时利用火箭回收技术，降低发射成本，提供低价、优质的互联网通信服务。北京时间2018年12月4日，SpaceX的猎鹰九号火

箭发射了64颗低轨卫星，这项名为“太空飞行SSO-A：小卫星快车”的任务将部署来自多家提供商的7 500颗低轨卫星，通过将微小的厘米长的卫星发送到低地球轨道来彻底改变物联网应用现状。

五、国内公司紧跟其后

（一）卫星通信国内代表性厂商

鸿雁星座计划由航天科技集团负责建设和运营，落户重庆。东方红卫星移动通信有限公司由航天科技集团、中国电信、中国电子、国新国同4家中央企业及其相关企业共同发起成立，将负责建设与运营全球低轨卫星移动通信与空间互联网系统，提供各种终端产品与服务，构建海、陆、空、天一体化新型天地一体化信息网络，开展面向全球的智能终端通信、物联网、移动广播、导航增强、航空航海监视、宽带互联网接入等增值服务。其中，相关上市公司为中国卫星。

虹云工程则由航天科工主导，是中国航天科工五大商业航天工程之一。工程计划发射156颗小卫星，在距离地面1 000公里的轨道上组网运行，致力于构建一个星载宽带全球移动互联网络。2018年12月22日7时51分，中国在酒泉卫星发射中心用长征十一号运载火箭，成功将虹云工程技术验证卫星发射升空，卫星进入预定轨道。按照规划，整个“虹云工程”被分解为“1+4+156”三步。第一步计划在2018年，发射第一颗技术验证星，实现单星关键技术验证；第二步到“十三五”末，发射4颗业务试验星，组建一个小星座，让用户进行初步业务体验；第三步到“十四五”末，实现全部156颗卫星组网运行，完成业务星座构建。

（二）小卫星国内代表性厂商

国内卫星公司的格局与国外分类类似，但不如美国局势清晰。国内卫星公司可分成两类，国家类、科研院所和民营或混合所有制公司。国内卫星公司多依托于国家资源，优势资源停留在国家层面。国家类的卫星公司包括航天科技、中国科学院微小卫星创新研究院等。民营类的卫星公司较多，以创新类居多，基本均为2015年后成立的公司。这些公司整体的规模和产品模式都在发展过程中，并未完全完成。目前产业领域中，没有特别突出的商业化公司。

1. 国家类和科研院所

航天科技集团、中国科学院微小卫星创新研究院（原为上海微小卫星工程中心），属于目前国家承担微小卫星数额分量较多的单位。国防科技大学、哈尔滨理工大学、浙江大学等高校在国家任务层面上对微小卫星都有涉足。其中，哈尔滨理工大学近两年发射了龙江系列卫星，承担了欧比特的商业卫星，在某一个领域占的份额较多。订单应用方的首选会选择国家类的卫星公司，但目前这一趋势逐渐被打破。

2. 天仪公司

天仪公司从成立到现在已执行5~6次任务，发射的卫星将近十颗。目前天仪公司与几个较大航天科技集团和中科院相比，成本和效率存在很大优势；和高校相比，其有完整的企业化的建设队伍，能够保证整个产品的一致性相对较好，在10kg以下的卫星领域优势明显，占据卫星制造及后面滚动迭代的细分市场。一个小的细分市场靠这样的项目迭代，在国家类卫星公司未关注的领域占据市场是天仪公司的发展策略。

3. 长光卫星

长光卫星属于混合所有制公司，目前在国内的可见光或者多光谱的低轨遥感卫星制造领域，已经占有较大的优势。长光卫星只做光学卫星，而且依托的队伍均为长春光机所出来的人员，所以长光卫星依托原有的优势力量在光学的遥感卫星领域独占鳌头。

4. 千乘探索

千乘探索自成立以来，主要做低成本商业微小卫星研发、遥感数据快速响应与价值挖掘、遥感及通信数据融合等相关技术、应用平台及其产业化的研究。2018年1月，公司宣布完成千万级天使轮融资。

千乘一号01星目前已进入生产阶段，是实践公司技术路线和商业模式的首发星，功能和载荷设计紧密结合国家军民融合发展的战略方向，为全球用户提供数据服务。

5. 九天微星

九天微星最早属于做航天的衍生外围产品，包括教育、SIM、互联网卫星、个人卫星的一些娱乐应用等。

六、重点上市公司

（一）中国卫星（600118）

中国卫星是专业从事小卫星及微小卫星研制、卫星地面应用系统及设备制造和卫星运营服务的航天高新技术企业，具有天地一体化设计、研制、集成和运营服务能力，形成了航天东方红、航天恒星等一系列知名品牌。在小卫星及微小卫星研制方面，已成功开发了以CAST968（CAST1000）平台为代表的多个系列小卫星和微小卫星公用平台，成功发射对地观测、海洋监测、环境监测、空间探测、科学试验等多颗不同用途的现代小卫星，同时具备部分宇航部件产品的生产能力；在卫星地面应用系统及设备制造方面，拥有地面站系统集成、卫星导航、卫星通信、卫星遥感、信息传输与图像处理五大领域，在北斗导航、动中通产品市场占有率方面处于国内领先地位，并拥有“天绘”

系列遥感卫星数据总代理权。在小卫星及微小卫星研制方面，已成功开发了以CAST968（CAST1000）平台为代表的多个系列小卫星和微小卫星公用平台，同时具备部分宇航部件产品的生产能力；在卫星地面应用系统及设备制造方面，拥有地面站系统集成、卫星导航、卫星通信、卫星遥感、信息传输与图像处理五大领域，在北斗导航、动中通产品市场占有率方面处于国内领先地位。

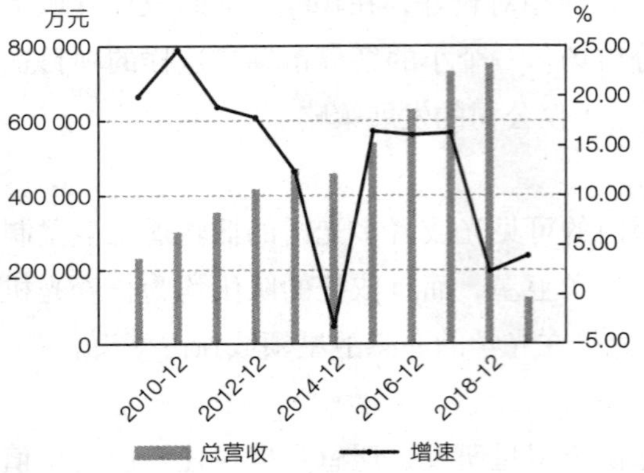

资料来源：Wind。

图4 2010—2018年中国卫星收入情况

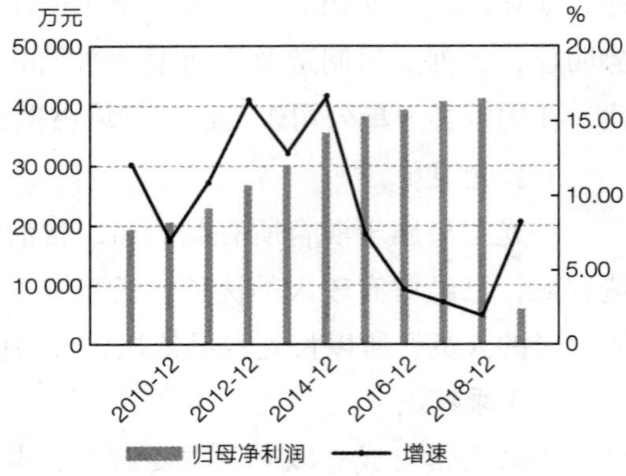

资料来源：Wind。

图5 2010—2018年中国卫星净利润情况

公司是诸卫星应用子领域龙头，在小卫星的发射数量和市场占有率两个方面均保持国内领先，公司下属深圳东方红海特制造的“鸿雁”实验星已经成功发射，为研制后续低轨通信卫星奠定了坚实基础。我们预计公司2019—2021年归母净利润分别为4.85亿元、5.61亿元和5.92亿元。

（二）华力创通（600118）

华力创通持续挖掘北斗民用场景，2019年值得期待。随着军改结束，公司北斗军用业务有望恢复；民用业务方面落地在当前自主可控背景下有望发力。同时，公司作为北斗行业龙头，积极探索北斗民用场景，新推出高精度检测（桥梁、隧道、边坡安全监测）、精准农业（农机自动驾驶）、北斗户外（户外旅游定位、通信）等卫星综合应用平台，解决用户痛点，打开大数据运营业务空间，2019年业务发展值得期待。

天通一号正式开放商用，公司卡位绝对龙头。天通一号01星于2016年8月6日成功发射，2018年5月正式开放商用，为公司卫星移动通信领域的发展注入了强劲动力。公司研发了国内首颗卫星移动通信导航一体化基带芯片，是国内拥有天通民用卫星移动通信基带芯片技术的两家企业之一。同时，华力创通是市场上唯一一家与中国电信卫通签署《北斗通信业务合作协议》的公司，“天通”的运营权归属于中国电信，而公司可参与天通通信的运营，地位独特。公司与中国信息通信研究院等签署合作协议，在天通一号卫星移动通信的芯片、终端、技术标准的制定和测试系统研发等方面开展紧密合作。公司的卫星移动通信产品系列齐全，有望在实现单模终端、天地多模智能终端和语音天通猫等产品的批量供货。

无人平台未来或将落地，打开新的业绩增长点。公司作为国内技术领先的计算机仿真、电子设备与服务供应商，仿真测试业务保持稳定的发展。报告期内，公司完成了应用于航空和轨道交通领域的多个总线测试系统的交付，积极参与无人平台及智能制造领域的重大项目。公司未来有望基于仿真测试技术和雷达仿真技术，逐步打造以无人机等为主的无人平台产业，2019年有望取得突破式进展。

（三）ASIA SATELLITE（1135.HK）

公司作为领导亚洲的卫星营运商，其两大股东分别为中国中信及美国通用电气公司（GE），主要从事提供转发器容量及宽带接入服务。公司连接超过50个亚太国家及地区；接通覆盖超过世界三分之二人口的通信网络；服务全球超过150家公营及私营电视和电台广播机构，共提供近500条电视和电台频道；为营运商及用户提供语音网络、私人VSAT网络及宽带多媒体传送等电信服务。

公司也通过其子公司从事提供卫星通信相关运营和维修服务业务。公司拥有若干枚位于亚洲大陆上空主要对地静止位置的卫星。公司的5枚卫星（亚洲五号卫星、亚洲六号卫星、亚洲七号卫星、亚洲八号卫星及亚洲九号卫星）占据了亚洲最优越的轨道位置。

LED 照明产业：在集约中走向繁荣

闵繁皓　东兴证券家电行业研究员

一、照明行业：LED 照明方兴未艾

（一）人类照明正式进入 LED 时代

1. 白炽灯和气体放电光源正在退出照明历史

白炽灯的发明，使人类进入了电力照明时代，因其性能上的劣势已经逐步退出应用领域。气体放电光源，丰富了照明灯的应用场景和效果，改变了原来白炽灯的单一照明效果，丰富了色彩和应用场景，但仍然存在热量高、寿命短和可靠性低等缺陷。发光二极管技术发展，推动LED迈入照明市场，白光LED的诞生开启了LED迈入照明市场的序幕。

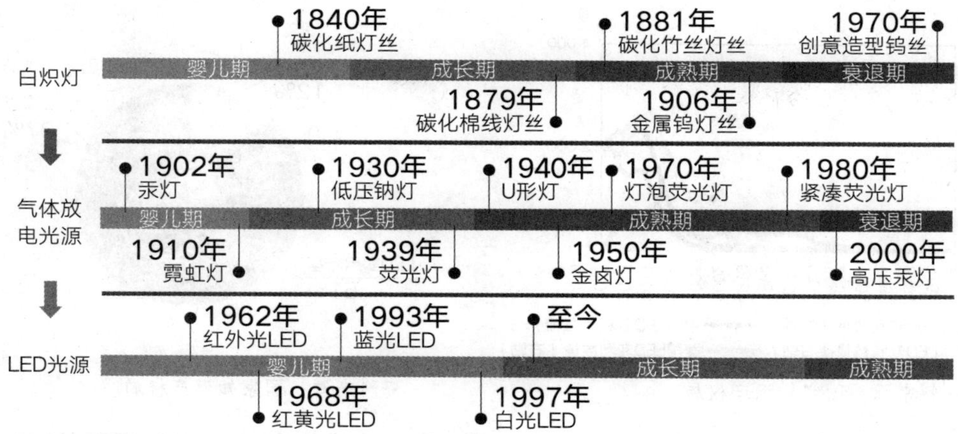

图1 通电光源发展史

2. LED照明技术是下一阶段照明市场的主流

LED的技术开发已经成熟，应用层面进入实用新型及外观为主的以附加值创造利润时期。技术的发展存在客观规律，新兴技术的性能及其创造价值的能力会跟随技术的发展而提升，其发明专利的数量和级别（发明专利>实用新型专利>外观设计专利）则会随着技术的发展而下降。国家知识产权局专利局出版的《LED照明产业专利分析报告》指出，LED照明专利技术早在1955年就已出现，从2001年后“井喷”式发展开始，到2011年申请量甚至达3.1万项。目前，全球LED照明专利总量已超过50万项，其中中国2017年已有4 900余项。2016年后全球的专利发表数量出现了回调，LED行业开始进入成长期，前期行业在市场开拓和技术完善的大量投入将在这一阶段创造丰厚的利润回报。

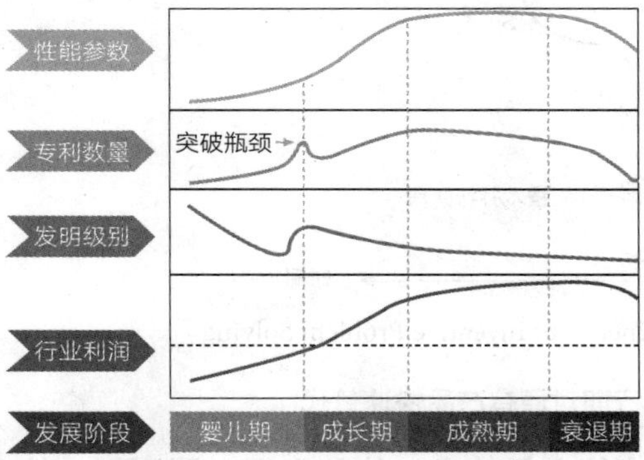

资料来源：Genrikh Saulovich Altshuller: TRIZ: The Theory of Inventive Problem Solving。

图2 技术系统进化规律理论

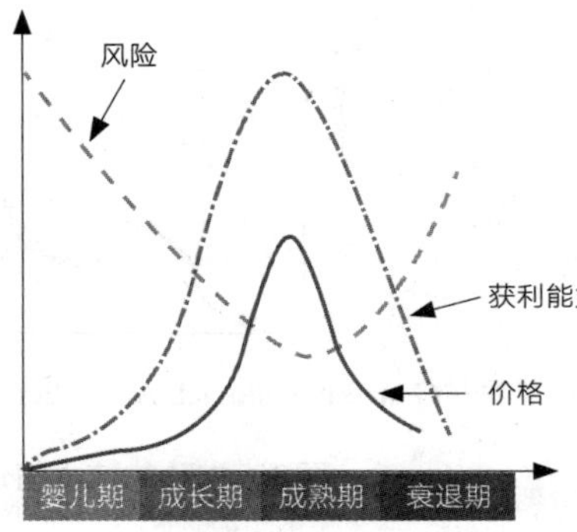

资料来源：Genrikh Saulovich Altshuller: TRIZ: The Theory of Inventive Problem Solving。

图3 技术发展各阶段的表现

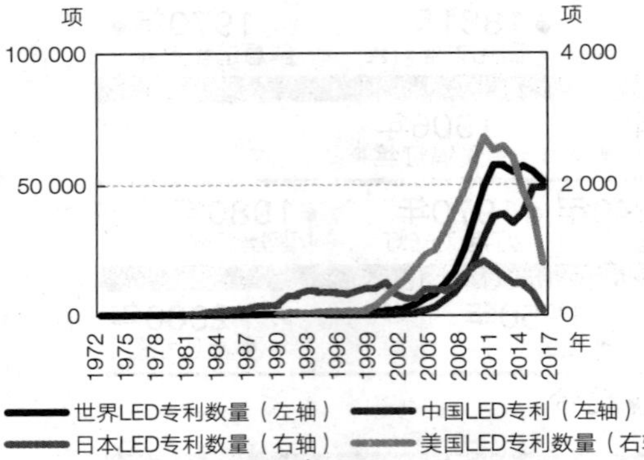

资料来源：国家知识产权局。

图4　LED行业进入成长期

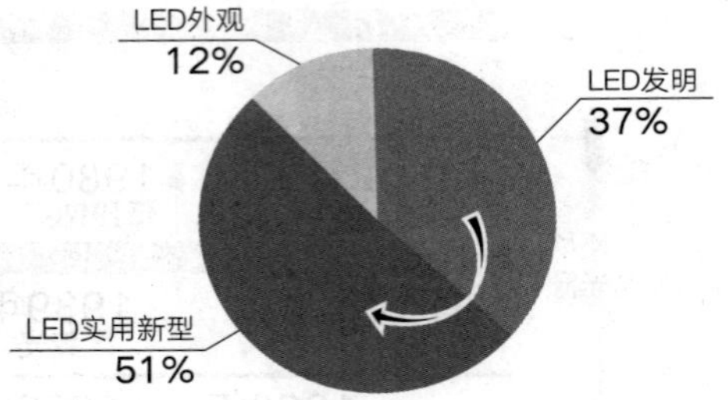

资料来源：国家知识产权局。

图5　我国专利难度已经向实用新型为主过渡

3. 性价优势为产品被快速替代提供动力

随着LED再照明领域的应用，LED在性能和价格两个方面都将更具优势。像摩尔定律一样，Roland Haitz从1965年LED商业化至今的发展历程观察得出“Haitz定律”：微处理器的性能每隔18个月提高一倍，而价格保持不变。LED的亮度每18~24个月提升一倍、价格每10 年降低 90%，性能则提高20倍。随着技术更新带来的产品性能的大幅提升，新技术在进入导入阶段与现有通用技术经历一段时间的并行时期之后，随着高性能产品量产后价格下降至合理水平，新技术产品逐步成为市场的主流。现有技术在进入衰退期之后，便是新技术进入成长期的时间。未来，LED替换传统照明分为三阶段：第一阶段为光源替换，第二阶段为一体化灯具替换，第三阶段向更高端、更智能化创新性的产品发展。

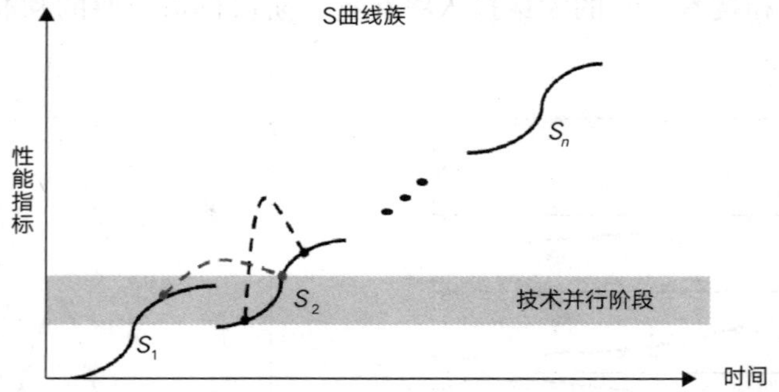

资料来源：Genrikh Saulovich Altshuller: TRIZ: The Theory of Inventive Problem Solving。

图6　成熟的技术将进入技术并行期对原有产品快速替代

性能方面：LED是满足未来多样化照明需求的必要技术。伴随人们对照明需求的多样化，无论是家居照明、商业照明还是专业照明领域，LED以其稳定、连续、高效、均匀的工作状态，多变、灵活、轻便的产品特性以及1 600万种色彩的表现和超过5万个小时的寿命都让其在照明领域拥有无出其右的性能优势。

表1 LED灯的性能优势

名称	耗电量（W）	工作电压（V）	协调控制	发热量	可靠性	使用寿命（小时）
钨丝灯	15~200	220	高	高	低	3 000
霓虹灯	500	较高	高	高	宜室内	3 000
金卤灯	100	220	不易	极高	低	3 000
节能灯	3~150	220	不宜调光	低	低	5 000
镁氖灯	16/m	220	较好	较高	较好	6 000
日光灯	4~100	220	不易	较高	低	8 000
冷阴极	15/m	需逆变	较好	较高	较低	10 000
LED灯	极低	12~36	多种形式	极低	极高	>50 000

价格方面：LED照明性价比更好且使用的综合成本更低。以取代40W和60W的LED灯泡为例，当前价格已经分别从2014年的9.5美元和18.1美元下降至2019年3月的3.5美元和5.1美元，降幅分别为63.15%及71.82%。一般18W的LED灯管就可以替换42W的传统荧光灯管，7W的球泡就可以替换50W的白炽灯，使用寿命更是远长于传统灯具。LED灯泡价格约为白炽灯价格的2倍，综合使用成本却只有白炽灯的1/15、节能灯的1/ 3左右。

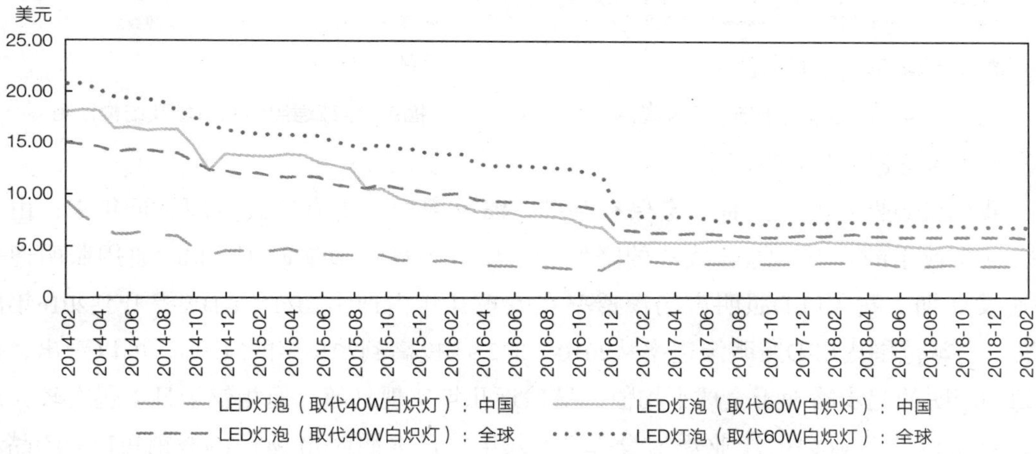

资料来源：Wind。

图7 全球及中国40W、60W LED灯泡平均价

LED的技术开发已经成熟，应用层面进入实用新型及外观为主的以附加值创造利润时期，前期行业在市场开拓和技术完善的大量投入将在这一阶段创造丰厚的利润回报。未来，灯具差异化、功能集成、环境结合、工业设计等因素也将成为LED照明行业竞争的主要因素。

（二）中国 LED 照明市场赶超国际水平

1. 全球LED照明市场规模逐渐扩大

通用照明市场由以白炽灯、荧光灯、节能灯为代表的传统照明和LED照明两部分组成，得益于LED照明的节能、环保及政府对传统照明的限制，LED照明正快速代替传统照明市场，全球LED照明市场规模从2009年的17.5亿美元增长至2016年的346.3亿美元，CAGR达45%。根据Technavio发布的《全球通用照明市场（2015—2019年）》测算，2019年LED技术的全球通用照明市场规模为648亿美元。

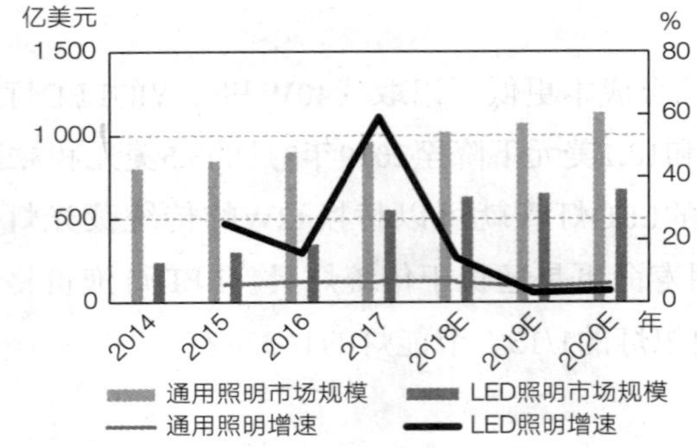

资料来源：Technavio。

图8　全球LED照明市场规模及增速

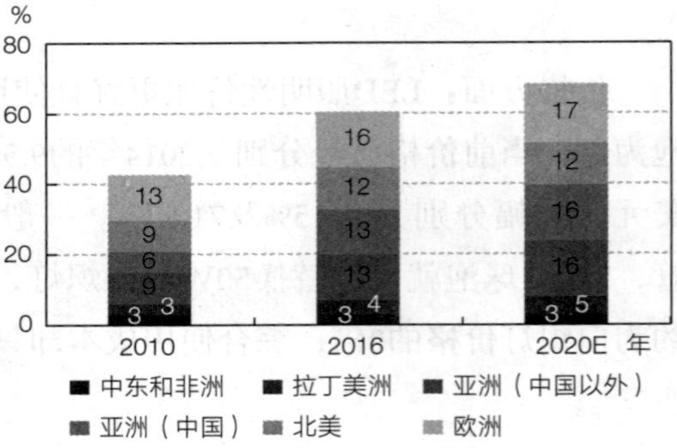

资料来源：麦肯锡。

图9　全球通用照明市场及结构预测

2. 中国渗透率赶超国际水平

我国LED照明市场已有一定保有基础，渗透率提升仍有广阔空间。近年来，由于LED发光效率的提升、综合成本的降低和政府大力推广节能政策，LED通用照明迎来快速发展期，我国LED照明市场渗透率在短短几年内即由2011年的1%提升到2016年的42%，全球范围内LED照明渗透率从2010年的2.9%提高到2016年的31.3%。可以看出，我国LED照明的起步略晚于全球平均值，虽然近几年实现赶超，但相较于日本仍有较大差距，日本照明工业会的产业规划设想在2020年，日本照明市场将100%销售LED产品。LED行业渗透率还有巨大空间，仍处于快速替代阶段。

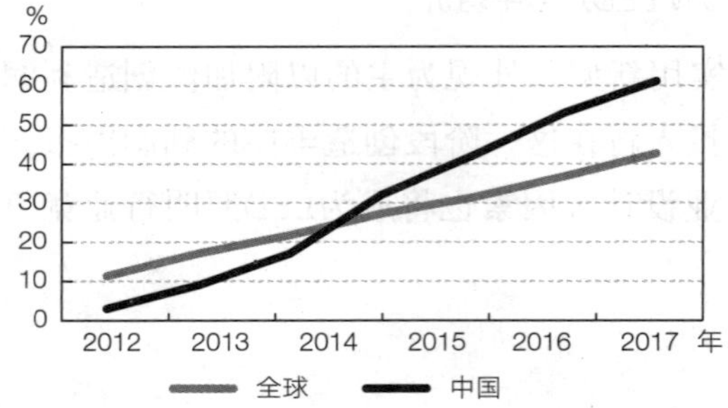

资料来源：Technavio。

图10　2012—2017年全球LED照明渗透率

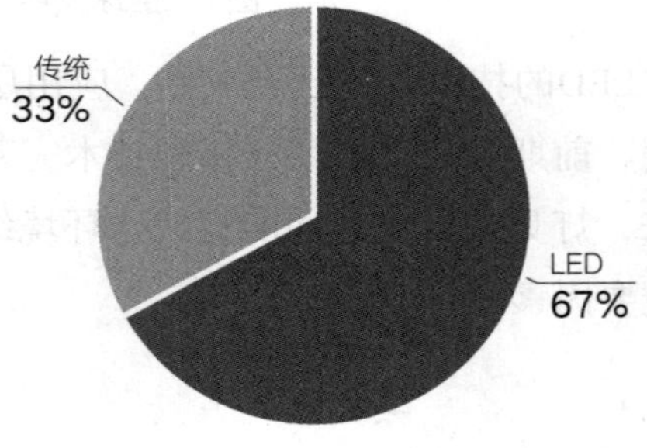

资料来源：日本照明工业会。

图11　日本2015年LED照明渗透率

3. 中国LED通用照明市场规模仍将维持高增速

国家《半导体照明产业“十三五”发展规划》要求到2020年，半导体照明产业整体产值要达到10 000亿元，LED照明产品销售额占整个照明电器行业销售总额的比例要达到70%。同时，由于LED通用照明在LED照明应用环节中占比逐年上升、LED应用占LED整体市场规模逐年增加的事实，预计2020年中国LED通用照明市场规模将达4 500亿元。我们据此假设：（1）2020年规模将达10 000亿元，渗透率达70%。（2）2020年中国LED通用照明市场规模将达4 500亿元（年均复合增长率为21%）。

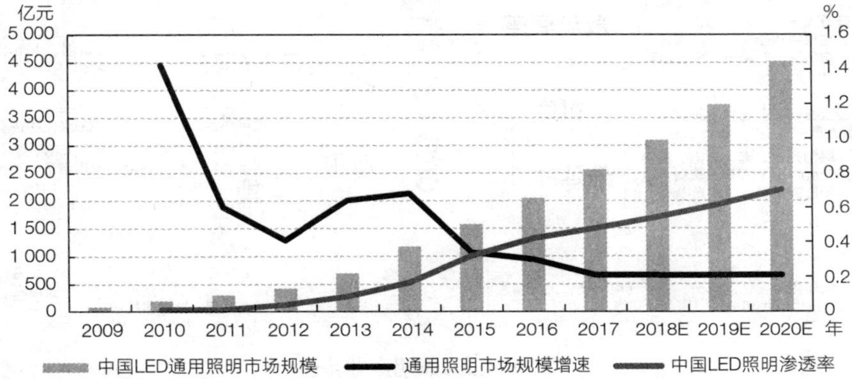

资料来源：国家半导体照明工程研发及产业联盟（CSA）。

图12　未来中国LED通用照明市场规模及增速

二、上中游制霸世界，下游应用广阔

（一）LED 照明的产业链较长，应用端市场规模最大

1. 分工明确，下游环节上市企业最多

LED产业链的生产环节上游、中游、下游分工相对明确，其中将衬底制作、外延生长和芯片制造归为LED产业链上游，LED封装为产业链中游，LED应用为产业链下游。

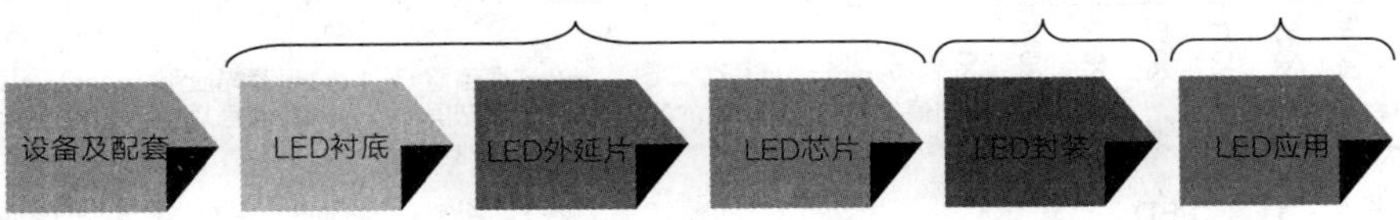

图13　LED产业链划分

LED产业链各环节企业数量按工序激增。上游的外延生长与芯片制造技术含量较高，专利壁垒较强，中国的衬底蓝宝石有10~20家，其中上市公司有4家，芯片制造有40~50家，其中有8家上市公司。中游的器件与模块封装以及下游的显示与照明应用，属

于技术和劳动密集型行业。中游封装企业超过2 000家，其中有10余家为上市企业；下游的应用环节有12家上市企业，而这个环节最为繁荣，大约有5 000家企业从事LED应用产品的制造。

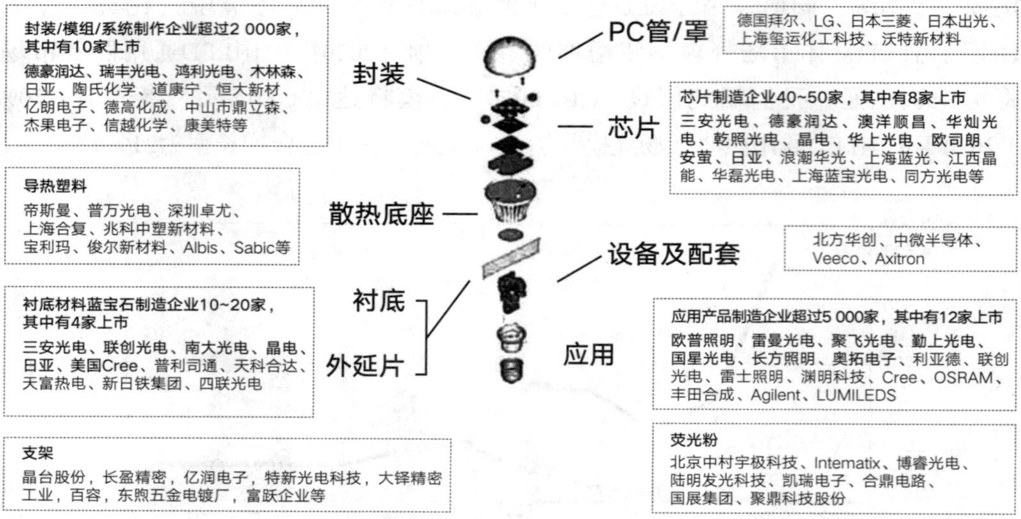

图14　LED照明产业全景

2. 通用照明推动下游应用环节产值占比不断提升

下游应用贡献了LED产业链80%以上的产值。随着上游芯片产能的不断扩张及全球封装产业向大陆持续转移，LED灯珠成本将进入下降区间，在LED产业链上游、中游、下游所有环节中，处于下游的LED应用产生的产值最高，且呈现逐年上升的态势。2017年LED应用产值为4 450亿元，占LED总产值的81%。

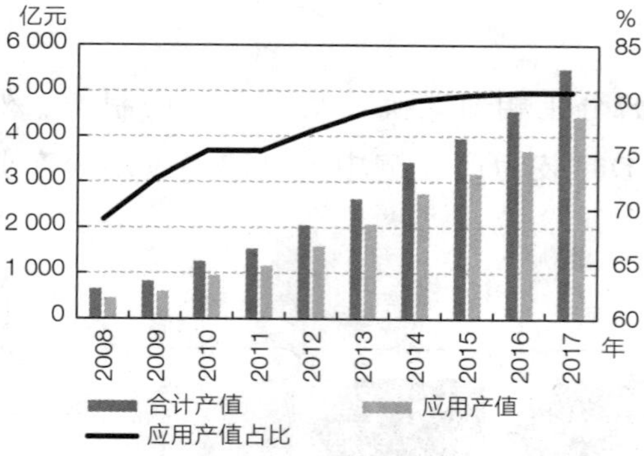

资料来源：高工LED。

图15　2008—2017年LED应用产值及占比

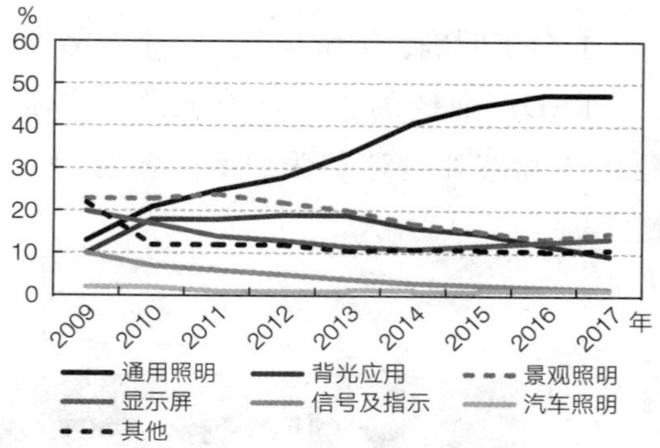

资料来源：国家半导体照明工程研发及产业联盟（CSA）。

图16　2009—2017年LED应用规模占比

通用照明占LED应用近半市场规模。从全产业链来看，封装和应用细分下家居照明是目前市场规模最大的两部分，分别占全产业15%以上。近十年来，LED应用市场不断扩张，其中通用照明规模占比不断提升至整个LED应用规模的近一半。景观照明及显示屏市场占比分别在2014年和2016年之后回暖。通用照明仍是未来相当长一段时间LED应用领域的主要市场。此外，显示屏、景观照明、汽车照明市场的增长也值得关注。

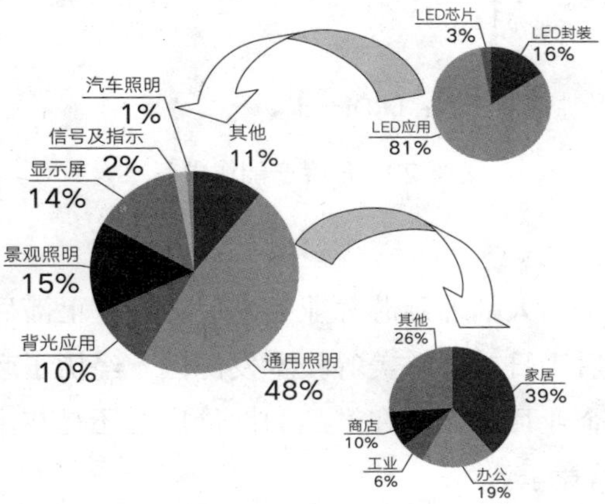

资料来源：高工 LED、麦肯锡。

图17　LED应用在产业链中的产值占比

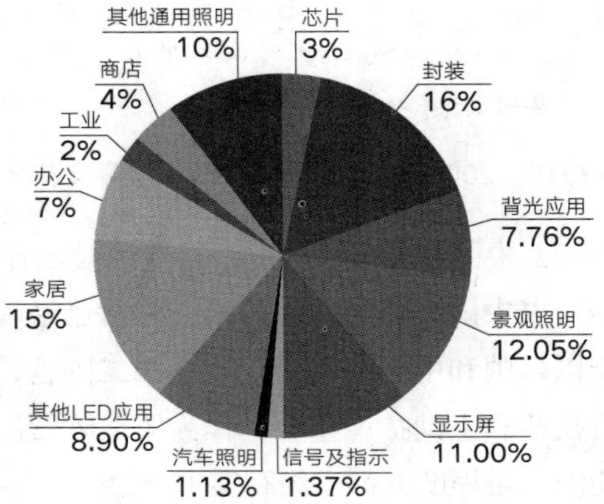

资料来源：高工 LED、麦肯锡。

图18　LED全产业链规模占比

（二）上游环节：产能规模制霸全球，马太效应明显

1. 国内LED芯片制造环节经历了两次大规模扩产

产业链中芯片的制作是LED产业链的核心环节。芯片制作关键流程包括金属蒸镀、光刻、热处理、切割和测试分选，最终产生合规的芯片。MOCVD是Metal-organic Chemical Vapor Deposition（金属有机化合物化学气相沉淀）的简称，用于薄膜的晶体生长，是LED芯片生产过程中最为关键的设备。

上游企业MOCVD设备的装机经历了政府补贴及产能竞赛两轮扩产。

第一轮：2010—2012年补贴导致产能过剩。政府补贴导致MOCVD保有量大幅提升，LED芯片产值从2010年的40亿元增长至2011年的60亿元，增长50%。

第二轮：2017年至2018年前后产能竞赛引发的扩产。行业内具有竞争力的大型厂商纷纷扩充产能以抢占市场份额。中国照明电器协会数据显示，2018年我国MOCVD装机量占全球的52.44%。

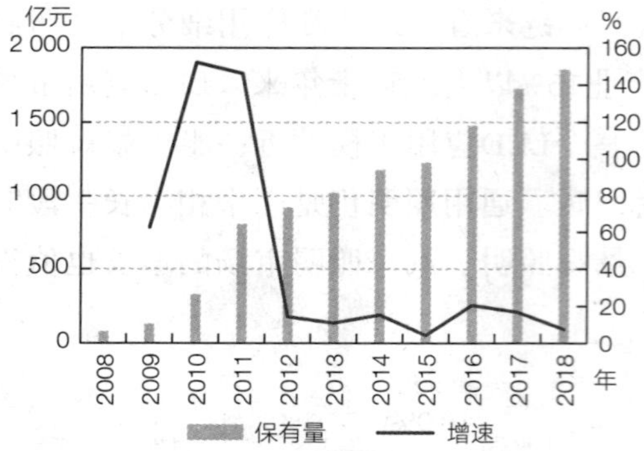

资料来源：Wind。

图19　2008—2018年MOCVD保有量及增速

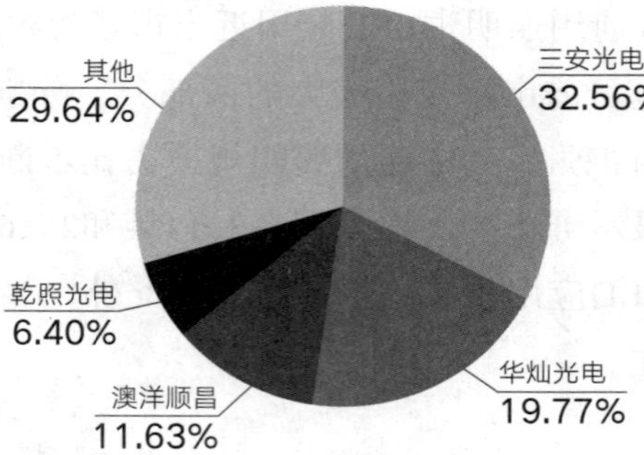

资料来源：LEDinside。

图20　厂商产能集中度

2. 中国产能后来居上，行业格局强者恒强

以中国大陆为代表的第三阵营已经崛起。中国大陆外延芯片业务发展在时空上滞后于以韩国和中国台湾为代表的第二阵营，更滞后于日本、欧美等技术发源国。经历了政策扶持和主动扩产整合，作为第三阵营的中国企业目前无论在产品的性价比上还是在产能的充裕程度上都已经有实力与第一、第二阵营竞争。

全球市场份额向中国转移。中国企业具备先天的成本优势，全球市场份额已经向中国倾斜，并伴随规模效应，这一趋势将逐步加强。CSA Research数据显示，2018年中国占全球LED芯片产值近40%。中国照明电器协会数据显示，2018年我国MOCVD装机量占全球52.44%，外延片月产能占全球62.27%，稼动率（一台机器设备实际的生产数量与可能的生产数量的比值）明显优于全球水平。

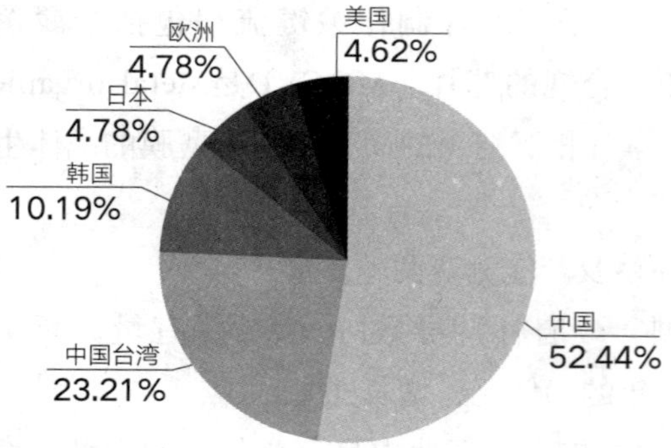

资料来源：温其东．2018 年中国照明电器行业发展情况报告 [R/OL]．中国照明网，2019-02-01.

图21　2018年全球MOCVD装机量分布

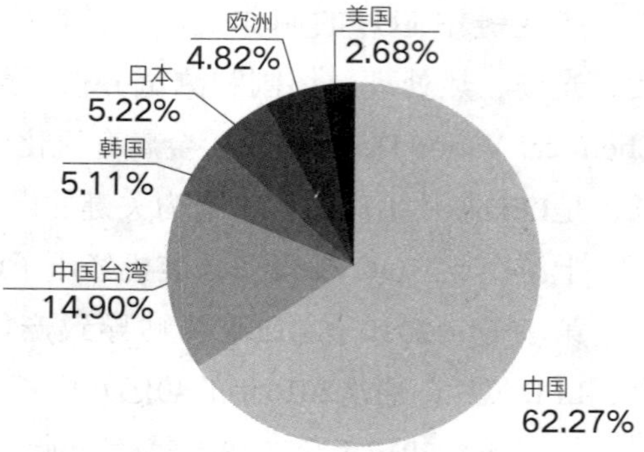

资料来源：温其东．2018 年中国照明电器行业发展情况报告 [R/OL]．中国照明网，2019-02-01.

图22　2018年全球LED外延片月产能占比

扩产强化马太效应，龙头企业强者更强。随着集中度的提升，LED延芯片高标准化、大规模化趋势明显，针对下游的差异化需求，龙头企业具备更快的反应速度及更强的产线调整控本能力。产能激增引发芯片价格战，中小厂商难以与具有规模效应的龙头企业抗衡，逐步退出市场。行业主动整合，集中度一再上升。目前，前四大厂商占据超过70%的市场份额，前十大厂商产能占比为82%。三安光电产能优势持续扩大，以超过10%的产能优势领先第二名华灿光电。

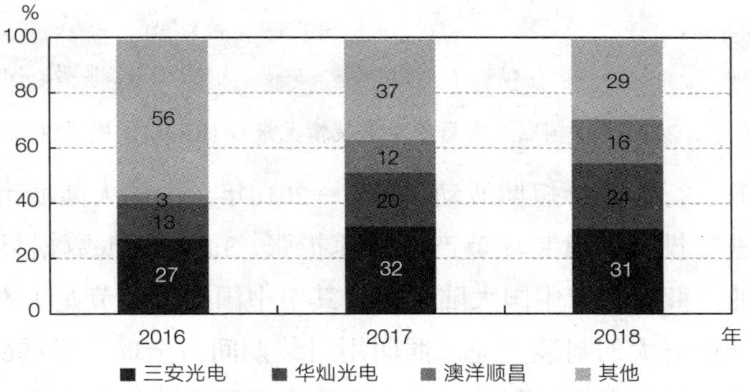

资料来源：LEDinside。

图25　近两年芯片龙头厂商市场占有率情况

（三）中游环节：短期波动不改市场前景，国内市场寡头格局稳定

1. 中国是全球封装产业的代工基地

全球订单和产能向中国转移是长期趋势。技术和专利壁垒已经减弱的国际巨头们将代工订单逐步向中国厂商集中，全球的封装产能也呈现出向中国聚拢的趋势，2017年全球过半的封装产值集中在中国，LED封装产业产值达870亿美元，较上年增长18.5%。中国封装市场逐渐扩大的主要动力一方面来自全球产能的不断聚集，另一方面来自下游应用通用照明、车用照明、显示屏等市场的不断发展壮大。

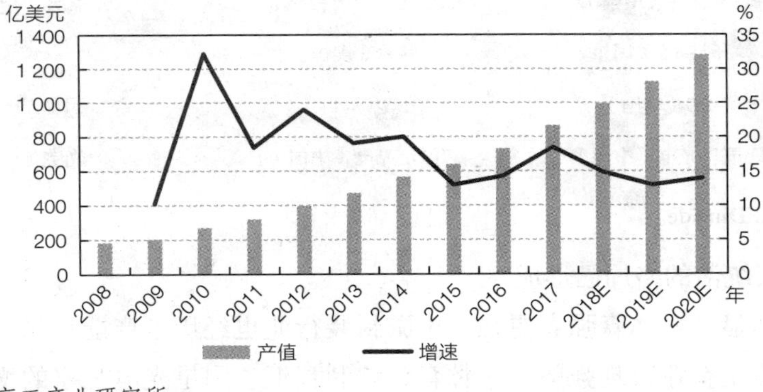

资料来源：高工产业研究所。

图24　中游LED封装产值及增速

表2　国内封装企业代工概况

国际厂商	代工封装厂商
OSRAM	瑞丰光电、国星光电、Lextar
CREE	天电光电、Lextar
LUMILEDS	天电光电、晶科电子、瑞丰光电、开发晶、鸿利智汇
Seoul Semiconductors	瑞丰光电、鸿利智汇、天电光电
SAMSUNG	兆驰股份、英特莱光电、木林森照明、晶能光电

资料来源：温其东．2018年中国照明电器行业发展情况报告[R/OL]．中国照明网，2019-02-01.

龙头规模跃升，行业降价短期波动。2017—2018年，中国大陆城市的补贴政策吸引了LED封装厂商进驻投资，封装环节产能快速扩张，LEDinside数据显示，世界封装营收规模排名前十的厂商有两家中国大陆企业，其中中国封装环节龙头木林森规模快速提升，一跃成为全球前五大的封装企业，照明用封装期间占全球市场的6.9%。2018年至今受中美贸易摩擦的影响及产能过剩带来的价格战拖累厂商营收的现象，长线来看，订单向具备产能和成本优势的中国转移趋势依旧明确。

表3　2016—2018年全球LED封装前十大厂商营收排名

排名	2016年前十大厂商	2017年前十大厂商	2018年前十大厂商
1	日亚化学（日本）	日亚化学（日本）	日亚化学（日本）
2	欧司朗（德国）	欧司朗（德国）	欧司朗（德国）
3	Lumieds（美国）	Lumieds（美国）	Lumieds（美国）
4	三星（韩国）	木林森（中国）	首尔半导体（韩国）
5	首尔半导体（韩国）	首尔半导体（韩国）	木林森（中国）
6	亿光（中国台湾）	三星（韩国）	三星（韩国）
7	木林森（中国）	亿光（中国台湾）	亿光（中国台湾）
8	科锐（美国）	科锐（美国）	科锐（美国）
9	LG（韩国）	LG（韩国）	国星光电（中国）
10	国星光电（中国）	国星光电（中国）	光宝（中国台湾）

资料来源：LEDinside。

2. 国内寡头统治的格局已形成

马太效应凸显，木林森强者更强。中游封装行业也经历了产能扩张到价格战的行业整合的过程，本土企业表现强势，木林森、鸿利智汇、国星光电三家的增速远快于其他几家，集中度提升趋势越发明显。木林森收购朗德万斯后总体营收规模扩大，在全球封装器件厂商营收排名第五位，在国内市场超越了日亚化学，一家独大。国星光电位居全球封装厂商营收前十，与鸿利智汇居于二线。

表4 2016—2017年中国市场LED封装前十大厂商营收排名

排名	2016年前十大厂商	2017年前十大厂商	变动
1	日亚化学（日本）	木林森（中国）	↑
2	木林森（中国）	日亚化学（日本）	↓
3	Lumieds（美国）	Lumieds（美国）	→
4	亿光（中国台湾）	欧司朗（德国）	↑
5	欧司朗（德国）	亿光（中国台湾）	↓
6	国星光电（中国）	国星光电（中国）	→
7	光宝（中国台湾）	光宝（中国台湾）	→
8	鸿利智汇（中国）	首尔半导体（韩国）	↑
9	科锐（美国）	鸿利智汇（中国）	↓
10	首尔半导体（韩国）	聚飞（中国）	新进

资料来源：LEDinside。

（四）下游环节：细分市场众多，被动整合开始

1. 国外企业退出中国市场，国内企业瓜分市场份额

国外巨头剥离照明业务，国内企业迎来契机。国际巨头在中国市场水土不服，与国内厂商竞争压力较大。产线调整成本迫使以传统照明产品为主的国际照明巨头逐步退出照明市场。随着国外三大照明巨头相继退出，国内龙头企业有望凭借其渠道、品牌优势迅速抢占海外巨头留下的市场份额，提高行业集中度。

表5 国际巨头剥离照明业务

公司名称	事件
飞利浦	2016年5月，飞利浦将旗下照明业务在荷兰交所刮片，几天后，飞利浦关闭其在深圳的子公司，其战略重心从照明行业向医疗健康产业转移
欧司朗	2016年7月，欧司朗以4亿元将其照明业务朗德万斯出售给木林森等竞购联合体；未来，欧司朗将专注于三大核心业务——特种照明、照明系统及解决方案和光电半导体的成长与创新
GE照明	2016年11月，GE照明终止了其在亚洲和拉丁美洲的所有直接商业活动
喜万年	上海飞乐音响1.5亿欧元收购Havells喜万年80%的股权

2. 整合阶段产业集约化趋势明显

行业正处于加速整合、洗牌阶段。中国照明电器行业进入LED时代后，客户需求多样化、产品类型多样化及市场渠道多样化的特点更为突出，很多企业要承受大量的小批量非通用产品的研发投入和模具压力，许多小企业被淘汰出局。2017年，LED照明行业发生45起重要并购整合交易，披露的交易总金额超过200亿元人民币。

表6 2015—2017年LED行业整合并购案例

并购事件	涉及领域或要点
华灿光电收购蓝晶科技100%的股权	蓝宝石
国星光电拟收购广东德晟100%的股权	垂直整合
长方照明收购康铭盛60%的股权	垂直整合
国星光电认购亚威朗62.5%的股权	LED上游
雷曼股份拟收购拓享科技100%的股权	提升在LED照明领域竞争力
洲明科技拟收购世纪鼎元10%的股权	拓展海外业务
木林森联手IDG收购欧司朗照明业务	布局欧美市场
利亚德收购君泽照明100%的股权	照明工程
鸿利智汇拟并购宜善车灯	汽车照明
飞乐音响收购喜万年100%的股权	布局全球市场
华灿光电并购美新半导体	LED+传感器
明科技拟收购清华康利100%的股权	道路照明

集中采购引发集约化趋势特征：

一是大客户的采购方式趋向于集约。大型房地产开发商的精装房联合采购、酒店连锁品牌的集团化采购、国外大型连锁商超的集中标准品采购、景观亮化中城市管理部门的大项目统一招标等，供应链促进行业形成标的规范、规模庞大、品牌集中、品类标准的新局面。

二是规模效应带来的成本优势日益凸显。中国照明电器行业进入 LED 时代后，客户需求多样化、产品类型多样化及市场渠道多样化的特点更为突出，很多企业要承受大量的小批量非通用产品的研发投入和模具压力。

三是集约采购龙头企业受益明显，业绩增长稳中向好。排名前列的优质企业的营收占全行业比重与日俱增，随着 LED 照明产品生产自动化进程的深化，市场洗牌引起马太效应将越发明显。相对于上游芯片外延的高度集中和中游封装的中度集中，下游照明应用端结构化集中。

3. 对标成熟市场，我国LED应用照明集中度仍有较大提升空间

我国LED应用环节集中度仍有较大空间。由于企业数量多、行业分化较细且大多以民营企业为主，目前我国照明电器行业企业单体规模普遍较小，未来提升空间还较大。2017年松下和东芝两家企业产量约占整个日本通用照明市场的七成，美国、日本市场的高集中度格局证实了LED通用照明市场集中度提升的长期趋势。2016年我国LED照明行业集中度已经达10%左右，未来中国LED照明行业集中度将进入快速提升通道。

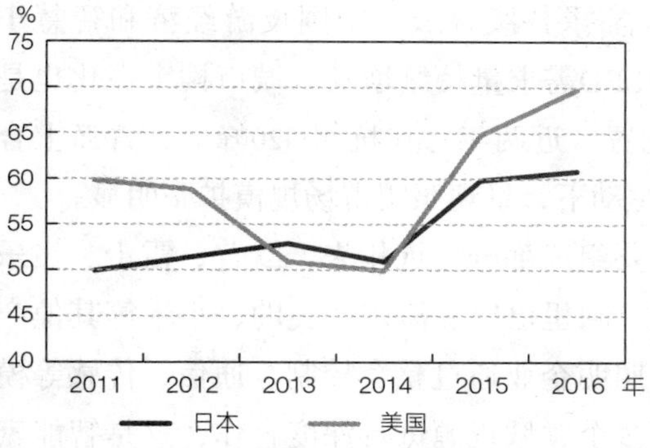

资料来源：智研咨询．2019—2025年中国半导体照明（LED）行业前景研究与未来发展趋势报告[R]．2019.

图25 2011—2016年日本和美国CR4情况

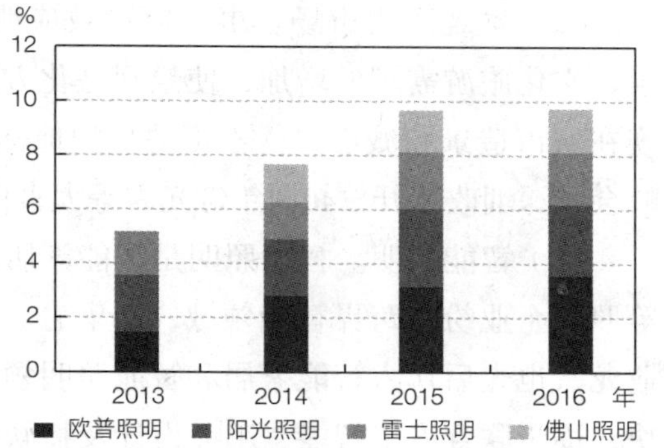

资料来源：观研天下．2018年中国LED照明行业分析报告——市场运营态势与发展前景研究[R]．2019.

图26 2013—2016年我国LED照明行业集中度

4. 应用端高度细分，未来市场空间各异

从LED应用的具体细分领域来看，通用照明、景观照明及显示成为拉动LED应用持续快速增长的三大主要动力，其在不同领域具有不同特点。

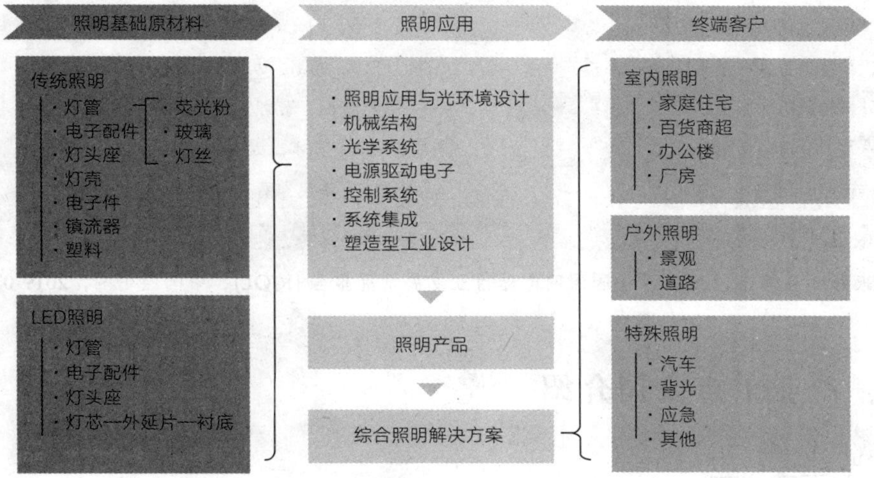

图27 通用照明产业流程

（1）通用照明市场。照明应用发力，推动通用照明市场发展。2017年，通用照明市场保持了2016年下半年的增长势头。2017年，我国通用照明市场产值达2 123亿元，占市场比重达47.7%，产值同比增长21%，相较于2009年的78亿元，增长27倍，年均复合增长率为39%，是整个LED下游应用中增速最快的环节。未来，随着LED照明渗透率持续提升，行业需求持续增长，其中家居和商业照明是主要驱动力，预计2020年中国LED通用照明市场规模将达4 500亿元。

（2）景观照明市场。事件驱动效应明显，需求持续释放。中国夜游经济和智慧小镇、文化旅游需求的增加，使景观亮化方面的LED需求量持续增长。城市楼宇亮化也是现在城市造景和城市宣传不可缺少的地标性配置。近两年，在杭州G20峰会、青岛上合峰会、深圳改革开放40周年灯光秀等大事件的驱动下，景观照明市场规模扩张明显。

（3）智能照明。智能照明是智能家居的重要组成部分。近年来，欧普、雷士、飞乐等照明企业纷纷跨界智能领域，而华为、百度、阿里巴巴、海尔、美的、小米等其他产业龙头也先后切入智能家居和智能照明领域。照明企业通过整合控制、通信、传感等模块，逐步联合人工智能、工业设计及物联网等多个领域资源进行深度合作，这是智能家居未来的发展方向。

（4）新兴市场。植物照明、UVLED、IR LED、医疗健康照明等需求也在不断增加，未来有可能成为LED行业新的行业发展方向。汽车照明市场在新能源汽车的带动下发展快速，LED照明产品从高端车型向中低端车型普及，市场规模逐年扩大。

表7　各类型LED照明应用企业盘点

类型	厂商
内销自主渠道型企业	欧普、佛照、三雄、雷士等
外销大量代工型企业	立达信、阳光、得邦、凯耀、生迪等
优势特色单品型企业	山蒲、珈伟、光阳、勇电、诚泰、华普永明等
外销特色市场型企业	红壹佰、泰格、力美、庄诚等
专业细分市场型企业	西顿、汤石、三本、太龙、金莱特、康铭盛等
特种照明领域型企业	海洋王、华荣、星宇、恒之源、鸿联等
成品工程综合类企业	三思、飞乐、晶日、三星、华体等

资料来源：温其东．2018年中国照明电器行业发展情况报告[R/OL]．中国照明网，2019-02-01.

三、产业重点公司介绍

（一）三安光电

三安光电主要制造全色系超高亮度LED外延片，围绕战略发展规划开展工作，着重于Ⅲ-Ⅴ族化合物半导体产业的发展，专注于以碳化硅、砷化镓、氮化镓、磷化铟、氮化铝、蓝宝石等半导体新材料所涉及的核心主业研发、生产和销售。

公司衬底—外延—芯片制造全工序覆盖。三安光电近年来加快产业链的垂直整合，向上下游延伸，逐步实现上游芯片全工序覆盖、下游高端LED应用环节产品拓展，打通LED产业链上下游，产业集群效应明显，公司产品包含LED上游蓝宝石衬底、ED外延片和芯片、下游LED应用产品。

开拓化合物半导体业务，切入集成电路领域。公司砷化镓射频HBT产品主流工艺已开发完成，产品全方面涵盖2G~4G PA、WiFi、IoT等主要市场应用；PHEMT产品通过可靠度验证，已进入量产出货；氮化镓射频涵盖5G领域，已给几家客户送样，产品已阶段性通过电应力可靠性测试，实现小批量供货。氮化镓射频板块2018年已送样8个客户，产品综合特性获得国内与国际领先客户认可。

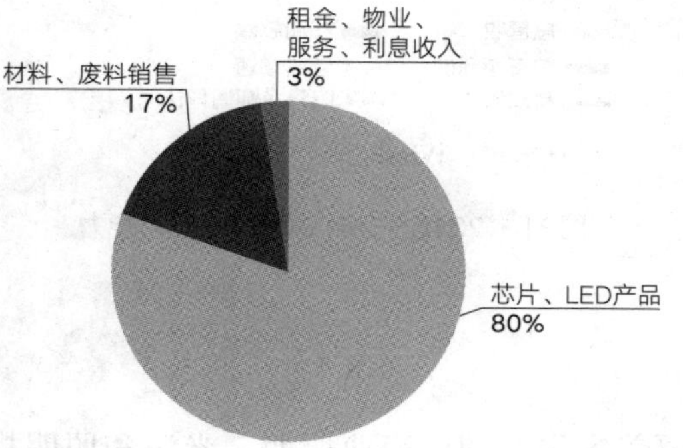

资料来源：Wind。

图28　2018年主营业务拆分

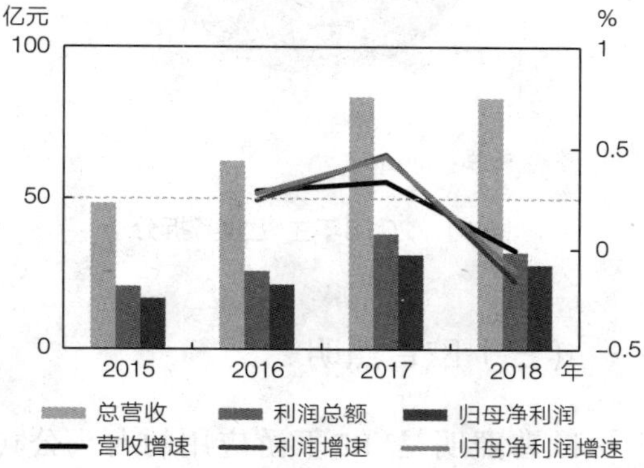

资料来源：Wind。

图29　2015—2018年公司盈利能力

（二）木林森

木林森是集LED封装与LED应用产品为一体的综合性光电高新技术企业。公司是专注于LED封装及应用系列产品研发、生产与销售业务的公司，产品广泛应用于家用电子产品、灯饰、景观照明、交通信号、平板显示及亮化工程等领域，公司主要产品有SMD LED、Lamp LED、LED应用（包括照明产品及其他）三大类。

完成朗德万斯的收购，下游应用环节拓展。公司借助其被授权使用OSRAM及Sylvania品牌，延续百年老店的品牌优势。除此之外，欧司朗还将百余项商标授权朗德万斯使用，让公司可通过国外的成熟品牌，借助朗德万斯具备的接触贸易和零售客户的卓越渠道、强大的代理商和分销商网络遍布全球，市场营销人员覆盖40余个国家及地区，公司将在国际化的进程中有更进一步的优势，逐步地提高国外市场的占有率。

公司规模化生产带动公司规模化采购。公司生产设备目前均已大规模实现全自动化生产，规模化生产有效地减少了产品分摊的单位人工成本及制造费用，降低了公司产品的生产成本。集约化生产使公司能够从供应商处获得较低的芯片价格，并建立良好的长期合作关系，稳定了公司芯片供应渠道及有效地降低芯片采购成本。

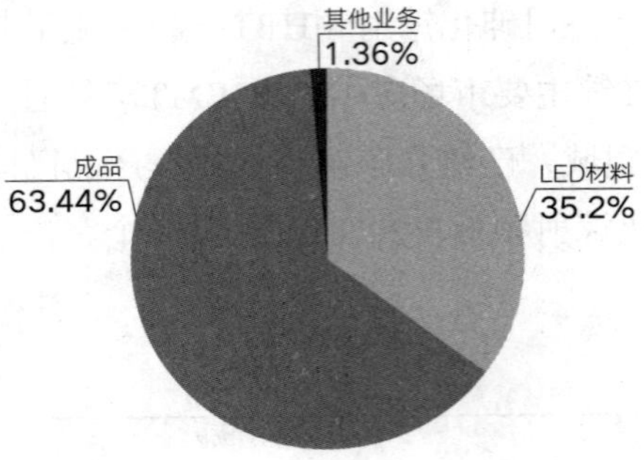

资料来源：Wind。

图30　2018年主营业务拆分

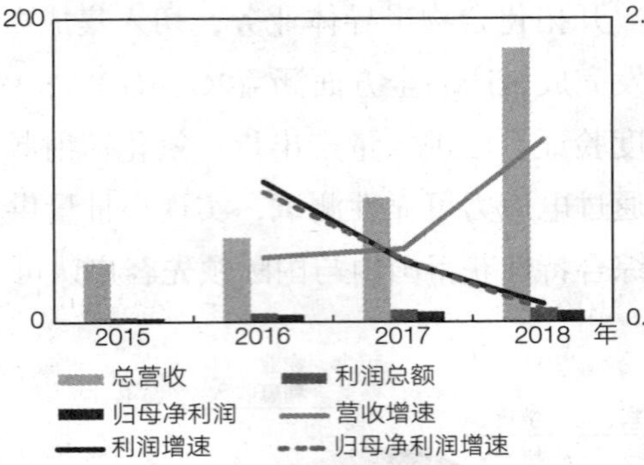

资料来源：Wind。

图31　2015—2018年公司盈利能力

（三）欧普照明

欧普照明是LED下游应用的龙头公司，覆盖家居照明、商业照明、光源和照明控制。公司在行业市场占有率常年保持第一，随着行业价格战和集约化采购的趋势，公司凭借其产能优势及模具开发的成本优势，有望进一步提升行业内的市场占比。

公司"集成整装"开拓家居综合解决方案。2018年公司推出"集成整装"，聚焦于室内空间的设计及改造，整合室内装修，提供全家居配套式一站解决方案。未来，公司将通过拓展集成整装业务，逐步提升一站式服务能力，实现对照明业务的有效带动。

逆势扩张产能，强化规模效应。公司拟以自有及自筹资金投资建设粤港澳大湾区区域总部项目，项目包括研发、设计、制造、仓储等，占地约450亩，总投资额约为25.8亿元人民币。项目的实施将进一步提升公司的制造能力，扩大公司的规模优势，为进一步提升市场份额提供保障。

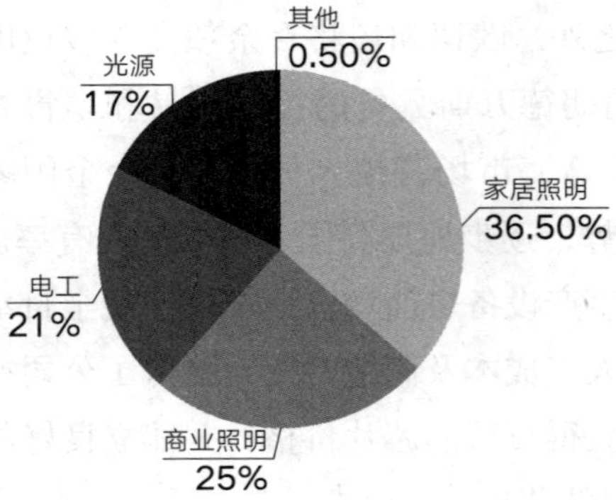

资料来源：Wind。

图32　2018年第二季度主营业务拆分

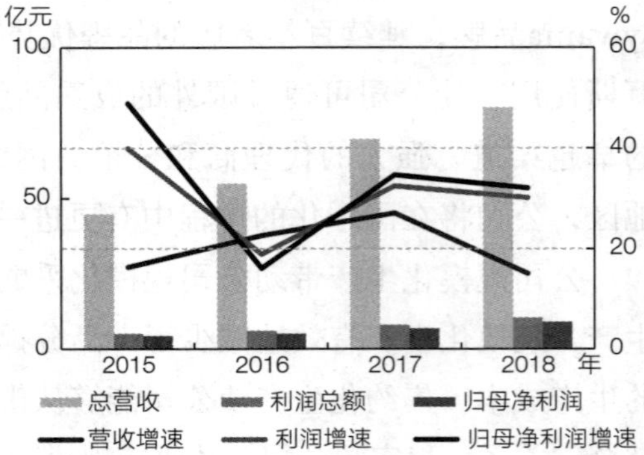

资料来源：Wind。

图33　2015—2018年公司盈利能力

连接器产业：

军用民用同景气，产业升级加速

王习　东兴证券军工行业研究员

一、连接器是系统集成的重要元器件

（一）连接器的定义及分类

连接器即接插件、插头和插座，一般是指电器连接器，即连接两个有源器件的器件，传输电流或信号。连接器的作用是在电路内被阻断处或孤立不通的电路之间，架起沟通的桥梁，从而使电流流通，使电路实现预定的功能。总之，连接器是提供连接系统、子系统或组件的桥梁，传输信号或能量，是电气电子产品不可或缺的产品。

连接器形式和结构是千变万化的，随着应用对象、频率、功率、应用环境等不同，有各种不同形式的连接器。但是无论什么样的连接器，都要保证电流顺畅连续和可靠地流通。

连接器的基本性能可分为三大类：机械性能、电气性能和环境性能。

表1　评价连接器质量的基本标准

性能	包括	介绍
机械性能	插拔力和机械寿命	第一，插拔力是重要的机械性能。插拔力分为插入力和拔出力（拔出力也称分离力），两者的要求是不同的。在有关标准中有最大插入力和最小分离力规定，这表明，从使用角度来看，插入力要小（从而有低插入力LIF和无插入力ZIF的结构），而分离力若太小，则会影响接触的可靠性。第二，连接器的机械寿命。机械寿命实际上是一种耐久性（durability）指标，在国标GB5095中把它叫作机械操作。它是以一次插入和一次拔出为一个循环，以在规定的插拔循环后连接器能否正常完成其连接功能（如接触电阻值）作为评判依据。连接器的插拔力和机械寿命与接触件结构（正压力大小）接触部位镀层质量（滑动摩擦系数）以及接触件排列尺寸精度（对准度）有关。
电气性能	接触电阻、绝缘电阻和抗电强度	第一，接触电阻高质量的电连接器应当具有低而稳定的接触电阻，连接器的接触电阻从几毫欧到数十毫欧不等；第二，绝缘电阻衡量电连接器接触件之间和接触件与外壳之间绝缘性能的指标，其数量级为数百兆欧至数千兆欧不等；第三，抗电强度或称耐电压、介质耐压，是表征连接器接触件之间或接触件与外壳之间耐受额定试验电压的能力。
环境性能	耐温、耐湿、耐盐雾、振动和冲击等	第一，耐温目前连接器的最高工作温度为200℃（少数高温特种连接器除外），最低温度为-65℃。由于连接器工作时，电流在接触点处产生热量，导致温升，因此一般认为工作温度应等于环境温度与接点温升之和。第二，耐湿潮气的侵入会影响连接器的绝缘性能，并锈蚀金属零件。恒定湿热试验条件为相对湿度90%~95%（依据产品规范，可达98%）、温度+40±20℃，试验时间按产品规定，最少为96个小时。第三，耐盐雾连接器在含有潮气和盐分的环境中工作时，其金属结构件、接触件表面处理层有可能产生电化腐蚀，影响连接器的物理和电气性能。第四，振动和冲击、耐振动和冲击是电连接器的重要性能，在特殊的应用环境中如航空和航天、铁路和公路运输中尤为重要，它是检验电连接器机械结构的坚固性和电接触可靠性的重要指标。第五，其他环境性能根据使用要求，电连接器的其他环境性能还有密封性（空气泄漏、液体压力）、液体浸渍（对特定液体的耐恶习化能力）、低气压等。

资料来源：百度百科。

（二）连接器源于国防军工行业

连接器始于第二次世界大战期间，当时军方希望减少战斗机检修时间，于是先将各种控制仪器与机件单元化，再由连接器连成一体成为一个完整的系统。修理时，只将发生故障的单元拆开，更换新的单元，大大提升了效率。第二次世界大战后，随着电视、电话等民生消费性电子产品的发展，连接器由早期的军事用途迅速拓展到一般消费性电子、汽车及电脑等资讯领域。

中国连接器产业的发展也与军事用途息息相关。20世纪40年代萌芽阶段，美国在中国投资生产军用连接器，以装备在战争中的中国军队。1949年美资撤退，一部分技术设备留了下来，构成日后中国连接器产业发展的雏形。

二、连接器产业链及市场概况

（一）产业链上游金属占成本比重较大，下游主要应用领域为汽车通信

连接器的上游产业主要包括金属材料、塑胶材料和电镀材料等，其中有色金属占成本比重较大。根据中国产业信息网，连接器产品的上游产业主要为制造连接器所需的各项原辅材料，按照成本占比来排序的话，金属材料所占成本最大，塑胶材料次之，电镀材料较小；其中，金属材料主要用于制作连接器端子。而为了避免电子信号在传输过程中受到阻碍或衰减，连接器厂商多采用黄铜或磷青铜为原料制作铜合金板片；塑胶一般用于制作连接器产品的外设，多以LCP、PA9T等为原料；电镀材料一般使用镀金、镀锡，其次为镀镍和镀银。根据台湾工研院的研究数据，上游材料成本占台湾连接器厂商的总生产出成本的比重大约为50%，其中钛铜、LCP等高端原料主要从美国、日本等进口。上述行业的发展将直接影响连接器行业的发展，上游行业的市场格局、供给状况、价格变化对本行业发展有很大的影响。

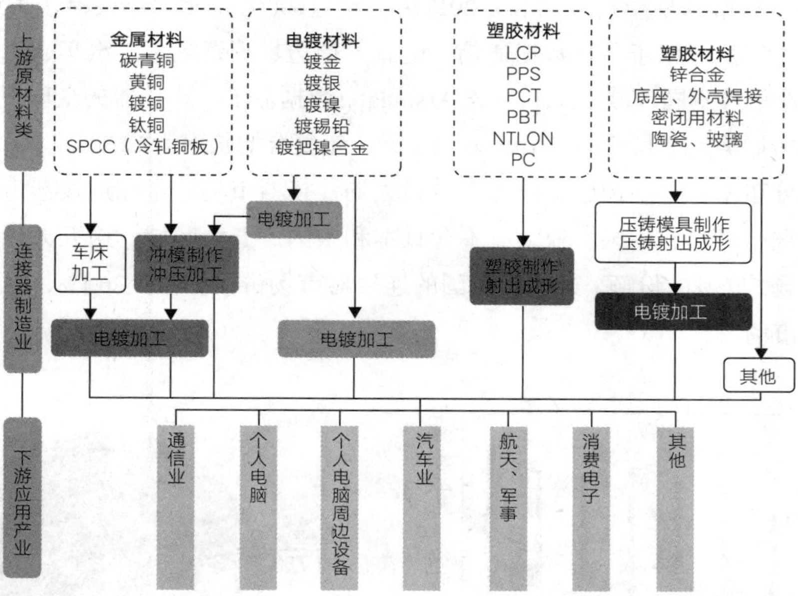

资料来源：智研咨询研究中心。

图1 连接器产业链

从下游应用领域来看，对连接器需求最大的应用领域主要有：计算机与周边设备、汽车、通信、航天和军工、消费电子、医疗等行业。其中，汽车（22.2%）、电信与数据通信（20.4%）、计算机与周边产品（16.3%）、工业（11.9%）、军事航空（6.1%）、运输（6.0%），这六大领域占连接器总市场需求的80%以上。

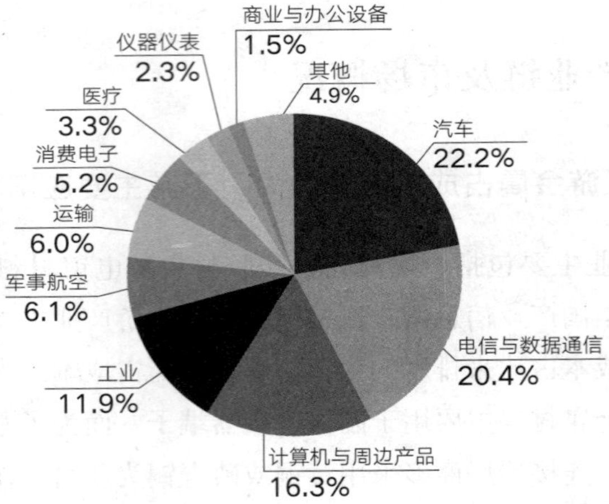

资料来源：Bishop & Associates。

图2 2017年全球连接器下游应用领域分布

（二）全球连接器市场持续增长，中国已成为全球最大市场

全球连接器市场规模持续增长，2017年已超过600亿美元。连接器作为电子电路中连接的桥梁，广泛应用于包括数据通信、电脑及周边、消费电子、汽车、工业、医疗、航空航天及军事等不同领域。Bishop & Associates数据显示，连接器的全球市场规模已由2009年的343.9亿美元增长至2017年的601.2美元，年复合增长率为7.2%。

从区域分布来看，中国已经成为全球最大的连接器市场。全球连接器市场主要分布在北美、欧洲、日本、中国、亚太（不含日本和中国）五大区域，这五大区域占据了全球连接器市场约95%的份额。2017年我国的连接器市场份额扩张至26.1%，已成为全球最大的连接器市场。

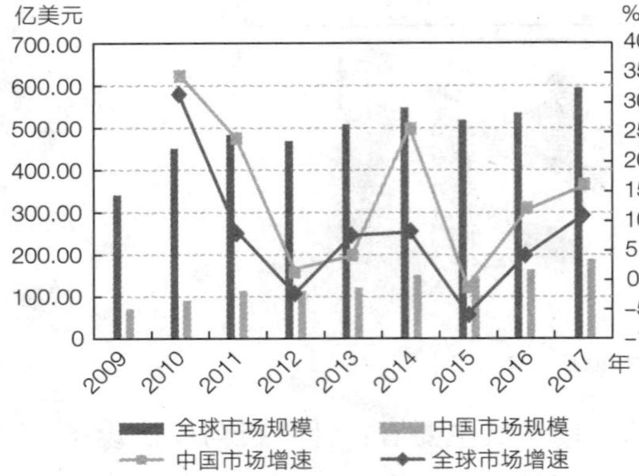

资料来源：Bishop & Associates。

图3 2009—2017年全球和中国连接器市场规模及增速

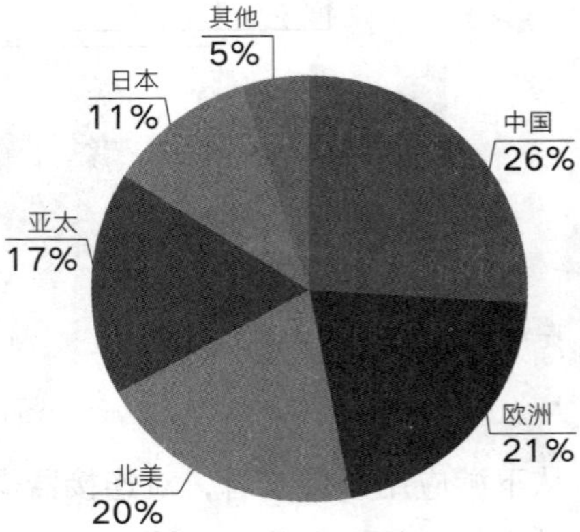

资料来源：Bishop & Associates。

图4 2017年全球连接器份额分布

我国连接器市场整体增速远高于全球行业水平，未来仍有巨大的发展潜力。中国连接器市场规模从2009年的67.7亿美元迅速增长到2017年的190.8亿美元，年均复合增长率高达13.8%，远高于全球行业增速。虽然我国连接器行业起步较晚，连接器市场集中度较低，行业技术水平与先进国家技术水平相比仍有一定差距，但我国连接器行业空间广阔，发展潜力巨大，未来有非常大的提升空间。

（三）国产连接器主要以中低端为主，外资厂商在国内份额占比超过 50%

我国生产的连接器主要以中低端为主，高端连接器占有率比较低，但需求增速较快。目前我国连接器发展正处于生产到创造的过渡时期，对高端连接器，特别是汽车、电信与数据通信、计算机及周边设备、工业、军工航空等领域需求巨大，使高端连接器市场快速增长。

连接器高端技术和高端产品目前基本由行业国际巨头垄断，外资厂商连接器约占中国连接器市场的比重超过50%。少数国内企业虽然也生产高端连接器产品，但相对于国际巨头而言规模仍较小，国内大多数中小规模的连接器生产企业不具备自主开发设计能力。国内整体技术水平仍与国际水平有一定差距，在国际竞争中技术上处于相对劣势。

三、连接器行业发展趋势

（一）连接器行业细分市场特征

1. 国防军工行业：具有小批量、定制化等特点，市场规模快速提升

军用连接器大多数为小批量、定制化、高附加值。军用连接器是构成完整的武器装备系统所必需的基础组件，与商用连接器相比，它是一类特殊、敏感的连接器，具有显著的特征：制造公差严格、结构坚固、可靠性极高、成本高及耐恶劣环境。军事工业使用的连接器传统上主要包括圆形、矩形、印制电路板、RF及少量特种连接器。

根据2017年数据，从下游应用领域来看，军用连接器占整个连接器行业的6%。军用连接器排在汽车（22.2%）、电信与数据通信（20.4%）、计算机与周边产品（16.3%）、工业（11.9%）之后。

从全球来看，美国在军用连接器领域的市场规模最大，2014年全球销售额达32亿美元。美国企业占据了前四名，美国防务工业制造了全球75%的军事电子系统，美国军用电连接器总需求也达到全球50%的份额。同时，中国的市场也在快速扩张，2015年中航光电以47.25亿元的年销售额，占比为4%，稳居全球第五名。

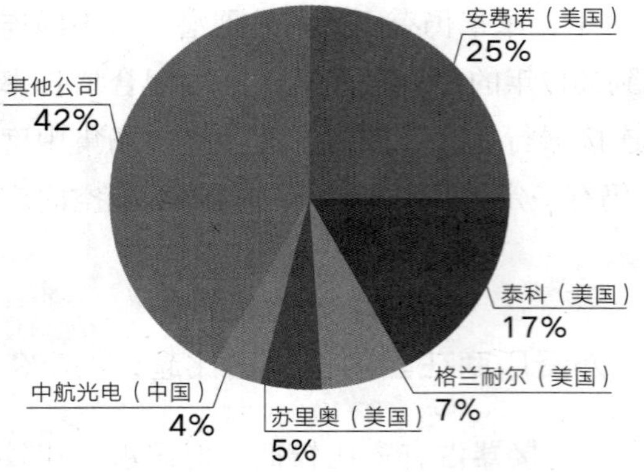

资料来源：Bishop & Associates。

图5 世界军用连接器销售前五名公司占比

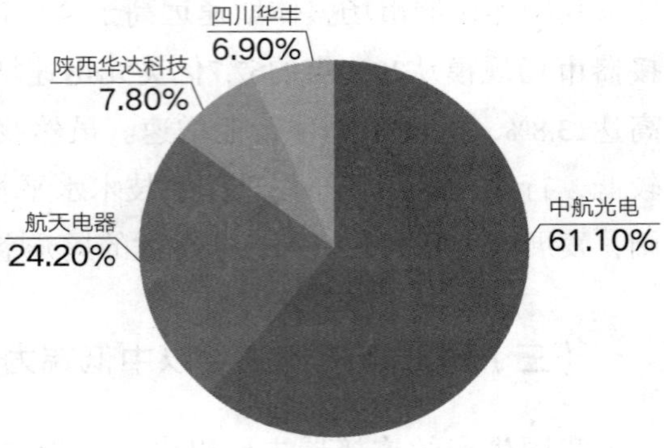

资料来源：Bishop & Associates。

图6 2015年我国军用连接器企业销售规模占比

随着军事信息化程度的不断提高，我国军用连接器市场规模快速提升。随着“十二五”期间国家对航空、航天、信息、交通等高新技术产业扶持力度的加大和国家系列航天计划的实施，国内市场对高端电连接器的需求将会强劲上升。根据中国产业信息网的数据，2025年中国国防信息化开支将增长至2 513亿元，年均复合增长率达11.6%，占2025年国防装备费用（6 284亿元）比例达40%。

预计航空航天、军工电子等领域的国家投入未来5~10年将有望达到20%的复合增长。目前我国正在加快军队现代化和信息化建设，新装备需求快速增长将使得军用连接器的市场快速扩张。预计到2020年国内军用连接器的市场规模将达124亿元。

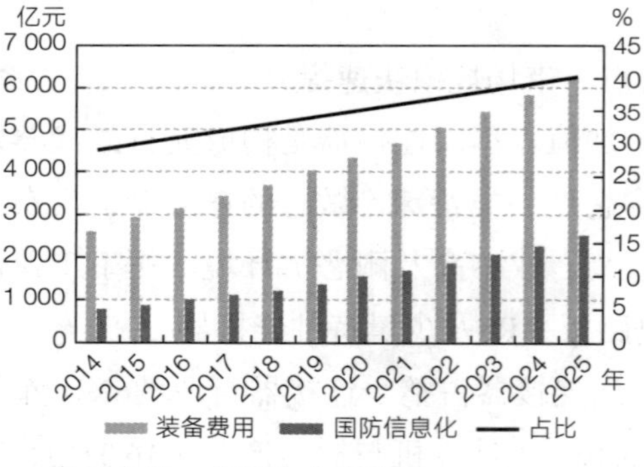

资料来源：中国产业信息网。

图7 2017—2025年中国国防装备费用及国防信息化占比

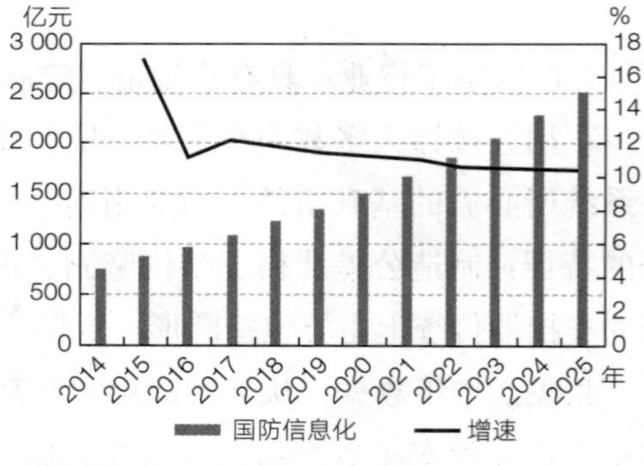

资料来源：中国产业信息网。

图8 2017—2025年中国国防信息化开支预测

2. 新能源汽车行业：未来将受益于应用场景拓展和国产替代

新能源汽车高压电路对连接器提出新的要求。传统汽车中的电路电压在14V左右，连接电路使用低压连接器，新能源汽车（电动汽车）的控制系统中同样采用此种电路。而新能源汽车的动力系统电压可以达到400~600V，低压连接器不能满足要求，需要使用高压连接装置；使用中的高拔插次数、高温及剧烈震动，给连接器性能提出了更加严格的要求；同时，为了提高充电效率及电动机功率，新能源汽车工作电流和电压不断增大，对连接器工作电压和电流的要求也越来越高。

在新能源系统中，高压连接器应用广泛，用于实现充电基础设施（充换电站和充电桩）和电动汽车及电动汽车内部部件的连接。高压连接器产品类别多样，包括充电桩与汽车进行连接的充电枪、电池更换的换电连接器及各种类型的车载连接器。

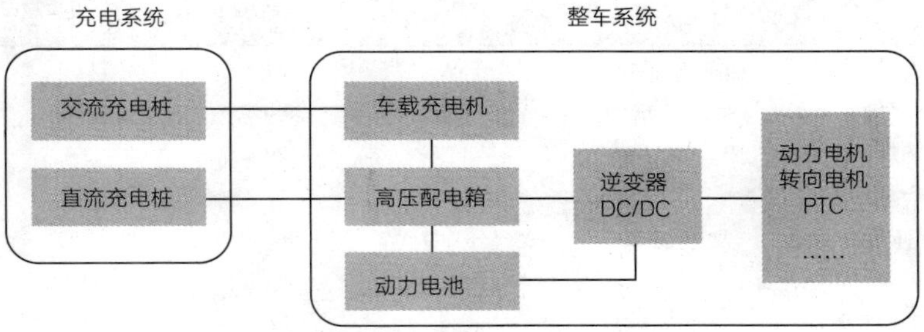

图9 新能源连接器应用场景

新能源汽车在国内取得快速发展。根据中国汽车工业协会的数据，2015年新能源汽车销售33.1万辆，同比增长3.4倍。2016年新能源汽车销售50.7万辆，同比增长53%。2016年新能源汽车生产51.7万辆、销售50.7万辆，比上年同期分别增长51.7%和53%。2017年我国新能源汽车产量达到79.4万辆，销量达到77.7万辆，同比分别增长53.8%和53.3%，连续三年位居全球新能源汽车产销市场第一。根据《节能与新能源汽车产业发展规划（2012—2020年）》提出的目标，到2020年，我国纯电动汽车和插电式混合动力汽车生产能力将达200万辆，累计产销量超过500万辆，2018—2020年我国新能源汽车销量的年均复合增长率（CAGR）将高达37%。

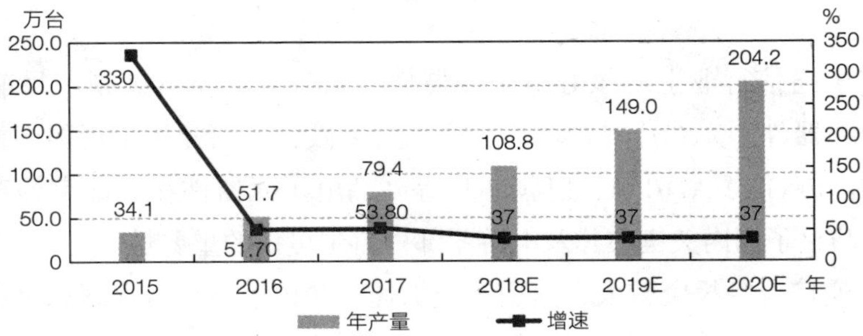

资料来源：中国汽车工业协会。

图10 2015—2020年新能源汽车年产量及增速

新能源汽车高压连接器市场广阔。传统燃油汽车单车使用低压连接器价值在1 000元左右，而高压连接器的材料成本及屏蔽、阻燃要求等性能高于传统的低压连接器，价格远高于低压连接器，纯电动乘用车单车使用连接器价值区间为3 000~5 000元，而一辆电动商用车连接器价值为8 000~10 000元。2017年，新能源乘用车产量59.3万辆，新能源商用车产量20.2万辆，假设纯电动乘用车单车使用连接器价值为4 000元，电动商用车连接器价值为9 000元，扣除传统连接器价值，当年新能源领域高压连接器市场规模约为34亿元。按照37%的年均复合增长率进行测算，至2020年，在新能源整车领域，高压连接器市场规模约为87.3亿元。

表2　2016—2020年新能源汽车整车高压连接器市场规模

车型	数据类别	2016	2017	2018E	2019E	2020E
乘用车	产量（万辆）	34.4	59.3	81.2	111.3	152.5
	单车价值（元）	3 000	3 000	3 000	3 000	3 000
	市场规模（亿元）	10.3	17.8	24.4	33.4	45.7
商用车	产量（万辆）	17.2	20.2	27.7	37.9	51.9
	单车价值（元）	8 000	8 000	8 000	8 000	8 000
	市场规模（亿元）	13.8	16.2	22.1	30.3	41.6
总市场规模（亿元）		24.1	34	46.5	63.7	87.3

资料来源：中国汽车工业协会。

3. 通信行业：国产替代大势所趋，5G和数据中心建设将带来连接器量价齐升

通信行业是连接器重要的应用领域之一，通信领域的连接器将充分受益于高端电子元器件的国产替代、5G通信设备的投资和数据中心建设。

连接器作为通信设备中不可缺少的重要配件之一，在通信设备中价值量占比较大。通信终端设备主要包括交换机、路由器、调制调解器(Modem)、用户接入终端设备等。根据《中国连接器制造行业市场需求预测与投资战略规划研究报告》，连接器在通信设备中的价值占比为3%~5%，在一些大型通信设备中价值占比超过10%。从全球范围看，通信设备制造业经过近二十年的发展历程，目前仍属于高速发展期，通信设备市场规模持续放大。

第一，我国通信行业上游核心电子元器件的缺失问题不容忽视。目前我国在通信基带芯片、射频器件、光芯片等领域均已经取得突破，逐渐开始实现国产替代，但从目前来看，CPU、FPGA、AD/DA、射频芯片等高端电子元器件在全球市场都几乎无可替代。中兴事件凸显了国内关键芯片及上游零部件自主可控的重要性。

第二，5G通信设备投资较大，商用步伐加速。2019年三大运营商总资本开支预计为2 859亿元（中国移动预计1 499亿元），其中5G建设预计投入322亿~342亿元（中国移动预计172亿元）。根据三大运营商公布的数据，中国联通预计2019年资本开支将达580亿元，其中包括5G投资60亿~80亿元。中国电信2019年资本开支为780亿元，较上年实际开支749.4亿元增长4%，其中约有90亿元用于5G网络建设，略高于中国联通的5G开支预算。中国移动2019年资本开支预算当前为1 499亿元（不含5G投资），中国移动5G发展下一步

目标是在部分城市推试商用，预计投入规模及投资将有所增加，但总投资规模不会高于2018年的1 671亿元，推测5G有172亿元空间，初步预期投入3万~5万个基站。

第三，数据中心建设带来广阔市场。2018年全球数据中心的建设持续推进，应用于数据中心的光纤连接器的需求进一步增长。市场研究机构Synergy Research Group的最新数据显示，截至2018年底，超大规模运营商的大型数据中心数量同比增长了11%，总数达430个。美国仍是云和互联网数据中心的主流市场，拥有全球40%的数据中心。继美国之后，中国、日本、英国、澳大利亚和德国占据着30%的数据中心。在此背景下，光纤连接器的市场规模由2010年的41.23亿元逐渐增长到2016年的82亿元，增长将近翻了一番，虽然在2017年，光纤连接器的市场规模有所下降，主要是由于三大运营商的市场需求趋于稳定以及产品价格的下降导致，但在2017年依然保持了一个较大的规模，七年的复合增长率达9.54%。

（二）未来发展趋势：微小型集成化、模块智能化及定制化

1. 各类信号传输的集成化及产品体积的小型化、微型化

一方面，传统连接器只传输单一信号，如视频、控制或者数据信号，连接器信号传输集成化（传输多种信号，如电、光、液冷）可以有效节约空间，提高系统可靠性，降低客户成本的同时增加客户黏性。

另一方面，当前电子产品日益轻薄化，也推动连接器产品、接插件产品向小尺寸、低高度、窄间距、多功能、长寿命、表面安装等方向发展。很多产品针对间距和外观大小，高度都有一定的要求，对于连接器的精密化需求也在不断提高。

2. 从无源化向模块化、智能化演变

无源元件是不需要外加电源的条件下就可以显示特性的电子元件，而有源元件是需要外加电源才可以工作的电子元件。连接器正在从一个无源产品变成模块化产品，例如，在服务器线缆提供商会把连接器变得智能化，通过增加有源IC把单一线缆变成一条可以监测数据的智能电缆，这样一方面生产厂商可以提高产品的附加值，另一方面可以为客户创造新的需求。

随着智能时代的到来，未来的连接器除了简单地实现信号传输外，还可能进行简单的智能判断和保护。

3. 从标准产品向定制化产品演变

随着电子产品多样化发展，连接器厂商需要更多的定制化连接器产品以满足客户独特的外形和功能需要，所以连接器厂商要提早参与客户的设计。

四、连接器产业竞争格局

（一）国际市场份额较为集中，国内集中度也在不断上升

从行业竞争格局来看，全球连接器市场份额相对集中，国内市场集中度也在不断提升。由于下游应用领域随着科技进步不断推升对配套电子元器件的要求，具备较强研发实力的大型企业更容易获得连接器市场的竞争优势，世界前十大连接器企业的市场份额已经从20世纪80年代的38%提升至2017年的61.0%左右，其中前三名（泰科电子、安费诺、莫仕）就占了三成以上。国内市场集中度也在不断提升，TOP5（立讯精密、中航光电、得润电子、航天电器、永贵电器）的市场份额已经从2010年的6.8%提升至2015年的18.8%，但仍然远低于全球前三巨头的33.9%，未来仍有很大的提升空间。

目前，全球前三大连接器厂商分别是泰科电子、安费诺和莫仕，2016年合计占据全球连接器市场34.7%的份额。这三大厂商逐步发展壮大的过程是对连接器产业发展的最佳诠释，其中从业务结构、成长路径和业绩持续扩张等方面综合评判，安费诺是最适合中国企业对标的国际巨头，我们试图从安费诺发展的成功基因去看中国企业的未来发展。

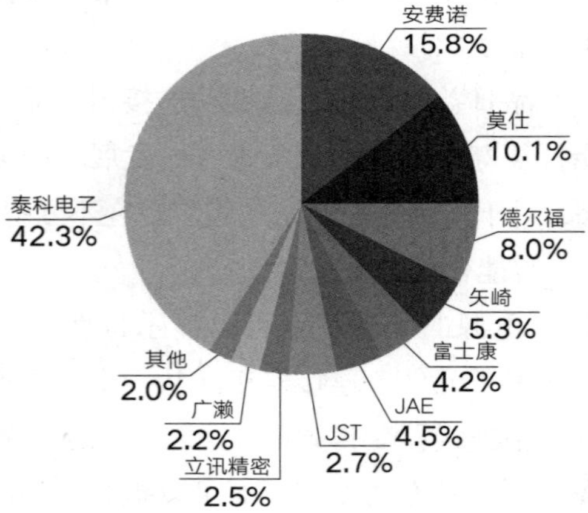

资料来源：中国汽车工业协会。

图11　全球连接器市场份额分布

（二）国际巨头安费诺成长路径探索及启示——应用领域多元化发展

安费诺集团（Amphenol Corporation）成立于1932年，总部位于美国康涅狄格州，历经80多年的发展，已经成为全球最大的连接器制造商之一，2017年销售额超过70亿美元。安费诺主要为各行业提供连接解决方案并提供互联产品，主要业务领域覆盖航空、军用、汽车、铁路及其他交通和通用工业领域等。安费诺在全球实施本地化战略，共设

立90多间工厂和100多个销售办事处，全球员工总数超过3万人。

安费诺过去10年营收、净利润规模分别扩张120%、64.7%，市值成长约5倍。

从公司经营规模来看，过去10年除2009年受国际金融危机影响行业整体性下滑以外，安费诺的营收和净利润均保持了相对平稳快速的增长，根据Wind数据，安费诺2017年实现营收458亿美元，同比增长5.1%，过去十年收入的年均复合增长率8.7%也高于同期全球连接器市场的整体增速。

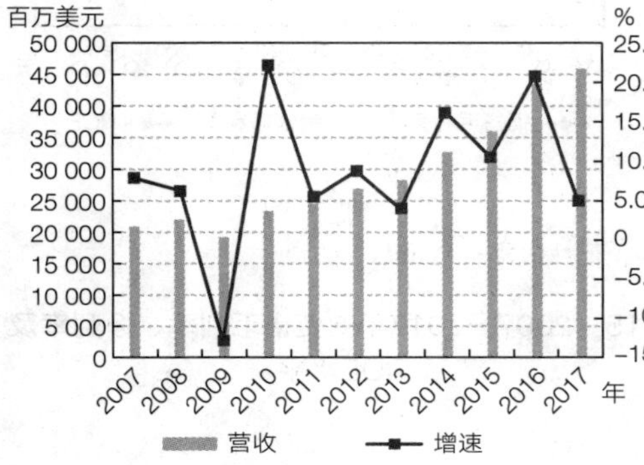

资料来源：Wind。

图12 2007—2017年安费诺营收及增速

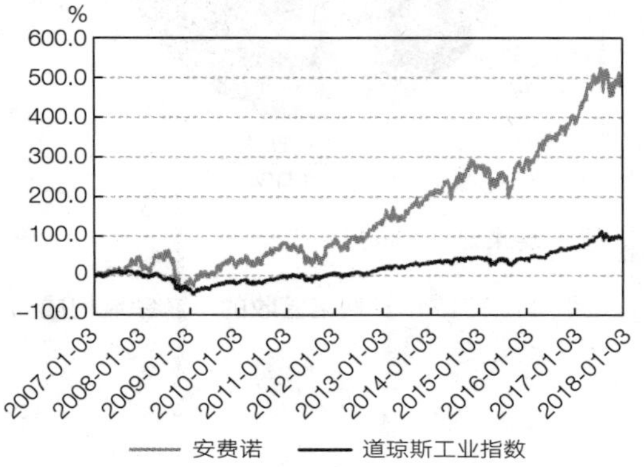

资料来源：Wind。

图13 2007年至今安费诺股价涨幅

深耕连接器领域，连接器业务占比达90%以上，通过外延并购实现了对不同业务领域的快速拓展和业绩的持续扩张。安费诺公司是手机连接器第一大厂，最擅长精密接口连接，如SIM卡连接器、SD卡连接、USB连接、HDMI连接、RF转换等。近年来，通过合并收购全球很多顶尖的连接器厂家，产品拓展覆盖了军工、航空、航天、通信等方面。从2003年至今，安费诺每年都会至少完成一次收购，2003—2017年，并购所用资金总额占公司所配置现金总额的50%以上，并购大多数是为了横向拓展连接器业务领域，使连接器业务快速提升，这也是其营收保持高增长的主要原因。

其中，2005年安费诺一举收购了泰瑞达（Teradyne），使其在高速通信连接器市场的竞争力进一步提升；2015年安费诺斥资12.75亿美元收购了新加坡FCI富加宜连接器，加码布局通信和工业领域。通过并购整合，安费诺已成为全球排名第三的连接器巨头，2016年通过对FCI的全年并表，营收更是实现了20.6%的快速扩张。

业务应用领域多元化均衡发展，穿越行业周期震荡。通过近年来一系列的外延并购，安费诺的连接器业务也实现了多元化均衡布局，2017年安费诺的业务构成：20%通信、19%工业、19%汽车、14%移动设备、10%军工、8%移动网络、6%宽带通信和4%商业航天。凭借相对均衡多元的下游业务布局，安费诺自2010—2017年成功穿越了行业周期的震荡（2012年和2015年全球连接器市场规模均有小幅下滑），2010—2017年收入规模实现了年均增长率11.6%且始终保持了正向增长。

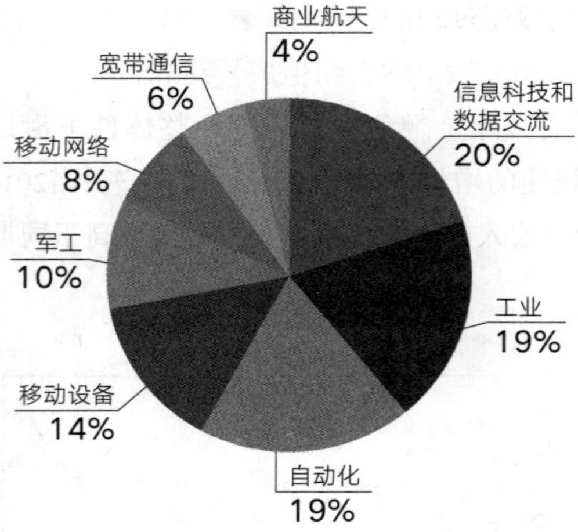

资料来源：Wind。

图14　2017年安费诺营收的下游领域构成

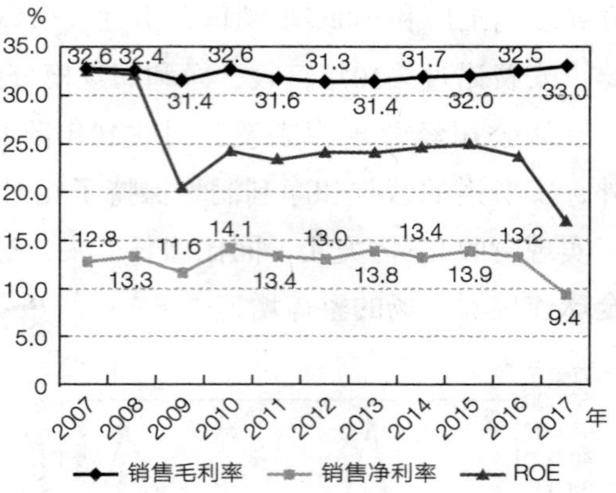

资料来源：Wind。

图15　2007—2017年安费诺毛利率、净利率及ROE水平

医药原料药产业：把握升级趋势，分享全球市场机遇

胡博新　东兴证券医药行业研究员

一、具备国际竞争力，参与全球医药产业链分工

（一）全球产业分工，位居上游

原料药（API）是药物中的有效成分，是制备药物制剂的主要原材料，根据生产方式不同，可以进一步分为化学合成、生物发酵和提取类。

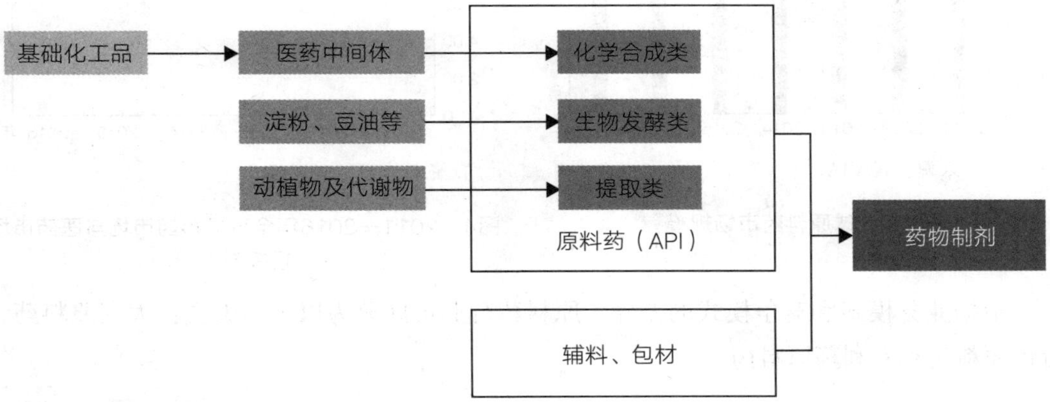

资料来源：中国产业信息网。

图1　医药产业链构成及API类别

早期药物的研发生产组织主要是垂直一体化模式，新药从研发开始，生产企业已开始布局原料药生产，但随着药品管理制度的完善及仿制药的快速发展，产业链分工开始形成，上游企业专注于原料药及中间体生产，依靠规模和成本取胜，下游制剂企业专注于制剂研发及销售。

2017年全球原料药市场规模约1 550亿美元，其中专属使用原料药的规模为801.8亿美元，占全球原料药市场61.3%的份额，外购原料药市场规模为506.2亿美元，占全球原料药市场38.7%的份额。

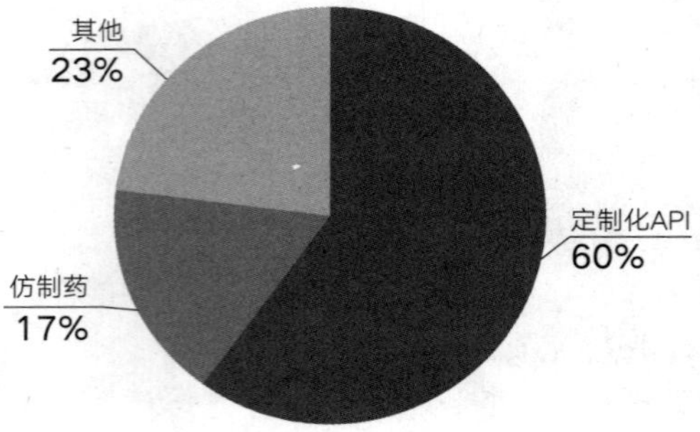

资料来源：Thomson Reuters。

图2　全球原料药市场格局分布

预计到2020年原料药市场逐步扩容到2 250亿美元，年均复合增长率约为10%。对比全球医药市场，原料药市场的价值占比持续提升，这主要是得益于全球仿制药的快速发展。

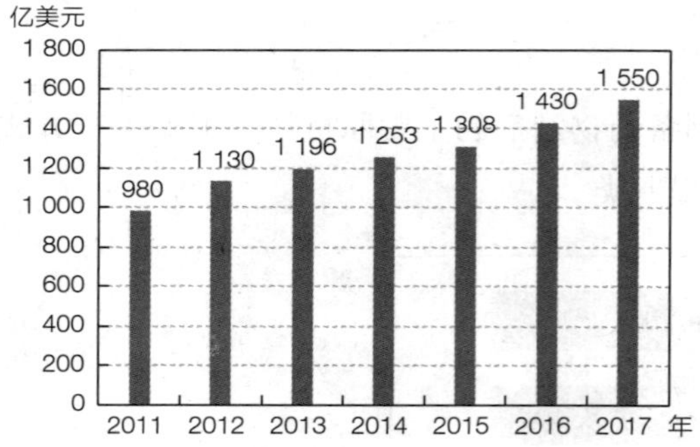

资料来源：IQVIA。

图3　全球原料药市场规模

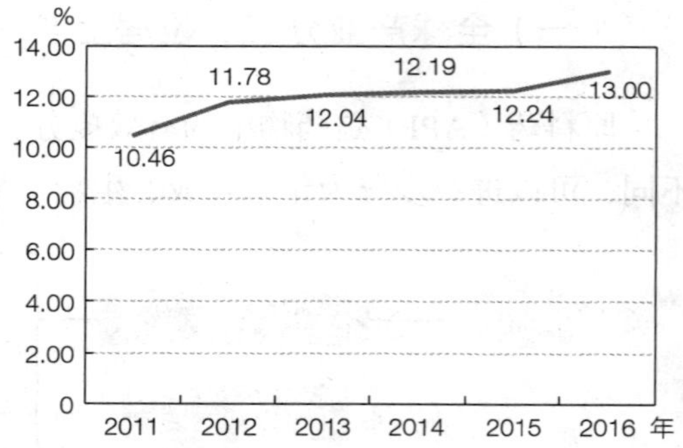

资料来源：IQVIA。

图4　2011—2016年全球原料药市场与医药市场规模对比

根据业务模式和竞争模式的差异，原料药行业可区分为以下三大类：大宗原料药、特色原料药和专利药原料药。

表1 原料药行业三类模式

类别	业务模式	产品类别	竞争要素	利润回报
大宗原料药	自产自销	维生素、抗生素母核、解热镇痛等大批量规模化生产，过产品专利期时间较长，工艺路线稳定的品种	产能规模、生产成本	价格随着供需变化周期波动，产品利润呈现周期性变化
特色原料药	自产自销	已过或即将过产品专利期，工艺路径持续优化品种，如阿托伐他汀钙、氯吡格雷	技术研发、生产成本、品质认证	价格随技术进步和竞争持续下降，单一产品利润率稳定并不持续
专利药原料药	合同订制	定制研发和定制生产，产品还在专利期内	技术研发、项目管理	谈判协商价格，利润率相对稳定

资料来源：火石创造。

大宗原料药主要包括抗生素、维生素、解热镇痛药物等，代表品种如青霉素工业盐、维生素C、安乃近等，产品上市已经数十年，产能普遍过剩。长期的成本竞争和产能整合退出导致供求关系转变，大宗原料药价格成周期性波动，行业利润率的变化较大。中国是大宗原料药的主要生产国，在抗生素母核、维生素、解热镇痛等品种，中国企业几乎占据了绝对份额，而且随着产能集中，国内企业已具有一定的价格话语权。

表2 2017年原料药出口前十大品种

排序	通用名	分类	数量（吨）	金额（百万美元）	金额同比（%）
1	维生素C	维生素类	150 832.23	887.91	217.48
2	肝素钠	血液系统	177.56	813.05	36.31
3	柠檬酸	食品添加剂	916 259.37	776.24	25.76
4	赖氨酸	氨基酸类	659 960.62	572.95	8.05
5	L-苏氨酸	氨基酸类	377 097.25	481.05	12.05
6	泛酸（泛酸钙）	维生素类	14 487.72	422.32	39.79
7	维生素E	维生素类	62 716.32	399.72	2.29
8	吡虫啉	动保驱虫	15 803.09	339.95	81.28
9	维生素B1	维生素类	6 996.56	328.74	48.61
10	葡萄糖	甜味剂	674 534.24	310.13	1.98

资料来源：医保商会。

特色原料药品种数量较多，在原研药专利到期前，原料药企业已经开展其工艺路径探索。随着仿制药上市，也带动关联的原料药品种放量，因此特色原料药增长动力主要依靠即将到期的专利药数量及仿制药市场的发展。特色原料药的技术整合要求高，而且出口欧盟等规范市场，有认证的门槛，利润率高于大宗原料药。从长期来看，随着新工艺、新技术的应用和新产能的进入，特色原料药的价格会逐步下降，压缩利润空间。中国特色原料药发展由浙江地区的原料药企业带头，以他汀类、普利类产品为开端，已经占据全球市场的主要份额，也涌现一批以特色原料药起家的上市公司。

表3 2018年12月31日原料药行业市值TOP15 的上市公司

序号	公司简称	市值（亿元）	2018年收入（亿元）	2018年净利润（万元）
1	新和成	408.46	86.83	30.98
2	海普瑞	295.21	48.15	5.92
3	凯莱英	210.44	18.35	4.06
4	华海药业	187.25	50.95	1.35
5	健友股份	184.89	17.00	4.25
6	亿帆医药	179.36	46.32	6.94
7	海翔药业	147.80	27.19	6.05
8	尔康制药	129.53	23.54	2.11
9	普洛药业	117.62	63.76	3.71
10	海正药业	111.62	101.87	−2.37
11	药石科技	100.30	4.78	1.34
12	浙江医药	100.10	68.59	3.27
13	金达威	89.70	28.73	6.86
14	京新药业	86.91	29.44	3.71
15	新诺威	82.42	12.40	2.24

资料来源：Wind。

专利药原料药是接受制药公司委托，定制生产所需原料药和中间体，定制品种一般为专利期内药品。在全球创新合作不断加强的背景下，为提高效率，节省成本并降低风险，更多的跨国药企放弃原有的“垂直一体化”模式，将研发和生产等环节外包。Chemical Weekly估计，生产环节占原研药全部成本的 30% 左右，而在低成本国家进行外包生产，这部分成本有望下降40%~60%，合计可以减少总成本的15%左右。

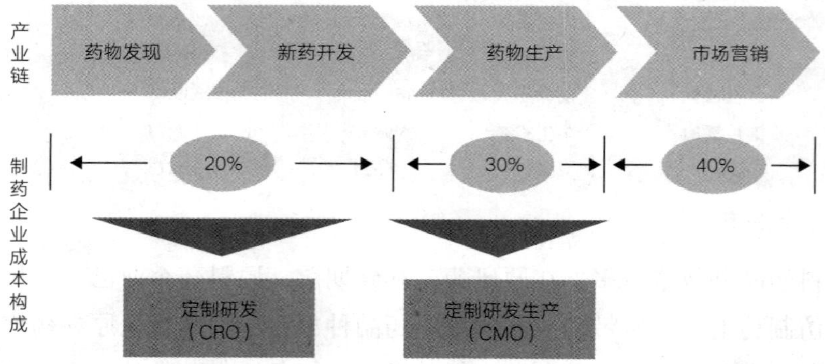

资料来源：Chemical Weekly。

图5 原研药的制造成本构成及产业链分工

目前，全球CMO原料药生产区域主要集中于西欧、北美、中国和印度，其中中国和印度的技术研发优势逐步加强，根据意大利化工仿制药协会（CPA）统计和预测，2017年，印度将成为全球第二大医药外包服务市场，在全球市场中占有21.3% 的份额，中国在全球医药外包市场中所占的份额在2017年也将达到19.2%。

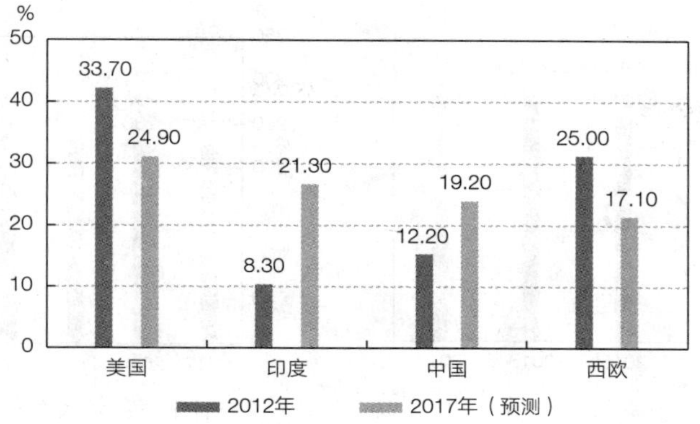

资料来源：CPA。

图6 全球CMO市场格局分布

表4 2013年CMO全球排名前十的公司

排名	公司	所在国家
1	Catalent Phama Solutions	美国
2	龙沙集团	瑞士
3	勃林格殷格翰	德国
4	皇家帝斯曼	荷兰
5	Piramal Healthcare	印度
6	吉友联生命科学有限公司	印度
7	NIPRO Corp	日本
8	Patheon	加拿大
9	Fareva	法国
10	HauptPharma	德国

资料来源：《医药经济报》。

（二）中国企业竞争力持续提升，分享全球市场蛋糕

中国是原料药的生产大国，品种品类齐全，而且具备价格竞争优势，不仅能有效满足国内需求，而且还能大量销往国际市场。在全球医药产业链分工中，中国的原料药（含CMO）是具备竞争优势的行业。医保商会统计，2017年中国西药原料药（合成+发酵）出口量达896.15万吨，出口总值达291.17亿美元，约占全球原料药市场的19%。

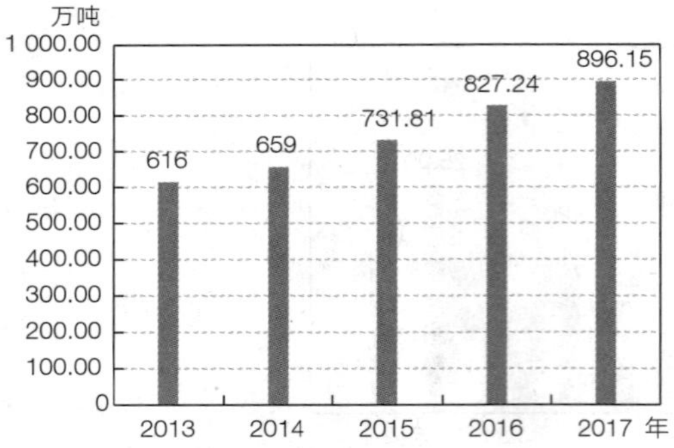

资料来源：医保商会。

图7　2013—2017年西药大宗原料药出口量

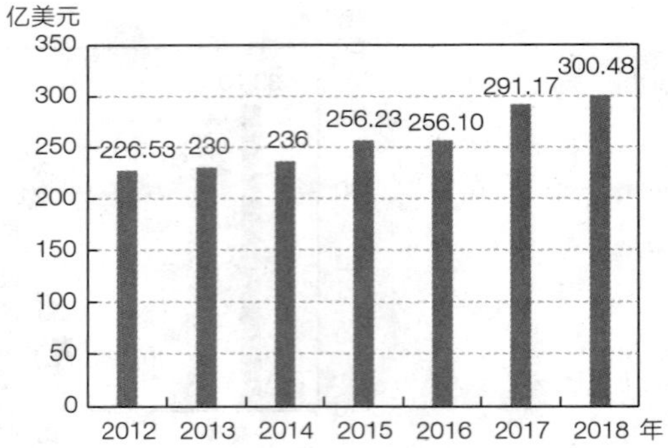

资料来源：医保商会。

图8　2012—2017年中国西药原料药出口产值

2017年西药原料药出口金额占医药产品出口总额的47.89%，出口顺差203.94亿元，贡献了顺差总值的412%。

表5　2017年医药产品贸易统计

商品分类	进出口			进口			出口			顺差（亿美元）	顺差同比（%）
	进出口额（亿美元）	同比（%）	占比（%）	进口额（亿美元）	同比（%）	占比（%）	出口额（亿美元）	同比（%）	占比（%）		
总计	1 166.76	12.64	100	558.77	16.34	100	607.99	9.44	100	49.22	−24.6
中药类	51.97	8.25	4.45	15.57	26.06	2.79	36.4	2.07	5.99	20.83	−10.64
提取物	26.16	6.83	2.24	6.06	16.04	1.09	20.1	4.33	3.31	14.04	−0.03
中成药	6.18	12.99	0.53	3.68	14.37	0.66	2.5	11.03	0.41	−1.18	−22.19
中药材及饮片	14	2.47	1.2	2.61	29.69	0.47	11.39	-2.23	1.87	8.78	−8.89
保健品	5.63	28.21	0.48	3.23	69.51	0.58	2.41	-3.35	0.4	−0.82	−239.3
西药类	694.19	15.95	59.5	339.63	19.64	60.78	354.56	12.62	58.32	14.93	−51.77
西药原料	378.4	13.84	32.43	87.23	14.3	15.61	291.17	13.71	47.89	203.94	13.45
西成药	206.12	19.2	17.67	171.57	21.66	30.7	34.56	8.32	5.68	−137.01	−25.56
生化药	109.67	17.42	9.4	80.84	21.48	14.47	28.83	7.36	4.74	−52.01	−31.04
医疗器械类	420.6	8.09	36.05	203.57	10.6	36.43	217.03	5.84	35.7	13.46	−35.87
医用敷料	27.94	3.75	2.4	3.68	9.16	0.66	24.27	2.97	3.99	20.59	1.94
一次性耗材	65.37	10.3	5.6	29.29	11.27	5.24	36.08	9.53	5.93	6.79	2.62
医院诊断与治疗	240.33	7.39	20.6	146.31	9.6	26.18	94.02	4.11	15.46	−52.29	−21.08
保健康复用品	70.84	7.58	6.07	16.51	12.07	2.95	54.33	6.29	8.94	37.82	3.95
口腔设备与耗材	16.12	21.52	1.38	7.78	26.77	1.39	8.34	17	1.37	0.56	−42.29

资料来源：医保商会。

全球原料药的分工中，下游制剂和原料药产能分布并不一致。目前，主要是原研药和仿制药制剂产能分布在北美、欧洲和印度，原料药则在美国、中国和印度均有分布。从贸易顺差来看，中国、印度是主要的原料药净出口国，北美是原料药的主要进口地区，日本基本供给自足。

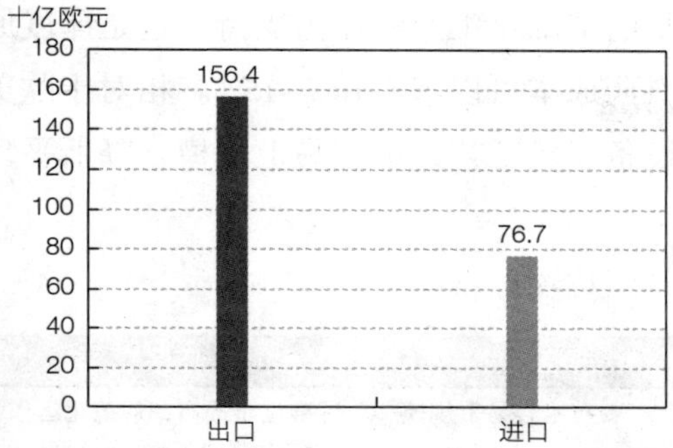

资料来源：欧洲药品管理局。

图9 2017年欧洲医药产品进出口情况

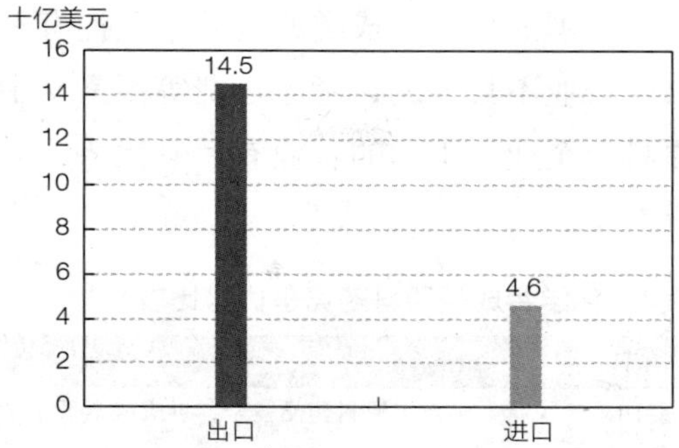

资料来源：印度商务部。

图10 2014年印度医药品进出口情况

在全球原料药的市场竞争中，中国企业优势已经从传统的大宗原料药逐步扩展至CMO领域，是全球原料药生产的领导者。发酵生产的原料药品种，中国已经不仅仅在抗生素母核、维生素C等大宗品种占据绝对优势，近年来发酵工艺技术的提升，一些利润率高的中小品种，也在逐步国产化并且逐步超越进口企业，如辅酶Q10、腺苷蛋氨酸、色氨酸等。对于发酵类的原料药小品种，中国企业的主要竞争对手是日本和欧美，其中欧美以新技术为向导，而其生产则安排在巴西等具有原料和环保优势的区域。印度因为气候原因，发酵类原料药几乎无法发展。

表6 发酵类小品种原料药竞争力对比

	技术	规模	环保	成本
中国	起步晚，技术更趋优化	以中国市场为支撑，产能建设快	环保要求提高，但仍具有优势	规模优势和技术提升推动成本优势扩大
日本	技术积累时间长	缺少市场，规模限制	环保要求非常高	成本已相对稳定
欧美	创新技术研发能力强	新技术下规模扩产限制	生产转移至环保要求低的区域	新技术应用可能带来成本快速下降

资料来源：中国产业信息网。

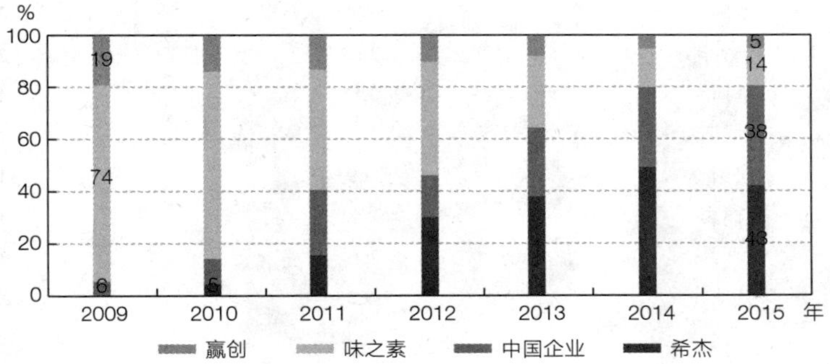

资料来源：博亚和讯。

图11 色安酸中国企业的市场份额变化

中国的化学合成类原料药企业拥有上游完整的基础化工原料作为支持，这是印度原料药企业不具备的，考虑运费等因素，中国原料药成本可以节省10%~15%。相对于欧美原料药企业，中国的企业有后发优势，采用新设备、新工艺，更容易上规模，降低平均成本。

表7 化学合成类原料药竞争优势比较

	原料成本	规模	环保
中国	上游化工原料药品齐全，供应成本低	新工艺，新技术容易上规模	标准逐步提高，规范化运作
印度	依靠进口化工原料，供应成本高	规模受制于土地政策	标准低，具有相对优势
欧美	上游化工原料药品齐全，供应成本低	已有产能相对老化	环保标准高，运行成本高

资料来源：中国产业信息网。

从2010年开始，印度已经超过美国成为中国的第一大原料药出口国，而且销售金额还在持续扩大。

表8 2018年中国原料药出口排名前20的国家及地区

排名	国家及地区	出口（亿美元）	比重（%）
1	印度	29.17	16.88
2	美国	20.91	12.10
3	德国	9.83	5.69
4	荷兰	8.32	4.82
5	韩国	5.87	3.39
6	巴西	5.68	3.29
7	日本	5.43	3.14
8	意大利	5.07	2.93
9	西班牙	5.05	2.92
10	越南	4.74	2.74
11	印度尼西亚	4.46	2.58
12	墨西哥	4.12	2.38
13	比利时	3.91	2.26
14	泰国	3.9	2.26
15	中国香港	3.68	2.13
16	巴基斯坦	3.13	1.81
17	俄罗斯	2.98	1.73
18	法国	2.9	1.68
19	菲律宾	2.42	1.40
20	土耳其	2.19	1.27
21	其他	39.05	22.60
22	合计	172.82	100.00

资料来源：医保商会。

中国企业的规模优势在大宗化学合成原料药得以充分发挥，从解热镇痛这些合成链较短的品种到维生素A等合成链较长的大宗品种，中国企业都已经逐步超越国外。环保和技术要求高的品种也逐步实现国产化，如蛋氨酸等。

整体来说，中国在大宗原料领域已经具有整体优势，具有不可替代的地位，除少数品种外，中国企业已基本掌握价格的话语权。近年来，在环保及安全生产要求逐步提升的背景下，部分大宗原料品种供给格局重整，品种价格提升，也为中国企业带来丰厚的利润回报。

特色化学合成类原料药伴随原研药专利到期、仿制药上市发展起来。在下游仿制药抢仿阶段，特色原料药的开发主要拼速度，竞争相对较小，定价高，利润回报也高。随着仿制药的上量，特色原料药的需求将趋向稳定，生产企业将进入工艺技术竞争阶段，比拼工艺成本优势。目前，中国企业在降压类、降脂类、精神类等多个领域的特色品种，市场份额遥遥领先。

表9 2011—2013年九洲药业原料药品种的全球市场占有率 单位：%

品种	2011年	2012年	2013年
卡马西平	71.28	71.13	78.95
奥卡西平	43.86	53.51	45.85
酮洛芬	51.97	52.92	64.65
格列齐特	59.05	49.02	56.48

资料来源：九洲药业招股说明书。

在规范市场认证方面，中国企业对比印度和欧洲企业，仍有一定的距离，从DMF批文数量来看，印度仿制药企业拥有大量的批文，在熟悉规范市场药品注册法规、企业管理等多方面，印度具有显著的先发优势。

表10 中国和印度在特色化学合成仿制药上的比较

国家	专利	仿制药开发	规范认证
印度	无化合物专利保护，强制许可多	起步早，抢仿效率高	语言基础相对优势，熟悉欧美法规体系
中国	保护化合物专利，强制许可少	起步晚，逐步提高	经验相对缺乏，逐步熟悉

资料来源：中国产业信息网。

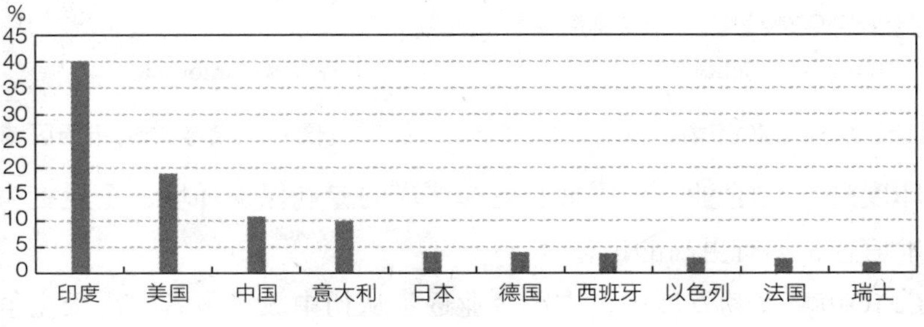

资料来源：FDA。

图12 各国持有DMF证书比例

从全球医药产品的进出口情况来看，中国与印度企业的差距实际体现在规范市场的制剂出口。2017年全球七大仿制药公司中，印度就占了两席，印度目前是全球仿制药最大的输出国，有近3 000家仿制药企业，供应全球20%的仿制药产量，满足美国市场40%和英国市场25%的仿制药需求量。印度仿制药企业可以选择出口特色原料开发全球市场，也具备能力开发成制剂，开拓规范市场，但大部分中国企业只能出口原料药。

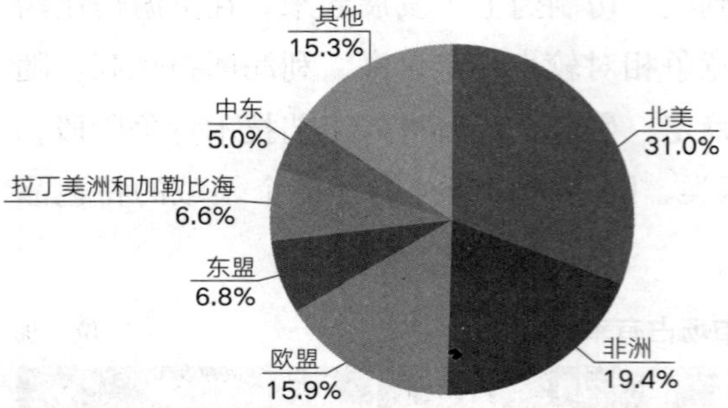

资料来源：IBEF。

图13　2017—2018年印度出口区域

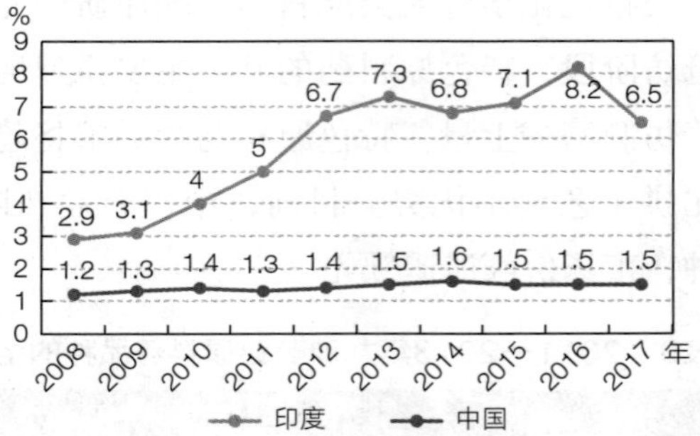

资料来源：IBEF。

图14　2008—2017年印度与中国占美国进口医药产品份额

在CMO市场，印度和中国企业具备成本优势和技术优势，也抓住了CMO产业发展的机遇。

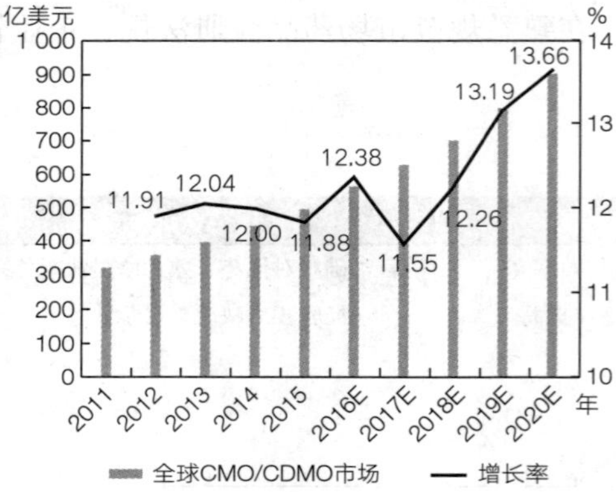

资料来源：Business Insights。

图15　全球CMO市场体量

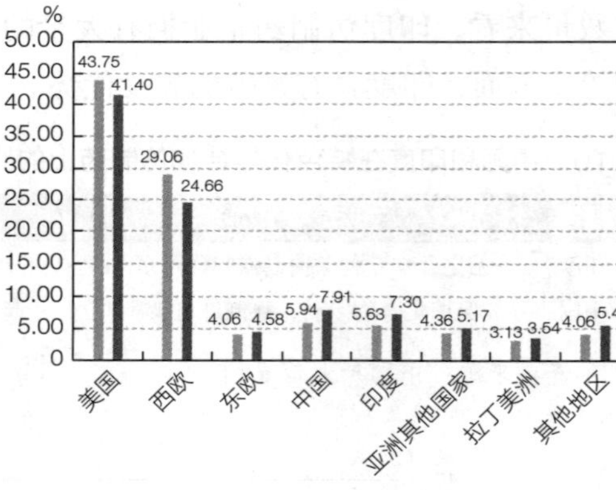

资料来源：Informa。

图16　全球CMO市场区域分布

相对于印度的CMO企业，中国拥有更为严谨的专利保护环境，企业更为注重客户定制产品的技术信息，拥有更高的信誉度。

在全球CMO市场蓬勃发展中，中国企业逐步从初中级竞争者向高级竞争者发展，深度参与全球重磅创新药的研发和生产。

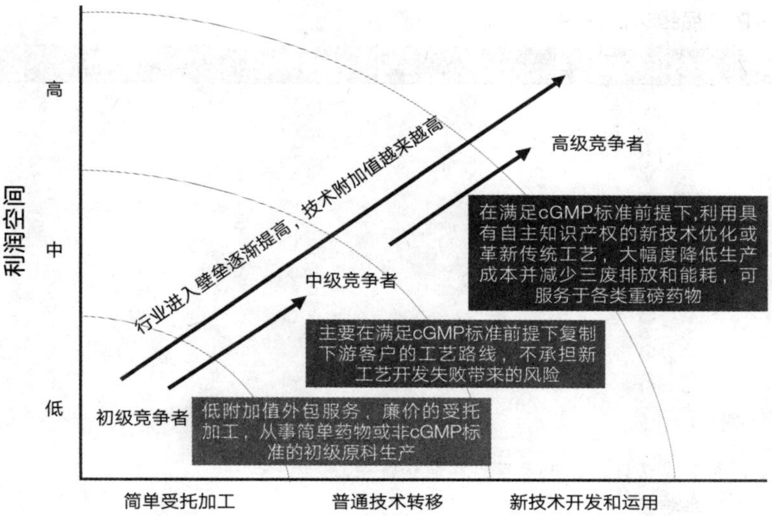

资料来源：凯莱英招股说明书。

图17 CMO发展模式

二、产业升级，价值提升

在巩固原料药全球产业地位的同时，原料药企业也持续寻找产业的增量空间。由于大宗原料药品种已普遍产能过剩，未来原料药产业发展机会更多来自特色原料药品种的增加、规范市场的开拓及向CMO及下游制剂延伸。

（一）规范市场认证，提升话语权

欧洲、美国、日本等地区，药品监管严格。原料药出口到美国市场需要取得美国FDA的DMF备案并审核通过；进入欧盟市场则存在两种方式：一是向EMA或欧盟成员国药政管理部门递交和登记欧洲药品主文件（EDMF），二是向EDQM申请并获得欧洲药典适用性证书（CEP证书）。

非规范市场则主要是印度、东南亚等国家和地区，由于仿制药定价低，非规范市场的制剂企业对采购原料药成本非常敏感，基本只从价格考虑采购。由于非规范市场的门槛低，各种层次的原料药企业都在竞争，产品价格波动非常大，订单也并不稳定。规范市场更注重质量，价格相对不敏感，为了获得更大、更稳定的市场，中国原料药企业也在持续投入规范市场的认证工作。

表11　美诺华API产品线认证进展

产品名称	CDE备案	CEP	USDMF	DEMF	GMP
缬沙坦	√	○	√	√	√
埃索美拉唑镁三水	√	√	√	√	√
盐酸度洛西汀	√	√	√	○	√
维格列汀	√		○	○	○
普瑞巴林	√		○	√	√
培哚普利	√	○		√	√
阿哌沙班	○		○	√	○
利伐沙班	○		○	○	○
瑞舒伐他汀	○	○	○	√	√
氯吡格雷	○	√	√	√	√

注：√表示已经完成认证，○表示目前在职认证中。

资料来源：美诺华年报。

（二）横向拓展，定位高难度、高壁垒、高利润品种

随着技术和资本的积累，中国企业能生产的原料药品种更趋丰富，目前全球生产的原料药超过2 000种，而我国能生产的原料药已有1 500多种。中国企业选择更具难度的品种逐步开发，如合成技术相对复杂、合成设备较为特殊的多肽类原料药，国内已有翰宇药业、吉锐生物等企业开始规模化生产并开拓国际出口市场。

表12　多肽类品种及适应症

编号	品名	适应症
1	胸腺五肽	免疫调节剂
2	胸腺素α1	肝炎辅助治疗
3	人脑利钠肽	心肺功能不全
4	鲑降钙素	骨质疏松、骨痛
5	奥曲肽	食道静脉曲张出血
6	缩宫素	催产
7	生长抑素	胰腺炎、肠瘘、胆瘘
8	曲普瑞林	前列腺癌、子宫肌瘤
9	戈舍瑞林	前列腺癌、乳腺癌
10	布舍瑞林	前列腺癌、乳腺癌
11	亮丙瑞林	前列腺癌、子宫肌瘤
12	去氨加压素	尿崩症、术后止血
13	特利加压素	肝肾功能不全
14	阿托西班	产后出血
15	胰高血糖素	难治性低血糖
16	艾塞那肽	糖尿病
17	恩夫韦肽	抗艾滋病

资料来源：翰宇药业招股说明书。

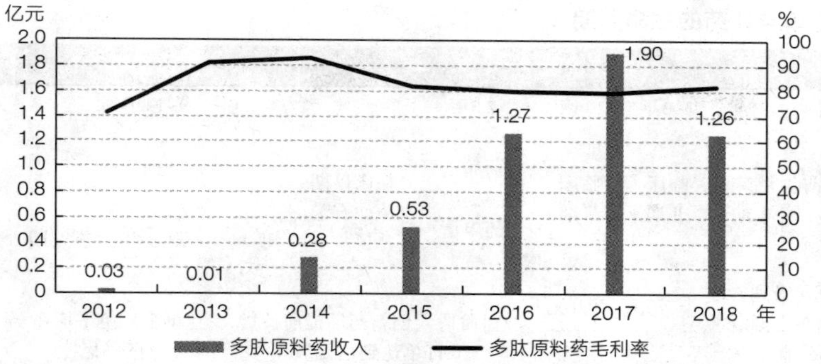

资料来源：Wind。

图18 2012—2018年翰宇药业多肽原料药收入及毛利率

随着未来更多原研药专利的到期，可开发的特色原料药品种增加，为中国企业带来更多的机遇。从2011年起，专利药进入到期的高峰期，其损失份额基本为仿制药所替代，预计2019—2022年每年到期的专利药销售额损失都超过100亿元。

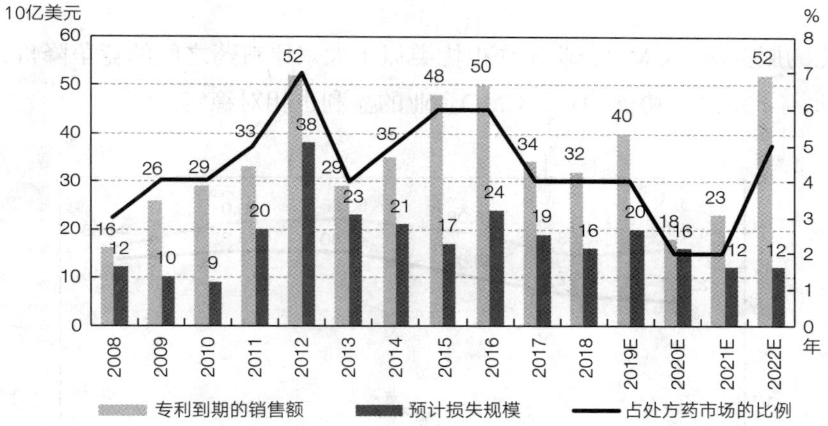

资料来源：EvaluatePharma。

图19 2008—2022年到期专利药销售额预测

（三）模式升级，拥抱CMO市场机遇

CMO是全球医药外包服务的一类，虽然涉及原料药产能的建设，但本质来说更接近服务业。CMO企业从新药上市前的研究阶段已开始介入，伴随新药进入上市，订单规模逐步扩大。

表13　CMO订单与新药的生命周期

发展阶段	临床试验						新药上市			专利到期
时间	3.5年	1~2年	1~3年	2~4年	2.5年		9~14年			
产品生命周期	临床前研究	临床Ⅰ期	临床Ⅱ期	临床Ⅲ期	向药品监管部门提出新药申请	临床Ⅳ期（如有）	明星	现金牛	成熟期	衰退期
订单量级别	十万元级别，一般在Ⅰ期后半部分有CMO外包		十万元至百万元级别	百万元至千万元级别	放量阶段，创新药厂提前备货，订单达到亿元级			单个订单平均在1亿~5亿元		相关药物销售金额下降，销量通常上升
公司的业务情况	业务跟踪阶段		公司CMO业务参考的阶段							公司非CMO业务参与阶段
公司产品的订单级别	—		0.1~3吨	1~10吨	3~100吨					20~300吨

资料来源：天宇股份招股说明书。

定制化的服务决定CMO企业无须担忧类似于大宗原料药之间的竞争降价，品种定价由CMO企业与下游客户协商确定，CMO企业的盈利也相对稳定。

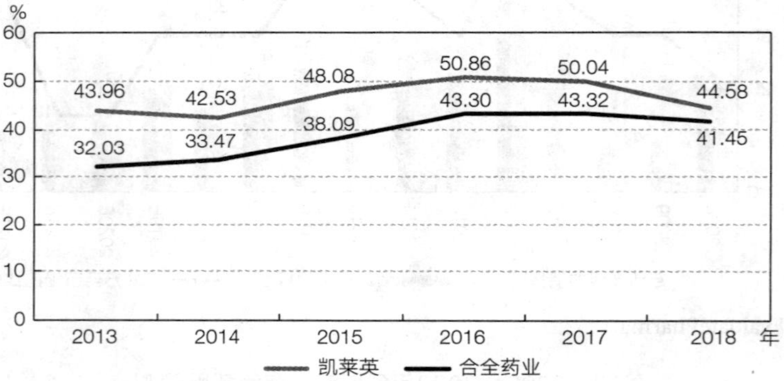

资料来源：Wind。

图20　凯莱英与合全药业CMO毛利率

原料药是成本竞争的较量，而CMO则是综合能力的比拼，成本仅仅是其中一部分，需要研发、质量管理等多方因素的综合提高，因此CMO业务具有更高的进入壁垒。

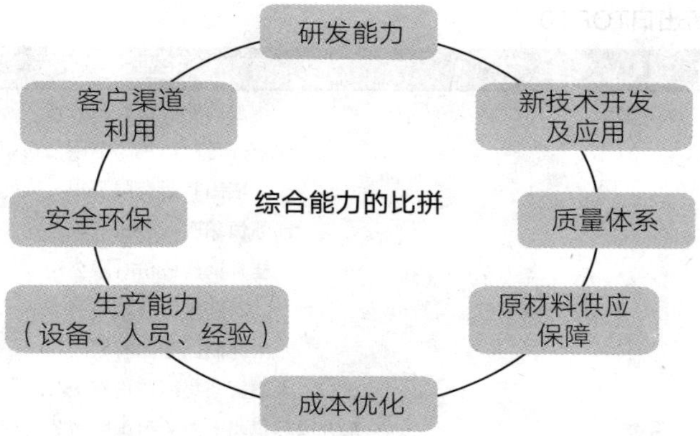

资料来源：凯莱英招股说明书。

图21　CMO竞争综合要素

（四）纵向延伸，以制剂打开国际市场

在全球医药产业链分工中，中国原料药企业往往只是印度、欧美等仿制药的供应商，虽然在品种、成本等多方面，中国企业已经建立足够的优势，但是由于ANDA批文、市场渠道等因素，中国制剂出口仍在起步阶段。2018年中国西药制剂出口达39.69亿美元，同比增长18.6%，其中，欧盟和北美是主要出口市场。

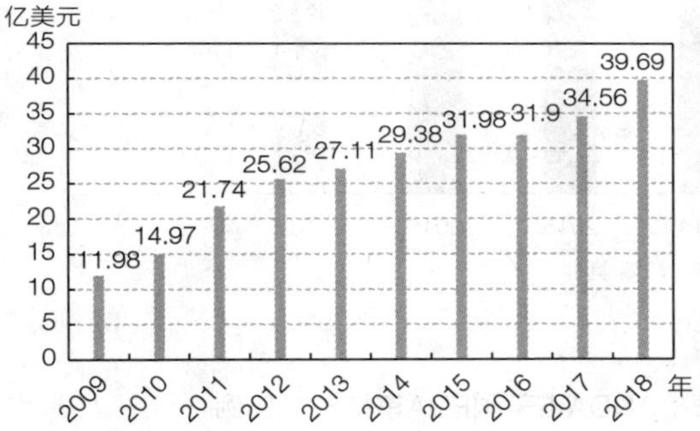

资料来源：医保商会。

图22　2009—2018年中国制剂出口情况

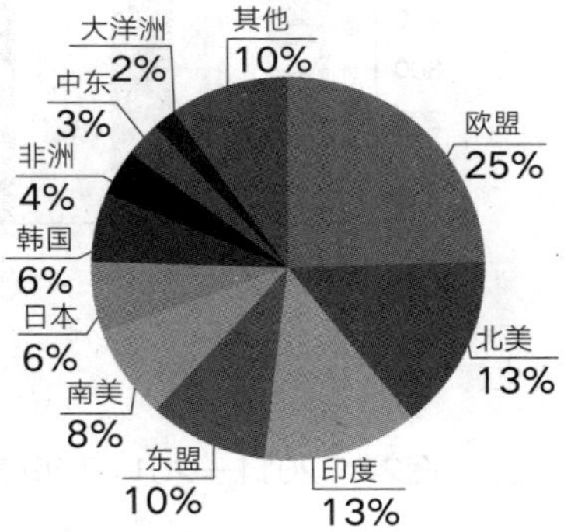

资料来源：医保商会。

图23　2018年中国制剂出口的主要区域

中国本土企业对欧美市场制剂出口已经初具规模，2018年中国对美国出口制剂3.87亿美元，其中前十大均为本土企业，合计占对美制剂出口份额的82%；出口欧盟12亿美元，其中排名前20的企业中有15家为本土企业。

表14　2018年西成药出口TOP10

排名	企业
1	华海药业股份有限公司
2	山东齐鲁制药集团有限公司
3	瑞阳制药有限公司
4	江苏恒瑞医药股份有限公司
5	桂林南药股份有限公司
6	石药集团有限公司
7	华北制药集团有限公司
8	人福医药集团股份有限公司
9	东方国际集团上海荣恒国际贸易有限公司
10	安徽省华安进出口有限公司

资料来源：医保商会。

对比起步较早的印度企业，中国企业对规范市场的出口仍有较远的距离，ANDA(简略新药申请)批文是仿制药进入美国市场的许可，2017年印度企业获得的ANDA超过300件，占FDA当年批准的38%。

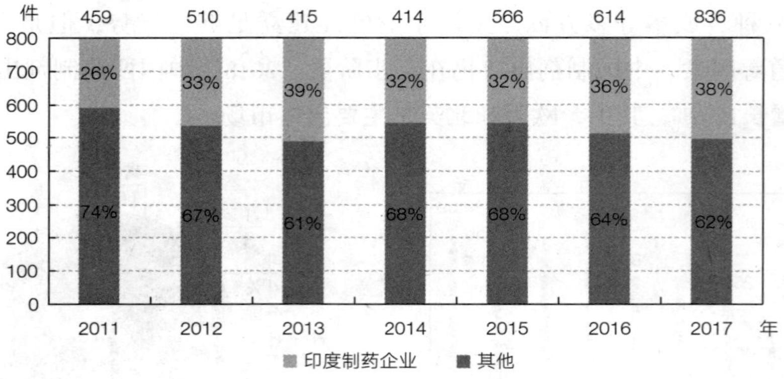

资料来源：IQVIA。

图24　2011—2017年印度制药企业获批ANDA占美国FDA审批批文比例

近年来，中国企业也一直在追赶，申请ANDA数量也在快速递增，2018年中国企业获得ANDA批文数量已经达到100件，华海药业等制剂出口领军企业累计获得ANDA的数量已有61件。

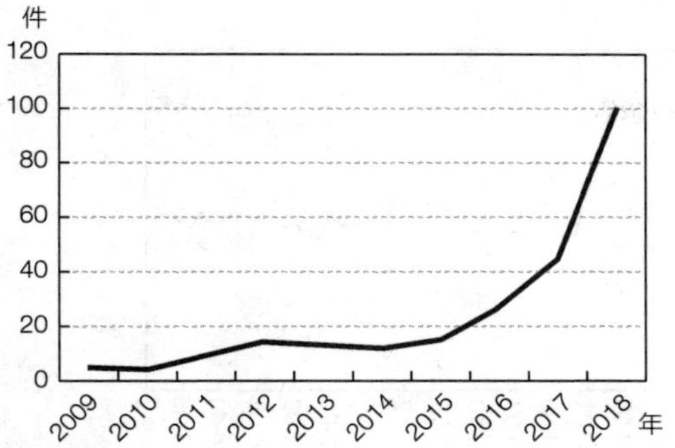

资料来源：医保商会。

图25　2009—2018年中国获批ANDA批文数量

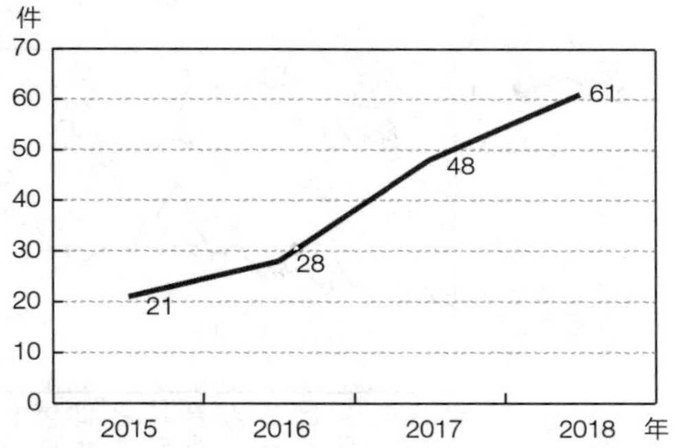

资料来源：华海药业年报。

图26　2015—2018年华海药业ANDA批文数量

从已有ANDA批文数量来看，印度企业存量批文较多，已经积累起规模优势，中国企业与其竞争主要策略包括：（1）原料药自供，尤其是中国独有的原料药的制剂；（2）选择难做制剂，如缓控释制剂；（3）创新剂型，如505b2等。

华海药业的沙坦类制剂出口为国内原料药企业向制剂出口升级提供了样本。华海药业的沙坦制剂依靠原料药的成本优势打开美国规范市场，2017年缬沙坦美国出口制剂3.4亿片，占美国仿制药市场处方量的主要份额。

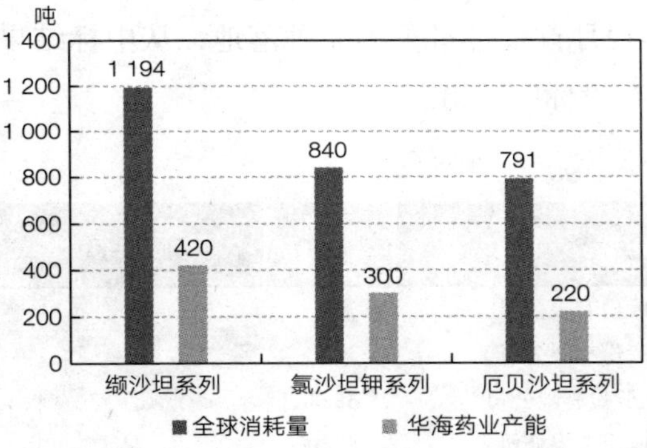

资料来源：华海药业年报、天宇股份年报。

图27　华海药业沙坦系列产能及全球需求情况

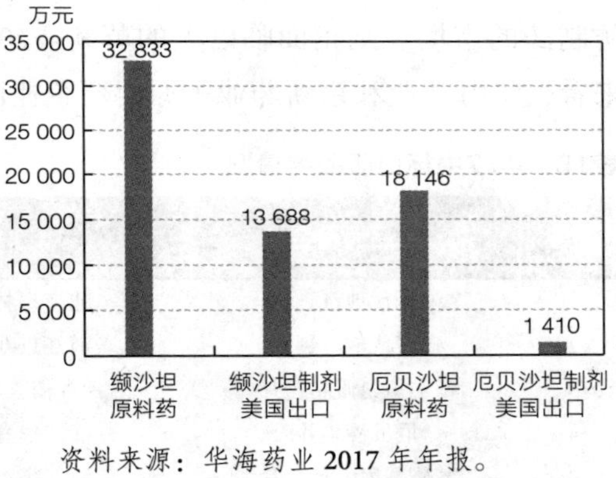

资料来源：华海药业 2017 年年报。

图28　2017年华海药业沙坦原料药及制剂出口收入

（五）抓带量采购机遇，打开国内市场

从产业层面来看，当前中国的原料药和制剂企业存在显著分工，原料药企业专注于工艺、成本，而制剂企业专注于品种、政府关系、销售等。原料药企业直接竞争最主要就是价格，尤其是大宗周期类品种，其盈利并不稳定。制剂企业虽然也面临招标降价等压力，但是由于市场壁垒，盈利的稳定性普遍高于原料药。

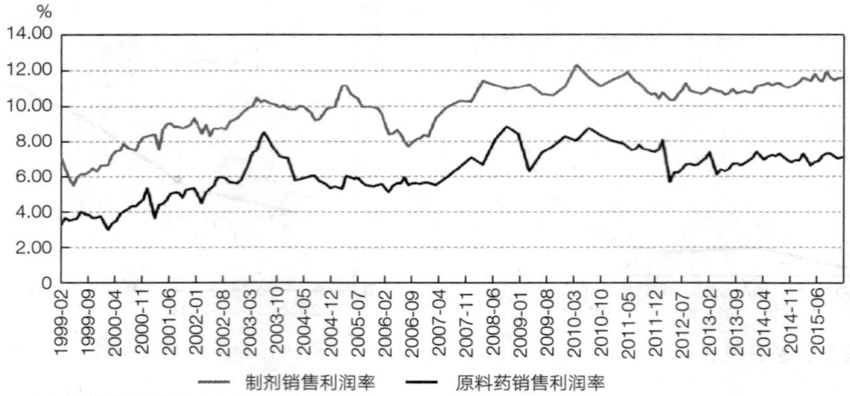

资料来源：国家统计局。

图29 化学药制剂和原料药行业销售利润率对比

中国的原料药企业从原料药到制剂升级的道路走了很长的时间，中国医院市场营销的高壁垒，一直是原料药难以突破的“瓶颈”。决定仿制药制剂销售的成败因素更多，包括定价、医保、招标、学术、客户服务等多个方面，而这些资源禀赋都是普通原料药企业所缺乏的。

随着医疗改革的深化，尤其是药品一致性评价推进和国家带量采购试点推广，中国仿制药的市场规则正面临巨大的革新。2018年12月首批带量采购品种落地，从中标结果来看，华海药业和京新药业等原料药企业已经在投标中胜出。

表15 4+7中标口服品种情况

序号	药品通用名	中标企业	降幅（%）	对外原料药销售
1	阿托伐他汀钙片	北京嘉林药业股份有限公司	83	否
2	瑞舒伐他汀钙片	浙江京新药业股份有限公司	71	是
3	硫酸氢氯吡格雷片	深圳信立泰药业股份有限公司	58.00	否
4	厄贝沙坦片	浙江华海药业股份有限公司	62.01	是
5	苯磺酸氨氯地平片	浙江京新药业股份有限公司	43.00	否
6	恩替卡韦分散片	正大天晴药业集团股份有限公司	91.86	否
7	草酸艾司西酞普兰片	四川科伦药业股份有限公司	18.00	否
8	盐酸帕罗西汀片	浙江华海药业股份有限公司	47.66	是
9	奥氮平片	江苏豪森药业集团有限公司	27.22	否
10	头孢呋辛酯片	成都倍特药业有限公司	11.49	否
11	利培酮片	浙江华海药业股份有限公司	57.18	否
12	吉非替尼片	AstraZeneca AB	76	否
13	福辛普利钠片	中美上海施贵宝制药有限公司	69.13	否
14	厄贝沙坦氢氯噻嗪片	浙江华海药业股份有限公司	6	是
15	赖诺普利片	浙江华海药业股份有限公司	80.14	是

续表

序号	药品通用名	中标企业	降幅（%）	对外原料药销售
16	富马酸替诺福韦二吡呋酯片	成都倍特药业有限公司	96.25	否
17	氯沙坦钾片	浙江华海药业股份有限公司	98.30	是
18	马来酸依那普利片	扬子江药业集团江苏制药股份有限公司	18.00	否
19	左乙拉西坦片	浙江京新药业股份有限公司	19.00	是
20	甲磺酸伊马替尼片	江苏豪森药业集团有限公司	1.00	否
21	孟鲁司特钠片	上海安必生制药技术有限公司	40	否
22	蒙脱石散	海南先声药业有限公司	7	否

资料来源：国家医保局。

从长期来看，中国仿制药产业将更趋向制造业，依靠规模、精细化管理取胜，这正是原料药企业所擅长的方向。随着带量采购政策的推进，这些具有原料成本优势的企业有望成为最具竞争力的参与方。

三、抓住全球医药产业机遇，把握产业升级的趋势

（一）特色原料药：引领抢仿节奏，储备品种逐步上量

对特色原料药的开发，中国企业的研发储备已经不止提前至专利到期之前的2~3年，甚至创新药还没上市之前，原料药及中间体的开发工作已经开始，在非规范市场，中国原料药已开始上市。例如，替卡格雷（替格瑞洛）2011年才在美国上市，2018年国内和美国制剂首仿才刚获批，但是中间体在2015年就已经大量出口，2017年开始快速放量。

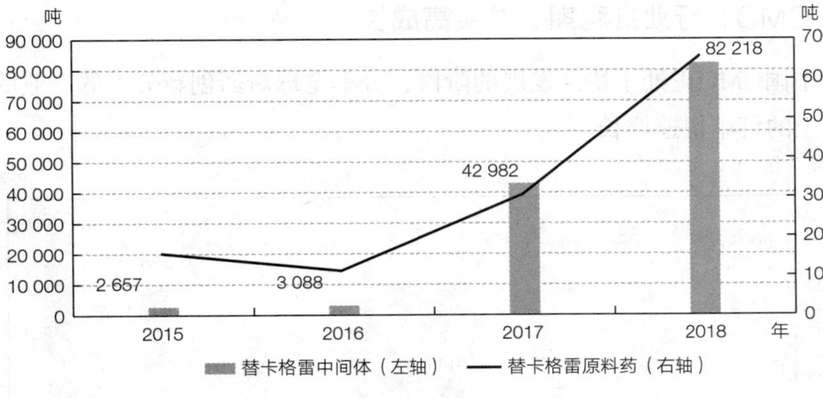

资料来源：健康网。

图30 2015—2018年替卡格雷原料药及中间体出口情况

研发投入的持续快速增加，特色原料药企业储备了大量的待商业化的品种，随着原研药专利的即将到期，相关品种有望实现爆发式增长。

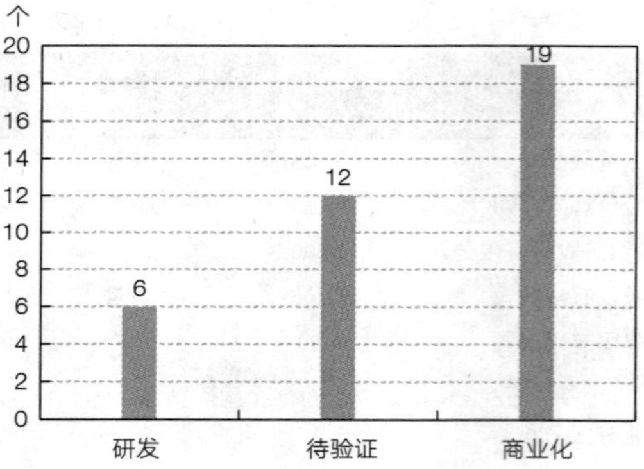

资料来源：美诺华招股说明书。

图31　美诺华研发、验证及商业化品种数量

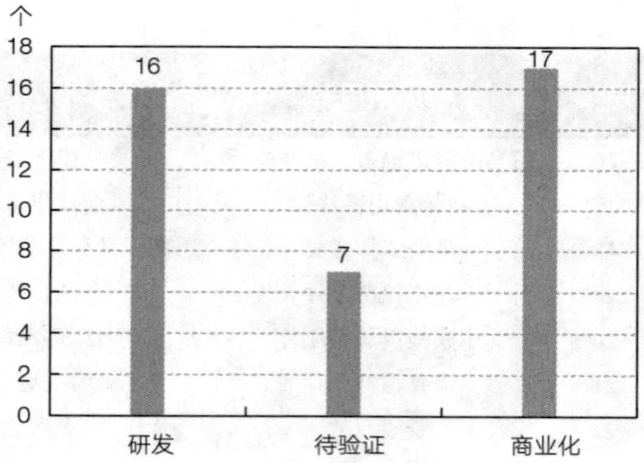

资料来源：天宇股份招股说明书。

图32　天宇股份研发、验证和商业化品种数量

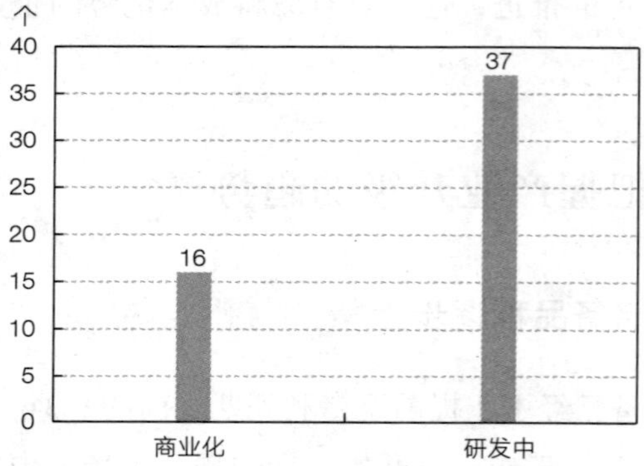

资料来源：奥翔药业招股说明书。

图33　奥翔药业研发及商业化品种数量

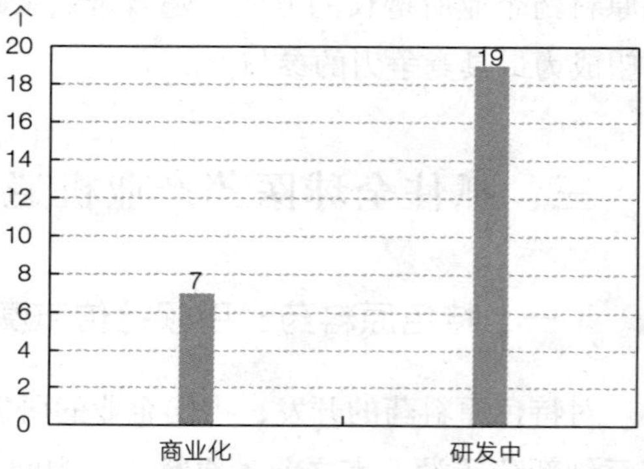

资料来源：同和药业招股说明书。

图34　同和药业研发和商业化品种数量

（二）CMO：行业红利期，龙头高成长

目前，中国CMO正处于快速发展的阶段，分享全球新药创新分工的产业的红利，来自外资和本土的订单快速增长。

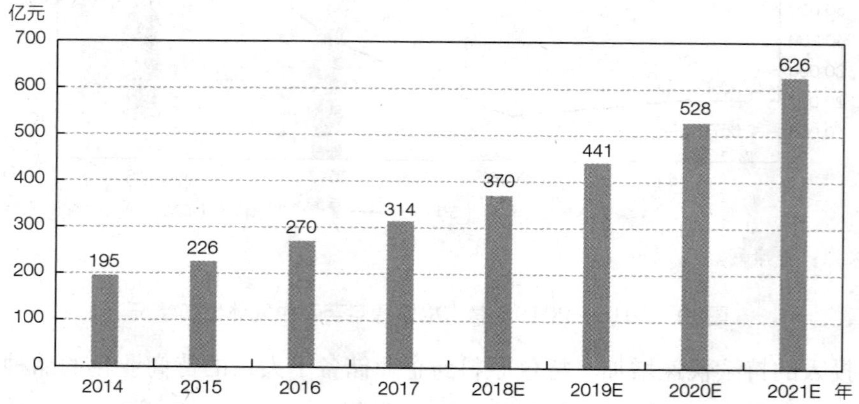

资料来源：Informa。

图35　中国CMO产业规模

CMO具有极高的客户壁垒，原研药企业在外包服务商的选择上非常谨慎，对新供应商的考察期普遍较长。已经进入核心供应商的CMO企业，相当于已经占据产业赛道的有利位置。

表16　凯莱英部分CMO/CDMO客户情况

序号	客户名称	商标	2017年全球销售额（亿美元）
1	辉瑞	Pfizer	525
2	默沙东	MSD INVENTING FOR LIFE	401
3	百时美施贵宝	Bristol-Myers Squibb	208
4	艾伯维	abbvie 艾伯维	282
5	礼来	Lilly	229

资料来源：凯莱英 2017 年年报。

长期合作关系一旦建立，CMO企业通过持续研发丰富的合作品种，扩大合作规模。2018年凯莱英CMO/CDMO合作品种已经超过400个，其中27个品种已经进入商业化阶段，临床三期品种24个，未来伴随创新药上市，商业化品种将继续增加。

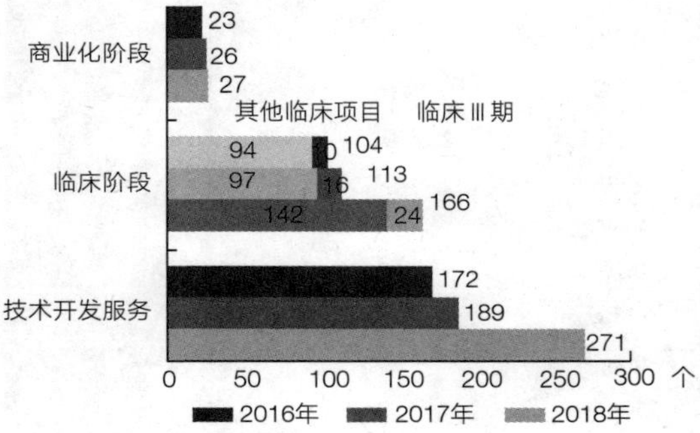

资料来源：凯莱英 2018 年年报。

图36　2016—2018年凯莱英CMO品种数量

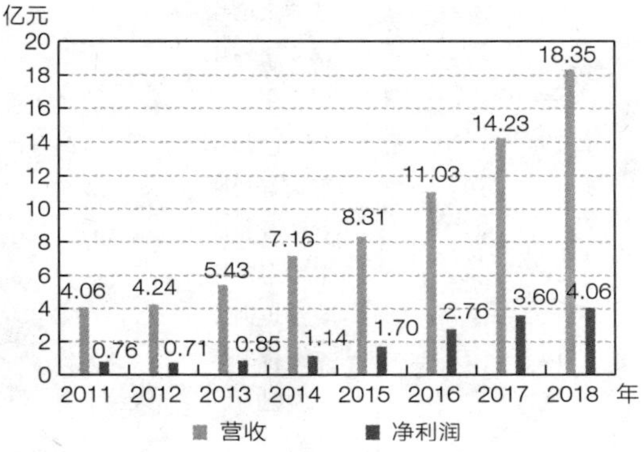

资料来源：Wind。

图37　2011—2018年凯莱英营收和净利润增长

（三）向制剂延伸：认证注册，出口协同，飞跃提升

制剂是原料药的下游，原料药企业将业务延伸到制剂，需要经过制剂研发、药品注册、制剂生产线认证等多个程序。在药品的注册环节，中国药品注册法规给予通过欧、美、日上市的品种优先甚至减免的绿色审批通道。

表17 欧、美、日上市品种的绿色通道

审批程序	技术要求	优先政策
一致性评价	欧、美、日已上市，与国内共线生产、同处方工艺	申请人需要提交境外上市申报的生物等效性研究、药学研究数据等技术资料，审批通过后，视同通过一致性评价
药品审批	欧、美、日已上市，按照新注册分类申报，3类、4类，按照2016年3月国家局2016年第51号公告发布后申报	优先评审，绿色通道

资料来源：医药云端。

在仿制药一致性评价上，出口转内豁免不但为企业抢得领先优势，还节省研发费用的重复投入。依靠药品评审的政策优势，华海药业、齐鲁医药在通过一致性评价的品种数量上大幅领先。截至2019年4月29日，华海药业已通过一致性评价的品种品规达19个。

表18 华海药业通过药品一致性评价品种数量

序号	品种	规格	已通过企业数量（个）
1	利培酮片	1mg	3
2	厄贝沙坦片	75mg	2
3	厄贝沙坦氢氯噻嗪片	150:12.5mg	2
4	依非韦伦片	0.6g	2
5	伏立康唑片	0.2g	1
6	伏立康唑片	50mg	1
7	福辛普利钠片	10mg	1
8	赖诺普利片	10mg	1
9	赖诺普利片	5mg	1
10	氯沙坦钾片	0.1g	1
11	氯沙坦钾片	50mg	1
12	奈韦拉平片	0.2g	1
13	缬沙坦片	160mg	1
14	缬沙坦片	40mg	1
15	缬沙坦片	80mg	1
16	盐酸帕罗西汀片	20mg	1
17	依非韦伦片	50mg	1
18	依非韦伦片	200mg	1
19	盐酸多奈哌齐片	10mg	1

资料来源：CDE。

在综合成本上，美国是仿制药的第一大市场，中国是第二大市场，如果制剂规范市场打开销售，叠加国内市场，制剂上量摊销成本，更容易实现规模优势。在带量采购的招标模式下，出口转内企业能承受更低的报价，更能获得最大的市场份额。

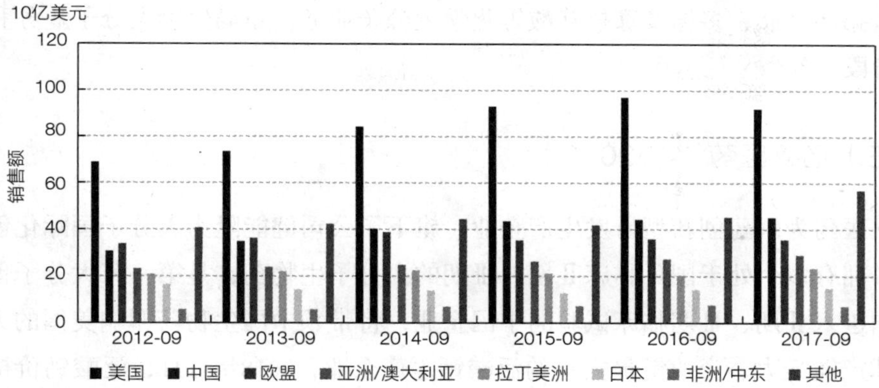

资料来源：IQVIA。

图38 2012—2017年全球仿制药市场分布

从原料药到制剂，打开国内和国际规范市场，从单纯的原料药企业向原料药制剂一体化转变。中国大部分原料药企业，目前仍停留在产业升级的初级阶段，只有少数原料药企业，如华海药业、健友股份、海普瑞等走在产业升级的最前端。从TEVA等全球仿制药巨头的发展路径来看，进入下游仿制药行业后，仿制药制剂依然有价格竞争的压力，产业升级进入首访、抢仿、难仿制剂研发的高阶阶段。

四、产业内上市公司情况

（一）健友股份（603707）

健友股份是中国肝素原料药生产的龙头企业，是国内少数同时通过美国FDA和欧盟EDQM认证的肝素原料药生产企业之一。上游肝素粗品行业整合及近期猪瘟事件影响，肝素原料药处于提价景气阶段，2018年至2019年第一季度，公司肝素原料药业务实现了量价齐升。同时，公司拥有长期原料库存储备，在上游提价中，占据价格主动。公司制剂出口正迎来收获期，目前依诺肝素注射液已获得欧盟的技术评审，并在英国上市，预计2019年第四季度在欧洲全面上市，并在美国申请报批。

（二）凯莱英（002821）

凯莱英是一家国内领先的CDMO(医药合同定制研发生产)企业，主要致力于全球制药工艺的技术创新和商业化应用，为国内外大中型制药企业、生物技术企业提供药物研发、生产一站式CMC服务。凯莱英积极布局国内市场，目前已形成包括国内创新药CMC服务、MAH业务、制剂研发生产、仿制药一致性评价、临床试验服务、生物样本检测及药品注册申报等在内的全方位服务体系。在巩固小分子CDMO领先地位的基础上，公司将进一步拓展多肽、多糖及寡核苷酸等化学大分子业务，布局生物大分子业务和药物开发早期阶段业务。

（三）亿帆医药（002019）

亿帆医药为医药创新型研发生产企业，旗下子公司健能隆为大分子国际化创新的领先企业，拥有多个处于国际临床Ⅱ期、Ⅲ期的大分子生物药，是第一家大分子创新生物药在美国进入Ⅱ期、Ⅲ期临床试验的中国企业，将带领中国生物药叩响美国的大门。公司是全球产能最大、产业链最完整的泛酸钙生产企业，2018年11月，泛酸钙价格开始触底反弹，目前价格已到400元/kg，预计从2019年第二季度开始，公司原料药业务盈利将显著恢复，有力支撑公司国际化和新药创新业务。

（四）浙江医药（600216）

浙江医药是国家维生素、抗耐药菌抗生素、喹诺酮产品重要的生产基地，其中主导产品合成维生素E、天然维生素E、β-胡萝卜素、斑蝥黄素、盐酸万古霉素及替考拉宁等产量居国际国内前列，并已形成原料药和制剂一体化产业链。公司是国内首家以505b2的方式申请出口制剂，目前已接受了FDA PAI审计并收到了CRL，后续将在完成相关整改后再次递交申请。维生素E产品竞争格局变化，目前已经从底部开始反弹，有望为公司带来业绩弹性。

（五）天宇股份（300702）

天宇股份主要生产心脑血管类药物、降血糖类药物、降血脂类药物、抗凝血类药物和抗哮喘类药物等医药中间体和原料药。2018年缬沙坦杂质事件导致供给格局变化，缬沙坦价格上涨，从2018年到2019年第一季度，公司的沙坦业务实现量价齐升。公司CMO业务还在持续深耕阶段，随着国内MAH制度实施及进一步推行，公司将积极开展与国内大型制剂公司的战略合作。

生物医药产业：

行业景气高涨，细分精彩纷呈

殷一凡　东兴证券医药行业研究员

一、生物制药：持续高景气的朝阳产业

随着人类对生命机制的研究深入与制药技术的快速发展，从天然药物到化学药物再到生物药物，我们可使用的药物数量种类不断增加，产品质量不断升级。全球范围内，生物制药已经成为医药行业发展最快的细分领域之一，是持续高景气的朝阳产业。

全球市场表现持续火爆。2018年全球药品销售排名TOP10中生物药物占据8个（连续5年7个以上），生物药物凭借新颖的靶点机制与显著提高的安全有效性，成为近年来全球制药领域最为火热的研究方向，也成为全球医药行业发展最快的细分领域之一，相关生物制药公司与项目争相成为资本市场的宠儿。

行业高景气度有望长期持续。生物药物全球市场规模超过2 000亿美元，预计将以10%左右的增速持续增长，国内市场规模超过170亿美元，预计将以25%左右的增速快速增长：（1）医保对接等政策利好将不断提高跨国重磅生物药物的国内病患可及性；（2）国内药企不断加大的研发投入有望快速实现产品兑现，进一步提高生物药物病患渗透率；（3）目前市场较为成熟的血液制品、重组蛋白药物有望长期保持稳定增长。

单抗、重组蛋白药物、血液制品等细分领域前景更优。以单抗为代表的抗体药物将为国内生物药物快速发展过程提供最大的增长弹性；激素、细胞因子类重组蛋白药物与

血液制品较为成熟的市场环境下有望实现强者恒强。

（一）结构复杂、壁垒更高的大分子药

生物药物是指综合利用物理学、化学、生物化学、生物技术和药学等学科的原理和方法，利用生物体、生物组织、细胞、体液等制造的一类用于预防、治疗和诊断的制品，主要包括细胞因子、酶、抗体、疫苗、血液制品、激素等几大类。

相对于常见的化学药物，生物药物具有分子更大、结构更复杂、研发生产壁垒更高、安全有效性更佳等特点。生物药物通常为分子量大于5 000Da的大分子，相比化学药物通常为分子量小于1 000Da的小分子，药物结构更为复杂，研发、生产及仿制的难度均大大增加，具有更高的技术壁垒。近年来，生物药物的快速发展尤其是单抗药物的出现，使许多重大疾病治疗领域的治疗方法出现革命性改变。

（二）长期持续高景气的制药细分领域

1. 产品优化疗效制胜，全球市场高速发展

近年来，随着生物制药技术的快速发展与资本的大量投入，全球领先制药公司对生物药物的关注持续增加，具备显著提高的安全性与有效性的生物药物快速上市并实现巨大销售回报，在研管线对重要治疗领域快速布局，生物药物在全球范围内实现高速发展。

药品数量方面，根据FDA披露，近五年内获批的生物创新药数量显著增加，平均每年获批数量11.2个，2018年获批上市的生物创新药达到14个，再创历史新高。

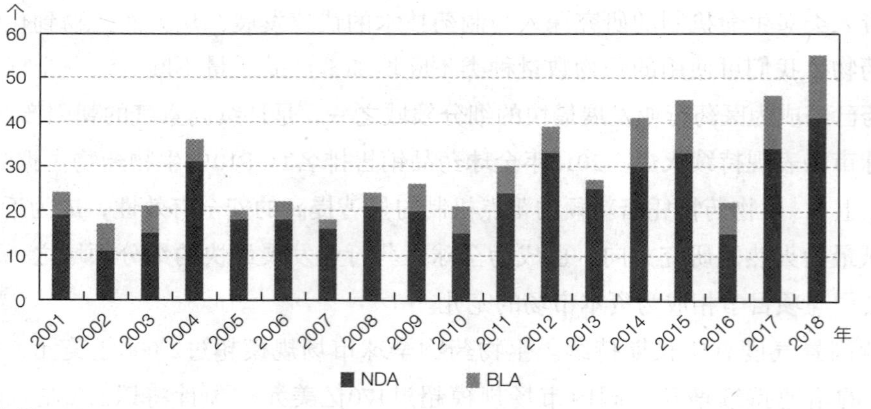

资料来源：FDA。

图1　FDA批准上市的生物新药数量

市场销售方面，根据弗若斯特沙利文报告预测，2016年生物药物全球市场规模超过2 000亿美元，占全球药品市场份额的20%左右，预计将以10%左右的复合增速快速增长，2021年全球市场规模有望增至3 500亿美元，占全球药品市场份额有望增至25%左右。

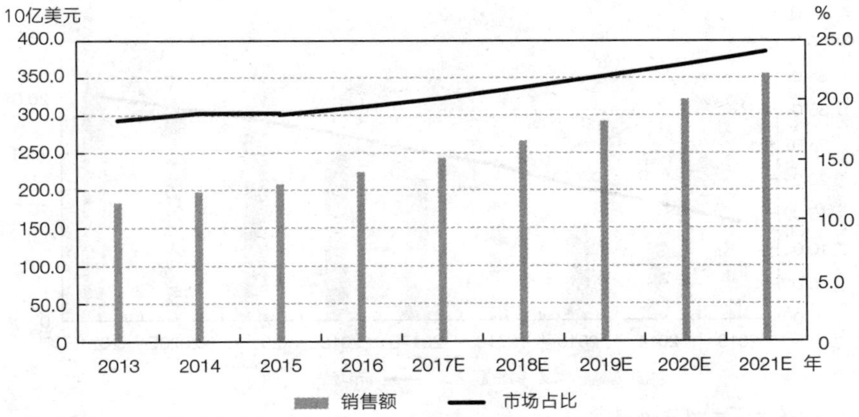

资料来源：康龙化成招股说明书。

图2　2013—2021年生物药物全球市场销售额及市场份额增长情况

我们认为，近年来全球范围生物药物高速发展的驱动力主要为生物技术快速发展下生物药物品种与治疗范围的增加，同时以抗体为代表的生物药物的安全性、有效性逐步得到病患认可，有望长期驱动生物药物的快速发展。

产品结构不断优化。随着生物技术的快速发展，生物药物的品种与适应症方面不断优化，21世纪前，生物药物多为研发生产难度相对较小的酶、细胞因子、干扰素等；21世纪后，研发生产难度更高的抗体、激素等药物的获批数量快速增加，尤其是治疗性单抗近年来实现爆发式增长，引领了生物药物雄霸全球药品市场的新时代。

安全性、有效性得到病患认可。近年来，生物药物的安全性和有效性逐步得到病患群体和市场的广泛认可，从全球药物销售排名中可以看到，销售额靠前的药品中生物药物的比例快速提高，近年来年TOP10中生物药物始终占据绝大比例，且其中绝大多数为抗体药物。

2. 政策利好渗透加强，国内迎来庞大机遇

生物药物中血液制品、激素、细胞因子等品种在国内已经逐步形成成熟市场，而抗体药物研发生产技术升级较快，壁垒相对较高，国内企业起步较晚。同时，部分在国内上市的跨国药企的重磅品种由于价格昂贵，且在2017年医保谈判前均未纳入医保报销，患者自费负担重，导致需求压制，在国内市场渗透率相对较低，销售基数较小。但随着生物药谈判纳入医保等政策推行与病患群体对于生物药的安全性、有效性逐步认可，近年来国内生物药市场快速增长，增速超过全球市场。

国内生物药物市场规模快速增长。根据弗若斯特沙利文报告预测，2016年生物药物国内市场规模超过172亿美元，占国内药品市场份额的14%左右，预计将以15%左右的复合增速快速增长，2021年国内市场规模有望增至360亿美元，占国内药品市场份额有望增至20%左右。

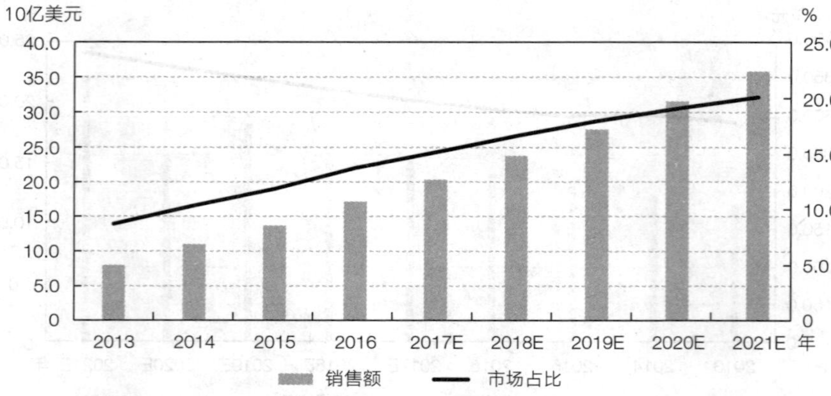

资料来源：康龙化成招股说明书。

图3　2013—2021年生物药物国内市场销售额及市场份额增长情况

我们认为，国内生物药物的快速发展有望长期持续，一方面，医保对接等方面的政策利好将不断提高跨国重磅生物药物的国内病患可及性；另一方面，国内制药企业不断加大的研发投入有望快速实现产品兑现，将进一步提高病患渗透率。此外，目前较为成熟的血液制品、激素等生物药物有望长期保持稳定增长。

生物药物品类众多，细分领域的行业发展与产业逻辑差异较大，其中以单抗为代表的抗体药物将为国内生物药物的快速发展提供最大的增长弹性，同时血液制品与激素、细胞因子类重组蛋白药物的稳定增长也将为国内生物药物的快速发展提供强大的业绩贡献，后文将着重以抗体药物、重组蛋白药物（抗体除外）、血液制品的视角对国内生物药产业发展进行进一步阐述与分析。

二、抗体药物：政策支持国产上市，迎来高速发展黄金期

（一）生物药物领域的璀璨明珠

如前文所述，全球范围销售额排名前列的“重磅炸弹”多为生物药物，而其中绝大多数为抗体药物，以2018年为例，全球销售额TOP10品种中生物药物有8个，其中抗体药物有6个，排名第一位的阿达木单抗已连续7年位列第一。凭借优异的市场表现与广阔的应用前景，抗体药物成为生物药物领域的璀璨明珠。

1. 技术升级打造出的“重磅炸弹”

抗体药物并不是近年来才出现的新的药物类型，早在20世纪初，第一代抗体药物来自动物体内的多价抗血清，用于病毒和细菌感染疾病的防治，但由于非人源，会引起人

体免疫反应产生较强副作用，后逐渐被抗生素替代。由于抗体药物的疗效、安全性与研发生产技术高度相关，后续经过几十年的技术迭代升级，才迎来目前的单抗行业快速应用发展的黄金期，“重磅炸弹”不断诞生。

2. 抗体药物主要应用于肿瘤和免疫疾病领域

抗体药物目前多应用于肿瘤和免疫疾病的治疗，产生了众多“重磅炸弹”品种，相比传统化学药物，具备靶向性高、副作用小、疗效高等明显优势。

表1 抗体药物主要应用领域

应用领域	作用机制/靶点	代表性药物
肿瘤	阻断配体结合	西妥昔单抗
	CDC作用	利妥昔单抗
	ACDC作用	曲妥珠单抗
	阻断细胞信号	帕妥珠单抗
	抑制血管生成	贝伐珠单抗
	免疫检查点抑制剂	PD-1/L1单抗
	其他	托西莫单抗等
免疫疾病	受体阻断和调节	奥马珠单抗
	阻断细胞因子	阿达木单抗
	耗尽抗原产生细胞	利妥昔单抗

资料来源：FDA。

（二）国内市场尚未充分打开，迎来高速发展黄金期

1. 全球市场持续领跑，国内市场尚未充分打开

虽然抗体药物是全球生物药物领域乃至药品领域的璀璨明珠，但是国内市场仍尚未充分打开，有望实现高于全球增速的快速增长。

从销售排名来看，全球药品销售市场，销售额排名TOP10中单抗数量过半，2018年分别位列第一、第四、第六、第七、第八、第九；国内药品销售市场，销售额排名TOP100中单抗数量仅有3个，排名最靠前的曲妥珠单抗仅在第二十三名。

从市场规模来看，弗若斯特沙利文报告统计，全球单抗市场规模已由2012年的673亿美元增至2016年的942亿美元，复合增速达到8.8%，预计未来将以10%左右的复合增速持续增长，2021年全球单抗市场规模有望达到1 519亿美元。国内单抗市场规模已由2012年的35亿元增至2016年的91亿元，复合增速达到27%，预计未来将以25%左右的复合增速持续增长，2021年全球单抗市场规模有望达到276亿元。

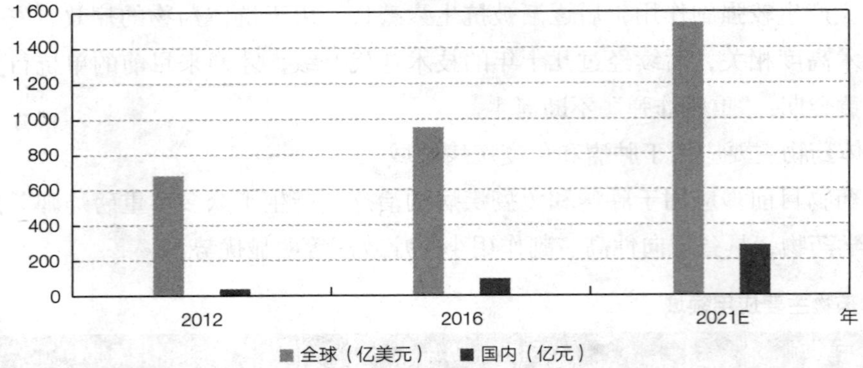

资料来源：药明生物招股说明书。

图4 全球及国内单抗市场规模

2. 政策支持叠加国产上市，迎来高速发展黄金期

我们认为，目前国内单抗市场尚未充分打开的阻碍因素主要有两个方面，一方面是单抗药物本身价格昂贵，同时医保覆盖尚未充分对接，令绝大部分患者望而却步；另一方面是在肿瘤、免疫疾病方面，传统化疗、理疗和中医药疗法在病患脑海中根深蒂固，单抗疗法的医患教育仍有待提高。

但我们判断，在政策支持医药创新的良好产业环境下，会有越来越多的国产单抗陆续上市，同时生物药物谈判目录等医保对接工作会越来越完善，大大加快国内单抗市场的扩张与发展。

近年来，国家政策层面始终强调抗体药物研究发展的重要性，多项政策文件中明确提出支持抗体药物的研发和生产能力，为抗体药物发展创造良好的产业环境。

同时，国内涌现出大批备受资本青睐的生物科技公司，单抗药物在其研发管线中占据重要地位，并且已有君实生物、信达生物的PD-1单抗获批上市等进展，随着后续国产单抗药物的陆续上市，单抗药物的整体价格有望进一步下降，大大提高国内单抗市场渗透率。

（三）先发优势形成领先梯队，质量与速度构成制胜要素

1. 早期布局初见曙光，领先梯队逐步形成

国内单抗研发起步较晚，但发展速度较快，目前布局较早的企业已经逐步进入产品上市收获期，由恒瑞医药、信达生物、君实生物、百济神州等组成的领先梯队逐步形成。

2010年之前，国内制药企业技术水平较低，上市药品以化学药物尤其是化学仿制药为主，仅有中信国健、百泰生物等极少数公司开始研制抗体药物。

2010年之后，国内制药产业迎来海外科学家回国创业大潮，将海外先进的抗体药物研发项目等带回国内，同时本土大型制药企业开始着手布局单抗研发平台，以复宏汉霖、丽珠集团、信达生物、恒瑞医药等为代表的公司进入了单抗药物的探索发展阶段。

2015年之后，在国内药审改革等鼓励新药研发的政策导向下，国内众多中小生物科技公司纷纷开始布局单抗，而布局较早的公司逐步迎来单抗获批上市的收获期，如君实生物、信达生物的PD-1已经获批。

2. 临床价值制胜关键，重点跟踪研发进度

目前，虽然国内企业获批上市单抗药物尚少，但已有众多制药企业与生物科技公司参与其中，国内单抗行业进入高速发展的黄金期。我们认为，公司在研管线中的单抗药物的临床价值（包含未来适应症拓展空间）是产品制胜的关键，从根本上决定了产品未来能否获批上市及上市后能够实现怎样的市场回报；而同适应症或同靶点的在研药物的研发进度快慢决定了未来能够获取市场份额的大小，也需要重点跟踪。

临床价值的体现是获得国内医生和病患认可的关键因素。单抗药物之所以成为全球药品市场的宠儿，其根本原因在于其靶点机制相对明晰，并且具有显著的安全性与有效性。以PD-1药物Opdivo为例，在单药二线治疗转移性鳞状非小细胞肺癌的试验中，疗效显著优于传统化学药物多西他赛。

适应症的不断扩展是单抗药物实现销售额持续快速增长的重要途径。单抗药物在研发早期为了尽快上市，早期获批的适应症往往较为局限，随着对于作用机制的了解深入，单抗药物的适应症范围有望快速拓展，进而实现销售额持续快速增长，如PD-1/L1单抗在抗肿瘤领域可治疗癌种较为广泛。以Opvido为例，自获批后适应症范围得到持续拓展。

表2　Opvido获批上市后适应症不断拓展

年份	适应症	治疗方法
2014	黑色素瘤	2线
2015	非鳞状非小细胞肺癌	2线
	BRAF野生型黑色素瘤	1线
	肾细胞癌	2线
2016	BRAF V600阳性黑色素瘤	1线
	黑色素瘤	1线
	经典型霍奇金淋巴瘤	2线
	头颈鳞癌	2线
2017	尿路上皮癌	2线
	MSI-H/MMR 尿路上皮癌	2线
	肝细胞癌	2线
2018	肾细胞癌	1线
	MSI-H/MMR 结直肠癌	2线
	小细胞肺癌	3线

资料来源：FDA。

三、重组蛋白药物：潜在市场巨大，关注国产替代与产品升级

（一）生物药物领域的专科王牌

1. 重组蛋白药物，细分领域各具特色

重组蛋白药物是指应用基因重组技术，获得连接有可以翻译成目的蛋白的基因片段的重组载体，之后将其转入可以表达目的蛋白的宿主细胞从而表达特定的重组蛋白分子，用于弥补机体由于先天基因缺陷或后天疾病等造成的体内相应功能蛋白的缺失。目前，重组蛋白药物主要包含多肽类激素、细胞因子、重组酶等多个细分领域。

重组蛋白药物不同细分领域的产品自身特性有所差异，但其发展途径与市场环境具有较强的相似性，重组蛋白药物本身通常都在不断进行迭代升级，以实现更好的药效和病患依从性（如长效制剂患者依从性显著提高）；市场格局方面，通常面对的都是国内品种与国外品种的竞争及相同品种不同剂型或长效短效的竞争。因此，本文仅以重组人生长激素这一细分领域入手，探究该领域的现状与发展趋势，同时为整个重组蛋白药物发展趋势判断提供部分参考。

2. 重组人生长激素，增高领域的王牌

人生长激素（Human Growth Hormone, HGH），是由人脑垂体前叶分泌产生的一种蛋白质激素，是人正常生长所必需的物质，除有增加身高的作用外，对心脏、肾脏等的功能和皮肤、内脏、骨骼、肌肉、性腺等生长发育均起到重要作用。生长激素分泌不足不会危及生命，但是会引起身材矮小、骨质疏松、性发育不良等一系列异常表现。

重组人生长激素（Recombinant Human Growth Hormone，RHGH），是利用重组DNA 技术生产的一种重组蛋白药物，其氨基酸序列、氨基酸组成与人脑垂体生长激素相同，在长时间的临床试验和应用中取得了理想效果，于1985年问世至今，为众多矮身材患儿提供治疗，成为增高领域的专科王牌；此外，还应用于重度烧伤、成人生长激素缺乏症等方面。

按照剂型分类，目前国内上市的重组人生长激素主要有水针和粉针两种剂型，按照时效分类，包括普通剂型和长效剂型。目前，长效剂型持有企业只有金赛药业一家，水针剂型持有企业有金赛药业和诺和诺德两家（金赛基本占据全部市场份额），粉针剂型持有企业包括金赛药业、安科生物、联合赛尔、中山海济和LG公司。

（二）潜在市场巨大，关注国产替代与产品升级

1. 国内市场增长放缓，水针、粉针增速均有下滑

根据Wind样本医院的数据，近年来生长激素国内市场每年保持10%以上的增长速度，

2016年、2017年同比增速快速提高至30%以上，2018年增速放缓，生长激素国内样本医院市场规模保持在4.6亿元左右，其中，水针剂型占比为60%左右，粉针剂型占比为40%左右，保持相对稳定。

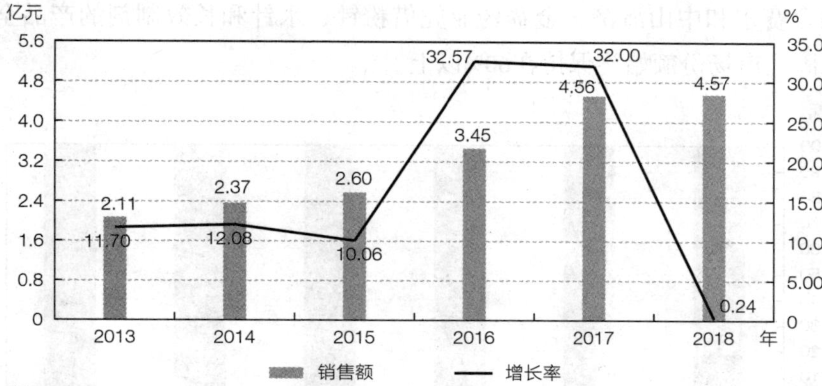

资料来源：Wind。

图5 2013—2018年重组人生长激素年度销售额及增长率

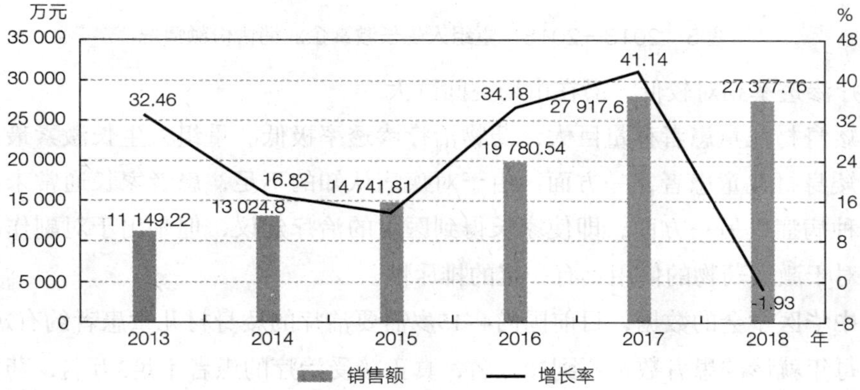

资料来源：Wind。

图6 2013—2018年重组人生长激素注射液年度销售额及增长率

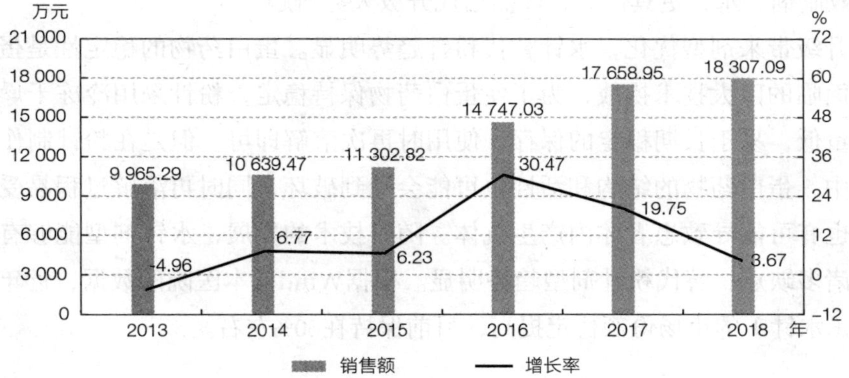

资料来源：Wind。

图7 2013—2018年注射用重组人生长激素年度销售额及增长率

2. 国产品种优势明显，金赛药业龙头地位稳固

根据Wind样本医院的数据，近年来，国产生长激素始终占据国内市场95%以上的份额，对进口生长激素的国产替代效果显著，其中国产生长激素企业主要有金赛药业、安科生物、联合赛尔和中山海济，金赛药业凭借粉针、水针和长效制剂的产品全线布局，龙头地位稳固，市场份额始终保持在60%以上。

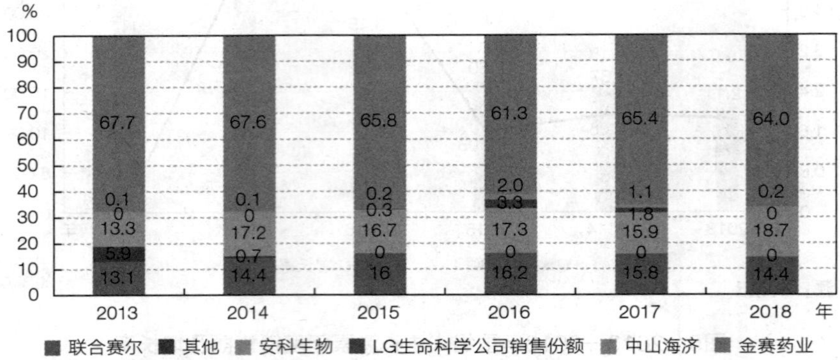

资料来源：Wind。

图8　2013—2018年重组人生长激素企业销售份额情况

3. 治疗渗透率相对较低，潜在市场空间巨大

国内矮身材儿童患者存量巨大，药物治疗渗透率极低。重组人生长激素最主要的治疗对象为矮身材儿童患者，一方面，由于对疾病认知的不足，患者家长通常未意识到矮身材是一种病症；另一方面，即使家长得到医生的治疗建议，但是出于对副作用等方面的担心，对于激素药物的使用具有一定的排斥性。

根据中华医学会的数据，目前国内4~15岁需要治疗的矮身材儿童患者约有700万名，但是目前每年就诊的患者数量不到30万名，真正接受治疗的患者不足3万名，药物治疗渗透率不到1%，相对于欧美发达国家10%以上的渗透率具有巨大的提升空间，重组人生长激素在国内市场具有巨大的潜在空间。

4. 长效制剂、水针更具优势，产品迭代升级大势所趋

技术升级带来剂型优化，水针替代粉针趋势明显。蛋白药物的稳定性是蛋白药物研发过程中面临的巨大技术挑战，为了使蛋白药物保持稳定，粉针采用冷冻干燥的技术手段，含水量低，易于长期稳定的保存，使用时再次溶解即可。但是在粉针制作过程和再溶解过程中，蛋白药物的结构和活性也可能会受到破坏，同时再溶解过程易受污染。此外，粉针也有可能导致患者体内产生抗体。随着技术的发展，水针剂型能够有效克服粉针剂型的诸多缺点，替代粉针剂型趋势明显。根据Wind样本医院的数据，近年来重组人生长激素（水针）的市场份额稳定提高，目前保持在60%左右。

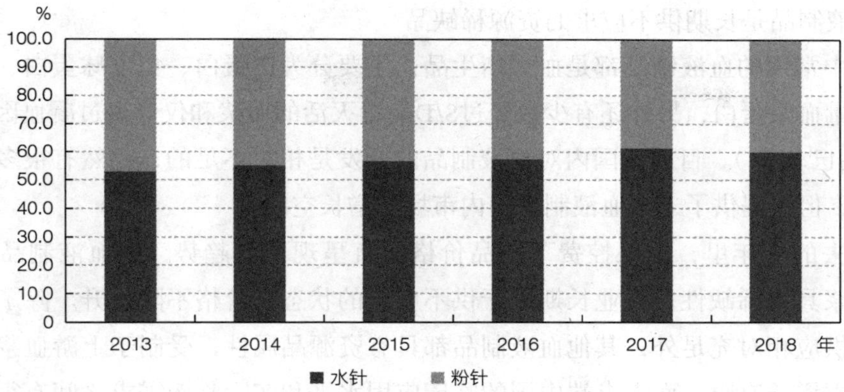

资料来源：Wind。

图9 2013—2018年重组人生长激素水针剂型及粉针剂型占比情况

有效提高治疗依从性，长效剂型销售快速增长。重组人生长激素的治疗对象大多为儿童，每日注射容易造成儿童患者生理上的不适与心理上的恐惧，从而对治疗产生排斥心理，治疗依从性相对较差。而聚乙二醇化的长效制剂能够将注射频率由每天降低至每周，有效提高儿童患者治疗的依从性。2014 年，金赛药业的聚乙二醇重组人生长激素注射液获批上市，作为国内首支也是目前唯一上市的长效生长激素制剂，从样本医院销售数据来看，目前销售额较低，增速较快，有望保持长期高速增长。此外，安科生物紧随其后，目前聚乙二醇重组人生长激素注射液已经完成一期临床，有望成为第二个长效制剂。

四、血液制品：行业平稳发展，渠道恢复强者恒强

（一）生物药物领域的资源稀缺品

1. 单采血浆是国内血液制品企业唯一采浆途径

血液制品是指从健康人的血浆中分离出来的成分较为单一、浓度较高的，可用于临床治疗的物质。血液制品的原料是健康人的血浆，目前血浆来源主要有单采血浆和回收血浆两个途径，其中回收血浆在中国不允许调拨给血液制品企业，单采血浆是血制品企业的唯一采浆途径。

单采血浆：主要通过商业化的单采血浆站获得。通过离心机分离出全血中的血浆，然后将剩余的红细胞、白细胞和血小板等成分回输人体。

回收血浆：主要通过政府或非营利性机构采集。从人体中采集全血，在体外进行分离，分离出的红细胞、血小板、白细胞作为临床使用，剩余血浆可以用于临床或工业生产使用。

2. 血液制品是长期供不应求的资源稀缺品

临床中常用的血液制品都是血浆衍生品：主要分为白蛋白、免疫球蛋白、凝血因子和其他微量血浆蛋白，另外还有少数经过S/D病毒灭活的血浆和仅分离过凝血因子的血清（目前使用已较少）。目前，国内对血液制品的开发是相对不足的，仍然有很多产品国内无法生产，但也提供了未来血液制品国内市场的增长空间。

在过去的十年里，医保控费下药品价格一直呈现下滑趋势，但血液制品由于上游原材料血浆具有稀缺性，行业长期处于供不应求的状态，价格不降反升。除了白蛋白允许进口，供应相对充足外，其他血液制品都具有资源品属性，受制于上游血浆供给的限制，供给端增长有限，而需求端中国的临床应用水平和实际临床需求之间有很大差距，所以除白蛋白外其他血液制品具有较强的价格维持能力。

（二）渠道恢复平稳发展，血液制品持续高景气

1. 全球市场稳定增长，行业集中度较高

全球血液制品市场稳定增长。根据PPTA的数据，全球血液制品销售总额自2008年的116.5亿美元持续增加至2014年的197.1亿美元，年均复合增长率达9%。其中，北美和欧洲为全球主要销售市场，2014年北美和欧洲分别占全球市场份额的42%和28%。

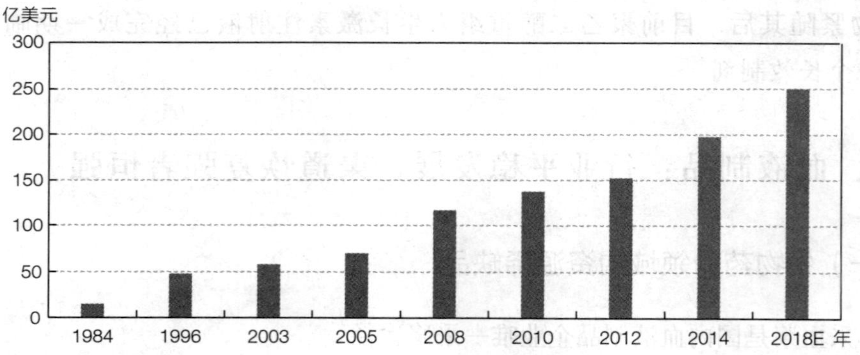

资料来源：PPTA。

图10　1984—2018年全球血液制品市场规模

全球血液制品市场集中度较高。根据PPTA的数据，2014年，全球前四大血液制品企业所占市场份额约为72%，前十大血液制品企业所占市场份额接近85%~90%。自2014年以来，CSL收购了Biotest，全球血液制品企业间不断发生收购整合，预计全球血液制品市场集中度将进一步提高。

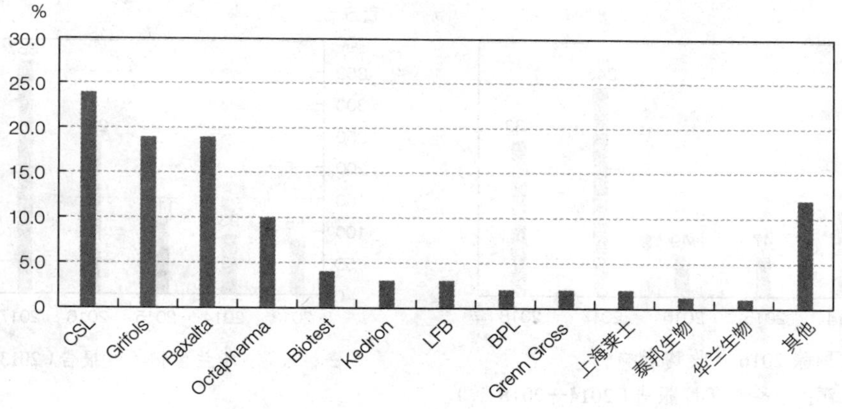

资料来源：PPTA。

图11 全球血液制品市场份额

2. 历经整顿到规范，国内市场恢复平稳

国内血液制品市场经历了从整顿到规范的过程。国内采浆规模受政策影响较大，在过去的二十年里，政府对血液制品行业的管制逐渐规范，国内血液制品市场逐步进入平稳发展阶段。目前国内采浆规模约为8 600吨，近十年国内采浆规模增长近2倍，年均复合增长率约为10%。

3. 两票制带来一过性的高库存逐渐恢复

2017年底，国内血液制品生产商和经销商的库存都达到了高位，其主要原因有：随着2015年以来，单采血浆站审批速度加快，血浆供给量增长加速；2017年医药流通行业改革，两票制的实施使很多小经销商无法存活，经销商话语权变大之后，经销商存货的意愿降低；药占比、医保控费等政策的实施对销售额较大的人血白蛋白的终端需求有一定的影响。

经过一年多的渠道改革之后，人血白蛋白的渠道销售逐渐恢复，生产商和经销商都进入了去库存的阶段。从进口人血白蛋白Octapharm的经销商兴科蓉的销售情况来看，经销商已逐渐从两票制的影响中恢复，销量回升。

血液制品生产厂商销量增速的恢复要慢于经销商，因为经销商在理顺渠道恢复正常销售之前，要先去除之前由于两票制而形成的高库存之后，才会增加进货量（不包括血液制品生产厂商直销的情形）。

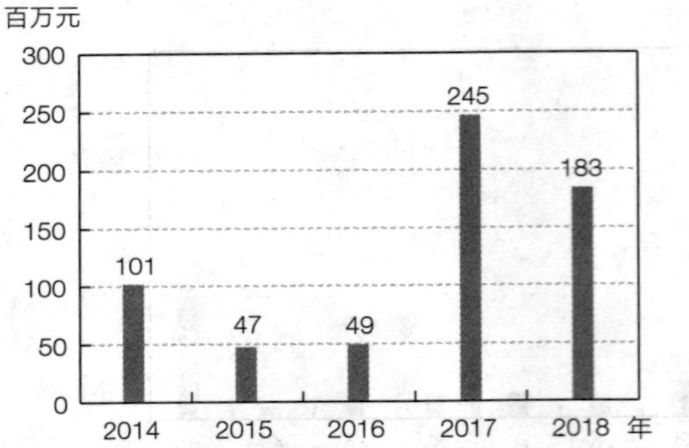

注：已剔除2016年收购影响。

资料来源：兴科蓉年度报告（2014—2018年）。

图12　2014—2018年血液制品经销商兴科蓉的库存变化

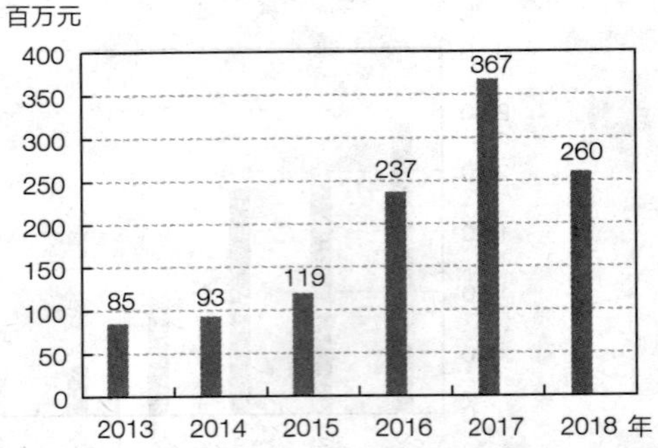

资料来源：华兰生物年度报告（2013—2018年）。

图13　2013—2018年血液制品生产商华兰生物的库存变化

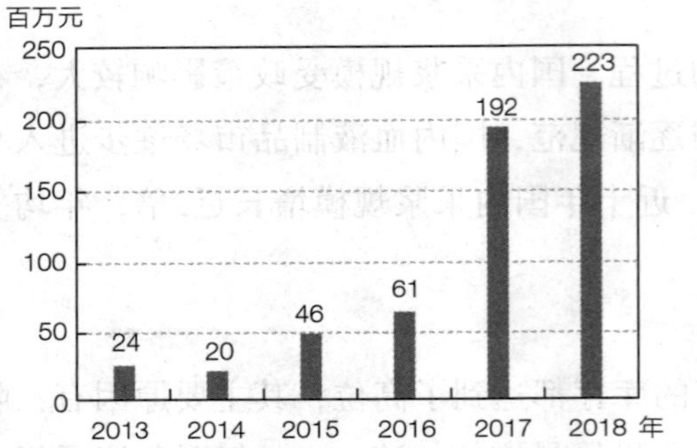

资料来源：博雅生物年度报告（2013—2018年）。

图14　2013—2018年血液制品生产商博雅生物的库存变化

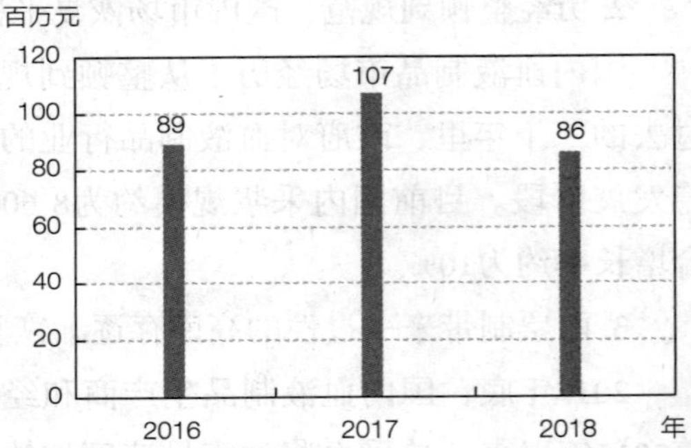

资料来源：振兴生化年度报告（2016—2018年）。

图15　2016—2018年血液制品生产商振兴生化的库存变化

（三）浆站资源为王，龙头强者恒强

1.受制于严格的政策监管，国内采浆量增长空间巨大

临床中常用的血液制品都是血浆衍生品，未来血液制品的快速发展必须基于充足的血浆量保证，而对比国外生产用血浆供给水平可以发现，国内每千人生产用血浆供给水平远低于欧美发达国家，国内采浆量增长空间巨大。

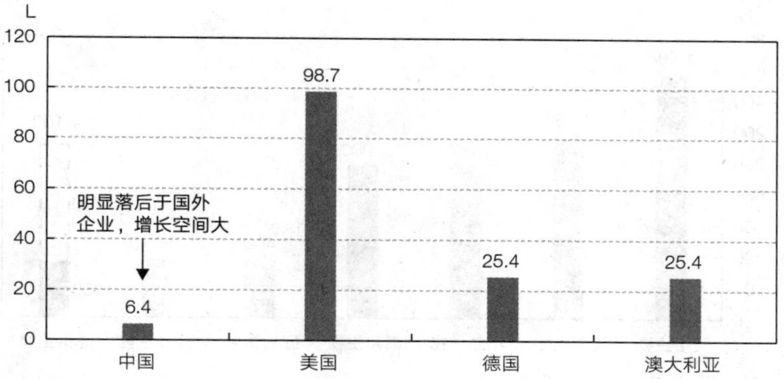

资料来源：PPTA。

图16 不同国家每千人生产用血浆供给水平

我们认为，国内血液制品行业政府监管严格是目前国内采浆量水平较低的主要影响因素。国内的血浆来源只有单采血浆，回收血浆不允许用于血制品的生产。国内政府限制企业进入血液制品行业，2001年，国家规定不再批准新的血液制品生产企业，只有白蛋白和重组凝血因子允许进口。国内对单采血浆站的审批程序较为复杂，要求也比较严格。政府审批浆站需按照计划进行，受指标限制。

2. 千吨级别采浆量领先梯队，有望实现强者恒强

受“十三五”规划的影响，我们预计国内采浆量在未来两年将继续保持放缓的增速。国内浆站的审批速度在经历了2016年的快速增长后，2017年和2018年明显回落，我们预计这种审批速度放缓的状态在未来2年内将会持续。因此，现阶段的血液制品行业竞争中，浆站资源为王依旧不变，采浆量领先的企业有望实现强者恒强。

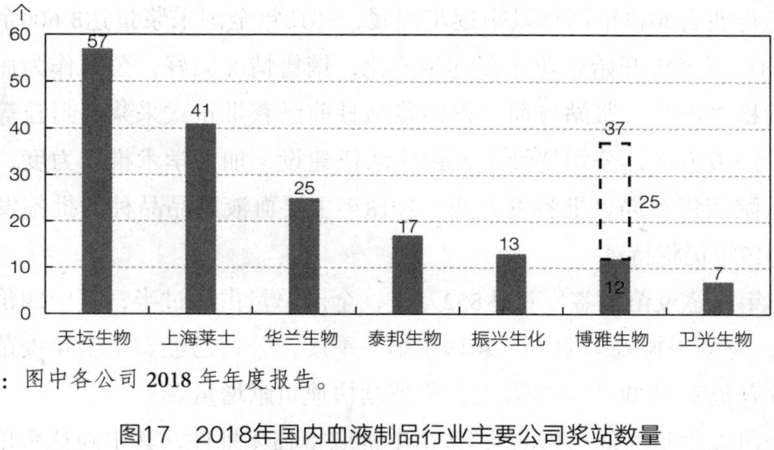

资料来源：图中各公司2018年年度报告。

图17 2018年国内血液制品行业主要公司浆站数量

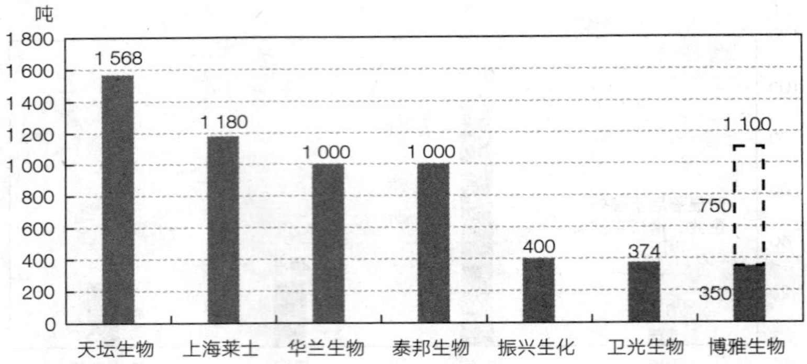

资料来源：图中各公司 2018 年年度报告。

图18　2018年国内血液制品行业主要公司采浆量

五、产业重点公司介绍

（一）华兰生物：享受行业高景气的血制品龙头

华兰生物成立于1992年，是首家通过血液制品行业GMP认证的血液制品龙头企业，目前主要从事血液制品和部分疫苗产品的研发生产。公司血液制品产品线覆盖全面，包括人血白蛋白、人免疫球蛋白、狂犬病人免疫球蛋白、乙型肝炎人免疫球蛋白、破伤风人免疫球蛋白、人凝血因子Ⅷ等，疫苗产品线主要包括流感病毒裂解疫苗、重组乙型肝炎疫苗、ACYW135群脑膜炎球菌多糖疫苗与甲型H1N1流感病毒裂解疫苗。

血液制品行业自2017年调整以来逐步回暖，2018年全国采浆量达8 600余吨，同比增长近7%，2018年下半年开始企业库存逐步消化，销售情况向好，公司作为血制品龙头，全年有望持续稳健增长。浆站方面，鲁山浆站日前已获批正式采浆，封丘等浆站已按时换发许可证。渠道方面，公司持续加强销售队伍建设，加大学术推广力度，推进二三线城市和三甲医院销售布局。批签发方面，2018年主要血液制品品种的批签发量位居行业前列，预计2019年仍将持续。

公司2018年流感疫苗批签发量达852万支，全国总量占比过半，其中四价苗批签发量500万支左右，业绩提振效果明显。2019年第一季度，公司已经着手全年疫苗生产，预计全年批签发量有望实现700万~800万支，将持续快速贡献增量。

此外，公司参股基因公司目前共有7个单抗取得临床批件，其中阿达木单抗、曲妥珠单抗、利妥昔单抗、贝伐单抗正在开展III期临床，为公司培育新的业绩增长点。

（二）恒瑞医药：绝对领先的国内创新药巨头

恒瑞医药成立于1970年，是国内知名的抗肿瘤药、手术用药和造影剂的供应商，凭借强大的研发实力与投入，已发展为国内绝对领先的创新药巨头。目前，公司已有4个创新药艾瑞昔布、阿帕替尼、硫培非格司亭注射液和吡咯替尼获批上市，一批创新药正在临床开发，并有多个创新药在美国开展临床。

生物药方面，公司的 PD-1 单抗在研管线布局最为丰富，覆盖肿瘤、免疫疾病、心血管疾病三大治疗领域与PD-1/L1、HER2、VEGF、CD47、IL-17A、PCSK-9等重要靶点，其中PD-1单抗卡瑞利珠单抗首个适应症预计近期获批。公司后续有望不断培育出国产创新单抗“重磅炸弹”，在公司强大的销售能力网络和学术推广下有望实现迅速放量。

（三）信达生物：专注单抗研发的领先生物药平台

信达生物成立于2011年，致力于开发、生产和销售用于治疗肿瘤等重大疾病的创新药物。创始人俞德超博士从事生物药创新研究近20年，公司管理层经验丰富。公司具备从靶点寻找新分子到临床研究等产品开发必需的一切研发能力，通过自主研发或与国际顶尖生物制药公司、研究机构合作，针对中国高发且尚无有效治疗手段的疾病研发创新药物。

公司目前拥有富含20个新药品种（包含17个生物药）的在研管线，覆盖肿瘤、眼底病、自身免疫疾病、心血管病四大疾病领域，其中4个品种入选国家“重大新药创制 ”专项，14个品种进入临床研究，4个品种进入临床Ⅲ期研究，2个单抗药物上市申请被国家药监局受理并被纳入优先审评，1个单抗药物（信迪利单抗注射液）已获得国家药监局批准上市。公司是国内领先的生物药研发平台，尤其在单抗方面处于国内领先梯队，丰富的在研管线后续有望带来多个“重磅炸弹”品种。

（四）君实生物：创新驱动的生物药领军先锋

君实生物成立于2012年，是一家创新驱动型生物制药公司，致力于创新药物的发现和开发，以及在全球范围内的临床研发及商业化。公司旨在通过源头创新来开发首创(First-in-class)或同类最优(Best-in-class)的药物，并成为转化医学领域的先锋。

公司在肿瘤免疫疗法、自身免疫性疾病及代谢疾病治疗方面处于领先地位，是第一家获得抗PD-1单克隆抗体NMPA上市批准的中国公司，也是国内首家就抗PCSK9单克隆抗体和抗BLyS单克隆抗体取得NMPA的IND申请批准的中国公司。目前公司拥有涵盖

13个在研药品的管线，其中11个创新药物由公司自行研发，随着产品管线的丰富及对药物联合治疗的探索，预计公司的创新领域将扩展至包括小分子药物和抗体药物偶联物（或ADCs）等更多类型的药物研发，以及对癌症和自身免疫性疾病下一代创新疗法的探索。

（五）百济神州：深耕肿瘤治疗的领先创新药企

百济神州成立于2010年，拥有癌症生物学自有平台，能够整合先进药物研发模式和过程，开创了免疫肿瘤学和癌症联合疗法研究新境界，着力研究肿瘤免疫系统相互作用和原发瘤活检在开发新的癌症模型中的作用与价值，致力于抗癌创新性分子靶向和肿瘤免疫治疗药物的研发和商业化。

目前，公司的在研管线包括口服小分子制剂和单克隆抗体抗癌药物，拥有6项自主研发品种、2个对外合作研发品种和 3 个商业化品种（中国地区权益），其中3款自主研发候选药物处于临床后期，后续有望上市成为重磅产品。

医疗器械产业：

自主研发和政策支持加速国产渗透

李勇　东兴证券研究所医药组

一、医疗器械行业蓬勃发展，内生技术+政策支持加速国产渗透

（一）中国器械行业扬帆远航，国内企业逐渐崭露头角

医疗器械涵盖了可直接或间接用于人体的仪器、设备、器具、体外诊断试剂及校准物、材料及配套的计算机软件等，是集合了医药、机械、电子、塑料等多个行业的资金、技术密集型产业，现代医疗设备产品技术含量高，行业壁垒高，研发投入大，利润丰厚，医疗企业竞相介入生产。全球医疗器械行业的发展始于1816年听诊器的发明，随后的200年间，各种医疗器械层出不穷，行业不断向上发展。中国医疗器械现代化起步于1952年，随着国家对行业的支持力度加大，居民消费水平的提升，中国医疗器械行业迅速发展。

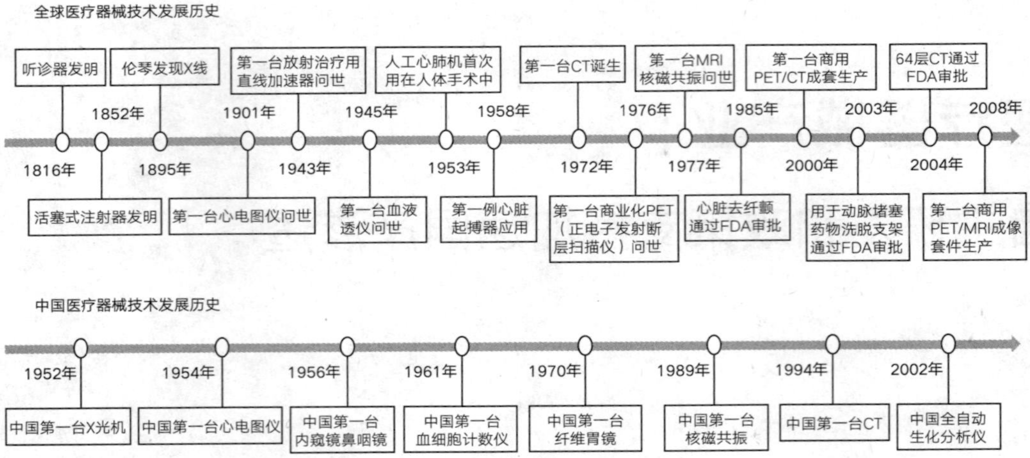

资料来源：《医疗器械技术发展编年史》。

图1　国内外医疗器械技术发展历史

随着国内人口老龄化加剧、城镇化进程提升，居民对医疗健康的诉求不断加大，进而推动医疗消费升级。研究表明，2010—2040年，中国老年人口将总共增加2.24亿人，年平均增长率为3.62%，平均每年净增746万人，预计到2040年，老龄化水平将达到23.84%。中国老年人城镇化水平普遍提高，2015年城镇老年人口占比为52.0%。

医疗产业关系人民身体健康，关乎民生发展，国家不断从政策上推动产业发展。在公立医院实施医疗改革，全面取消药品加成，严控药占比，促进医疗器械在医院端的释放；国家颁布分级诊疗政策，实现基层首诊、大病不出县，带动二级及以下的地方医院对医疗设备的升级换代；国家提出支持国产器械优先审评、设置特别审批通道，推动国产替代进程。

国内医疗器械企业自主研发创新能力不断增强，国产医疗设备技术成熟度不断提升。自20世纪50年代以来，国产设备持续取得零突破，从中低端医疗器械领域入手，逐步取得市场话语权，自主创新技术水平向国外头部企业靠拢，实现国产仪器在中高端领域的渗透。

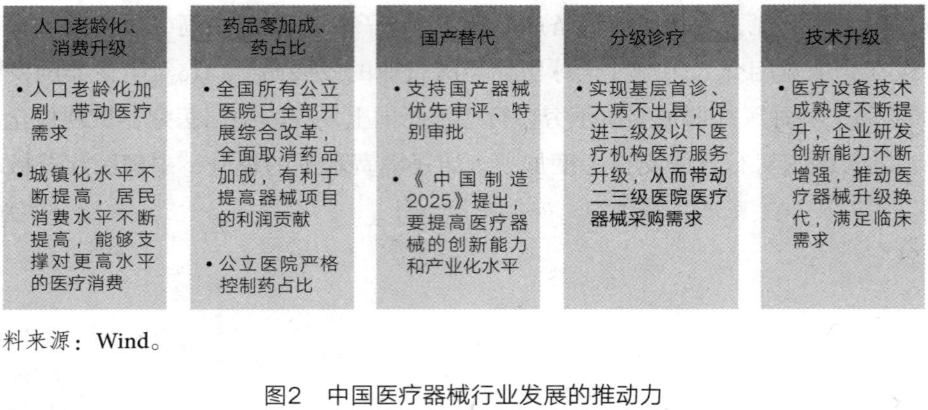

资料来源：Wind。

图2　中国医疗器械行业发展的推动力

经过数十年的发展，国内医疗器械已经形成涵盖高值耗材、医学影像、体外诊断、低值耗材等在内的几大细分领域，国内企业逐渐崭露头角。其中，国外企业在高端器械领域具有明显的竞争优势，在拥有高技术壁垒的领域形成垄断，国产品牌从低端产品入手，不断实现从仿制到创新，渐渐获得市场话语权，不断提高在高端设备领域的渗透率。

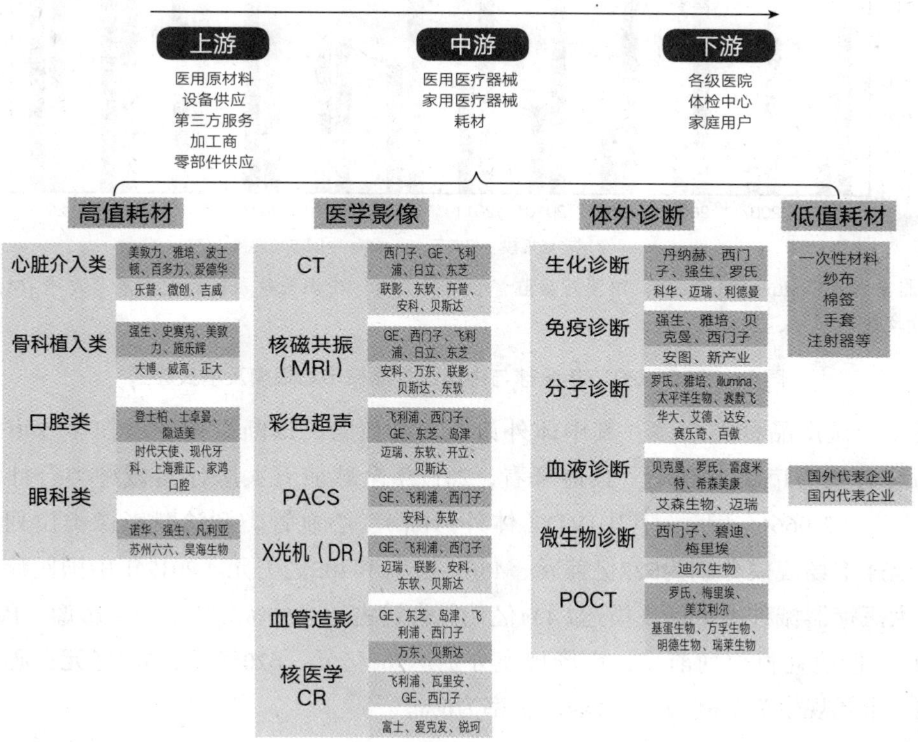

资料来源：Wind。

图3 医疗器械产业链及细分领域分类

（二）中国器械行业增速高于全球平均水平，诊断类合计占比高达 30%

2017年全球与中国医疗器械行业市场规模分别达4 050亿美元和4 425亿元人民币，比较来看，中国器械市场增长强劲，复合增速远高于全球。2006—2017年，全球医疗器械市场的复合增速为5.28%，按照5%复合增速估计，预计到2022年销售规模有望达到5 169亿美元。2006年中国医疗器械市场规模约为434亿元，截至2017年市场规模达4 425亿元，2006—2017年复合增速为23.50%，按照20%的复合增速估计，预计到2020年有望接近约7 646亿元。

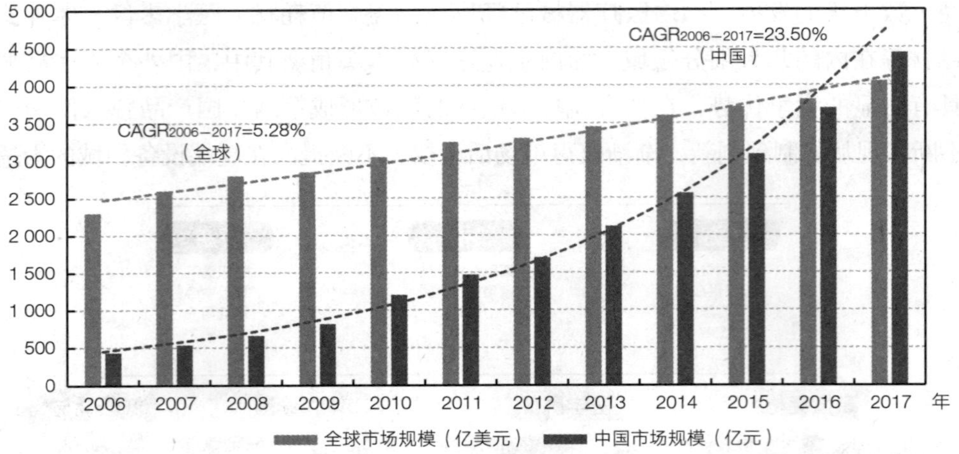

资料来源：Evaluate Medtech；中国药品监督管理研究会. 中国医疗器械行业发展蓝皮书 [M]. 北京：社会科学文献出版社，2017.

图4　2006—2017年全球与中国医疗器械市场规模及增长趋势

医疗器械产品种类众多，其中体外诊断、心血管、诊断影像领域在全球市场和中国市场均有较高市场占有率。具体来看，2017年全球前五大医疗器械种类合计占比为51%，规模达2 066亿美元，其中IVD（体外诊断）、心血管类和诊断影像类位列前三，2017年全球市场规模分别为527亿美元、486亿美元和405亿美元。2017年中国医疗器械市场前五大医疗器械种类市场规模达2 434亿元，合计占比为55%，其中诊断影像、IVD（体外诊断）、低值耗材位列前三，市场规模分别达708亿元、620亿元、575亿元；心血管位列第四，市场规模为266亿元，市场占有率为6%。

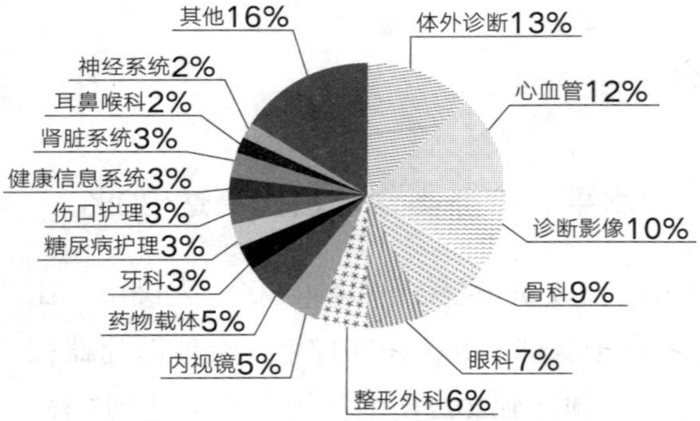

资料来源：Evaluate Medtech。

图5　2017年全球医疗器械细分产品市场占有率

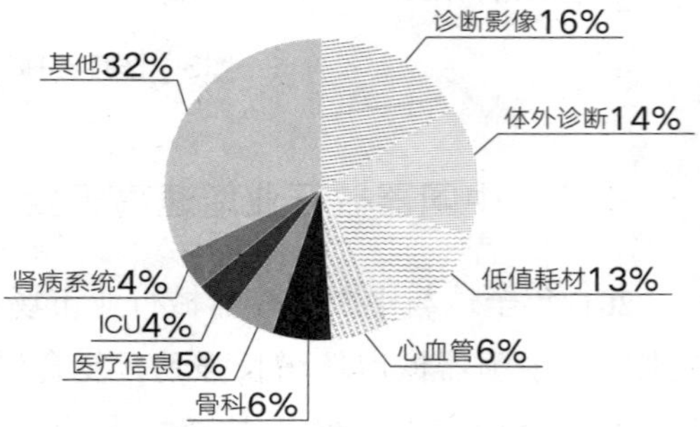

资料来源：Evaluate Medtech。

图6　2017年中国医疗器械细分产品市场占有率

预计未来中国医疗器械的大部分细分领域复合增速高于全球水平，尤其是体外诊断、心血管、耳鼻喉科、骨科、诊断影像的复合增速均高于全球10%以上。按2017年到2024年全球和中国医疗器械细分领域的复合增速来看，全球医疗器械细分领域中神经科、糖尿病管理、牙科、整形外科、心血管未来复合增速最高，分别为9.1%、7.8%、

6.5%、6.5%、6.4%；中国市场细分领域中，排名前五的体外诊断、心血管、耳鼻喉科、骨科、诊断影像增速分别为19.2%、18.0%、18.0%、15.0%、14.2%。

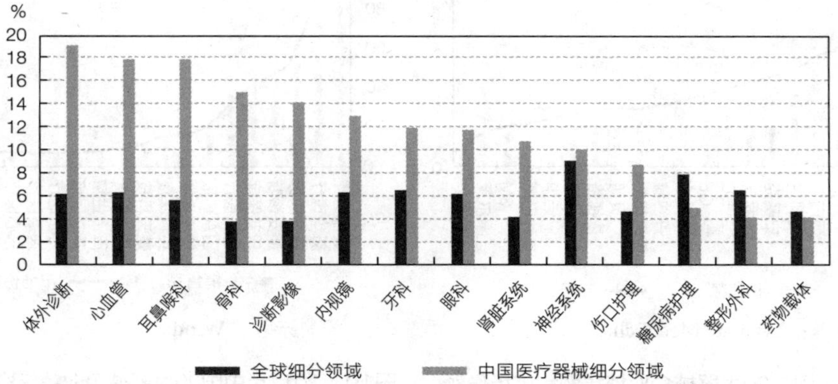

资料来源：Evaluate Medtech。

图7 2017—2024年全球和中国医疗器械行业细分领域市场复合增速

（三）中国器械行业集中度有望提高，头部企业研发占比向国际巨头靠拢

中国器械行业集中度相对全球市场较低，龙头企业有望持续提高市场份额。2017年，全球前20大医疗器械企业销售额达2 207亿美元，合计市场占有率为54.5%；中国前20大医疗器械企业销售额为560亿元人民币，合计市场占有率为12.7%。中国器械行业集中度相对较低的主要原因是国内企业在细分领域的产品线较为单一，尚未形成具有明显规模效应的综合实力，特定领域的产品品类与生产企业数量较多，导致行业集中度较为分散。

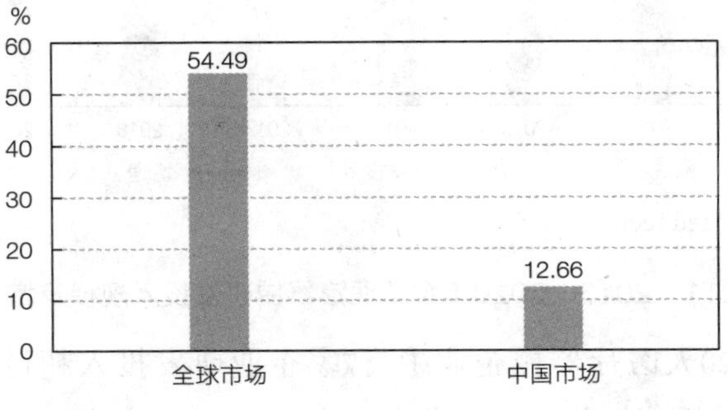

资料来源：Evaluate MedTech。

图8 2017年全球和中国医疗器械行业CR20

2017年，全球前20大医疗器械企业中有9家企业销售额超过100亿美元，合计市场占有率为36.4%，其中美敦力以300亿美元销售额位列第一，市场占有率为7.40%。中国前20大企业中，有迈瑞医疗、新华医疗、威高股份、迪安诊断销售额超过50亿元，合计市场占有率为7.35%，其中仅迈瑞医疗销售额超过100亿元人民币，市场占有率为2.53%。

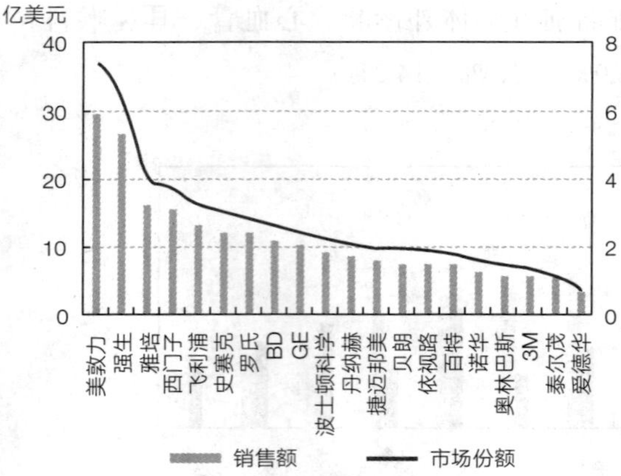

资料来源：Evaluate MedTech。

图9　2017年国外20大器械企业销售额和市场份额

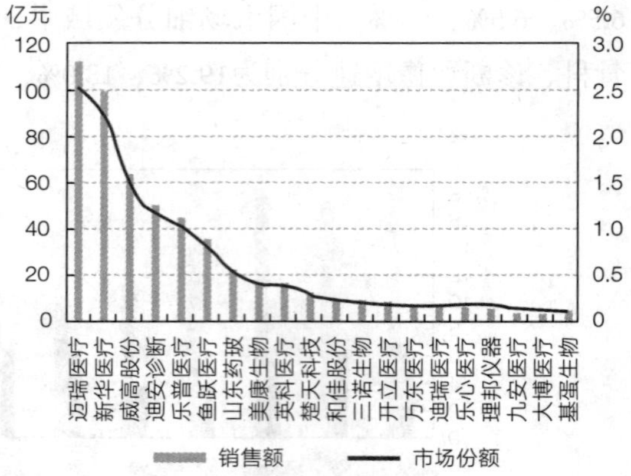

资料来源：Wind。

图10　2017年中国20大器械企业销售额和市场份额

全球医疗器械研发投入保持稳定增长，国内头部企业平均研发占比逐渐向国际前排企业平均水平靠拢。2013—2020年，全球医疗器械研发投入由229亿美元增加到305亿美元，其间复合增速为4.2%。Evaluate Medtech预计全球研发投入的增长速度逐渐下降，由2017年的高点4.5%逐渐缓步稳定在4%左右。

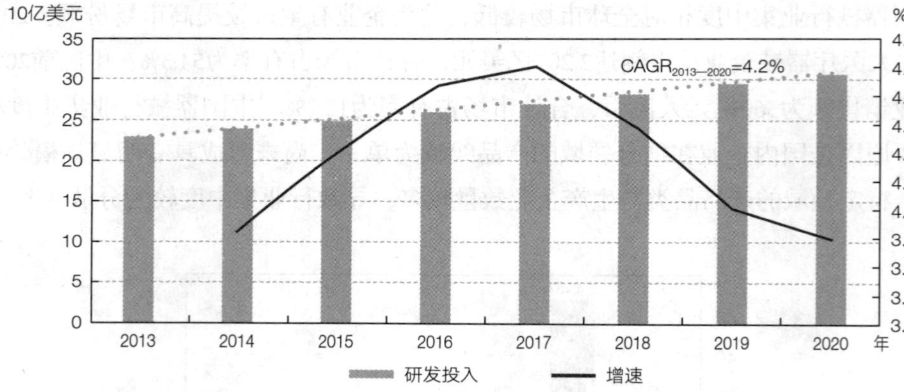

资料来源：Evaluate MedTech。

图11　2013—2020年全球医疗器械研发投入规模及增速

2017年，全球前20大医疗器械企业中有7家企业研发投入超过10亿美元，其中美敦力位列第一，研发投入22.5亿美元，研发占比为7.50%；20家企业的平均研发投入9.2亿美元，平均研发占比为9.34%，其中8家企业研发占比超过10%。中国前20大企业中仅迈瑞医疗研发投入超过10亿元人民币，研发占比为9.11%；20家企业的平均研发投入1.67亿元，平均研发占比为8.47%。

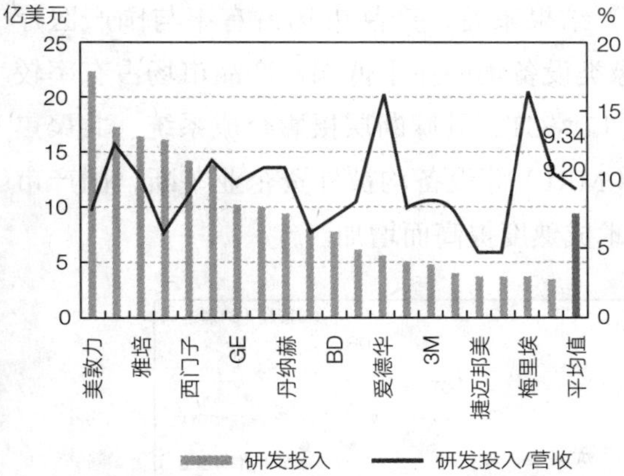

资料来源：Evaluate MedTech。

图12　2017年国外20大器械企业研发投入/营收比例

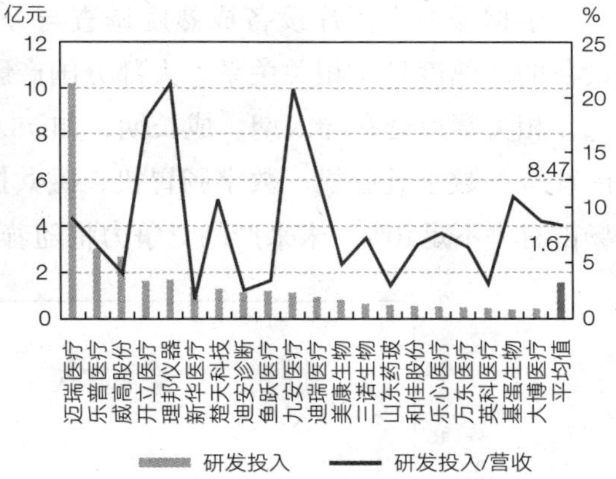

资料来源：Wind。

图13　2017年中国20大器械企业研发投入/营收比例

（四）中国器械消费比低于全球平均水平，国产技术成熟度提高推进国产替代

随着医疗器械行业健康发展，中国医疗器械消费比将由较低水平逐渐向全球平均水平提高。《中国医疗器械行业发展报告(2017)》显示，2016年中国市场的医疗器械人均消费额比例为26%，低于全球市场平均水平的41%，低于发达国家的23%。国产医疗器械技术的研发创新能力不断提高，加速科研成果转化上市，将有望提升医疗器械的人均消费比。

根据我国主要医疗器械国产及进口占比情况分析，内窥镜、化学发光、CT、MRI、彩超等有望成为国产替代的黄金领域。基本实现国产替代的有植入性耗材中的脑膜、心脏封堵器、监护仪、DR、生化诊断、心血管支架等国产份额已经超过50%，内窥镜、化学发光、CT、MRI、彩超、血球分析的国产份额均不足30%，该部分细分领域也将成为企业争夺的市场。

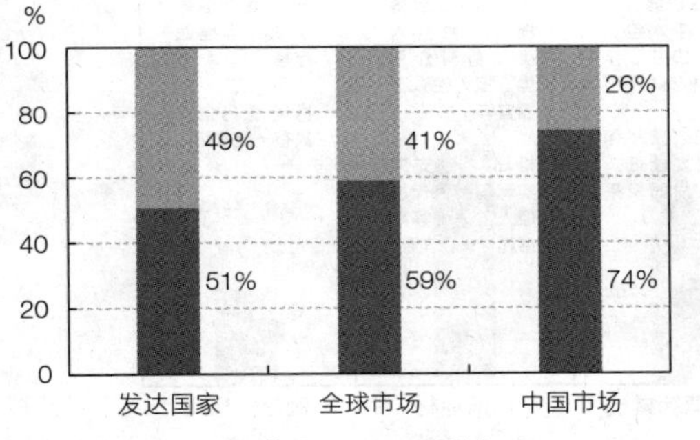

资料来源：Wind。

图14　全球和中国药品器械比情况

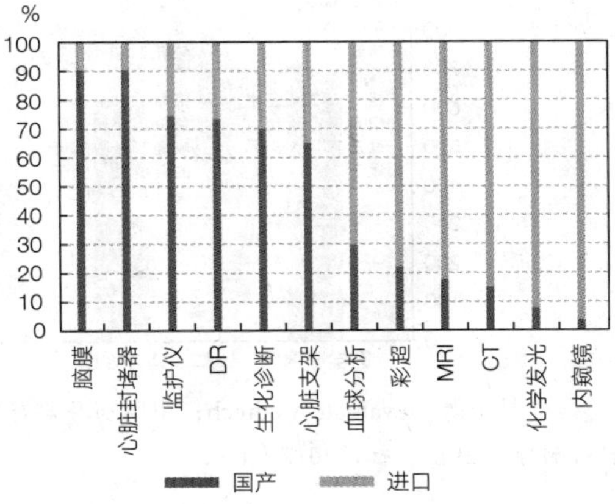

资料来源：Wind。

图15　我国主要医疗器械国产及进口占比

根据《国产医疗设备成熟度调查与分析》结果来看，产品市场占有率与国产医疗设备的成熟度呈正相关关系。大部分国产影像类设备集中在中低端，产品市场占有率较低，相关赛道处在导入期、成长期，如DSA、口腔CT、乳腺断层摄影合成系统、共聚焦内窥镜、数字乳腺机、数字肠胃机、磁共振（MRI）等设备均被外资企业垄断，国产市场占有率不足10%，未来产品竞争力将随着技术成熟度提高而增加。

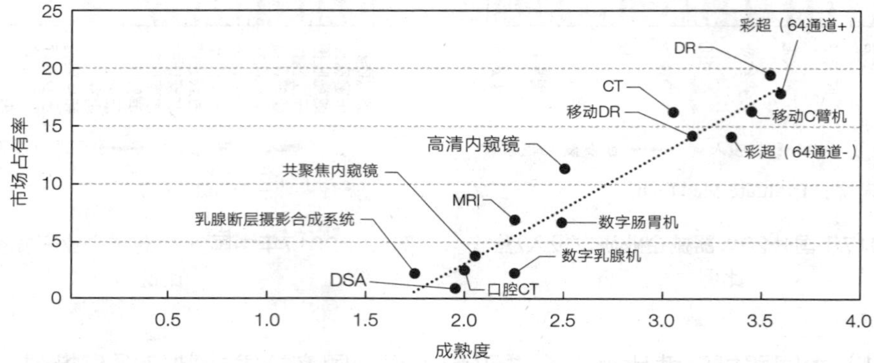

资料来源：汪黎君，毕帆，张力方，钱建国，曹少平，李斌．国产医疗设备成熟度调查与分析 [J]. 中国医疗设备杂志，2015（5）.

图16　国产设备成熟度与市场占有率相关关系

诊断类器械领域医学影像学、IVD（体外诊断）合计的中国市场规模达1 300亿元，市场份额达30%，随着自主创新技术的提高、产品核心竞争力的增强，国产品牌将不断渗透，拉动行业增长。根据2017年医疗器械细分领域的统计情况来看，医学影像学市场规模约为708亿元，高端设备由进口垄断，国产品牌逐渐崛起，像迈瑞、联影等已经在国内外取得一定市场地位；体外诊断市场规模约为620亿元，如生化、定性免疫等国产市场占有率已经较高，但高附加值的如定量免疫类、分子诊断等仍然大部分依赖进口。

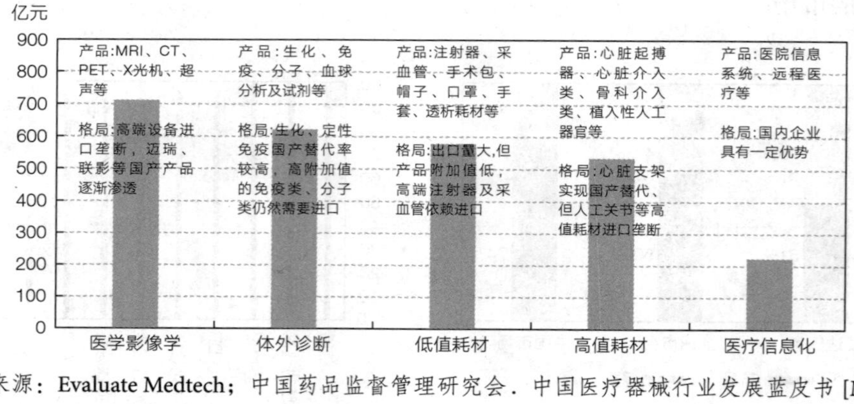

资料来源：Evaluate Medtech；中国药品监督管理研究会．中国医疗器械行业发展蓝皮书 [M]．北京：社会科学文献出版社，2017（1）.

图17　2017年中国医疗器械细分市场规模和竞争情况

（五）政策落地加速行业发展，二级及以下医疗机构成为国产设备进军阵地

政策支持优先审评、特别审批，加速推进国产替代进程。在“十二五”专项规划中，重点开发国产高端医疗器械，开启国产化的道路。在2016年，国家通过医疗器械优先审批程序，将符合国家重点专项、临床急需等的产品纳入优先审批的通道。2018年，国家颁布《创新医疗器械特别审查程序》，针对具有我国发明专利，技术上具有国内首创，国际领先水平，并且具有显著临床应用价值的医疗器械设置特别审批通道。

表1　国家对医疗器械支持政策情况

时间	政策	主要内容
2012年	《医疗器械科技产业“十二五”专项规划》（国科发技〔2011〕705号）	重点开发一批国产高端医疗器械，形成进口替代，自此拉开我国医疗器械国产化的序幕
2014年3月	《医疗器械监督管理条例》（国务院令第650号）	将原有的“先生产许可、后产品注册” 改为“先产品注册、后生产许可”，规定了生产企业在有医疗器械产品注册证的情况下，可以申请医疗器械生产许可
2015年5月	《中国制造2025》（国发〔2015〕28号）	要提高医疗器械的创新能力和产业化水平，重点发展影像设备、医用机器人等高性能诊疗设备，以及全降解血管支架等高值医用耗材
2014年6月	《医疗器械经营监督管理办法》（国家食药监局令第8号）	加强医疗器械经营监督管理，规范医疗器械经营行为，保证医疗器械安全有效
2015年3月	《关于开展首台(套)重大技术装备保险补偿机制试点工作的通知》（财建〔2015〕19号）	加快破解制约国产医疗设备发展应用障碍
2015年8月	《关于改革药品医疗器械审评审批制度的意见》（国发〔2015〕44号）	从改革临床管理、加快审批审评等6个方面提出指导意见，以促进药品医疗器械产业结构调整和技术创新，提高产业竞争力
2016年3月	《关于促进医药产业健康发展的指导意见》（国办发〔2015〕11号）	加强高端医疗器械等创新能力建设，建立并完善境外销售和服务体系
2016年5月	《国家创新驱动发展战略纲要》	研发创新药物、新型疫苗、先进医疗设备和生物治疗技术
2016年8月	《“十三五”国家科技创新规划》	国家科技实力和创新能力大幅跃升，国家综合创新能力世界排名进入前15名，迈入创新型国家行列
2016年10月	《医疗器械优先审批程序》	将符合国家科技重大专项、临床急需等情形的产品纳入优先审批通道
2016年10月	《“健康中国2030”规划纲要》	推动医药创新和转型升级，加强专利药、中药新药、新型制剂、高端医疗器械等创新能力建设
2016年12月	《“十三五”深化医药卫生体制改革规划》（国发〔2016〕78号）	提出要通过市场倒逼和产业政策引导，推动企业提高创新和研发能力，提高产业集中度，实现药品医疗器械质量达到或接近国际先进水平
2017年5月	《关于鼓励药品医疗器械创新加快新药医疗器械上市审评审批的相关政策》（征求意见稿）（国家食药监局公告2017年第52号）	鼓励创新药物和医疗器械的研发，对列入国家科技重大专项和国家重点研发计划支持的创新药物和医疗器械，给予优先审评审批
2017年10月	《关于深化审评审批制度改革鼓励药品医疗器械创新的意见》（厅字〔2017〕42号）	主要完善了药品医疗器械审批审评制度的体系和帮助创新型医疗器械企业精简了审批审评程序，鼓励了企业自主创新研发新型医疗器械
2018年1月	《接受医疗器械境外临床试验数据技术指导的原则》（国家食药监局公告2018年第13号）	明确表明要加强医疗器械产品注册工作的管理，进一步提高注册审查质量，鼓励医疗器械研发创新
2018年11月	《创新医疗器械特别审查程序》（国家药监局公告2018年第83号）	针对具有我国发明专利，技术上具有国内首创、国际领先水平，并且具有显著临床应用价值的医疗器械设置特别审批通道

资料来源：Wind。

各省份加速支持国产设备进院临床配置，对医院提出明确采购要求。自2017年起，各省市开始密集出台器械政策，据不完全统计，已经有13个省市推出相关政策，明确采购单位优先采购国产优质设备，大幅提高采购国产医疗设备的比例。

表2　自2017年起各省份国产器械支持政策

省份	主要内容	政策
浙江	采购本省生产大型设备可以先购买后补配置证，除183项器械允许采购进口外，其他都必须使用国产设备，拟到“十三五”末，全省医疗机构采购国产医疗设备比例翻一番	—
四川	明令要求二甲及以下医院（或单位）93种医疗设备使用国产，三甲医院用于大型复杂手术、科研的允许购买进口产品，其余必须购买国产产品	《四川省财政厅关于公布2018—2019年度省级政府采购进口产品清单的通知》
广东	明确50家医院必须购买国产设备，占比为30%；广州将严格控制公立医院床位规模、建设标准和大型医用设备配置，鼓励优先购置国产医用设备	《广东省2017年乙类大型医用设备配置审批》《广州地区公立医院综合改革实施方案》
上海	上海实施医疗器械注册人制度，并将率先在上海自贸区内试点；试点医疗器械范围包括境内第二类、第三类医疗器械，加速高端医疗器械本土生产	《试点工作实施方案》
黑龙江	医疗卫生机构采购医用耗材应综合考虑医用耗材品牌、品种、数量、价格及供应企业提供的真实、有效的参考价，鼓励采购国产医用耗材	《黑龙江省医疗机构医用耗材集中挂网阳光采购实施方案》
湖南	公立医院有限配置国产医用设备，而且在耗材采购中不得自行采购高值耗材，在保证质量的前提下，鼓励采购国产高值医用耗材	《湖南省深化医药卫生体制综合改革试点方案》
四川泸州	到2020年，泸州市医疗机构的国产大型医用设备所占比重须达到配置总数的40%	《泸州市区域卫生规划（2016—2020年）》
河北	公立医院优先配置国产医用设备，在保障医疗质量的前提下，优先采购和使用国产医用耗材	《关于进一步深化公立医院综合改革的指导意见》
山东	坚决支持采购国产医疗器械，进口设备严格审批	《2018年山东省政府采购进口产品目录》
安徽	国产药品和医疗器械能够满足要求的，政府采购项目原则上须采购国产产品，不得指定采购进口产品，不得设置针对性参数	《促进医药产业健康发展实施方案》
湖北	把“未获得财政部门核准采购进口产品，或经核准后限制国内产品参与竞争的”列入其中	《湖北省政府采购负面清单》
辽宁	明确“鼓励优先使用国产产品”	《辽宁省公立医疗机构药品、医用耗材和医疗设备采购管理与考核细则（试行）》
福建	只有列入清单中的221种医疗设备省级政府允许采购进口，其余均需采购国产	《2018—2019年福建省省级政府采购进口产品清单》

资料来源：Wind。

随着分级诊疗政策逐步落地，二级及以下医疗机构已经逐渐成为国产替代与医疗器械更替的重要市场。根据《中国制造2025》的医疗领域阶段目标来看，在2020年、2025年、2030年县级医院国产中高端器械市场占有率分别达50%、70%、95%。根据在县级综合医院的常用大型设备配备现状/常用大型医疗设备配备标准比例统计情况来看，MRI、DR、彩超配置比例相对较低，超声诊断、生化分析、CT相对来讲配置比例已经达到较高水平。

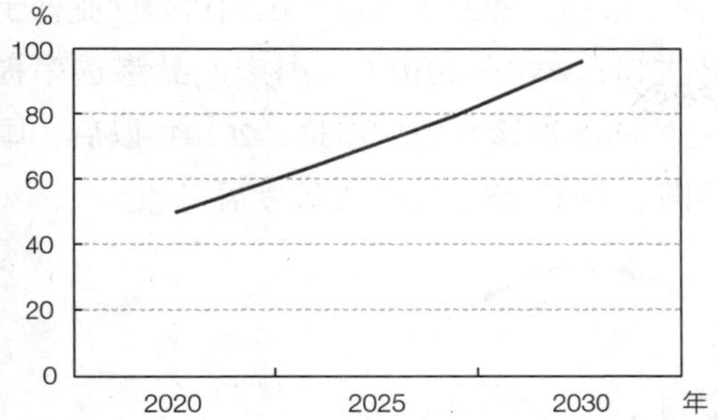

资料来源：国务院：《中国制造2025》。

图18 县级医院国产中高端医疗器械占有率阶段目标

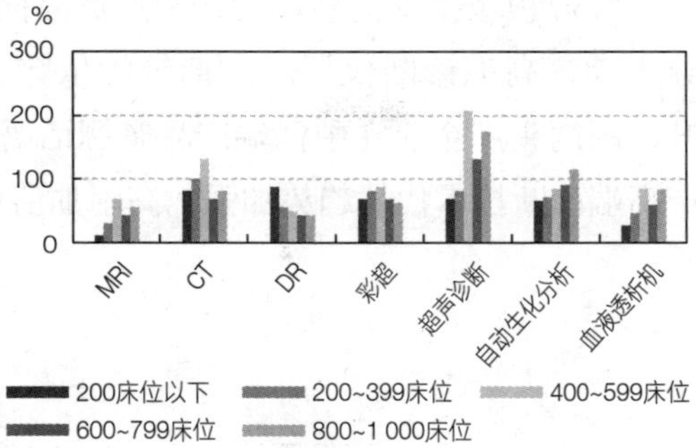

资料来源：卫生部办公厅：《县级综合医院主要医疗设备装备品目》。

图19 县级综合医院常用大型设备配备数量与配备标准数量比

根据我国主要医疗器械国产及进口占比情况来看，内窥镜、化学发光、CT、MRI、彩超等国产份额均不足30%，将有望成为国产替代的重点领域。

二、化学发光：主流免疫诊断领域

（一）体外诊断高速发展，二级及以下医疗机构成为主要国产渗透市场

体外诊断（In Vitro Diagnosis，IVD）目前已经形成了微生物诊断、生化诊断、免疫诊断、分子诊断等检测手段，其中免疫诊断已成为主流体外诊断手段。根据《生物产业技术》统计情况来看，2009—2016年，中国体外诊断行业的市场规模由108亿元增加到369亿元，年均复合增长率为19.2%，其中免疫诊断市场规模约为140亿元，市场比例为38%。

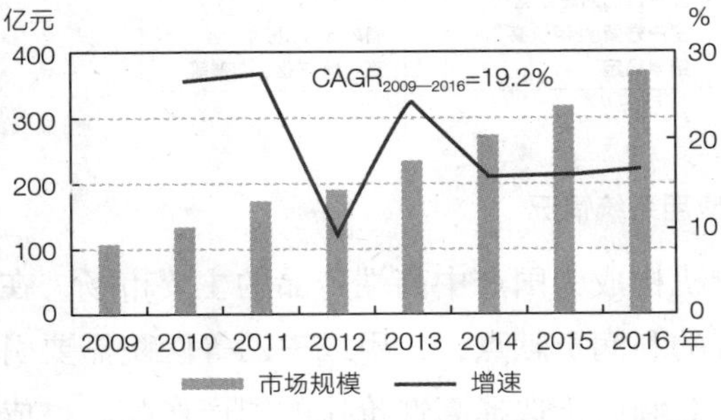

资料来源：袁银池等．体外诊断试剂研发及市场发展概况[J]．生物产业技术，2017（4）．

图20 我国体外诊断行业市场规模与增速

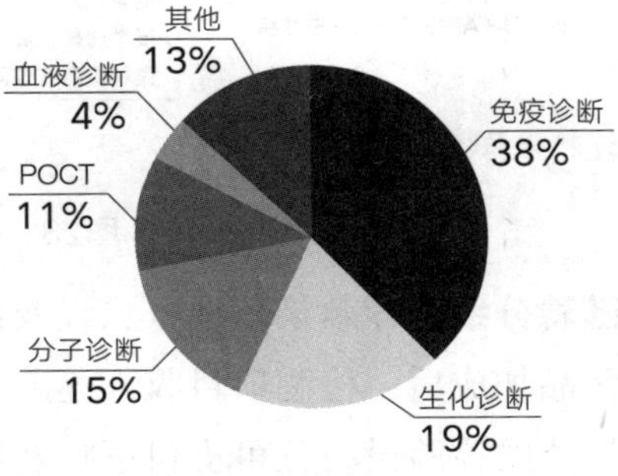

资料来源：中国医药工业信息中心：《中国医药健康蓝皮书》，2018。

图21 2016年中国体外诊断细分市场占比

细分领域技术更新换代，国产产品向高端领域渗透。2001年以前，国内IVD行业处于导入期，高端诊断仪器、试剂等均依赖于国外进口；2001—2010年，国产产品渗透率提升，国内头部企业在中低端产品掌握话语权，开始向高端诊断领域渗透；2010年以后，国产高端诊断技术代替趋势加强，高附加值免疫诊断、分子诊断、POCT等发展迅速。

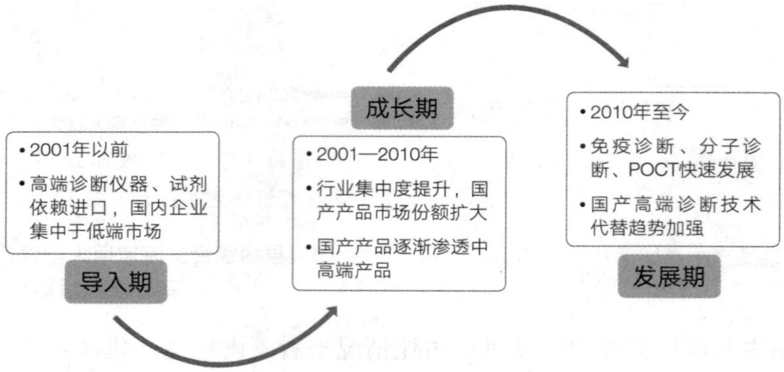

资料来源：Wind。

图22　中国体外诊断发展情况

封闭系统的应用可以获得更高的客户依赖度与毛利率，因此封闭系统将是行业发展的最佳选择。对比在体外诊断产品的开放系统，封闭系统只能是仪器、试剂单一配套使用，检验结果以定量形式稳定地给予客户，该系统的技术壁垒较高，因此检测费用相对较高，封闭系统的盈利点侧重于诊断试剂等耗材的销售。

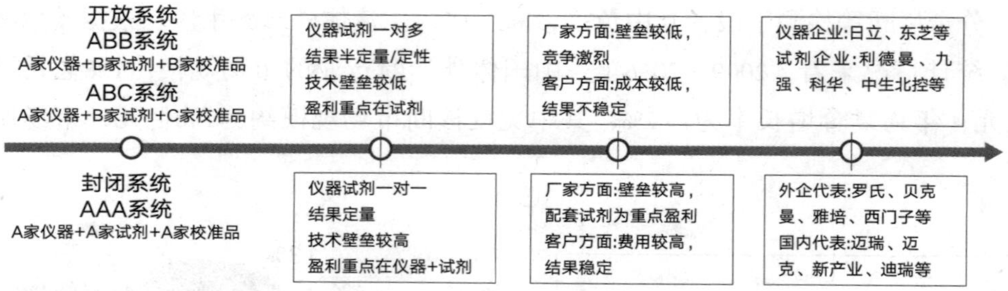

资料来源：小桔灯网。

图23　体外诊断应用系统情况

随着分级诊疗政策落地，二级及以下医疗机构成为国产中高端产品的主要市场。在取消药品加成后，检测项目收入逐渐成为医院的利润贡献点，二甲或三乙等医院需要引进高性能的检验设备且可支付医疗费用有限，会倾向于选择高性价比的国产产品，也成为国产中高端产品主要竞争的市场；一般基层医疗机构需要建设检验中心，满足基本的临床基础检验，因此对中低端检测产品有较大需求。至于三甲医院对设备精确性要求较高，倾向于选择进口器械，有较大客户黏性，因此国产品牌渗透率较低，需要企业从特定项目逐渐替代。

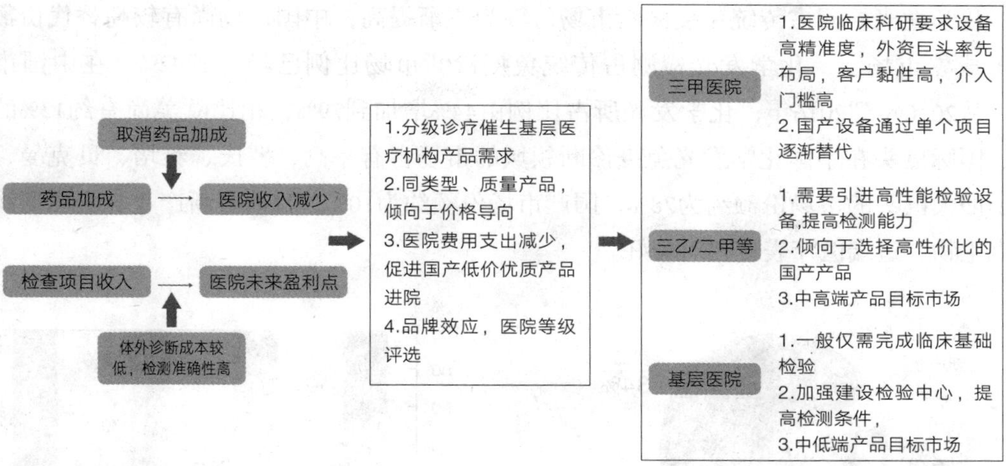

资料来源：Wind。

图24 中国体外诊断产品发展动力

（二）高附加值化学发光取代率不断提高，国产性能追平进口高端仪器

免疫诊断历经半个世纪的发展，形成五代技术更替，其中化学发光免疫诊断灵敏度高、特异性好、操作简便，已基本取代传统免疫诊断手段。自1960年以来，放射免疫诊断、胶体金、酶联免疫、时间分辨荧光、化学发光陆续上市。其中，胶体金具有快捷简便、稳定性好的特点，广泛应用于临床；酶联免疫由于成本较低、试剂稳定易得，便于大规模检测，是传统免疫诊断主流方法，国产市场占有率较高，但是两种检测方式灵敏度、准确性较低，因此逐渐被化学发光取代，化学发光已经在各大中型医院普及。

	20世纪60年代	20世纪70年代		20世纪80年代	20世纪90年代
技术类别	放射免疫	胶体金	酶联免疫	时间分辨荧光	化学发光
技术原理	放射性同位素标记抗原/抗体，形成可定量测定的放射活性的信号	氯金酸与还原剂作用，聚合成金颗粒，借助静电作用形成胶体	将抗原/抗体进行特定酶标记，根据颜色反应进行定性/半定量分析	通过长效荧光稀土金属标记，利用激发光延后时测量光强度	抗原抗体杂交，通过发光促进剂作用测定光子数量
优势	灵敏度高、特异性好、精确定量	快捷简便、稳定性好	试剂易得、成本较低、性质稳定、便于大规模检测	灵敏度高、精确性好	灵敏度高、特异性好、操作简单快捷、全自动封闭系统
劣势	试剂不稳定性、放射性危害大	灵敏度较低	灵敏度和准确度较低、操作时间较长	检测流程复杂、抗干扰性差	成本较高
现状	已淘汰	广泛用于临床急诊、监护病房等即时检验	免疫领域主流方法、国产产品市场占有率较高	使用较少	已经在大中医院普及

资料来源：体外诊断网。

图25 免疫诊断方法技术升级情况

化学发光检测占传统免疫诊断市场份额为逐渐提高，中国市场尚有较高替代份额。欧美成熟市场上，化学发光检测占传统免疫诊断市场比例已经达到92%，在中国市场上，从2010年到2016年，化学发光所占比例由44%增加到79%，相比欧美尚有约13%的差距。国际巨头在中国化学发光免疫诊断领域的市场占有率高，罗氏、雅培、贝克曼、西门子四大巨头的市场份额约为78%，国产市场份额约为10%，目前有新产业、安图生物、迈克生物、迈瑞医疗表现相对较好。

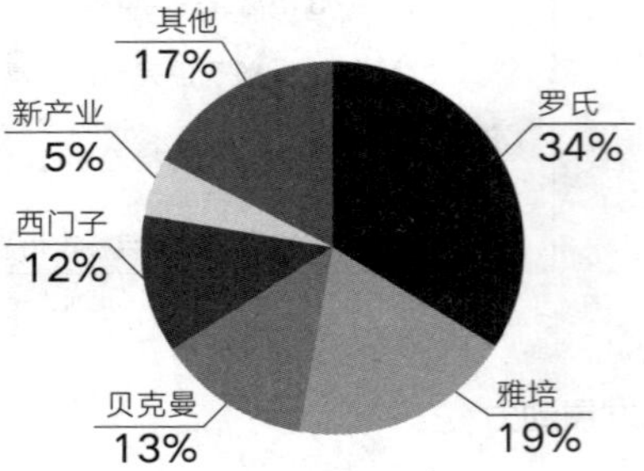

资料来源：Wind。

图26　2016年中国化学发光检测市场竞争格局

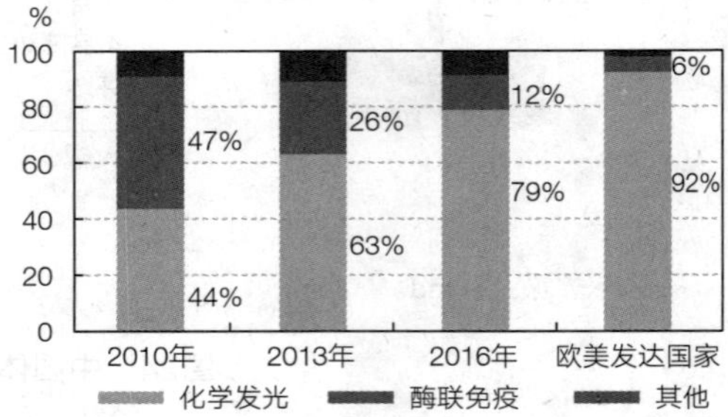

资料来源：McEvoy & Farmer。

图27　国内外化学发光检测占传统免疫诊断市场份额

通过比较国内外化学发光产品参数来看，国产仪器与进口产品的技术性能接近，已经具备足够的替代能力。通过检测速度、样本位、试剂位、检测菜单等几个关键参数对比，其中新产业产品的综合性能已经可以与罗氏、西门子、雅培相媲美，且国产机器在软件交互、仪器操作等方面也有优于进口仪器的地方。

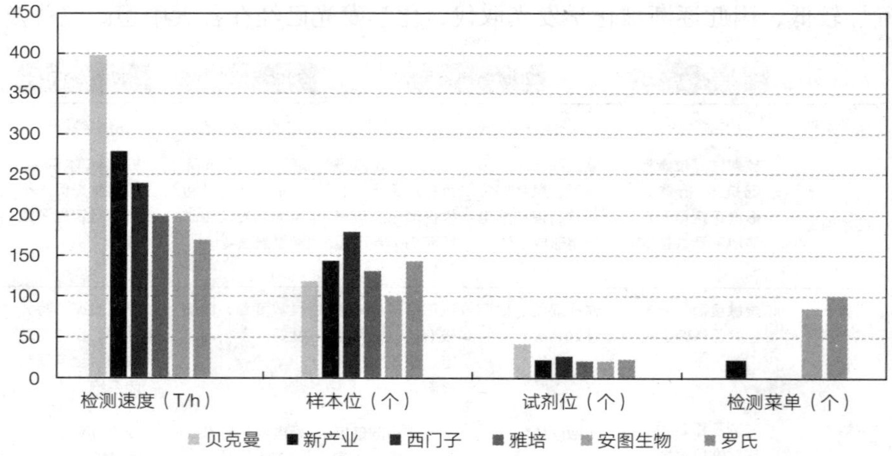

资料来源：图中各公司官网。

图28　国内外化学发光产品性能比较

根据对不同医院的需求特点，中国企业将以二级医院为主要战场，以低成本高性能的产品抢夺市场，同时逐步渗透三级医院。三级医院国产配置率为100%，但是进口仪器比例占有绝对优势，国外企业凭借全自动高端产品巩固三级医院市场，并不断将产品下移至二级医院。二级医院中的国产、进口仪器基本配置比例为1∶1，由于进口产品成本较高，二级医院的黏性不高，国产仪器将有望快速落地。一级医院中已经基本配置了国产仪器，但是配置率低于10%，且市场较为散乱，因此也是中低端国产产品竞争的市场。

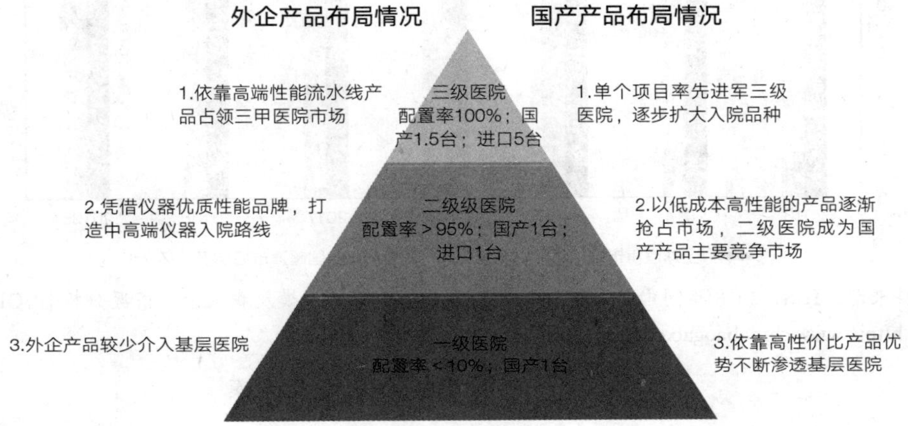

资料来源：Wind。

图29 国内外企业在细分市场的布局情况

三、彩超：加速发展的黄金领域

（一）中国彩超市场发展快于全球平均水平，外企垄断国内市场

彩超是通过利用超声多普勒技术和超声回波原理，同时进行采集血流运动、组织运动信息和人体器官组织成像的设备。2013—2017年，全球医用超声诊断设备市场规模由59亿美元增加到69亿美元，预计2019年市场规模达74亿美元，其间复合增长率为3.9%。2013—2017年，国内超声诊断设备市场规模由65亿元增加到84亿元，预计2019年市场规模达95亿元，其间复合增长率为6.5%。

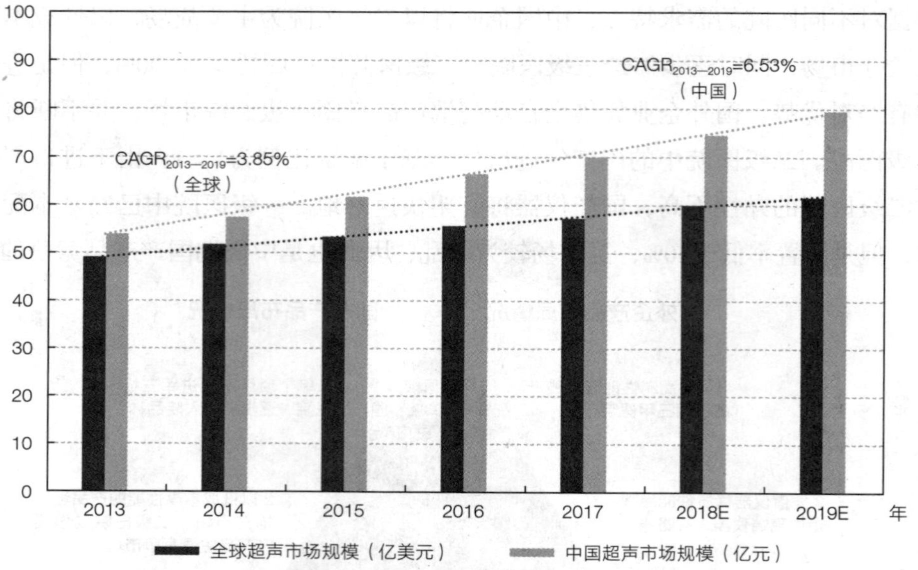

资料来源：HIS．2018年国内外彩色超声诊断系统行业市场规模及我国出口情况分析[R/OL]．中国报告网，http://www.chinabaogao.com/2018-05-17．

图30 2013—2019年国内外超声市场规模

民族品牌加速发力，以迈瑞为代表的国产高端彩超驰名海内外。在2017年全球市场中，通用、飞利浦、东芝、日立和西门子合计市场份额达75%，其中通用市场份额为25%，位列第一。另外，中国企业迈瑞市场占有率为5%，开立市场占有率为2%，分别位列第六和第十。国内市场上，通用、飞利浦、迈瑞、日立、西门子合计市场占有率为73%，其中迈瑞市场占有率为9%，位列第三，并呈现较快发展速度。

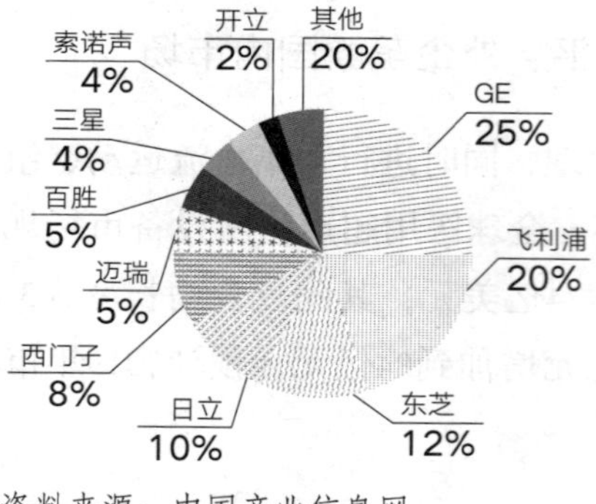

资料来源：中国产业信息网。

图31 2017年全球彩超市场竞争格局

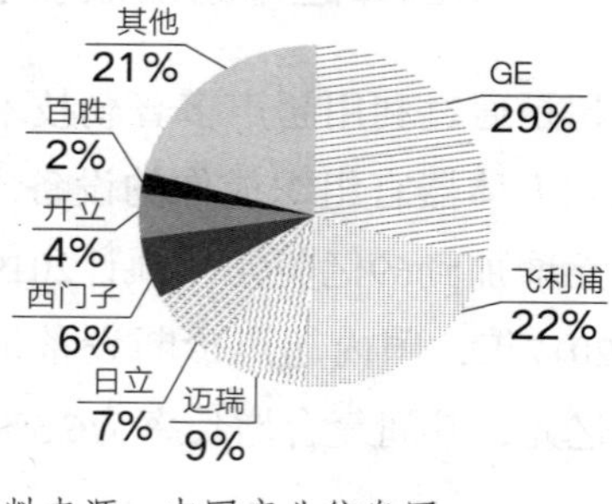

资料来源：中国产业信息网。

图32 2017年中国彩超市场竞争格局

（二）国产品牌持续发力，加速渗透中高端领域

中国彩超市场经历了20世纪50年代以后黑白超阶段、70年代以后彩超进口与国产阶

段、当前功能诊断阶段。其中，2004年首台国产彩超上市后，开启我国彩超市场的发展之旅。2004—2012年，外企品牌市场占有率由95%逐渐下降到75%，国产品牌已经由低端市场逐渐向中高端市场渗透，随着迈瑞、开立的产品上市，带动国产中高端彩超整体技术提升的同时，促使产品走向低成本化。

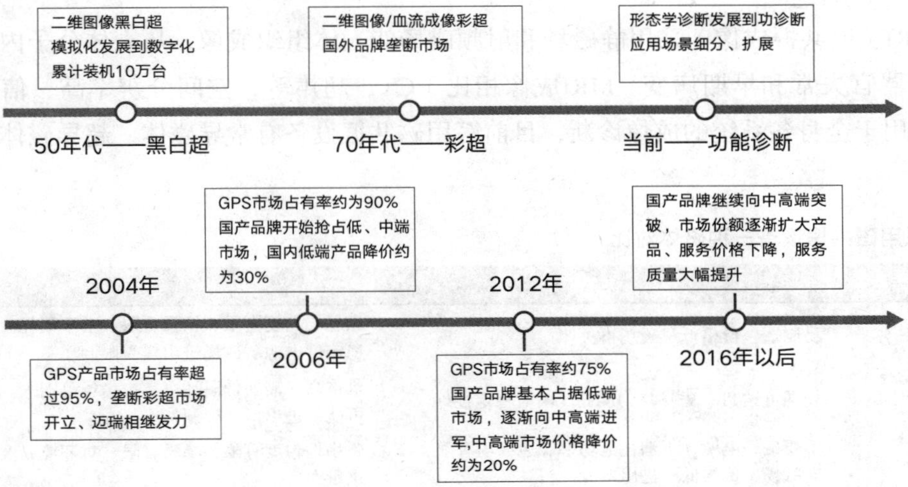

资料来源：中国产业信息网。

图33　中国彩超市场发展历程

中国彩超市场中高端产品依然有GE、飞利浦两大外企垄断，但迈瑞作为民族品牌，近年来已经在国内外市场占据一席之地。尤其是迈瑞推出的高端彩超已经得到海内外客户的认可，根据2018年的市场统计情况来看，迈瑞的彩超市场份额已经在三甲级医院不断放量，公司市场占有率在国内位列第三，在全球位列第六。

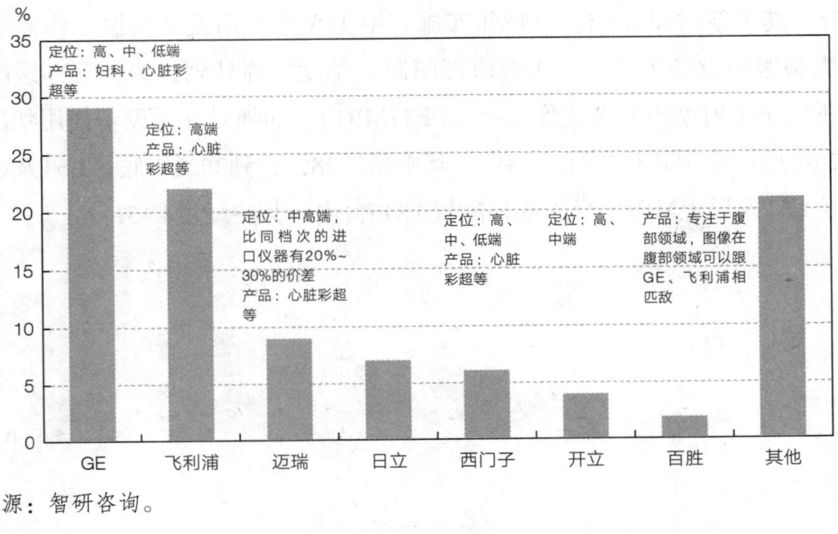

资料来源：智研咨询。

图34　2017年中国彩超市场竞争格局

四、MRI磁共振成像：国产替代重点领域

（一）MRI市场规模恢复高速增长，配置规划政策保障未来设备采购量

MRI（磁共振成像）采用静磁场和射频磁场使人体组织成像，从人体分子内部反映出人体器官失常和早期病变。MRI成像相比于CT、超声等，空间分辨率高、信息密度大，常用于全身各系统的成像诊断，目前医用磁共振设备有常导磁体、超导磁体、永久磁体。

表3　医用磁共振设备三种磁体对比

磁体类型	优点	缺点
常导磁体	易制造、价格低、磁场可关闭	磁场均匀度有限、场强有限、功率消耗大、需高稳定度电源、磁场进出口受限制
超导磁体	场强可达4T、磁场均匀度高、瞬时稳定性好	价格高、需要低温环境、边缘场范围大、有失超可能、进出口受限制
永久磁体	不要磁场电源、不消耗电功率、边缘场有限、横向磁场、价格低、进出口方便	磁场均匀度有限、场强有限、对环境温度敏感、重量大

资料来源：公众号 Medworld 器械世界：《医疗器械国外注册最全汇总》。

中国磁共振成像市场规模2017年实现49%的高速增长，未来采购量有望保持快速增长态势。最新研究显示，2015年全球磁共振成像系统市场规模达50亿美元，预计到2021年，全球磁共振成像系统市场规模将达75亿美元，其间复合增速达7%。2012—2017年，中国磁共振成像系统市场规模由53亿元增加到106亿元，其间复合增速为14.9%。根据《2018—2020年全国大型医用设备配置规划》，到2020年底，全国规划配置大型医用设备22 548台，其中新增10 097台，分3年实施，甲类大型医用设备根据工作需要按年度实施，乙类大型医用设备由省级卫生健康部门制定年度实施计划，为社会办医配置预留合理空间。正电子发射型磁共振成像系统（PET/MRI），加强对在用设备使用状况的跟踪评价，到2020年底，全国暂规划配置33台，其中新增28台；到2020年底，1.5T及以上磁共振成像系统（1.5T及以上MRI）全国规划配置9 846台内，其中新增4 451台。

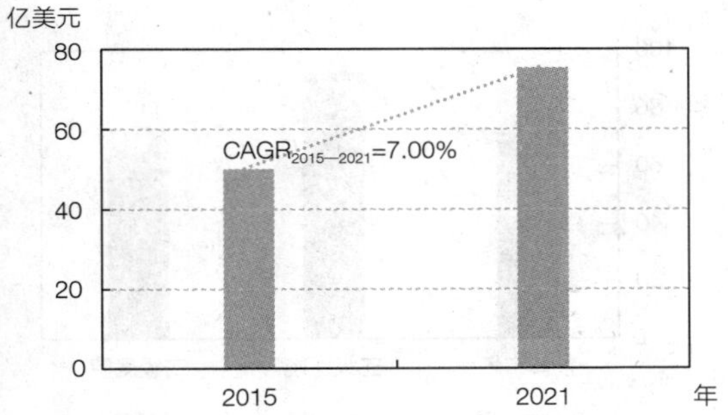

资料来源：Technavio。

图35 全球磁共振成像系统市场规模

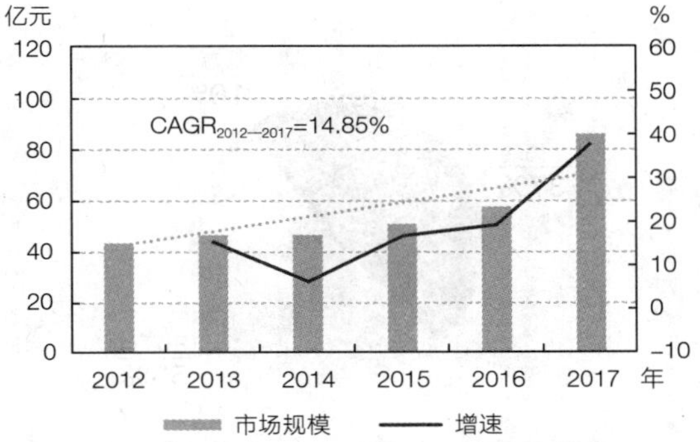

资料来源：公众号 medworld 器械世界：《2018全球医疗器械市场分析》。

图36 2012—2017年中国磁共振成像系统市场规模及增速

相比发达国家，我国医用磁共振设备人均拥有量水平较低，未来人均保有量将保持10%以上增长。2013—2017年，MRI设备市场保有量由4 376台增加到8 289台，其间复合增长率达17.3%。随着磁共振成像系统装机量的增加，我国每百万人口磁共振成像系统的拥有量由2013年的3.3台增加到2017年的6.2台，人均拥有量逐年提高。

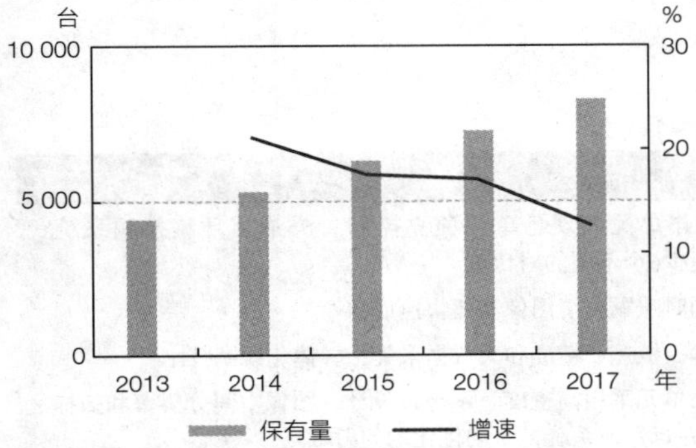

资料来源：中国医学装备协会：《2014年中国磁共振成像设备（MRI）市场发展分析报告》。

图37 2013—2017年中国磁共振成像系统市场保有量

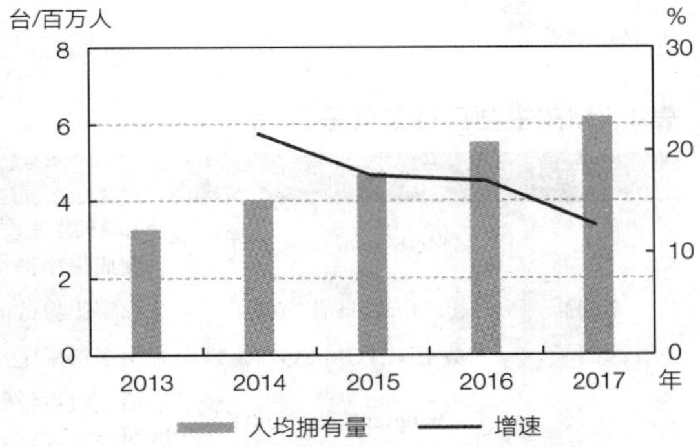

资料来源：公众号 Medworld 器械世界：《2018全球医疗器械市场分析》。

图38 2013—2017年中国磁共振成像系统人均拥有量

（二）MRI 国内市场由外企垄断，1.5T MRI 将成为国产替代的主要市场

我国医用磁共振设备产业起步较晚，目前中高端产品占比为90%，整体市场基本被三大外企垄断。根据市场统计来看，2017年我国医用磁共振成像设备的中端产品占比为53%，高端市场占有率为37%，低端产品市场占有率仅为10%。在全国整体市场及二三级医院中，西门子、GE、飞利浦的市占比均位列前三。

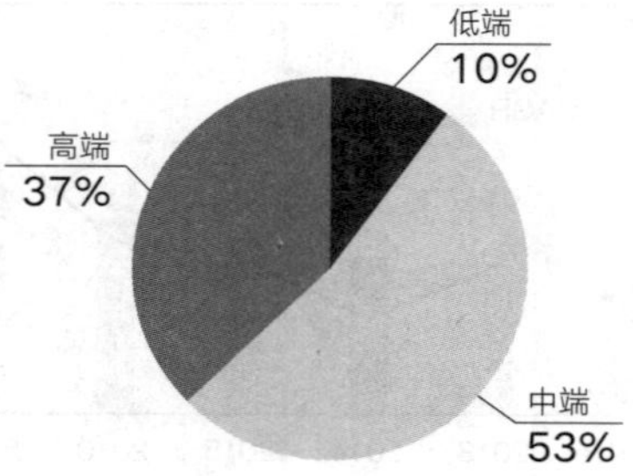

资料来源：公众号 Medworld 器械世界：《2018 全球医疗器械市场分析》。

图39 2017年我国医用磁共振成像设备产品市场格局

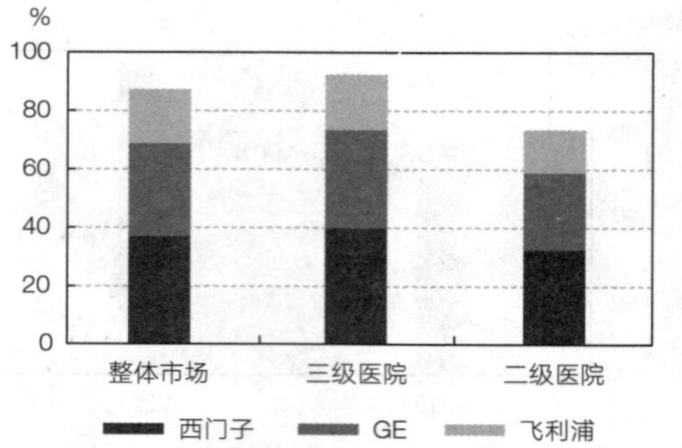

资料来源：《中国医疗设备》杂志社：《2018 年度中国医疗设备行业数据调查报告》。

图40 2018年中国各级医疗机构MRI保有率（10%以上企业）

国产产品主要以中低端为主，高端磁共振产品的核心关键部件的技术依然由国际知名品牌企业垄断，预计1.5T MRI将成为国产替代的主要市场。目前国产的超导磁共振生产厂家有东软、联影、万东、贝斯达、朗润、安科、奥泰等。除GE、飞利浦、西门子、东芝等外企推出3.0T MRI外，联影推出首个国产高端3.0T超导磁共振设备，贝斯达成为国内第二家拥有3.0T磁共振注册证的企业。联影、贝斯达将获得向高端市场进军的先发优势。

表4 MRI主要厂商及代表产品

厂商	代表产品	特点
CE	SIGNA Pioneer 3.0T	分布45组梯度工作单元实现各单元独立控制；65通道环绕射频系统；一次成像中提供至少6个不同的对比度
飞利浦	Ingenia Ⅱ 3.0T	全数字影像链能同时兼顾高清图像和超快速成像
西门子	MAGNETOM Skyra 3.0T	采用多层采集技术；极速、精准和大数据采集；一体化线圈技术
东芝	Vangtage Titan 3.0T	射频接收系统线圈单元采用高密度、不等距设计，图像空间分辨率和扫描速度明显提高；4源并行发射系统，自动优化均匀射频场
东软	NSM-S15P 1.5T	1.5T；16通道射频平台
联影	uMR 780 3.0T	融合主流磁共振成像加速技术的光梭成像技术，最高16倍超快速采集；0.5mm等体素超高清空间成像
	uMR 770 3.0T	国内首个唯一拥有全部自主知识产权的高端3.0T超导磁共振，具备动态磁场调节、多极射频发射技术
	uMR 570 1.5T	150cm短磁体设计；24通道射频平台；高密度线圈联合
	uMR 560 1.5T	16通道射频平台；150cm短磁体设计；高密度线圈联合
万东	苍穹i_Magnate 1.5T	采用数字光纤传输技术和8~32通道并行采集技术；移动扫描控制
朗润	SuperVan1.5T	MR核心控制部件以及控制技术均为自主研发，在1.5T上实现了肝脏脂肪的定量检测，颈动脉斑块成像技术
鑫高益	SuperScan-1.5T	更低的运行成本
安科	SuperMark 1.5T	高清弥散等全面的功能成像技术；更低的运行成本；短腔设计
奥泰医疗	EchoStar 1.5T	16通道射频平台及PPI并行采集技术，扫描速度及图像质量显著提升
	Centauri 1.5T	32单元“蜂巢”射频线圈

续表

厂商	代表产品	特点
贝斯达	Bstar 1.5T	1.5T；相控阵线圈；丰富的扫描序列
	Bstar 3.0T	第二家国产企业，全数字化，相控阵线圈，丰富的扫描序列，高级成像技术，零液氧消耗
开普医疗	Supernova 1.5T	16通道全数字化射频系统和相控阵接收线圈；采用光纤传输技术

资料来源：公众号 Medworld 器械世界：《2018 全球医疗器械市场分析》。

五、产业内上市公司情况

（一）迈瑞医疗（300760）：三大产品线并驾齐驱

公司业绩保持高速增长，化学发光与彩超均有亮眼表现。在2018年，公司实现全年营收137.5亿元，同比增长23%，实现归属上市母公司股东净利润37.2亿元，同比增长44%。公司监护仪产品在全球市场实现约20%的增长，其中高端监护仪增长接近40%，此外除颤、呼吸类产品增长超过40%。体外诊断类产品实现收入46.3亿元，同比增长23.7%，其中化学发光同比增长超过80%。医学影像类产品收入36亿元，同比增长22.6%，其中高端彩超取得国内顶尖医院的认可，填补了国产彩超在高端市场的空白。

三大产品线市场地位稳固，2019年全面加强产品研发。公司监护仪产品在全球市场占有率约为10%，排名第三位；在中国的市场占有率约为50%，排名第一位。麻醉剂在全球的市场占有率约为10%，在中国的市场占有率约为20%，均排名第三位。血球产品在全球市场占有率排名第三位，在中国的市场占有率约30%，与希森美康共同分享市场。生化产品在中国的市场占有率约为10%，排名第三位。化学发光产品在中国排名第七位，在全球还是较小。超声产品在全球市场占有率排名第六位，在中国的市场占有率约为10%+，排名第三位。

未来，公司将不断加强产品研发投入，增强公司核心竞争力。在临床监护上，增加新参数的研发，并围绕智能化开发相关系列产品；体外诊断方面，聚焦于生化、免疫自动化流水线，检验科智能化等；针对检测试剂，进一步满足临床需求，完善监测项目，重点开展基于临床需求的人工智能识别技术及智能化工作流提升等；扩大血球的国产领先优势，加强对医学影像学上扫描成像的研究，如实时三维成像、造影成像等，并开展研究基于大数据的智能化应用系统。

（二）迪瑞医疗（300396）：新老产品线共同发力

新产品有望持续发力，老产品升级带动新增长。六大系列产品可覆盖医院检验80%以上的项目，为推进全自动流水线检测实验室建设打好基础。2019年有望进一步收获已申报产品。其中，全自动妇科分泌物分析系统GMD-S600在2018年已经逐渐向市场投放了约50台仪器，客户反馈较好，预期GMD-S600替代“人工镜检+半自动干化学分析”的传统检测方式的速度逐渐加快，在2019年第一季度销量约为40台，全年产品投放数量将有望向200台的目标靠拢；全自动化学发光分析仪CM-180在2018年试点投放约10台，公司将不断丰富配套试剂种类以推动CM-180加速放量，在2019年有望再获批约30~40项免疫试剂，使免疫试剂种类总计拓展到70~80项，基本达到国内主流厂商试剂种类数量级。

同时，公司不断进行产品升级优化，加强原有试剂耗材对业绩的带动作用，如全自动尿液分析系统FUS-1000上市后，预期将持续拉动尿液分析仪器与试剂整体保持20%以上的增速；另外，新型号的血细胞分析仪性能提升，有效满足消费客户的应用需求，2019年也有望继续保持较好的增长态势。

半导体装备产业：

国产化前途光明

刘慧影　东兴证券电子行业研究员

一、半导体设备行业简介

作为半导体产业链的核心上游环节之一，半导体设备是芯片制造的基石，是整个半导体行业的基础和核心。近年来，由于半导体芯片的巨大市场需求和性能要求与日俱增，半导体设备被催促着不断发展以满足更高的行业需求，同时也在不断地印证着“一代设备，一代工艺，一代产品”的经验。

（一）半导体行业已进入高速增长期

需求强劲，半导体新一轮上升周期即将来临。随着人工智能、物联网、可穿戴设备和新能源等新兴应用带来的强劲市场需求，2013—2018年，全球半导体市场规模从3 056亿美元提升至4 688亿美元，年均复合增长率近9%，行业已经逐步走向复苏，即将迎来新一轮强劲的上升周期。

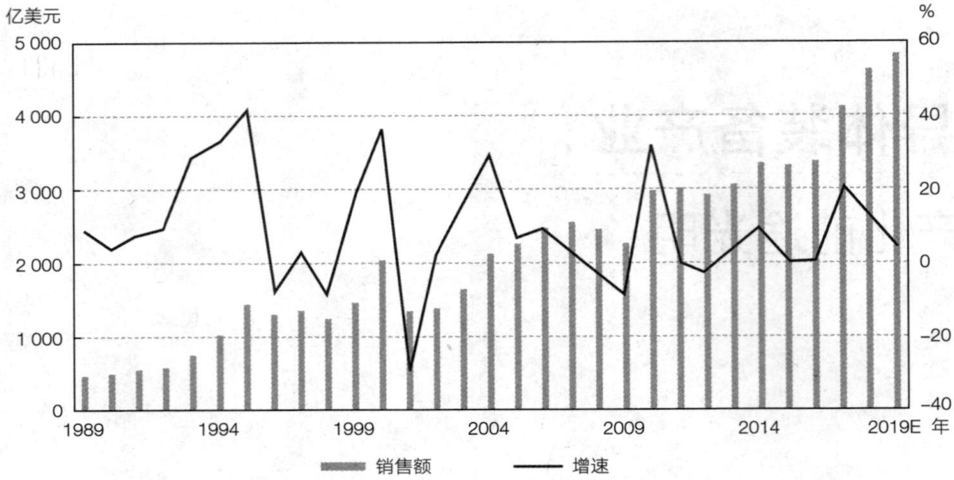

资料来源：中微公司招股说明书。

图1　全球半导体市场规模

半导体产品可按其功能被划分为四大类产品：集成电路、光电子器件、分立器件和传感器。根据WSTS数据，2018年集成电路是半导体产品最主要的门类，占总体半导体规模约为83.9%；同时集成电路也是增长率最高的门类，同比增速达14.6%。

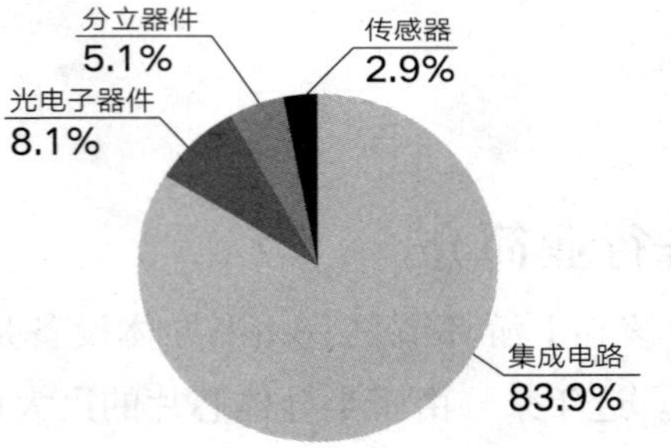

资料来源：中微公司招股说明书。

图2　2018年全球半导体销售额的产品结构分布

半导体行业景气度提升也带动了半导体制造设备市场的扩张。全球半导体设备销售额从2013年的约318亿美元增长至2018年的621亿美元，年均复合增长率约为14.33%，高于同期全球半导体市场规模增速。

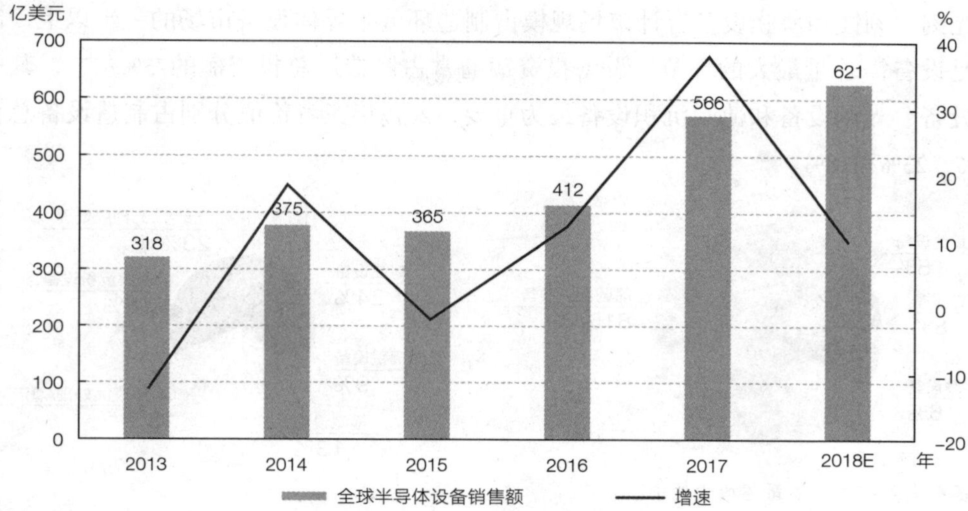

资料来源：中微公司招股说明书。

图3 2013—2018年全球半导体设备销售额及增速

（二）半导体设备种类多样，美日厂商市场占有率高

半导体产品种类繁多，涉及的工艺流程及相关制造设备也是多种多样。以最主要的半导体产品集成电路为例，工艺流程主要包括硅片制造、IC设计、IC制造和IC封测等，涉及单晶炉、光刻机、刻蚀机、薄膜沉积设备、离子注入设备、检测设备等多种关键设备。

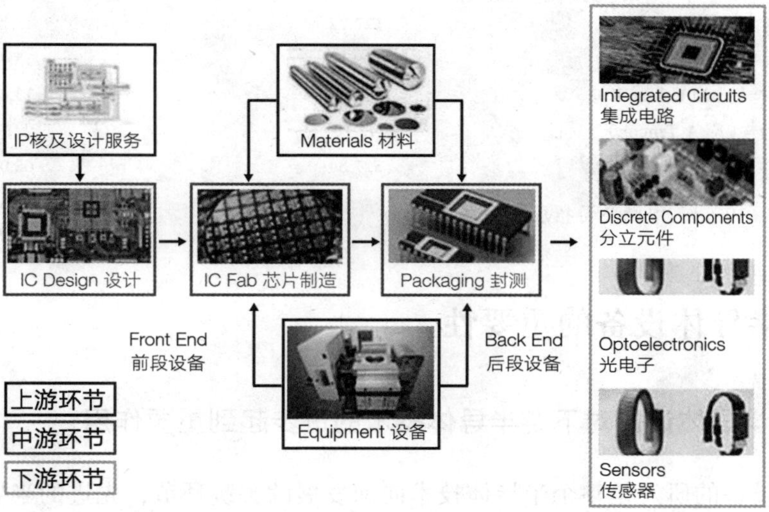

资料来源：中微公司招股说明书。

图4 集成电路生产流程

光刻、刻蚀和薄膜设备合计市场规模占制造环节半导体设备市场的一半以上。制造环节是设备需求量最大的环节，设备投资额通常占制造厂总投资额的75%左右，其中以刻蚀设备、光刻设备和薄膜沉积设备最为重要，2017年三者价值分别占制造设备总价值的24%、23%和18%。

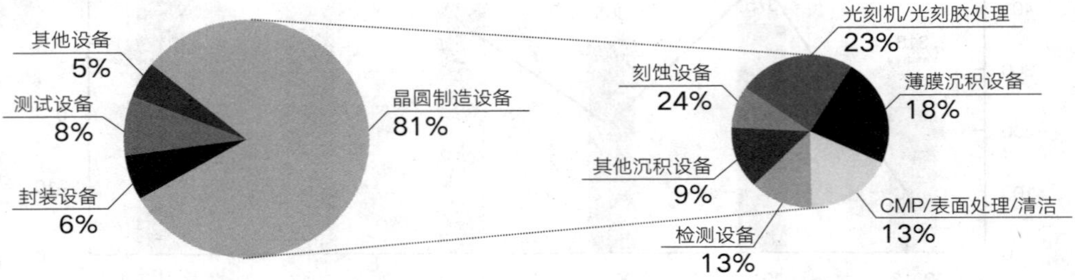

资料来源：中微公司招股说明书。

图5　2017年集成电路生产中各类设备价值占比

半导体设备市场主要由五大国外厂商占据，市场占有率高达65%。2018年，半导体设备行业营收最高的前五大公司分别为应用材料、阿斯麦、东京电子、泛林半导体及科磊半导体。这五家公司研发起步早，依靠着先发优势和技术优势，牢牢占据着较高的市场份额。其中，阿斯麦是光刻机设备的绝对龙头，科磊半导体主营检测设备，应用材料、东京电子和泛林半导体提供刻蚀机、薄膜沉积等其他关键设备。

表1　2018年全球前五大半导体设备公司设备相关业务营收及市场占有率

公司	2018年营收（亿美元）	市场占有率（%）
应用材料（AMAT）	140.16	17.27
阿斯麦（ASML）	127.72	15.74
东京电子（TEL）	109.15	13.45
泛林半导体（LAM Research）	108.71	13.40
科磊半导体（KLA-Tencor）	42.10	5.19
合计	527.84	65.05

资料来源：Wind、中微公司招股说明书。

二、半导体设备的重要性

（一）半导体设备对下游半导体技术的进步起到重要作用

半导体设备的研发是整个半导体技术向前发展的关键环节，先进的半导体制程技术是由半导体设备厂商与制造厂商合作开发出来的，如果一个国家的半导体产业链缺少设备环节，那么从技术上来说，永远会跟着别的技术走，没有可能走到半导体技术的前沿。

美国和日本作为半导体大国，在历史上的半导体发展计划中，设备厂商均有重要参与。1976年日本开始实施超大规模集成电路计划，有超过50家设备厂商参与到计划中，并成功帮助当时的日本超越美国成为全球半导体生产第一大国。被日本反超后的美国也迅速意识到，个别企业掌握的技术有限，半导体设备与制造厂商需要在相互交流中更加明确自身的研发方向，并在协同发展中开发出更好的产品。1987年美国国防部牵头英特尔、IBM及得州仪器等企业成立美国半导体制造技术科研联合体，促进半导体制造厂和设备厂的合作，该联合体共有约700名研发人员，代表着当时美国85%的半导体制造能力。

半导体设备企业在半导体技术的突破中起着决定性作用。制约半导体技术发展的往往是某些核心工艺步骤的实现，半导体设备企业通过实现核心步骤的突破推动整个半导体行业整体往前发展。半导体制造厂商极度依赖设备厂商的技术进步，光刻工艺的两次重大突破就是一个极好的例子。

20世纪，半导体技术走入了“瓶颈”，因为在光刻技术上以空气为介质时光束波长难以缩短到157nm以下。2004年，当时不知名的光刻机厂商阿斯麦（ASML）与代工厂台积电合作，成功研发了第一台浸润式光刻机，解决了这个难题。ASML也因此将光刻机的市场占有率从20%提高到80%，成为毋庸置疑的光刻机龙头。如今，14nm以下的光刻工艺需要用极紫外光刻来实现，为了加速极紫外光刻工艺的发展，2012年阿斯麦邀请英特尔共同参与极紫外光微影量产技术与设备的研发，英特尔投入41亿美元，获得15%的股权；随后，台积电和三星分别跟进投入14亿美元和9.75亿美元，以确保拥有之后的10nm、7nm制造技术。

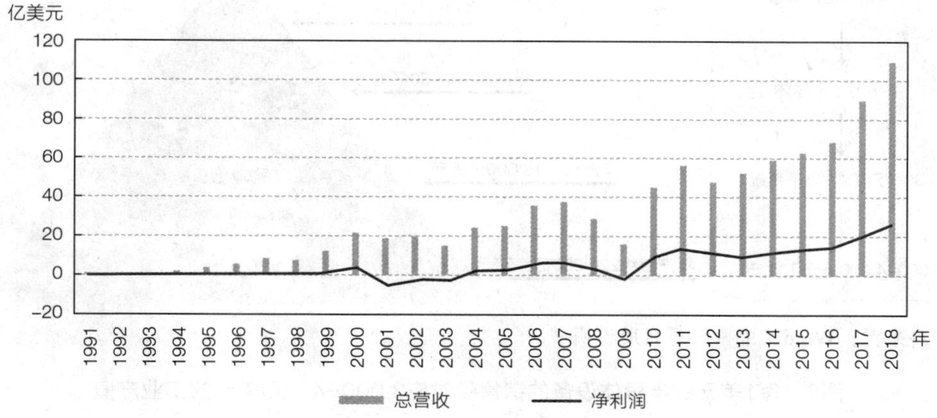

资料来源：Bloomberg。

图6　ASML历年总营收和净利润

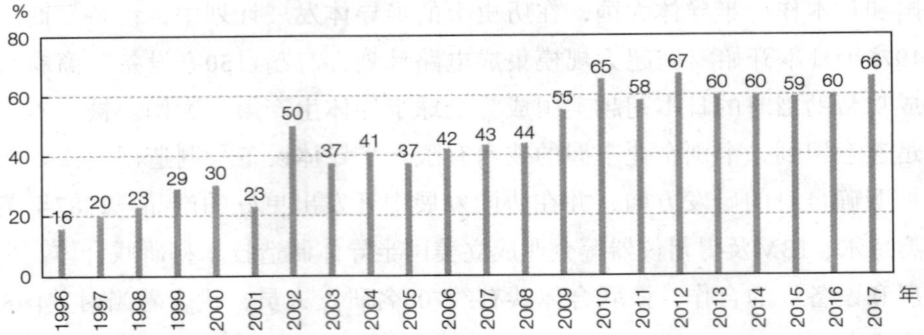

资料来源：Gartner。

图7　1996—2017年ASML光刻机按台数市场占有率

（二）半导体设备可以撬动下游数千倍产值的全球工业

半导体设备处于全球工业产业链的顶端。高端制造业的核心技术在于工业控制和自动化，半导体芯片是其中不可或缺的硬件产品，用于制造半导体芯片的半导体设备的重要性不言而喻。

美国半导体产业协会统计，2018年全球半导体设备和半导体产品销售额分别约为645亿美元和4 690亿美元。2017年全球工业增加值约为22.1万亿美元，其中制造业产值约为13.5万亿美元。虽然半导体设备本身的销售额只有几百亿美元，但以其为基础的全球工业产值可以达到几十万亿美元。按照这个比例估计，每年1美元的半导体设备的销售额将对应3 000~4 000美元的工业产值。

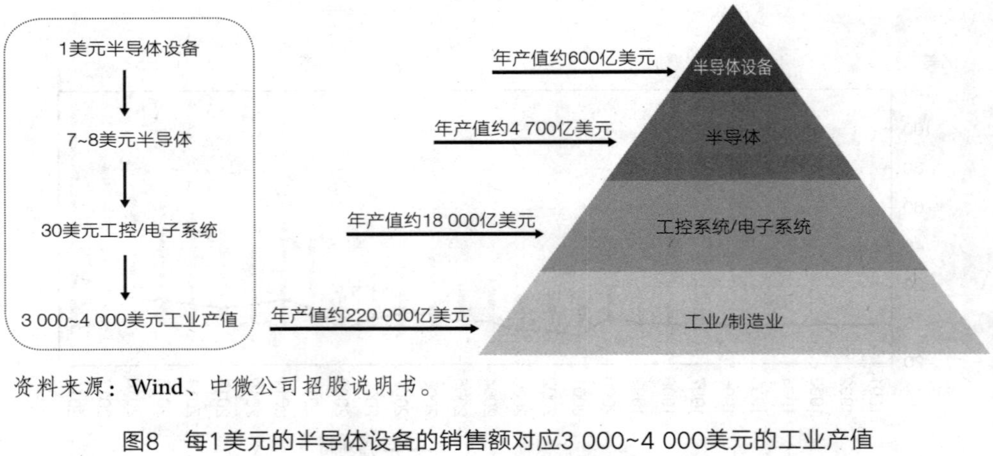

资料来源：Wind、中微公司招股说明书。

图8　每1美元的半导体设备的销售额对应3 000~4 000美元的工业产值

三、国内半导体设备公司与国外公司的区别

（一）我国半导体设备市场确定性强

集成电路诞生于美国，20世纪80年代全球半导体产业进入快速发展期。彼时半导体尚属于新兴行业，市场需求由行业本身技术更迭而创造，因此半导体市场未来的发展空间难以预测。

进入成熟期后，全球半导体设备公司失去了盈利的快速增长，转而受到周期影响明显。时至今日，半导体设备行业依旧在技术革新中创造市场增量，不确定性依然较大。

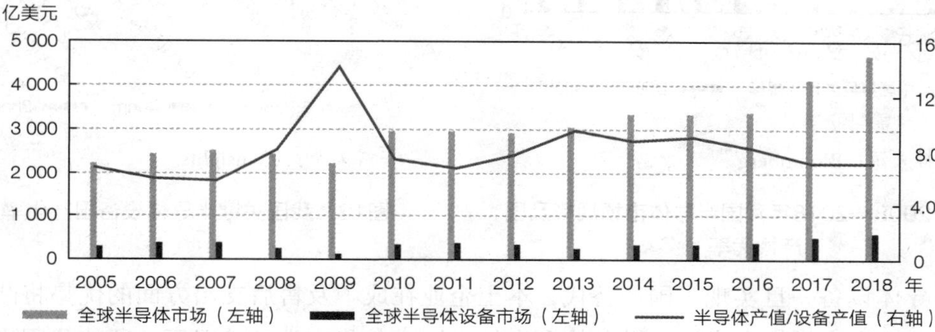

资料来源：Wind。

图9 2005—2018年全球半导体与半导体设备市场规模

我国半导体行业起步晚，但市场空间巨大。近年来我国半导体市场规模增长迅速，占全球市场比重逐年升高，2018年我国半导体市场规模达到1 550亿元，占4 688亿元全球市场的33%。

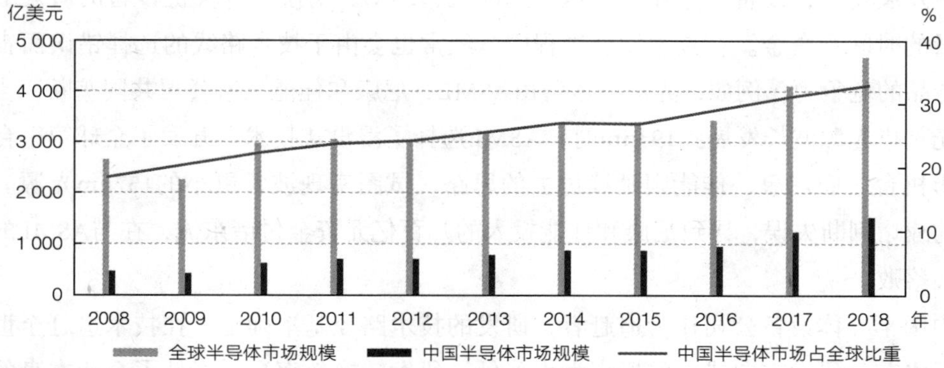

资料来源：Wind。

图10 2008—2018年全球和中国半导体市场规模及中国半导体市场占比

在巨大的市场需求面前：一方面，我国半导体产品自给率较低，2018年仅达15.35%，半导体行业国产替代需求强烈；另一方面，我国半导体设备进口依赖度较高，光刻机等关键设备依旧100%进口，在日益复杂的外部环境下，半导体设备的国产化需求更加迫切。

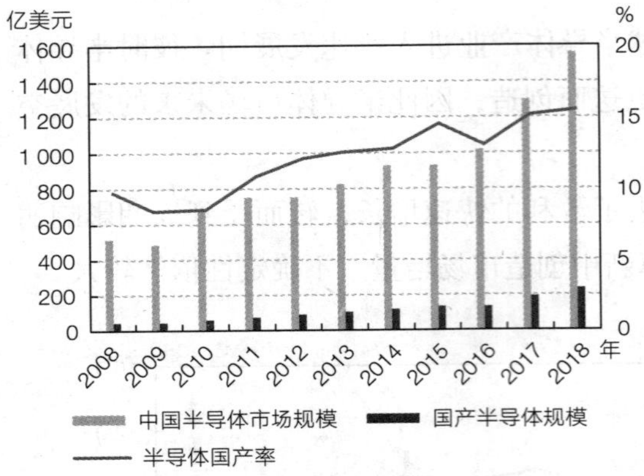

资料来源：Bloomberg。

图11　2008—2018年我国半导体市场规模及国产替代率

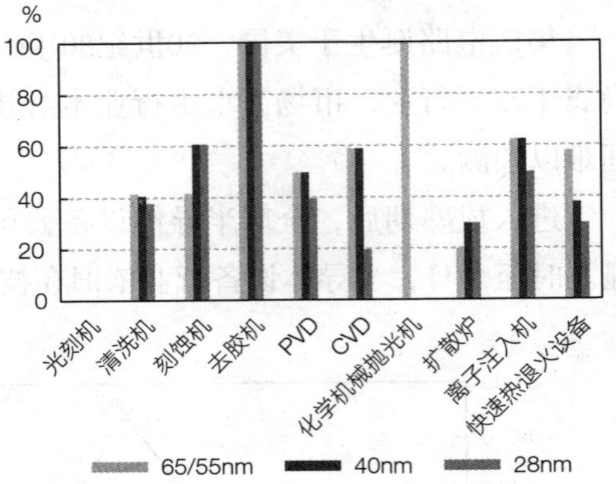

资料来源：IC insights。

图12　我国关键半导体设备国产化率

半导体设备一旦实现了国产替代，本土企业在成本及售后支出方面的优势将凸显出来。因此，在半导体和半导体设备均存在较大国产替代需求的情况下，留给我国半导体设备企业的是一个巨大并且确定的市场空间。

（二）我国半导体设备处于技术追赶阶段，研发的确定性更强

作为开创者，国外半导体设备公司在技术更替方面面临更大的挑战。

在发展初期，设备厂家在光刻机、刻蚀机、PVD、清洗机等关键设备的研发上耗费了大量的时间和资金。在技术发展过程中，经常也会由于技术路线的选择错误而丧失下一代产品的竞争力。例如，光刻技术曾由ASML、尼康和佳能三家公司共同垄断，当步进扫描光刻机光源波长发展到193nm时，ASML选择了浸没式技术，开发了全球第一台浸润式微影机台。而尼康、佳能则延续过去的思路，试图实现波长更小的157nm光源。这一技术的战略判断失误，导致尼康和佳能投入的几百亿元资金付诸东流，在与ASML的竞争中彻底落败。

中国半导体设备公司作为追赶者，研发的技术路径基本确定，在技术追赶至世界先进水平之前，研发方向错误的概率大大降低，研发转换效率高，降低了企业本身的风险和不确定性。

四、中国半导体设备行业机遇已经到来

（一）过去二十年，国内半导体行业发展缓慢

半导体设备行业发展需要良好的工业基础，过去二十年中国工业基础薄弱。半导体由于其巨大的研发资金投入以及前期所耗费的研发周期，导致其相关设备在金字塔最顶端。因此，发展半导体行业不仅需要持续的资金支持，还需要具备一定的工业基础。过去二十年，中国的工业基础处在及其薄弱的阶段，导致半导体设备行业发展缓慢。

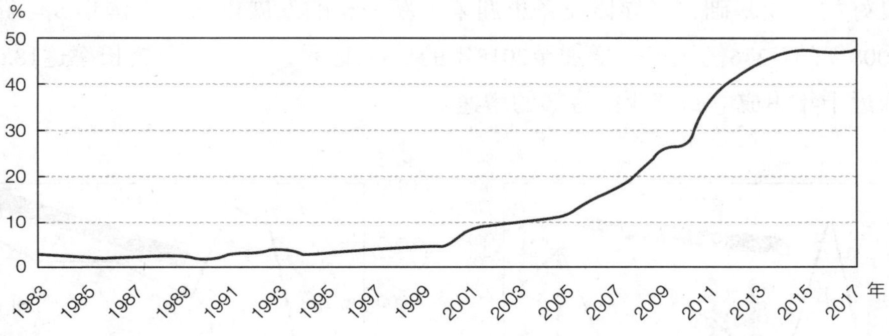

资料来源：Wind。

图13　1983—2017年中国制造业GDP全球占比

中国过去20年的半导体商业模式以晶圆代工模式为主，代工企业的商业模式不利于设备行业发展。晶圆代工厂往往受下游芯片设计公司牵制，芯片设计公司对于晶圆代工厂的设备具有认证的权力，导致晶圆厂产品高度定制化且重复度较少，难以具备规模效应。同时，晶圆厂更看重客户的满意度和产品的良率，更换设备频率也较低。这也构成了过去二十年国内半导体行业发展缓慢的另一个关键因素。

与晶圆代工模式相对的是IDM（垂直一体化）模式，即设计与制造等多个工序在同一家企业内完成。这种商业模式一般用来生产单一品种大批量的产品（如存储器）。IDM的商业模式使企业在前期技术跑通之后非常有意愿用成本低的新设备替代原有设备达到降本，从而使其产品有竞争力。

表2　IDM模式与晶圆代工模式对比

	IDM模式	圆晶代工模式
特点	垂直一体化	以代工形式为主
优点	多个工序同一企业内完成	主要代工厂完成
上新周期	短	较长
优势	内部整合优势，技术优势	重视用户满意度和产品良率
利润率	较高	高

续表

	IDM模式	圆晶代工模式
前提	一定技术积累和巨额资金支持	增加更换设备频率
下游现状	发展良好	受到下游芯片设计公司牵制
产品	芯片公司有验收认证产品能力	产品定制，重复率少，难形成规模效应

资料来源：电子工程世界。

（二）国产半导体设备迎来发展机遇

国内基础工业技术积累日渐雄厚，半导体金字塔已打好地基。具备了充足的资金、技术和良好的工业基础，半导体设备也迎来了新一轮的发展机遇。中国集成电路产业销售额从2008年的1 246亿元迅速增加至2018年的6 532亿元，年均复合增长率达18.01%，远高于全球近十年集成电路产业销售额的增速。

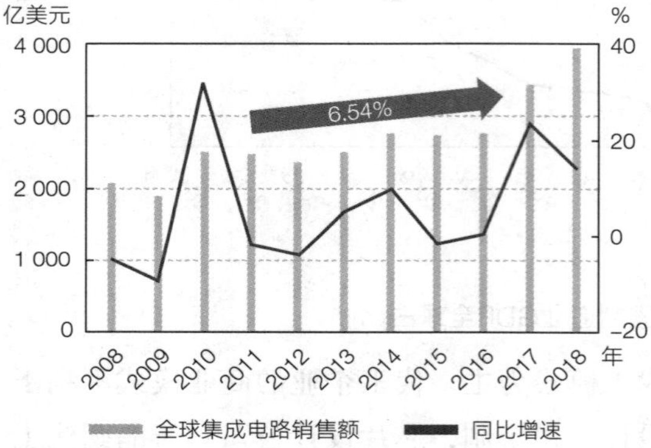

资料来源：Wind。

图14 全球集成电路产业销售额及近十年增速

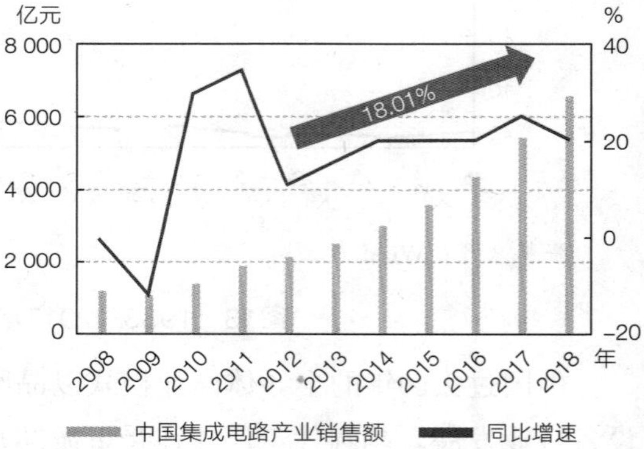

资料来源：Wind。

图15 中国集成电路产业近十年销售额及增速

中国半导体的商业模式由代工模式向对设备更友好的IDM模式转化。IDM为单一产品、大批量的制造模式，极具规模效应。在此商业模式下，一旦技术成熟，在降低成本趋势的推动下，大量采用国产设备是必然趋势，这为国产设备提供了海量机会。

LED芯片的商业模式及其类似芯片生产中的IDM模式，其生产中的核心设备MOCVD也是在不断降本的需求下快速实现了国产化。半导体行业的关键设备有望复制MOCVD设备国产化的路径，最终实现全产业链的国产替代。

未来五年我国的半导体设备投资均为IDM模式（如合肥长鑫、福建晋华等实现技术突破的存储器制造企业），受此带动，国内半导体设备投资额及全球占比呈逐年上升趋势。SEMI预测，2020年中国半导体设备投资额将超过170亿美元，占全球半导体设备投资额的23.72%，2015—2020年均复合增长率为28.34%。随着未来国产设备替代的比例逐步提升，中国半导体设备投资额将继续维持高增速。

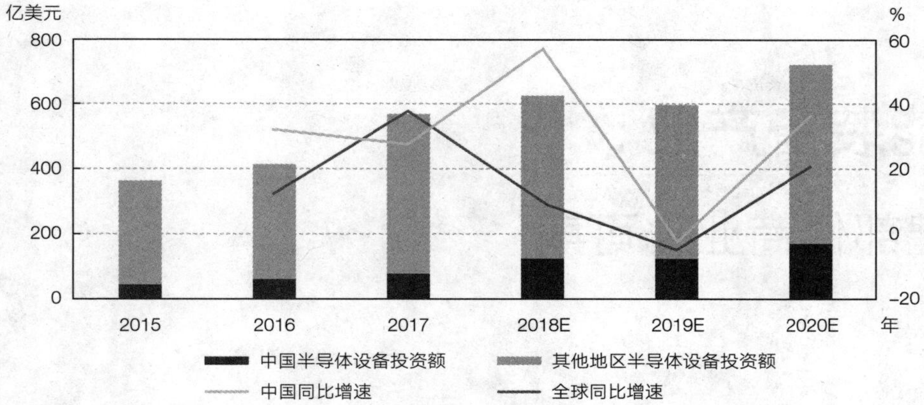

资料来源：SEMI．中国半导体设备支出同比暴增65%[J]．变频器世界．2018（6）：24.

图16　2015—2020年中国半导体设备投资额及全球增速

国产设备正在拥有越来越多的上线机会，这将为国产设备带来跨越式发展契机。随着设备国产化率逐渐提升和降本需求的日益迫切，半导体制造商为国产设备厂商提供了足够的设备磨合与提升空间，这也将促进设备国产化进程加速。

氢能装备产业：

关键部件商业化可期

樊艳阳　东兴证券机械行业研究员

一、燃料电池各产业环节初步进入商业化阶段

（一）燃料电池各产业链成本亟须压缩

燃料电池是燃料中的化学能通过电化学反应直接转化为电能的装置，单体电池主要有正负两个电极（燃料电极、氧化剂电极）及电解质组成。理论上燃料电池的能量转化效率可达90%，实际应用中一般可达40%~70%。燃料电池具有环境友好、能量转换效率高、燃料来源多样、低噪声等特点。

根据电解质的不同，可以将燃料电池分为质子交换膜燃料电池（PEMFC）、固体氧化物燃料电池（SOFC）、熔融碳酸盐燃料电池（MCFC）、磷酸燃料电池（PAFC）和碱性燃料电池（AFC）等。

表1 各类燃料电池主要情况一览

类型	燃料	发电效率（%）	工作温度（℃）	比功率（W/kg）	适用范围
质子交换膜	氢、甲醇、天然气	50~60	70~80	300~1 000	运输车辆、分布式发电、移动及备用电源
固体氧化物	氢、煤气、天然气	50~60	800~1 000	15~20	辅助电源、大型分布式发电
碱性	氢	60~70	约70	35~105	军事、航空、备用电源
熔融碳酸盐	氢、煤气、天然气	40~60	约650	30~40	分布式发电、电力设施
磷酸盐	氢、天然气	36~42	60~90	100~220	分布式发电

资料来源：EVCloud：《中国车用燃料电池产业年度发展报告（2018）》。

质子交换膜燃料电池以其能量密度高、无运动电机部件、低腐蚀、低运行温度、快速启动等特点优势，成为目前最适宜应用于车载领域的燃料电池系统，也被认为是最具备商业前景的燃料电池系统。

根据氟含量，可以将质子交换膜分为全氟质子交换膜、部分氟化聚合物质子交换膜、非氟聚合物质子交换膜、复合质子交换膜四类。

全氟质子交换膜最先实现产业化，产能主要集中在美国、日本、加拿大和中国。20世纪80年代初，加拿大巴拉德公司将全氟磺酸质子交换膜用于PEMFC并获得成功，之后全氟磺酸膜成为现代PEMFC唯一商业化的膜材料普通全氟化质子交换膜。

表2 全球质子交换膜企业及产品

企业	国家	产品	投产时间
杜邦Dupont	美国	Nafion系列	1966年
陶氏化学Dow	美国	XUS-B204	—
3M	美国	全氟磺酸离子交换膜系列	—
Gore	美国	全氟磺酸离子交换膜系列	—
旭硝子	日本	Flemion F4000系列，氯工程C系列	1978年
旭化成	日本	Aciplex F800系列	1980年
Solvay	比利时	Solvay系列	—
巴拉德Ballard	加拿大	BAM系列	1983年
东岳集团	中国	DF988、DF2801质子交换膜	—

资料来源：EVCloud：《中国车用燃料电池产业年度发展报告（2018）》。

从整个产业链条看，燃料电池汽车的推广和应用涉及面广，无论对车辆本身还是对氢的制备、储运、应用等，都有较高的要求。

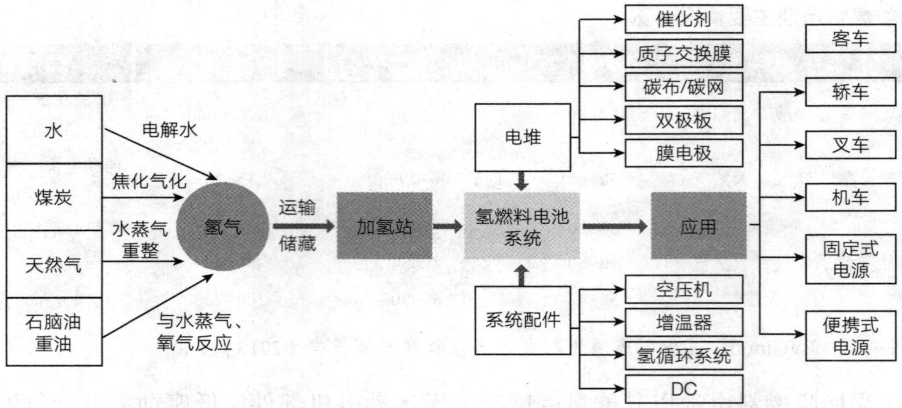

资料来源：EVCloud：《中国车用燃料电池产业年度发展报告（2018）》。

图1　燃料电池产业链一览

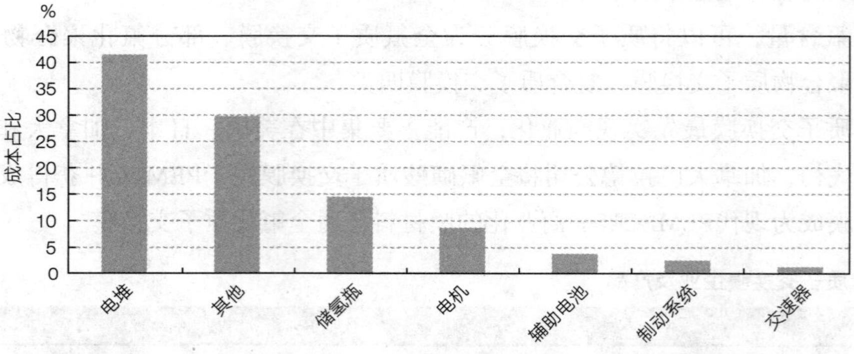

资料来源：刘宗巍，等．中国燃料电池汽车发展问题研究 [J]. 汽车技术．2018（1）．

图2　燃料电池整车成本构成

根据美国能源部对燃料电池汽车成本的系统分析，目前电堆及储氢瓶成本仍为燃料电池汽车的主要成本构成。电堆成本中，催化剂、双基板、电解质膜是主要的成本来源。

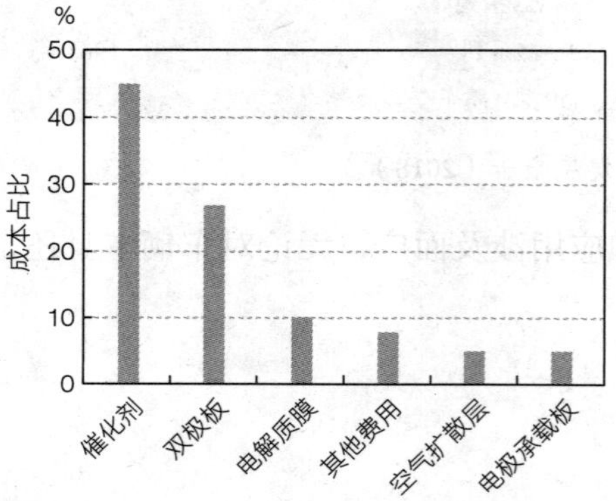

资料来源：刘宗巍，等．中国燃料电池汽车发展问题研究 [J]. 汽车技术．2018（1）．

图3　燃料电池电堆成本构成

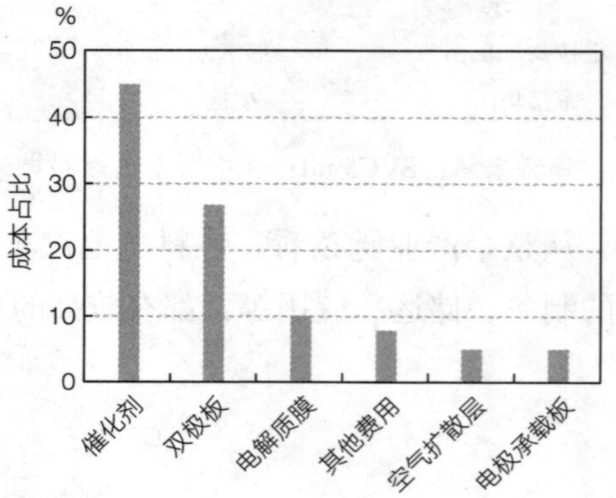

资料来源：刘宗巍，等．中国燃料电池汽车发展问题研究 [J]. 汽车技术．2018（1）．

图4　燃料电池成本构成

根据高工产研氢电研究所的数据，2018年氢燃料电池领军企业分别为巴拉德、国鸿氢能、松下、丰田、本田。考虑到国鸿氢能主要为引进巴拉德的技术路线，巴拉德及其相关公司为全球燃料电池电堆生产的主流。

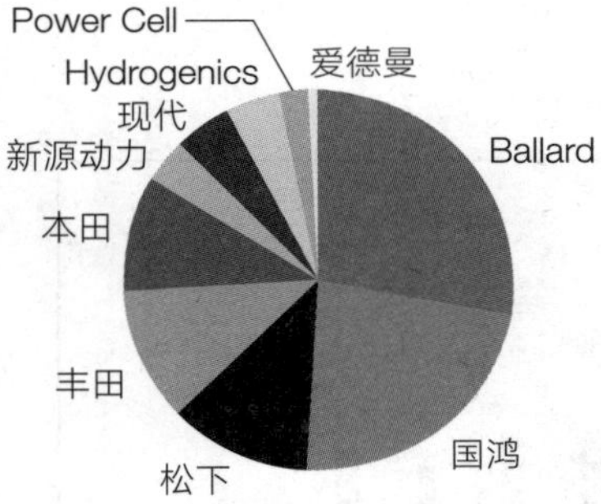

资料来源：高工锂电数据库：《2018年全球氢燃料电池电堆企业竞争格局分析》。

图5 2018年全球氢燃料电池电堆生产企业前十名

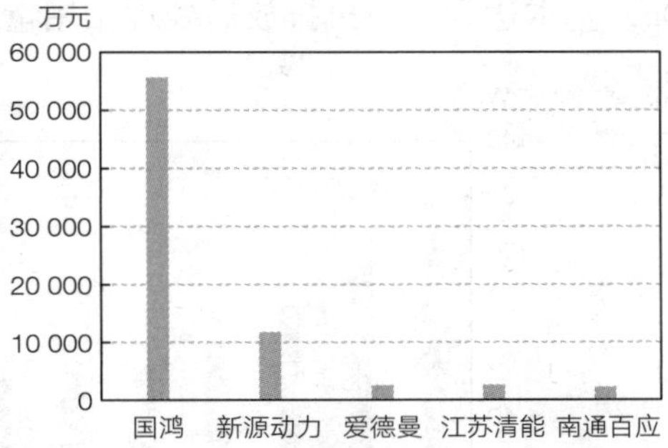

资料来源：高工锂电数据库：《2018年全球氢燃料电池电堆企业竞争格局分析》。

图6 2018年国内燃料电池电堆生产企业前五名

全球氢燃料电池电堆企业总数仍相对较少且规模普遍偏小，2018年Ballard的氢燃料电池营收为9 660万美元，约合6.47亿元人民币，同比下滑20%。Hydrogenics的燃料电池业务营收为1 558.8万美元，约合1.04亿元人民币。丰田的燃料电池电堆销售收入约为2.7亿元人民币，本田的燃料电池电堆销售收入约为2.3亿元人民币，现代的燃料电池电堆销售收入约为1.1亿元人民币。

（二）国外燃料电池技术进步明显，初步具备商业化条件

丰田Mirai的燃料电池电堆功率密度已经达3.1kW/L，较2008年的1.4kW/L提升了一倍。此外，国内车用燃料电池系统功率密度也已经达2.0kW/L，并掌握了-10℃低温启动技术。

表3 燃料电池国内外主要厂家技术差异

生产商家	额定功率（kW）	功率密度（kW/L）	低温启动（℃）	低温储存（℃）
Ballard	30/60	1.5	—	—
Hydrogenics	30	0.8	—	—
AFCC	30	—	-30	-40
丰田	114	3.1	-30	-40
本田	103	3.1	-30	-40
现代	100	3.1	-30	-40
大连新源动力	30~40（复合双极板）	1.5	-10	-40
	70~80（金属双极板）	2.4	-20	-40
上海神力	40/80（石墨双极板）	2.0	-20	-40
北京氢璞创能	20~50	—	-10	-40
国鸿巴拉德	30/60	1.5	—	—
弗尔赛能源	16/36	—	-10	—

资料来源：高工锂电数据库：《国内外燃料电池汽车核心零部件产业链概况——电堆及组件》。

从成本端来看，国外燃料电池系统规模化成本已经降至45美元/kW，接近40美元/kW的战略目标，根据DOE的规划，到2020年燃料电池系统成本降至40美元/kW以下，最终商用需要成本降至30美元/kW左右。此外，新一代的燃料电池发动机100kW铂用量小于10g，基本达到内燃机排放后处理铂用量水平。

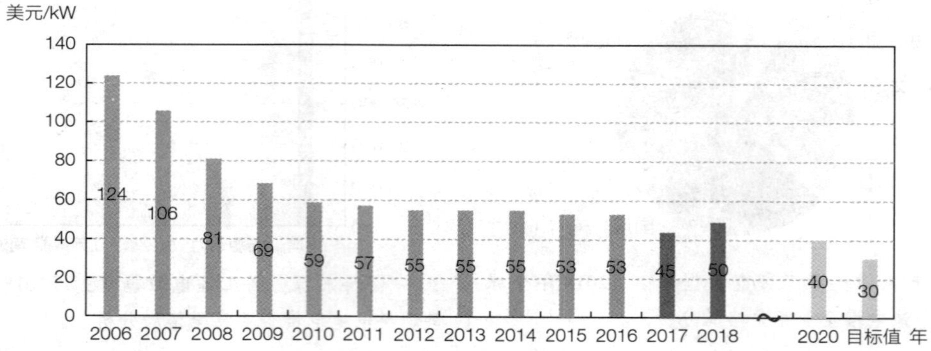

资料来源：EVCloud：《中国车用燃料电池产业年度发展报告（2018）》。

图7　燃料电池系统成本变化趋势

基于2020年的技术水平，在年产50万套80kW电堆的规模下，质子交换膜燃料电池系统成本可降低到40美元/kW（约合260元/kW），即80kW燃料电池汽车的电池系统总价约为2万元。而按照国际能源署的预测，2030年锂离子电池系统成本有望降低至100美元，同等水平的60kW·h动力电池车电池系统总价约为4万元。

表4　国内外燃料电池主要部件技术差距

技术分支	国际水平	国内现状
催化剂	铂载量达到0.19g/kW，0.15mg/cm²，已进入大规模生产阶段	铂载量约为1.1g/kW，0.6mg/cm²，仅有小规模生产
交换膜	技术水平较高，由均质膜向复合膜发展。进行了大规模生产、垄断	技术水平有差距，开发出复合膜，尚未量产
碳纸/碳布	已进入流水线生产	试生产阶段
双极板	导电率达到100S/cm，抗弯强度约为34MPa，成本控制在每千瓦5~10美元（33~66元人民币）	尚无实用化数据
膜电极组件	电流密度达到2.5~3.0A/cm²，动态工况寿命达到9 000h，成本控制在每千瓦16美元（105元人民币）	电流密度约为1.5A/cm²，动态工况寿命约为3 000 h，成本约为每千瓦2 000元人民币
电堆总成	体积功率密度3.0kW/L以上，轿车车载工况寿命2 500h以上，商用车车载工况寿命12 000h以上，总成成本每千瓦22美元（144元人民币）	体积功率密度约1.1kW/L，轿车车载工况寿命小于3 000h，商用车车载工况寿命约为12 000h，总成成本每千瓦5 000元人民币

资料来源：刘宗巍，等．中国燃料电池汽车发展问题研究 [J]．汽车技术，2018（1）．

燃料电池功率和储能单元彼此独立，增加能量单元对车辆成本和车重影响相对较小，氢燃料电池在重型交通领域相比锂电池具有更强的技术适应性。随着车重和续航的提升，燃料电池汽车成本将逐步接近甚至低于纯电动汽车。

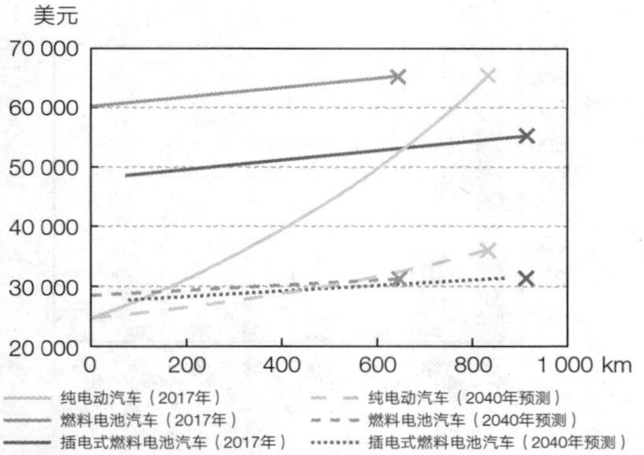

资料来源：刘坚，钟财富．我国氢能发展现状与前景展望 [J]．中国能源，2019（2）．

图8　轻型客运车辆燃料电池与其他技术路线成本对比

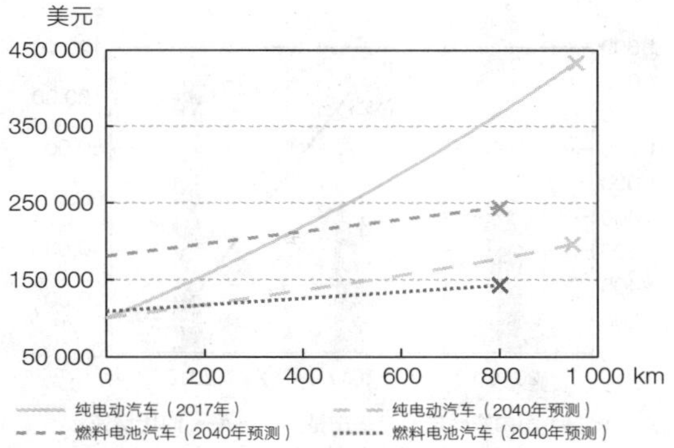

资料来源：刘坚，钟财富．我国氢能发展现状与前景展望 [J]．中国能源，2019（2）．

图9　重型货运车辆燃料电池与其他技术路线成本对比

从全球燃料电池出货量来看，近年来呈稳步提升态势。2017年全球燃料电池出货量达7.26万件，其中大部分为固定式（主要为燃料电池固定发电）应用，车辆领域成长迅速，有望成为未来主流的应用场景。

表5　全球燃料电池出货量　　单位：千件

年份	2012	2013	2014	2015	2016	2017
亚洲	28.0	51.1	39.3	44.6	50.6	56.8
北美洲	6.8	8.7	16.9	6.9	7.7	9.9
欧洲	9.7	6.0	5.6	8.4	4.4	5.1
世界其他	1.2	1.0	1.8	1.0	0.5	0.8
合计	45.7	66.8	63.6	60.9	63.2	72.6

资料来源：刘坚，钟财富．我国氢能发展现状与前景展望 [J]．中国能源，2019（2）．

表6　燃料电池交通领域应用　　单位：千件

年份	2012	2013	2014	2015	2016	2017
便携式	18.9	13.0	21.2	8.7	4.2	4.9
固定式	24.1	51.8	39.5	47.0	51.8	55.7
交通运输	2.7	2.0	2.9	5.2	7.2	12.0
合计	45.7	66.8	63.6	60.9	63.2	72.6

资料来源：刘坚，钟财富．我国氢能发展现状与前景展望 [J]．中国能源，2019（2）．

（三）氢能装备规划 2025 年逐步商用，未来成长空间巨大

根据中汽协的数据，2018年国内氢燃料电池产量达到1 527辆，主要集中在12月，其中燃料电池客车占主流，产量达到1 418辆，占比为93%。

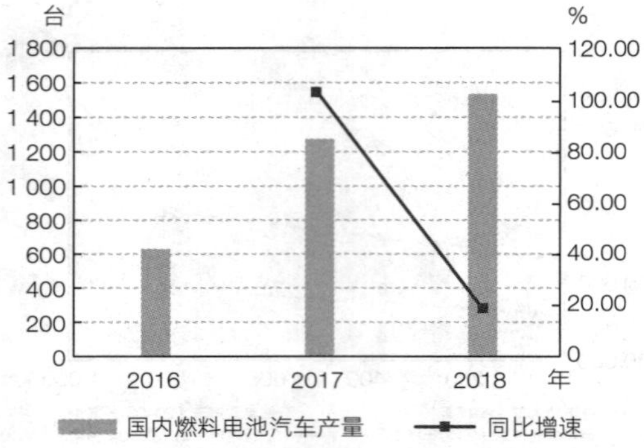

资料来源：中国汽车工业协会。

图10　2016—2018年国内燃料电池汽车出货量

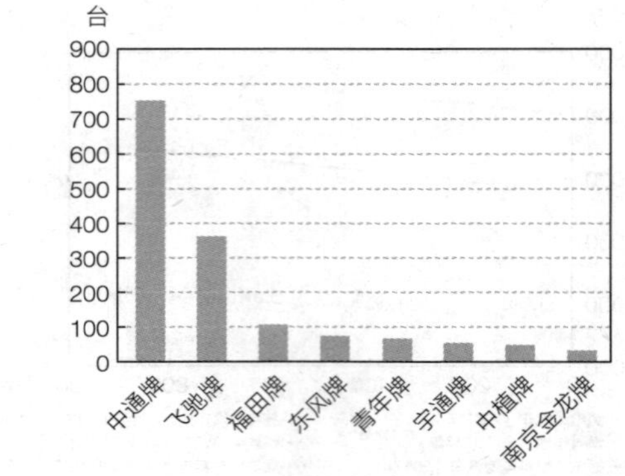

资料来源：EVCloud：《中国车用燃料电池产业年度发展报告（2018）》。

图11　国内各品牌燃料电池汽车出货情况

2018年全球燃料电池汽车销量为5 177辆，同比增长14.21%，国外市场以美国、加拿大、日本和韩国为主，车型主要以丰田、本田、现代等燃料电池乘用车为主。

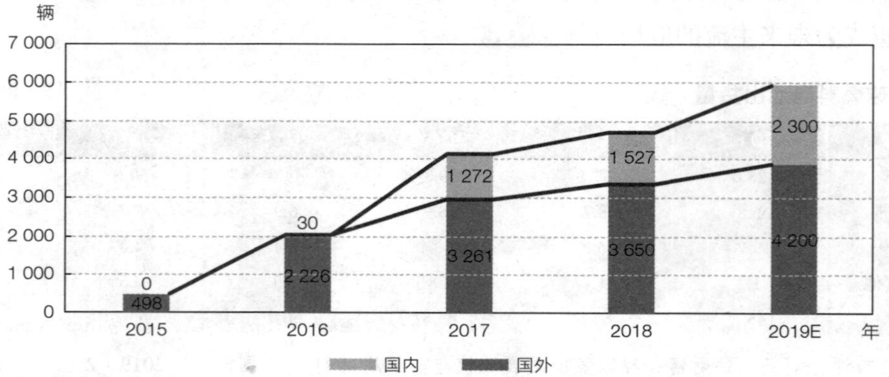

资料来源：EVCloud：《中国车用燃料电池产业年度发展报告（2018）》。

图12　全球燃料电池汽车销量及预测

目前，日本和美国是全球燃料电池市场的主要参与者。根据日本制定的《氢能与燃料电池战略路线图》，计划到2025年普及氢能利用市场，再用5年时间建立大规模的供氢体系，最终在2040年建成无碳排放的氢燃料电池供给体系。

美国2005年在联邦政府发布的《能源政策法案》中提出了氢能基础设施和燃料电池的研究和开发计划，要求到2020年氢燃料电池汽车必须具备经济性和较低的排放量，且对2020年之前的氢能基础设施和燃料电池技术拨款。

根据此前国家发布的燃料电池技术路线图，燃料电池产业要发展以城市私人用车、公共服务用车的批量应用为主，逐步实现燃料电池汽车产业的商业化推广。根据规划，氢燃料电池汽车要在2020年实现5 000辆规模示范应用，2025年达到5万辆的规划，2030年实现百万辆规模的商业推广。

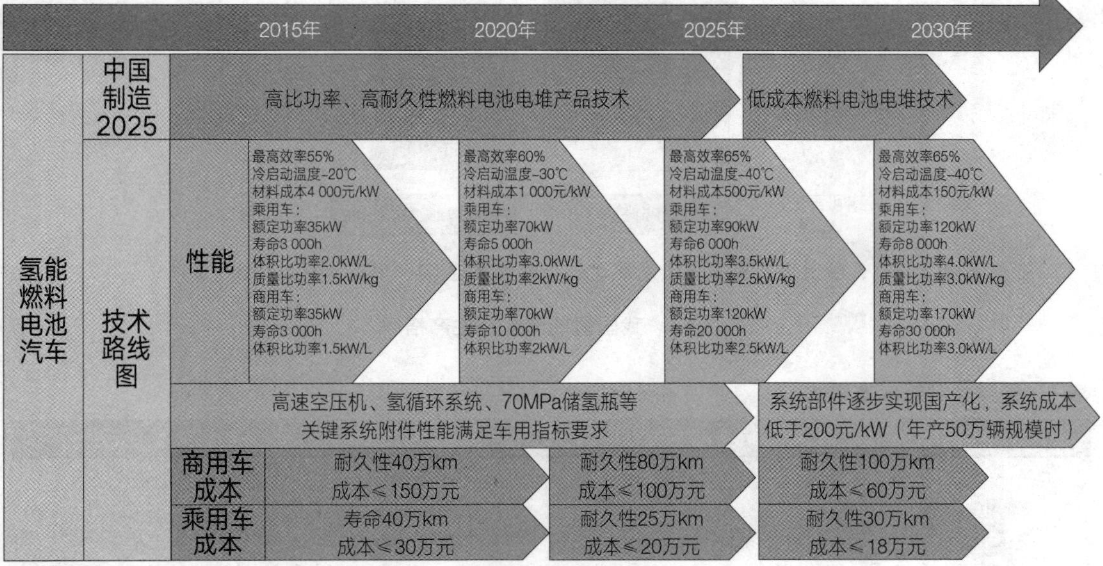

资料来源：EVCloud：《中国车用燃料电池产业年度发展报告（2018）》。

图13 国内氢燃料电池汽车规划

二、制氢储氢技术亟待突破，氢能装备成长空间巨大

（一）制氢储氢技术及相关设备亟待发展

我国已具备一定氢能工业基础，全国氢气产能超过2 000万吨/年，但生产主要依赖化石能源，消费主要作为工业原料，清洁能源制氢和氢能的能源化利用规模较小。

国内由煤、天然气、石油等化石燃料生产的氢气占了将近70%，工业副产气体制得的氢气约占30%，电解水制氢占不到1%。

从消费结构来看合成氨、合成甲醇及石油炼化为主要的氢气消费领域，燃料电池汽车消费量仍处于极低的水平。

在目前技术条件下，水电解制氢虽然成本较高，但其氢气纯度较高，对燃料电池电堆的损耗更小。国内外能源企业结合其各自优势选择不同技术路线，纷纷布局氢能源生产与供给，煤制氢、天然气制氢、碱性电解水制氢技术和设备已具备商业化推广条件。

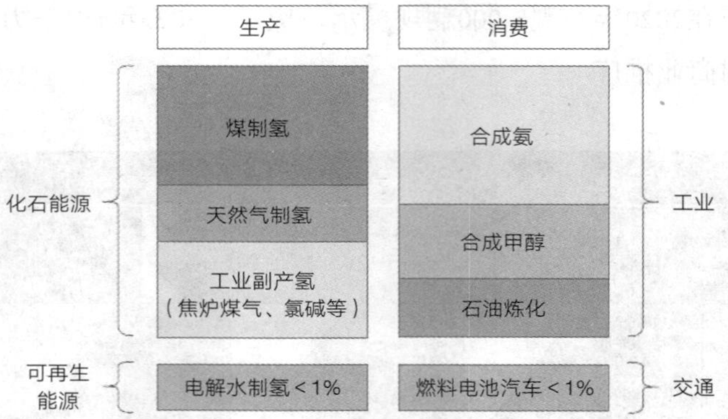

资料来源：刘坚，钟财富．我国氢能发展现状与前景展望 [J]．中国能源，2019（2）．

图14　我国氢能消费及生产格局

表7　各类型制氢成本对比

制氢种类	制氢方式	能源价格	制氢成本（元/kg）
电解制氢	低谷电	0.3元/kWh	20
	大工业用电	0.6元/kWh	38
	可再生能源弃电	0.1元/kWh	10
化石能源制氢	天然气	3元/m^3	13
	煤炭	550元/t	10
工业副产氢		NA	8~14

资料来源：刘坚，钟财富．我国氢能发展现状与前景展望 [J]．中国能源，2019（2）．

以目前的能源消费结构（煤电占比为69%）来看，水电解制氢在燃料电池全生命周期仍不具备排放优势，根据国家发展改革委能源研究所测算，若未来国内煤电比例降至20%，水电解制氢全生命周期排放将显著低于汽油车排放。

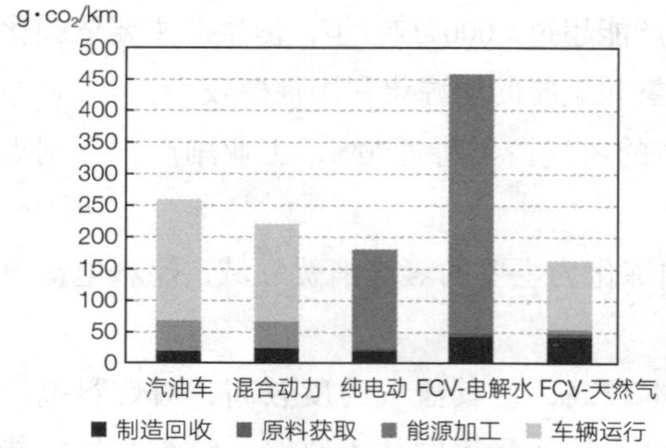

资料来源：刘坚，钟财富．我国氢能发展现状与前景展望 [J]．中国能源，2019（2）．

图15　目前能源结构下各类型汽车排放情况

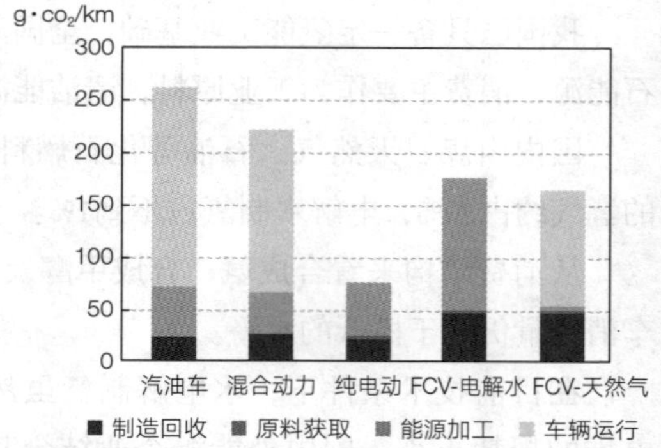

资料来源：刘坚，钟财富．我国氢能发展现状与前景展望 [J]．中国能源，2019（2）．

图16　若煤电比例降至20%各类型车排放情况

以目前燃料电池的购车和使用成本来看，经济性和节能减排优势不明显仍是限制燃料电池汽车大规模推广的主要软肋。除燃料电池系统等车辆相关部件成本有较大下降空间外，制氢储氢环节的技术进步和基础设施的推广也是燃料电池汽车发展的重要推手。

表8　目前能源结构下各类型汽车排放对比　　单位：g/km

CNG车	燃油车	电动车	氢燃料电池
天然气开采16.08	原油开采17.3	煤开采2.74	煤开采7.61
汽车运行156.11	汽油加工43	煤发电123	水电解制氢341
	车辆运行161	车辆运行0	车辆运行0
综合172	综合221	综合126	综合349

资料来源：刘坚，钟财富．我国氢能发展现状与前景展望 [J]．中国能源，2019（2）．

表9　各乘用车类型制氢成本对比

乘用车类型	CNG车	燃油车	纯电动车	氢燃料电池车
购车成本（万元）	22	20	30	50
百公里耗能	6.7m^3天然气	7L汽油	16kW·h	1kg氢气
燃料单价	4元/m^3	6.01元/L	1.73元/kW·h	56元/kg
百公里燃料成本（元）	26.8	42.1	27.7	56.0

资料来源：刘坚，钟财富．我国氢能发展现状与前景展望 [J]．中国能源，2019（2）．

（二）制氢储氢设备发展任重道远，具备较大成长空间

自从1999年5月全球第一座加氢站在德国慕尼黑机场建成以来，各国相继推动加氢站建设。截至2017年底，全球正在运营的加氢站达328座，其中，日本、美国、德国分别有95座、39座和31座，并对未来加氢站建设有具体规划。

表10　各国加氢站建设现状及未来规划

国家	加氢站建设现状	未来规划
日本	现有加氢站95座，其中固定加氢站60座、移动加氢站35座，目前日本已经有5个城市建设了加氢站网络，东京在运营的加氢站有43座	计划到2020年达到160座，2025年达到320座，2030年达到900座，到2050年逐步替代加油站
美国	39座加氢站在运营，其中加州有35座，大多可以35MPa和70MPa双压力加注，采用拖车气态输氢为主，引入了可再生能源制氢	预计2024年部署100座加氢站
德国	31座加氢站正在运营，以气态运输为主，液态氢和管道运输为辅，有加氢站自主制氢，以70MPa为主、35MPa为辅	计划2023年达到400座加氢站，主要大城市至少拥有10座加氢站

资料来源：EVCloud：《中国车用燃料电池产业年度发展报告（2018）》。

国内截至2018年上半年在运营的加氢站仅有14座，其中6座为撬装式，占世界加氢站总数的2%。主要示范项目为基础存续下来的加氢站，日加注量主要是500kg以下，且加注压力主要为35MPa，仅大连新源动力加氢站加注压力为70MPa。

表11　国内在运营加氢站情况一览

城市	加氢站名称	日加注量（kg）	压加注/储存(MPa)	类型	氢气来源
北京	永丰加氢站	200	35/45	固定式	站外/站内（电解水、天然气重整）
上海	安亭加氢站	200	35/43.8	固定式	外供
深圳	大运会加氢站	300	35/43	固定式	外供
郑州	宇通加氢站	200	35/45	固定式	外供
中山	沙朗加氢站	1 000	35/45	撬装式	外供
大连	同济-新源大连加氢站	400	70/90	固定式	站内（可再生电解）
云浮	思劳加氢站	200	35/45	固定式	外供
佛山	瑞晖佛山加氢站	200	35/45	固定式	外供
常熟	丰田加氢站	186	35/45	固定式	外供
成都	郫都区加氢站	400	35/45	撬装式	外供
十堰	东风特汽加氢站	500	35/45	撬装式	外供
上海	上海电驱动加氢站	500	35/45	撬装式	外供
上海	上海神力加氢站	400	35/45	撬装式	外供

资料来源：EVCloud：《中国车用燃料电池产业年度发展报告（2018）》。

加氢站网络化分布是氢燃料电池技术大规模商用化的基本保障，而解决加氢站网络化分布的关键是解决氢气运输问题。氢气输送方式主要有气氢输送、液氢输送等。气氢输送分为管道输送、长管拖车和氢气钢瓶输送。

表12　各类型氢气运输方式

运输方式	输送量	应用情况	优缺点
集装格（气氢）	5~10kg/格	广泛用于商品氢气运输	非常成熟，运输量小
长管拖车（气氢）	250~460kg/车	广泛用于商品氢气运输	运输量小，不适宜远距离运输
管道（气氢）	310~8 900kg/h	主要应用于化工厂，未普及	一次性投资成本高，运输效率高
槽车（液氢）	360~4 300kg/车	国外应用广泛，国内仅用于航天液氢输送	液化投资大、能耗高、设备要求高
管道（液氢）	—	国外较少、国内没有	运输量大、液化能耗高，投资大
铁路（液氢）	2 300~9 100kg/车	国外较少，国内没有	运输量大

资料来源：EVCloud：《中国车用燃料电池产业年度发展报告（2018）》。

管道输送一般用于输送量大的场合，长管拖车运输距离不宜太远，用于输送量不大的场合；氢气钢瓶则用于输送量小且用户比较分散的场合。液氢输送一般采用罐车和船，可进行长距离输送。目前，氢气输送网络系统技术尚不成熟，不利于氢燃料电池技术大规模商用化应用。

储氢也是制约氢燃料电池发展的重要问题，目前主要的办法有高压气态储氢、低温液态储氢、金属储氢、有机液储氢等。目前，国内外主要以高压气态储氢（35MPa和

70MPa）和低温液态储氢为主。

表13 各类车载高压储氢瓶对比

类型	气瓶工艺	特点
Ⅰ型气瓶 Type Ⅰ	金属气瓶	笨重，有氢脆问题，车载储氢无法采用
Ⅱ型气瓶 Type Ⅱ	金属内胆环向缠绕气瓶	
Ⅲ型气瓶 Type Ⅲ	金属内胆全缠绕气瓶	通常为铝胆碳纤维全缠绕复合气瓶，无渗漏、可快充 我国车用氢气瓶均为该类型
Ⅳ型气瓶 Type Ⅳ	非金属内胆全缠绕气瓶	当前70MPa气瓶主要结构形式，对温度较为敏感，存在渗漏隐患 我国目前禁止使用

目前气态储氢逐步向高压发展，70MPa的Ⅳ型储氢瓶成为燃料电池汽车储氢设备未来发展的重点。Ⅰ型和Ⅱ型普通钢制高压储氢气瓶自身太重，且存在氢脆问题，难以在车载领域应用。目前国内车载高压储氢主要采用轻质复合容器Ⅲ型瓶。

表14 国内外车载储氢瓶标准对比

内容	我国相关标准	ISO/CD19881:2015技术要求
范围	压力为35MPa，容积≤450L，温度-40~65℃	压力≤70MPa，容积≤1 000L，温度-40~85℃
结构型式	一端或两端开口Ⅲ型瓶	Ⅰ、Ⅱ、Ⅲ、Ⅳ四种气瓶
设计要求	压缩氢气	压缩氢气
材料	内衬材料为6061铝合金；缠绕层为玻璃纤维、芳纶纤维或碳纤维；过渡层为热固性或热塑性树脂	Ⅲ型瓶内胆采用铝合金；缠绕层为玻璃纤维、芳纶纤维或碳纤维；过渡层为热固性或热塑性树脂
型式实验要求	层间剪切强度，水压爆破试验、常温疲劳、火烧、枪击、损失容限、极限温度疲劳试验、跌落、化学腐蚀、加速应力破坏	水压爆破试验、常温疲劳、火烧、枪击、损失容限、极限温度疲劳试验、跌落、化学腐蚀、加速应力破坏、氢气气体循环试验

资料来源：李前．车用高压储氢气瓶法规标准研究 [J]．石油和化工设备，2018（8）．

目前，美国、加拿大、日本已经实现70MPa储氢瓶量产。美国通用汽车公司主要通过增强碳纤维缠绕层结构，加拿大Dynetek公司通过改进缠绕层和过渡层技术，加强了碳纤维/树脂基体复合增强外包层的强度，均将35MPa储氢瓶升级为70MPa，且已投入工业化生产，获得广泛应用。

表15 不同储氢技术特点分析

技术路线	应用特点
高压储氢	气态储氢逐步向高压发展，70MPa的Ⅳ型储氢瓶是未来发展重点
液态储氢	适合超大功率、超大容量的商用车辆，如重卡、大型公交车辆、船舶、轻轨等
深冷-高压超临界储氢	结合高压储氢和液氢储氢的优点，有氧适合体积密度和重量密度敏感，及对续航里程要求较高的中小型车辆，如乘用车、城际客车
有机物液体储氢	不适合用于批量化生产的车辆终端，车载脱氢单元温度要求高，燃料储存系统体积大，且含有杂质气体
金属氧化物储氢	重量大，储氢密度偏低制约金属氧化物储氢方式应用于车载领域

资料来源：EVCloud：《中国车用燃料电池产业年度发展报告（2018）》。

目前欧、美、日等地区已经开始使用Ⅳ型储氢瓶，主要采用塑料内胆，瓶口为金属件，具备重量轻、循环寿命长、成本低等优点。但由于塑料与金属密封等问题，中国法规目前尚未允许其推广使用，但随着相关领域的研究进展和标准完善，预计未来政策法规也会逐步有所修正。

表16　国内制氢储氢环节基础设施技术路线

项目	2016年	2020年	2030年	2050年
制氢	工业副产氢气回收 天然气制氢 煤制氢 电解水	可再生能源制氢CCS技术	低碳煤基制氢技术 可再生能源制氢 多元化制氢体系	规模化可再生能源制氢 工业副产氢气回收 规模低碳煤制氢 形成绿色氢能供应体系
氢储存与运输	35MPa气态储存 液氢罐车 长管拖车	70MPa气瓶技术 安全预测预警技术 高效液态储氢 复合体系储氢	高压储氢设备轻量化技术 安全控制技术 100MPa级氢安全仪器仪表	掺氢天然气管道输送技术 长距离高压氢气管道技术
氢能利用设施	35MPa加氢 4座加氢站	70MPa加氢 100座加氢站 20万kW发电 1万辆车	1 000座加氢站 氢能高速公路 1亿kW发电 200万辆车 3 000km氢气管线	全国范围氢能供给和利用设施 1 000万辆车

资料来源：刘坚，钟财富．我国氢能发展现状与前景展望 [J]．中国能源，2019（2）．

浙江大学在国家高技术研究发展计划(863计划)的资助下，建立了纤维全缠绕高压储氢气瓶结构—材料—工艺一体化的自适应遗传优化设计方法，成功研制了70MPa储氢气瓶。

此外，沈阳斯达林公司、北京科泰克和北京天海也陆续研制并进行70MPa气瓶的型式试验。博肯节能旗下兰天达突破了70MPa车用储氢系统，同济大学的70MPa加氢站用储氢系统项目也通过了验收。

三、燃料电池受政策持续扶持，国内资本积极布局氢能装备

（一）国家和地方政策积极扶持氢能装备发展

近年来，随着氢燃料电池技术的突破、新能源汽车的快速发展，以及国家对清洁能源的日益重视，中国开始加大对氢燃料电池领域的规划和支持力度，出台了相应的政策，将氢燃料电池的发展提升到了战略高度。

表17 国家层面近年来对于燃料电池汽车的相关政策一览

时间	政策	主要内容
2014年11月	《能源发展战略行动计划2014—2020年》	把氢的制取、储运及加氢站、先进燃料电池、燃料电池分布式发电作为重点战略方向
2015年4月	《关于2016—2020年新能源汽车推广应用财政支持政策的通知》	对于燃料电池乘用车，燃料电池轻型客车、货车，燃料电池大中型客车，中重型货车分别给予20万元/辆、30万元/辆和50万元/辆的补助，2017—2020年不退坡
2015年5月	《中国制造2025》	实现燃料电池车的运行规范进一步扩大，达到1 000辆的运行规模，到2025年，制氢、加氢等配套基础设施基本完善，燃料电池汽车实现区域小规模运行
2016年10月	《中国氢能产业基础设施发展蓝皮书(2016年)》	到2020年，加氢站数量达到100座，燃料电池车辆达到1万辆；到2030年，加氢站数量达到1 000座，燃料电池车辆保有量达到200万辆；到2050年，加氢站网络构建完成，燃料电池车辆保有量达到1 000万辆
2016年12月	《"十三五"国家战略性新兴产业发展规划》	未来着力解决氢燃料电池成本高和加氢站数量不足，加强燃料电池基础材料与过程机理研究，推动低成本高性能燃料电池材料和系统关键部件的研发，推进加氢站建设
2017年5月	《"十三五"交通领域科技创新专项规划》	重点发展燃料电池汽车核心专项技术、加氢基础设施和示范考核技术；重点专项布局包括燃料电池汽车
2018年2月	《关于调整完善新能源汽车推广应用财政补贴政策的通知》	燃料电池汽车补贴力度不变，燃料电池乘用车依然按照燃料电池系统的额定功率进行补贴，补贴标准为6 000元/kW，上限为20万元/辆；轻型燃料电池客车、货车及大中型客车、中重型货车依然采用定额补贴方式，补贴上限分别为30万元/辆和50万元/辆；燃料电池系统额定功率与驱动电机额定功率比值不低于30%的基础上，比值介于0.3~0.4的车型按照0.8倍补贴，比值介于0.4~0.5的车型按0.9倍补贴，比值在0.5及以上的车型按1倍补贴

资料来源：工信部、国家发展改革委等相关部委。

除中央层面的政策外，各地方政府也出台了对于燃料电池的规划和相关补贴。目前，广东、上海、武汉、重庆、西安、河南、海南、青海8个省市已经出台了地方补贴政策。

表18 国家层面近年来对于氢能装备扶持的相关政策一览

地区	政策	主要内容
江苏如皋	《如皋"十三五"新能源汽车规划》	建立"氢能示范城市"，重点突出制氢技术、氢气存储和加注技术、氢燃料大巴及燃料电池热电联供等氢能应用的示范引领。新建3~5座加氢站，城区公交车实现50%覆盖，燃料电池物流车实现500辆推广示范应用
江苏盐城	《盐城市"十三五"清洁能源发展规划》	推进氢能开发利用，突破高效电解制氢技术，引进氢燃料电池和配套材料生产企业，引进先进氢燃料电池模组生产技术，逐步建设加氢站，推广氢燃料汽车，构建"氢能—燃料电池—应用"特色的产业链
湖北武汉	《武汉氢能产业发展规划方案》	建设国内领先的氢能产业园，配套超过100家燃料电池汽车产业链相关企业，全产业链年产值超过100亿元；建设5~20座加氢站，燃料电池公交车、物流车示范运行规模达到2 000~3 000辆

续表

地区	政策	主要内容
上海	《上海市燃料电池汽车发展规划》	用3 年时间把上海打造成国内领先的燃料电池汽车技术示范城市，包括关键零部件、整车开发等环节的产业集群，聚集超过100家燃料电池汽车相关企业，全产业链年产值突破150亿元；到2020年，建设加氢站5~10座，乘用车示范区2个，运行规模达3 000辆；到2025年建成加氢站50座，乘用车不少于20 000辆，其他特种车辆不少于10 000辆；到2030年实现上海燃料电池汽车全产业链年产值突破3 000亿元
广东佛山	《佛山市南海区促进新能源汽车产业发展扶持办法》	提出加快包含燃料电池汽车在内的新能源汽车产业发展，2019年投入使用10座加氢站，力争实现1 000辆氢能公交车示范运营
北京	《北京市加快科技创新培育新能源智能汽车产业的指导意见》	科学布局并适度超前推进燃料电池汽车、智能网联汽车的研制和示范，培育产业新增长点；加大以氢燃料为主的燃料电池乘用车开发力度，着力在整车耐久性、续驶里程和燃料电池使用寿命等领域取得突破；重点增强燃料电池电堆及系统、氢气循环泵、空压机等零部件，高压储氢、液态储氢等的研发生产能力
江苏苏州	《苏州市氢能产业发展指导意见（试行）》	到2020年氢能产业链年产值突破100亿元，建成加氢站近10座，推进公交车、物流车、市政环卫车等示范运营，氢燃料电池汽车运行规模力争达到800辆；到2025年，氢能产业链年产值突破500亿元，建成加氢站近40座，公交车、物流车、市政环卫车和乘用车批量投放，运行规模力争达到10 000辆

资料来源：北京、上海、武汉等各地方政府文件。

（二）国内企业积极布局氢能装备，远期市场空间近万亿元

公开数据显示，2017年国内氢燃料电池投资项目（2020年投产）就已达1 000多亿元，产能为17万套氢燃料电池发动机。

目前，国内加氢站建设成本约为2 000万元/座，较加油站和充电站相比成本偏高。按照规划，2030年国内加氢站建设1 000座，对应市场空间约为200亿元。

国内2030年燃料电池汽车商业推广计划超过100万辆，预计对应市场空间超过5 000亿元。按照电堆成本占比为40%，储氢瓶成本占比为15%，电机成本占比为10%计算，预计2030年国内燃料电池电堆、储氢瓶、电机对应市场空间分别超过2 000亿元、750亿元和500亿元。

表19　燃料电池各产业链市场空间预测

产业链环节	2030年规划	对应市场空间
燃料电池整车	100万辆	预计超过5 000亿元
电堆（约占整车成本的40%）	—	预计超过2 000亿元
储氢瓶（约占整车成本的15%）	—	预计超过750亿元
电机（约占整车成本的10%）		预计超过500亿元
加氢站	1 000座	预计超过200亿元

2018年发布的6~12批新能源汽车推荐目录中，燃料电池汽车共有72款车型入选，其中客车54款，占比达75%。2018年入选的车型中，燃料电池系统额定功率达30~40kW的车

型有45款，达40~50kW的车型有13款，50kW以上的车型有14款。目前国内燃料电池水平总体与国外差距较大，日本的燃料电池车型额定功率基本在120~200kW。

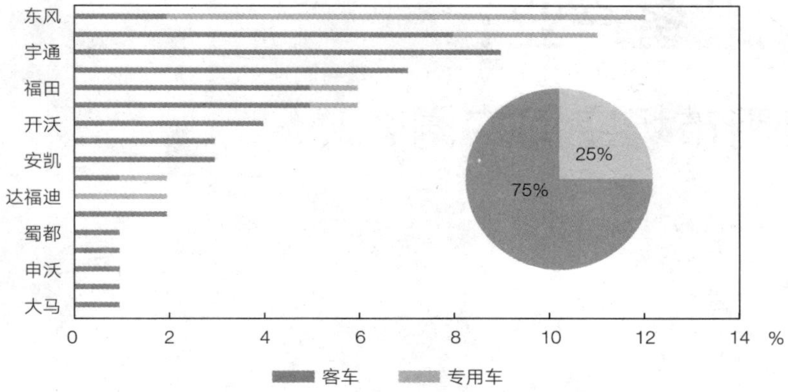

资料来源：EVCloud：《中国车用燃料电池产业年度发展报告（2018）》。

图17 2018年入选目录燃料电池车型分布一览

目前，国内资本投资燃料电池产业链较为积极，各产业链环节均有企业积极布局。投资较为积极的地区有佛山、武汉、上海等地。

我们梳理目前国内外燃料电池各产业链环节主要参与企业如表20所示。

表20 燃料电池产业链及涉及上市公司一览

行业	产品	参与公司
燃料电池材料	催化剂	贵研铂业、华昌化工、TKK、3M等
	气体扩散层	Ballard、MP、SGL、Toray、Freudenberg等
	双极板	安泰科技、BMC、TreadStone等
	膜电极	Gore、3M、Solvicore、NuVant、BASF FC、Ion Power等
	隔膜	东岳集团、江苏阳光、巨化股份、三爱富、理工新能源、上海神力、杜邦、Ion Power、IRD FC、LLC等
	密封件	Freudenberg
电池堆	设计制造	大洋电机、东方电气、同济科技、长城电工、南都电源、新源动力、上海神力、佛山国鸿、攀叶氢能、Ballard、Hydrogenerics、AFCC、Toyota、松下、三菱等
燃料电池辅助系统	空压机	雪人股份、GM、PIUG、Power、Xcellsis、OPCON、汉钟精机等
	氢泵	PARX等
	储氢瓶	京城股份、亿华通、富瑞特装、中材科技、科泰克、斯林达、上海舜华、日本村田等
电池系统	电池组装	大洋电机、亿华通、新源动力、东方电气、德威新材、怡球资源、盐城兴邦、佛山国鸿、广东鸿运、南通泽木等
下游车企	乘用车	上汽、北汽、丰田、本田、奔驰、三菱、现代等
	客车	宇通客车、福田汽车、金龙汽车、广东鸿运、奔驰等
	叉车等专用车	安徽合力、PLUG、中国中车等
加氢设施	加氢站	亿华通、富瑞特装、厚普股份、上海舜华、派瑞特、神华低碳等

资料来源：中商产业研究院：《一文看懂燃料电池产业链及重点企业产品汇总》。

自动化装备产业：

集成应用市场空间广阔

龙海敏　东兴证券机械行业研究员

一、产业发展历程

（一）整体产业处于自动化向智能化转变时期

工业自动化给生产带来了前所未有的生产规模和生产效率，同时生产质量也得到极大提高。借助科技的进步，工业生产的进化依次经历了机械化、电气化和自动化阶段，现在处于从自动化迈向智能化的阶段。

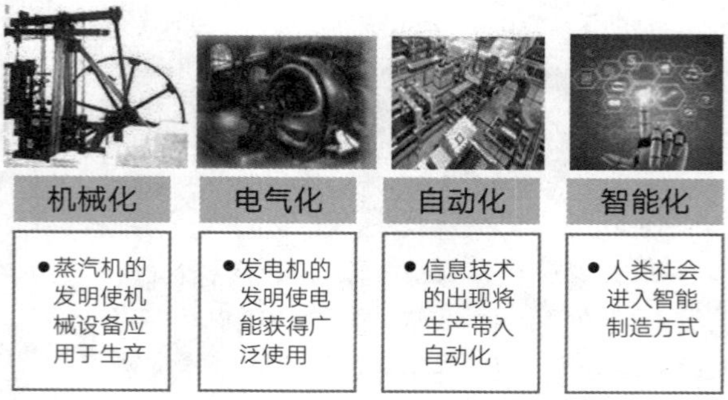

图1　自动化产业转变历程

（二）行业下游的集成应用领域空间广阔

企业生产的核心在于投入和产出，传统的企业投入人力和原材料产出产品，通过自动化改造，投入的自动化装备相对于原有人力产生投入增加，产出产品在数量和质量上的提升是产出的增加，综合起来产出的增加值是生产过程中自动化装备产生的价值。

装备是产业的基础，自动化装备是为整个工业自动化服务的，最终实现价值的是下游的集成应用领域，大家能看到汽车行业的自动化水平，也能看到3C产品自动化的生产线，但是都是由装备中游的本体和上游的零部件所组合而来，通过装备所凝结出来的价值可以由下游消费品的增加值来衡量，这也是下游集成应用领域一个新的定价模式：由自动化改造后的产品价值增加值来确定。

整个自动化装备产业链分为上游、中游、下游三部分：上游是以减速器、控制器、伺服电机为代表的核心零部件；中游制造机器人本体，按用途分为工业机器人和服务机器人；下游是机器人的集成应用，按照使用场景的不同，可以分为焊接机器人、搬运机器人、装配机器人等。

图2 自动化装备产业链

2017年全球工业机器人市场销售额达162亿美元。工业机器人作为通用标准产品，下游应用行业广泛，在汽车、3C、家电等领域的工业机器人获得充分使用，行业的自动化率高，由此带来下游集成应用市场空间逾千亿美元。

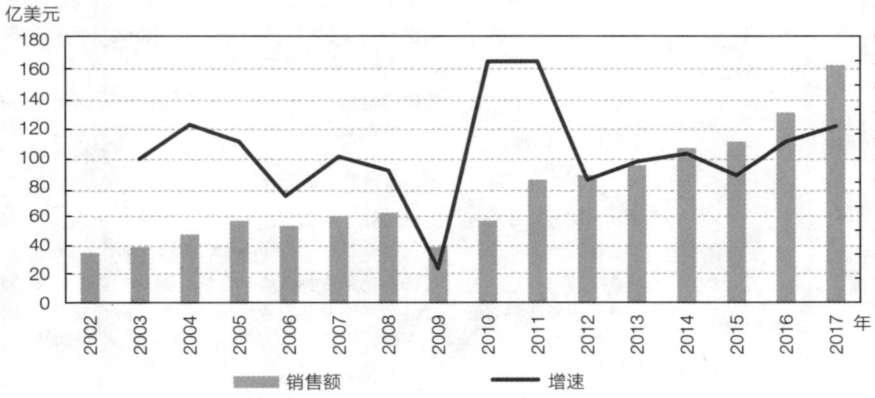

资料来源：Wind。

图3 2002—2017年全球工业机器人销售额及增速

中游的机器人本体不能完成任何工作，需要通过系统集成之后才能为终端客户所用。系统集成方案解决商处于机器人产业链的下游应用端，为终端客户提供应用解决方案，其负责工业机器人软件系统开发和集成，是工业机器人自动作业的重要构成。

（三）产业政策的大力推进

国内工业自动化起步较晚，通过跨越式完成了机械化和电气化之后，在信息技术领域逐步跟上，在国内扎实的制造业基础和广阔的制造业市场的前提下，通过政策的引导和扶持，期望实现自动化和智能化的并行发展。

在自动化领域处于领先位置的德国和日本，国内自动化产业较为完善，开始逐步大力发展智能化，并把智能化发展放在国家战略层次。

表1　有关自动化和智能化的相关政策

政策时间	颁布机构	政策名称	主要内容
2011年12月	国务院	《工业转型升级规划（2011—2015年）》	加快发展焊接、搬运、装配等工业机器人，以及安防、深海作业、救援、医疗等专用机器人
2012年3月	科技部	《智能制造科技发展“十二五”专项规划》	要突破智能制造基础技术及部件，研发工业机器人及自动化柔性生产线
2013年4月	德国政府	《“工业4.0”战略》	利用物联信息系统（Cyber-PhysicalSystem，CPS）将生产中的供应、制造、销售信息数据化、智慧化，最后达到快速、有效、个人化的产品供应
2013年7月	日本政府	《日本工业4.1J》	将分散在世界各地的日企工厂或大楼连接起来，以实现一个可综合进行安全的资产管理、消耗部件订购管理、远程服务、高级控制技术支持等的环境
2015年5月	国务院	《中国制造2025》、	紧密围绕重点制造领域关键环节，开展新一代信息技术与制造装备融合的集成创新和工程应用
2016年3月	全国人大	《国民经济和社会发展“十三五”规划纲要》	实施智能制造工程，加快发展智能制造关键技术装备，强化智能制造标准、工业电子设备、核心支撑软件等基础，推动生产方式向柔性、智能、精细化转变
2016年12月	工信部、财政部	《智能制造发展规划（2016—2020年）》	研发高档数控机床与工业机器人、增材制造装备、智能传感与控制装备、智能检测与装配装备、智能物流与仓储装备五类关键技术装备
2017年1月	工信部	《信息产业发展指南》	提出工业互联网是发展智能制造的关键基础设施，充分利用已有创新资源，在工业互联网领域布局建设若干创新中心，开展关键共性技术研发
2017年4月	科技部	《“十三五”先进制造技术领域科技创新专项规划》	强化制造核心基础件和智能制造关键基础技术，在增材制造、激光制造、智能机器人、智能成套装备、新型电子制造装备等领域掌握一批具有自主知识产权的核心关键技术与装备产品实现制造业由大变强的跨越
2018年3月	国务院	《2018年国务院政府工作报告》	提出实施“中国制造2025”，推进工业强基、智能制造、绿色制造等重大工程，先进制造业加快发展
2019年3月	国务院	《2019年国务院政府工作报告》	围绕推动制造业高质量发展，强化工业基础和技术创新能力，促进先进制造业和现代服务业融合发展，加快建设制造强国，打造工业互联网平台，拓展“智能+”，为制造业转型升级赋能

资料来源：根据公开信息整理。

二、产业发展趋势

（一）国内工业机器人应用起步晚，发展速度快

近几年，工业机器人整体销量急剧增加，主要增量来源于中国市场。国内工业机器人的应用起步晚，2009年以后才开始真正进入迅速发展期，虽然近几年销量增长较快，但整体保有量水平与发达国家比较起来还存在差距。从累计销量可以看出，到2015年国内累计销量才超过德国，到现在仍然与日本存在差距。从机器人下游应用市场情况来看，随着产业向国内转移，机器人下游应用行业逐步增加，对于工业机器人的需求越来越多，国内机器人应用行业还有较大的发展空间。

日本和德国的累计销量处于线性增长，说明在相应发达国家的机器人应用水平进入稳定平台期。机器人使用数量的稳定显示下游行业发展进入成熟，没有新增扩产的需求，未来行业的应用增量空间有限。

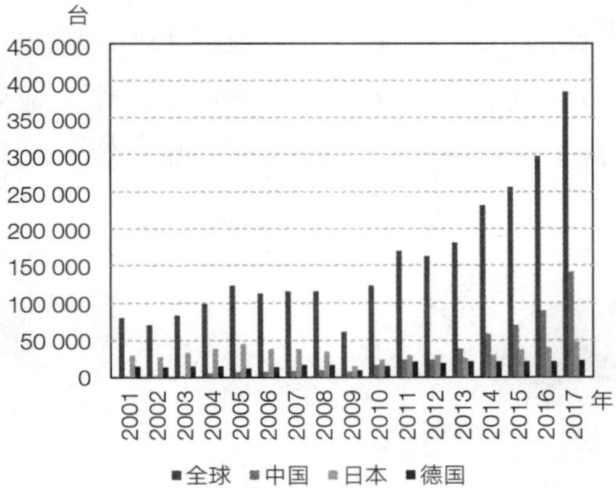

资料来源：Wind。

图4　2001—2017年工业机器人销量

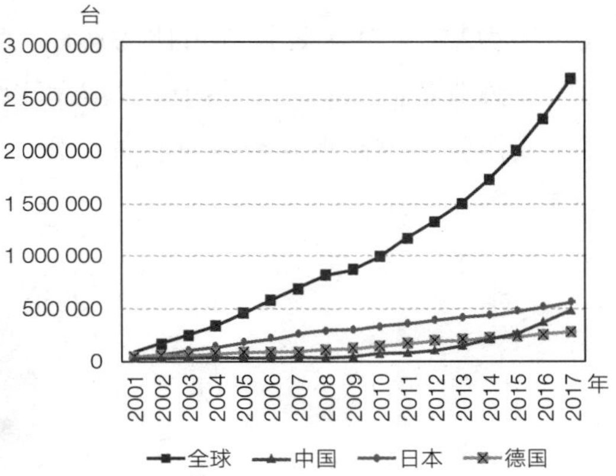

资料来源：Wind。

图5　2001—2017年工业机器人累计销量

（二）汽车行业充分受益于工业机器人应用

汽车行业对于工业机器人的使用较为充分，行业内工业机器人密度远大于综合水平。以中国为例，综合工业机器人密度为100台/万人，汽车行业工业机器人密度逾500台/万人，密度达5倍以上。

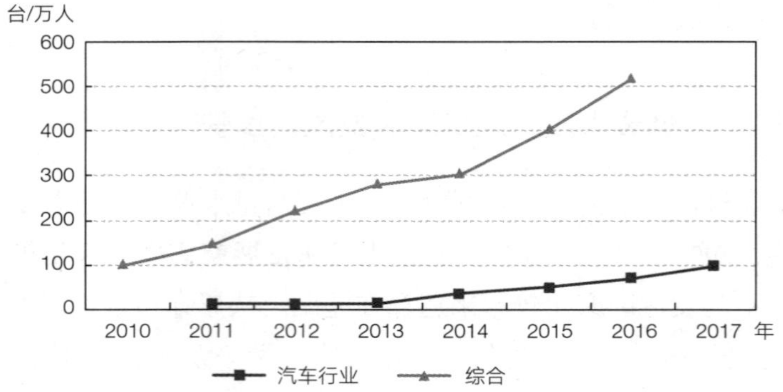

资料来源：Wind。

图6　2010—2017年中国工业机器人密度

从福特开创了汽车流水线生产之后，汽车行业在自动化水平领域一直较其他行业处于领先地位，几乎汽车生产中涉及的所有环节都已经实现了工业机器人的自动化生产，从焊接、涂胶、喷涂，甚至搬运领域都有专门的机器人。从使用用途来区分，组装机器人占比为22%，其次是弧焊占比为16%，点焊占比为15%，物料搬运占比为13%，喷漆、冲压、铸造各占3%。汽车行业机器人可以在低温、高温、有毒等恶劣环境下工作，通过流水线作业完成繁重和单调重复的工作，在保持工作效率的同时也保证产品有统一的高质量。

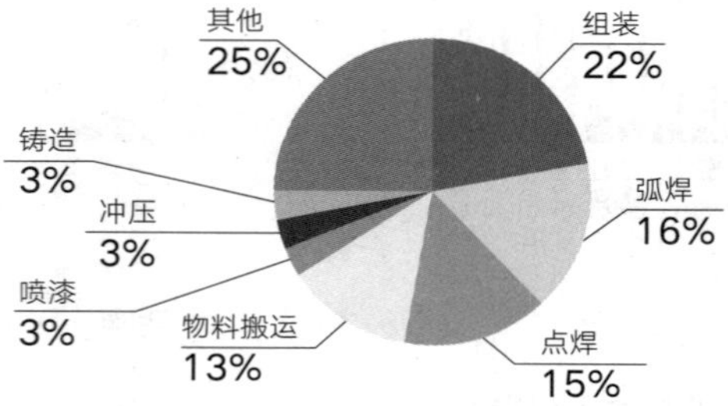

资料来源：前瞻产业研究院。

图7　汽车工业各环节工业机器人应用占比

（三）标准化带来了自动化的普及，柔性化制约了智能化的步伐

工业机器人出现的初衷是代替工人来完成繁重和简单重复的流水线工作，同时不受恶劣作业环境的影响。机器人的运行轨迹是按照程序设定进行标准化无差别的行进，所以对工序进行标准化的分解是进行自动化改造的首要事项。

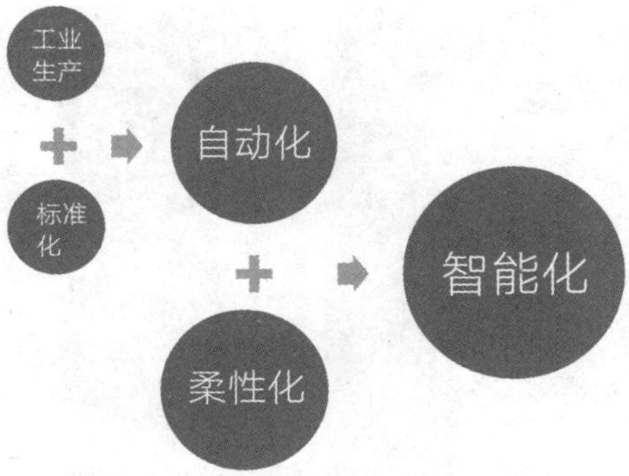

图8　自动化和智能化发展趋势

柔性化一方面是生产线生产的多样化，主要是由产品多样性来确定的，使固定的产线具备生产高质量、不同种类产品的能力；另一方面是整个生产过程中对供应链的反应的及时性，使供应链系统对单个需求作出生产配送的响应，这也是德国提出“工业4.0”的初衷，改变了传统的“以产定销”的生产模式，变成更具目标性的“以销定产”生产模式。

三、产业链梳理

（一）上游核心零部件产业集中度高

机器人三大核心零部件中，减速器系统占比为30%~40%，伺服系统占比为20%~30%，控制器系统占比为10%~15%。

工业机器人伺服系统由伺服电机、伺服驱动器、伺服编码器组成，主要用于驱动机器人的关节，工业机器人的每个关节都需要一个伺服电机，用来控制速度与转矩控制及进行精确、快速、稳定的位置控制。目前，伺服电机80%的市场份额主要被国外占据，我国自主品牌近些年来已开始实现进口替代。

控制器由硬件和软件组成，主要负责发布和传递指令，使工业机器人按照预定的位置和轨迹进行移动和运转。

减速器是最核心的上游零部件，占据整个工业机器人成本的30%以上，精密减速器主要是RV减速器和谐波减速器，日本的纳博特斯克和哈默纳科占据世界市场75%的份额。

RV减速器由行星齿轮和摆线针轮组成，具备体积小、质量轻、具有较高的刚度和回转精度，一般放置在机座、大臂、肩部等重负载的位置；谐波齿轮减速器由波发生器、柔轮和刚轮组成，依靠波发生器使柔轮产生可控弹性变形，并靠柔轮与刚轮啮合来传递运动和动力，一般放置在机器人小臂、腕部和手部。

减速器在工业自动化产业中重要性十分突出，国内也有一些企业进行了国产化研究，取得了阶段性的进展。

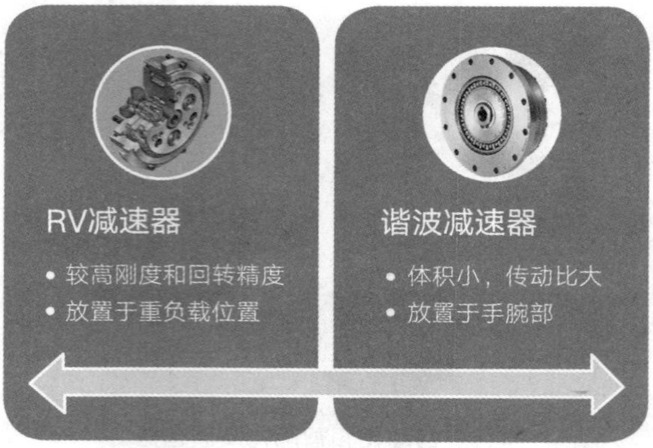

图9　RV减速器和谐波减速器

表2　国内外减速器主要厂商

	名称	简介
国外	纳博特斯克	由帝人精机和纳博克合并组成，世界最大的减速器生产企业
	哈默纳科	谐波减速器领域的绝对领跑者
	住友	在齿轮减速器领域优势明显
国内	上海机电	2013年与纳博特斯克合作成立公司，开发精密减速器
	武汉精华	生产微型摆线针轮减速器、涡轮涡杆减速机等
	双环传动	重点研发RV减速器，实现订单销售
	中大力德	实现RV减速器大额订单销售
	秦川机床	研发机器人关节减速器
	绿的谐波	从事精密谐波传动装置研发和生产
	南通振康	批量生产了RV减速装置和交流伺服电机
	浙江恒丰泰	具备摆线针轮、多级齿轮、涡轮等多种减速器
	中技克美	具有国家谐波传动技术研究推广中心
	北京谐波传动技术研究院	研发销售标准谐波减速器、谐波传动组件及非标电机套装，制定“谐波传动减速器国家标准”

资料来源：根据公开信息整理。

（二）中游本体国内进展迅速

2017年全球工业机器人销售额突破160亿美元，行业增速为24%。从销量看，国内工业机器人销量占世界销量比重从2001年的1%提升到2017年的36%，超过全球1/3的销量占比，国内增长迅速。

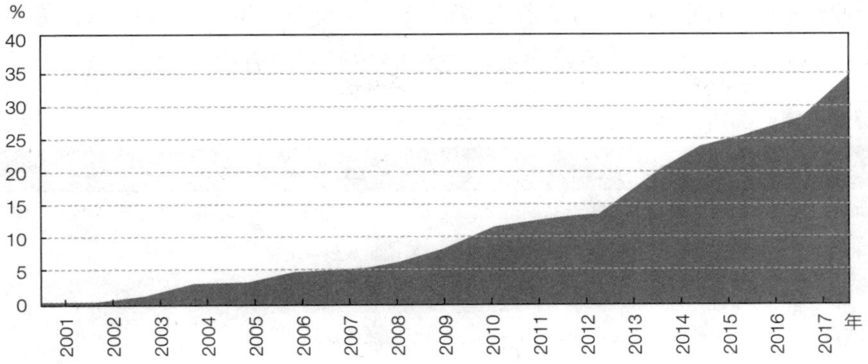

资料来源：Wind。

图10　2001—2017年国内工业机器人销量占比

国内机器人本体企业借助市场的爆发性需求，获得了长足进步，在国内形成了一定的竞争实力。

表3　中游机器人本体生产主要企业

名称	国别	简介
ABB	瑞士	主要应用在电力电子、物流搬运行业，公司核心技术在运动控制系统领域
库卡	德国	主要应用在汽车制造业，焊接机器人尤为突出，在国内重载机器人领域优势明显
发那科	日本	机器人精度非常高，具备极强的数控系统设计能力
安川电机	日本	在伺服电机和运动控制器领域有较强实力，产品稳定性好
埃斯顿	中国	专注于工业机器人及核心控制和功能部件的研发、生产和销售，具备成套装备生产能力
机器人	中国	依托于中科院沈阳自动化所，具备较强的产品开发能力，能够提供行业完整的自动化解决方案

资料来源：根据公开信息整理。

（三）下游集成应用有待蓬勃发展

工业机器人的集成应用处于产业链的下游端，主要为终端客户提供应用解决方案，负责工业机器人应用的二次开发及配套周边设备，使相对标准化的工业机器人使用到不同的应用场景。由于工业机器人集成应用壁垒不高，随着国内工业机器人市场的扩大，工业机器人的系统集成商数量获得高速增长，并以产业集中区出现，主要集中在机器人使用广泛的长三角地区和珠三角地区。

系统集成商一般规模不大，主要在于系统集成的非标准化，公司获得订单后，项目工程师会根据订单要求进行方案设计，再由安装调试人员到客户现场进行安装调试，不同行业的项目都会有其特殊性，很难完全复制，也使系统集成企业在缺乏其他行业专业人员的前提下很难跨行业去扩张。

在产业链企业方面，国外的机器人本体公司也兼做下游的集成应用，像库卡和发那科都是其中的佼佼者，国内的系统集成商在相应的行业也有很好的代表。

表4　下游系统集成国内主要企业

名称	简介
拓斯达	公司主要集中于3C产品制造业、汽车零部件制造业和新能源行业的工业机器人应用
华昌达	主要为汽车行业客户提供工业机器人系统集成解决方案
明匠智能	通过不同的专业化团队运作，在焊接、铸造等行业进行自动化改造
江苏北人	公司系统集成主要应用于汽车行业、航空航天及船舶行业

资料来源：Wind。

四、产业环境

（一）核心领域需要先发优势的积累

1961年，Unimation公司生产了世界第一台工业机器人，这台机器人使用在通用汽车的生产线上，用于生产汽车门、车窗把柄、换挡旋钮、灯具固定架及汽车内部的其他硬件等，当时的程序指令存放在磁鼓上，Unimation机器人手臂可以按次序堆叠热压铸金属件。Unimation机器人开创了一个时代。

我国机器人的起步基本与国际同步，20世纪50年代开始研制机械手，1972年开始研制工业机器人，但仅仅是在研究单位和院校，工业化的产品需要在工业应用中进行迭代、进化、升级。

现在产业环境基本是核心的上游和中游均处于寡头垄断的环境，以ABB、库卡、发那科、安川电机为代表的机器人四大家族占据了全球一半的市场份额，在核心零部件减速器领域，纳博特斯克和哈默纳科占据了75%的市场份额。

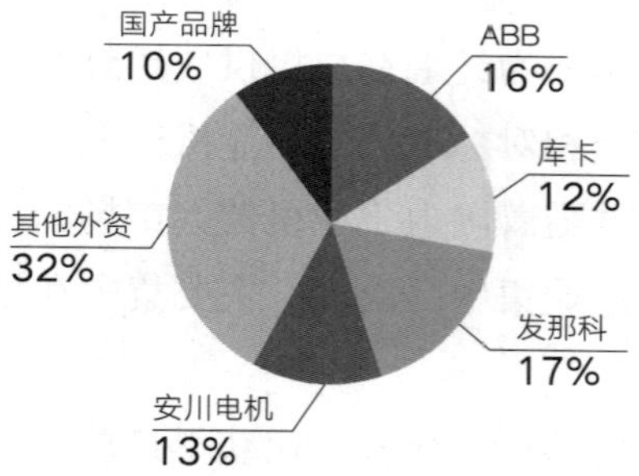

资料来源：中国报告网。

图11　工业机器人本体厂商市场占有率分布

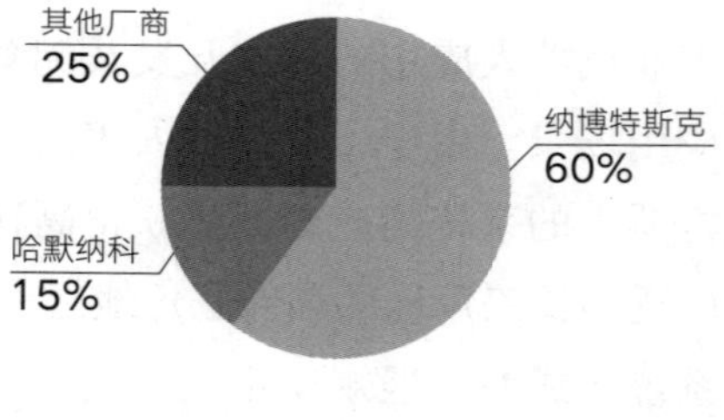

资料来源：中国报告网。

图12　机器人减速器厂商市场占有率分布

减速器领域海外参与者有纳博特斯克和哈默纳科，具备极强的实力，其他基本没有竞争力。

纳博特斯克：由帝人精机和纳博克于2003年合并组成，为世界最大的减速器生产企业，归属于精密机械部门，该部门除了提供工业机器人部件外，还提供半导体制造和液晶面板制造设备。

哈默纳科：公司成立于1989年，主要从事精密减速机业务，制造和销售精密执行器和精密减速机设备控制器，结合电机和传感器、精密定位装置和系统、精密减速机设备及销售精密行星减速机设备，开发、制造和销售谐波传动产品、机电一体化产品。

从收入体量看，纳博特斯克最新会计年度收入近27亿美元，哈默纳科为5亿美元，从毛利率水平看，哈默纳科的毛利率远高于纳博特斯克。

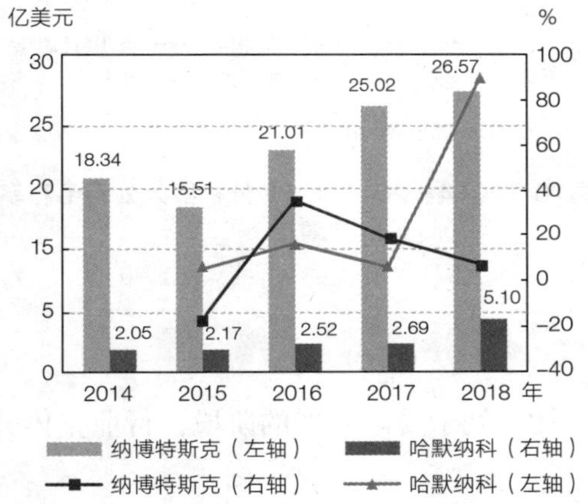

资料来源：Wind。

图13　2014—2018年减速器公司营收及增速

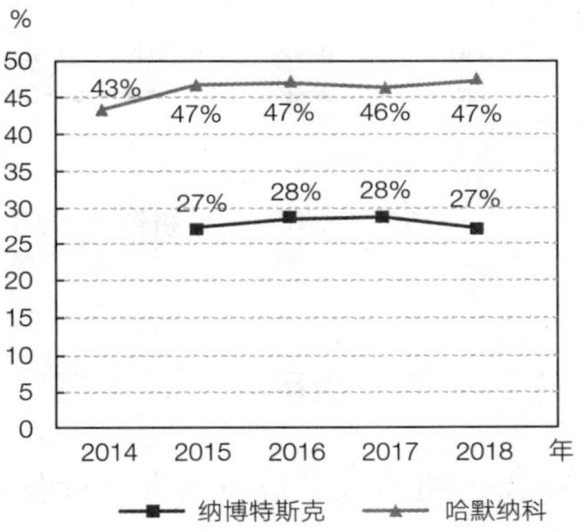

资料来源：Wind。

图14　2014—2018年减速器公司的毛利率情况

工业机器人本体供应商海外有ABB、发那科、安川电机、库卡四大家族，国内的埃斯顿和机器人两公司初步具备了竞争实力。

ABB：ABB由瑞典ASEA公司和瑞士BBC Brown Boveri公司于1988年合并而成，在运动控制领域具备核心技术，另外公司在电力产品方面也具备极强的实力，能够为世界各地的电网提供全套产品和系统服务。

发那科：发那科于1972年从日本富士通公司独立出来，成立富士通发那科，1982年正式改名为发那科株式会社，公司在工厂自动化、数控系统和机器人产品方面都具备极强的实力，尤其在数控系统方面处于世界前列。

安川电机：安川电机成立于1915年，1949年即在东京、大阪证券市场上市，公司强项在伺服电机和运动控制领域，产品包括交流涡轮电机、高速电机和机器控制器。

库卡：库卡于1995年在德国巴伐利亚州的奥格斯堡建立，是世界领先的工业机器人制造商之一，主要应用在汽车制造业，焊接机器人尤为突出，在国内重载机器人领域优势明显。

ABB以年均300亿美元的收入居于机器人本体公司首位，国内机器人企业的营收规模差别较大，最新一年收入在5亿美元以内，从毛利率水平来看，海外和国内企业基本没有差距。

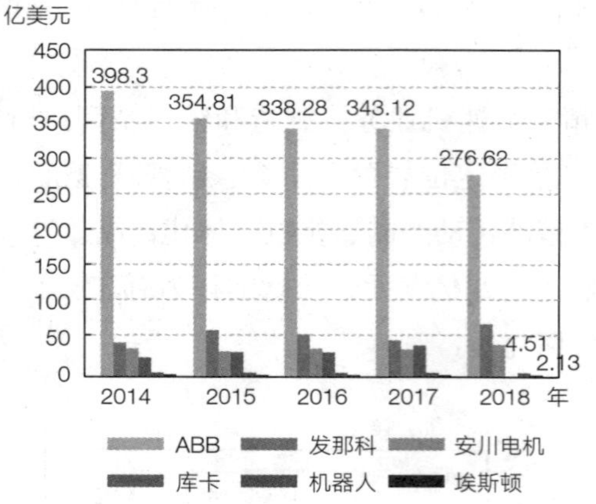

资料来源：Wind。

图15　2014—2018年海内外机器人公司营收对比

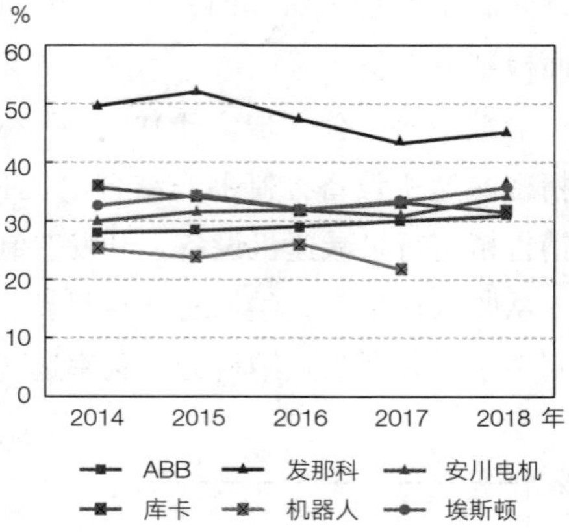

资料来源：Wind。

图16　2014—2018年海内外机器人公司毛利率对比

（二）创新应用处于起步发展阶段

下游的机器人集成应用由于行业间壁垒的存在，处于受限发展的阶段，行业整体分散度较高。

高端市场主要集中在汽车企业，90%的市场基本被四大家族所瓜分，国内系统集成主要集中在3C、家电等劳动力密集型产业。高工产研机器人研究院数据显示，2017年国内机器人系统集成商相关企业超过3 000家。

（三）未来演变方向：集成应用领域有望走出新寡头

自动化是标准化的，而智能化却是柔性化的。无论是同一生产线的不同工位间，还是供应链不同位置的连接之间，把接口连接起来，将实现整个生产阶段的自动化，达到智能化的初级阶段。

自动化之间的连接需要通过集成应用来实现，整体领域还处于充分竞争的环境，通过长期的积累，优势公司逐步显现，最终有望走出新寡头。

第四篇

新能源与新传统

核电产业 / 氢能源产业 / 新能源汽车产业 /
锂钴产业 / 特高压产业 /
飞机租赁产业 / 石化产业 / 生活垃圾处置产业

核电产业：

核电是能源结构调整的优选

沈一凡　东兴证券公用事业研究员

一、世界核电产业发展史：近 70 年历程四个发展阶段

核电产业自1951年12月美国实验增殖堆1号（EBR-1）首次利用核能发电，1954年6月苏联核电站首次向电网送电，至今已有近70年的历史。这70年中核电产业经历了验证示范阶段、高速发展阶段、滞缓发展阶段和复苏过渡阶段，现在整个行业处于复苏过渡阶段。

验证示范阶段：1951—1968年。这一阶段主要是将第二次世界大战时期军用技术转向民用，这一时期核电开发堆型较小，多在200MWe以下；堆型多样，有压水堆、沸水堆、重水堆等。在这一阶段，核电商业模式的可行性得到印证，为核电大规模商用打下基础。

高速发展阶段：1969—1987年。这一阶段经济高速增长，用电量增长，核电技术不断成熟，叠加世界石油危机，各国寻找其他能源供应方式，清洁高效、不需消耗化石能源的核电成为优选。1969—1974年，世界核电运行容量从1969年的14121MWe增长到1974年的61021MWe，5年年复合增长率达33%。印度、巴西、阿根廷等发展中国家也相继建成了一批核电站。

滞缓发展阶段：1988—2000年。这一阶段由于西方各国经济增速减缓，叠加核电事故，核电增速大幅减缓。仅1983年美国就取消108台核电机组建设，1986年4月苏联发生

切尔诺贝利核电站事故，对核电发展产生深远影响。

复苏过渡阶段：2000年至今。这一阶段核电建设增速很低，主基调是核电建造、运行、事故经验的总结。各地区制定了更经济、更先进、更安全的核电建设标准，确立了压水堆为主要发展方向。

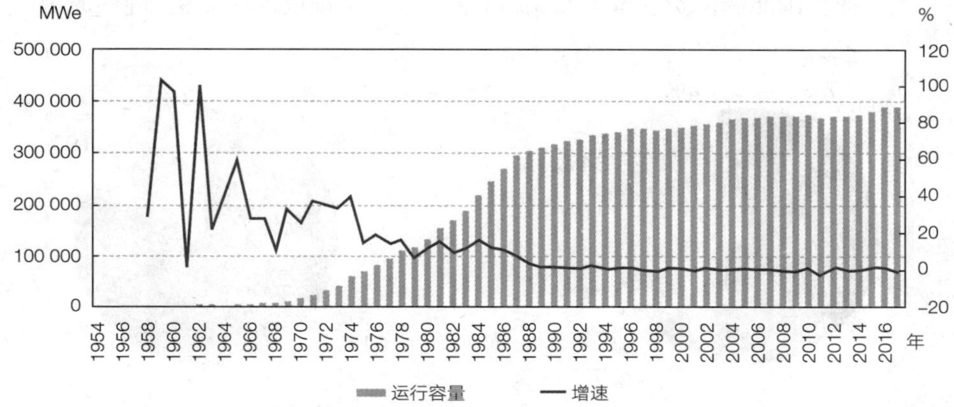

资料来源：IAEA.Power Reactors Information System[DB/OL]. https://pris.iaea.org/PRIS/CountryStatistics/, 2019-05-15.

图1　核电站在运容量及增速（1954—2017年）

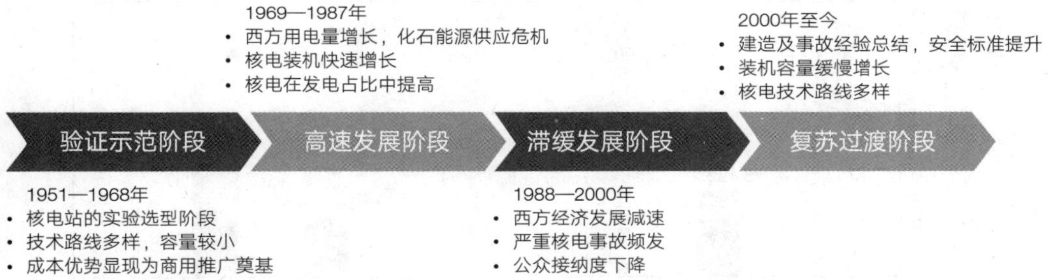

资料来源：根据公开资料整理。

图2　核电发展历史

二、核电产业发展的动力：能源结构调整的优选

调整能源结构，核电最佳。第一，我国能源结构中化石燃料占比太高，温室气体排放量巨大；第二，我国资源禀赋和其他新能源特性决定了除了核电外的其他新能源无法替代火电成为主要的能源供应；第三，核电具有清洁高效、安全稳定、经济性好等特点，是未来代替火电的最佳选择，且我国核电占比较低，还有很大的发展空间。

（一）我国能源结构中煤炭占比亟待降低

相对于美国、欧洲等西方发达经济体，我国能源消费结构比较落后，单位能源消费碳排放偏高，化石燃料（尤其是煤炭）占比太高。从碳排放的角度来看，我国单位能耗碳排放相对较高。几种主要的化石燃料中，煤炭排放系数为0.755、原油为0.585、天然气为0.448，这表示燃烧煤所取得的一单位能量产生的碳排放是燃烧原油的1.29倍，是燃烧天然气的1.68倍——这也是为什么2017年我国能源消费总量为3.13亿吨油当量，碳排放高达9.23亿吨，而美国能源消费总量为2.23亿吨油当量，碳排放仅达5.09亿吨的原因。

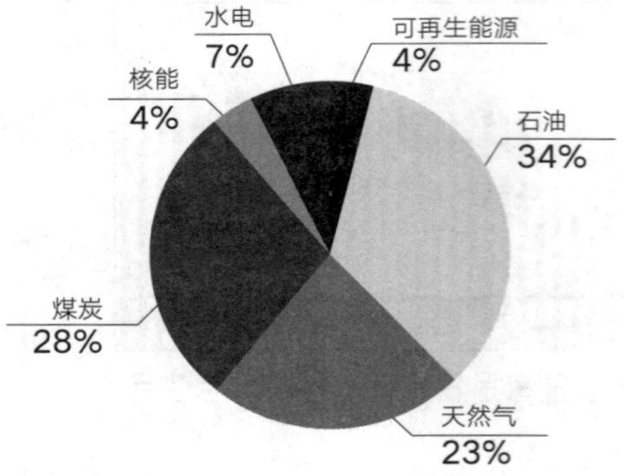

资料来源：British Petroleum. 2018 世界能源统计年鉴 [R]. 2019.

图3　世界一次能源生产结构（2017年）

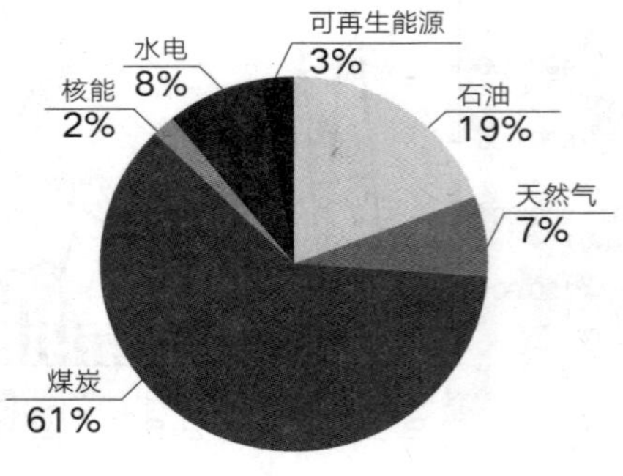

资料来源：British Petroleum. 2018 世界能源统计年鉴 [R]. 2019.

图4　我国一次能源生产结构（2017年）

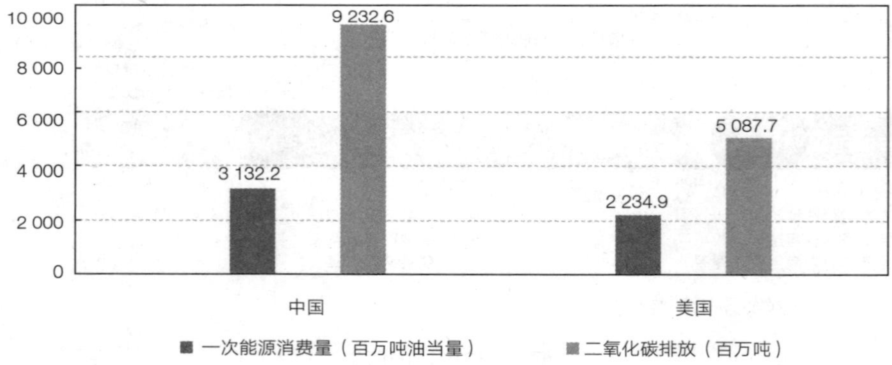

资料来源：British Petroleum. 2018 世界能源统计年鉴 [R]. 2019.

图5　中美一次能源消费量和二氧化碳排放量比较

（二）改变我国能源结构核电是最优选择

我国能源结构亟待调整，但除核电外其他能源难以代替火电承担主要能源供应。主要原因有三点：其一，化石能源中，我国石油、天然气资源贫乏；其二，可再生能源中，水电资源虽然丰富，但我国能源消耗较大，难以满足我国的能源需求；其三，新能源机组出力不稳定，难以承担基础负荷。

我国油气资源不丰富，对外依存度太高，难以扩大规模成为主要能源供应。2008—

2018年十年间，我国原油消费量从2008年的3.55亿吨迅猛增长到2018年的6.25亿吨，增长近一倍。但我国原油资源不足，原油对外依存度从2008年的47.84%增长到2018年的69.8%。2008—2018年十年间，我国天然气消费量从2008年的813亿立方米迅猛增长到2018年的2 803亿吨，增长三倍多。但我国天然气资源也不足，天然气对外依存度从2008年的1.22%增长到2018年的43.56%。过高的能源依存度会对国家能源安全造成隐患，因此扩大油气在我国一次能源中的占比也不是解决问题的办法。

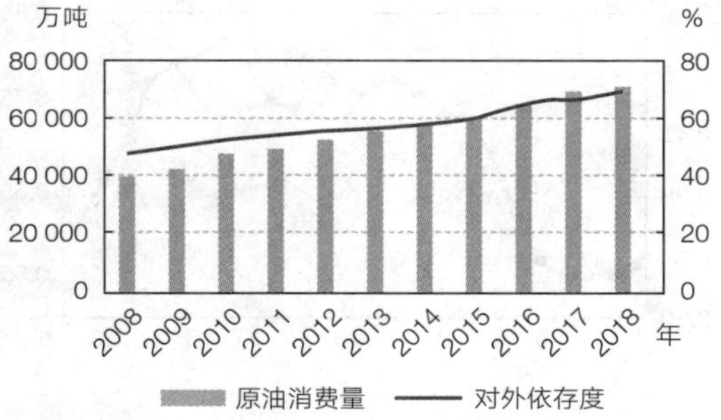

资料来源：国家统计局.年度能源行业数据[DB/OL]. http://data.stats.gov.cn/easyquery.htm?cn=C01,2019-05-15.

图6 近10年我国原油消费量及对外依存度

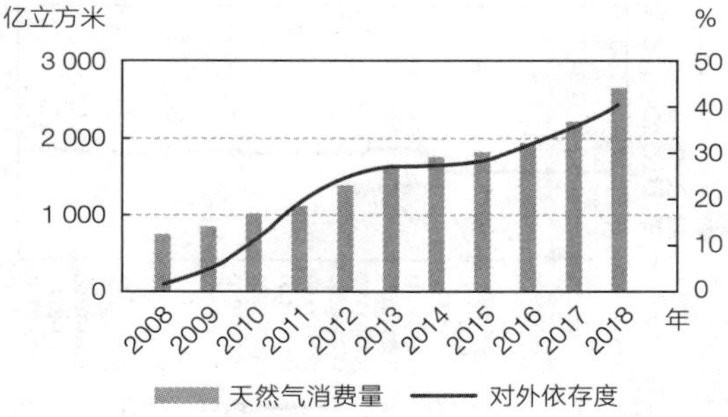

资料来源：国家统计局.年度能源行业数据[DB/OL]. http://data.stats.gov.cn/easyquery.htm?cn=C01,2019-05-15.

图7 近10年我国天然气消费量及对外依存度

我国水电资源丰富，但我国能源需求量巨大，难以满足能源结构调整的需要。2018年我国水电装机容量达3.5亿kW，年发电量达1.2万亿kW·h。根据我国2016年颁布的水能资源情况，我国水能资源理论蕴藏年发电量6.08万亿kW·h，可装机容量6.94亿kW，理论已开发率达50%；技术可开发年发电量2.47万亿kW·h，装机容量5.42亿kW，技术可行已开发率达64.58%；经济可开发年发电量1.75万亿kW·h，装机容量4.02亿kW，经济可行已开发率达87.06%。由此可见，即使我们按照技术可开发容量开发水电，水电最多只能再带来目前一倍左右的发电量，能满足约15%的一次能源消费，理论上能使煤炭在一次能源供应量占比下降7%，但这还远达不到世界平均能源生产结构的水平，所以仅依靠水电开发并不能实现能源结构的调整。

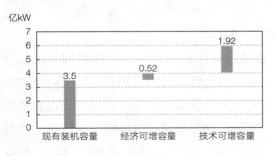

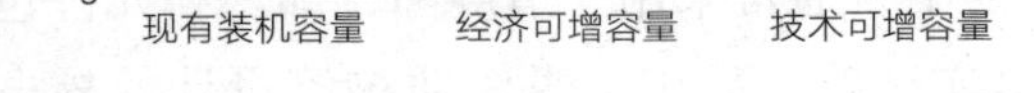

资料来源：水利部.中国水资源调查报告[R]. 2016.

图8 我国水电资源开发容量

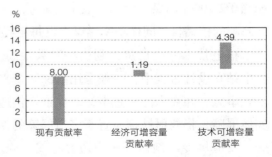

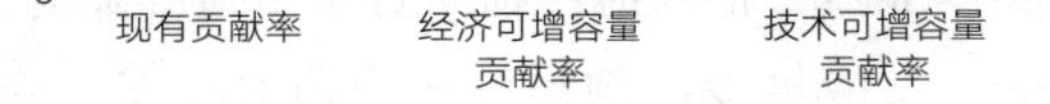

资料来源：水利部.中国水资源调查报告[R]. 2016.

图9 我国水电资源开发占一次能源消费比例变化

光伏和风电发电不稳定，不能承担基础能源供应，可以改善但无法解决能源结构问题。由图10和图11可见，光伏和风电出力曲线与电力需求曲线截然不同，难以承担基础负荷供应。光伏、风能是清洁能源，但太阳能资源只在有日照时间有，风能只在特定时间特定条件才有，故在储能系统没有完善之前，难以像火电一样施行按需供电、实时调度，在电力这一产供销实时、以需定产的市场中，难以满足用户需求。

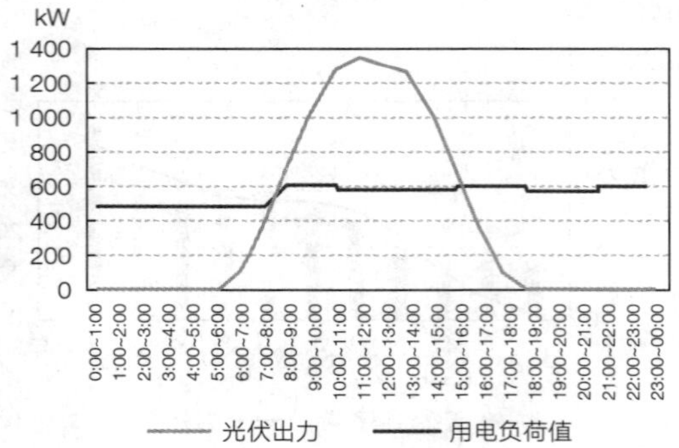

资料来源：根据公开资料整理。

图10　典型光伏出力曲线和逐时电力负荷

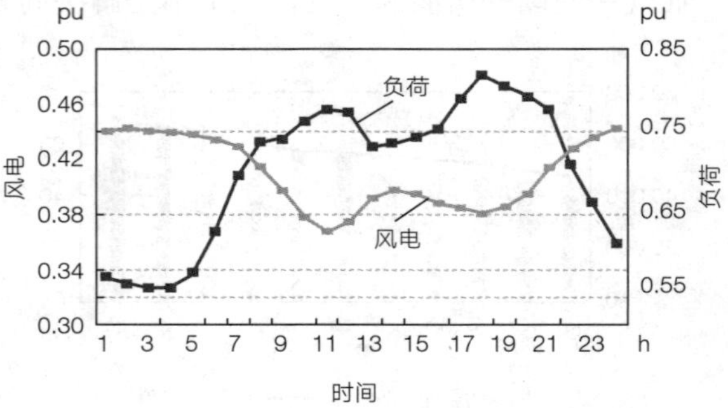

资料来源：根据公开资料整理。

图11　典型风电出力曲线和逐时电力负荷

（三）核电本身优势明显

核电具有清洁高效、安全稳定、经济性好等特点，由于其运行稳定、可调控性强，可以承担电网基础负荷。

核电属于清洁高效能源，运行中基本没有污染物排放，且所需燃料远少于同等容量火电机组。核电站在运行的过程中只产生少量的放射性废物，不产生温室气体等其他污染物。与火电相比，一台百万千瓦核电机组每年可减少排放二氧化碳600万吨、二氧化硫2.6万吨、氮氧化物1.4万吨，清洁优势明显。从全寿期来看，温室气体的排放量与风电相当，远低于煤电等化石燃料电厂。一座核电厂全寿期的常规废物排放量，只相当于同等规模火电厂的 0.5%~4.0%。核电是一种高效的能源。1千克铀235全部裂变，能够释放出相当于2 700吨标煤完全燃烧放出的能量。一座百万千瓦级的核电站，平均每年只需补充约25吨的核燃料，同样功率燃煤火电每年耗煤达300万吨。

核电技术安全稳定，利用小时数最高。成熟的技术使核电的安全性得到了保证。核电站在设计过程中，一般采用纵深防御来保证其安全性，提供一系列多层次的防御来防止事故，并在未能防止事故时保证提供适当的保护。纵深防御是在设计中设置的多道实体屏障，将放射性物质置于多道屏障的保护之下，通常采用三道屏障，即燃料元件包壳、反应堆冷却剂系统压力边界、安全壳。事实证明，采用了纵深防御等设计的核电成熟可控，具有很高的安全性，堆芯熔化概率小于10^{-6}。此外，核电设备利用小时数高居第一，与其他所有能源相比，核电可以保持长时间稳定运行，且间隔12~18个月才更换一次核燃料和检修，所以核电可以连续运行很长的时间。同时，核电单机容量较大，最高可达近180万千瓦，是理想的承担电网基本负荷的电源。目前，核电设备年运行小时数为7 108个小时，在所有发电类型中高居第一，远高于发电设备平均3 786个利用小时数。

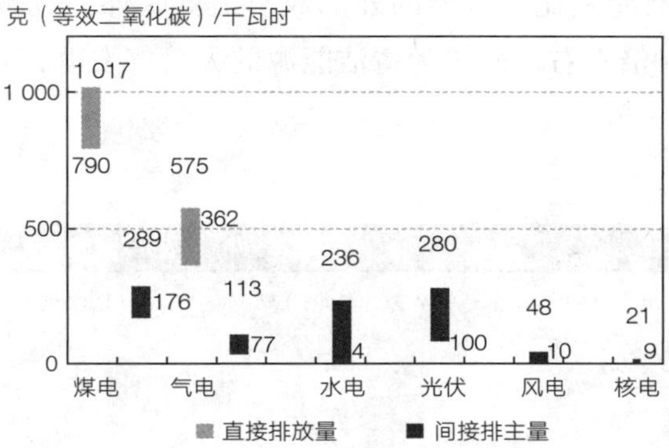

资料来源：中国产业信息网.2018年中国核电行业发展现状及行业发展趋势分析[DB/OL]. http://news.bjx.com.cn/html/20180620/906952.shtml, 2018-06-20.

图12　不同种类发电机组污染物排放

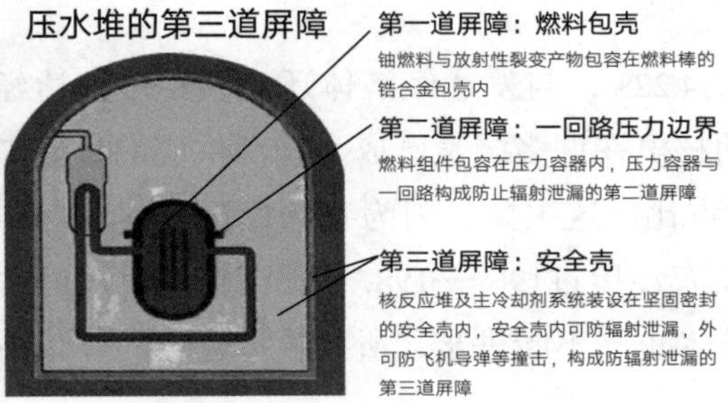

资料来源：根据公开资料整理。

图13　压水堆核电站多层次防御示意

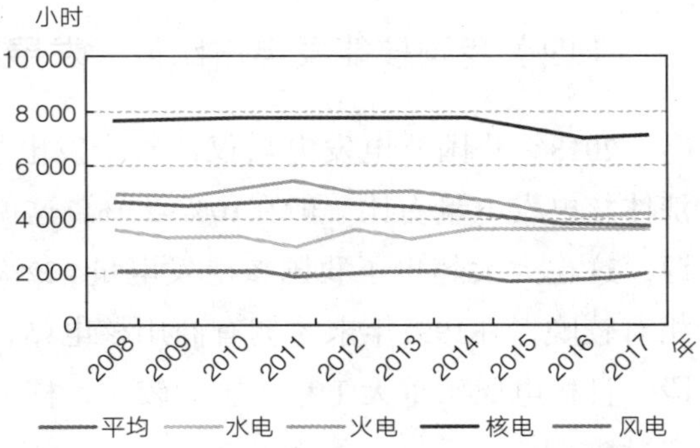

资料来源：中国电力企业联合会.月度电力工业运行情况[DB/OL]. http://www.cec.org.cn/, 2019-05-21.

图14　2008—2017年各种发电设备利用小时数比较

相比其他发电设备，核电的运行成本最低，总体成本最低。核电的发电成本主要由运行费、折旧费和燃料费三部分组成，其中，运行费用占比为20%~25%；折旧费占比较高，占45%~50%；而核电燃料费占比较低，为20%~25%；核电站一般可以运行近60年，而目前最长折旧年限一般为30~40年，折旧完成后，核电的发电成本将大幅下降。很多国家包括我国对核电采取优先上网政策，核电利用小时高且稳定，这种高固定成本、低变动成本的成本结构使核电具备较好的经济性。除此之外，与常规能源相比，核电还具有最低的外部成本。发电厂并非孤立存在，发电厂排放的各种污染物、噪声等对公众的损害，以及对地球气候变暖等环境生态影响等因素产生的成本可以作为外部成本，将这些都包括在内，对现有的发电技术经济性分析进行全面研究是必要的。多个国际研究结果表明，与其他常规能相比，核能的外部成本最低。外部成本最高的是常规能源煤炭和石油，为核电的10倍左右，而作为清洁能源的天然气发电，外部成本也约为核电的3~6倍。

表1　核电外部成本分析

发电方式	外部成本分析（欧元/MWh）			
评估标准	GaBE（1998）	WEC（2001）	ExternE（2001）	EC（2003）
核能发电	8.41	3.64	7.5	2.96~5
煤炭发电	90.45	22.27	64.77	30~82.27
油发电	109.23	—	68.18	—
天然气发电	29.55	5.23	31.6	10~30

资料来源：中国广东核电集团核电学院，中广核工程公司，工程培训中心.核电工程总承包与项目管理 [M]. 北京：中国电力出版社，2010：51.

（四）我国核能发电占比低，发展前景广阔

2018年我国核电发电量仅占整个发电量的4.22%，与发达经济体还有差距。发达经济体核电发电量占比一般在10%~25%，这说明核电在许多国家已成为能源供应的重要来源，这也大大超出了我国核电发电量4.22%的占比。这主要是因为我国民用核工业起步相对较晚，在1991年末才拥有商用核电站，没有经历过1969—1987年核电高速发展的阶段，且核电属于重大工程，影响较大，核电技术也在不断进步，所以核电建设的步伐不宜过快。

核电占比低，发展前景广阔。我国能源消费依然不断增长，且水电、风电、太阳能和燃气发电等其他能源供应由于自身特点，很难成为能源供应的主力，在这种情况下，核电发电量占比较低也意味着未来它可以为能源供应作出更多的贡献。按照目前发达国家核电发电量占比为10%~25%的背景，我国规划到2030年核电装机容量达到1.5亿kW，占总发电量比例的10.4%，按照第三代核电建设费用1 800美元/kW，总装机增加1亿kW测算，近10年仅核电建设市场容量就达1 800亿美元，约1.24万亿元人民币。

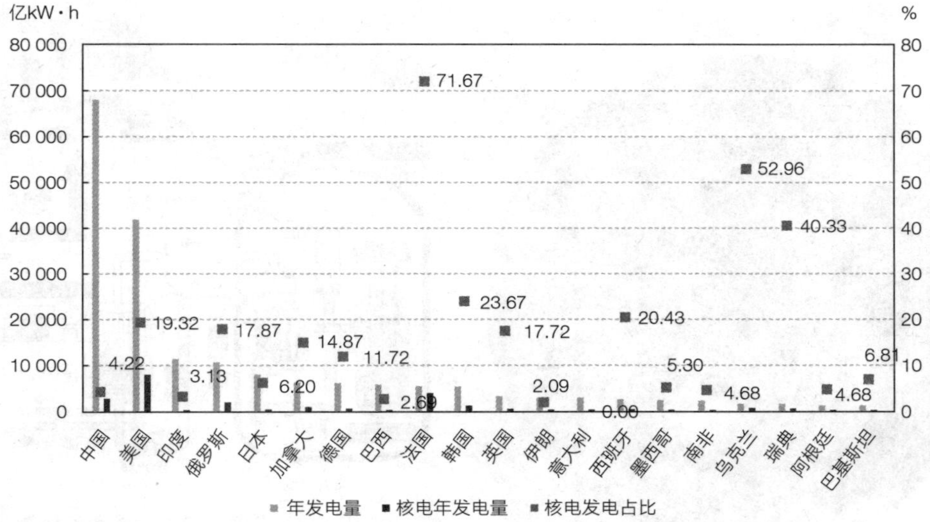

资料来源：国际原子能机构。

图15　世界前20大能源大国年发电量、核电发电量及核电发电占比（2018年）

三、产业竞争及演变：市场竞争逐渐引入，新型机组示范工程开启

我国核电市场具有鲜明的垄断市场特点，技术门槛很高，资本投入大且有特殊资质要求。首先，核电站系统是比较专业复杂的系统，如图17所示，主要分为核工业系统、汽轮发电机系统、电力送出系统，即开发运营核电的相关企业需要配备上述三个专业系统的专业团队，目前核电市场中仅中核集团、中广核集团和国家电力投资集团配备有上述三个系统的专业团队。其次，核电建设需要上百亿元的资金投入，只有国家大型能源企业才能参与。最后，核电开发企业还必须拥有核安全局颁发的核电运营牌照。目前我国只有中核集团、中广核集团和国家电力投资集团满足以上三个条件。但根据国家的规划和几大发电集团的意愿，未来核电三足鼎立的格局将发生改变。2016年9月19日《核电管理条例（送审稿）》出台，其中提出企业申请核电运营牌照的企业需有其他核电项目25%以上股份，8年参与核电项目建设、运行的经验，以及相应的核电专业人才队伍建设、较强的资金保障和融资能力。目前基本符合要求的企业有华能集团、大唐集团、华电集团、国电集团。这些企业未来将有可能优先获批核电运营牌照并正式参与到核电运营建设中来。

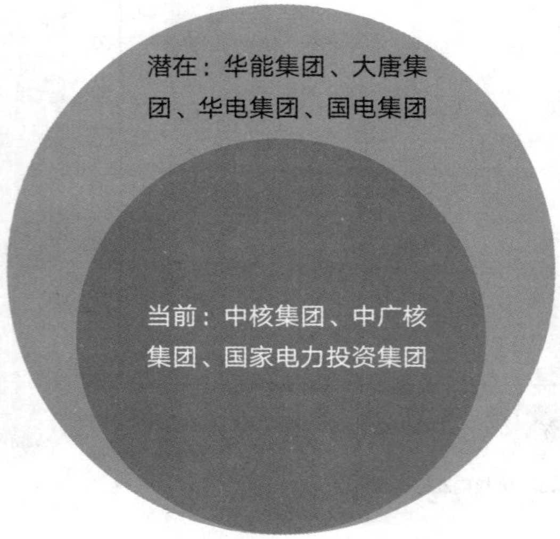

图16　现在及未来核电建设市场主要参与企业

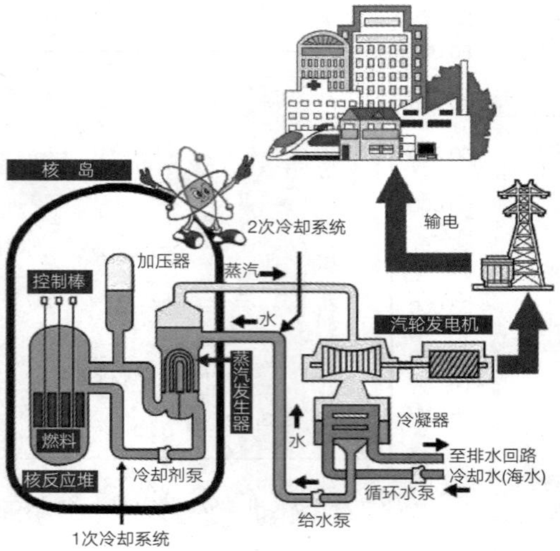

资料来源：周涛，盛程．压水堆核电厂系统与设备[M].北京：中国电力出版社，2012：8.

图17　核电站主要系统示意

表2　发电集团主要参股核电站及比例

发电公司	主要参股核电站	持股比例（%）
华能集团	昌江核电站	49
	石岛湾核电站	47.5
大唐集团	宁德核电站	44
华电集团	福清核电站	39
中国国电	海阳核电站	5
	漳州核电站	49

资料来源：各发电公司官方网站。

新一代核电机组有序发展，示范机组开工建设。除了引入竞争，核电技术方面也有重要发展。目前具有第四代核电站特征的华能山东荣成石岛湾核电站已经于2012年开工建设，关键技术的研发工作已经完成，反应堆压力容器、蒸汽发生器等核岛7项主设备制造供货合同已签订完毕，燃料元件原型生产线试生产成功，工程也预计于2020年上半年建成投产。

高温气冷堆主要优势：（1）我国自主知识产权；（2）具有固有安全性和非能动安全性，在技术上不需采取场外应急措施；（3）采用球形燃料元件，不停堆进行燃料循环和装卸，机组可利用率高；（4）系统简单，电站发电效率可以达到40%以上；（5）堆芯出口氦气温度可达700~950℃，除发电，还可广泛应用于制氢等领域；（6）模块化设计，具有灵活性、减少造价、节省工期的优点，可成为压水堆核电技术的补充。

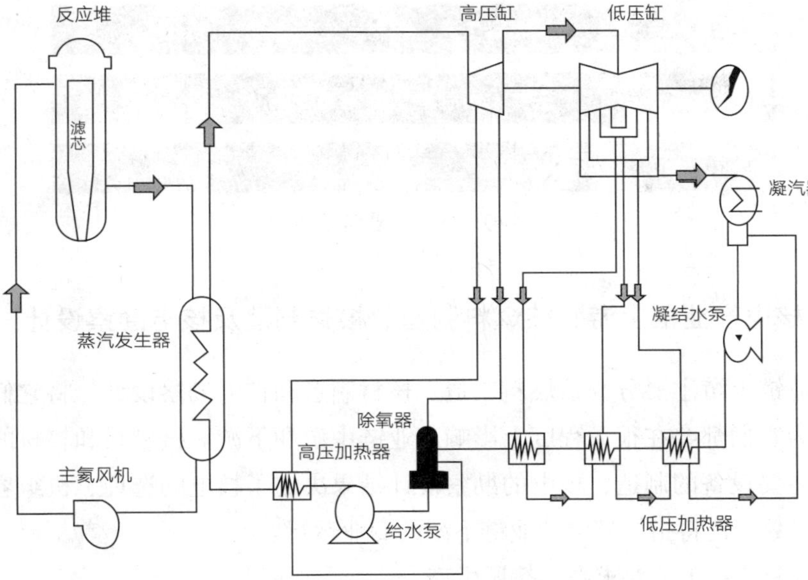

图18　高温气冷堆主要工艺流程

第一代至第四代核电站发展及其代表堆型

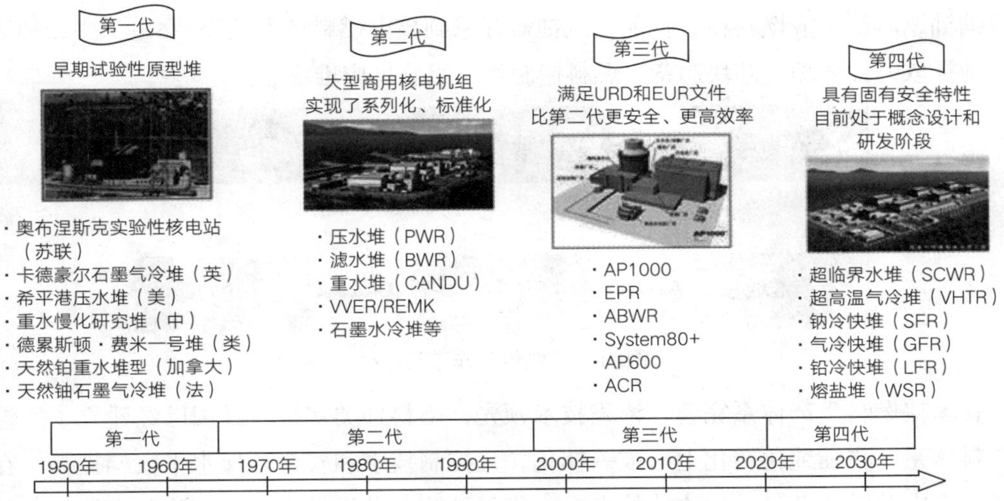

图19　核电站技术发展及其代表堆型

四、核电产业链分析：从燃料提取到建造运营

核电产业链相对庞大，按照燃料材料制造、核电站建设、核电站运营将产业链分为上游、中游、下游三个部分。上游主要是核燃料制造、核材制造和核电站勘察设计，中游是主要设备的制造建造和核电站的施工，下游主要是核电站的运营管理及乏燃料处理。从产业链的利润率看，部分国产化率低的零部件利润率最高（40%~50%），其次是电站运营（35%~40%）、核岛设备（30%~35%）、施工建造（10%）、常规岛设备（5%~10%）。

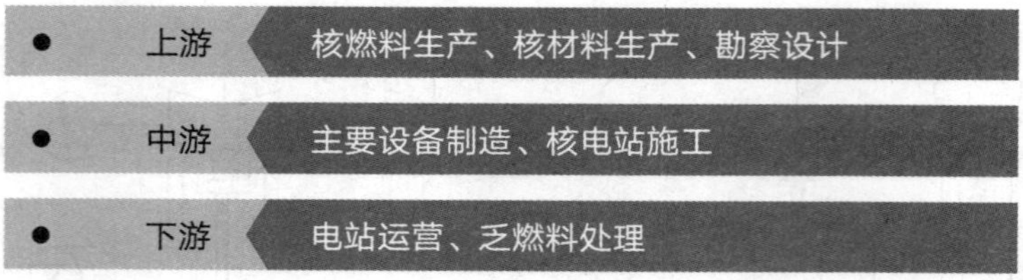

图20　核电产业链示意

（一）核电产业链上游：核燃料制造、核材制造及核电勘察设计

核电产业链上游主要分为核燃料制造、核材制造和核电勘察设计。将它们归于产业链上游是因为它们都会在很大程度上影响产业链中游和下游。核燃料和核材的制造将影响中游核电主要设备的制造，核电的勘察设计结果决定了核电的选址、机组容量、技术路线等关键参数，这将指导核电产业链下游的商业运行。

1. 核燃料制造：工艺要求高，持照生产

核电站核燃料制备主要指的是铀燃料的制备，由于天然矿石中含可参与核反应的铀235很低，所以制备核燃料需要对铀235提纯到一定富集度。为方便核电安全生产，还需将浓缩铀燃料组装成燃料棒。目前，从铀矿开采到核电燃料棒大致需要6道工序，铀矿开采、铀提取、铀浓缩、芯块制备、燃料棒制作、组装反应堆堆芯。

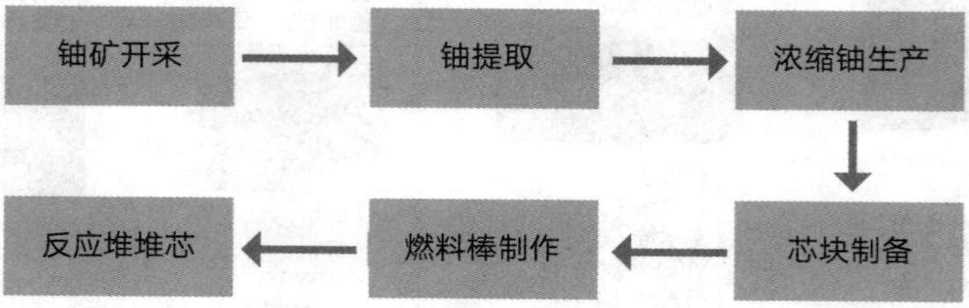

图21　核燃料制作工艺流程

我国核燃料生产体系完善，浓缩技术领先，燃料种类多样。我国已经建立了完整的核燃料体系，在铀纯化转化上形成一体化，且控制技术和安全环保水平大幅提高。在核燃料生产中关键环节——铀浓缩技术上，我国已跨入世界领先地位。除此之外，由于我国核电机组技术路线多样，引进技术也较多，核燃料公司已掌握多种核电站堆型的核燃料生产技术，有法国M310机组、加拿大CANDU-6重水堆、俄罗斯VVER机组、美国引进AP1000机组、中国改良CAP1400机组和华龙一号机组，这也为今后不同堆型核燃料出口打好基础。

核电逐渐增多，年铀消耗量破万吨，中核国际、中广核矿业独家供应。目前我国一共在运46台核电站，在运核电4 592.3万kW·h，按照每百万核电机组每年消耗核燃料27吨，合天然铀160吨估算，我国每年核燃料消耗为1 239.84吨，合7 339.04吨天然铀。根据世界原子能机构的预测，我国2017年铀产量约为1 885吨铀，小于国内消耗量，我国铀主要依靠从哈萨克斯坦进口。核燃料生产属于高技术壁垒行业，同时，由于其具有军事影响，也是限制行业，目前仅有中核国际、中广核矿业拥有核燃料供应牌照。

表3 世界主要天然铀供应商（2017年）

公司	产量（tU）	世界份额（%）
哈萨克斯坦国家原子能公司	12 488	21
加拿大矿业能源公司	9 155	15
法国欧安诺集团	8 031	13
俄罗斯国有铀资源公司	8 019	13
中核燃料公司、中广核矿业	3 897	7
力拓矿业集团	2 558	4
乌兹别克斯坦纳沃伊公司	2 404	4
必和必拓集团	2 381	4
能源亚洲公司	2 218	4
通用原子能公司	1 556	3
索伯帕文公司	1 188	2
帕拉丁能源公司	970	2
其他	4 667	8
总计	59 532	100

资料来源：伍浩松，戴定．2017年世界天然铀生产概况 [J]. 国外核新闻，2018，（9）：24.

2. 核材制造

核材主要指的是反应堆各部分材料，目前可控核聚变反应还在研究当中，通常所指是核裂变反应堆材料，主要包括冷却剂材料、慢化材料、结构材料、控制材料、屏蔽材料。

（1）冷却剂材料：用于导出反应堆内核裂变产生热量的工作介质材料，主要有气态和液态两类。常见的液态冷却剂材料有水、重水及液态金属钠、钠钾合金、铋、铅铋合金等。常见的气体冷却剂材料有二氧化碳（CO_2）、空气和氦气（He）等。目前我国的核电站主要以轻水压水堆为主，冷却剂主要为水。我国正在研究快中子堆技术和高温气冷堆技术，快中子堆技术冷却剂为液体钠，高温气冷堆冷却剂为二氧化碳或氦气。

（2）慢化材料：在热中子反应堆中用于将裂变中子慢化成热中子的材料，也称慢化剂或减速剂。常用慢化材料有固态的和液态两类。固态慢化材料有石墨、铍及氧化铍。常用的液态慢化材料有轻水及重水，此外还有有机慢化材料。对于慢化材料，除了要求其具有优良的核性能外，还要求其有良好的工程使用性能。我国第三代核电机组多采用轻水作为慢化剂，正在开发的高温气冷堆采用核石墨作为慢化剂。方大炭素已经建成量产3万吨的核石墨生产线，该生产线目前已供应我国首台高温气冷堆机组，并实现盈利。中钢吉碳也在从事相应生产研究。合核级钠方面，兰太实业是我国唯一有能力生产核级钠的厂商。

（3）结构材料：包括堆芯结构材料、燃料棒包壳材料及反应堆压力容器、驱动机构材料等。核级高韧性低合金钢、不锈钢、基合金等材料广泛用作堆芯结构材料和反应堆压力容器材料。锆合金广泛用于燃料棒包壳材料和燃料组件结构材料。我国主要核电设备已经实现国产化，相应材料已达到良好供应，核电材料企业中晶安高科、乐昌锆制品厂、东方锆业、国核锆业、敖汉华钛主要为燃料棒包壳进行材料供货。

（4）控制材料：用于制造反应堆控制元件的材料，具有强吸收中子性质。这类材料有铪、银—铟—镉合金、含硼材料和稀土材料中的钐、铒、铕、钆及它们的某些氧化物和碳化物。目前与此相关的企业有西部材料和浙富控股，其中西部材料主要生产核燃料银合金控制棒，年产量5 000支，该公司目前已取得了中核集团、中核燃料元件有限公司和中广核的合格供应商资格；浙富控股主要生产控制棒驱动机构，其下属子公司四川华都核设备制造有限公司能够生产适用于多种反应堆的控制棒驱动机构，目前包括压水堆ML-B型（ACP1000、ACP100）、压水堆ML-A型（CNP600、CNP1000）、600MW示范快堆、熔盐堆、铅铋堆、直线电机型、丝杆螺母型等。

（5）屏蔽材料：用于减弱各种射线、避免使工作人员及设备遭受辐照损伤的设施所用的材料，主要有铅、铁、重混凝土、水等材料，一般由核电施工单位建设完成。

3. 核电勘察设计：核岛设计路线不同，常规岛竞争显现

勘察设计单位是核电建设和运行方案的制定者。核电勘察设计单位主要指的是核电相关的设计院和设计研究院，包括承担核岛部分设计院和常规岛部分设计院。这些机构最早接触核电项目，它们为核电项目出具初步可行性研究报告、可行性研究报告、初步设计、施工图设计、竣工图设计和核电设备的技术规范等。核电勘察设计费用虽占整个核电造价比重不高，约为整个项目投资的3%~5%，但设计文件对核电的可行性、经济性作出系统性研判，对核电相关设备作出规范化指导，对整个核电项目有重大影响。

我国核岛设计院技术力量雄厚，分工较明确，擅长技术不同，主要由中国核动力研究设计院、中国核电工程公司、上海核工程研究设计院和中广核工程设计院四家共同承担，其中中国核动力研究设计院主要承担机组堆芯、堆控及核蒸汽供应系统的设计，所涉及的堆型包括中核和中广核两大系列；中国核电工程公司主要承担中核系列机组总承包，除堆芯堆控之外的核岛工艺及其他辅助系统的设计；上海核工程研究设计院主要承担国家核电引进美国西屋AP1000系列机组和部分中广核系列机组的整个核岛及其辅助系统的设计；中广核工程设计院主要承担中广核系列机组整个核岛系统及其辅助系统设计。

常规岛设计竞争逐渐显现，两强格局显现。目前我国常规岛设计院主要由中国能建华东院、中国能建广东院、中国能建广西院和国核电力院承担，新成立的中核工程公司河北分公司也在部分参与常规岛设计。与核岛准入门槛不同，常规岛设计由于与常规火电厂相似，面临竞争较激烈，多数承担过大型百万机组火电站设计的设计公司，都有可能成为潜在竞争者。这一市场中经验实力最丰富的是华东院和广东院，华东院从秦山一期开始就参与常规岛设计，几乎参与过我国所有堆型核电站的常规岛设计，市场占有率约为30%；广东院主要参与中广核系列的核电常规岛设计，市场占有率约为32%。

表4 核电设计主要机型说明

机型代码	研发集团	说明
CNP-300	中核集团	我国自主建设的300MW级核电机组
CNP-600	中核集团	我国自主建设的600MW级核电机组
CNP-1000	中核集团	改进CNP-600的1 000MW级核电机组
M310	Areva	引进法国的第二代核电机组
CPR-1000	中广核集团	改良法国M310的1 000MW级第二代半核电机组
AP-1000	West House	引进美国西屋的1 000MW级第三代核电机组
ACPR-1000	中广核	中广核研发的1 000MW级第三代核电机组
HPR-1000（华龙一号）	中核/中广核	中核与中广核研发的1 000MW级第三代核电机组
EPR-1750	Areva	引进法国的1 750MW级第三代核电机组
CAP1400	国家能源集团	改良美国西屋AP1 000的1 400MW级核电机组

资料来源：根据公开资料整理。

表5 核电核岛相关勘察设计市场情况

设计单位	主要设计系统	市场占有率（%）	主要设计机型	典型机组
中国核动力研究设计院	堆芯、堆控、主蒸汽	55	CNP-600 CRP-1000 ACRP-1000 HPR-1000	海南昌江核电 阳江核电 阳江核电三期 福清5号、6号机组
中国核电工程公司	核岛其他系统即核电厂辅助系统	32	CNP-600 CRP-1000 CNP-1000 HPR-1000	海南昌江核电 方家山核电 福清1号、2号机组 福清5号、6号机组
上海核工程研究设计院	整个核岛及其辅助系统	15	CNP-300 CPR-1000 AP1000	秦山核电一期 红沿河核电一期 三门核电一期
中广核工程设计院	整个核岛及其辅助系统	28	CPR-1000 ACPR-1000 HPR-1000	宁德核电 阳江5号、6号机组 防城港3号、4号机组

资料来源：核电项目说明文件。

表6 核电常规岛勘察设计市场情况

设计单位	主要涉及系统	市场占有率(%)	主要机型	典型机组
中国能建华东院	常规岛及其辅助系统	30	CNP-300 CNP-600 CNP-1000 CPR-1000 HPR-1000 AP-1000	秦山一期 昌江核电 福清一期 方家山核电 福清5号、6号机组 三门核电一期
中国能建广东院	常规岛及其辅助系统	32	CPR-1000 ACPR-1000	岭澳二期 阳江5号、6号机组
中国能建东北院	常规岛及其辅助系统	3.5	CNP-1000	田湾5号、6号机组
中国能建广西院	常规岛及其辅助系统	7	CPR-1000 HPR-1000	防城港1号、2号机组 防城港3号、4号机组
国核电力院	常规岛及其辅助系统	5.2	AP-1000 HTR-PM	海阳核电 石岛湾核电

资料来源：核电项目说明文件。

（二）核电产业链中游：核电主要设备的制造及核电站的施工

核电产业链中游涉及核电主要设备的制造及核电站的施工。核岛设备为核裂变反应提供场所，将核能以蒸汽的形式转化为热能，常规岛汽轮发电机接收核岛热蒸汽，将热能转化为机械能再转化为电能。这些设备的制造对设计技术、可靠性的要求都很高，只有拥有顶尖重型制造技术的专业企业才能完成。核电机组核岛有七大主设备，分别为压力容器、主泵、蒸汽发生器、堆内构件、稳压器及控制棒驱动机构，对于维持核电机组安全、平稳运行意义重大；常规岛主要设备为汽轮发电机、主给水泵、发电机出口断路器、主变压器及高压配电装置；其他设备还包括仪表、阀门、管材、风机等。此外，核电建设也属于核电产业链中游。

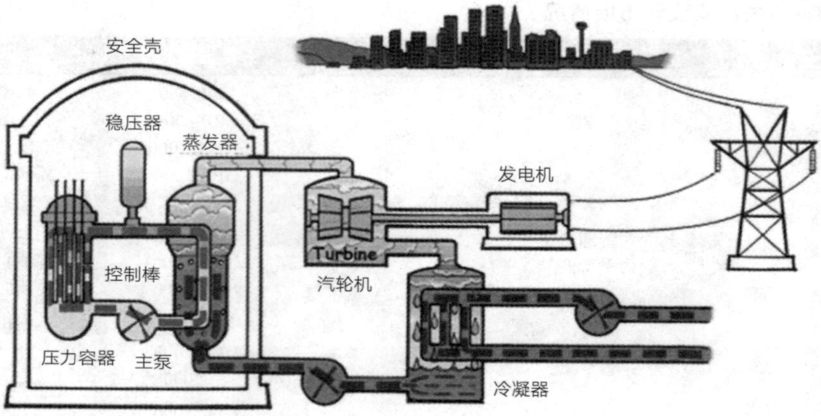

资料来源：中国核电力招股说明书。

图22　核电站（PWR技术）主要组成部分和主要设备示意

1. 压力容器制造：自主生产，技术成熟

反应堆的外壳称为压力容器，在高温高压条件下运行。压力容器用于固定和包容堆芯和堆内构件，使核燃料的裂变链式反应在一个密闭的金属壳内进行，是防止放射性物质外逸的第二道屏障（第一道屏障是核燃料锆金属包壳）。压力容器要承受高温、高压、流体冲刷腐蚀、强辐射等，且在核电厂全寿命运行周期中不可更换，故其可靠性、安全性至关重要。

目前，我国已经具备了压力容器完全国产化的能力。2012年中国一重成功研制快堆核岛关键主设备，2017年该企业承制的“华龙一号”——福清5号核反应堆压力容器完工交付，标志着我国完全具备了自主设计、自主制造三代核电装备的能力。该压力容器结构、材料等方面首次依据最新国际标准设计制造，实现多项国产化技术突破，圆满解决了设计转化等一系列国产化难题。

2. 主泵制造：10年漫漫长路，最终实现国产化

核岛一回路系统中，用于驱动冷却剂在RCP(反应堆冷却剂)系统内循环流动的泵称为主泵。主泵不断把堆芯中冷却介质进行循环，其作用是驱动反应堆内部的冷却介质循环将燃料产生的热量及时带走稳定反应堆温度，并将热量传递给常规岛二次蒸汽侧。主泵是反应堆唯一转动设备，其震动要求很难达标，是设计难度最大、周期最长的，只有底蕴深厚的工业制造企业才有条件设计主泵。

我国在2015年攻克主泵自主研制技术，逐渐开始主泵国产化。由于技术复杂、技术路线繁多、可靠性要求高，我国核主泵在很长的一段时间内一直受制于国外。2005年，中国东方电气集团和法国阿海珐集团合资成立东方阿海珐核泵有限公司，引入法国100D轴封式主泵，用于国内CRP项目；2008年，中国沈鼓、哈电开始引入AP1000屏蔽泵技术，用于国内的AP、CAP项目。经过十余年刻苦研发，2015年哈电动装公司承制的首台自主研制的30万千瓦核电站主泵成功发运；2018年9月，由沈鼓集团核电泵业有限公司和哈电集团哈尔滨电气装备有限公司共同承制的首台AP1000屏蔽电机主泵在沈鼓核电顺利完成全部产品试验和试验后拆检工作；近年上海电气新研发的用于AP1000的RUVTM湿绕组泵通过美国西屋公司的最终评审，用于CAP1400的RUVTM正式开工。这些业绩都意味着我国已掌握了该类型核主泵的设计、制造、检测、试验技术，具备独立开发研制自主知识产权核主泵的能力，跻身世界少数几个掌握核主泵技术的国家行列。目前我国主要核主泵生产企业有哈尔滨电气、沈鼓集团、东方电气、上海电气等。

3. 其他核心主设备制造

（1）蒸汽发生器。蒸汽发生器将反应堆产生的热量传递给蒸汽发生器二回路蒸汽，二回路蒸汽经一级、二级汽水分离器干燥后推动汽轮发电机发电。蒸汽发生器与反应堆压力容器相连，不仅直接影响电站的功率与效率，而且在进行热量交换时，还起到阻隔放射性载热剂的作用，对核电站安全至关重要。因此，蒸汽发生器须满足一级安全等级、I类抗震类别、一级规范级别和Q1级的质量要求，其材料和制造的技术含量均为当代制造业之最。

我国蒸汽发生器制造技术发展迅速，哈尔滨电气最为领先。2010年中国首台自主设计制造的第二代加核电百万千瓦级蒸汽发生器竣工。设备由上海电气承制，标志着我国自主化核电蒸汽发生器研制成功。2018年底，哈电集团（秦皇岛）重型装备公司制造的全球首台高温气冷堆蒸汽发生器完成验收。这台蒸汽发生器是国家科技重大专项、全球首套第四代核电的蒸汽发生器，拥有完全自主知识产权。哈电集团成为国内首个完全掌握第四代核岛主设备蒸汽发生器制造技术的企业。国内企业中，具备蒸汽发生器生产能力的企业主要有哈尔滨电气、上海电气、东方电气、中国一重。

（2）稳压器。稳压器作用是补偿一回路冷却水温度变化引起的回路水容积的变化，

以及调节和控制一回路系统冷却剂的工作压力。国内稳压器主要的生产企业有上海电气、东方电气、哈尔滨电气、西安核设备等。

（3）堆内构建。堆内构件属于堆芯的重要组成部分，包括吊篮部件、压紧部件、堆内温度测量系统和中子通量测量管等。其作用在于定位、支撑各组件，同时正确引导组件运动以进行核反应的启动、停止，减弱中子和γ射线对外界材料的辐照损伤，保护堆芯和压力容器。国内堆内构件主要生产企业有上海电气、东方电气等。

（4）控制棒组件。控制棒组件是核反应堆控制部件，也属于堆芯的重要组成部分。在正常运行情况下，用于启动、停堆、调节反应堆的功率；在事故情况下，依靠它快速下落，致使反应堆在极短时间内紧急停堆。国内控制棒驱动机构主要生产企业有上海电气、东方电气、浙富控股。

总体来看，在核电主设备方面，东方电气、上海电气两家上市公司占据了很大的市场份额。东方电气作为国内首家海洋核动力平台示范项目核岛主设备成套供货商，2018年核岛市场占有率达65.9%，常规岛市场占有率达44.9%；而上海电气是国内唯一一家拥有核岛和常规岛主设备、辅助设备、核电大锻件等完整产业链的核电装备制造集团，在核岛主设备的市场份额同样保持领先。

4. 其他核电设备制造：供应商多，竞争激烈

其他核电设备还包括管材、阀门、仪表、风机等，这一领域由于技术要求相对低于核心设备制造技术要求，参与竞争的供应商也相对较多，新进入的竞争者也相对较多。

表7　其他核电设备主要制造商

	管材	阀门	仪表	风机
上市公司	台海核电 光大嘉宝 沃尔核材 久立特材 纳川股份 ……	江苏神通 中核科技 纽威股份 ……	—	南风股份 盈峰环境 盾安环境 哈空调 ……
非上市公司	高泰稀贵金属 三洲核能 ……	沈鼓集团 大连深蓝 大连大高 ……	自仪股份 ……	上风高科 烟台顿汉布什 ……

资料来源：Wind。

5. 常规岛设备：与常规火电技术原理相似，竞争凸显

常规岛主要设备为汽轮发电机、主给水泵、发电机出口断路器、主变压器以及高压配电装置等。

常规岛的主要功能是将核岛二回路蒸汽转化为机械能，再转化为电能，这与常规火

电站汽机岛的功能一样，所以常规岛设备厂商主要来源于火电制造厂商。

汽轮机三大厂商三分天下。汽轮机是接收核岛二回路蒸汽，并在二回路蒸汽的推动下转动，带动同轴的发电机发电的装置。核电汽轮机和火电汽轮机原理相同，但核电由于其蒸汽压力、温度都小于火电，蒸汽能量小于火电，要想从蒸汽中获得和火电相同的能量，必须使蒸汽的熵值下降程度和火电相当，所以核电机组叶片较大，对制造厂制造能力要求较高。目前我国具备核电汽轮机制造能力的有上海电气、东方电气和哈尔滨电气。

主给水泵几家争雄。常规岛主给水泵和核岛主泵功能相似，是将二回路蒸汽运行起来的主要动力。由于核电厂容量一般较大，主给水泵功率也很大，目前国内能够供应的主给水泵厂家为上海阿波罗机械、沈鼓集团、凯泉泵业等，其中上海阿波罗机械成功研发了福清5号、6号机组主给水泵，在行业中处于领先地位。

发电机出口断路器还未实现国产化。由于核电厂启动首先要通过主变压器将外部电源返送回核电站启动发电机，然后待发电机达到临界值并监测同期后再合闸对外送电，所以核电厂需要发电机出口断路器。由于处于发电机出口，电压相对较低，电流巨大，制造难度极高，目前我国发电机出口断路器还没有实现国产化，依赖进口，主要供货商有西门子和ABB。

三家传统变压器厂商平分核电主变压器市场。目前再建和未来建设的核电站一般都为1 000MW以上的机组，为送出相同功率的电能，核电变压器也要达到1 000MW以上等级。目前我国拥有建造超大型变压器的厂家有中国西电、保变电气和特变电工，这三家大型变压器厂商制造能力相当，技术能力相当，平分核电变压器市场。

高压配电装置中，中国西电为龙头。高压配电装置是电厂电力送出至电网的开关装置，由于核电厂出线一般采用500kV以上电压等级，对绝缘要求很高，所以只有先进的高压开关装置生产厂商才有能力生产。我国具有大型高压配电装置生产能力的厂商主要有中国西电、平高电气和厦门ABB等，其中中国西电介入核电项目较早，具有经验优势。

6. 核电建设：中国核建绝对主力

核电建设包括核岛及常规岛的土建工程及安装工程。我国已全面掌握了各系列多型号的核反应堆建造的关键技术，具备AP1000、EPR、华龙一号等新一代先进压水堆及高温气冷堆的建设能力。同时，我国核电建设公司在海外（如巴基斯坦）也占有一定市场。主要参与土地设备建设的企业有中国核建、中建二局、中国能建广东火电、中国能建浙江火电，其中中国核建在国内核电建设市场长期占据绝对主导地位，是核工业建设国家队。

（三）核电产业链下游：核电运行两大一新，乏燃料处理刚刚起步

核电产业链下游主要是核电站的运行和乏燃料的处理。我国核电站主要由中国核工业集团、中广核集团和国家电力投资集团运行及控股建造，它们是仅有的拥有核电运营牌照的集团公司。中国目前在使用后的核电乏燃料处理上依然薄弱，还没有大型商用乏燃料处理基地。

1. 核电运行市场：两大一新，五大发电集团跃跃欲试

核电运行市场主要由三大运营商组成，中国核工业集团、中广核集团和国家电力投资集团。其中中国核工业集团和中广核集团在我国核工业刚起步的时候就开始参与市场，在整个市场中占有率很高，后期加入的国家电力投资集团通过合并获得了中国电力投资集团的核电运行牌照。在世界原子能机构统计的57个核电机组中，中国核工业集团控股26个、中广核集团控股29个、国电投集团控股2个。除此之外，由于核电是解决中国能源结构的最好选项，现有的发电集团也在积极争取获得核电牌照，目前五大发电集团中的四个已经大规模参股核电，并积极获取核电运营牌照。

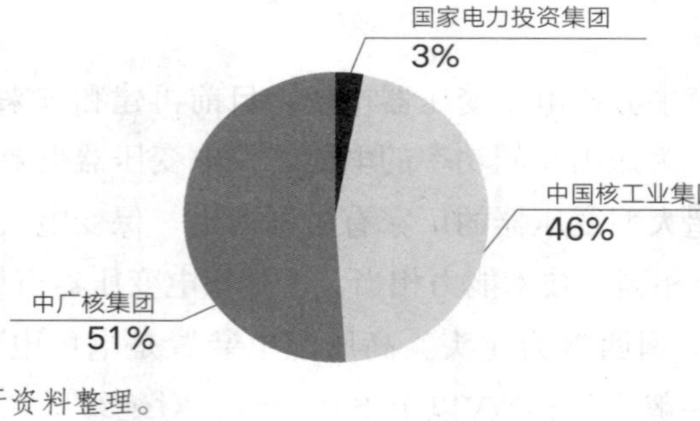

资料来源：根据公开资料整理。

图23　核电运营市场份额（2018年）

2. 乏燃料处理市场：刚刚起步，未来需求大

乏燃料处理在我国才刚刚起步，未来需求大。乏燃料是指经受过辐射照射、使用过的核燃料，这种含铀较低的核燃料不能维持核反应，但又同时具有放射性。与世界其他核大国相比，我国核电乏燃料处理显得相对滞后，2016年由台海集团和安泰科技合资的安泰核新材料科技有限公司建成了年产300吨中子吸收材料，2017年中核集团“龙舟-CNSC乏燃料运输容器研制”项目样机验收通过，标志着我国可成功自主研制大型乏燃料运输容器。[①]目前世界上乏燃料后处理能力最强的国家是英国和法国，英国的处理能力是27 00吨/年，法国的处理能力是1 700吨/年，我国目前处理能力约为200吨/年，与英法

① 国务院法制办公室．国务院法制办公室关于《核电管理条例（送审稿）》公开征求意见的通知 [EB/OL]. http://www.cec.org.cn/zhengcefagui/2016-09-21/158714.html, 2016-9-19.

还有一定差距。按照“十三五”的规划，我国到2020年核电装机容量要达到5 800万kW，届时每年乏燃料将产生1 000吨，累计乏燃料将达到8 000吨，乏燃料处理需求将非常迫切，而且乏燃料处理将回收乏燃料中的铀235，这也有利于核燃料的高效使用。①

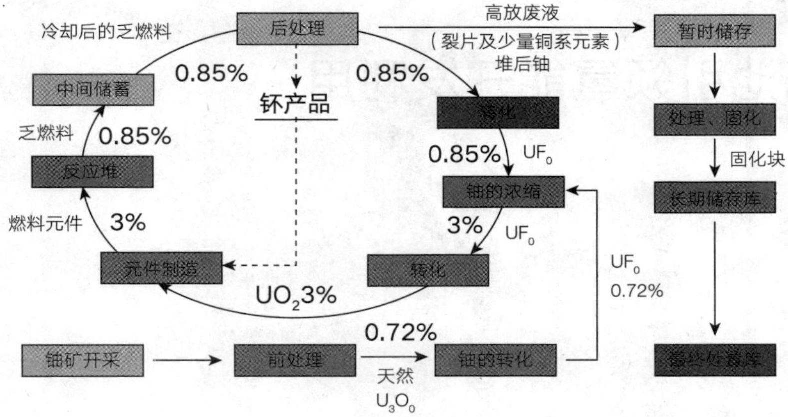

压水堆核电站核燃料循环图（%表示铀中铀-235含量百分数）

图24 乏燃料处理流程

① 中国能源报记者．乏燃料后处理意义重大[N]．中国能源报，2012-04-23(1).

氢能源产业：

燃料电池引领氢能开发利用

张明烨　东兴证券化工行业研究员

一、产业链下游燃料电池车引领氢能的开发利用

（一）氢能开发利用是能源清洁化的大势所趋

纵观能源的发展历史，从最初使用固态的木柴、煤炭，到液态的石油，再到气态的天然气，不难看出其氢碳比提高的趋势和固—液—气形式的渐变过程。木柴的氢碳比在1∶3~10，煤为1∶1，石油为2∶1，天然气为4∶1。从18世纪中叶至今，氢碳比上升超过6倍。每一次能源的“脱碳”都会推动人类社会的进步和文明程度的提高，可以预见未来能源利用形式中，氢能的占比将会继续提高。

氢虽然主要用作化工基础原料，但在能源转型过程中，其更重要的是作为一种清洁能源和良好的能源载体，具有清洁高效、可储能、可运输、应用场景丰富等特点。氢能能够帮助工业、建筑、交通等主要终端应用领域实现低碳化，包括作为燃料电池汽车应用于交通运输领域，作为储能介质支持大规模可再生能源的整合和发电，应用于分布式发电或热电联产为建筑提供电和热，为工业领域直接提供清洁的能源或原料等。

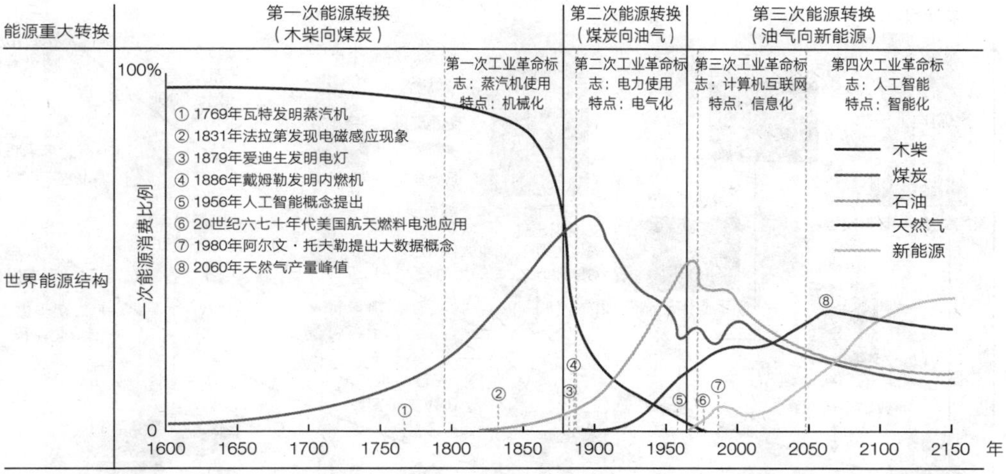

资料来源：邹才能.人工制氢及氢工业在我国“能源自主”中的战略地位[J].天然气工业，2019，39（1）：1-10.

图1　全球能源体系转型

（二）氢能源产业链介绍及发展历程

在氢能源产业链中，上游是氢气的制取、运输和储藏，在加氢站对氢燃料电池系统进行氢气的加注；中游是电堆等关键零部件的生产，将电堆和配件两大部分进行集成，形成氢燃料电池系统；在下游应用层面，主要有交通运输、便携式电源和固定式电源三个方向。

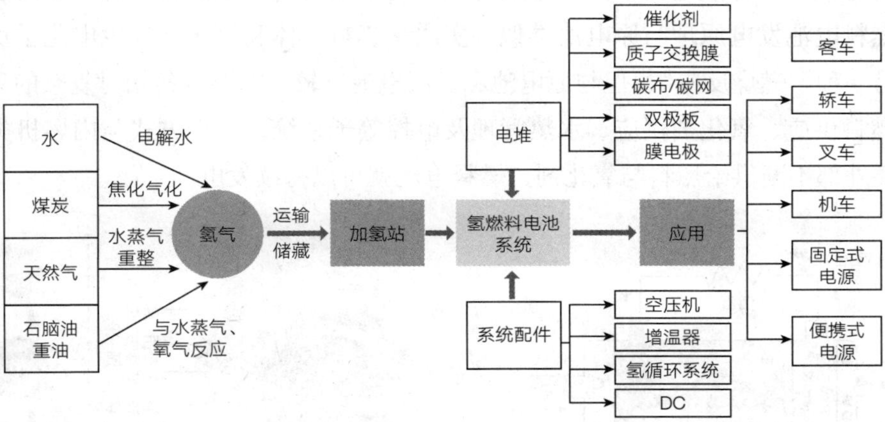

资料来源：亿华通招股说明书。

图2　氢能源产业链示意

19世纪30年代，人们提出了燃料电池的初步构想。此后，随着技术的发展，不同级别的燃料电池问世，并逐步由军用推广至民用领域。自20世纪后半段开始，各大汽车厂商纷纷开展了燃料电池汽车的研究，其中尤其以日本最为领先。目前全世界已有多种高性能燃料电池汽车产品，初步进入了商业化应用阶段。

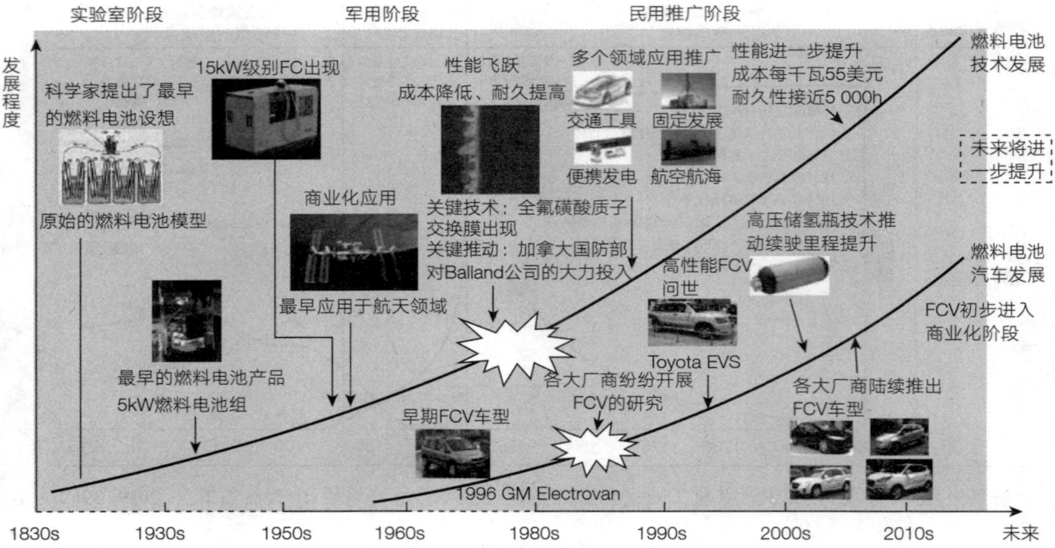

资料来源：刘宗巍，等. 中国燃料电池汽车发展问题研究 [J]. 汽车技术，2018（1）：1-9.

图3 燃料电池及燃料电池汽车技术发展历程

（三）制氢产业发展主要依赖产业链下游燃料电池车对需求的拉动

1. 燃料电池的基本概念、原理和分类

燃料电池是一种以电化学反应方式将燃料与氧化剂的化学能转变为电能的能量转换装置。燃料电池发电原理与原电池类似，实质是燃料气体和氧化剂发生电化学反应，可看作是另一种“燃烧反应”；但与原电池和二次电池比较，需要具备相对复杂的系统，通常包括燃料供应、氧化剂供应、水热管理及电控等子系统，工作方式与内燃机类似。理论上只要外部不断供给燃料与氧化剂，燃料电池就可以持续发电。

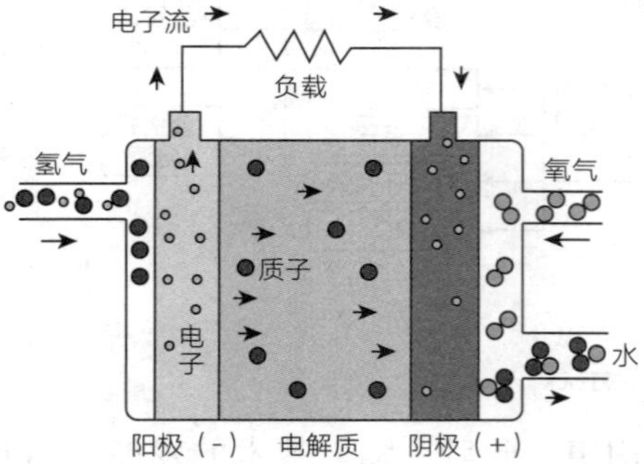

资料来源：俞红梅，衣宝廉. 电解制氢与氢储能 [J]. 中国工程科学，2018（3）：58-65.

图4 燃料电池工作原理

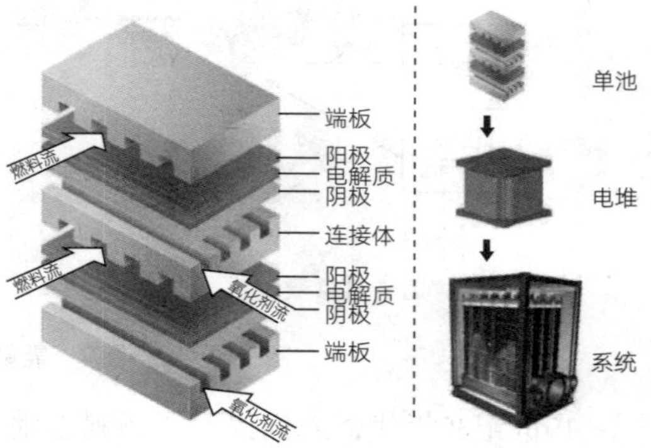

资料来源：俞红梅，衣宝廉. 电解制氢与氢储能 [J]. 中国工程科学，2018（3）：58-65.

图5 燃料电池内部结构

根据电解质的不同，燃料电池可分为碱性燃料电池（AFC）、质子交换膜燃料电池（PEMFC）、磷酸燃料电池（PAFC）、熔融碳酸盐燃料电池（MCFC）、固体氧化物燃料电池（SOFC）等多种类型，其使用的燃料和适应的应用场景各有不同，其中质子交换膜燃料电池具有高比功率、可快速启动、无腐蚀性、反应温度低、氧化剂需求低等优势，是当前燃料电池汽车的首选。

表1 燃料电池主要分类、优缺点及适合应用范围

种类	AFC	PEMFC	PAFC	MCFC	SOFC
电解质	KOH溶液	聚合物	磷酸	K-/$LiCO_3$	Y_2O_3/ZrO_2
温度	60℃	80~100℃	190℃	650℃	>800℃
燃料	H_2+O_2（无CO_2）	H_2	H_2	H_2，水煤气	H_2，水煤气
使用范围	航空航天	航空航天，汽车，发电厂，小规模使用	发电厂	发电厂	发电厂，涡轮机

资料来源：交能网．氢能及燃料电池技术全景分析 [R]. 2019.

2. 燃料补充及续航里程是氢能车核心优势，政策为其保驾护航

目前在交通运输用动力源方面，主要有四种技术路线：锂离子电池、氢燃料电池、超级电容和铝空气电池。其中，锂离子电池、超级电容和氢燃料电池得到广泛的应用，铝空气电池尚处于实验室研究阶段。氢燃料电池由于其燃料电池功率和储能单元彼此独立、增加能量单元对车辆成本和车重影响相对较小的性质，在长续航里程和能源补给速度上优势很明显。

表2 四种车用新能源电池技术路线比较

	氢燃料电池	锂电池	超级电容	铝空气电池
优势	比能量高 功率密度高 环保无污染	比能量高 循环性能 无记忆效应 环保无污染	功率密度高 充电时间短 使用寿命长	价格便宜 能量密度高 质量轻、体积小 使用寿命长
劣势	系统复杂 氢基础设施建设滞后	初期购置成本高 充电时间长	能量密度太低	空气电极极化和氢氧化铝沉降问题、功率密度低
应用领域	适合于客车和重载卡车等商用车，行驶里程长	用于200km以内的短途纯电动汽车	续航里程太短，不能作为电动车主电源，用于快速启动装置和制动能量回收装置	目前尚处于实验室阶段

资料来源：中国标准化研究院，全国氢能标准化委员会．中国氢能产业基础设施发展蓝皮书（2016）[M]. 北京：中国质检出版社，中国标准化出版社，2016.

现阶段，燃料电池技术仍不够完善，技术及实践层面面临的问题还较多，如氢的制备、储运、加注，电池铂催化剂的昂贵，易中毒制约寿命和稳定性等，导致燃料电池目前的经济性还不能得以保证，其成本是制约燃料电池车商业化的最大因素。

长期来看，未来燃料电池汽车成本有望比动力电池汽车更低，和燃油车的成本相当。燃料电池成本下降速率将明显高于锂离子电池，其原因主要在于锂离子电池产业已具备较大规模，成本下降速率已逐渐趋于稳定，而燃料电池产业仍处在发展初期，规

模化空间大，其成本下降潜力大；近10年来在技术进步推动下，单位功率铂用量大幅下降，丰田Mirai燃料电池铂含量仅约0.2g/kW，未来有望降至0.1g/kW以下，且铂可以回收利用，可以有效降低电堆成本。

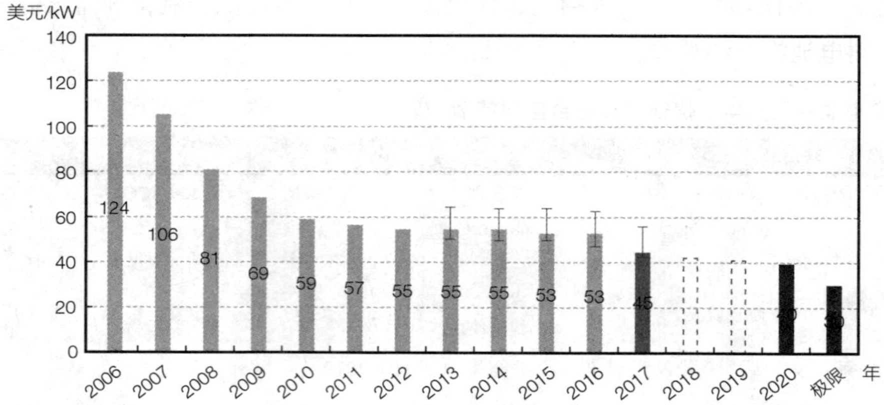

资料来源：Dimitrios Papageorgopoulos.Fuel Cells Program Area-Plenary Presentation[A]. 2017 Annual Merit Review and Peer Evaluation Meeting[C]. Fuel Cell Technologies Office, US Department of Energy, 2017.

图6 燃料电池成本下降趋势预测

基于燃料电池汽车的良好前景，各国对其的关注程度正在不断提升。燃料电池汽车正处在由技术研发向商业化推广过渡的阶段，各国政策鼓励和投入持续增加。相比之下，日本政府对燃料电池及燃料电池汽车技术的推动力度更大，技术水平也更高，其先进的燃料电池乘用车车型已经初步实现了商业化，在燃料电池汽车领域位于世界前列。

表3 国外燃料电池汽车产业发展战略规划

项目	日本	北美	欧洲
战略规划	日本再兴战略 氢能源白皮书 氢能/燃料电池发展路线图 可持续交通能源计划	美国燃料电池公共汽车计划（NFCBP） 加州燃料电池伙伴计划（CAFCP）	欧盟氢能路线图 清洁能源计划 2020年氢能与燃料电池发展计划 欧洲城市清洁氢能项目
典型企业	丰田、本田、日产	UTC、Ballard、通用、福特	戴姆勒、大众、宝马
基础设施（加氢站）	2016年100座 2025年建成800座	2016年68座 2018年建成100座	2016年50座 2017年建成100座
代表产品	丰田Mirar轿车 本田Clarity	雪佛兰Equi-nox轿车 UTC客车	奔驰B级F-CELL轿车 戴姆勒CitaroFC客车

资料来源：中国标准化研究院，全国氢能标准化委员会.中国氢能产业基础设施发展蓝皮书(2016)[M].北京：中国质检出版社，中国标准化出版社，2016.

在国家政策的大力支持和行业的共同努力下，我国燃料电池汽车产业取得长足进步，燃料电池汽车产业链体系初步建立，在氢燃料电池商用车领域初步形成装备制造业基础。近年来，我国燃料电池车产销量保持在每年千辆左右，2018年我国燃料电池车产量达到1 619辆，相比2017年增加27%，带动燃料电池需求51MW。销量结构上看，我国氢燃料电池车以客车和专用车为主，其中专用车产量为909辆，相比2017年增长尤为明显，客车产量为710辆，中通汽车、飞驰汽车两家企业占据全国总产量的70%以上。预计自2020年开始我国氢能源汽车总体进入量产阶段，2024年左右步入商业化应用阶段。

表4 我国鼓励燃料电池行业不断发展的相关政策

日期	部门	政策
2014	财政部、科技部、工信部、国家发展改革委	《关于新能源汽车充电设施建设奖励的通知》
2015	财政部、科技部、工信部、国家发展改革委	《关于2016—2020年新能源汽车推广应用财政支持政策的通知》
2016	国家发展改革委、能源局	《能源技术革命创新行动计划2016—2030年》《能源技术革命重点创新行动路线图》
2017	国家发展改革委、能源局	《能源发展"十三五"规划》
2018	国家发展改革委、工信部、财政部、科技部	《关于调整完善新能源推广应用财政补贴政策的通知》

资料来源：中国电器工业协会.2019年燃料电池市场前景研究报告[R]，2019.

3.燃料电池车为未来氢能利用核心载体，将拉动氢工业市场规模快速增长

在不考虑工业用氢、仅考虑能源用氢的情况下，按照《节能与新能源汽车技术路线图》中2020年、2025年和2030年分别实现5 000辆、50 000辆和100万辆氢燃料电池汽车的应用，则对应2020年、2025年和2030年相比目前将分别新增0.75亿立方米、7.5亿立方米和150亿立方米的能源用氢气需求，增速逐年递增。按照国内2030年100万辆氢燃料电池汽车的规划，制氢产业市场规模将达约400亿元（氢气价格按30 000~40 000元/吨）。

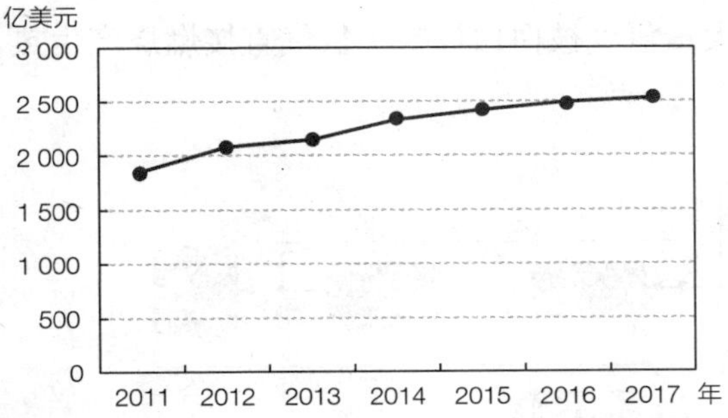

资料来源：邹才能.人工制氢及氢工业在我国"能源自主"中的战略地位[J].天然气工业，2019，39（1）：1-10.

图7 2011—2017年全球氢工业市场规模

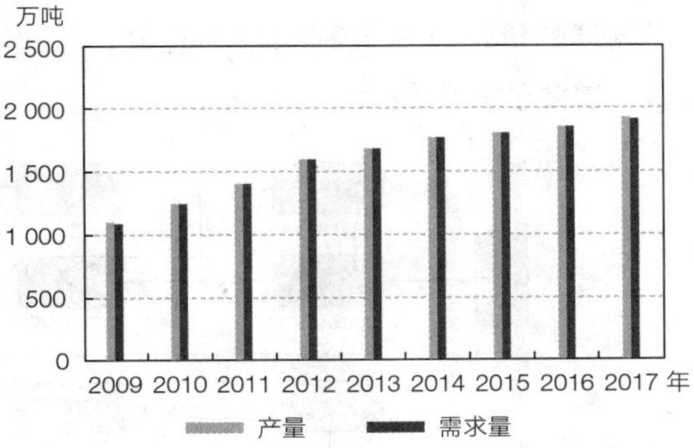

资料来源：邹才能.人工制氢及氢工业在我国"能源自主"中的战略地位[J].天然气工业，2019，39（1）：1-10.

图8 2009—2017年中国工业氢气的产量与需求量变化

（四）产业竞争：低成本的氢气制备是氢燃料电池大规模商用化的基础

除氢燃料电池车的一次购置成本尚高之外，当前氢气价格下的氢燃料电池车的运行成本也居高不下，也是当前制约氢燃料电池车大规模商业化应用的重要因素之一。决定加氢站终端氢气售价的主要是制氢成本、运氢成本、储氢成本和加注成本，其中制氢成

本占据主导地位，且其下降空间潜力较大，因此低成本的氢气制备是氢燃料电池大规模商用化的重要基础，本文先从制氢角度讨论未来氢燃料电池车商用化进程中的制氢环节路线发展。

表5　各类车购车、运营成本对比

乘用车类型	CNG车	燃油车	纯电动车	氢燃料电池车
购车成本（万元）	22	20	30	50
百公里耗能	6.7m³天然气	7L汽油	16kW · h	1kg氢气
燃料单价	4元/m³	6.01元/L	1.73元/kW · h	56元/kg
百公里燃料成本（元）	26.8	42.1	27.7	56

资料来源：程一步.氢燃料电池技术应用现状及发展趋势分析[J].石油石化绿色低碳，2018，3(2)：5-13.

二、制氢产业：不同技术工艺路线的氢燃料电池车适用性分析

（一）工业副产氢：成本优势显著，燃料电池用氢的短期最佳来源

1.氯碱副产氢工艺及制氢潜力测算

氯碱工业指的是通过电解饱和NaCl溶液来制取NaOH、Cl_2和H_2，并以此为原料合成盐酸、聚氯乙烯等化工产品。目前国内很多氯碱企业主要关注氯和碱产品，往往忽略副产氢气的价值，氢气利用很不充分，甚至有大量氢气被白白放空（氢气直接燃烧产生热能，需要的投资较大）。

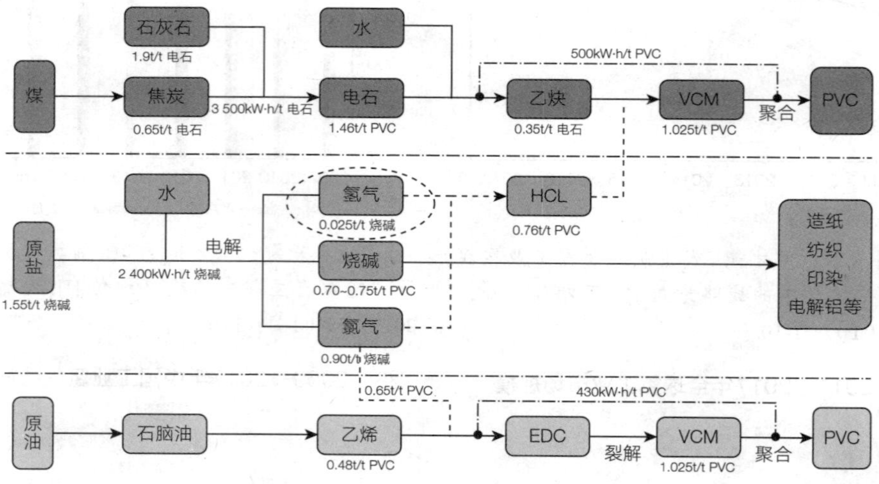

图9　氢气在氯碱产业链中的位置

按照2018年的统计数据，理论上全国氯碱企业可联产氢气约85.5万吨/年，即96亿m³/年（1吨氢气折1.12万m³、1kg折11.2m³、1m³氢气折0.0893kg即89.3g）。虽然氯碱行业的氢气利用率在逐年提高，但仍有约16.5万吨的氢气没有被充分利用，放空率约为20%。

2. 焦炉气副产氢工艺及制氢潜力测算

焦炉气（COG）又称焦炉煤气，一般每吨干煤可生产焦炉煤气300~400m³，其中40%~45%用于保证焦化炉炉温，其余外供。我国是世界上最大的焦炭生产国，截至2018年我国焦炭产量已经达到4.38亿吨，占世界总产量的60%。焦炉煤气成分中，氢气浓度在50%以上，是提纯氢潜力最大的工业尾气之一。焦炉煤气属于中热值气，其热值为17~19MJ/m³（4000~4500大卡），适合用做高温工业炉的燃料和城市煤气。焦炉煤气通过净化和变压吸附技术，可以获得纯度高，价格低的氢气（净化和提氢运行费用0.3~0.5元/m³）。焦炉煤气含氢气量高可直接作化工原料用，可提纯氢气作为合成氨或甲醇等。

表6　各类燃料单位热值的价格比较

项目	单位质量热值 MJ/kg	单位体积热值 MJ/m³	市场价格	单位热值价格（元/MJ）	备注
氢气	142.5	12.72	5.03元/kg	0.035	假设单位热值的价格为0.035元
甲烷	50.054	35.75	3.7元/kg	0.103	取液化天然气（LNG）价格
汽油	46.1		7.3元/kg	0.158	
动力煤	23.022		0.7元/kg	0.030	秦皇岛5 500大卡
甲醇	20.254		2.2元/kg	0.109	
焦炉煤气	~40	17~19	1.3元/kg	0.034	0.4~0.5kg/m³

按照每生产1t焦炭可副产425.6m³焦炉气，利用变压吸附技术，从焦炉煤气提纯得到的符合加氢站用气标准（99.99%）的氢气，假设氢气收率80%，1m³焦炉煤气就可以产生0.44m³氢气，单吨焦炭副产氢气量=425.6×55%×80%×50%=93.6m³，对应0.0084吨。我们测算：理论上全国焦化企业理论上可副产氢气约73.2万吨/年（取50%回炉助燃部分的40%计），即164亿m³/年。

3. 轻烃裂解制氢工艺及制氢潜力测算

丙烷脱氢是以丙烷为原料来制造丙烯和氢气的一种工艺方式，生成产品丙烯的同时，副产同等摩尔量的氢气，混合在乙烷、乙烯、一氧化碳、甲烷等的混合尾气中，采用变压吸附PSA的分离手段，可获得大量的高纯度氢气。以Catofin PDH工艺为例，PDH装置通常由进料预处理及汽化单元、反应单元（包括反应器再生系统）、压缩与干燥、低温回收单元（含丙烯、乙烯制冷系统）、脱乙烷塔、产品分离塔、废水汽提塔工艺单元组成。

每生产1吨丙烯约可产生37.9kg氢气（理论上47.6kg，相当于氢气PSA收率80%），对应426m³氢气。截至目前，国内PDH总产能约572万吨/年，对应副产氢气量约21.7万吨/年，按变压吸附氢气收率85%计算，氢气产品约18.43万吨/年，即20.64亿Nm³/年；若当前在建及规划中PDH产能全部投产，国内PDH总产能将达到1 035万吨/年，副产氢气达34万吨。

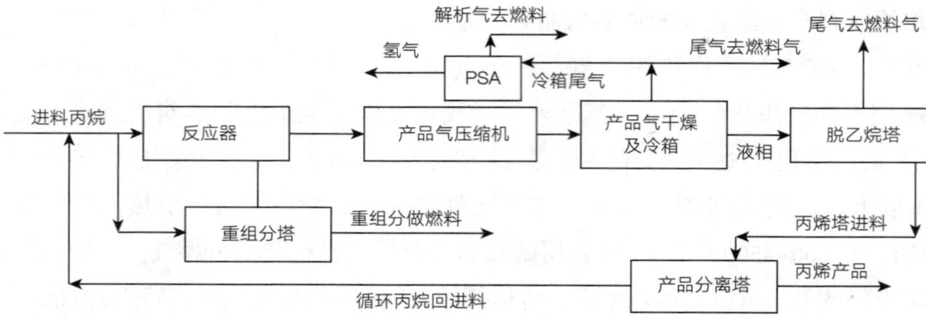

资料来源：许晨．丙烷脱氢装置经济性分析［J］．技术经济，2017，25（5）：34-39.

图10　PDH流程示意

表7　国内PDH项目列表

公司	项目进展	投产年份（年）	丙烯产能（万吨/年）	副产氢气（万吨/年）
东华能源宁波新材料二期	在建	2019	60	1.93
深圳巨正源	在建	2020	66	2.13
河北海伟兰航化工	在建	2020	50	1.61
江苏威名石化	在建	2021	60	1.93
河南南浦环保	前期工作	2021	16.62	0.54
徐州海鼎化工	前期工作	2022	60	1.93
金能科技	前期工作	2023	90	2.90
滨华新材料一期	前期工作	—	60	1.93
合计			1035	33.33

资料来源：百川资讯、卓创资讯。

乙烷裂解制乙烯副产氢气方面，结合项目规划与进展，预计至2022年，中国乙烷裂解制乙烯产能将达到858万吨/年，按单吨乙烯副产64.5kg氢气（理论上每吨乙烯副产氢气71.4kg、PSA变压吸附氢气收率85%计算），届时乙烯裂解副产氢气理论上将达到47万吨，对应52.7亿Nm^3氢气。

表8　国内乙烷裂解项目列表

公司	项目进展	预计投产时间（年）	乙烯产能	副产氢气（万吨/年）
新浦化学	在建	2019	78	11.27
华泰盛富	在建	2019	50	7.23
卫星石化一期	在建	2020	125	18.06
永荣控股	前期工作	2020	150	21.68
鲁清石化	前期工作	2021	75	10.84
南山集团	前期工作	2021	100	14.45
中石油巴州	前期工作	2021	60	8.67
广西投资集团	前期工作	2021	60	8.67
万华化学	前期工作	2022	60	8.67
大连汇昆新材料	前期工作	2022	100	14.45
合计			858	47.04

资料来源：百川资讯、卓创资讯。

（二）化石资源制氢：适合可耦合耗碳的一体化炼厂用氢或液氨 / 尿素等装置

1. 煤气化制氢工艺原理

煤气化制氢是先将煤炭与氧气发生燃烧反应，进而与水反应，得到以氢气和CO为主要成分的气态产品，然后经过脱硫净化，CO继续与水蒸气发生变换反应生成更多的氢气，最后经分离、提纯等过程而获得一定纯度的产品氢。煤气化制氢技术的工艺过程一般包括煤气化、煤气净化、CO变换及氢气提纯等主要生产环节。

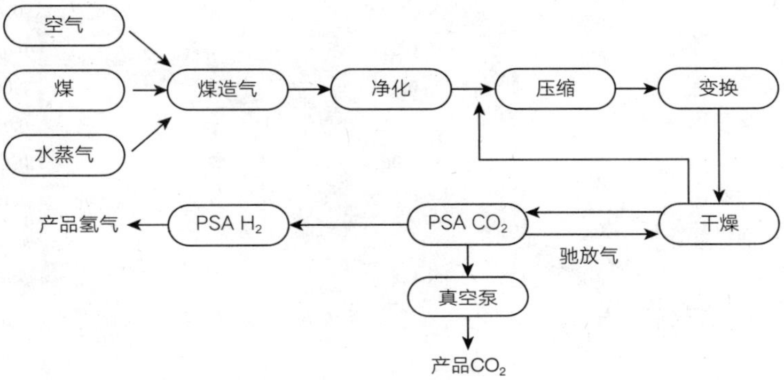

资料来源：马文杰．炼油厂制氢技术路线选择 [J]. 洁净煤技术，2016，22（5）：65-69.

图11　煤气化制氢工艺流程

2. 天然气制氢工艺原理

甲烷是天然气中的主要气体成分，天然气制氢技术的主体依托于各类甲烷转化制氢反应。甲烷转化制备氢气按反应原理分主要为两种技术路线：一种是先将甲烷与水蒸气在一定反应条件下反应生成合成气，再将合成气中的CO成分进行转化，从而制得高纯度氢气，即甲烷水蒸气重整技术，这是目前工业上天然气制氢应用最广的方法；另一种是通过制造反应条件使甲烷直接分解成氢气和积炭，再通过分离提纯产物获得氢气，即甲烷热解技术。

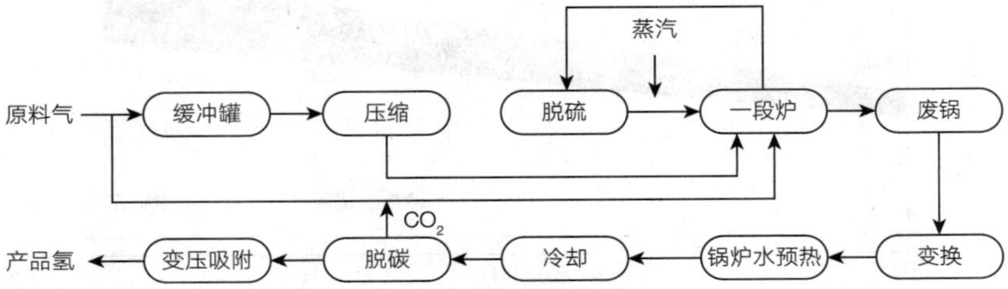

资料来源：李庆勋．大规模工业制氢工艺技术及其经济性比较 [J]. 天然气化工，2015，40：78-82.

图12　水蒸气重整天然气制氢工艺流程

煤气化或天然气以氢气为单一目标产品来说虽然成本尚可，但碳排放较高，若增设CCS单元或一旦征收碳税，其成本优势也大大削弱，有悖于节能减排的初衷。因此，煤气化不以氢气为单一目标产品，而是以氢气和CO作为目标产品，耦合到耗碳化工装置是比较合理的选择。

表9　天然气制氢和煤制氢成本测算对比

项目	成本（元/m^3）	
	天然气制氢	煤制氢
原料（天然气/煤炭）	0.838	0.34
氧气		0.21
辅助材料	0.014	0.043
燃料动力能耗	0.184	0.069
直接工资	0.012	0.012
制造费用	0.065	0.135
财务及管理费	0.029	0.06
体积成本（标准状态）	1.141	0.869
折吨成本（元/t）	12831	9903

资料来源：张彩丽．煤制氢与天然气制氢成本分析及发展建议 [J]. 石油炼制与化工，2018，49（1）：94-98.

（三）水电解制氢：耦合可再生能源发电将有望真正实现能源清洁利用

1. 水电解制氢的原理、分类与比较

电解水原理：在电解液中通入直流电，在电解的阴极和阳极上分别发生放电反应，阴极反应式：$4e+4H_2O=2H_2\uparrow+4OH^-$；阳极反应式：$4OH^-=2H_2O+O_2\uparrow+4e$；总反应式：$2H_2O=2H_2\uparrow+O_2\uparrow$，从而在阴极和阳极分别产生氢气和氧气。

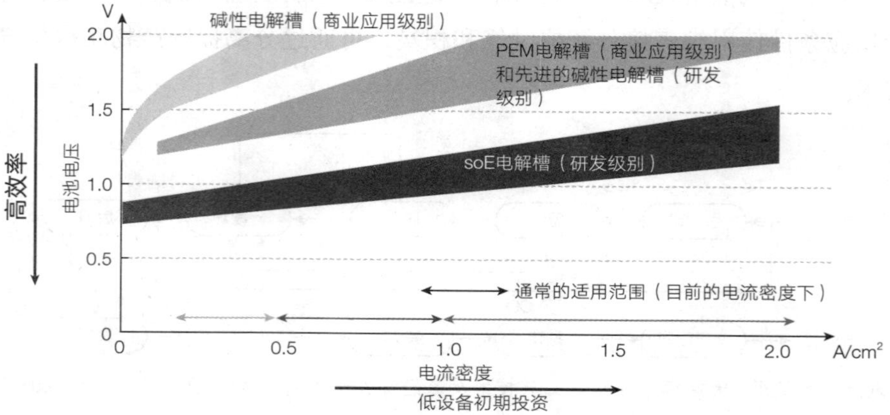

资料来源：交能网．氢能及燃料电池技术全景分析 [R]. 2019.

图13　PEM电解槽具有最高的电流密度和操作范围

根据隔膜不同，可分为碱水电解、质子交换膜水电解、固体氧化物水电解。碱性电解槽是目前最成熟的技术，投资成本明显低于其他电解槽类型；PEM、SOE电解在技术先进性上优于碱水电解，但目前PEM成本较高、SOE尚处于研发阶段，但PEM电解槽在未来成本降低的潜力较大：PEM电解槽具有最高的电流密度和操作范围，是降低投资成本和提高操作灵活性所必需的先决条件。根据美国可再生能源国家实验室发布以风能提供电力、以PEM水电解制氢的评估报告中对PEM技术的放大进行的成本预测，预计当PEM制氢技术的规模从10kg/d发展到1000kg/d时，电解池堆的成本所占份额将从目前的40%降至10%。PEM电解槽是未来最有希望在氢燃料电池车中实现大规模工业化应用的水电解制氢技术。

表10　3种水电解技术比较

项目	单套能力 m^3/h	功率（MW）	效率（%）	初始投资（元/kW）	寿命（h）	技术成熟度
碱性电解槽	1 000	最多150MW	65~82（高位发热量）	5 500~9 750	60 000~90 000	已成熟
PEM	400	最多150kW（电池堆）	65~78（高位发热量）	9 750~2 4700	20 000~60 000	市场导入
SOE	实验室阶段	实验室阶段	85~90（HHV）	—	约1 000	研发阶段

资料来源：王赓．中国氢能发展的思考 [J]. 科技导报，2017，35（22）：105-110.

2. 水电解制氢技术未来发展展望

当前制约水电解制氢商业化应用的主要问题是全生命周期排放高、综合能源效率低、成本高。针对电解水技术方面的改进主要集中在电解池、聚合物薄膜电解池和固体氧化物电解池等种类，电池能效率由70%提高到90%，但考虑到发电效率，实际上电解水制氢的能量利用效率不足35%（火电站燃料变电的能源效率为30%~40%）。目前每生产1m^3常温常压氢气需要消耗电能为5~5.5kW·h，采用最便宜的谷电制氢（如0.3元/kW·h），加上电费以外的固定成本（0.3~0.5元/m^3），综合成本在1.8~2.0元/m^3，即制氢成本为20~22元/kg；如果是利用当前的可再生能源弃电制氢，弃电按0.1元/kW·h计算，则制氢成本可下降至约10元/kg，这和煤制氢或天然气制氢的价格相当；但是电价如果按照2017年的全国大工业平均电价0.6元/kW·h计算，则制氢成本约为38元/kW·h，成本远高于其他制氢方式。

表11　不同用电价格下的电解制氢成本比较

制氢种类	制氢方式	能源价格	制氢成本（元/kg）
电解制氢	低谷电	0.3元/kW·h	20
	大工业用电	0.6元/kW·h	38
	可再生能源弃电	0.1元/kW·h	10
化石能源制氢	天然气	3元/m^3	13
	煤炭	550元/t	10
工业副产氢：焦炉气、氯碱			8~14

资料来源：刘坚．我国氢能发展现状与前景展望 [J]. 中国能源，2019（2）：32-36.

远期来看，电解水制氢是能源利用结构变化的最重要力量，将贯穿于氢能发展的全过程。在各种制氢技术中，只有水电解制氢技术的直接原材料不依赖含碳化石资源，其一次产物中不直接产生碳排放（非全生命周期视角下），是一种清洁、无污染、高纯度制氢的方式。未来水电解制氢主要通过降低电解过程的能耗以及充分利用可再生能源、使用弃风弃水弃光所产生电能进行电解水来实现成本下降和商业应用。

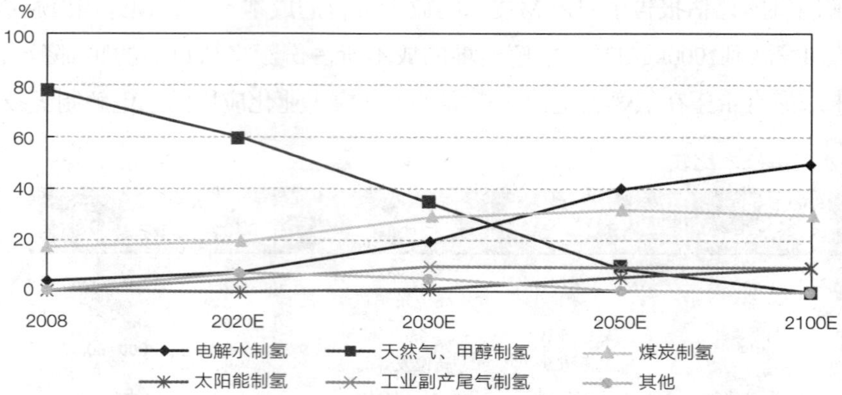

资料来源：邹才能．人工制氢及氢工业在我国“能源自主”中的战略地位 [J]. 天然气工业，2019，39（1）：1-10.

图14　未来制氢来源占比预测

（四）多维度比较不同制氢工艺适用性及未来发展路线探析

1. 基于成本、规模、稳定性和碳排放综合比较各种制氢路线

成本能力上，工业副产气制氢>煤制氢>天然气制氢>电解水制氢：工业副产气制氢由于投资低（现有装置+变压吸附单元即可）、原料成本低（副产气零成本，或仅体现其燃料热值成本）具备当前阶段最低的产氢成本；电解水制氢成本最高，通过利用谷电或者可再生能源弃电可以降低成本。

产氢规模和稳定性上，煤制氢、天然气制氢>工业副产气制氢>电解水制氢：传统化石资源煤/天然气制氢均具备成熟的大规模气化制氢工艺技术，但目前主要应用于炼厂加氢、合成氨等化工领域；工业副产气制氢主要受制于主产品规模，同时如焦炭企业环保限产下影响供氢稳定性；可再生能源电解水制氢受制于能量供应密度小、无法连续供应等制约，规模问题也较为突出，未来成本问题解决后，在风能和太阳能资源富裕的局部地区，风电/光伏发电制氢可在该区域占据主导位置。

从温室气体减排上，可再生电解制氢>工业副产气制氢>天然气制氢>煤制氢：虽然可再生能源发电站建设过程会造成较大的能耗和温室气体释放，但由于在运行过程中几乎没有排放，所以可再生能源发电制氢相比于传统能源制氢仍有着非常大的节能环保优势，随着运行年限的增长，这种优势更加明显；在以传统能源为基础的制氢路径中，工

业副产气制氢能取得最佳的碳排放削减效益，主要源于通过PSA 分离得到氢气的过程本身不产生碳，排放主要来自变压吸附装置消耗的电力和用作补充燃料的天然气的消耗。

表12　不同制氢工艺综合比较

能源利用类型	工业副产气	煤	天然气		风能	太阳能
制氢转化途径	PSA变压吸附	煤气化	甲烷水蒸气重整	甲烷热解	电解水	电解水
经济成本元/kgH_2	10.1	8.3~19.5	10.4~18.1	20.9~27.6	22.3~59.8	36.6~61.3
温室气体释放当量 $kgCO_2/kgH_2$	—	5 000~11 300	3 900~12 900		600~970	2 400~6 800
生命周期能耗		190~325	165~360		9~12	30~80
能源转换效率	91.90%	55.80%	65%~70%		62.4%	
生命周期评价关键环节	变压吸附单元（PSA）	二氧化碳补集单元（CCS）	制氢反应运行过程		风电站建设过程	光伏电站建设过程

资料来源：谢欣烁．制氢技术的生命周期评价研究进展 [J]. 化工进展，2018，37（6）：2147-2158.

基于成本、规模、稳定性和地域性比较不同工业副产气制氢工艺，氯碱副产氢在成本、规模、稳定性和地域性上综合优势较好。

提纯难度和成本优势上：氯碱>轻烃裂解>焦炉气。氯碱工艺决定了电解正负极分别出氢气和氯气，通常不需要额外新增提纯吸附装置，其氢气纯度即可达99%以上，焦炉气含硫量相对较高，提纯难度加大，需要额外的除硫步骤，加大投资强度。

规模上，焦炉气>氯碱>轻烃裂解。虽然当前轻烃裂解制氢规模潜力不大，但未来丙烷脱氢和乙烷裂解新增产能较多，有望后来居上。工业副产气当前合计约120万吨氢气规模，若全部加以利用，完全可以满足“2030年实现百万辆氢燃料电池汽车的商业化应用”的需求，且后续轻烃裂解将继续扩大产能。

地域性优势上，氯碱>轻烃裂解>焦炉气。行业产能在西北和东部地域呈现不同特征，西北地区坐拥电石优势，通常以氯定碱、富裕氢气资源较少；东部地区氯碱企业通常以碱定氯、富余氢气资源相对较多，恰好匹配目前加氢站和氢能源汽车的产业推进较快地区。

2. 预测展望：我国氢能发展路径可由从传统能源制氢过渡至绿色能源制氢

短期的潜在供给规模和供给成本不存在问题，潜在需求完全可以承接。近期可以优先使用成本较低的工业尾气制氢供应，尤其以氯碱副产氢为优；2030年之前，工业副产氢若妥善加以利用，完全可以满足需求，并为可再生能源电解制氢的技术攻关留出时间余量。

中期至2030年后预计为工业副产氢、可再生能源电解制氢协同发展的阶段；同时对核能热化学制氢、生物质制氢等新型前沿制氢技术加大科研力度，争取在2050年后工业化应用有所突破。

远期则水电解制氢占据主导地位，并期待核能热化学制氢、生物质制氢等前沿制氢技术有所突破。

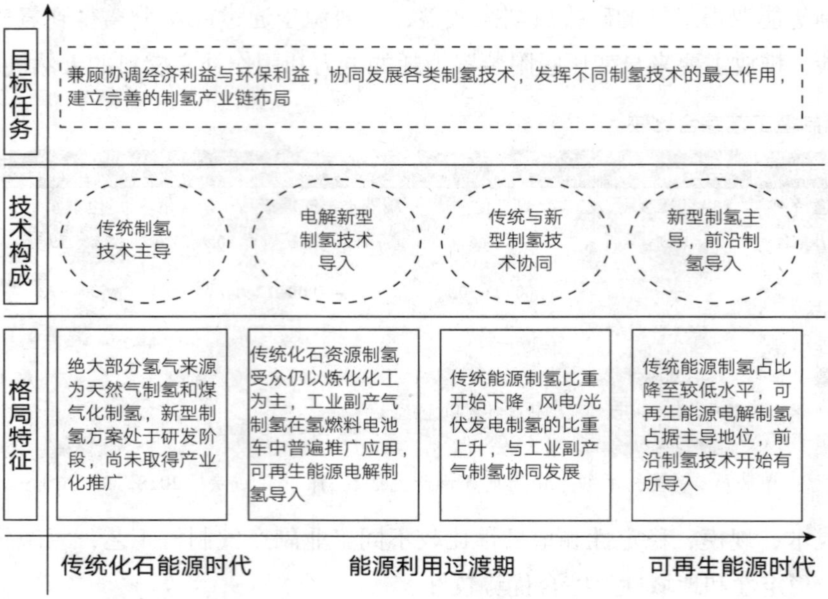

资料来源：谢欣烁．制氢技术的生命周期评价研究进展 [J]. 化工进展，2018，37（6）.

图15　制氢技术发展路线

三、从海外经验看燃料电池车用制氢产业发展趋势

（一）氯碱副产氢用于氢燃料电池已获成熟应用

日本的氢燃料电池车产业链发展进度全球居首，电解水制氢在日本氢工业中占有特殊的地位，其盐水电解制氢的产能占该国所有人工制氢总产能的63%。电解水制氢主要分为制碱工业中的电解盐水和电解纯水两种方式。就目前而言，电解纯水相对电解盐水成本更高。这是因为盐水中富含大量的正负离子，在传导电流方面有着纯水不可比拟的优势。两者制备氢气的纯度相仿，都可以达99.99%，但盐水电解要更具规模更容易形成产业化，电解水在速度和能耗两方面依旧比不上电解盐水。电解盐水的副产品是苛性碱、氯气、氢气、氧气，而电解纯水的产物只有氧气和氢气。因此，日本的电解盐水制氢工艺从实质原理上说与氯碱工业副产氢是一样的。

氢燃料电池技术已走向成熟，该技术不仅用于新型汽车动力上，同时利用氢燃料电池技术建造大型氢燃料电站在欧洲也获得了成功。

荷兰AkzoNobel氯碱工厂2007年建成行业内第一台利用氯碱氢的氢燃料电站，功率70kW，利用氯碱副产氢气发电，已成功运行了45 000h以上；采用该技术建造与氯碱配套的氢燃料电站，可以直接利用氯碱副产氢气，通过氢燃料电站可回收电解单元总电耗20%的电能和10%的热能。

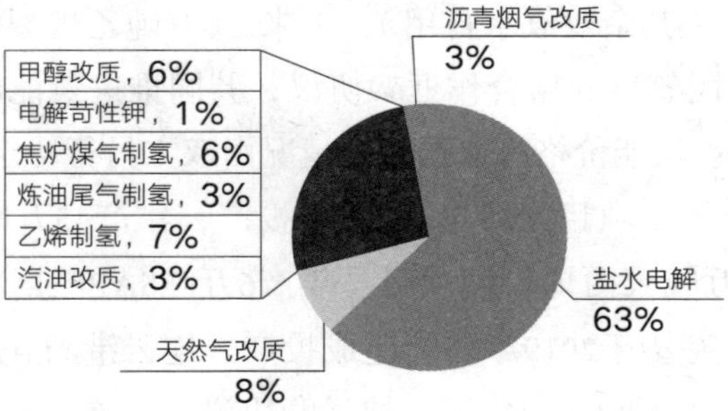

资料来源：中国产业信息网。

图16 日本制氢工业不同工艺路线占比

在欧盟氢能利用支持中，氢燃料电池项目得到顺利进行。荷兰2011年又成功开发MW级的氢燃料电池，安装在索尔维比利时工厂，同样是利用氯碱生产中的副产氢气发电（发电能力：额定1MW，初期输出功率≥910kW；回收热能：450kW；氢气消耗：650Nm^3/h；氢气质量：T≤40℃（含饱和水）、P=0.3bar、氢气纯度≥98%）。

（二）日本大力发展可再生能源电解制氢

日本远期以可再生能源水电解制氢作为最主要发展方向。2018年9月，日本新能源产业技术综合开发机构（NEDO）、东芝能源系统、东北电力及岩谷产业合作，在福岛县浪江町建设利用可再生能源制氢的氢能源系统——福岛氢能源研究站（FH2R），系统装置采用太阳能电解水制氢路线、将具备世界最大规模的1万kW制氢能力，预计于2019年10月前完成建设并开始试运行，于2020年7月之前进行实证运行。福岛氢能源研究站每年能利用毗邻的光伏发电设备和系统电力，通过1万kW的制氢装置来制造、储藏和供应最大900吨的氢。

表13 日本制氢技术发展的三个阶段

阶段	目标
第一阶段	扶持FCV的应用（2015—2020年前后） 氢气基建：削减氢气站成本、扩大数量（2015—2020年前后）
第二阶段	氢气发电：实证测试（2015—2030年前后）、正式开展（2030年之后）大规模氢气供应：利用海外原料制造氢气，运输试验（2015—2025年前后）、正式开展（2030年之后）
第三阶段	无CO_2氢气：CCS（碳捕获与储存）、采用可再生能源的氢气制造试验（2015—2030年前后）、正式开展（2040年之后）

资料来源：太平洋汽车网。

四、制氢产业链公司介绍

（一）卫星石化（002648.SZ）

卫星石化是国内C3产业链龙头，目前拥有90万吨丙烷脱氢产能，副产氢气量达3万吨，外供能力达2.6万吨（其余双氧水自用）；未来250万吨乙烷裂解项目副产氢气量将达16万吨。公司与浙能集团签订战略合作框架协议，共同推进氢能产业链构建，将为浙能集团氢能供应提供保障：氢能价格将依据市场情况由双方另行协定。

公司年产22万吨双氧水项目2018年8月实现投产，年产45万吨PDH二期项目2019年2月实现投产，年产15万吨聚丙烯二期项目、年产6万吨SAP三期项目、年产36万吨丙烯酸及酯项目顺利推进，有望于2019年陆续建成投产。连云港石化320万吨/年轻烃综合利用加工项目实施顺利。2018年3月，完成乙烷采购协议，与美国乙烷出口设施合资协议正式签约，实现项目原料供应保障，目前ORBIT项目建设顺利，乙烷储罐、码头项目有序推进。

（二）鸿达兴业（002648.SZ）

鸿达兴业是国内氯碱行业的领军企业，PVC、烧碱、土壤调理剂等产品产能和综合经营实力在国内名列前茅，其中PVC产能100万吨/年、烧碱100万吨/年、电石150万吨/年、土壤调理剂等环保产品产能120万吨/年、PVC制品产能7万吨/年、碳酸稀土冶炼产能3万吨/年、稀土氧化物分离产能4 000吨/年。

公司拥有完整的制氢、储氢、运氢及氢能应用产业链，子公司乌海化工、鸿达氢能源研究院致力于氢能的生产、存储和应用方面的研究、开发及应用，以及氢液化、加注氢业务的研发和经营。乌海化工拟在乌海市共建设8座加氢站，2019年5月第一座加氢站已投入使用，其余7座加氢站的建设工作正在有序推进中。同时，公司与北京航天试验技术研究所下属公司北京航天雷特机电工程有限公司在乌海市合作建设氢液化工厂，逐步实现向全国运输供氢。

（三）滨化股份（601678.SH）

滨化股份是山东省内的氯碱行业龙头，具备烧碱产能65万吨/年（粒碱20万吨/年、片碱20万吨/年）、环氧丙烷产能28万吨/年（全国市场占有率为8.5%）、三氯乙烯产能8万吨/年（全球最大）。公司建立了综合配套的循环经济产业链，形成了循环经济一体化的产业模式，公司的水、电、原盐等生产要素的自给率较高，生产成本较低。

公司与北京亿华通科技股份有限公司共同出资设立滨华氢能源子公司并建设氢能源项目，将公司氯碱装置副产的气过一级压缩升压，净化脱除杂质后达到氢燃料电池车用动力氢的质量标准，进一步压缩后充装到长管拖车，再运输到加氢站为燃料电池车加注清洁燃料。项目拟分两期建设，一期实现氢气充装量1 000Nm^3/h，二期可再增加氢气充装量12 000Nm^3/h。2019年5月，一期项目顺利打通全部流程，并于2019年5月8日将精制氢气第一次充入长管车内，工艺合理、达到设计效果，为二期项目的实施奠定了良好基础。

（四）嘉化能源（601678.SH）

嘉化能源是以热电联产为核心源头，多产品链经营的化工企业，主要生产装置包括热电联产、光伏发电、氯碱、脂肪醇（酸）、邻对位和硫酸装置。磺化医药产能有望于2020年底翻倍扩张；氯碱板块下游30万吨二氯乙烷、氯乙烯项目、30万吨PVC项目已经动工，预计2020年底投产，带来利润增量。

2019年3月28日，公司与三江化工、空气产品公司签订战略合作协议，将在富氢尾气综合利用项目开展合作，提高氢气利用附加值。2019年4月10日，公司与国投聚力签订战略合作协议，双方将成立产业基金，在氢能源领域、页岩气分离和加工领域进行合作。公司与富瑞氢能、上海重塑能源进行战略合作，共同投资5 000万元成立合资公司，致力从事加氢站等氢能基础设施的建设和运营，合资公司首期规划在张家港和常熟建设三座加氢站，以确保区域内合作方200辆燃料电池物流车的运营，未来三年将计划在长三角地区建设不少于50座加氢站，初步实现江苏、浙江和上海的加氢站网络布局，助力长三角氢能走廊的建设。目前，张家港的第一座加氢站已经完成土地的控规调整，进展顺利的话2019年内将有望建成并投入运行。

（五）东华能源（002221.SZ）

东华能源是国内最大民营LPG贸易商，2018年实现贸易量约1 070万吨（同比增长51%），贸易规模位居全球行业前列。公司拥有国内最大规模的烷烃资源深加工工厂，张家港新材料和宁波新材料两个烷烃资源综合利用项目具有年产126万吨丙烯、80万吨聚丙烯产能；宁波新材料项目（二期）包括66万吨/年丙烷脱氢制丙烯装置及相关配套项目等建设推进中，预计2019年底建成；宁波三期包括2×40万吨/年聚丙烯项目正同步建设中，以丙烯下游市场应用广泛的聚丙烯为产业链末端产出物，瞄准高附加值的复合新材料市场。

公司目前LPG深加工项目的副产品氢气量约5万吨，宁波二期投产后将新增2.5万吨；借力区位优势，布局加氢站，打通氢能运输通道，完善氢能供应链，张家港东华港城加氢站是目前江苏地区首个商业化运营加氢站，标志着公司氢能综合利用取得实质性进展。

（六）华昌化工（002274.SZ）

华昌化工是一家以煤气化为产业链源头的综合性化工企业。公司产业链总体分为：（1）煤制合成气，生产合成氨、尿素、纯碱、氯化铵、硝酸等；（2）新型肥料；（3）以合成气与丙烯为原料生产新型材料，如醇类、增塑剂、树脂、涂料等。公司2018年在氢资源能源利用领域进行了探索与布局，包括：申报立项氢气充装站建设；与电子科技大学合作，成立了《华昌化工、电子科技大学氢能联合研究院》；与研发团队合作成立了技术孵化平台——苏州纳尔森能源科技有限公司，产业化实施平台——苏州市华昌能源科技有限公司；其他布局包括氢燃料电池测试技术及设备研发、燃料电池电堆和零部件国产化技术研发及测试等。

2018年4月启动氢气充装站建设，占地约2 000平方米，计划2019年6月建成。建成后可提供标准为T/CECA-G 0015—2017质子交换膜燃料电池汽车用燃料的氢气，充装量为2×300kg/天；同时在规划加氢站的建设。

2018年4月25日，华昌化工、电子科技大学氢能联合研究院合作协议签订完成，联合研究院充分利用电子科技大学学科、人才优势及华昌化工氢能方面的产业优势，通过氢能产业相关技术的研发创新和消化吸收，积极推进技术和科研成果产业化，服务于当地氢能产业的发展。

2018年10月，公司与研发团队投资设立了氢能源产业技术孵化公司——苏州纳尔森能源科技有限公司及氢能源产业化公司——苏州市华昌能源科技有限公司。本次投资有利于公司较快速切入氢能源领域，通过合作方的合作，在技术、人才等方面做好准备；也有利于优先考虑技术、人力资源支持及后续产业的培育，控制后续投资及产业拓展风险。

新能源汽车产业：

中高端新能源乘用车逐渐发力

刘一鸣　东兴证券汽车行业研究员

一、新能源乘用车的早期发展历程

新能源车并非完全是新事物，在乘用车漫长的发展史中，新能源车曾早于燃油车出现，一度占据了相当大的市场份额；也曾长达60多年处于低谷，近乎销声匿迹。最近十年，随着全球技术、资源及经济等多因素的变化，新能源车逐渐成为一个未来出行的相对较优解，与新能源车相关的产业也开始蓬勃发展。

在汽车出现的早期，新能源乘用车（纯电动车）在美国曾经凭借低成本和高易用性获得近30%的市场份额。纯电动乘用车早在19世纪30年代就已出现，在19世纪90年代实现量产，纽约在1897年曾经使用电动车代替马车作为出租车。20世纪初期，纯电动车曾经在美国实现过3.5万辆的年产销量，市场占有率达30%。1910—1920年，美国的乘用车市场呈现燃油车、电动车和蒸汽车三足鼎立的格局。

相对于燃油车、蒸汽车，早期电动车的优势主要在于：

（1）易用性、无尾气污染。在自动变速箱和尾气催化转化还远未出现的早期，燃油乘用车难操作、低可靠性和浓烈的尾气气味使得其更适合专业的司机，而不是买来家用的消费者。

（2）补电容易。相对于需要添煤加水的蒸汽乘用车，电动车的体积小很多，续航不足时充电也比加煤简便许多。

经过了数十年的竞争，燃油车最终在20世纪30年代占据了几乎全部市场，成为随后80年间的主流。20世纪早期的电动车的主要劣势在于：

（1）电池技术落后，续航不足。当时的电动车续航里程很少有超过100公里的，普遍不足50公里。随着德国、美国先后在20世纪30年代开建复杂的国家级公路网，人们的出行需求爆发。而稍远一点的出行需求，电动车就无法满足。

（2）制造技术落后，成本高昂。在1908年福特发明了流水线之后，燃油车的生产成本很快降低到1 000美元以下。而由于堆积大量当时用的蓄电池成本高昂，电动车在19世纪20年代的成本仍然接近2 000美元，随着1929年经济危机爆发后汽车需求的骤减，电动车很快在竞争中败下阵来。

20世纪90年代通用的EV-1电动车曾以租赁的形式走入市场，但受制于续航、配套等问题，最终孤掌难鸣。EV-1是一款基于电动车专用平台的双门coupe车型，从量产到1999年停产，合计生产了1 117辆。几乎所有的量产EV-1都被用于租赁项目，该项目最终在2002年被废止。1999年量产的EV-1二代车型电池容量26.4千瓦，续航里程160~230公里，初步具备了当代纯电动车的雏形。然而当时新能源车的规模效应尚未出现，美国政府受各利益方的影响也未能给新能源车足够的政策支持，致使通用的电动车计划未能延续。

二、中国新能源车市场——从政策导向到消费导向

宏观经济与政策在中国新能源车的起步阶段起到了决定性的作用。自2010年以来，中国成为引领全球新能源车行业前进的代表。2018年中国新能源乘用车产销100万辆左右，占到全球的一半；而在商用车领域，中国新能源车厂商更是在全球占到80%以上的份额。这其中宏观经济与政策作用的具体体现包括：

（1）购车补贴。政府一度给予部分新能源乘用车消费者高达6万元每辆的补贴，补贴后部分新能源车的价格同燃油车相比已经相当甚至还略占优势。

（2）牌照优惠、无限行措施。大多数限购城市中纯电动车可以直接上牌，上海和深圳甚至允许混动车辆直接上牌，消费者无须经过漫长的等待（如北京）或付出大量的现金（如上海）去获取无限行限制的车辆。

用车成本也是消费者用新能源车替代燃油车的重要考量。与美国相比，中国的燃油价格高20%，电动车在使用费用上有优势。

（一）中国新能源乘用车补贴演变及对销量的影响

购车补贴对新能源车型的发展产生了巨大影响，一度主宰了车企开发新车型的方向。

早期的新能源车补贴不区分车型，促进了自主车企新能源车的萌芽，但导致车型良

莠不齐，野蛮生长。自2010年起，中国开始系统地补贴新能源乘用车消费者，单车的补贴额一度高达6万元。由于当时的动力电池技术还相当有限，续航里程普遍在200公里以内，补贴政策也没有按照续航里程来区分。当时的新能源车还在萌芽阶段，自主品牌制造了大量低续航、低配置的电动车，以补贴后的低价吸引消费者。这个阶段中国消费者初步有了新能源车的概念，但是出于实用性、面子的考虑，真正下手购买的很少。这段期间外资品牌的燃油车型还在快速扩张中，利润丰厚。因此，除丰田早已量产混动车型pruis外，对新能源车以技术储备为主，很少有车型在中国投放。

2014年以后，新能源车补贴逐年走低，退坡幅度不断加大，车企以堆积电池提升续航为荣，消费者在续航、车牌和实用性中苦寻平衡。自2014年起，国家对新能源车的补贴额度开始逐年降低，并逐渐向拥有高能量密度电池的车型倾斜。2014—2018年，续航里程在350公里及以下的车型的补贴以每次25%左右的幅度降低。自2018年起，续航150公里以内的电动车不再享受国家补贴。

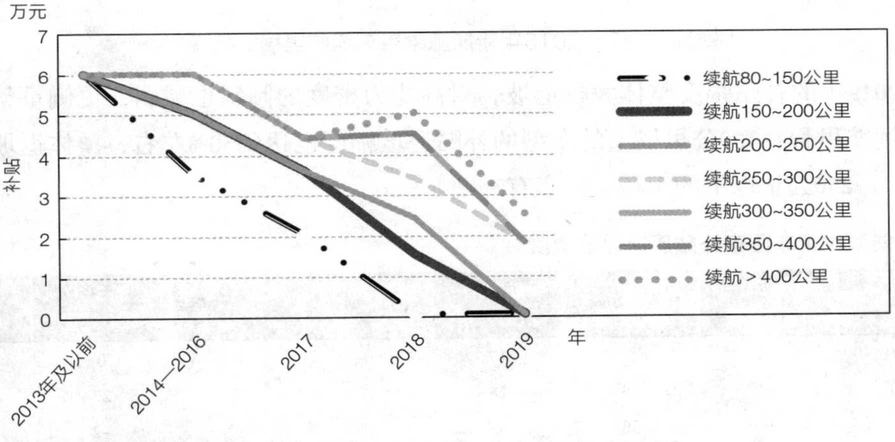

资料来源：工信部：《新能源汽车推广补贴方案及产品技术要求》。

图1 新能源乘用车国家补贴变迁

由于补贴的区分度造成了明确导向，大量自主车企以高续航为荣。很多车型续航里程（尤其是不现实的等速续航里程）很高，整体性能及稳定性（包括电池续航稳定性）一般。同时，由于车型较重且缺乏优化，很多车的能量利用效率较低。

车企的车型布局也明显跟着补贴的指挥棒走。以2017—2018年的补贴政策变化为例，2018年续航200公里以内的车型补贴退坡58%以上，当年该类别车型数量应声大跌73%，而300公里以上的车型补贴退坡少，数量则暴涨4倍。

这一期间外资车型与自主车型尚未形成正式竞争。中国迅速成为全球最大的新能源车市场。外资企业注意到电动车在此期间开始了量产版电动车型的开发，也纷纷宣布自己未来向电动车倾斜甚至全面转型电动车开发的公司层面计划。然而，由于车型开发周期长达2~3年、与中国电池厂合作速度较慢、外国电池厂资源较为紧缺等，除特斯拉外，主流外资厂商在华发布的纯电动车型很少，以试水为主，营销投入较少，续航也几乎没有在300公里以上的。

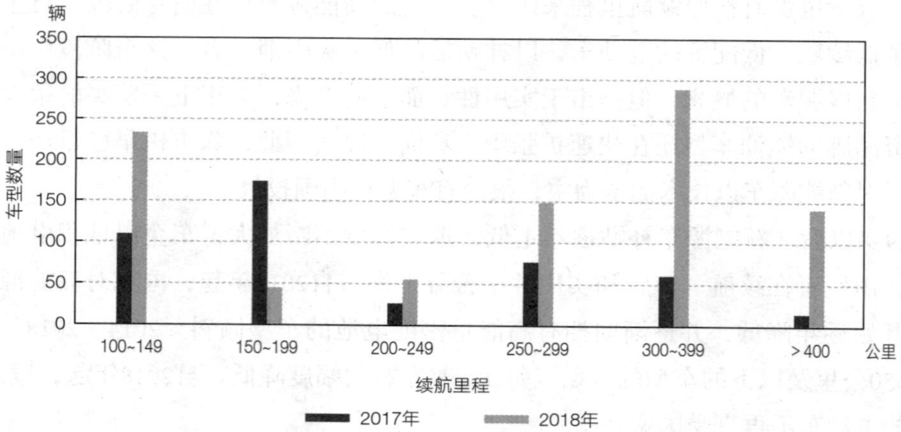

资料来源：工信部：《新能源汽车推广补贴方案及产品技术要求》。

图2　2017—2018年新能源乘用车续航里程结构变化

而2019年的补贴幅度整体大幅退坡，对高能力密度的倾斜也减弱，更侧重整车能耗水平。续航里程在400公里以上的车型的补贴退坡幅度也达到50%左右，整体退坡幅度在60%以上，250公里以下的车型不再享有补贴。

表1　新能源乘用车国家补贴历次退坡幅度

单位：%

补贴退坡幅度	续航80~150公里	续航150~200公里	续航200~250公里	续航250~300公里	续航300~350公里	续航350~400公里	续航>400公里
2014—2016年	42	17	17	0	0	0	0
2017年	43	28	28	27	27	27	27
2018年	100	58	33	23	-2	-2	-14
2019年		100	100	47	60	60	50

资料来源：工信部：《新能源汽车推广补贴方案及产品技术要求》。

新补贴政策将促进新能源乘用车在微观的消费端由政策导向转向市场导向，对电池的要求从“够用”转向“好用”。新政策不再对车型的驱动方式和电池材料做任何限制，不再鼓励堆砌大量低水平的电池以凭借总带电量获取高补贴，并且取消地方补贴转而鼓励地方补贴充电等环节。同时，新政策侧重对车辆能耗水平的考核，更加符合推广新能源车、节能减排的初衷。

与此同时，2019年国家发展改革委“汽车消费促进政策征求意见稿”也提出了减少通过行政手段调控乘用车的购置，不允许对新能源车的购置和行驶做任何限制等建议。从具体措施看，如果该意见稿能够实施，说明政策进一步从强力引导转向让市场充分竞争，对车辆限购及重点城市治堵的政策也从之前偏行政的“堵”“限”转为更加市场化的手段。

在新政策下，已取得先发地位的比亚迪、北汽、吉利和上汽等厂商将维持其在原有价格区间、地域的领先地位，同时外资品牌的新能源车尤其是纯电动车将快速占领其本来缺位的细分市场。

（二）自主品牌占得先机，外资份额快速提升

目前自主品牌在新能源乘用车市场（不含进口车，下同）占据绝对多数，2018年份额高达95.3%，远高于在燃油车市场的39.1%。但是随着外资多款车型的推出，自主品牌新能源车的份额从2017年的97.9%收缩到2019年第一季度的93.7%。外资中德系增长较快，2017年份额还不足1%，2019年第一季度已经增长到4.6%，其中大众、宝马的插电混动车型贡献较多。

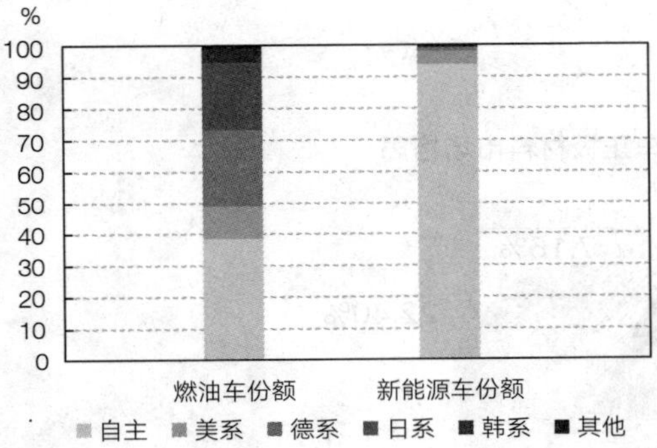

资料来源：乘联会。

图3　2018年各国车系燃油车及新能源车在华份额

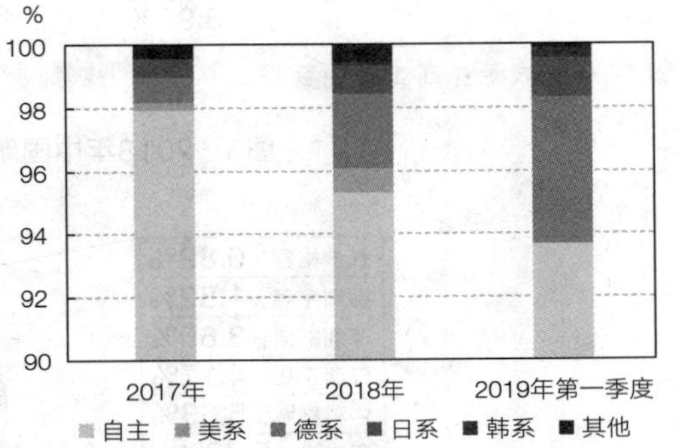

资料来源：乘联会。

图4　2017年至2019年第一季度各国车系新能源车在华份额

三、新能源车产业链

新能源车产业链与燃油车相比，特异的部分主要在于上游的“三电”专用件——动力电池、电机与电控。同时，新能源车对轻量化、热管理及PCB的要求比燃油车要多很多，催生了对产业链相关上游更大的需求。

中国企业在新能源“三电”领域的竞争地位明显高于在传统燃油车动力总成领域。动力电池方面，国内近年形成了“宁德时代+比亚迪+N”的格局，上游电池材料也蓬勃发展，中国企业进展迅速。电机与电控（除逆变器等少数零部件外）的国产化率也很高。电机市场既有新设企业，也有传统电机巨头的参与。电控市场主要是整车厂、动力电池厂和第三方电控厂商三足鼎立。

（一）电池材料

正极材料种类繁多，按照2018年的出货量，市场份额前三名是厦门钨业、湖南杉杉和长远锂科。负极材料中，2018年份额靠前的是贝特瑞、宁波杉杉和江西紫宸。

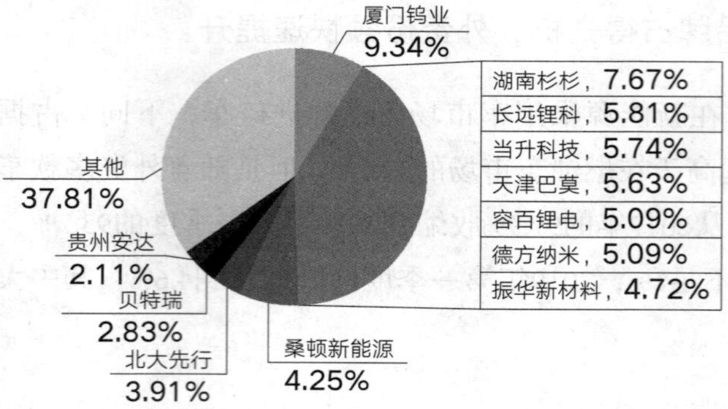

资料来源：高工锂电数据库。

图5　2018年中国新能源车正极材料市场格局

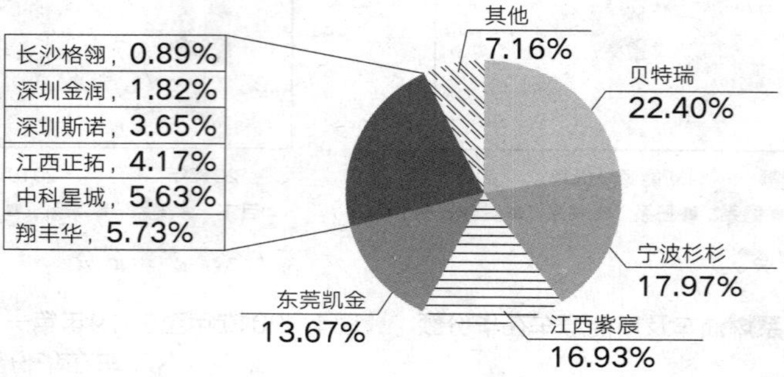

资料来源：高工锂电数据库。

图6　2018年中国新能源车负极材料市场格局

隔膜市场中恩捷股份份额优势比较明显，其他份额较高的厂商有星源材质、沧州明珠和苏州捷力。电解液的格局近年比较稳定，市场份额靠前的为天赐材料、新宙邦和江苏国泰。

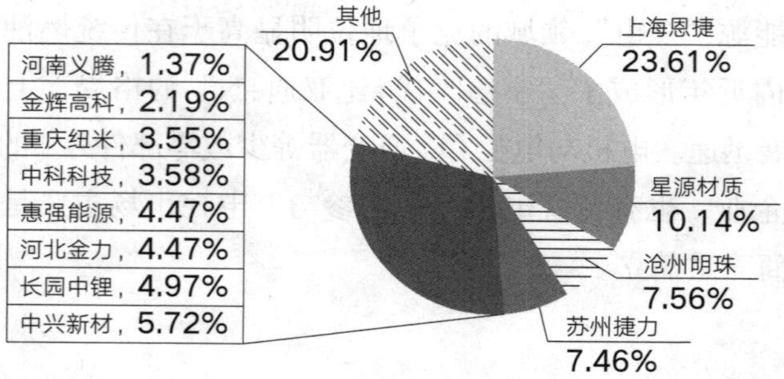

资料来源：高工锂电数据库。

图7　2018年中国新能源车隔膜市场格局

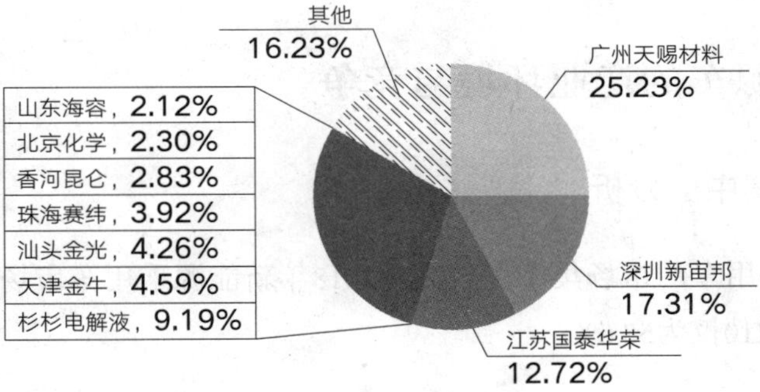

资料来源：高工锂电数据库。

图8　2018年中国新能源车电解液市场格局

（二）电机与电控

电机市场上，份额前两名的比亚迪和北汽新能源都是整车厂的附属公司，其他份额较高的有精进电动和联合汽车电子。电控市场上，比亚迪、联合汽车电子和北汽新能源处于领先地位。

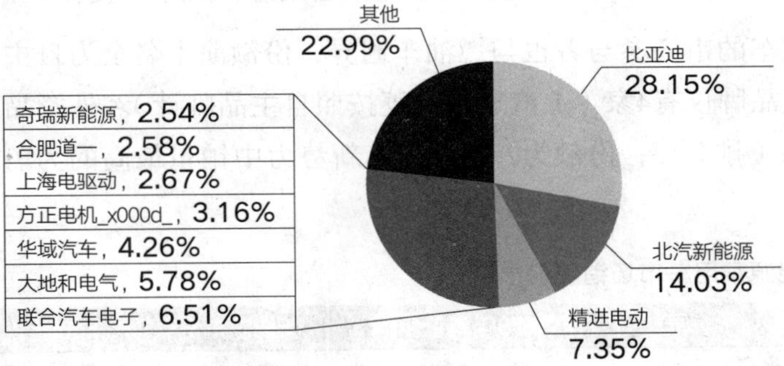

资料来源：高工锂电数据库。

图9　2018年中国新能源车电机市场格局

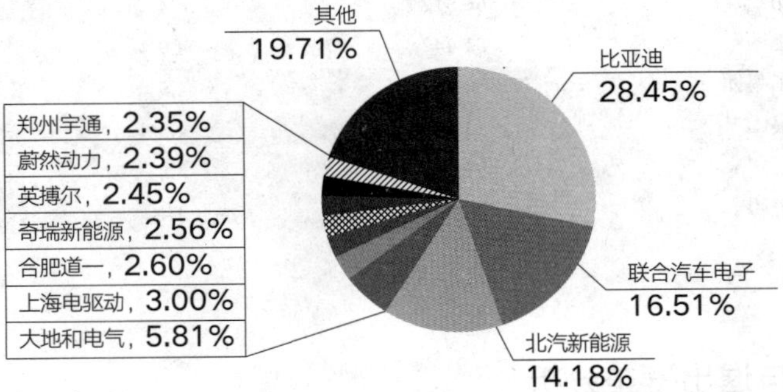

资料来源：高工锂电数据库。

图10　2018年中国新能源车电控市场格局

四、新能源车的产业环境与竞争

（一）市场集中度分析

中国新能源乘用车的市场集中度较高。2018年新能源乘用车市场的CR10为81%，而全部乘用车市场CR10仅为58.6%。

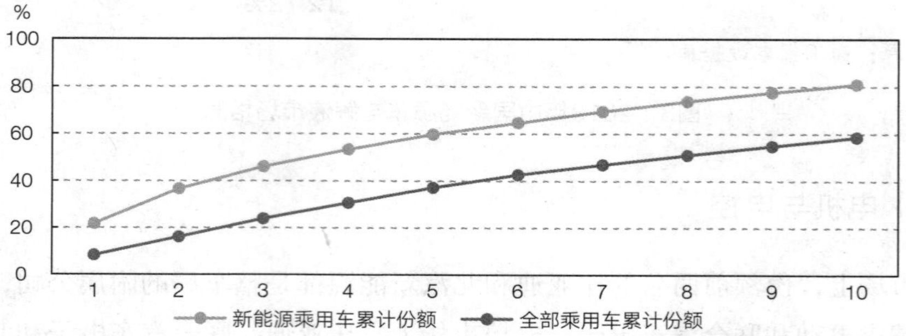

资料来源：乘联会。

图11　中国新能源乘用车及全部乘用车市场集中度

新能源乘用车的市场参与者也与燃油车迥异，份额前十名全为自主品牌，而燃油车前十名中的自主品牌仅有4家（上汽通用五菱按照自主品牌计）。外资品牌中新能源车销量最高的为宝马（排名13，份额为2%），造车新势力中销量最高的为蔚然（排名15，份额为1.2%）。

表2　2018年新能源乘用车市场销量前十名

车企	2018年销量（辆）	新能源车份额（%）	累计份额（%）
比亚迪汽车	227 103	21.7	21.7
北京汽车集团	155 986	14.9	36.7
上海汽车工业(集团)总公司	97 196	9.3	46.0
吉利控股集团	76 954	7.4	53.4
奇瑞集团	66 512	6.4	59.7
华泰汽车集团	51 442	4.9	64.6
安徽江淮汽车集团	50 864	4.9	69.5
江铃汽车集团	44 422	4.3	73.8
东风汽车公司	39 800	3.8	77.6
长安汽车集团	35 967	3.4	81.0

资料来源：乘联会。

（二）进入与退出壁垒分析

除了充裕的资金和较为完善的技术团队之外，新能源汽车设计与制造行业的主要进入壁垒包括：

1. 新能源车生产资质

“新能源汽车生产资质”涉及国家发展改革委、工信部等多部委。其中国家发展改革委的许可在业内被称为大资质：在国家发展改革委认可的基础上，企业需要在2年内建设工厂，3年内开始销售车辆；工信部的认可业内称为小资质：在产品上市销售前，还需要满足工信部《新能源汽车生产企业及产品准入管理规定》。资质的获取需要较为繁复的申请、审核流程。目前已知取得双资质的车企仅有北汽新能源、云度新能源、江铃新能源、长江汽车、知豆汽车、前途汽车、合众新能源、奇瑞新能源和金康新能源等。此外，比亚迪和上汽等传统车企本身已具有传统汽车生产资质，且现有政策规定“传统整车生产资质”包含“新能源汽车生产资质”，所以它们既可以生产传统汽车，也可以生产新能源汽车。而如北汽新能源和奇瑞新能源这种从原来车企脱离出来的，则需要单独再申请“新能源汽车生产资质”才能造车。

2. 上游零部件配套资源

对于新能源车车企来说，让零部件供应商确认其产品日后能够上量，从而配合承担开发、验证过程中的固定成本，也是较为重要的门槛。在漫长的新能源车型开发过程中，需要零部件供应商在设计、实验验证和生产线打造等环节进行全方位配合。新能源车的零部件数量和开发周期相比燃油车略微简单，但动力电池和电机控制等环节的试验验证的复杂程度仍然极高，成本巨大，供应商运营杠杆很高，盈利严重依赖量产后的销量。

2018年以后，对新能源车车企的配套不再成为主流零部件厂商赖以宣传的噱头，零部件厂商对新能源车项目，尤其是非新能源车专用零部件项目的热情也大不如前。许多零部件厂商争取造车新势力的订单时会较为谨慎。因此，取得足够的上游支持是新能源车企持续开发成功车型的前提之一。

由于新能源车的造车资质不愁下家，新能源车领域的退出壁垒较低。目前国内的新能源车企业，通常集中于几个车型的开发，团队规模较小，较低的退出壁垒也间接造成了新能源领域参与者极多。

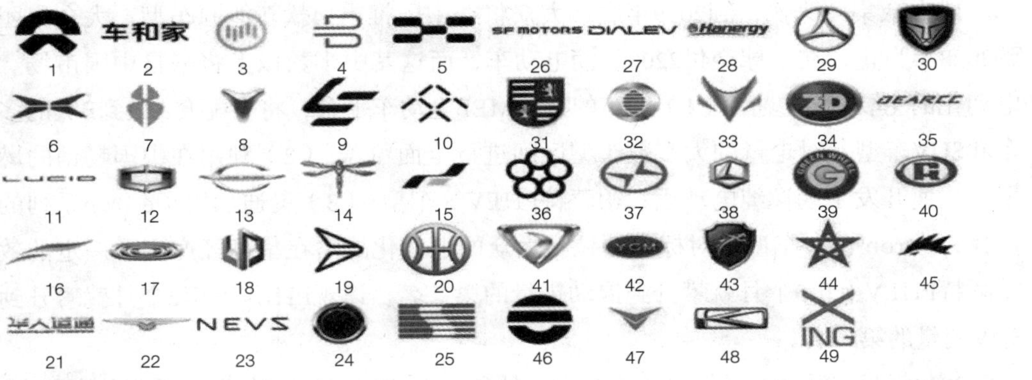

资料来源：盖世汽车。

图12 主要造车新势力

五、竞争格局与未来演变

（一）领先企业的竞争策略

特斯拉作为全球新能源汽车的领先者和探索者，一方面加快了中国工厂建设以覆盖广大的亚太市场，另一方面加快了在电动卡车和新能源车生态方面的探索。

2018年，特斯拉美国市场营收148.71亿美元，同比增长139%；中国市场营收17.57亿美元，同比下降15.4%。2018年，在华业务对特斯拉全球营收的贡献率为8%，同比下降了9%。

特斯拉在上海建厂，符合其自建产能的重资产模式。投产之后，作为主要生产车型，Model 3将免去15%的关税，售价将会大大降低。作为全球电动车行业的领军者，特斯拉有着自己独特的优势。自建产能，全球顶尖的NCA电池、双电机全轮驱动及高强度全铝车身都为其建立了强大的护城河。而上海工厂建成之后，依靠国内的供应链，可以有效地控制成本。

目前，特斯拉已经凭借Model X和S在中高端市场完成布局，扩大了公众对电动汽车的接受面，而Model 3作为特斯拉面向普通大众推出的车型，将会成为其抢占中国市场的一道利器。

（二）新进入者、替代产品等分析

1. 外资产品加速面世，市场集中度将先减后增

外资主流品牌集中推出新能源车尤其是纯电车型后，销量将出现爆发。在新能源乘用车领域，自主品牌声势浩大，外资品牌看起来反而成了后起之秀。事实上，之前自主品牌新能源车较为热闹的营销，对消费者的作用只是支持了限购城市的购车需求，以及满足了部分中低端的购车需求，对外资品牌原有燃油车的替代作用有限。

以大众集团为例，到2019年底，大众将在中国推出14款新能源车型。大众集团计划到2028年为止，在全球交付2200万辆电动车，而这其中半数以上将来自中国市场。大众电动化的主要动作包括：（1）发布的全新MEB电动车平台，将会配套A级到B级的多个轿车和SUV车型，对走量的大多数车型区间进行全面覆盖；（2）利用在中国畅销的燃油车平台快速开发了朗逸纯电动版、帕萨特PHEV等车型；（3）奥迪加快了e-tron系列的开发步伐，e-tron SUV车型全对标特斯拉。大众的电动化战略在华已经产生了一定的效果。帕萨特PHEV上市3个月就攀升到混动销量的第二名，途观PHEV上市2个月就攀升到混动SUV销量的第二名。

2019年第一季度混动销量前十名中，外资已有4席，而2018年第一季度外资仅有2席。

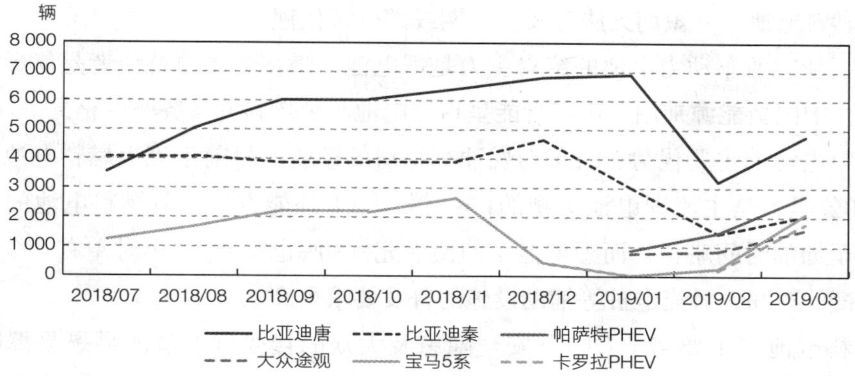

资料来源：乘联会。

图13 2018年下半年以来主要插电混动车型的销量趋势

表3 2018年第一季度与2019年第一季度中国市场插电混动销量前十名 单位：辆

	2018年第一季度	销量	2019年第一季度	销量
1	比亚迪宋	11 784	比亚迪唐	14 887
2	比亚迪秦	9 709	比亚迪秦	6 520
3	荣威ERX5 PHEV	5 707	帕萨特PHEV	5 079
4	荣威ei6	5 024	比亚迪宋	4 338
5	比亚迪唐	1 691	荣威ei6	3 590
6	传祺GS4	935	大众途观	3 192
7	宝马X1	855	荣威ERX5 PHEV	2 721
8	祺智PHEV	662	宝马5系	2 390
9	荣威E950	506	吉利博瑞GE	2 214
10	宝马5系	285	卡罗拉PHEV	1 969

资料来源：乘联会。

参照外资品牌未来1~2年的新能源新车型计划，新能源车尤其是纯电动车型销量榜中或将涌入一批外资车型，市场集中度短期内会有所下降。长期来看，无论对于外资还是自主品牌，新能源车市场上的竞争与原有燃油车的竞争并无本质区别，市场份额终将向更能满足中国消费者偏好的车企倾斜。侧重于空间、舒适性、维修保养简易型的新能源车型在未来将取得更好的市场份额，续航里程在这一过程中将起到一个消费者分配、过滤器的作用，在一个新维度上“强迫”消费者对自身定位，并作出是否购车的判断。长远来看，随着整车厂与电池厂的深度合作加速，以及充电设施的逐渐便利，续航里程的高低无法从根本上改变中国乘用车的消费结构。

2. 氢燃料电池——短期无法普及，长期或部分替代锂电池

目前，新能源车动力电池的绝对主力是锂电池，潜在的主要替代者是氢燃料电池。长期来看，中国新能源乘用车市场可能呈现锂电池与氢燃料并驾齐驱的格局。

氢燃料电池的主要优势：（1）与燃油车相仿的续航。目前主流氢燃料电池的续航高达600~700公里，是主流锂电池车型的1.5~2倍。（2）补能方便。氢燃料电池的加氢时间仅比燃油车加油时间略长，而锂电池车即使快充到80%也需要1个小时左右，全部充满通常要一整夜的时间，对充电桩等辅助设施的普及要求很高。

氢燃料电池的主要劣势：（1）安全隐患及大众的接受度。氢的易燃易爆特性被大众所熟知，即使在工程上有了安全完备的制氢、输氢和加氢方案，说服全社会接受加氢站、氢燃料电池车的广泛存在可能需要相当长的时间。（2）能耗。有研究认为，通过化工产业的副产品获得氢可能无法满足氢燃料电池车普及后的需求，而通过电解、分馏等方法制氢，能耗巨大，反倒违背了节能减排的初衷。（3）经济效益。大量企业尤其是中国企业投入巨资研发锂电池及配套产业，如果快速转向氢燃料电池，造成资源的巨大浪费的同时可能会导致中国整体在新能源产业中地位的退后。

（三）未来 3 年行业增速预测

1. 从满足节能减排政策角度

从满足节能减排的政策角度来看，预计2018—2025年国内新能源车销量的CAGR预计为35%~41%。由于资源禀赋、产业拉动等宏观层面的因素存在，新能源车的消费总量仍受国家宏观政策导向的影响，仅在微观消费领域转向市场导向。在中短期内，包括“双积分”在内的节能减排政策仍然是新能源乘用车增长的主要推手；随着更多高性价比车型的推出，消费者出于市场化选择新能源车的比例会逐步提升；而限购政策对新能源车消费的推动力会进一步减弱。

“双积分”要求2020年各厂商所有乘用车车型的油耗加权平均数不超过5升/百公里，同时在计算中给予了符合条件的新能源车型2倍的权重。根据已有的数据推算，为满足“双积分”要求，2020年全国新能源车的销量应不低于217.8万辆，份额达到8.8%。

当前版本的“双积分”方案要求2025年各厂商所有乘用车车型的油耗加权平均数不超过4升/百公里，2021年及以后新能源车的计算权重数未定。我们按权重逐渐减少，到2025年按照1倍来估计。若燃油车的节能措施进展顺利，2019—2025年均油耗降幅达2.5%以上，则2025年新能源车销量达到803万辆就可以满足“双积分要求”，届时市场份额为29.5%，2018—2025年销量CAGR为34.6%。

若燃油车的节能技术在2020年以后没有太大进展，则2025年新能源车销量需要达到

1 103万辆，才能满足“双积分要求”。届时新能源车在乘用车市场份额达40.6%，2018—2025年销量CAGR为40.9%。

表4 根据“双积分”要求2019—2025年新能源车销量预测

年份	乘用车销量（辆）	新能源车销量（辆）	燃油车销量（辆）	“双积分”中新能源车权重	燃油车油耗（升/百公里）	节能技术对油耗降低贡献比（%）	CAFC（升/百公里）	乘用车增幅（%）	新能源增幅（%）
2017A	24 744 020	556 393	24 187 627	5	6.96	1.1	6.24		
2018A	23 671 529	1 001 507	22 670 022	3	6.82	2.00	6.02		80
2019E	24 144 960	1 502 261	22 642 698	3	6.69	2.00	5.58	2	50
2020E	24 627 859	2 178 279	22 449 580	2	6.52	2.50	5.46	2	45
2021E	25 120 416	3 049 590	22 070 826	1.8	6.36	2.50	5.10	2	40
2022E	25 622 824	4 116 947	21 505 878	1.6	6.18	3.00	4.73	2	35
2023E	26 135 281	5 352 031	20 783 250	1.4	6.00	3.00	4.41	2	30
2024E	26 657 986	6 690 038	19 967 948	1.2	5.85	2.50	4.17	2	25
2025E	27 191 146	8 028 046	19 163 100	1	5.71	2.50	4.02	2	20

资料来源：工信部、乘联会。

2. 从市场化渗透角度

根据市场驱动的巴斯渗透模型，预计2025年中国新能源车销量1 174万辆，2018—2025年CAGR为41.1%。新能源车在六大城市（北京、上海、广州、深圳、天津、杭州）中的渗透以限牌政策为主要驱动力，而在其余城市中的渗透在逐渐向市场驱动转化。因此分两部分做如下预测：

（1）其他地区：利用巴斯扩散模型进行预测。巴斯扩散模型的主要功能是对新开发的消费者耐用品的市场购买数量进行描述和预测。许多创新经验已经显示，新方法、新概念的市场扩散过程完全可以用巴斯公式来表达。巴斯模型具体表达式：

$$\frac{\mathrm{d}N(t)}{\mathrm{d}t}=p[m-N(t)]+q\frac{N(t)}{m}[m-N(t)]$$

其中：

$\mathrm{d}N(t)/\mathrm{d}t$为新能源车当期销量；

$N(t)$为截至上期末的新能源车保有量；

p为创新指数，即尚未使用新能源车的人，受到大众传媒或其他外部因素的影响，在当期购买新能源车的可能性；

q为模仿系数，即尚未购买新能源的人，受到使用者的口碑影响，在当期购买新能源车的可能性；

m为最大潜在使用量，即新能源乘用车的保有量上限。

以2013—2018年新能源车销量的历史数据为基础，假设这部分地区远期保有量为5 000万辆，新能源车更新周期为5年，对p和q参数进行最小二乘法优化。预测结果为其他地区2025年新能源乘用车销量为1 059万辆。

（2）六大城市：主要受益于新能源名额增长。六大主要城市发放新能源车牌照的数量预计会逐年增长，维持CAGR在22.5%左右。到2025年新能源车的销量为114.6万辆。

综合两部分，预计2025年全国新能源乘用车销量为1 174万辆，届时在新车中的渗透率为43.2%。

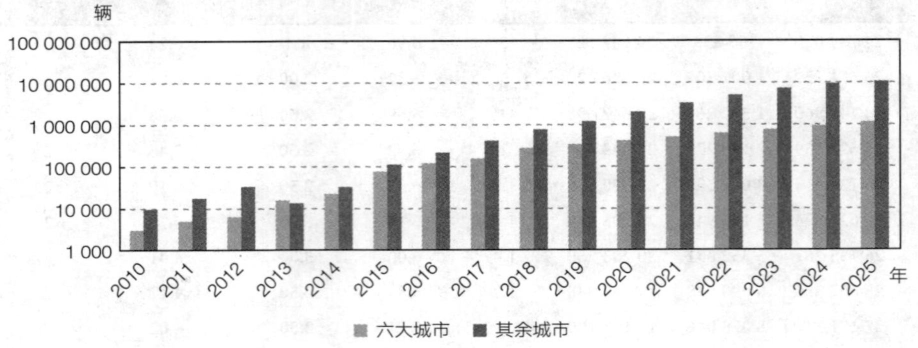

资料来源：工信部、乘联会。

图14　中国新能源乘用车销量预测（巴斯扩散模型）

六、全球视角下的产业及产业链比较

（一）西方新能源车市场与中国市场的差异

全球范围内新能源车市场规模与中国有可比性的只有美国，2018年销量为32.8万辆，同比增长74.5%，市场份额为1.96%。美国新能源车市场与中国的差异主要在于：

（1）混动车型份额较高。美国新能源乘用车市场上，2017年和2018年混动车型的份额分别高达47%和34%，还是在2018年特斯拉Model 3大量交付之前积压订单的前提下。而中国市场同期混动车型的份额只有19%和21%。混动车在美国较为流行的主要原因：一是美国燃油的费用比中国低20%以上；二是美国市场竞争激烈，而且越野驾驶更多。

（2）地域差异更为明显。美国加州2018年销售新能源车15万辆，占美国全国的47%，而加州同期地区生产总值仅占美国全国的14.5%左右。作为对比，中国六大城市2018年地区生产总值同样占全国的15%左右，而新能源车销量仅占全国的25%。美国新能源车销量前六名的州（加利福尼亚州、纽约州、得克萨斯州、佛罗里达州、新泽西州和马萨诸塞州）加上华盛顿特区，总销量占据了全国的69%。美国各地经济发展水平的差异远小于中国各地间的差异。新能源车在美国销售的巨大地域差异主要原因：一是加利福尼亚州在科技、文化上处于领军地位，新能源车尤其是特斯拉的销量遥遥领先；二是部分州推出过或正在实施地方新能源车消费促进计划；三是新能源车的主要目标消费者——年轻群体在继续向东西岸、南部聚集。

（3）车型较大。美国2018年销量前十名的新能源车中，A、B、C级占据了2、4、2款，剩余2款是A0级的雪佛兰Bolt和中大型SUV——特斯拉Model X。而中国2018年销量前十的新能源车中，A0、A级各有4款，剩余2款为A00小车和中大型SUV——比亚迪唐。中美畅销的新能源车尺寸差距巨大的主要原因：一是自主品牌近水楼台，在中国新能源车市场上率先发力，而中大型车对于自主品牌目前还是短板；二是中国补贴政策倾向于里程，中大型车在同等重量下满足高续航里程更为困难，且对续航以外的性能要求更高，车企目前集中精力在续航提升上，难以顾及其他性能；三是擅长中大型车的欧美品牌行事谨慎，电池等零部件的迭代速度缓慢，暂时未能赶上中国补贴的退坡速度，因此未能及时推出相关车型。

中国市场上B、C级纯电动车目前除特斯拉外基本处于真空，B、C级插电混动车型也处于萌芽状态（除比亚迪唐），对比中国全部乘用车的消费结构，未来空间巨大。

不以续航论英雄。美国的新能源车促进政策对续航里程的关注相比中国少很多，因此堆积电池以满足续航里程要求的现象较少。前十畅销车型中甚至还有本田Clarity这样续航里程仅有140公里左右的纯电动车。与中国的紧凑、微型自主品牌车“霸榜”不同，美国畅销新能源车的尺寸、品牌结构与畅销燃油车（除皮卡外）相似。同时，美国消费者更关注车辆整体性能。汽车在美国的普及已有六七十年的历史，消费者购买新能源车时除了考虑电池性能之外，也会综合考虑动力、舒适、越野等性能。

尽管如此，补贴仍在美国新能源车的消费中起了较大作用。2018年特斯拉的累计销量达到美国政府规定的20万辆的“退坡门槛”，因此从2019年起特斯拉消费者收到的补贴从原来的7 500美元减半到3 750美元，直接导致2019年第一季度特斯拉在美国的销量环比下滑31%。由于美国潜在的执政党更迭，未来新能源车促进政策的不确定性将进一步加大。

（二）中国品牌新能源车在全球的竞争力分析

中国企业的新能源乘用车整车目前在海外的竞争力仍较弱。2018年中国出口新能源车14.7万辆，其中绝大多数为低速电动车，单价不到1万元人民币。除去低速电动车，其他出口新能源车主要为插电混动车型，2018年出口销量为4 500辆左右。

由于关税、品牌知名度、车型和车企整体水平的原因，中国品牌的新能源车在海外打开销路仍需要较长的时间。目前中国企业的海外乘用车业务主要集中在“一带一路”沿线国家，这些国家的消费能力有限，目前海外业务以中小型乘用车为主。由于这些国家普遍无力对新能源车进行大规模的补贴，新能源车在这些国家的普及尚需时日。中国企业目前应集中精力用适合当地的燃油车型占领市场份额，培养品牌知名度。

锂钴产业：

盐湖提锂或改变中国锂供应结构

张天丰　东兴证券有色金属行业研究员

一、新能源汽车及动力锂离子电池行业出现结构性扩张

（一）新能源汽车行业是国家战略发展的重点领域

新能源产业是国家“十三五”战略性新兴产业发展规划的重要组成部分，而其中涉及的先进电池材料专项工程则是提振新能源产业升级的必备生产要素。新能源产业中的新能源汽车行业是先进制造业投资的主要方向。从首期200亿元（中央财政+社会资本）的中国先进制造产业投资基金的投资标的观察，新能源汽车行业获得了近24%的资本投入（47.2亿元），在九大投资标的领域中排名第一；而截至2017年6月，中国新能源汽车项目投资总额达1.03万亿元，涉及汽车产能及整车上次项目分别达2 120万辆及200个，充分显示出新能源汽车行业已成为国家战略发展的重点领域。

（二）与新能源汽车相关的锂电池行业出现结构性扩张

1.动力电池发展有明确的国家政策性指引及目标

资本的涌入带动了新能源汽车产业链项目的投资拓展，以锂离子电池为代表的新能

源动力电池行业出现结构性扩张。锂电池为新能源汽车的核心零部件，占新能源汽车生产总成本的40%。国家从2012年起对动力电池的发展提出明确目标，并在“十三五”新能源汽车重点研发专项中再度将目标明确，计划至2020年将中国锂离子电池能量密度提高到300瓦时/公斤，而到2030年达到500瓦时/公斤，这意味着锂电池行业有不断升级的需求，也显示锂电池行业的发展对新能源产业链拓展升级有基础性的意义。

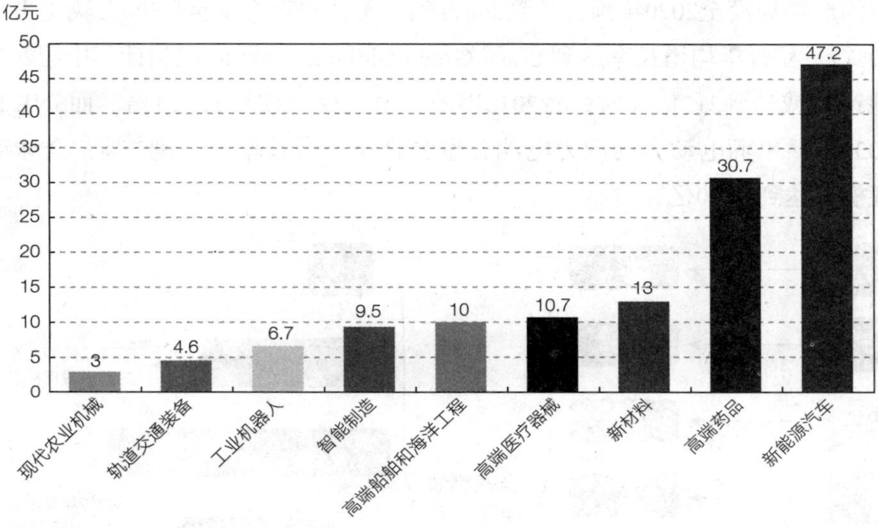

资料来源：Wind。

图1 中国先进制造产业投资九大领域

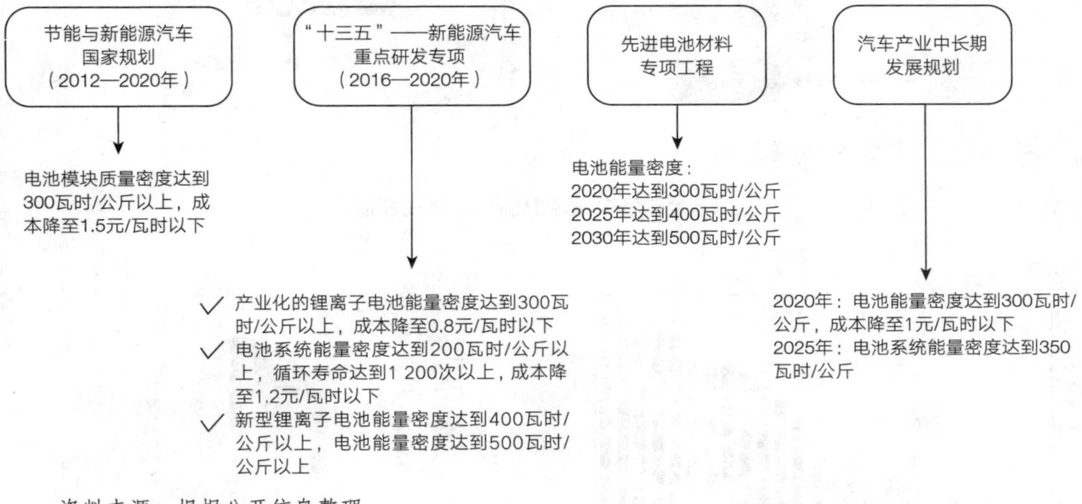

资料来源：根据公开信息整理。

图2 中国动力电池行业发展目标

2. 新能源汽车的快速发展推动动力锂电池市场规模扩张

动力锂电池市场受益于新能源汽车的快速发展而大幅扩张。动力锂电池全球市场出货量自2011年的1.1亿瓦时增长了55.6倍至2017年达到62.3亿瓦时，其全球锂电池市场规模占比由同期2.3%急速增长至42.1%。中国作为全球最大的新能源汽车产销国，新能源汽车的产销量自2015年起由33.1万辆大幅增长至2018年的125.6万辆，出现了持续性年均50%以上的增长率；而与之对应的中国动力电池产量则由2014年的4.1亿瓦时增长至2017年的44.62亿瓦时，全球份额占比达到68.4%。而根据政府《汽车产业中长期发展规划》，中国新能源车的产销规模至2020年预计达到200万辆，至2030年将增至1 500万辆（占总汽车销量比例40%），复合年均增长率达到25%。Green Globe International预计，中国2022年的动力锂电池产量或达到215亿瓦时，较2018年的产出规模继续增长2.31倍。而SNE DBank预测，至2030年，单辆电动车的动力电池容量复合年均增长率将达到25%，全球动力电池市场总规模将达到1 200亿瓦时。

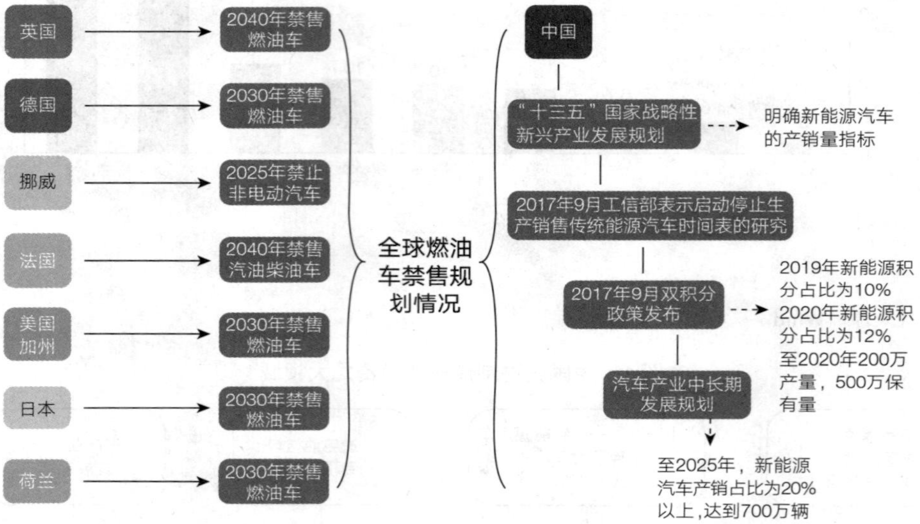

资料来源：根据公开信息整理。

图3 全球各个国家燃油车禁售规划情况

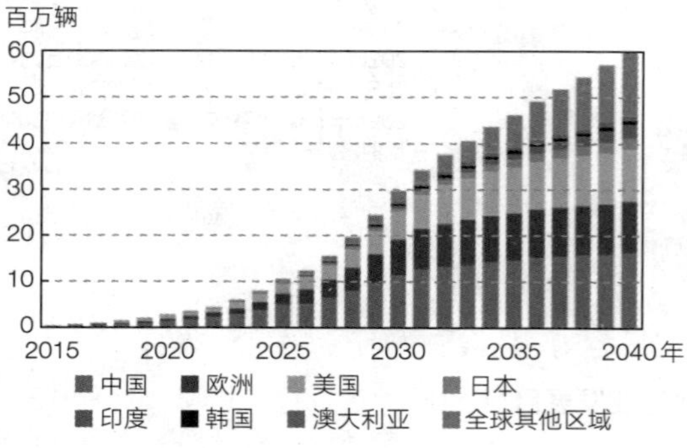

资料来源：Bloomberg。

图4 新能源汽车市场规模预测（2015—2040年）

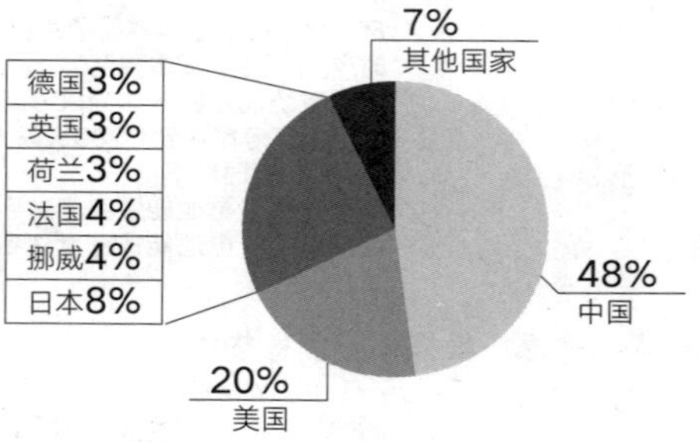

资料来源：Wind。

图5 主要国家新能源汽车保有量占比

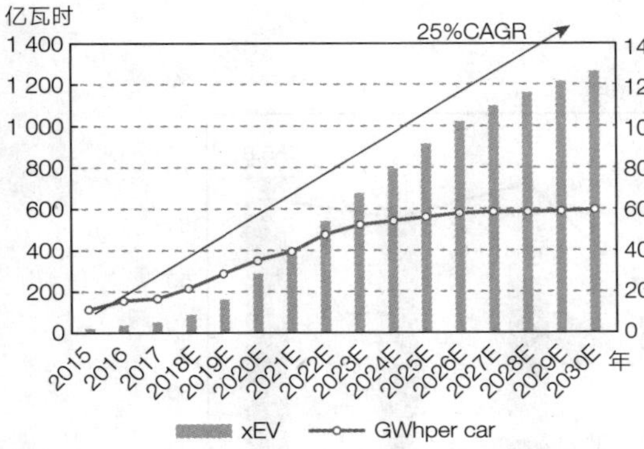

资料来源：SNE. 中国新能源车和锂电池产业面临挑战和投资机遇 [R]. 2019 中国锂业大会，2019.

图6 动力电池市场规模预测（2015—2030年）

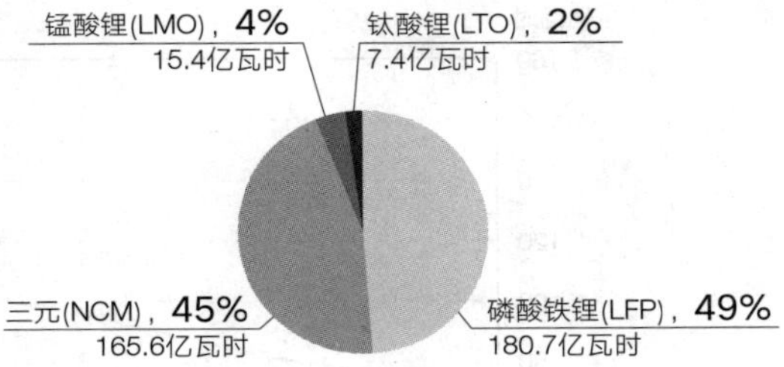

资料来源：Smm。

图7 各类动力电池装机占比（2018年）

3. 中国锂电池产量规模持续扩张，占全球总产量比重超过65%

中国锂电池行业固定资产投资完成额的增长带动了锂电池产量的放大，并推升碳酸锂的需求增长。中国锂电池产量由2008年的10.33亿件大幅增长至2018年的139.9亿件，产量规模增加了12.54倍。其中，2016—2018年是锂电池产量的高速增长期，其间产量累计增速维持在36.6%的均值水平，这与锂电池行业固定资产投资完成额的扩张周期同步。此外，中国锂电池产量占全球比重由2012年的32.9%大幅增长至2018年的65.5%，反映出全球锂电池生产已经呈现出明显的区域集中化特点，中国已成为全球的锂电池制造中心，而锂电池产量的急速增长也带动了原材料碳酸锂需求的扩张。

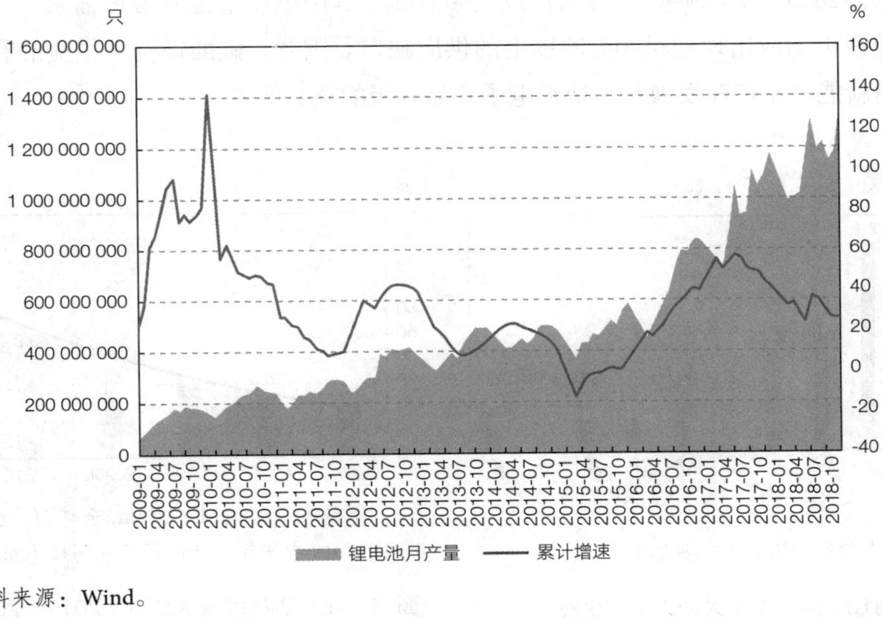

资料来源：Wind。

图8 2009—2018年中国锂离子电池产量及累计增速

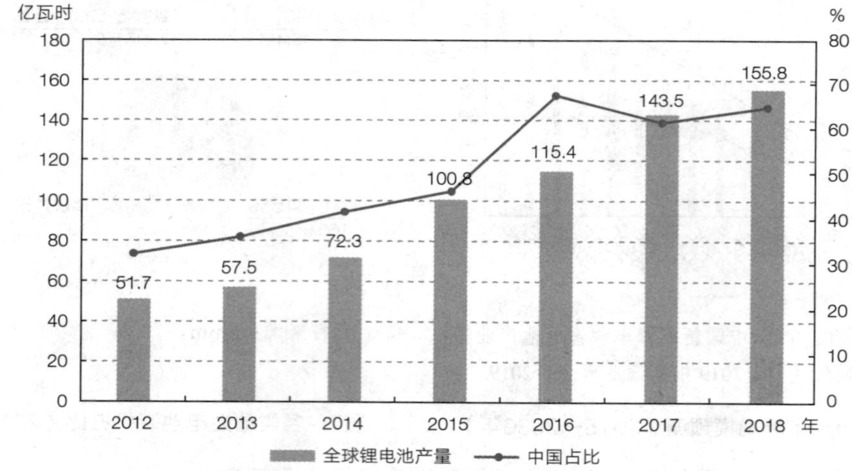

资料来源：Counterpoint。

图9　2012—2018年全球锂离子电池产量及中国占比

4. 锂离子电池产业链：碳酸锂是锂电池的核心原材料

碳酸锂作为锂离子电池的核心原材料，需求规模受锂电池产业规模的扩张拉动。锂电池主要依靠锂离子在正负极间的移动来实现化学能到电能的转化，碳酸锂作为锂电池最为核心的上游原材料决定了锂电池正极的生产成本和产业规模。根据SQM和Livent的预测，至2025年全球碳酸锂需求量或达90万吨，其中电动电池碳酸锂需求量迫近50万吨，碳酸锂市场或出现超过20万吨以上的供应缺口。因此，碳酸锂资源供应的有效性和稳定性是新能源车产业发展和消费类电子产品升级的核心要素。

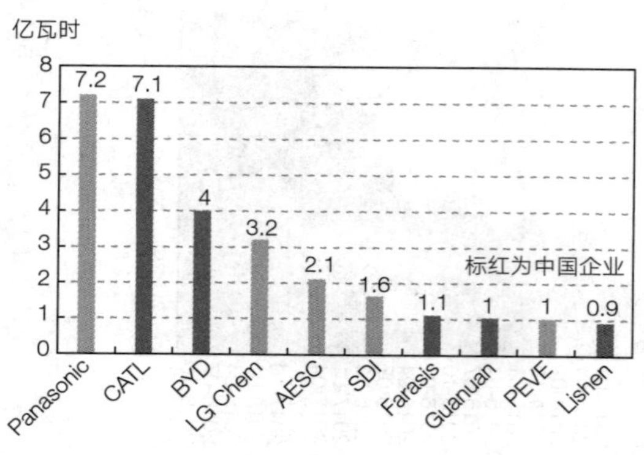

资料来源：中国有色工业协会。

图10　全球前十大动力电池企业

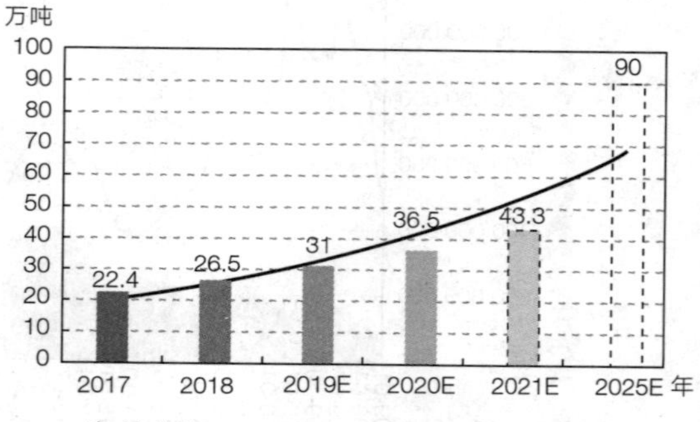

资料来源：SQM，Livent. 全球锂产业发展概况 [R]. 2019 中国锂电新能源产业高峰论坛，2019.

图11　全球碳酸锂需求预测（2017—2025年）

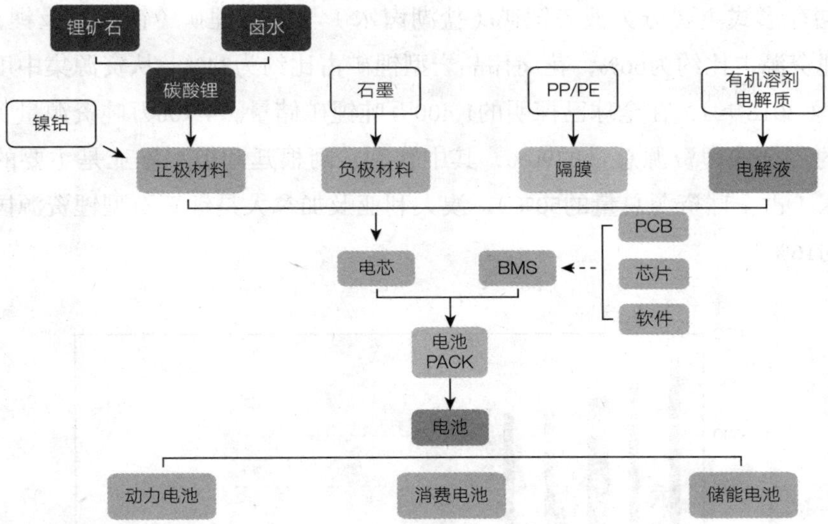

资料来源：根据公开信息整理。

图12　锂电池产业链

二、锂产业链结构梳理

锂产业链的结构从上到下依次分为上游资源开采、中游冶炼提纯及下游终端消费。上游资源开采方式包括矿石提锂和卤水提锂；中游冶炼提纯的主要产品为碳酸锂、氢氧化锂及氯化锂；下游终端消费则聚焦于新能源、新材料和医药行业。

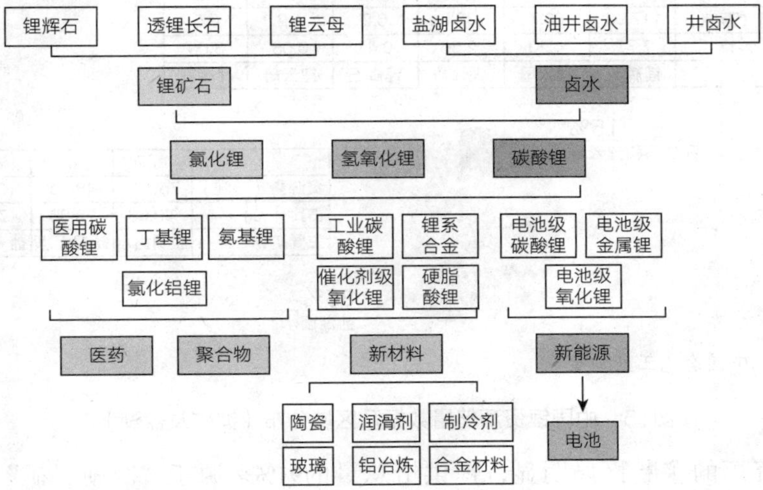

资料来源：根据公开信息整理。

图13　锂产业链树状图

（一）上游锂资源分布及储备较为集中

从锂产业链上游观察，全球锂资源主要以液态锂矿形式存在且资源储量集中度高。

锂资源的储存形式主要分为液态锂矿（盐湖卤水）与固态锂矿（锂辉石及锂云母），而其中液态锂资源占比约为66%，花岗伟晶岩型锂矿占比约为34%。从资源集中度看，根据UCGS数据（2018年），在全球已探明的1 400万吨锂矿储量（4 700万吨资源量）中，南美洲及亚洲约占全球锂资源总量的90%，其中智利、阿根廷和玻利维亚是主要的盐湖卤水型锂资源国（占全球资源总量的50%），澳大利亚及加拿大是锂辉石型锂资源国（占全球资源总量的16%）。

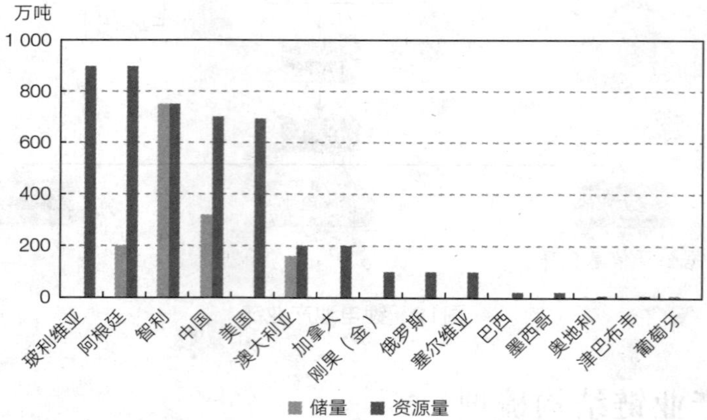

资料来源：中国有色工业协会。

图14　全球锂资源分地区储量及资源量

	四川	江西	湖南	新疆	河南	其他
资源量（万吨）	117.98	63.7	35.9	6.2	1.2	0.5
占比（%）	7.77	4.20	2.36	0.41	0.08	3.00
主要矿物	锂辉石	锂云母	锂云母	锂辉石	锂云母	锂辉石

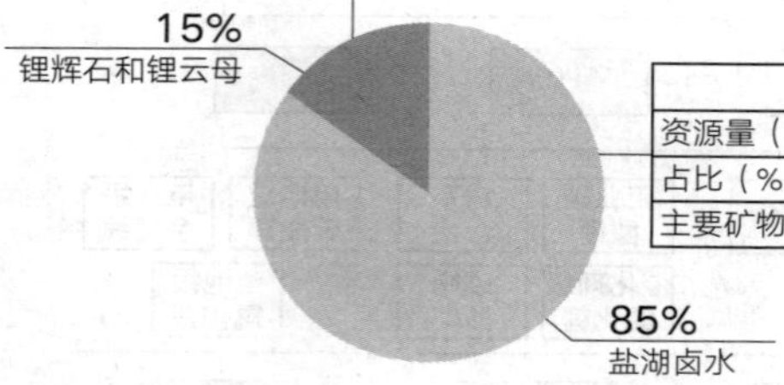

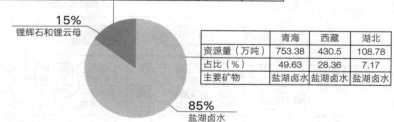

	青海	西藏	湖北
资源量（万吨）	753.38	430.5	108.78
占比（%）	49.63	28.36	7.17
主要矿物	盐湖卤水	盐湖卤水	盐湖卤水

资料来源：中国有色工业协会。

图15　中国锂资源储量数据及区域分布（锂矿及盐湖）

全球锂资源的垄断格局明显，锂供给总量的91%来源于“四湖三矿”。其中，“四湖”的公司及盐湖分别为Albemarle（Atacama盐湖及Silver Peak盐湖）、SQM（Atacama盐湖）、FMC（Hombre Muetro盐湖）及Orocobe（Olaroz盐湖），四家公司的盐湖锂产量占全球85%的卤水锂盐产量，占全球锂总产量的57%；而“三矿”则为Tailson（Greenbush锂矿）、Galaxy Resoruce（Mt.Cattlin锂矿）及RIM（Mt.Marion锂矿），三家位于澳大利亚的锂矿产量占全球锂总产量的34%。锂行业龙头的盈利优势比较明显，SQM、FMC及

Albemarle等行业巨头的毛利率常年维持30%以上高位，由此推动锂业巨头的扩张意愿。其中，SQM计划将产能由4.8万吨扩产至10万吨（分别为阿根廷Cauchari-Olaroz盐湖项目及MtHolland项目），FMC计划投资不超过3亿美元增加2万吨碳酸锂产能；Albemarle已收购江锂新材作为锂盐生产基地，也将有1万吨以上的碳酸锂增产计划。

表1　2016年全球主要锂资源项目产出及占比

类型	公司	资源项目	国家	产量（万吨）	占比（%）
四湖	Albemarle	Atacama	智利	2.64	14
	Albemarle	Clayton Valley	美国	0.45	2
	SQM	Atacama	智利	4.26	23
	FMC	Hombre Muerto	阿根廷	2	11
	Orocobe	Olaroz	阿根廷	1.185	6
	Talison	Greenbush	澳大利亚	6.3	34
三矿	Galaxy Resource	Mt.Cattlin	澳大利亚	0	0
	RIM	Mt.Marion	澳大利亚	0	0
累计				16.835	90

注：Mt.Cattlin 与 Mt.Marion 预计至 2019 年产量分别达到 2 万吨及 2.5 万吨。
资料来源：Smm。

从中国锂资源量观察，中国锂资源储量占全球锂总资源量的22%（320万吨），为全球第四大锂资源国。中国同时拥有卤水矿和锂辉矿，但卤水锂资源占中国锂总储量的85%，主要分布于青海（58%：察尔汗盐湖、东台吉乃尔、西台吉乃尔盐湖、大柴旦盐湖及一里坪盐湖）及西藏（33%：扎布耶、龙木错和茶卡三个碳酸盐型盐湖）；而矿石锂资源占比为15%，主要分布于四川（57%）和江西（33%）。中国主要的矿石提锂公司有天齐锂业、赣锋锂业、众和股份等；主要的盐湖提锂公司为西藏矿业、藏格控股、中信国安、五矿资本、蓝科锂业及青海锂业等。

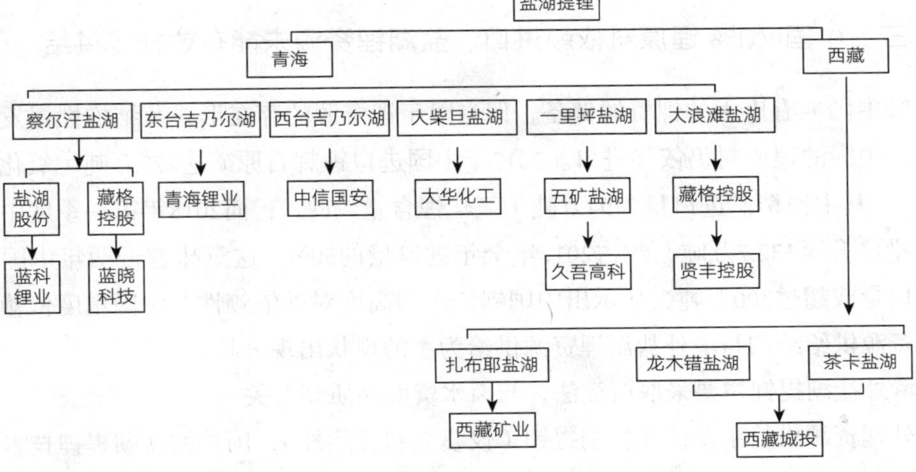

资料来源：根据公开信息整理。

图16　中国盐湖主要分布及盐湖提锂相关公司

（二）中游锂产品以碳酸锂为主

锂产业链中游的主要产品为碳酸锂、氢氧化锂及氯化锂，其中碳酸锂是锂产品的主要表现形式。全球碳酸锂产量呈持续增长态势，2017年全球碳酸锂产量23.54万吨，同比增长21.5%；而中国碳酸锂产量为12.34万吨，同比增长43.5%，占全球总产量的52.4%。截至2018年，中国的合计碳酸锂产量进一步增长35.3%达到16.7万吨，其中直接碳酸锂产量12.5万吨，同比增长50.6%；氢氧化锂和氯化锂分别为4.2万吨及1.8万吨，各有20%及38.5%的增长。

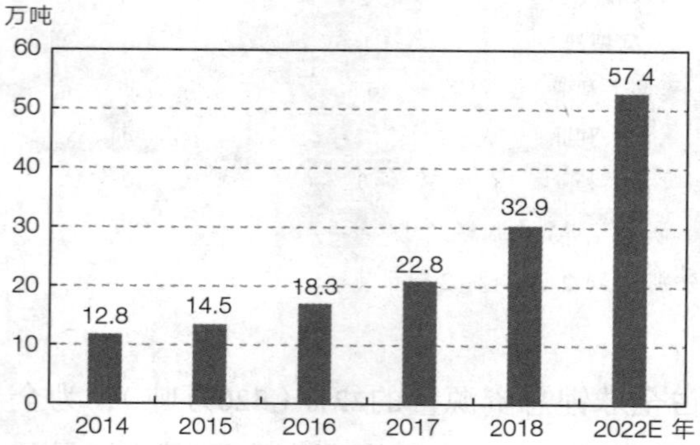

资料来源：CRU. 锂电正极材料现状及发展趋势 [R]. 2019 中国锂业大会锂电新能源产业高峰论坛，2019.

图17　2014—2022年全球碳酸锂产能预测

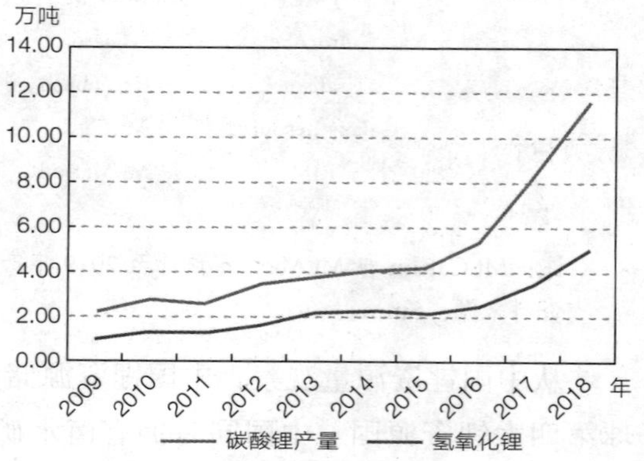

资料来源：Wind。

图18　2009—2018年中国碳酸锂及氢氧化锂产量走势

（三）中国70%锂原料依赖进口，盐湖锂资源未能有效补足供给

尽管中国拥有庞大的锂资源储备，但受限于锂资源的存在形式及结构性爆发的碳酸锂市场，中国的锂原料仍依赖进口。2017年中国进口锂辉石原矿达277万吨（氧化锂含量约1.5%），其中锂精矿进口量为94万吨（氧化锂含量约6%）；而2018年第一季度中国锂辉石进口量已升至132.7万吨，约占2017年全年进口量的50%，这意味着近两年中国锂辉石年均进口量或超过300万吨，显示出中国锂资源的高度对外依赖性。中国重度依赖矿石提锂的锂资源供给结构与境外盐湖锂资源供给为主的现状出现分歧。

1. 境外盐湖提锂主要采取沉淀法，与卤水资源品质高有关

境外锂资源供给主要依靠盐湖提锂（仅澳大利亚除外），国外的盐湖提锂技术较为成熟且已进入工业化量产。国外盐湖的主要提锂技术为沉淀法提锂，经过近20年的发展，

该技术已经十分成熟，其主要方式为将卤水进行浓缩结晶或者碳化来进行沉淀。境外之所以能使用沉淀法提锂的核心原因是盐湖卤水的低镁锂比及高锂离子浓度，卤水资源质量的优异使得境外卤水提锂有能耗低和成本低的显著优势。利用沉淀法提锂比较有代表性的公司及盐湖有Albemarle公司在智利的Atacama盐湖及在美国的Silver Peak盐湖（占全球产出的39%），FMC公司在阿根廷的Muerto盐湖（11%）及Orocobe公司的Olaroz盐湖（6%），这些盐湖均为镁锂比偏低的硫酸盐型盐湖（镁锂比低于10以下），卤水的锂浓度含量普遍高于0.05%以上，因此更多采用化学沉淀法提锂，单位提锂成本可以控制在约1.6万元/吨的水平（2 000~3 000美元）。

2. 中国盐湖提锂难以供给自足的三个主要原因

中国主要采取固态提锂的生产方式（占产量75%左右），但中国大量锂资源却以盐湖形态存在是锂供给难以自足的主要原因。盐湖提锂产出受限可以从三个方面来分析。

首先是开采环境问题。中国91.6%的盐湖锂资源位于青藏，高海拔带来的生产环境恶劣及生产运输设备的不完善对供给形成制约。

其次是盐湖品质问题。中国的卤水资源镁锂比过高，导致镁在提锂过程中不易被分离出去，从而造成锂提取难度大及提取成本相对高等问题，这点与境外卤水资源出现明显差异。以青海地区镁锂比最低的东台吉乃尔盐湖为例，其镁锂比为40.3，比智利阿卡塔玛盐湖的6.2高出近6倍，由此境外的卤水提锂技术难以本地化应用，从而造成了境内外盐湖提锂产出数量的分化。

最后是提锂技术问题，国内用于高镁锂比卤水提锂的技术仍处孵化阶段，盐湖提锂的初期投入的沉淀成本较高且产出效应有限，造成提锂技术难以普及，从而导致中国尽管拥有较大盐湖锂资源储备，但依然未能实现有效供给。

三、盐湖提锂技术的升级是锂行业新技术发展的重要方向

（一）盐湖提锂较矿石提锂有显著的成本及资源优势

基于中国庞大的盐湖锂资源储量，盐湖提锂技术的升级优化是未来锂行业供应端升级的主要方向。盐湖提锂较矿石提锂具有明显的成本及资源优势。从成本角度观察，盐湖卤水提取电池级碳酸锂的完全生产成本平均控制在3万~4万元/吨（按3.5吨吸附剂产10吨碳酸锂计算），而矿石提取电池级碳酸锂的完全成本却在6万~8万元/吨（按8吨锂辉石生产1吨碳酸锂计算），成本端近50%的大幅差异意味着提锂方式所导致的企业利润率的显著分化。资源方面，全球液态锂资源占比约为70%，而中国液态锂资源占比超过85%，盐湖提锂具有明显的资源优势。此外，从提锂方式观察，当前全球除了中国与澳大利亚

采取矿石提锂技术外，其他国家均已采取盐湖提锂方式，因此盐湖提锂的工业化普及是中国锂行业发展的必然。

（二）传统的盐湖提锂技术

盐湖提锂技术从方法上分为两类，分别为传统法及创新法。传统法主要是浸取、沉淀及萃取，而创新法则为吸附。二者的主要差异为技术、效率及成本。

当前青藏盐湖提锂的传统法主要为煅烧浸取法、萃取法及自然沉淀法。煅烧浸取法通过煅烧、洗涤、蒸发及沉淀并加入纯碱来获得碳酸锂，其工艺弊端为污染大。萃取法通过盐田日晒、萃取酸洗、浸取除杂及蒸发沉淀获得碳酸锂，其工艺弊端为设备易受腐蚀及萃取剂易流失。而自然沉淀法则通过盐田晾晒工艺来分离出锂离子，但其工业缺点为成本高及晾晒周期长且效率低（需兴建大规模盐田，晾晒效率受雨季影响）。这三种传统盐湖提锂技术在提锂效率方面普遍较低，限制了盐湖提锂的工业化应用。

表2　盐湖卤水提锂方法比较

主要方法	优点	缺点	工艺水平	生产成本
煅烧浸取法		锂离子分解困难，设备易受腐蚀且污染大及工艺能耗高	一般	中
溶剂萃取法	在高镁锂比的卤水中提取氯化锂	工艺流程长，产品单一，设备易熔损及易受腐蚀	未工业化	
自然沉淀法	工艺简单成本低，适宜从低镁锂比卤水提锂	镁锂比较大时会造成用碱量过大和锂盐损失严重	国际通用	中
一代吸附法	工艺简单、回收率高、对环境无污染	吸附剂流动性和渗透性较差，溶损率大，技术难度高	先进	低
二代吸附法	吸附塔能力提高7倍，采用自由注入方式，成本低	技术难度高	先进	低

（三）吸附法是当前盐湖提锂行业的新技术，未来有普及化趋势

吸附法是一种新型的盐湖提锂技术，具有提锂效率高、使用成本低及环保优势强等特点。吸附法采用特定的锂离子富集材料，通过卤水物理循环方式，直接从盐湖卤水中除杂并提取锂离子。吸附法提锂技术的核心材料是富集材料，而富集材料的核心则是吸附剂。吸附剂通过活性成分物理脱析卤水中的锂离子，从而获得碳酸锂。具体模式为，吸附法脱锂时需要将吸附剂置于吸附塔内，然后将高镁锂比的卤水注入，通过充分物理循环排出吸附后的卤水，然后用30~40℃的二氧化氢进行水洗，最后利用LiCI脱析液脱析后生产碳酸锂。该方法的工业优势为投入成本低，对设备无腐蚀（无强酸强碱使用），无“三废”排放且对环境无污染。

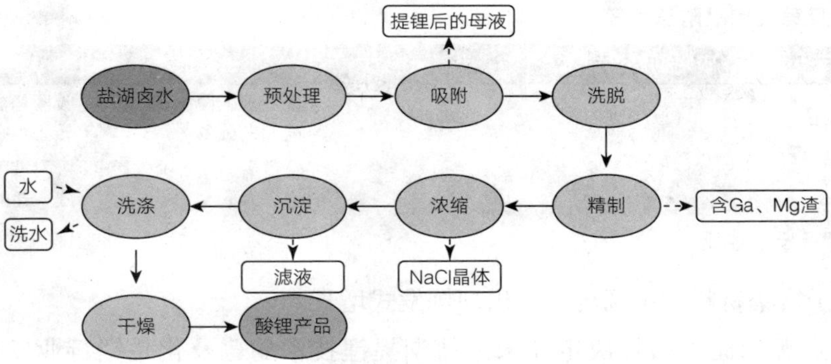

图19 吸附法提锂工艺流程

（四）吸附法提锂技术已升级至第二代，经济效益及可实用性更强

当前吸附法技术已经升级至第二代，技术的应用层面已更加成熟并可工业化落地。第一代吸附法由蓝科锂业在2017年运营成功并实现了工业级碳酸锂的工业化量产；而第二代吸附技术则由贤丰控股买断，当前已经实现了富集材料的商业性输出。第二代吸附技术较第一代吸附技术的升级体现在富集材料升级、吸附塔的产能利用率及副产品可利用优势强三个方面。

1. 富集材料优势

第二代吸附技术克服了富集材料流动性弱和渗透性差的特点，减少了富集材料的破损率，并且大幅提高了吸附效率。此外，吸附剂采用循环使用工艺，在第一次投料后不需要外购可直接循环再利用。

2. 吸附塔优势

一是富集塔单塔产能获得了提升。第二代吸附技术中的一个富集塔单次可填充约200吨富集材料，富集效率相当于第一代吸附技术中的7倍，此外富集塔的单吨产品电耗降至原成本的1/4，因此建设成本及人工成本有效降低，并且更适用于万吨级规模的工业化量产。

二是吸附能力更强。第二代富集塔吸附能力更高，单次添装190吨富集材料其年产可达1 150吨氯化锂，约为1 000吨碳酸锂（LiCl浓度在2.0g/L）。

三是沉锂环节的成本显著下降。在沉锂反应环节可以使用更加低廉易得的碳酸盐取代传统沉锂工艺中的碳酸钠，从而有效降低了原、辅材料的成本。

四是副产品可利用优势强。第二代吸附法可在高镁锂比卤水中直接除镁，而此时的副产品可直接加工成高纯度氧化镁，并可更为直接地用来制造高纯度金属镁。

3. 生产成本优势

从生产成本角度观察，第一代吸附剂制造成本约为12万元/吨，而第二代吸附剂制造成本降至4万元/吨，吸附剂成本降低2/3意味着碳酸锂吨原料生产成本线性降低2.8万元，显示吸附法可产生规模效益并可进行规模化及工业化的量产。

表3 第一代及第二代吸附法比较

	吸附剂制造成本	吸附塔能力	设备成本	吸附塔耗电
第一代吸附法	12万元/吨	1倍	管道多、设备多、耗电高、人员多	吸附塔需要2.5个大气压注入卤水，耗电量大
第二代吸附法	4万元/吨	7倍	管道少、设备少、耗电低、人员少	吸附塔采用自由注入方式，耗电量较低

资料来源：贤丰控股。

4. 锂离子富集材料的市场规模或出现爆发式增长

中国锂资源的储备格局决定了未来盐湖提锂技术的普及化是锂行业发展的必然，而吸附法技术上的应用优势意味着富集材料的需求或呈现爆发式增长。从青海碳酸锂领域的产业布局观察，约12家企业已经开始积极布局。当前青海总的碳酸锂产能规划已达17.4万吨，其中建成碳酸锂产能4.2万吨，在建产能13.2万吨，显示未来盐湖提锂行业规模的放大态势，也意味着盐湖提锂技术的普及化及工业化量产会持续。而按照新增卤水提锂产能、富集材料与碳酸锂转化率及损耗率综合测算，贤丰的数据显示锂离子富集材料的供应缺口在2020年将到达1.2万吨，至2025年将达到2万吨，而至2030年的其总需求量或至5.8万吨，这意味着富集材料的产能有持续投放的需求，也意味着盐湖提锂的行业规模有进一步扩大的趋势。

表4 中国锂盐新建产能及进度

公司	产品	2019年新建产能（万吨）	进度
九江容汇通用锂业	碳酸锂+氢氧化锂	1.6	2018年第四季度完成建设，产量处于爬坡阶段
江西雅保	氢氧化锂	2	2018年第四季度完成建设，2019年2月量产
赣锋锂业	碳酸锂	1.75	2018年第四季度试车投料，2019年3月开始放量
四川思特瑞科技	氢氧化锂	1	2019年3月试车投料
雅化集团	碳酸锂+氢氧化锂	2	2019年4月试车投料
能投鼎盛锂业	碳酸锂+氢氧化锂	1	2019年1月试车投料，2019年第二季度开始放量
致远锂业	碳酸锂+氢氧化锂	3	2019年3月上量1万吨碳酸锂，2019年下半年上量1万吨氢氧化锂及锂盐
五矿盐湖	碳酸锂	1	已试车投料，预计4~5月放量
无棣金海湾	碳酸锂	2	2018年5月试车
融达股份	碳酸锂+氢氧化锂	2	2019年下半年完成建设
广西天源	氢氧化锂	2.5	2019年7月试车投料
赣州源汇通锂业	氢氧化锂	1	2019年7月试车投料
蓝科锂业	碳酸锂	2	2019年9月试车投料
内蒙古智锂	碳酸锂+氢氧化锂	3	2019年9月试车投料
唐山鑫丰锂业	碳酸锂+氢氧化锂	2	2019年9月试车投料
藏格锂业	碳酸锂	1	已试车投料，放量时间不确定
辽宁虹京集团	碳酸锂	2	时间待定
河北天元锂电	碳酸锂	1.2	时间待定
南氏锂电	氢氧化锂	1	时间待定
青海锂业	碳酸锂	1	时间待定

资料来源：Smm。

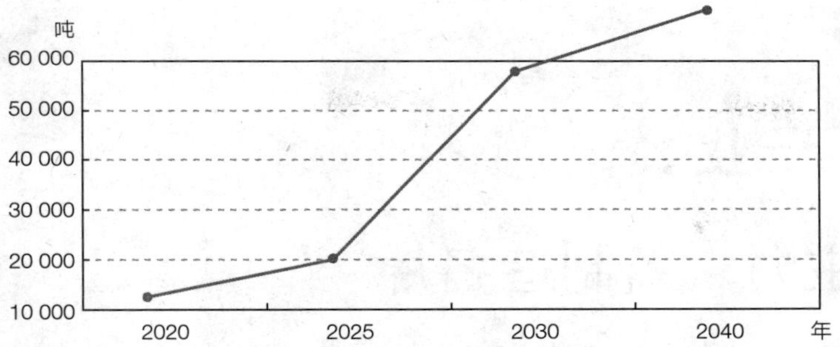

注：按国内新增碳酸锂产能的60%为卤水提锂产能计算，锂离子富集材料的累计缺口量估算。
资料来源：贤丰控股。

图20 锂离子富集材料供应缺口预测

特高压产业：

新基建主力，新制造名片

李远山　东兴证券电力设备与新能源行业研究员

一、用电量超预期，调节能源结构，特高压势在必行

（一）特高压产业链简析

输电电压一般分高压、超高压和特高压。1891年，在德国Lauffen电厂安装了世界第一台三相交流发电机，从Lauffen电厂到法兰克福的输电电压等级达到13.8千伏，开启了高压输电时代。通常，在电力传输过程中，线路损耗会随着输送能量的增大及输送距离延长不断增加。为提高输电线路的输电能力和经济性能，输电电压等级一直不断提高，100多年来，输电电压等级已由最初的13.8千伏逐步发展到特高压交流1 000千伏和特高压直流±1 100千伏。

在我国，特高压是指±800千伏及以上的直流电和1 000千伏及以上交流电的电压等级。特高压输电容量大、输电距离远、能耗低、占地少，经济性明显，目前国内特高压技术输送范围可覆盖2 000~5 000公里，可实现全球范围内各大清洁能源基地与负荷中心跨区输送。

随着电网的发展，500千伏电网短路电流超限问题突出，逐步成为限制电网发展的重

要因素之一。而通过发展更高一级电压等级的电网，可为解决500千伏电网短路电流超限问题创造条件，提高电网运行的灵活性和可靠性。特高压效率更高，一回路特高压直流电网可以送600万千瓦电量，相当于现有500千伏直流电网的5~6倍，而且送电距离也是后者的2~3倍，因此效率大大提高。此外，输送同样功率的电量，采用特高压线路输电可以比采用500千伏高压线路节省60%的土地资源。

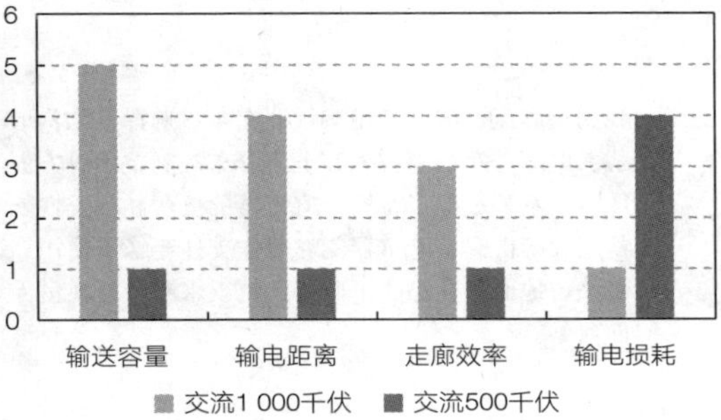

资料来源：国家电网。

图1 交流1 000千伏与500千伏输电能力对比

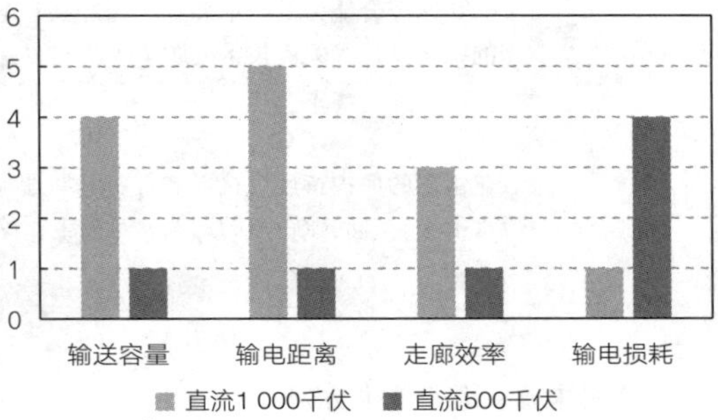

资料来源：国家电网。

图2 直流±1 000千伏与±500千伏输电能力对比

特高压产业中主要包括了线缆、铁塔和站内设备，其中站内设备较线缆和铁塔技术壁垒高，市场参与者较少。特高压核心设备技术要求高，对研发投入需求大，特高压建设安全性尤为重要，产品质量是两网考察设备企业的关键。因此，特高压设备逐渐显现出向少数优质供应商集中的头部效应。国家电网与南方电网在设备采购中愈加倾向拥有自主技术产权且历史供货质量良好的设备企业，主要集中在国网系电力设备企业与少数具有细分技术优势的民营企业。

交流特高压主要设备包括变压器、电抗器、开关设备、串联补偿装置、互感器、电容器、避雷器等。经过多年的发展，我国交流特高压关键设备具备较强的自主设计制造能力，处在全球领先水平。

表1 特高压交流产业链主要设备

主要设备	设备功能	技术领先
变压器	按用途分，升压变压器使电力从低压升为高压，然后经输电线路向远方输送，降压变压器使电力从高压降为低压，再由配电线路对近处或较近处线路供电	我国已具备了1 000千伏特高压交流变压器自主设计制造能力，已经攻克了特高压变压器全场域电场控制、无局放绝缘设计、减振降噪、温升控制等技术难题，研制出特高压大容量变压器系列产品，达到了世界领先水平
GIS组合电器	GIS一般由断路器、隔离开关、接地开关、电流互感器和母线等设备构成，这些设备或部件全部封闭在金属接地的外壳中，在其内部充有一定压力的SF6绝缘气体，故也称为SF6全封闭组合电器	早期国内制造企业和国外企业合作研发了特高压GIS，2011年后，我国开始着手特高压GIS国产化和技术提升工作，研制出短路开断能力63千安的产品，技术参数达到国际领先水平
电抗器	电抗器通过动态补偿输电线路过剩的容性无功功率，可以有效地抑制超/特高压输电线路的容升效应、操作过电压、潜供电流等现象，降低线路损耗，提高电压稳定水平及线路传输功率，在特高压电网中应用前景较为广阔	我们已经完成世界首套1 100千伏可控并联电抗器，达到世界领先水平

续表

主要设备	设备功能	技术领先
串补装置	特高压串补装置主要解决了应用串补对系统特性影响、串补关键技术参数的优化选取、控制保护和测量系统的强抗电磁干扰能力、超大容量电容器组的设计和保护、串补火花间隙的通流能力及动作可靠性、限压器的压力释放能力及均流性能、旁路开关的快速开合能力及阻尼装置、光纤柱、电流互感器的结构设计等关键技术问题	我国已经攻克了特高压、超大电流、超大容量条件下，串补主设备多项关键技术指标达到性能极限的难题，并全部实现了国产化，技术在全球领先
避雷针	避雷器的保护特性直接影响着变电站设备冲击绝缘水平和空气间隙距离的选取，是变电站绝缘配合的基础	我国特高压交流电站用避雷器在参数选择、结构形式、电压分布控制技术和电流分布控制技术等方面取得了系列成果；特高压避雷器的抗弯和抗震性能得到大幅提高，避雷器能够兼作支柱绝缘子使用，减小占地面积并提高了回路的抗震水平，处在世界前列

资料来源：北极星电力网。

表2　特高压直流产业链主要设备

主要设备	设备功能	技术领先
换流阀	换流阀是整个直流输电系统的核心部件，是由单个或多个换流桥组成，功能为进行交流、直流转换的设备；换流阀可以分为两类：整流器和逆变器，整流器是将交流电转换为直流电，而逆变器是将直流电转换为交流电	我国已经攻克了换流阀多物理场协调控制难题，研制出±800千伏/5 000安培双列对称阀塔换流阀，成功研制出世界首个特高压柔性直流换流阀，实现了关键技术的国产替代
换流变压器	换流变压器与换流阀一起实现交流电与直流电之间的相互转换，换流变压器的主要作用为改变电压、提供30度的换相角、实现交直流电气隔离以及提高换相阻抗等	目前我国已经能够自主研发±800千伏特高压直流换流变压器，创造了世界单体容量最大、技术难度最高、产出时间最短的世界纪录，突破了变压器的绝缘、散热、噪声等技术难题
直流控制保护	直流控制保护包括直流输电控制系统与控制保护装置	我国已经成功研制了用于±800千伏特高压直流输电的控制保护系统还建成了换流阀控制与直流控制保护一体化测试平台，实现了不同技术路线换流阀控制模块与直流控制保护系统的联合调试
平波电抗器	平波电抗器可以有效防止由直流线路或直流场设备所产生的陡波冲击进入阀厅，从而避免过电压对换流阀的损害，同时能够限制由快速电压变化所引起的电流变化率，降低换相失败率；与直流滤波器组成滤波网，滤掉部分谐波	我国研制的特高压直流平波电抗器采用干式绝缘技术路线，与油浸绝缘相比，其对地绝缘由支撑绝缘子承担，匝间绝缘要求低，潮流反转时无电荷效应，非铁心结构，电感高度线性
辅助设备	辅助系统包括阀冷系统、工业水系统、站用电系统、中央空调系统、消防系统等	

资料来源：北极星电力网。

直流特高压主要设备包括换流变压器、换流阀及其控制保护系统，以及直流滤波器、直流开关设备、直流测量设备和直流避雷器等直流场设备，并且在换流阀和换流变压器上，中国的制造技术处于国际领先地位。

（二）特高压输电距离远，解决我国能源供需失衡问题

“十三五”期间我国用电量增速超出规划预期。我国用电量增速2015年后触底反弹，于2016年恢复至5%并不断创新高，2018年国内用电量增速进一步提升至8.5%，显著超过“十三五”电力工业发展目标中提出的全社会用电量增速达到3.6%~4.8%的目标（2020年全国用电量达到70 138亿~72 603亿千瓦时）。

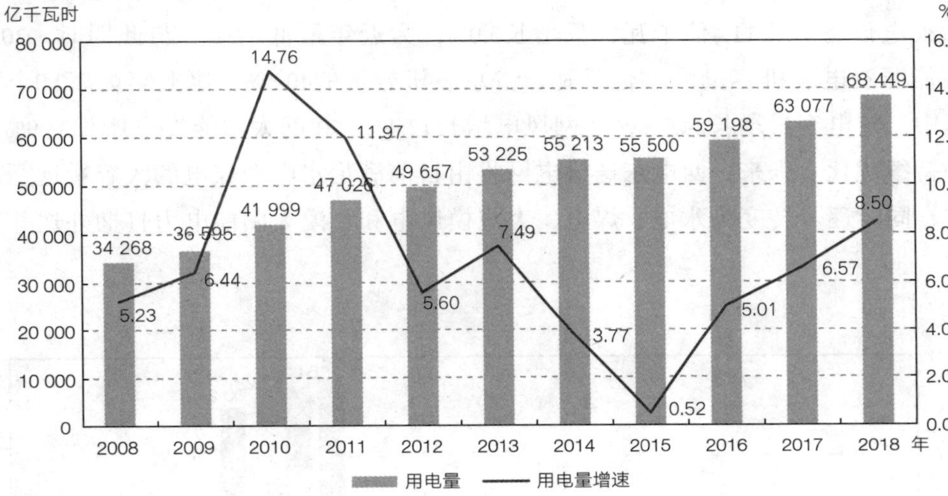

资料来源：Wind。

图3 2008—2018年国内用电量及同比增速

电力资源与电力负荷分配严重失衡。我国能源和负荷地理分布不均衡情况严重，78%的水电资源分布在西部地区，其中云南、四川、西藏三省（区）的水电资源占57%，但东部沿海地区只占6%。59%的动力煤资源分布在华北、西北地区，但是我国70%的负荷主要集中在东部沿海。能源和负荷的地理分配不匹配情况决定了我国建设特高压的必要性。

输电解决我国资源供需失衡问题。由于我国80%以上的能源资源分布在西部、北部，70%以上的电力消费集中在东部、中部；火电能源、水电能源及风光电站主要集中在内蒙古西部、山西、陕西和华中、西部地区；电力负荷集中在东南部地区，而煤炭运输需要消耗大量的时间和财力，造成极大的浪费。同时，水利资源又无法实现运输，所以唯一可以解决我国资源供需失衡问题的方法就是将西部电网的电输送到用电负荷大的中东部地区。

电力供需端距离远，特高压势在必行。我国主要能源基地距离负荷中心800~3 000公里，原有的500千伏超高压电网的经济输电距离小于800公里，无法满足远距离、大规

模、大容量输送电力的需求，要实现大规模的跨区能源输送，只有通过提高电网调节能力才能解决，电网调节能力的提高最终需要依赖大规模特高压电网的建设，特高压建设成为发展的必然趋势。

（三）新能源占比提高，消纳成为关键

电源结构持续优化。我国西部水电，北部、西北部大规模风电，西部和北部超大规模荒漠光伏电站等发展迅速，2018年，全国发电装机容量达19亿千瓦，同比增长6.5%。其中，火电设备容量11.4亿千瓦，只增长3.0%，为近年最低增速。与此同时，2018年非化石能源费电装机容量为7.7亿千瓦，占总装机容量的40.8%，比上年提高2.0个百分点。其中，核电容量增长24.7%，并网风电增长12.4%，并网太阳能发电增长33.9%，电源结构持续优化。未来，西电东送输电网将由目前满足水电和煤电的大容量远距离外送为主，同时逐步转变为水电、煤电、大规模风电和荒漠太阳能电力打捆外送并重的模式。

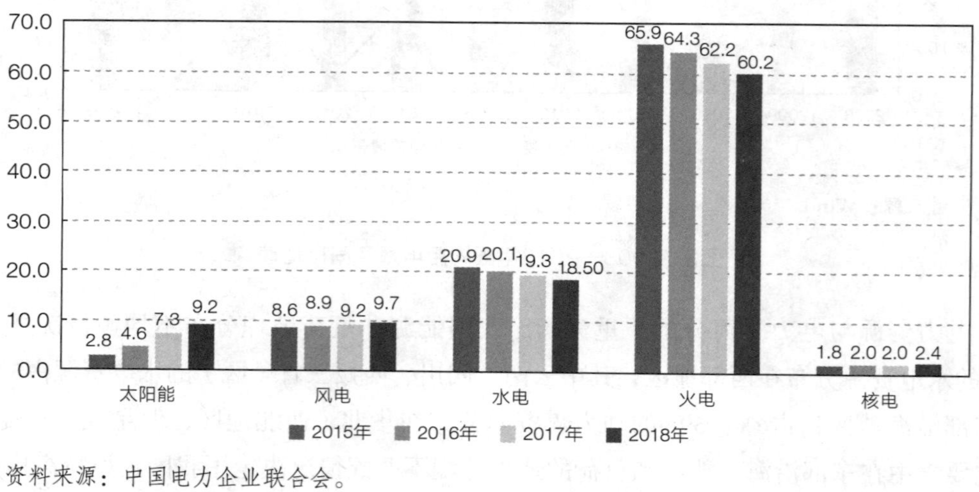

资料来源：中国电力企业联合会。

图4　2015—2018年我国发电装机结构变化

特高压助力新能源消纳。2017年，12条特高压线路输送电量3 008亿千瓦时，其中输送可再生能源电量1 900亿千瓦时，同比上升10%，占全部输送电量的63%，同比下降11个百分点。国家电网公司覆盖区的9条特高压线路输送电量2 426亿千瓦时，其中可再生能源电量1 319亿千瓦时，占全部输送电量的54%；南方电网公司覆盖区的3条特高压线路输送电量581亿千瓦时，全部为可再生能源电。

表3 2017年特高压线路输送电量情况

序号	线路名称	年输送电量（亿千瓦时）	可再生能源电量（亿千瓦时）	可再生能源电量在全部输送电量占比（%）	占比变动（%）
1	长南线	65.5	37.0	56	21
2	锡盟—山东	64.8		0	
3	皖电东送	594.5		0	
4	浙福线	40.2		0	
5	复奉直流	324.0	320.3	99	–1
6	锦苏直流	387.1	384.6	99	
7	宾金直流	389.6	389.6	100	
8	天中直流	359.7	152.6	42	19
9	灵绍直流	201.3	34.4	17	–12
10	楚穗直流	282.2	282.2	100	
11	普侨直流	297.5	297.5	100	
12	新东直流	1.4	1.4	100	
	全国	3 007.5	1899.6	63	–11

资料来源：国家能源局。

二、特高压节能环保，投资体量大，成为新基建主力

从2018年下半年开始，特高压复苏呼声高涨，首先是我国环境问题凸显，中小企业恢复生产，雾霾等环境问题增强，迫切需要改变能源结构，向中东部电力需求旺盛地区引入更多清洁能源。另外国内经济下行压力加大，需要大规模、有力度的基建来缓解经济下行压力。特高压效率更好，也是解决能源结构的必然选择，同时特高压线路的投资力度大，对经济贡献较为突出，因此本轮特高压重启将成为新基建主力。

（一）特高压节能环保，更加高效

特高压从根本上减少环境污染。特高压将过去“过度依靠输煤”变为“输煤与输电并举”，能在保障能源供应的同时最大限度地降低生态环境压力。依托特高压电网，既可统筹利用东西部环境容量，通过从能源富足、减排压力较小的省份向东部负荷中心输电，解决东部日益加剧的环境问题，也通过与煤电等打捆方式，实现风能、太阳能等清洁能源远距离传输和大范围消纳，用清洁能源替代常规化石能源，从根本上减少环境污染。

（二）特高压促进经济增长和电网投资，有力拉动基建规模

特高压线路的投资力度大，对经济贡献较为突出。一条特高压线路根据距离的长短投资额在200亿~400亿元，其中基建占比约为35%，铁塔和线路占比约为35%，站内设备

占比约为35%。例如，锡盟—泰州、上海庙—山东±800千伏特高压直流输电工程总投资达475亿元，将增加输变电装备制造业产值213亿元，直接带动电源等相关产业投资约1 185亿元，增加就业岗位3.3万个，每年拉动GDP增长152亿元。根据国家电网公司测算，“十三五”期间，包括特高压工程在内的电网工程规划总投资2.38万亿元，带动投资3万亿元，年均拉动GDP增长超过0.8%。由此可见，特高压电网投资大，中长期经济效益显著，对稳增长、调结构、惠民生将发挥十分重要的拉动作用。

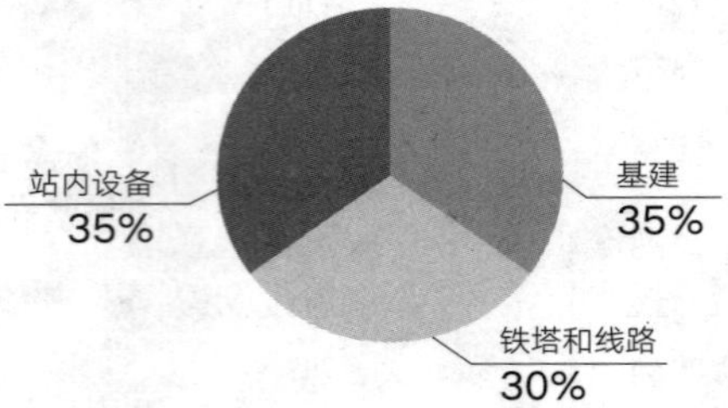

资料来源：北极星电力网。

图5　特高压投资额占比

特高压是电网投资的重要力量。当经济进入下行周期之后，政府通过拉动基建投资稳定内需刺激经济的过程中，电网投资都是重要选项。近10年来，电网投资曾出现过三次增速上升期，每次动因各不相同，而特高压投资一直是电网投资增速的重要贡献力量，尤其在2014年之后，特高压成为稳定内需、刺激经济的基建投资重要选项。

第一轮：2009年经济刺激政策，智能电网迅速上量。2009年电网投资增速达34.7%，因为2008年国际金融危机爆发后为应对国内经济增速快速回落，中国政府实施了4万亿元新增投资，刺激了电网投资增速迅速提升，同时电网自动化改造也确有实际需求。

第二轮：2011—2013年，经济下行基建再托底，特高压开始起量。2011年经济下行，基建投资再次出手托底。根据《国家电网智能化规划总报告（修订稿）》，2011—2015年年均智能化电网投资额350亿元，与2009—2010年期间相比增长105%；同时2011年第一轮特高压投资高峰开启，2011—2013年审核并开工五条特高压线路工程（2交3直，线路投资额共计1 012亿元），直接拉升了电网投资增速。

第三轮：2015—2016年，经济刺激基建托底叠加环保需求，特高压放量。2014年国家能源局印发《关于加快推进大气污染防治行动计划12条重点输电通道建设的通知》，提出建设从能源基地到京津冀、长三角、珠三角等重点防控区域的12条输电通道，使得电网2014年开始加大核准数量，在2015年达到核准高峰（2交7直，线路投资金额共计2 352亿元），并在2016年达到开工高峰（2交5直，线路投资金额共计1 575亿元），带动电网投资增速回到10%以上。

第四轮：2018—2021年，特高压将成为新基建主力。2018年9月7日，国家能源局印发《关于加快推进一批输变电重点工程规划建设工作的通知》（国能发电力

〔2018〕70号）。通知指出，为加大基础设施领域补短板力度，发挥重点电网工程在优化投资结构、清洁能源消纳、电力精准扶贫等方面的重要作用，加快推进白鹤滩至江苏、白鹤滩至浙江特高压直流等9项重点输变电工程建设。以上9个项目包括5条特高压直流、7回特高压交流（含多处交流配套项目）、2条常规直流/背靠背直流建设，合计输电能力5 700万千瓦。预计本轮投资额将达到2 000亿元，成为新基建主力项目。

三、特高压已成中国名片，"一带一路"潜力巨大

（一）中国特高压兴起，成为"中国名片"

我国对特高压技术的跟踪研究始于20世纪80年代，从2004年底开始集中开展大规模研究论证、技术攻关和工程实践。2005年国家同意启动特高压，2006年8月，我国第一条特高压交流线路晋东南—南阳—荆门特高压交流试验示范工程开工建设，并于2008年12月正式投运。

表4 我国特高压发展历史

年份	大事记
1994	武汉高压研究所建成我国第一条百万伏级特高压输电研究线段
2004	12月，国家电网公司党组会议提出发展特高压输电技术
2005	1月，国家电网公司正式启动特高压工程可行性研究，4月，特高压输变电试验示范线路建设和输变电设备国产化方案列入国家能源工作要点，12月，特高压输电技术列入《国家中长期科学和技术发展规划纲要(2006—2020年)》
2009	1月，1 000千伏晋东南—南阳—荆门特高压交流试验示范工程正式投产，11月，向家坝—上海±800千伏特高压直流线路工程全线架通
2010	我国首条特高压工程——1 000千伏晋东南—南阳—荆门特高压交流试验示范工程(长南荆特高压工程)安全稳定运行一周年；±800千伏向家坝—上海特高压直流输电示范工程投入运行
2011	国家电网公司启动±1 100千伏特高压直流工作；特高压交流系列标准获中国标准创新贡献奖一等奖；1 000千伏晋东南—南阳—荆门特高压交流试验示范工程扩建工程投运
2012	特高压输变电成套设备正式入选《重大技术装备自主创新指导目录》；±800千伏锦屏—苏南特高压直流工程投运
2013	"特高压交流输电关键技术、成套设备及工程应用"荣获国家科学技术进步奖特等奖；智能电网与特高压入围《"十二五"国家重大创新基地建设规划》《"十二五"国家自主创新能力建设规划》；1 000千伏皖电东送特高压交流示范工程投运；国家电网公司董事长、党组书记刘振亚编著的《特高压交直流电网》首发；国际电工委员会(IEC)主席克劳斯乌赫勒宣布特高压交流电压成为国际标准电压
2014	±800千伏哈密南—郑州特高压直流工程投运；国家电网公司中标巴西和美洲第一回特高压输电线路——巴西美丽山水电特高压直流送出项目；我国首个重大工程标准化示范项目——特高压交流输变电国家重大工程标准化示范项目通过验收；±800千伏溪洛渡左岸—浙江金华特高压直流工程投运；1 000千伏浙北—福州特高压交流输变电工程投运；发展特高压被纳入国家"十二五"规划纲要、能源发展"十二五"规划、中长期科技发展规划纲要
2015	1 000千伏蒙西—天津南特高压交流工程开工、1 000千伏榆横—潍坊特高压交流工程开工、巴西美丽山特高压输电项目启动建设、±800千伏酒泉—湖南特高压直流工程开工、±800千伏晋北—江苏特高压直流工程开工、大气污染防治行动计划"四交四直"特高压工程全面建设暨"两直"工程(锡盟—泰州、上海庙—山东)开工启动建设、±1 100千伏准东—皖南特高压直流输电工程开工

资料来源：北极星电力网。

我国特高压输电线路建设历程，大体可以分为试验阶段（2006—2008年）—第一轮发展高峰（2011—2013年）—第二轮发展高峰（2014—2016年）—第三轮发展高峰（2018年至今）四个阶段。

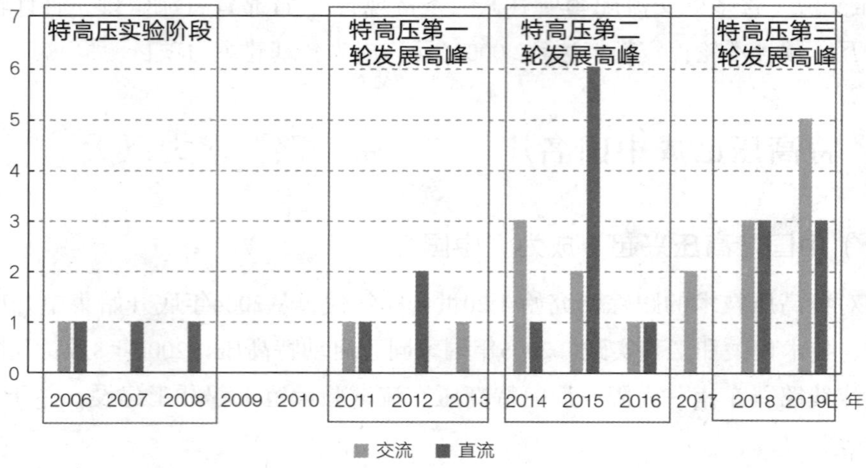

资料来源：国家电网。

图6　特高压线路核准情况

1. 特高压第一轮发展高峰（2011—2013年）

特高压输电线路第一轮发展高峰期为2011—2013年。2011—2013年，GDP的CAGR为8.4%，宏观经济向好推动全社会用电量增加。本轮投资中共有5条特高压输电线开工，其中2条为交流线路，3条为直流线路，总投资额达1 012亿元。

表5　第一轮特高压发展高峰批准线路

项目名称	类型	线路长度（千米）	输送容量（万千瓦）	投资总金额（亿元）	开工日期	投运日期	目前状态
淮南—浙北—上海	交流	656	600	191.7	2011-10	2013-09	在运
浙北—浙中—浙南—福州	交流	603 × 2	1 050	188.7	2013-04	2014-12	在运
糯扎渡—广东	直流	1 451	500	159	2011-12	2013-09	在运
哈密南—郑州	直流	2 210	800	234	2012-07	2014-01	在运
溪洛渡—浙江金华	直流	1 680	800	239	2012-08	2014-07	在运
总计		6 600	3 750	1 012			

资料来源：国家电网。

2. 特高压第二轮发展高峰（2014—2016年）

本轮投资中共有15条特高压输电线路开工，其中6条为交流线路，9条直流线路，总投资额达3 353.19亿元。第二轮发展高峰中交流项目的核准数量较低，且新核准线路在地区分布上明显向西北地区倾斜。

表6 第二轮特高压发展高峰批准线路

项目名称	类型	线路长度（千米）	输送容量（万千瓦）	投资总金额（亿元）	核准日期	开工日期	投运日期	目前状态
淮南—南京—上海	交流	738 × 2	800	268	2014-04	2014-11	2016-07	在运
锡盟—北京东—承德—济南	交流	730 × 2	600	178.2	2014-07	2014-11	2016-07	在运
蒙西—晋北—北京西—天津南	交流	608 × 2	500	175	2015-01	2015-03	2016-11	在运
榆横—晋中—石家庄—济南—潍坊	交流	1 048.5 × 2	500	241.8	2015-05	2015-05	2017-08	在运
锡盟—胜利	交流	240 × 2	600	49.56	2016-01	2016-04	2017-07	在运
苏通GIL综合管廊工程	交流	5.47		47.63	2014-04	2016-08		在建
宁东—浙江绍兴	直流	1 720	800	237	2014-08	2014-11	2016-06	在运
酒泉—湖南湘潭	直流	2 383	800	262	2015-05	2015-06	2017-06	在运
晋北—江苏南京	直流	1 119	800	162	2015-06	2015-06	2017-06	在运
锡盟—泰州	直流	1 620	1 000	254	2015-10	2015-12	2017-09	在运
扎鲁特—山东青州	直流	1 234	1 000	221	2016-08	2016-08	2017-12	在运
上海庙—山东临沂	直流	1 238	1 000	221	2015-12	2016-03	2017-12	在运
准东—皖南	直流	3 324	1 200	407	2015-12	2016-01	2018-12	在建
滇西北—广东	直流	1 959	500	222	2015-12	2016-04		在建
准东—四川	直流	2 356	500	407	2015-12	2016-01		在建
总计		20 322.97	10 600	3 353.19				

资料来源：国家电网。

表7 大气污染防治行动计划12条重点输电通道建设

编号	项目名称
1	辽宁绥中电厂改接华北电网(±500千伏)
2	山西盂县电厂接入河北(±500千伏)
3	陕西神木到河北500千伏输电通道扩建工程
4	内蒙古锡林格勒至山东特高压交流线路
5	淮南—南京—上海特高压交流线路
6	榆衡—潍坊特高压交流线路
7	蒙西—天津南特高压交流线路
8	上海庙—山东特高压直流线路
9	锡盟—江苏特高压直流线路
10	宁夏—浙江特高压直流线路
11	山西—浙江特高压直流线路
12	丽江直送深圳特高压直流线路（南方电网西电东送）

资料来源：国家电网。

（二）2018年特高压复苏，预计投资额度将达1 803亿元，设备投资将达630亿元

表8　第三轮特高压高峰批准线路

序号	项目名称	建设方案	输电能力（万千万瓦）	核准开工时间
1	青海至河南特高压直流工程	建设1条±800千伏特高压直流工程，落点河南驻马店；配套建设驻马店—南阳、驻马店武汉特高压交流工程	800	2018年第四季度（河南省发展改革委已核准，静态投资高达225.59亿元）
2	陕北至湖北特高压直流工程	建设1条±800千伏特高压直流工程，落点湖北武汉；配套建设荆门—武汉特高压交流工程	800	国家发展改革委已于2019年1月4日核准了陕北至湖北±800千伏特高压直流输电工程
3	张北-雄安特高压交流工程	建设张北—雄安1 000千伏双回特高压交流线路	600	2018年第四季度（2018年11月底河北省发展改革委已核准）
4	雅中至江西特高压直流工程	建设1条±800千伏直流工程，落点江西南昌；配套建设南昌—武汉、南昌—长沙特高压交流工程	800	2019年
5	白鹤滩至江苏特高压直流工程	建设1条±800千伏直流工程，落点江苏苏锡地区	800	2019年
6	白鹤滩至浙江特高压直流工程	建设1条±800千伏直流工程，落点浙江	800	2019年
7	南阳—荆门—长沙特高压交流工程	建设南阳—荆门—长沙1 000千伏双回特高压交流线路	600	2019年
8	云贵互联通道工程	建设±500千伏直流工程	300	2019年
9	闽粤联网工程	建设直流背靠背及相关配套工程	200	2019年
	合计		5 700	

资料来源：国家电网。

依据第二轮特高压项目投资总额与输送容量的关系，我们预测第三轮已经批准的输电容量合计为5 700万千瓦的特高压项目，预计投资总额将达到1 803亿元，其中设备投资占比约为35%，将达630亿元。这将在2019—2020年给特高压设备的龙头企业带来确定性的收益回报。根据特高压项目历次周期的特点，本次特高压周期会集中在2019—2020年完成工程招标建设，2021年底前可以投产，2021年前大部分中标设备企业会结清工程账款。

特高压建设中设备投资约占总投资额的35%。交流特高压设备采购的主要产品为GIS、变压器、电抗器，三项设备总投资占线路总投资的26%。直流特高压设备采购的主要产品为换流阀、换流变压器和控制保护系统，三项设备总投资占线路总投资的25%。

表9 特高压投资金额及构成占比

组成	特高压直流	特高压交流
基建	35%	35%
铁塔和线路	30%	30%
站内设备	换流阀10%	GIS12%
	换流变13%	交流变10%
	控制保护系统2%	电抗器4%
	其他10%	其他9%

资料来源：国家电网、中国产业信息网。

（三）“一带一路”电力需求旺盛，国网海外投资力度加大

1.“一带一路”电力需求旺盛，全球能源互联网加速推进

目前已有超过70个国家加入“一带一路”倡议，预计每年投资需求可能达到数千亿美元。未来，“一带一路”沿线国家的电力需求仍保持高速增长，预计到2020年，沿线国家的发电量将比2016年的约51 890亿千瓦时增长70%。

表10 “一带一路”沿线国家用电状况

项目名称	南亚	中亚	独联体	中东欧	东盟	西亚
人均GDP（美元）	2 569	4 269	4 547	11 031	11 171	17 389
平均城镇化率（%）	31.70	40.43	62.33	60.67	52.74	76.01
人均用电量（千瓦时）	714	2 687	3 126	4 310	3 016	6 089
人均发电装机容量（瓦）	364	719	1 026	1 356	729	1 378

资料来源：世界银行、国际货币基金组织、国际能源署。

用电量作为经济运行的温度计和晴雨表，也是衡量工业生产、能源消耗及经济运行状态的定量指标。从城镇化发展阶段看，当城镇化率达到25%和75%时，用电量增速均出现较为明显的变化。中国、巴西的城镇化率突破25%后，用电量增速呈现提升趋势；美国、法国、意大利、韩国、巴西的城镇化率突破75%后，用电量增速减缓趋势明显。

全球能源互联网作为全球清洁能源输送的“高速公路”，是清洁能源在全球范围大规模开发、输送、使用的基础平台。“一带一路”国家清洁能源资源丰富，亚非两大洲水能、太阳能、风能蕴藏量分别占全球的58%、65%、58%。2050年，“一带一路”国家能源互联网总投资将达27万亿美元，“一带一路”国家清洁能源发电装机占总装机比重超过80%，亚洲、非洲人均年用电量分别达到7 000千瓦时、1 500千瓦时。

2. 国网海外投资力度加大，特高压成中国名片

国家电网公司依托在特高压、智能电网、新能源等领域的领先技术，以及在大电网建设和运行管理等方面的丰富经验，发挥在技术、资金、人才、管理、装备等方面的综合优势，加大海外投资。

截至2018年底，国家电网公司已成功投资运营巴西、菲律宾、葡萄牙、澳大利亚、意大利、希腊和中国香港七个国家和地区的骨干能源网，境外投资210亿美元，境外权益资产655亿美元。国家电网公司积极开发绿地输电项目，相续中标巴西美丽山±800千伏特高压直流送出一期和二期项目、特里斯皮尔斯水电送出一期和二期项目等多个大型绿地输电特许权项目；采用BOOT模式投资建设巴基斯坦默蒂亚里—拉合尔±660千伏直流输电项目。

四、国内特高压复苏，迎建设新浪潮

（一）政策核准加速，2019—2020年迎来上升周期，核心设备商将明显受益

“十三五”期间我国用电量增速超出规划预期，电力需求激增，倒逼电网网架结构建设加速。我国用电量增速2015年后触底反弹，于2016年恢复至5%并不断创新高，2018年国内用电量增速进一步提升至8.5%，显著超过“十三五”电力工业发展目标中全社会用电量增速达到3.6%~4.8%的目标（2020年全国用电量达到70 138亿~72 603亿千瓦时）。

2018年夏季国内多地电力紧张，部分地区出现电力短缺。由于用电量快速上升，2018年夏季我国山东、河南、湖南出现电力缺口，其中，山东夏季用电高峰期存在500万千瓦左右的供电缺口，电力供需处于紧平衡状态；河南夏季期间供电整体基本无备用，局部大负荷高峰时段存在供电缺口。除山东、河南外，广东、湖南等地用电紧张，用电负荷持续创新高。

新增用电量主要来自中东部沿海地区。尽管“十三五”期间全国大部分城市用电量增速均有所上升，但从用电量增加绝对值来看，中东部地区用电量增加绝对值较高，尤其是江苏、广东、浙江等沿海城市。

表11　中东部地区用电量增加较大

省（自治区、直辖市）	2015年各省市用电量（亿千瓦时）	2018年各省市用电量（亿千瓦时）	2015—2018年各省（自治区、直辖市）用电量累计增加值（亿千瓦时）
江苏	5 115	6 128	1 013
广东	5 311	6 323	1 012
浙江	3 554	4 533	979
山东	5 117	6 084	967
内蒙古	2 543	3 353	810
河南	2 880	3 418	538
新疆	1 602	2 138	536

续表

省（自治区、直辖市）	2015年各省市用电量（亿千瓦时）	2018年各省市用电量（亿千瓦时）	2015—2018年各省（自治区、直辖市）用电量累计增加值（亿千瓦时）
安徽	1 640	2 135	495
四川	1 992	2 459	467
福建	1 852	2 314	462
山西	1 737	2 161	424
湖北	1 665	2 071	406
江西	1 087	1 429	342
辽宁	1 985	2 302	317
贵州	1 174	1 482	308
湖南	1 448	1 745	297
河北	3 176	3 366	190

资料来源：国家统计局。

（二）特高压核心企业市场份额占有率相对较高

特高压直流项目的核心设备为换流阀和换流变。在换流变领域，国内的主要生产商为中国西电、特变电工、天威保变，在换流阀项目上，国电南瑞和许继电气竞争优势明显，占比分别达50%和30%；直流控制保护系统的参与者则主要是国电南瑞和许继电气。

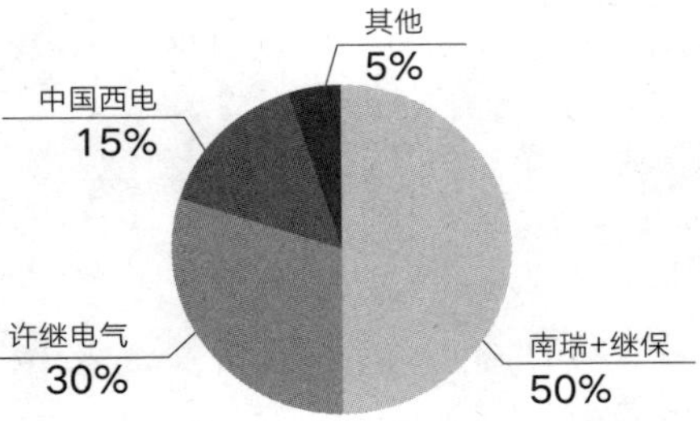

资料来源：国家电网电子商务平台。

图7 特高压直流换流阀市场份额

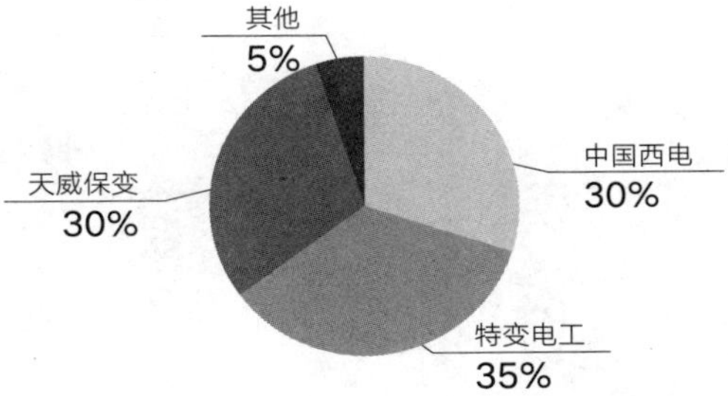

资料来源：国家电网电子商务平台。

图8 特高压直流换流变市场份额

特高压交流项目的核心设备为交流变和GIS，目前在交流变领域，国内的厂商主要是中国西电、特变电工、天威保变，与特高压直流变压器市场竞争格局基本相同。三家厂商在过往中标份额中基本接近。在特高压GIS领域，国内具备研制生产的企业主要为平高电气、中国西电、新东北电气。其中，平高电气在GIS设备的竞争中优势较为明显，市场份额占比保持在40%左右。

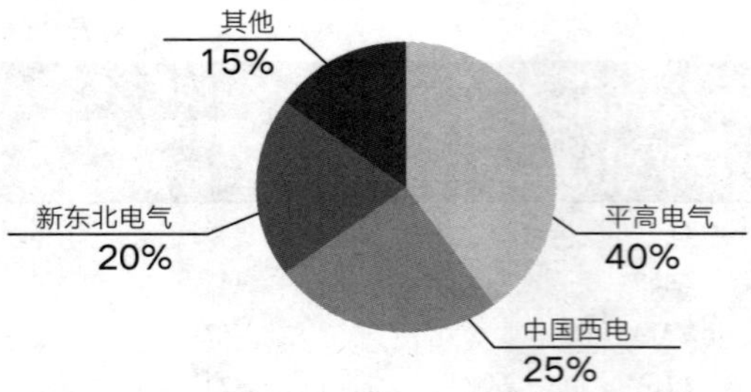

资料来源：国家电网电子商务平台。

图9 特高压交流GIS市场份额

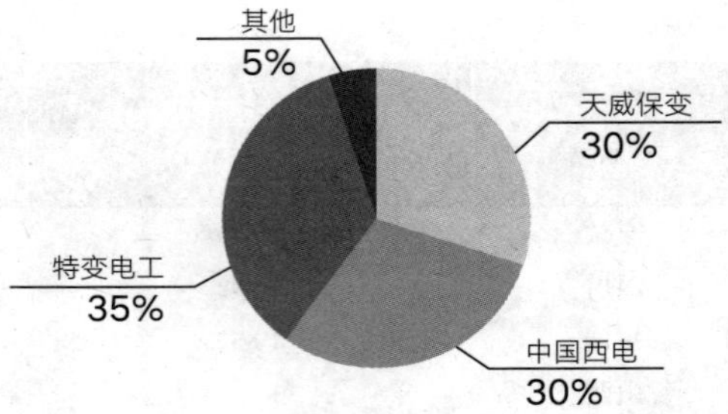

资料来源：国家电网。

图10 特高压交流变市场份额

飞机租赁产业：

朝阳产业市场广阔，厚积薄发蓄势而飞

刘嘉玮　东兴证券非银行业研究员

一、飞机租赁行业概述

（一）飞机租赁简介

现代飞机租赁始于20世纪60年代，美国联合航空公司首次以杠杆租赁的方式，开展民用运输飞机租赁业务，成为飞机租赁进入现代租赁大家庭的里程碑事件。自此，飞机租赁业务不断发展壮大，规模和市场地位持续提升，已成为世界航空领域不可或缺的重要组成部分。

从业务模式上看，飞机租赁的交易双方约定，出租人在一定时期内将飞机租予承租人，承租人获得使用权，但需要依照租赁合同向出租人定期支付租金。租赁期满后，再根据租赁具体形式决定飞机的处置方法。

（二）飞机租赁的主要类型

1. 根据租赁性质划分

（1）融资租赁。融资租赁是目前最主要的飞机租赁形式，指出租人（飞机租赁企业）

向飞机生产商或开展飞机租赁业务的企业购买承租人（航空公司）指定的飞机，拥有飞机的所有权，并将飞机出租给承租人，允许承租人在一定期限内有偿使用的租赁形式。租赁期满后承租人可以续租，也可以按市场公允价值或固定价格优先购买，或者按照规定条件把飞机交还给出租人。

融资租赁一般以最终获得租赁资产的所有权为目的，租赁期限相对较长。对承租人来说，类似于以租金形式分期付款购买飞机。在租赁期内，飞机保养和维修等费用全部由承租人承担，但同时因使用飞机而产生的效益也全部由承租人享有。

（2）经营租赁。经营租赁的市场占有率低于融资租赁，约占飞机租赁市场的40%，但有不断追赶的趋势，是承租人中短期租赁飞机的形式。经营租赁的租金较高，常包含由出租人提供的飞机保养和维修服务，期满可以续租（但一般不涉及购买）。和融资租赁相比，经营租赁合同具备较大灵活性，且并未把资产所有权相关的全部风险和报酬转移给承租方。

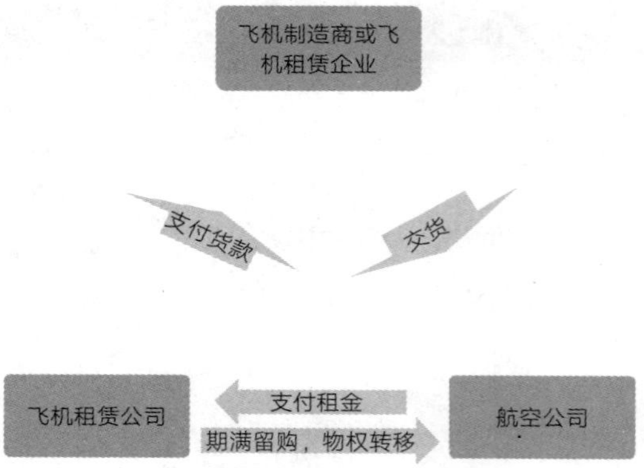

图1　融资性飞机租赁流程

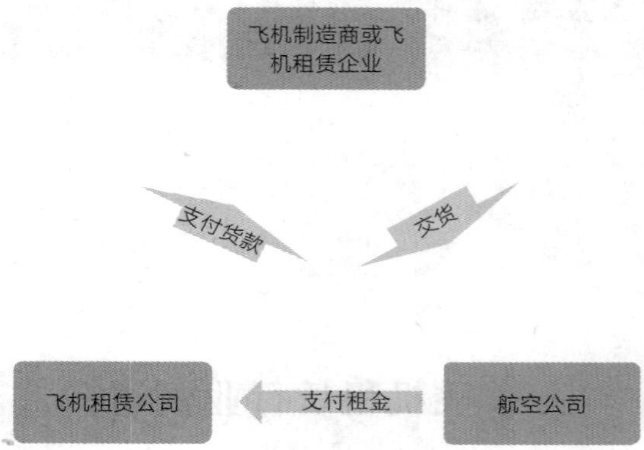

图2　经营性飞机租赁流程

2. 根据租赁范围划分

（1）干租。干租指飞机租赁公司将飞机在约定的时间内出租给他人使用，出租方只提供飞机，不承担运输过程中的各种费用，收取固定租赁费，机组人员、维修、保险及备件等均由承租方解决。

（2）湿租。湿租要求出租方提供综合性飞机租赁服务。不仅要提供飞机，还要提供相应的机组人员、机务维修人员、技术服务、保险及备件等。

3. 根据出租人融资来源和付款对象划分

（1）杠杆租赁。杠杆租赁指租赁公司利用政府对某个行业或项目的优惠政策，结合租赁自身特点进行创新，制定的特定的租赁形式。例如，租赁公司仅出资30%，由其他投资人出资70%组成一个飞机租赁公司，从飞机制造商处购买飞机，再租给航空公司。其他投资人无追索权，风险自担。

（2）售后回租。售后回租指航空公司将自己的飞机出售给飞机租赁公司，再由飞机租赁公司将飞机出租给原飞机使用方使用。该方法有助于航空公司改善自身财务状况，盘活存量资产。

（3）转租。转租指一家飞机租赁公司从另一家飞机租赁公司或航空公司租进飞机，然后转租给承租人使用。飞机转租一般出现在跨国租赁业务中，利用不同国家间利率、汇率或税收政策的区别，获得额外利润。

（4）尾款租赁。尾款租赁又称为残值租赁、余值租赁或二手租赁。如果融资租赁扣除租金后，飞机的残值仍占飞机购置成本的较大比例，航空公司在财务状况不允许全额支付尾款购买飞机的情况下，为维持运营飞机的拥有量和业务市场占有率，和飞机租赁企业针对尾款开展的融资租赁业务。尾款租赁有助于航空公司降低短期现金流和利润的波动，实现经营的稳定性和可持续性。

二、国内飞机租赁行业现状

（一）我国飞机租赁行业的发展环境

1. 我国航空运输业发展迅猛，航空公司对飞机租赁需求不断提升

近年来，伴随经济的快速发展和产业结构的巨大变化，我国航空运输业迎来了难得的发展机遇期，实现了“从无到有，由弱变强”。同时，消费能力的提升和政策支持力度的不断加大，使航空运输业收获多重红利，行业驶入发展快车道。

从国家统计局公布的民航旅客运输量数据可以看到，客运量连续多年实现两位数增长，2018年达到61 151万人，首次突破6亿人次大关，同比增长10.92%。

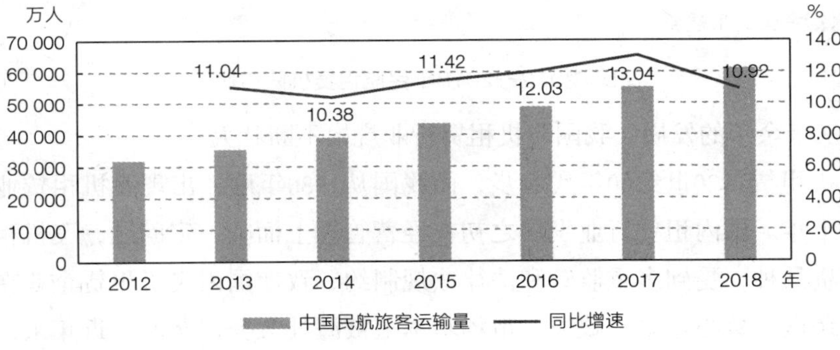

资料来源：国家统计局。

图3　2012—2018年民航旅客运输量

在客运量快速增长的同时，我国民航货运量也实现了连续多年的稳定增长，年复合增速超过5%。2018年全年民航货运量达738万吨，同比增长4.83%。

客运、货运需求的快速提升，对航空公司飞机运力提出了更高的要求，而受资产负债率、现金流等多种因素制约，航空公司完全通过自有资金购买飞机已经无法满足快速

增长的业务需求，飞机租赁公司的重要性越发显现。截至2018年底，我国民航机队中已超过六成是租赁飞机，预计未来一段时期这个比例还会继续上升。

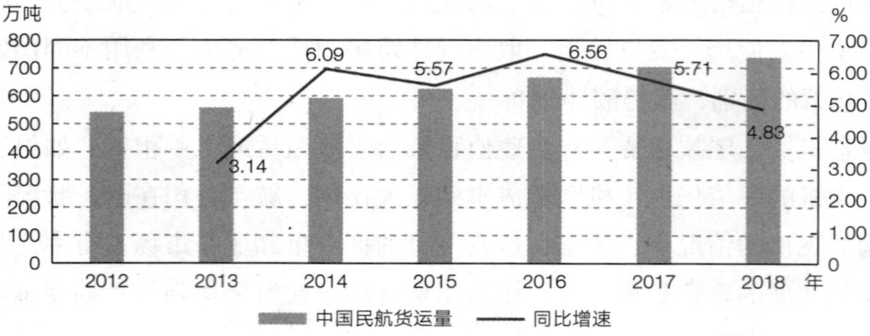

资料来源：国家统计局。

图4　2012—2018年民航货物运输量

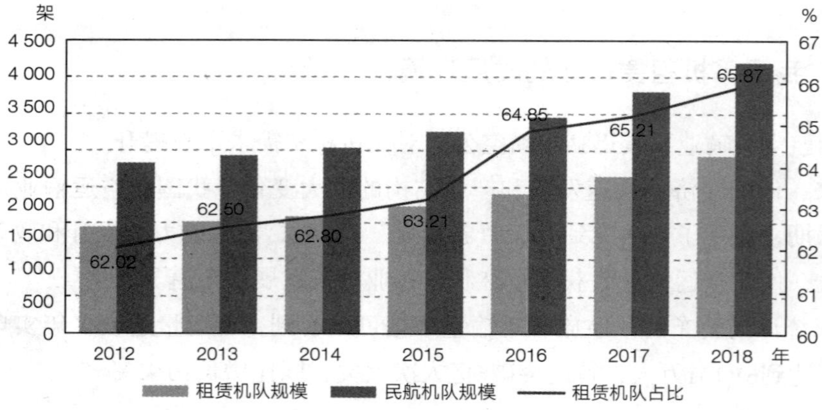

资料来源：中国民用航空网。

图5　2012—2018年民航租赁机队占比

2. 历经三十余年的发展，我国飞机租赁行业规模不断壮大

全球飞机租赁自20世纪60年代起步，而我国从1980年后才出现飞机租赁业务，比欧美国家晚二十年。国内租赁行业发展之初在经营管理上面临一定问题，飞机租赁又是一类特殊的租赁品种，受到多重监管和法律法规制约，致使国内飞机租赁企业在较长一段时期内发展缓慢，核心竞争力缺失，市场基本上被海外大公司垄断。近年来，随着监管逐步完善，公司治理加强，业务条线不断丰富，综合实力大幅提升，国内飞机租赁企业的市场占有率今非昔比，已成为市场的重要参与者。工银租赁、中银航空租赁、渤海租赁等多家国内飞机租赁企业已跻身全球飞机租赁企业前20强。

在巨大的需求推动下，我国飞机租赁机队规模近年呈现快速增长态势，2018年底规模达到3 807架，实现了五年翻倍，年复合增速15.41%。从结构上看，民航运输机队规模占比超过70%，直升机机队规模占比约为20%，公务机机队占比近10%。

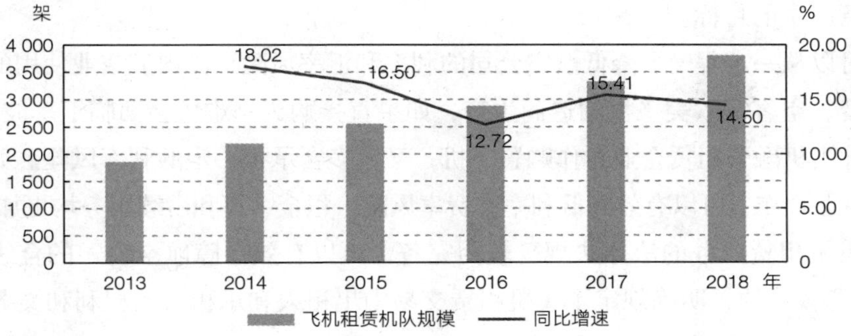

资料来源：中国民用航空网。

图6 2013—2018年飞机租赁机队规模

（二）飞机租赁业务在国内航空公司业务链条中的重要性不断提升

开展飞机租赁业务，为航空公司自身业务发展提供了全方位支持，使航空公司对飞机租赁业务的需求持续增强。核心优势可归纳为以下几点：

一是助力航空公司抓住发展机遇，快速扩大业务规模。航空公司可以充分发挥租赁这种“加杠杆”的手段，在短时间内提升运力，以抓住业务拓展良机，快速开辟热点地区航线；也可快速提升公司业务市场占有率，实现跨越式发展。

二是可以有效改善航空公司的资产负债结构。通过贷款购买飞机，将直接增加航空公司负债规模，提高资产负债率，这样不仅增加了航空公司的债务负担，减少了经营现金流，甚至可能使公司被下调信用评级，影响在二级市场的估值。越来越多的航空公司意识到这个问题，飞机租赁的认可度和渗透率持续提高。可以看到，随着飞机租赁业务快速壮大，航空公司的资产负债率近年已呈现缓慢下降态势。

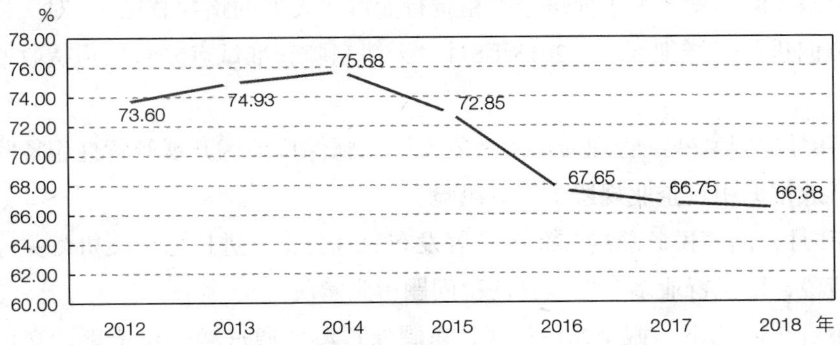

资料来源：Wind。

图7 2012—2018年航空运输行业资产负债率

三是可以降低航空公司的经营成本。航空公司可以利用尾款租赁、售后回租等形式，以较低成本购买飞机，同时也可以利用相关税收优惠政策，享受税费抵扣，最终实现降低经营成本的目标。

四是可以从一定程度上降低航空公司的利率和汇率风险。国内航空业使用的飞机绝大多数由波音、空客等欧美飞机制造商生产，如果直接购买，难免会面临汇率波动的影响；如果和国外飞机融资租赁企业合作购置飞机，又大多会承担一定的利率风险。如果选择和国内租赁企业合作，可以有效降低利率和费率风险，租金结算和后续服务均更加便捷。

五是飞机租赁业务的法律法规已较为完备，可以有效保障航空公司的合法权益。国际上，《开普敦公约》明确规定了飞机租赁交易中出租人和承租人的权利和义务，国际监督机制发挥着重要作用，可有效降低航空公司的风险。国内相关法律法规也已基本实现业务全覆盖，且正在不断完善中，未来将发挥更大的作用。

（三）我国政府对飞机租赁行业的支持力度不断加大

自2010年起，我国政府对飞机租赁行业的政策支持力度明显加大，从产业政策、税收政策和相关法律法规方面给予飞机租赁企业诸多便利条件。

天津东疆保税港区是我国飞机租赁产业的“前沿阵地”，多家飞机租赁企业先后落户东疆。2011年5月国务院批复，明确鼓励东疆推进租赁业务先行先试，完善项目子公司管控模式、开展飞机租赁创新、优先利用外债指标等系列政策，为东疆飞机租赁业的发展提供了政策保障。

2013年12月，国务院办公厅印发《关于加快飞机租赁业发展的意见》，明确指出飞机租赁作为支撑航空业发展的生产性服务业，是航空制造、运输、通用航空及金融业的重要关联产业。

2014年东疆保税港区出台《关于加快航空金融发展（暂行）鼓励办法》，鼓励飞机租赁和航空配套产业健康发展，在投资、监管、审批、融资、税收等方面给予政策扶持。

2015年国务院印发《关于促进金融租赁行业健康发展的指导意见》，对飞机租赁业务未来发展方向进行了详细部署。2015年8月，天津东疆获准试点经营性租赁收取外币租金政策。

2017年8月，国家外汇管理局正式批复天津东疆保税港区开展经营性租赁收取外币租金业务，有效帮助租赁企业规避了汇兑风险。

2018年5月，国家税务总局和海关总署发布24号公告，进口租赁飞机海关停止代征进口环节增值税，困扰行业多年的重复征税问题得到解决。

在政策春风吹拂下，截至2018年底，东疆保税港区通过融资租赁累计交付飞机超过1 200架，仅次于爱尔兰，成为全球第二大飞机租赁平台。已有1 500余家飞机租赁企业在东疆开展业务，服务境内外航空公司超过100家。

飞机租赁的“中国模式”已在天津东疆取得成功，目前国家正在长三角地区和珠三角等沿海开放地区拓展飞机租赁业务，飞机租赁行业将持续享受政策红利，业务规模和全球市场影响力有望迈上新台阶。

三、国内外重点飞机租赁公司简析

经过近60年的发展，海外飞机租赁巨头依靠先发优势、资源优势和市场优势，牢牢占据着飞机租赁行业大部分市场份额，GECAS、AerCap和Avolon的优势地位短时间内无法被撼动；但多家国内飞机租赁企业抓住了近年的发展机遇期，通过内生增长和外延并购，实现了业务规模和业务模式的快速突破，工银金融租赁、中银航空租赁、渤海租赁等国内龙头企业的行业地位正在从“追赶者”向“领军者”过渡，前景一片光明。

（一）世界飞机租赁巨头

1. GECAS

GECAS成立于1993年，是通用公司（GE）的全资子公司，提供民用、军用、支线、货运等全方位飞机租赁服务。

GECAS当前的业务主要分为三块：发动机和零部件租赁、飞机租赁解决方案和飞机租赁。其中，飞机租赁为GECAS核心业务。

GECAS的商用飞机融资租赁业务，通过经营租赁和担保债务融资等方式，提供了宽泛的飞机类型和融资品种的选择。此外，GECAS还提供包括备用引擎租赁、机场与航空公司咨询服务和备用零件融资与管理在内的高效解决方案。

截至目前，GECAS运营和订单飞机机队总量超过1 900架，稳居行业头把交椅，机队资产规模约300亿美元。

2. AerCap

AerCap成立于1995年。2016年2月，AerCap总部从阿姆斯特丹迁至爱尔兰都柏林，在阿姆斯特丹、洛杉矶、香农、劳德代尔堡、迈阿密、新加坡、上海、阿布扎比、西雅图和图卢兹等地均设立办事处。

AerCap通过多次外延并购，在较短时间内成长为行业翘楚。2006年4月，AerCap并购发动机租赁、零件销售公司Aero Turbine。2013年12月16日，AerCap协议收购国际租赁金融公司（ILFC），收购完成后，美国国际集团作为ILFC的母公司，持有合并公司46%的股份，其余由原AerCap原股东持有。

AerCap当前业务主要分成三块：租赁与贸易、资产管理和航空涡轮发动机业务。在租赁与贸易方面，AerCap通过经营性租赁的方式，通过销售和回租交易提供新、旧飞机租赁。在资产管理方面，AerCap为飞机所有者、金融中介机构和投资者提供管理飞机组合所需的所有资产服务。在航空涡轮发动机方面，AerCap的部件管理解决方案使飞机剩余寿命和最终处置价值能够最大限度地发挥出来。

2006年11月，AerCap在纽约证券交易所上市（AER.N），截至目前，市值为75.6亿美元。公司运营和订单飞机机队总量超过1400架，机队资产规模达351亿美元，在商用飞机领域优势明显。

3. Avolon

Avolon成立于2010年，总部设在爱尔兰都柏林，由三家私募股权公司Cinven、CVC和Oak Hill Captial以7.5亿美元投资设立。公司成立以来发展迅速，综合实力快速进入行业前列。2016年1月，公司被渤海租赁收购全部股权。同年9月，公司在收购竞争对手CIT100%股权后，业务整体规模排在GECAS和Aercap后，位居世界第三。

除经营自有机队外，Avolon还为飞机所有者、金融中介机构和投资者提供飞机和租赁管理服务。Avolon管理的机队包括单通道和双通道飞机，服务包括收款和付款、保险、维护、重新交货、再营销等业务。在飞机购买策略上，Avolon专注于采购需求强劲的现代化、低油耗、短机龄飞机。

精准定位细分市场，选择适合自身的发展道路是Avolon业务快速拓展的核心因素。截至目前，Avolon运营和订单飞机机队总量超过950架，机队资产规模约250亿美元，综合实力稳居第一梯队。

（二）国内飞机租赁市场的领航者

1. 工银金融租赁

工银金融租赁是中国工商银行的全资子公司，是其综合化、国际化经营的重要平台之一。作为中国银监会批准开业的首批银行系金融租赁公司，工银租赁致力于打造国际一流金融租赁企业。经过10余年发展，工银租赁已成为国内资产规模、企业创新能力和市场领导力均处于领先地位的租赁企业。

工银金融租赁坚持“专业化、市场化、国际化”的发展战略，定位为大型、专业化的飞机、船舶和设备租赁公司。依托中国工商银行的品牌、客户、网络和技术优势，建立了较为完善的金融租赁产品和服务体系。

截至目前，工银金融租赁运营和订单飞机机队总量约670架，机队资产规模约150亿美元，规模和总价值稳居世界前十。

2. 中银航空租赁

中银航空租赁前身是1993年成立的新加坡飞机租赁公司，2006年12月被中银集团收购，之后更名为中银航空租赁公司，总部设在新加坡，并在都柏林、伦敦、纽约和天津设有办事处。

中银航空租赁的核心业务模式着重于按具有竞争力的价格从飞机制造商直接购买节能及市场确需的新机队，以高效的方式为飞机购置进行融资，向全球范围内多元化的客户群提供飞机长期经营性租赁服务。公司资金主要来自海外，成本较为低廉，并拥有长期稳定的现金流和业内较高的信用评级。

2016年6月，中银航空租赁在香港证券交易所上市（2588.HK），截至目前，市值为445亿港元。公司运营和订单飞机机队总量达511架，机队资产规模约180亿美元，飞机数量和资产规模稳居世界前十。

3. 渤海租赁

渤海租赁成立于1993年8月，是一家以租赁为主业的国际化金融控股公司。公司主要业务为资产管理与运营、资产交易与咨询和融资服务，为全球逾1 000家客户提供包括飞机、集装箱、基础设施、高端设备和新能源等行业在内的租赁服务和配套金融服务。

在2016年完成对Avolon和CIT的整体收购后，公司已成为全球领先的飞机租赁集团。目前拥有Avolon、渤海租赁、皖江金融租赁等多家细分行业领先的租赁公司。

1996年7月，渤海租赁在深交所上市（000415.SZ），截至目前，市值为250亿元人民币。公司运营和订单飞机机队总量超过1 000架，机队资产规模近300亿美元，机队规模和总价值稳居世界前三。

四、我国飞机租赁行业发展前景广阔

截至目前，国内飞机租赁企业已有6家进入世界前20强，包括渤海租赁（Avolon）、工银金融租赁、中银航空租赁、国银金融租赁、交银金融租赁、中国飞机租赁等。随着国内飞机租赁的持续快速发展，将有更多的国内企业核心经营指标进入世界前列。

展望未来，受航空业快速发展的带动，飞机租赁这块蛋糕必将越做越大，租赁机队规模有望在中长期以10%以上的速度增长。在稳健增长的同时，预计行业将呈现出如下三个特征：

一是租赁机队在航空机队中的占比有望持续扩大。全球经济增速放缓，但受到产业结构调整的影响，航空客货运需求较高速增长大概率还将维持较长一段时间。在权衡规模扩张和资产负债、现金管理的过程中，飞机租赁将成为航空企业的重要选择。

二是经营性租赁将更受航空企业青睐。目前融资租赁仍是飞机租赁业务的主要组成部分，占比超过60%，经营租赁占比不足四成。但和十年前相比，经营租赁已成为诸多航空公司的重要选择。从目前趋势看，航空公司更加轻资产，业务模式也更为灵活，对经营租赁模式的需求量有望逐年提升。同时，涉及经营租赁的相关法律和制度也将逐步完善，为经营租赁业务提供巨大的发展机会。

三是飞机租赁的互联网化有望成为大趋势。在互联网飞速发展的今天，互联网金融为企业的资金融通提供了崭新途径，金融“互联网化”已成为不可逆转的大方向。大批飞机租赁企业对互联网租赁业务进行了探索，一些企业已实现了业务模式的重大突破。未来，随着“互联网+”租赁模式的逐步成熟和金融监管的不断完善，飞机租赁企业和航空公司的业务合作将进入崭新时代。

石化产业：大炼化改变我国石化产品结构失衡

罗四维　东兴证券化工行业研究员

一、大炼化发展正当其时

大炼化是指大规模、炼化一体化的石油加工方式，相比于我国过去的中小规模、单一炼油型生产方式具有更合理的产品结构、更强的经济效应、更高的抗风险能力。根据我国炼化产业的生产主体、组织方式及技术水平，我们认为其发展历程大体可以分为五个阶段，而大炼化是炼化产业目前阶段中的主要发展模式，也是必然趋势。

1949—1959年的恢复期：中华人民共和国成立至1959年大庆油田发现前夕，我国炼油工业处于恢复期，主要是恢复在战争中遭到破坏的相关工厂的生产。无论是人才还是技术，均处于严重匮乏状态。

1960—1978年的起步期：在1960年发现大庆油田后，我国炼化行业的生产和技术水平得到初步发展，其间既包括通过自主技术大攻关产生的“五朵金花”技术（解决了国产原油炼制问题，并能够生产主要的石油产品），也包括引进国外成套技术装备（初步建立了相对规范的石油炼制体系）。

1978—1997年的转型期：改革开放至中石油、中石化成立前夕，我国炼化企业经历了向市场经济的初步转型。1983年我国把原属于石油部、化工部、纺织部、轻工业部等的相关业务整合组建成立了石化总公司，改革行政指令式的管理方式，并扩大开放，积极引进国外设备，炼化行业初步具备了完整的工业体系。

1998—2014年的发展期：1998年我国组建成立了中石油和中石化，实现了政企分开，进而实现了“三桶油”的改制上市，并进入国际资本市场，规模经济和专业化水平快速提升，炼油行业发展迅猛。

2015年至今的改革期：2015年炼化行业深化改革，国家发展改革委出台了《关于进口原油使用管理有关问题的通知》等文件，向地炼企业开放了原本由国企垄断的原油进口权、进口原油使用权及成本油出口权，炼化行业市场化竞争加剧，炼化行业呈现了园区化、基地化、规模化和炼化一体化发展的发展趋势，而大型炼化一体化的大炼化模式成为主要的建设模式。

表1 我国炼油工业发展历程

年份	炼油能力（万吨/年）	炼油能力世界排名	原油加工量（万吨）	汽、煤、柴油产量（万吨）	备注
1949	17	—	11.6	3.5	—
1959	579	—	395.6	220	—
1965	1 423	—	1 083	600	—
1978	9 291	10	7 069	3 300	—
1983	10 438	7	7 757	3 524	炼油能力突破1亿吨/年用时34年
1996	21 253	4	14 231	7 674	炼油能力从1亿吨/年升至2亿吨/年用时13年
2000	27 370	3	21 061	12 086	—
2003	30 400	2	24 300	14 138	炼油能力从2亿吨/年升至3亿吨/年用时7年
2008	43 800	2	34 207	20 850	炼油能力从3亿吨/年升至5亿吨/年用时5年
2009	51 000	2	37 286	22 979	炼油能力从4亿吨/年升至5亿吨/年用时1年
2013	62 700	2	48 400	29 600	炼油能力从5亿吨/年升至6亿吨/年用时4年
2014	70 200	2	49 600	31 300	炼油能力从6亿吨/年升至7亿吨/年用时1年
2015	71 230	2	52 200	33 700	—
2016	75 400	2	54 078	34 500	—
2017	80 400	2	56 777	35 825	炼油能力从7亿吨/年升至8亿吨/年用时3年
2018	83 000	2	60 357	36 034	—

资料来源：朱和.改革开放成就中国炼化工业沧桑巨变[J].国际石油经济，2018（11）.

二、大炼化对于完善我国石化产业链结构意义重大

炼化产业以原油作为上游，以成品油和化工产品作为直接下游，以石化设备制造、成本油和化工产品运输和销售等作为辅助产业，其终端下游遍布衣、食、住、行相关的

各个方面。

从原油生产对二甲苯（PX），进而依次生产精对苯二甲酸(PTA)、纤维涤纶，直至纺织产品（原油—对二甲苯—精对苯二甲酸—涤纶—纺织品），是典型的从石油到终端产品的产业链。我国改革开放以来，凭借人口红利等诸多有利因素，纺织行业获得了快速发展，进而由于贴近市场，纺织行业的直接原材料涤纶长丝等相应崛起，经过我国企业目前已经在对二甲苯—精对苯二甲酸—聚酯—涤纶长丝—纺织品环节均取得了显著的竞争优势。但是由于炼厂结构的不合理，在原油—对二甲苯段存在明显短板。

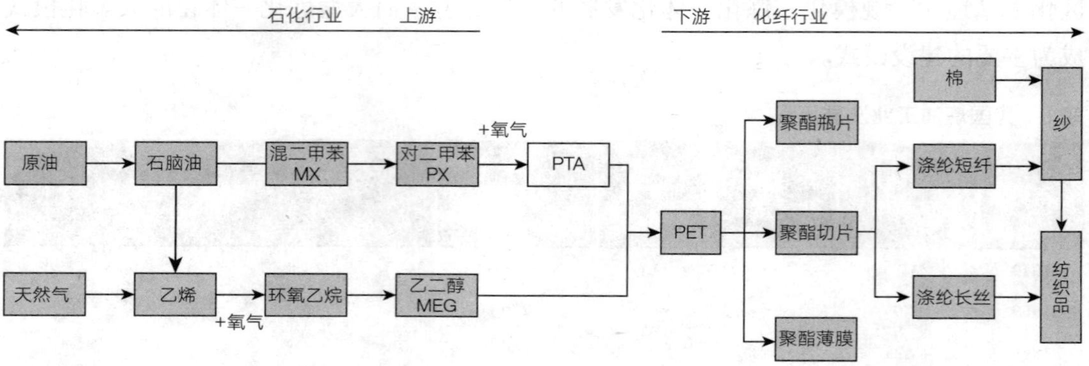

资料来源：Wind，百川资讯。

图1　原油—纺织品上下游产业链

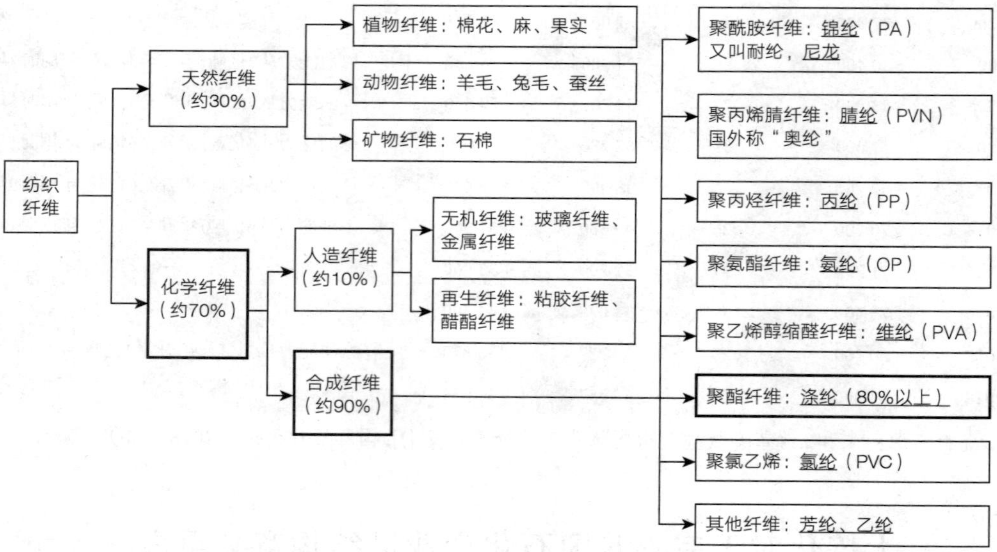

资料来源：百川资讯。

图2　纺织纤维行业产品结构

（一）原油—对二甲苯段是短板

发展状况：自2011年以来，我国对二甲苯产能不足已经成为明显短板。我国对二甲苯行业的供需变化可大体分为以下三个阶段：

20世纪90年代前大体平衡：我国对二甲苯在满足国内需求后还可少量出口，但总体基数较低。

2002—2011年日益短缺：对二甲苯消费量增长了995.05万吨，同期新增产量仅549.9万吨。产能与需求量均快速增长，但需求量正常显著快于产能增长，导致对二甲苯日益短缺。

2012—2018年短缺加剧：自2007年开始，厦门民众反对新建对二甲苯项目导致对二甲苯工厂被迫迁离，但尚未在社会上造成足够影响。到2011年，大连福佳石化已经投产两年的对二甲苯项目在当地居民抗议下也被迫迁离。此后，民众对于对二甲苯的误解加深，致使我国对二甲苯的新建和扩产进度明显放缓，产能与需求缺口快速扩大。2014—2017年，对二甲苯产量年复合增长率仅0.13%，而表观消费量却以5.49%的年复合增长率逐年攀升，短缺量从2012年的23.95万吨激增至2017年的1 440.33万吨。

产业链主要企业：中化弘润石化（80万吨/年预计2019年6月投产）、洛阳石化（22.5万吨/年）、海南炼化（60万吨/年，二期100万吨/年产能预计2019年9月投产）、天津石化（28万吨/年）、扬子石化（80万吨/年）、上海石化（60万吨/年）、镇海炼化（65万吨/年)、辽阳石化（大线45万吨/年对二甲苯装置，小线25万吨/年）、青岛丽东（100万吨/年）、福建联合石油化工（77万吨/年）、中海油惠州石化（95万吨/年）。

趋势：2019—2021年由于大炼化项目的陆续投产，我国对二甲苯产能有望集中释放，预计2019—2021年每年新增年产能分别为1 110万吨、240万吨和880万吨，国内对二甲苯供不应求的状况将得到较大改善。

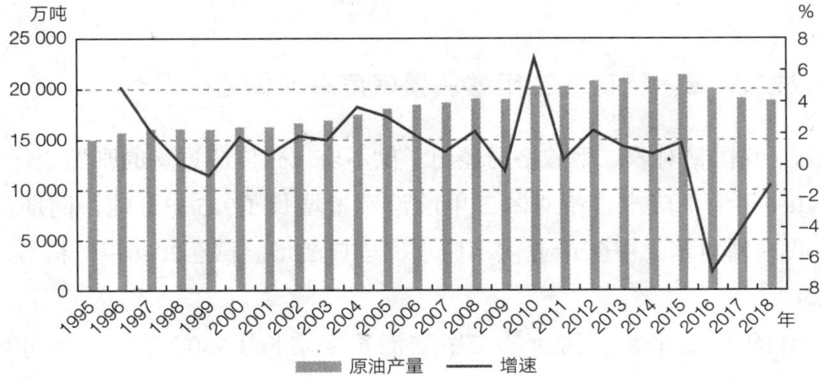

资料来源：Wind。

图3 原油产量及增速（1995—2018年）

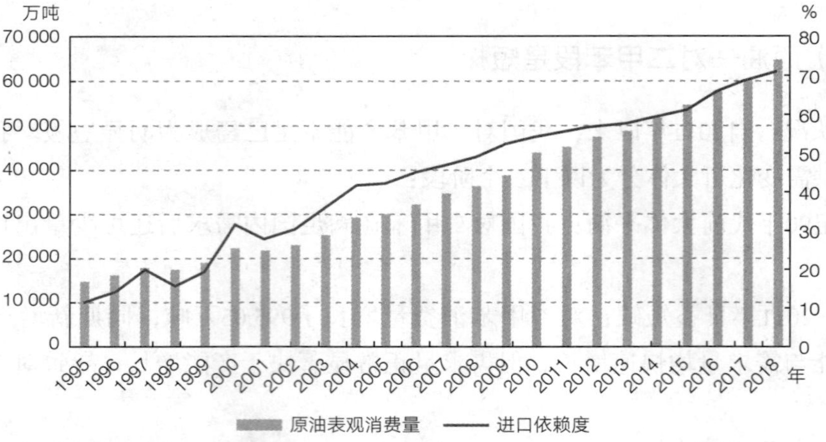

资料来源：Wind。

图4　原油表观消费量及进口依赖度（1995—2018年）

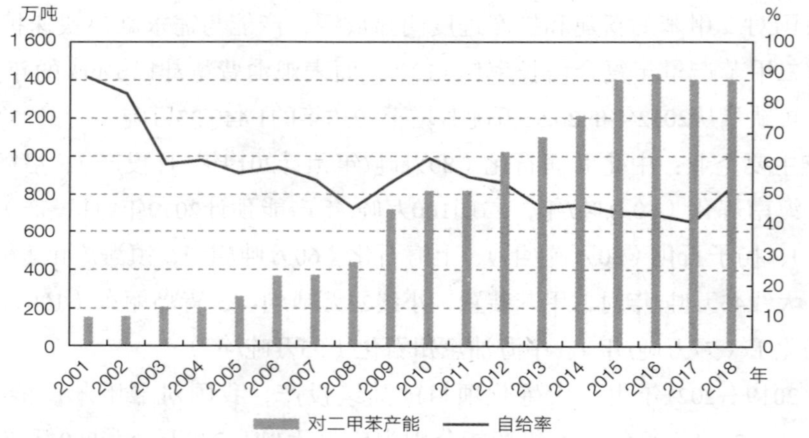

资料来源：Wind。

图5　对二甲苯我国产能及自给率（2001—2018年）

（二）对二甲苯－精对苯二甲酸段景气度有所恢复

发展状况：我国精对苯二甲酸格局经历了供不应求到供应过剩的剧烈变化。

2000—2006年供不应求：精对苯二甲酸消费量增长了925.33万吨，同期新增产量仅475.4万吨，我国精对苯二甲酸产业供不应求，进口激增。截至2006年，精对苯二甲酸的自给率不足50%。

2007—2011年供需平衡：精对苯二甲酸消费量增长了930.2万吨，同期新增产量为1 069万吨，新增产量与需求量基本平衡。

2012—2016年供过于求：精对苯二甲酸消费量增长了531.18万吨，同期新增产量为1 114万吨，产能增长显著快于需求增长。2016年我国成为精对苯二甲酸净出口国。

2017年以来供给侧改革：供过于求带来了精对苯二甲酸行业的剧烈竞争，价格跌破了众多生产企业的成本线，大量产能停产或者退出，行业景气度有所恢复。

产业链主要企业：仪征化纤（65万吨/年）、华彬石化（140万吨/年）、上海石化（40万吨/年）、江阴汉邦石化(220万吨/年)、宁波台化(120万吨/年)、桐昆嘉兴石化(150万吨/年)、福海创三条(150万吨/年)、恒力石化(1号220万吨/年，2号 220万吨/年，3号220万吨/年装置，拟建250万吨/年精对苯二甲酸—4线，拟建250万吨/年精对苯二甲酸—5线）、逸盛宁波（1号65万吨/年，3号200万吨/年，4号220万吨/年）、逸盛大化（220万吨/年精对苯二甲酸装置，375万吨/年装置）、逸盛海南（210万吨/年）。

趋势：预计到2019年底我国精对苯二甲酸名义产能将达到5 565万吨，2020年精对苯二甲酸产能将达6 500万吨以上。

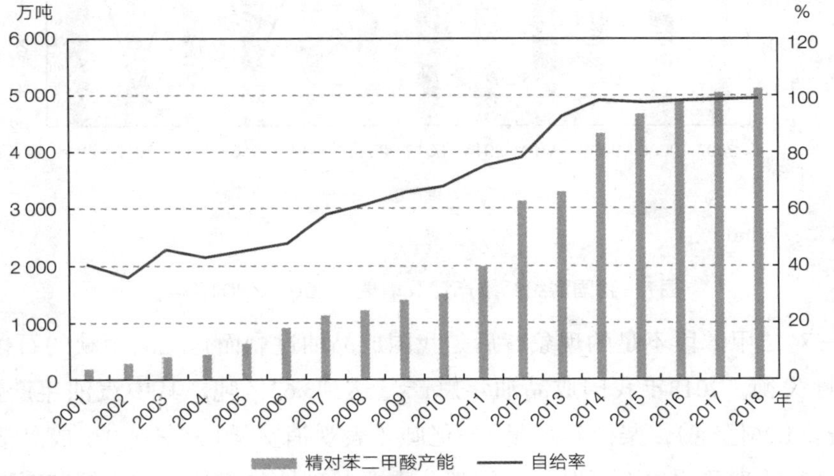

资料来源：Wind。

图6　我国精对苯二甲酸产能及自给率（2001—2018年）

（三）精对苯二甲酸—涤纶段供需格局稳定

发展状况：我国涤纶纤维的供给与需求大体维持平衡，预期总体格局在未来仍将维持。

2007—2010年产能增速较快：涤纶纤维产量增长595.66万吨，消费量增长572.06万吨，期间2009—2010年为产能迅速投放期，各工厂不断扩产，2010年产量增速达到14%，消费量增速也达到13%。

2011年至2013年产能增速依然保持高速增长，但需求增速有所回落。自2014年起，由于行业盈利性下降，产能投放开始回落：2014年较上年产量仅增加253.27万吨，增速降为8%，消费量增加237.96万吨，2015年与2014年无论是产量还是消费量都几乎无差异。

产业链主要企业：桐乡桐昆（560万吨/年）、新凤鸣（333万吨/年）、江苏盛虹（215

万吨/年）、恒逸石化（280万吨/年）、恒力石化（140万吨/年）、浙江荣盛（110万吨/年）、绍兴亿丰（120万吨/年）、福建百宏（107万吨/年）。

趋势：预计2019年我国涤纶名义产能将增加240万吨，2020年我国涤纶名义产能将增加300万吨左右。行业供应格局大体维持稳定。

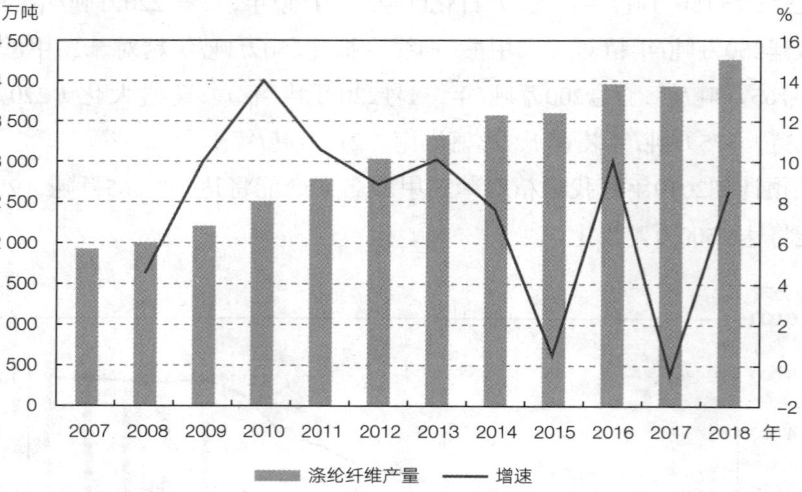

资料来源：Wind。

图7　我国涤纶纤维产量及增速（2007—2018年）

原油—对二甲苯段不足的现象背后是我国成品油过剩而化工品短缺的石化产业产品线的结构性失衡。2018年我国成品油年总产量达到3.62亿吨，其中汽油年产量1.38亿吨（表观消费量1.26亿吨），柴油年产量1.73亿吨（表观消费量1.56亿吨），成品油过剩，尤其是柴油过剩的现象明显。同时，我国部分重要基础性化工品，如乙烯和对二甲苯等，却存在明显的供应缺口。据测算，当年我国乙烯当量的自给率不足60%，对二甲苯的自给率则不足50%。成品油过剩而化工品短缺的结构性失衡是制约我国石化产业发展，甚至是威胁到国家工业基础的重大瓶颈。

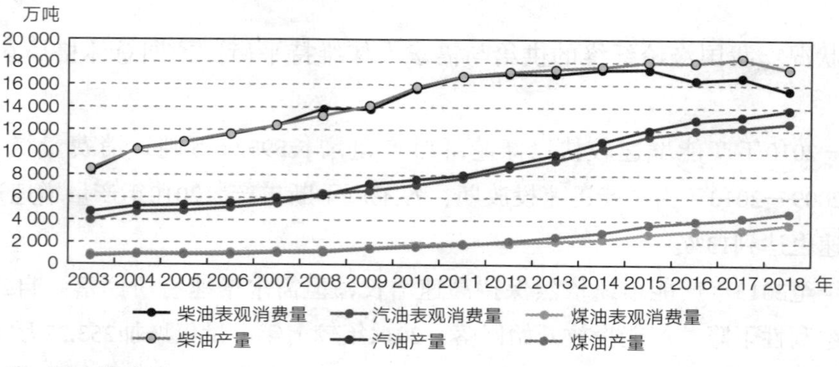

资料来源：国家统计局。

图8　我国成品油过剩明显

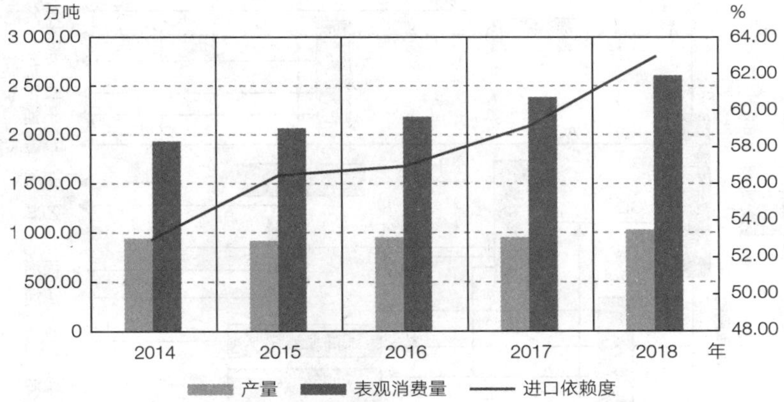

资料来源：国家统计局。

图9　我国对二甲苯缺口明显

三、我国石化产品结构性失衡的原因是炼厂结构的不合理

目前，我国约有200家炼厂，且多以燃料型加工方案为主。炼厂结构的不合理是造成我国石化产品结构性失衡的直接原因。不过新投产或规划中的恒力、浙石化、盛虹、旭阳石化、新华联合石化、浅海石化等大炼化项目，产品结构设计更加合理，预计能够显著改变对二甲苯等化工品短缺的格局。

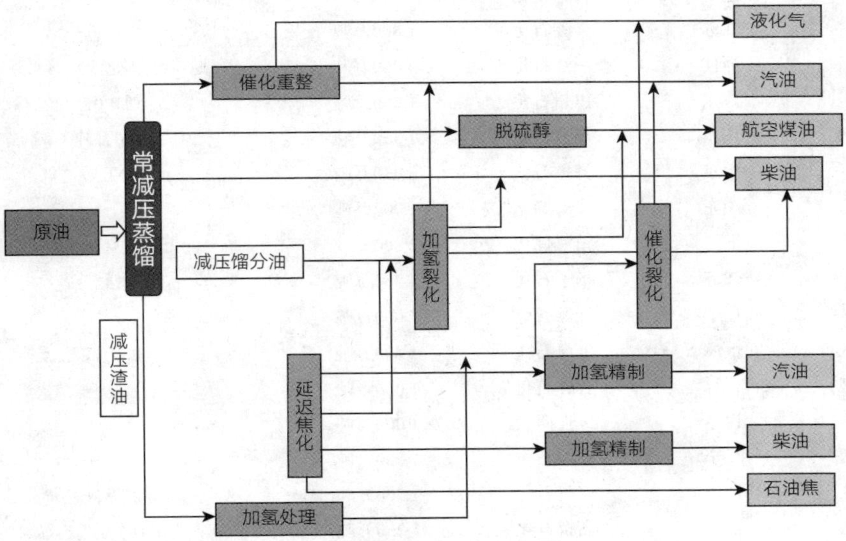

资料来源：徐春明等. 石油炼制工程 [M]. 北京：石油工业出版社，2009：172.

图10　燃料型加工方案（以胜利原油为例）

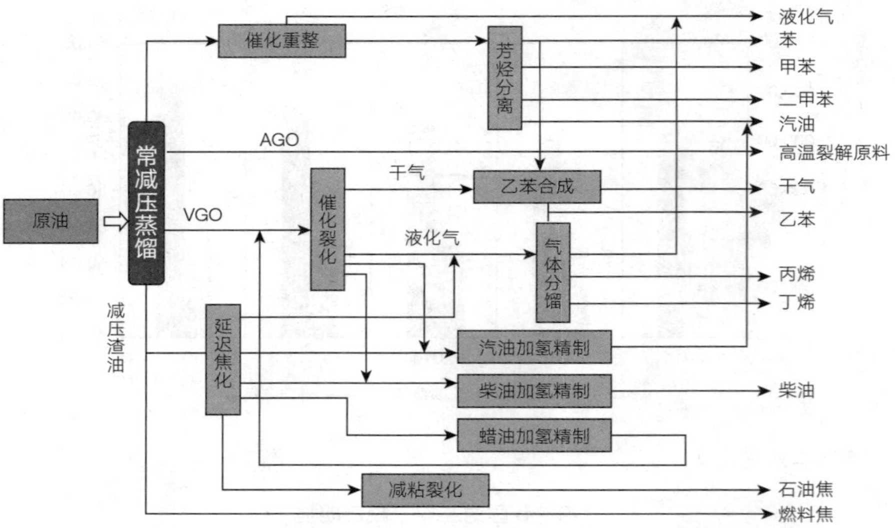

资料来源：徐春明，等. 石油炼制工程 [M]. 北京：石油工业出版社，2009：173.

图11　燃料—化工型加工方案

表2　27个炼化基地炼油能力及主要化工品生产能力

地区	省份	企业名称	炼油能力	乙烯、芳烃等化工品生产能力
东北地区	辽宁	恒力大连	20 00万吨	125万吨乙烯，450万吨芳烃
东北地区	辽宁	大连石化	2 050	—
华东地区	江苏	金陵石化	1 800万吨	—
华东地区	浙江	浙江石化	4 000万吨	一期140万吨乙烯，400万吨芳烃
华南地区	广东	惠州石化	1 200万吨	计划100万吨乙烯
华南地区	广东	茂名石化	1 350万吨	100万吨乙烯
华东地区	山东	齐鲁石化	1 050万吨	80万吨乙烯
华东地区	山东	青岛炼化	1 000万吨	—
华东地区	浙江	镇海炼化	2 300万吨	100万吨乙烯，200万吨芳烃
华东地区	江苏	扬子石化	1 250万吨	232万吨
东北地区	辽宁	抚顺石化	1 000万吨	—
华东地区	上海	上海石化	1 400万吨	85万吨乙烯
东北地区	吉林	吉林石化	1 000万吨	—
东北地区	辽宁	大连西太	1 000万吨	—
东北地区	辽宁	辽阳石化	1 000万吨	—
华南地区	广东	广州石化	1 300万吨	22万吨乙烯
华东地区	上海	高桥石化	1 250万吨	100万吨乙烯
西北地区	新疆	独山子石化	1 000万吨	122万吨乙烯
华东地区	福建	中化泉州石化	1 200万吨	100万吨乙烯
华东地区	福建	福建炼化	1 200万吨	80万吨乙烯
华南地区	广西	广西石化	2 000万吨	二期100万吨乙烯，100万吨芳烃
华北地区	天津	天津石化	1 550万吨	112万吨乙烯，35万吨芳烃

续表

地区	省份	企业名称	炼油能力	乙烯、芳烃等化工品生产能力
西南地区	四川	四川石化	1 000万吨	80万吨乙烯
西北地区	甘肃	兰州石化	1 050万吨	70万吨乙烯
华北地区	北京	燕山石化	1 000万吨	80万吨乙烯
华东地区	山东	山东地炼	1 500万吨	—

资料来源：百川资讯、化工网。

四、大炼化是我国炼化行业发展的必然趋势

由于我国炼化企业工艺布局的不合理性而导致我国石化产品结构性失衡，直接带来的是产业链利润分配的不合理。例如，原油—对二甲苯段不足导致原油—对二甲苯—精对苯二甲酸—涤纶—纺织品这个产业链的利润高度集中于石油—对二甲苯环节。因此，目前产业链下游，特别是精对苯二甲酸的生产企业，具有很强的向上游延伸的生产动力，而原油进口权、使用权及出口权的放开，使产业链的向上延伸成为可能。

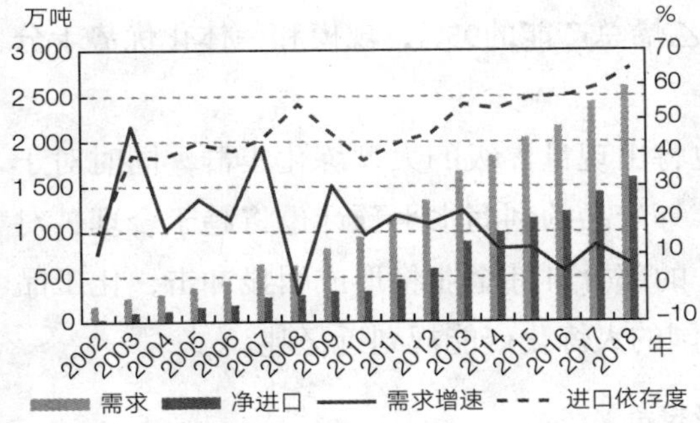

资料来源：Wind、百川资讯。

图12 国内对二甲苯需求与进口量（2002—2018年）

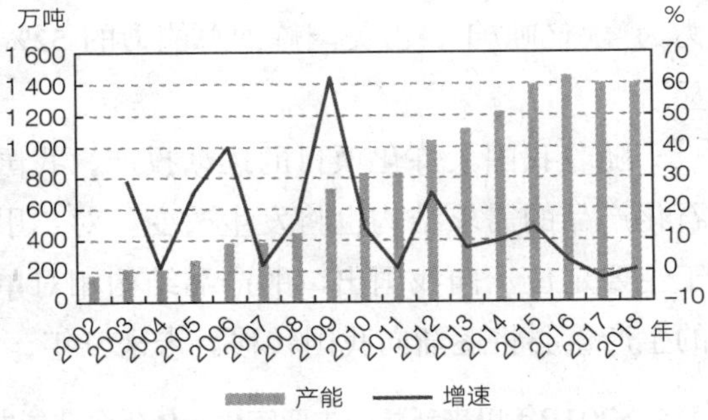

资料来源：Wind、百川资讯。

图13 国内近年对二甲苯产能增速较慢（2002—2018年）

我国的炼厂总量超过200家，但目前已经建成运行的炼化一体化企业仅有20 家，炼化一体化企业的占比不足1/10。炼化一体化程度低是制约我国炼化产业的重要瓶颈之一。根据《石化产业规划布局方案》要求，我国新建炼油项目要按照炼化一体化、装置大型化的要求建设，这意味着在规划期内，我国不会有单独的炼油项目获得审批，新增的均是炼化一体化的项目，炼化一体化项目已经成为我国炼化行业发展的必然趋势。

五、我国新建大炼化项目有望重塑全球产业格局

目前，全球共有炼厂约650 座，平均规模约为750 万吨 /年，且炼油企业的生产装置继续向规模化、基地化和一体化的大炼化方向发展。目前全球规模在2 000 万吨 /年 以上的炼厂达到了31 座，总能力达到8.38亿吨/年。

表3 全球主要炼化装置单套最大规模

装置名称	单套最大规模（万吨/年）	所属公司（炼厂）
常压蒸馏	1 750	加拿大合成原油公司
减压蒸馏	1 568	加拿大合成原油公司
催化裂化	1 000	印度信实公司贾姆纳格尔炼厂
催化重整	425	印度信实公司贾姆纳格尔炼厂
加氢裂化	620	沙特阿美—中国石化延布炼厂
延迟焦化	675	印度信实公司贾姆纳格尔炼厂
烷基化	366	印度信实公司贾姆纳格尔炼厂
乙烯	150	Borouge公司阿联酋乙烯厂 陶氏杜邦美国Freeport乙烯厂
聚乙烯	65	埃克森美孚公司美国Mont Belvieu工厂
聚丙烯	50	沙特Sabic公司

资料来源：李雪静．全球炼化行业发展动向及启示 [J]. 石化技术与应用，2018（2）.

从全球范围看，已经形成了美国墨西哥湾沿岸、日本东京湾、新加坡裕廊岛、沙特朱拜勒和延布石化工业园等一批世界级炼化基地。以美国墨西哥湾沿岸为例，其炼油能力为 4.6亿吨/年，占美国炼油总能力的 52%、乙烯总产能的95%，规模和一体化优势十分显著。

随着我国大炼化项目的逐渐投产，我国也将出现世界级的大型炼化集群，同时对于石化产品的需求结构也将发生改变。对二甲苯等产品的利润水平预计也将趋于合理，对于主要定位于向我国出口的产品结构相对单一的部分日韩企业将形成明显冲击，化工品的生产重心将逐渐向我国转移。未来三年，我国的大炼化产能规划近亿吨。

表4 2013年以来新建的主要炼化一体化企业能力及投资

序号	公司名称	厂址	原油加工能力（万吨/年）	乙烯（芳烃）产能（万吨/年）	投资（亿美元）	投产时间（年）
1	沙特阿美-道达尔炼化	沙特朱拜勒	2 000	70（对二甲苯）、14（苯）、20（丙烯）	96	2013
2	印度石油公司	印度Paradip	1 500		93~105	2013
3	中国石油四川石化	四川彭州	1 000	80（乙烯）	56	2016
4	中国海油惠州炼化（二期）	广东惠州	1 000	120（乙烯）	122	2017

资料来源：中国知网。

表5 我国部分规划中的大炼化项目

项目名称	总投资（亿元）	计划
恒力	562	设计原油加工能力2 000万吨/年，芳烃联合装置公称规模450万吨/年（以对二甲苯产量计），加工原油为沙重、沙中、马林原油，采用“常减压+加氢裂化+芳烃”的全加氢工艺路线，采用全加氢工艺路线，加氢规模达到2 300万吨/年。项目的产品方案包括434万吨对二甲苯、97万吨纯苯、461万吨/年汽油、161万吨柴油、371万吨航空煤油、163万吨化工轻油等

续表

项目名称	总投资（亿元）	计划
浙石化	1 730.8	项目一期投资901.6亿元，规划建设2 000万吨/年炼油+520万吨/年芳烃+140万吨/年乙烯。炼油部分采用“渣油加氢脱硫/重油催化裂化+加氢裂化+焦化”核心加工流程，芳烃部分采用世界级规模的重整+对二甲苯生产装置，配套建设140万吨/年大型乙烯装置。项目二期方案最大限度生产乙烯及下游产品，规划建设2 000万吨/年炼油+520万吨/年芳烃+140万吨/年乙烯，计划于2021年第一季度投产
盛虹	776.5	计划总投资776.5亿元，建设规模为1 600万吨/年炼油、280万吨/年对二甲苯、110万吨/年乙烯。项目加工原油为进口的沙特轻质油和沙特重质油，采用“原油加工+重油加氢裂化+对二甲苯+乙烯裂解+IGCC”的总工艺流程方案
旭阳石化	259.4	建设1500万吨/年常减压蒸馏、200万吨/年芳烃联合等装置，主要原料为科威特原油和阿拉伯轻油等，采用“常减压蒸馏+渣油轻质化+蜡油加氢裂化+连续重整+芳烃+异构化”等成熟工艺生产技术和具有较高附加值产品的加工路线
新华联合石化	600	暂被搁置
浅海石化	400	
锦江石化	600多	采用国际一流的1 000万吨/年原油加工工艺技术，匹配260万吨/年对二甲苯和150万吨/年乙烯，不生产汽煤柴等成品油

资料来源：化工网、百川资讯。

六、大炼化企业具备很强的竞争力

据专家测算，与同等规模的炼油企业相比，采取炼油、乙烯、芳烃一体化的大炼化企业，其原油加工的产品附加值可提高 25%，节省建设投资10%以上，降低能耗约15%，竞争优势十分明显。

由原油加工生产对二甲苯，实际上还需要经过石脑油、MX两个中间阶段。而在加工过程的每一个环节，生产制造商都会获取大量利润。所以生产加工流程越长，企业可以获得的利润就越丰厚。大炼化可以从原油开始生产，相对于目前国内通过购买燃料油和凝析油作为原料生产对二甲苯的企业相比，流程更长，经济型更好。根据我们测算，恒力生产对二甲苯的单吨毛利将比传统炼化企业高出80~100美元。

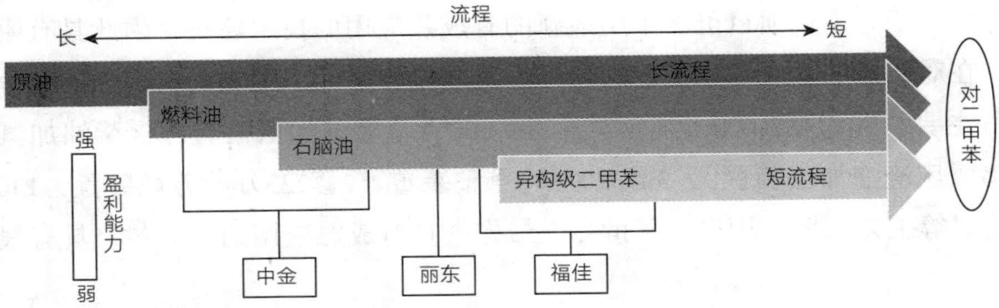

资料来源：百川资讯、Wind。

图14　不同流程工艺制对二甲苯盈利能力示意

表6　长短流程生产对二甲苯毛利比较

单位：美元/吨

原料	价格	加工流程	加工费	阶段生产毛利	总流程	流程生产毛利
原油	557	原油—石脑油	35~50	48~63	原油—对二甲苯	260
石脑油	655					
MX	835	石脑油—MX	50~60	120~130	石脑油—对二甲苯	205
对二甲苯	1 005	MX—对二甲苯	80~100	70~90	MX—对二甲苯	80

资料来源：百川资讯。

由于大炼化项目多是相关企业从下游出发，在产业链中自下而上的自然延伸，能够实现上下游一体化的集约型生产，且规划产能体量较大，因此具有明显的一体化优势。

表7　大炼化“炼化一体化”的部分优势

炼化一体化优势	原理	举例
能源优势	炼油厂适合热电联产，自产成本低、损耗少	热电产生大量蒸汽，可用于炼油、裂解等其他化工工艺，大规模燃煤热电降低用电成本
集中治废优势	集中处理生产中的废水、废弃及固体废弃物，优化资源配置，节约常规能耗	将“嵌入式污水处理场”的理念应用在石化行业，可降低二氧化碳排放、减少药剂消耗，节省运行成本
生产灵活优势	由于一体化炼厂产品门类多，企业可在不同产品间进行产能切换，通过转产利润高的产品提高企业盈利水平	例如，聚乙烯（PE）和乙二醇（MEG）的原材料都是乙烯，如果市场上聚乙烯的利润率好于乙二醇，企业可多产聚乙烯，少产乙二醇
物流优势	下游产品的原料可通过管道直接在工厂内部进行运输，自建码头可有效降低物流成本	生产对二甲苯所需的石脑油直接从上游的石油裂解装置获得，醋酸也通过园区管廊直接供应，可节约物流成本、降低运输损耗
人员优势	各类产品集中生产，可有效降低所需人员	一体化炼厂当中负责仓储运输、HSE等职能的员工可同时兼顾不同产品线，项目定员少于非一体化工厂

资料来源：Wind、百川资讯。

此外，由于大炼化项目可以采用最新的有成熟应用的技术建设，因此具有明显的后发优势，在对原油的适应性、工艺的合理性及全流程的经济上均具有很强的竞争力。如恒力项目主要装置包括2 000万吨常减压和1 150万吨重油加氢装置（含柴油加氢、蜡油加氢和沸腾床渣油加氢装置）、3套320万吨重整装置、2套225万吨芳烃装置、130万吨混合脱氢装置等工艺装置，均采用了世界上最先进且有成熟应用的工艺包，具有很强的竞争力。

表8 恒力炼化项目主要装置及技术

工程名称	设计规模	技术来源
1#常减压蒸馏装置	1 000万吨/年	国内
2#常减压蒸馏装置	1 000万吨/年	国内
轻烃回收装置	450万吨/年，含液化石油气分离	国内
煤油加氢精制装置	200万吨/年	中石化
柴油加氢裂化装置	600万吨/年	Axens
重油加氢裂化装置	1 150万吨/年，含蜡油加氢裂化、沸腾床渣油加氢裂化，溶剂脱沥青	Aens H-Oil
润滑油异构脱蜡装置	60万吨/年	CLG+中石化
芳烃联合装置	450万吨/年，含石脑油加氢	Axens+GTC+中石化
异构化装置	50万吨/年	GTC
C3/C4混合脱氢装置	100万吨/年	Lummus
聚丙烯装置	43万吨/年	INEOS
MTBE装置	82万吨/年	Axens
PSA氢气提浓装置	73万标准立方米/时	国内
煤制氢联产醋酸装置	50万标准立方米/时，含空分	Linde+国内

资料来源：Wind。

生活垃圾处置产业：

探寻龙头崛起之路

洪一　东兴证券公用事业研究员

一、垃圾清运量不断增长，关注环卫服务及垃圾发电

（一）生活垃圾产业链梳理

按垃圾的来源分类，我们每天产生的垃圾包括居民垃圾和工业垃圾，居民垃圾包括生活垃圾、餐厨垃圾、建筑垃圾等，工业垃圾包括一般工业固废和工业危废。对上述垃圾都需要进行收集、转运、处理乃至最终处置。其中，具有综合利用价值的垃圾经过拆解、预处理后，深加工成再生资源利用产品；而一般垃圾最终处置方法主要是填埋及焚烧。

梳理生活垃圾处理产业链，上游由居民产生生活垃圾，进入社区或公共场所垃圾集中处；中游，部分有回收利用价值的垃圾由个体户或回收企业回收后进行综合利用，而一般生活垃圾则由第三方的环卫服务企业或各地负责环卫工作的事业单位进行垃圾的清扫、收集和运输；下游由垃圾最终处置企业进行填埋或焚烧处理。这中间各个环节所需要的装备如环卫车、焚烧锅炉等属于产业链的辅助行业。

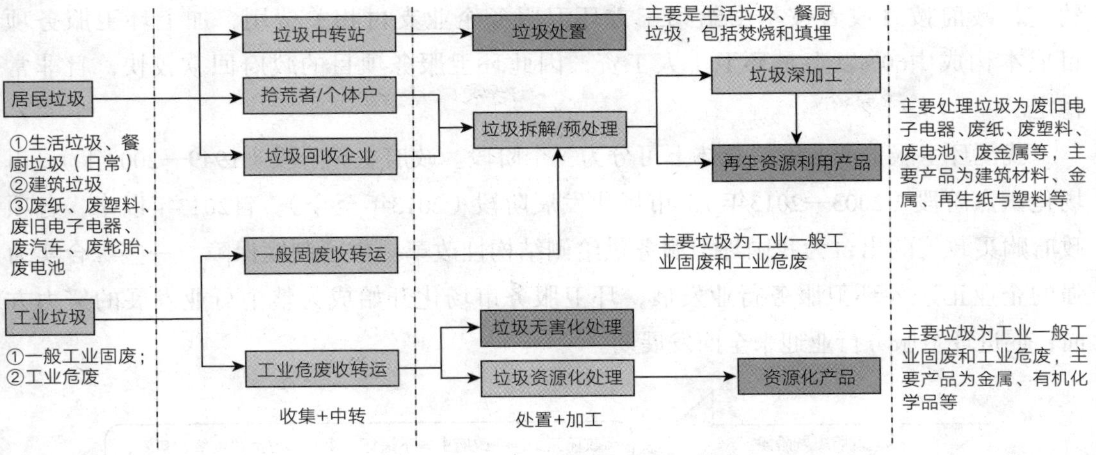

图1　垃圾处理产业链

（二）上游清运量稳步提升＋垃圾分类逐步推进，驱动产业规模持续增长

城镇化水平快速提升+生活水平提升，带动垃圾清运量不断增长。人民生活水平的提高造成生活垃圾产生量大幅增加，清运需求随之上升。2008年，我国城市垃圾清运量为1.54亿吨，2017年预计达到2.25亿吨，年均增长4.28%。目前，全国常住人口城镇化率接近60%，根据《国家人口发展规划(2016—2030年)》，2020年达到60%，2030年达到70%。实际来看，城镇化进程要快于规划目标，因此未来几年，我国垃圾清运量将保持增加的趋势，驱动产业规模持续增长。

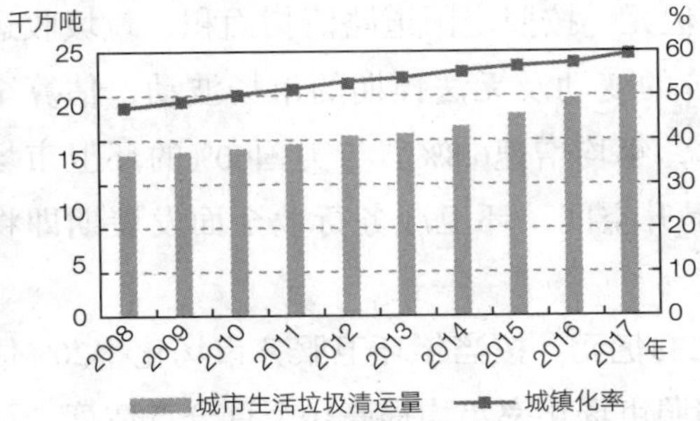

资料来源：《城乡建设统计年鉴》、Wind。

图2　全国城市生活垃圾清运量变动情况

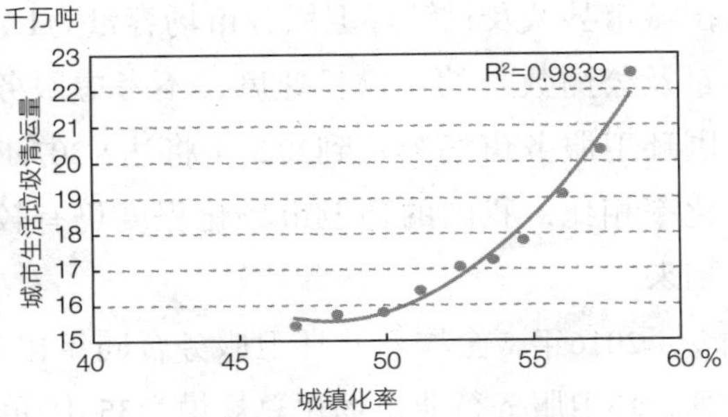

资料来源：《城乡建设统计年鉴》、Wind。

图3　全国城镇化率与垃圾清运量拟合曲线

（三）中游环卫市场化率快速提升，环卫行业迎黄金发展期

根据《城市环境卫生质量标准》，环卫行业所涵盖的作业包括生活垃圾清扫、收集、运输和建设垃圾中转站、公共场所环境卫生、道路清扫保洁、公厕运营等。政府作为环卫服务的购买者主要有两种购买模式，政府购买服务和PPP项目。根据合同

约定，政府按月或者按季度给第三方环卫服务企业支付相关费用，加上环卫服务项目成本构成中60%以上是环卫工人工资，因此环卫服务项目的政府回款较快，且非常稳定。

我国环卫服务产业发展总体上可分为三个阶段。政府主导阶段（1949—2003年）；市场化试点阶段（2003—2013年）；市场化发展阶段（2013年至今）。自2013年以来，各项政府购买政策的出台为我国环卫服务供给侧结构性改革提供了制度保障。一些综合实力强的企业正进入环卫服务行业发展，环卫服务市场化开始成为整个行业发展的努力方向，促进环卫服务行业迎来全面发展期。

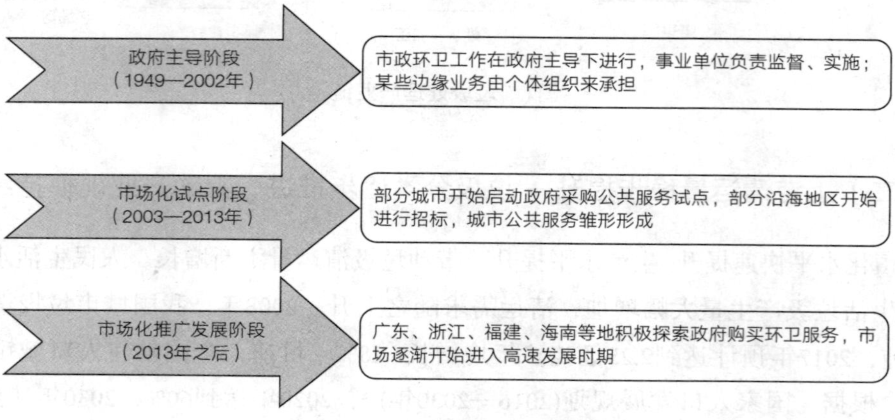

图4　我国环卫服务产业发展阶段

2020年环卫服务市场容量或超2 300亿元。按当前市场平均价格估算，2016年，全国城市县城及村镇环卫服务市场容量为1 773.4亿元。按照全国道路清扫面积、垃圾收运量及公厕数量的年增长速度，不考虑服务单价的变动及无法预期的市场波动，估算全国环卫服务市场容量到2020年将达2 307.4亿元，年均增速6.8%。与美国60%的环卫市场化率相比，我国的环卫市场化程度仍有较大提升空间，环卫服务行业全面发展期即将到来。

2016年，全国新签环卫服务合同年化金额233亿元。按当年环卫服务市场化率20%估算，环卫服务行业市场化总规模为355亿元，按照市场化率年均提高10个百分点估算，预计到2020年末，环卫服务市场化率将达到60%，市场化规模将增长到1 384.4亿元，年均增速达40.5%。

2017年、2018年，全国新签环卫服务合同总金额分别为1 701亿元、2 278亿元，首年服务总金额分别为314亿元、491亿元，同比增长31.9%、56.4%。

2019年以来，环卫服务市场化仍在快速推进，截至2019年3月31日，全国新签合同总金额535亿元，平均首年服务总金额125亿元。

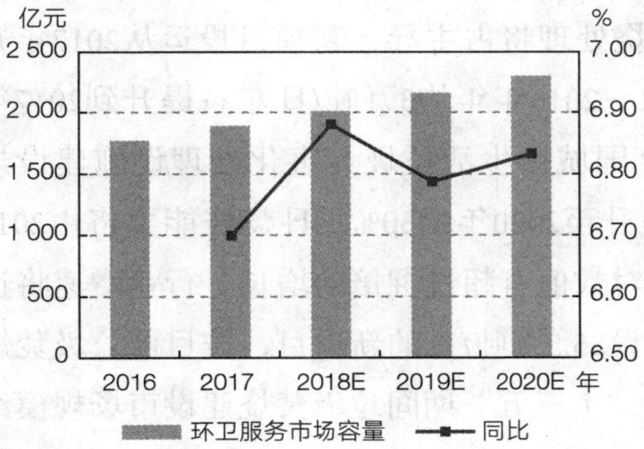

图5 2016—2020年全国环卫服务市场容量估算及预测

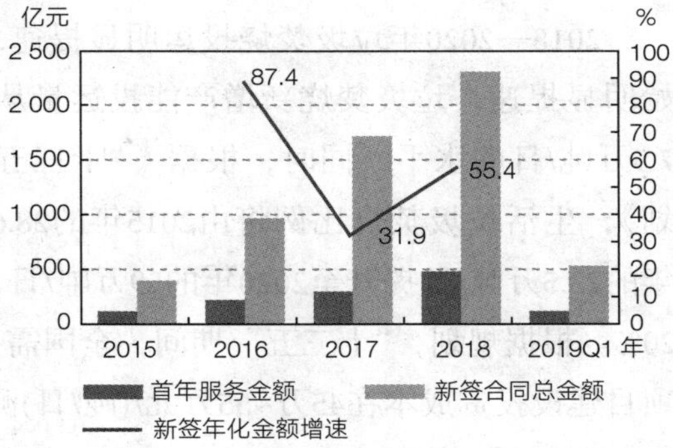

资料来源：公众号环境司南。

图6 2015—2019年全国环卫服务项目新签合同情况

（四）下游填埋处置占比不断下降，焚烧发电投运高峰已至

我国城镇生活垃圾处理主要是卫生填埋和焚烧两种。卫生填埋是我国目前主要的垃圾处理方式，根据垃圾自然降解原理，采用严格的科学管理手段，使垃圾不对周围环境造成污染的综合性方法。该方法的优点是技术成熟、投资成本低、对垃圾要求低；缺点是占用土地面积较大，且可能发生渗漏，造成二次污染。垃圾焚烧是指将垃圾置于850摄氏度以上高温环境中，使垃圾中的活性成分经过氧化转化成性质稳定的残渣，释放热量并用于供热及发电。该方法的优点是能量利用效率高、对环境造成影响小、占地面积小；缺点是初期投资大、技术要求较高。

卫生填埋处置占比逐年下降。历史上来看，填埋一直是主流模式，但近年来，填埋处理的垃圾占比持续下降，从2007年的81%降至2016年的60%；焚烧处理的垃圾占比总体呈上升趋势，从2007年的15%上升至2016年的37%。

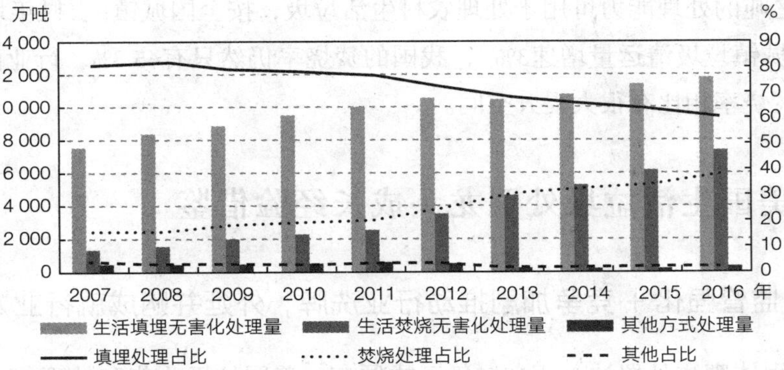

资料来源：《城乡建设统计年鉴》。

图7 城市生活垃圾处理结构

2018—2020年垃圾焚烧投运明显提速，焚烧处理将占主导。新项目投运从2017年开始明显提速，垃圾焚烧新增产能投运量从2011—2016年年均3万吨/日左右提升到2017年7.5万吨/日的水平。同时，根据《"十三五"全国城镇生活垃圾无害化处理设施建设规划》，生活垃圾焚烧比例将由2015年的28.6%提升至2020年的50%，日焚烧能力将由2015年的23.5万吨/日提升至2020年的59万吨/日，绝对数值有超过翻倍的增长，行业增速将达20%。根据规划，"十三五"期间，全国需要建设35.5万吨/日的新项目，按目前垃圾焚烧项目建设投资成本在45万~55万元/(吨/日)测算，"十三五"期间垃圾焚烧建设市场规模约为1 775亿元。

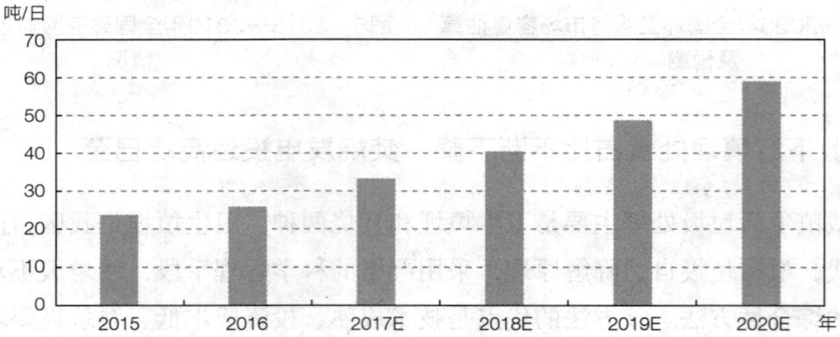

图8 "十三五"垃圾焚烧能力

"十三五"之后，垃圾焚烧行业空间仍存。焚烧率为焚烧处理的垃圾量除以垃圾清运量，2016年焚烧率37.5%仅为城市垃圾焚烧率，分母垃圾清运量并没有把县城及农村的垃圾考虑在内，如果以全国生活垃圾量（之前估算为每年城镇2.7亿吨加农村1.26亿吨）作为分母，全国实际的垃圾焚烧率仅约为18.6%。假设到2020年，59万吨/日的焚烧产能全部投产，按100%产能利用率、运转8 000小时/年计算，未来可实现年1.97亿吨生活垃圾进行无害化处理，假设按城市焚烧率60%计算，届时焚烧能力覆盖城市生活垃圾以后，仍有富余0.15亿吨的处理能力可用于处理农村生活垃圾，按全国城镇+农村年垃圾量4.3亿吨计算（假设城镇垃圾清运量增速3%），我国的焚烧率仍然只有45.8%，行业尚未饱和，与日本80%的焚烧率相比有很大提升空间。

二、美国生活垃圾处置龙头成长经验借鉴

（一）监管强化＋竞争加剧推动行业洗牌，外延并购成就行业龙头。

随着《固体废物处置法》于1965年正式颁布，美国垃圾收集和处理行业的标准大幅提高，成本激增下小公司不具备规模效应优势，逐渐被具有较强融资能力、技术和运营优势的龙头企业整合，行业集中度提升。如美国废物管理公司1971年成功上市后，第二

年即完成133次并购，大量收购小规模的垃圾收集中心，1984年收购Service Corporation of America，成为美国最大垃圾转运商，1988年收购年收入达10亿美元的全球第二大垃圾焚烧商，1991年与Stone Container合资成立纸业回收公司，通过不断并购，成为世界第一的固废龙头。共和废物处理公司也同样，上市后利用融资优势不断进行小型并购，并于2008年成功并购比其规模更大的Alliced Wasted Industries，当年实现营收翻番，成为行业第二。

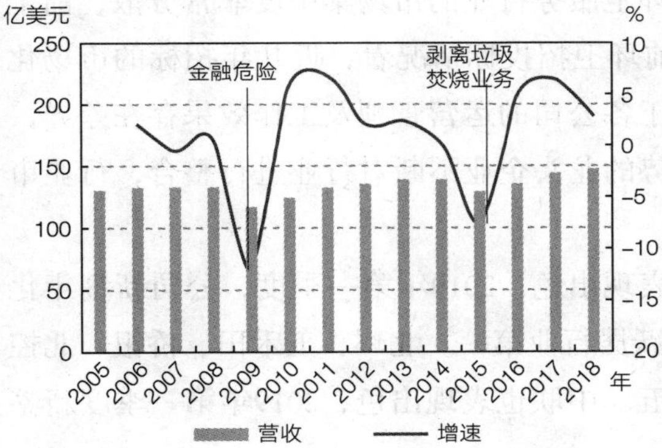

资料来源：Wind。

图9 2005—2018年美国废物管理公司营收及增速

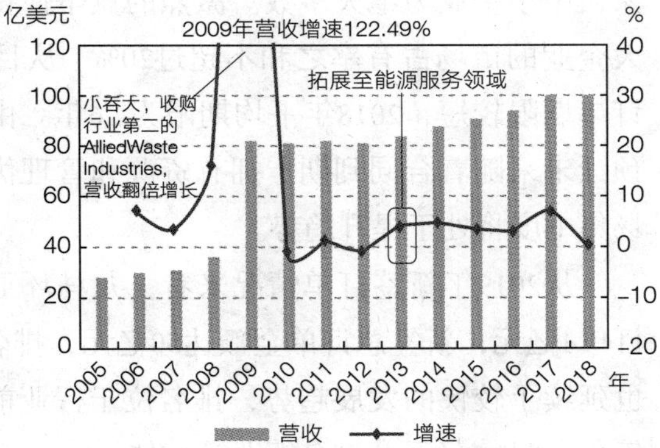

资料来源：Wind。

图10 2005—2018年共和废物处理公司营收及增速

（二）环卫＋处置一体化布局，发挥产业链协同竞争优势

从美国的生活垃圾处置龙头企业成长路径来看，通过并购延长产业链，建立起从收集转运到后端处置的全产业链，可减少中间交接环节的资源浪费，提升业务规模与效率的同时降低了成本，提升了行业中竞争力。以美国废物管理公司及共和废物处理公司为例，两家公司营收垃圾收集占比都在一半以上，同时还布局了转运、后端处置、垃圾循环利用等相关业务，以获取拉长产业链的利润，使得公司盈利能力得以加强。

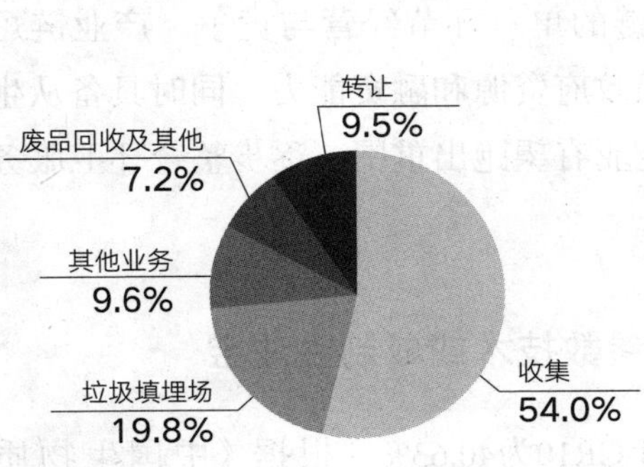

资料来源：Wind。

图11 2018年美国废物管理公司营收结构

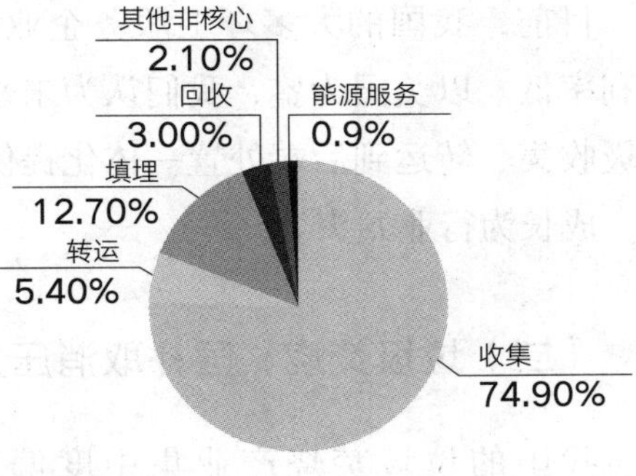

资料来源：Wind。

图12 2018年共和废物处理公司营收结构

三、探寻生活垃圾处置龙头崛起之路

（一）环卫服务行业：跑马圈地白热化竞争，静待行业整合

当前，全国环卫服务行业活跃企业超过5 000家，平均每个省份活跃企业数量为178家，中小企业为绝大多数。激烈的竞争使得环卫服务行业的市场集中度非常分散，前十大企业的市场占有率之和不超过20%。从目前环卫招投标情况看，近几年招标的市场化订单期限较短，2018年平均期限为4.6年。由于各公司的运营管理及工作效果存在差异，预计未来随着合同到期，拥有资源和管理优势的龙头企业不断对行业进行整合，行业市场集中度将处于提升趋势。

从2019年新签订单情况来看，龙马环卫表现出色，2019年第一季度，公司新签年化订单4亿元，新签总订单金额达50亿元，排名跃居行业第一。北环、玉禾田、侨银、北控也延续了较快的发展趋势，排名位于行业前五。中联也表现出色，2019年第一季度新签年化合同1.5亿元，排名行业第六位。

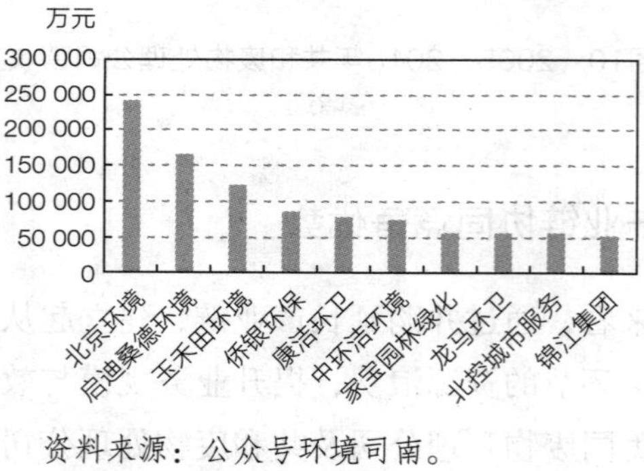

资料来源：公众号环境司南。

图13　2018年TOP10环卫服务企业新签订单（年化）

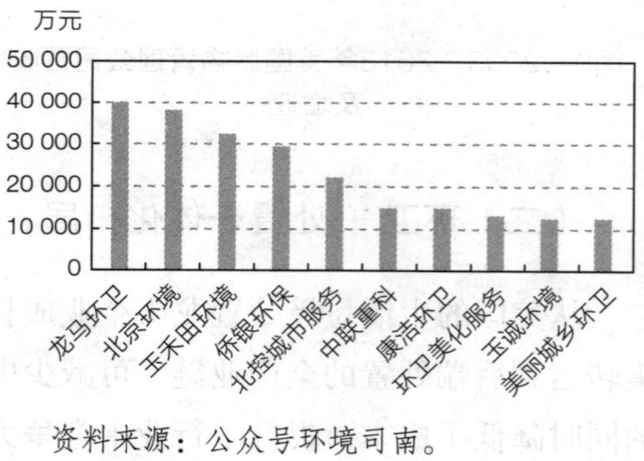

资料来源：公众号环境司南。

图14　2019年第一季度环卫服务企业新签订单（年化）

目前，我国的大多环卫服务企业仍在产业链的单一环节经营与竞争，产业链短而毛利率低。以美国为鉴，我们认为未来具有较强政府资源和融资能力，同时具备从生活垃圾收集、转运到后端处置一体化提供能力的企业有望跑出重围，逐步整合环卫服务行业，成长为行业龙头。

（二）垃圾焚烧：国补取消压力下，高参数技术或成制胜法宝

我国的垃圾焚烧产业集中度偏低，2017年CR10为40.63%。根据《中国生物质产业排名报告》的数据，截至2017年，我国共有338个垃圾焚烧项目，年处理垃圾量

10 080万吨。按处理量排名，中国光大国际、中国环境保护、上海环境、瀚蓝环境及伟明环保分列前五，TOP5企业市场占有率为26.6%，TOP10市场占有率为40.63%，集中度仍偏低。未来随着环保监管趋严，前期投资成本较低或采用流化床技术的垃圾焚烧项目将面临越来越大的环保成本和达标压力，随着龙头企业并购整合，行业集中度有望提升。

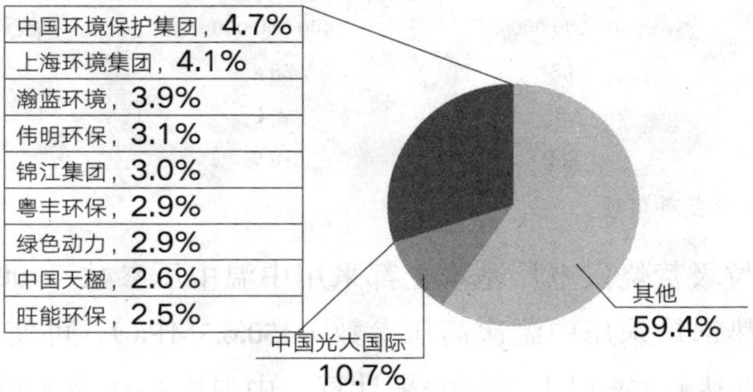

资料来源：中国产业发展促进会生物质能产业分会．中国生物质产业排名报告 [R]. 2018-06-28.

图15 2017年主要企业市场占有率（实际处理量）

垃圾焚烧企业的收入包含两大部分。一是政府给予的垃圾处理费补贴。目前全国垃圾处理费平均水平在65元左右，不同项目间的处理费差异较大。二是垃圾发电取得的上网电费。上网电量的电价，根据国家发展改革委政策，每吨生活垃圾上网电量280度以内部分，执行全国统一垃圾发电标杆上网电价0.65元/千瓦时（含税）；其余上网电量执行当地同类燃煤发电机组上网电价。其中，0.65/千瓦时电价包含了基础电价、省补电价和国补电价；省补电价为0.1元/千瓦时，国补电价为（0.65-0.1-当地火电标杆电价）/千瓦时。

目前，市场对于垃圾焚烧行业最主要的担忧就是补贴电价下调，尽管近两年内补贴电价全面下调的可能性很小，但补贴电价一旦下调，对垃圾焚烧行业的利润将有显著的影响。我们以1 000吨/日垃圾焚烧项目为例，假设吨垃圾处理费及其他条件不改的情形下，测算国补取消前后IRR变化。

表1 国补电价取消前后垃圾焚烧IRR测算表 单位：元

科目	当前	国补电价取消后	备注
年处理垃圾量（吨）	333 333	333 333	1 000吨/日项目，8 000利用小时
年发电量（千瓦时）	110 000 000	110 000 000	按每吨垃圾330千瓦时发电量计算
年上网电量（千瓦时）	93 500 000	93 500 000	15%自用电率
年处理费（元/吨）	75	75	
年处理费收入（元）	21 551 724	21 551 724	
上网发电收入（元）	52 392 241	41 913 793	
营收（元）	73 943 966	63 465 517	
年均税收返还（元）	4 958 286	3 013 486	

续表

科目	当前	国补电价取消后	备注
年均税金及附加（元）	1 109 159	951 983	
年均总成本费用（元）	47 285 714	47 285 714	包括外购原料、燃料及动力费、其他制造费用、折旧摊销、维修费、人工费、其他管理费等
年均利润总额（元）	30 507 377	18 241 306	
年均净利润（元）	22 880 533	13 680 979	
建设总投资（元）	400 000 000	400 000 000	按每吨40万投资额计算
项目毛利率（%）	38.8	28.6	
IRR（%）	7.5	4.8	
项目ROE（%）	18.2	10.9	

资料来源：根据公开资料整理。

目前，我国的垃圾焚烧发电厂基本上都采用中温中压参数（400,4.0MPa），热效率在22%~25%，若余热锅炉采用中温次高压参数（450,6.5MPa），可使吨垃圾发电量提升20%，热效率也可以达到25%以上。依此来计算，中温次高压技术的应用可弥补80%国补电价取消带来的影响，若进一步提高发电参数，采用中温超高压，则在完全弥补国补电价取消带来的发电收入下滑后，仍有所盈余。在补贴下调、环保监管压力加大的背景下，未来高参数技术或成制胜法宝，具有"运营+技术"优势、较强政府资源和融资能力的企业，在未来将具备更强的竞争优势，逐渐整合市场。